2026

FRAME OF
CIVIL
PROCEDURE

윤곽
민사소송법

제5판

변리사 2차 시험대비

곽준형 변리사

STRUCTURE
이 책의 구성과 특징

논점 제목을 먼저 보고 지금 공부하고자 하는 단원이 어디인지 파악합니다.
논점 윤곽을 보고 지금 공부하고자 하는 단원의 전체적인 뼈대, 틀에 해당하는 큰 목차를 파악합니다.
각주를 활용해 내용을 보다 심도있게 이해합니다.
두문자와 답안 활용 가이드를 이용해 이해한 내용을 암기합니다.
목차와 키워드에 밑줄을 긋거나 형광펜을 칠해 보다 뚜렷한 암기가 될 수 있도록 합니다.
회독을 반복하면서 암기한 내용들의 이해도를 높이고 더 심화된 내용까지 파악합니다.

❶ 논점 윤곽
논점의 전체적인 윤곽을 한눈에 볼 수 있으며, 윤곽에 맞추어 암기의 뼈대를 잡습니다.

❷ 두문자 표기
꼼꼼한 암기가 필요한 경우 암기가 수월하도록 두문자를 제시합니다.

❸ 제목 라벨링
판례의 제목 라벨링을 통한 가독성 향상

❹ 표준판례 표시
판례번호 옆, *기호로 표준판례 표시

❺ 답안 활용 가이드 제시
답안에 거의 흡사하게 현출해야 하는 중요한 알맹이 부분의 가이드라인을 제시합니다.

❻ 각주
어려운 개념을 해설하거나 判例의 사실관계를 압축소개하여 이해도를 높여줍니다.
또한, 개념 이해에 필요한 예시를 짚어주고, 결론만 알아도 되는 지엽적인 判例를 간략히 알아갈 수 있도록 합니다.

2. 위례
항소하지 않은 공동소송인을 항소심 당사자로 표시해낸다.

검토
i) 실제 상소를 제기하지 않은 자를 상소인으로 볼 수 없고, 선정행위가 없었음에도 선정자로 볼 수 없으므로 상소심 당사자됨이 타당하다. ii) 상소심당사자는 상소인으로 표시하지 않고 원고 또는 피고로 표시되며, 상소취하권이 없고, 상소심의 심판범위를 특정할 수 없고, 상소비용, 상소지를 부담하지 않는다.

[고유필수적 공동소송과 유사필수적 공동소송 심리방식 차이]

고유필수적 공동소송		유사필수적 공동소송
전체 소각하 (12)(19)	1인 소송요건 흠결	일부 소각하
전체 소각하652) (1인)	1인 누락 소제기	적법
무효	1인 소취하	가능

➐ 비교 개념 정리
비교개념을 한눈에 파악하여
내용을 헷갈리지 않게 도와줍니다.

☑ 유사필수적 공동소송에서 1인 불출석시 소취하간주 적용 여부

1. 문제점
상대방과 유사필수적 공동소송인 중 1인이 불출석하면 그 자에게 제268조의 쌍방불출석 취하간주를 적용할 수 있는지 문제된다.

2. 학설
i) 긍정설은 유사필수적 공동소송에서 1인의 소취하가 가능하므로 동 규정이 적용될 수 있다고 한다. ii) 부정설은 필수적 공동소송의 심리방식에 따라 다른 공동소송인이 출석하면 그 효력을 불출석자도 출석한 것으로 보게 되므로 동 규정이 적용될 수 없다고 한다.

3. 검토
유사필수적 공동소송은 공동소송이 강제되지 않고, 불출석자에게 제재를 가할 필요가 있으므로 동 규정이 적용된다고 봄이 타당하다.

➑ 보너스 논점 박스
정형적인 목차에 포함되지는 않지만
꼭 짚고 넘어가야할 개념이나 判例를 알려줍니다.

III. 고유필수적 공동소송인 추가 [11)(12)(16)] 사H-28

1. 의의 및 취지
고유필수적 공동소송인 일부가 누락된 경우, 그를 당사자로 **추가**하는 것이다(제68조). 당사자적격 흠결로 소가 각하되는 것을 막기 위함이다.

➒ 기출 표시
변리사시험 기출년도 표시

---
652) 당사자적격 흠결의 소이다. 이를 보정하기 위한 방안으로, 변론의 병합, 고유필수적 공동소송인 추가, 공동소송참가, 소취하 후 다시 소제기를 할 수 있다. [12)(18)]

---

2. 공시송달이 부적법한 경우

(1) 원칙 [대법요령] (23)
i) 공시송달은 재판장이 그 요건이 충족된다고 보아 일단 공시송달을 명한 이상 실제로는 그 요건이 구비되지 아니하여 공시송달을 명할 수 없는 경우였더라도 그 명령에 의한 공시송달은 유효하다(91다3685), 413) ii) 상소, 착심으로 위법·유효한 공시송달로 인한 절차상 흠을 구제받는다.

(2) 예외 - 송달 자체에 흠있이 있는 경우
i) 절차 중단 중 망인에 대한 공시송달(2017다52997), 대표자 사망 후 새 대표자가 정해지지 않은 경우, 법인에 대한 송달(91다9985), 미성년자에 대한 송달(2020다558) ii) 무효인 공시송달로 판결정본이 송달되면 상소기간이 진행하지 않아 상소로만 구제받을 수 있다.

V. 관련 논점   사H-76

1. 공시송달의 경우 쌍방불출석 취하간주 적용 여부

(1) 문제점
공시송달된 경우 쌍방불출석 취하간주 규정이 적용될 수 있는지에 대해 명문의 규정이 없어 문제된다.

(2) 위례
1) **공시송달이 적법한 경우** [주신공송반]
법인인 소송당사자가 법인이나 그 대표자의 주소가 변경되었는데도 이를 법원에 -1고하지 아니하여 2차에 걸친 변론기일소환장이 되자 법원이 공시송달방법으로 재판을 진행한 결과 쌍방불출석으로 취하간주되었다면, 이는 당사자의 책임으로 돌릴 수 없는 사유로 변론기일을 懈怠한 경우라고는 볼 수 없다고 하면서 쌍방불출석취하간주를 인정했다(89다6509).

2) **공시송달이 부적법한 경우**414) [공송송반]
당사자의 주소, 거소, 기타 송달할 장소를 알 수 없는 경우가 아님이 명백함에도 재판장이 명함으로써 변론기일소환장이 공시송달된 경우, 그 당사자는 적법한 절차에 의한 송달을 받았다고 볼 수 없으므로, 공시송달의 효력이 있더라도 각 변론기일에 당사자가 출석하지 아니했다고하여 쌍방불출석의 효과가 발생한다고 볼 수 없다(80다21380).

(3) 학설
공시송달의 경우에는 당사자 보호를 위해 쌍방불출석 취하간주 제도가 적용되지 않는다고 하는 견해가 있다.

(4) 검토
공시송달이 적법한 경우에는 명문의 규정에 따라 당사자의 불출석을 이유로 쌍방불출석 취하간주를 적용해도 부당한 처사라고 할 수 없으며, 공시송달이 부적법한 경우에는 절차권 보장을 위해 동 규정이 적용되지 않는 것으로 볼 것이다.

➓ 옆번호 표시
강의교안과의 호환성을
높였습니다.

⓫ 학판검 세트
학설, 判例, 검토를 한눈에
볼 수 있도록 정리해줍니다.

---
413) 당사자가 소송 계속 중에 수감된 경우 법원이 판결정본을 제182조에 따라 교도소장 등에게 송달하지 않고 당사자 주소 등에 공시송달 방법으로 송달하였더라도, 공시송달의 요건을 갖추지 못한 하자가 있다고 하더라도, 재판장의 명령에 따른 공시송달은 한 이상 송달의 효력은 있다(2019다220618).
414) 공시송달은 부적법하며 무효라는 논점을 선결로 적는 문제가 나올 수 있다.

5판 머리말

안녕하세요. 민사소송법 곽준형 변리사입니다.

올해 개정판에서는 이전 판에 있던 오탈자를 최대한 찾아 제거하였으며, 책의 대목차별로 옆번호(예: sA-1)를 추가하여 강의교안PPT와의 호환성을 높였습니다. 또한, 개정법과 최신 判例를 반영하였고, 판례 색인을 추가하였으며, 책의 내용 흐름이 자연스럽도록 변론 파트의 단원 배치 순서를 일부 변경하였습니다.

올해는 여러분께 변리사 민사소송법 시험을 너무 어렵게 생각하지 말라는 말씀을 드리고 싶습니다.

내가 공부하는 과목을 불필요하게 어렵게 생각하면 더욱 부담감을 느껴 실제 난이도보다 괜스레 더 어렵게 느껴질 수 있고, 효율적이고 지혜롭게 고득점을 받을 수 있는 길을 두고도 잘못된 공부방법으로 빠져 먼 길을 돌아갈 수도 있습니다.

모든 공부는 어느 경지, 궤도에 올라서기 전까지는 전부 저마다의 어려움이 있고, 이리 치이고 저리 치이고 깨지면서 배우는 과정을 거치기 마련입니다. 민사소송법이 실생활과 다소 동떨어진 절차법이고, 2차 시험에 와서 처음 접하다 보니 익숙하지 않을 뿐, 현명하고 지혜롭게 공부한다면, 충분히 좋은 점수를 안정적으로 받아갈 수 있는 효자 과목입니다.

항상 자신감을 갖고 민사소송법과 대면하시기 바랍니다. 틀리면서 배워가는 과정에서 좌절하기보다는 고된 유격 훈련(군대에서 받는 힘든 훈련)을 하면서 끊임없이 수련하는 것이라고 생각하시고, 현명한 방법으로 실질적인 공부를 하시기 바랍니다.

올해도 윤곽 민사소송법이 여러분의 공부에 큰 도움이 되길 바라겠습니다.

2025. 11.

곽준형 드림

4판 머리말

안녕하세요. 곽준형 변리사입니다.

합격 후 연수원 기억이 아직도 생생한데 어느새 변리사 4년차, 강의 6년차에 접어들고 있네요.

얼마전 합격자분들을 만나 큰 힘을 얻었고 내색은 크게 안했지만 개인적으로는 많은 위로가 되었습니다.

수험생 여러분들이 묵묵하게 공부하듯이 저도 묵묵하게 변리사로서, 강사로서 제 할일을 하다보니 가끔은 지치기도 하지만 이렇게 힘을 얻어서 다시 한 발씩 앞으로 나아갑니다.

여러분들이 제 삶에서 심적으로 큰 힘이 된다는 점을 알아주셨으면 합니다.

이번 개정판은 구판의 가독성을 개선하는 데 주력했습니다.

구판에서 많은 내용을 포함하다보니 판례, 각주 등이 다소 두껍게 들어간 측면이 있어서 불필요한 문구를 덜어내고 압축하였으며, 각주 내용 중 자주 볼만한 것들은 본문으로 올리고, 각주 내용 중 일부 불필요한 내용은 삭제하였습니다.

이외에도, 사소하지만 모호하거나 부적절한 표현을 옳게 수정하였고, 표준 判例에 *표시를 해두었으며, 논점 제목 옆에 기출연도를 작게 표시하여 교재 활용도를 높였습니다.

그리고 당연히 지난 시즌의 GS에서 출제한 최신 判例 및 2024년 10월까지의 최신 判例도 모두 반영하였습니다.

윤곽 민사소송법 기본서가 많은 도움이 되길 바랍니다.

더불어, 신판 사례집도 불필요한 사실관계 등을 덜어내고, 과도하게 어려운 문제는 삭제할 예정입니다.

62회 합격자 모임 때 뵙기를 바랍니다. 감사합니다.

2024. 11.

곽준형 드림

3판 머리말

2024년 61회 대비 개정판에서는 공부에 필요한 일반론, 판례를 빠짐없이 수록하는 데 주력하였습니다.

2023년 6월까지의 최신 판례, 2023년 법학전문대학원협의회 표준판례 400선 개정판, 기타 지엽적인 판례들까지 수록하였습니다.

이제 다른 책을 보면서 추가 단권화할 내용은 없다고 봐도 무방하겠습니다.

많은 내용을 포함하면서도 책이 두꺼워져 부담되지 않도록 460page 정도로 압축하였고, 기존의 깔끔하게 정리된 양식은 그대로 유지하였습니다.

윤곽 민사소송법이 여러분의 합격에 보탬이 되길 기원합니다.

2023. 10.

곽준형 드림

2판 머리말

안녕하세요.

제 책을 찾아주신 여러분께 감사의 말씀을 전합니다.

윤곽 민사소송법은 방대한 양의 민사소송법 이론을 1) 깔끔하고 체계적인 암기가 될 수 있도록 하고, 2) 암기된 내용을 빠르게 답안으로 현출할 수 있도록 하는 목표를 갖고 있습니다. '윤곽'이라는 이름도 민사소송법의 윤곽, 뼈대, 틀을 제대로 파악하고 정리하여 위 2단의 과정이 수월하게 이루어지도록 하고자 하는 의지가 담겨 있습니다.

개념들에 대한 표현은 여러 교수저를 참조하되, 절차법인 민사소송법에서 가장 중요시 여겨지는 **判例**를 중심으로 서술하였습니다. 목차 또한 여러 교수저를 참조하되, 암기가 수월하게 될 수 있도록 재정비하여 정렬시켰습니다. **判例**는 최대한 원문의 느낌을 익히실 수 있도록 거의 훼손하지 않은 상태 그대로 실었습니다.

특히, 표준**判例** 및 최신**判例**를 모두 반영하였습니다. 표준**判例** 및 최신**判例** 중엔 그동안 수험가에 잘 알려지진 않았지만 반드시 알아둬야 할 중요**判例**가 제법 포함되어 있어 꼼꼼히 공부해둘 필요가 있기 때문입니다.

[윤곽 민사소송법]과 [개념완성강의]를 통해 1) 어려운 개념의 쉬운 풀이 2) **判例**의 분석 및 구조파악 3) 논점별 답안작성시 유의사항 4) 중요논점과 비중요논점 등을 모두 충분히 습득하실 수 있습니다. 이후 저와 [문제풀이]까지 함께 하신다면 민사소송법이라는 과목에 대해 안정감과 자신감을 얻어 "민사소송법이 이렇게 손에 잘 잡히는 과목이었구나"라는 생각이 드실 것입니다.

저는 지금까지 강의를 해오면서 "시간만 채우거나 상황을 모면하기 위한 근거없는 무책임한 말을 하지 말자.", "알맹이도 없이 껍데기뿐인 강의를 하지 말자."라는 신념을 지켜왔습니다. 항상 실질적으로 "수험생의 입장에서 어떤 강의가 필요할까? 어떤 문제가 실력향상에 도움이 될까? 어떤 답안지가 실제 시험에서 고득점을 받을까?"라는 고민을 수도 없이 해왔고, 이런 목표를 충실하게 반영하는 강의를 해왔습니다.

여러분도 공부를 하시면서 "회독수", "순공부시간", "GS등수", "지식의 양" 등과 같은 피상적인 기준에서 한 단계 나아가서 실질적으로 "합격에 도움이 되는 공부"가 무엇인지 고민하고 이를 찾아 실질적으로 "합격에 도움이 되는 공부"가 무엇인지 고민하고 이를 찾아 실천하시기 바랍니다.

공부를 하는 기간은 외롭고 힘든 터널과도 같은 시간인 것 같습니다. 지금은 비록 터널 끝의 빛이 작고 희미하게 보일 뿐이지만, 언젠가 긴 터널 끝에서 쏟아지는 빛에 다다르실 것입니다. 그때까지 제 책과 강의가 터널 안을 밝혀주는 전등이 되었으면 좋겠습니다.

2021.12.

곽준형 드림

추신. 항상 일에 전념할 수 있도록 아낌없는 지원을 해주시는 아버지, 어머니 감사합니다. 더불어 항상 마음의 평화를 주시고 많은 도움을 주시는 소중한 분들께 감사의 말씀을 전합니다.

CONTENTS

CHAPTER 01 | 민사소송법 총론

001 소송절차 개관 및 소장/답변서 ·· 2
002 신의칙 ·· 7

CHAPTER 02 | 소송의 주체 - 법원

003 국제재판권 개관 ··· 14
004 국제재판권의 인적 범위 ··· 15
005 국제재판권의 물적 범위 ··· 17
006 관할 개관 ·· 26
007 직무관할 ·· 28
008 사물관할 ·· 29
009 토지관할 ·· 33
010 합의관할 ·· 38
011 변론관할 ·· 41
012 이송 개관 ·· 42
013 제34조 제1항 관할위반 이송 ·· 43
014 제35조 심판편의를 위한 이송 ·· 47
015 제36조 지식재산권에 관한 소의 이송 ·· 48
016 제269조 제2항 반소제기에 의한 이송 ··· 49
017 이송의 효과 ·· 50
018 법관의 제척 ·· 52
019 법관의 기피 ·· 54

CHAPTER 03 | 소송의 주체 - 당사자

020 당사자 확정 ·· 58
021 표시정정 ·· 59

022 임의적 당사자변경 · 64
023 성명모용소송 · 66
024 제소전 사망 · 67
025 당사자능력 · 71
025-1 비법인사단의 소송수행 · 74
025-2 조합의 소송수행 · 76
026 당사자적격 · 79
026-1 소송담당 · 82
027 소송능력 · 85
028 변론능력 · 89
029 대리인 개관 · 91
030 법정대리인 · 92
031 임의대리인 · 96
032 대리권의 소송상 취급 · 101
033 채권자대위소송 · 103
034 피보전채권 이행의 소 확정판결과 대위소 · 113

CHAPTER 04 | 소와 소송요건

035 소의 종류 개관 · 116
036 공유물분할의 소 · 117
037 토지경계확정의 소 · 119
038 소송요건 · 122
039 소의 이익 개관 · 126
040 권리보호자격 · 128
041 권리보호이익 · 131
042 장래이행의 소 · 134
043 확인의 소 · 137
044 증서진부 확인의 소 · 146

CHAPTER 05 | 소송물

045 소송물이론 · 148
046 일부청구 · 154

CHAPTER 06 | 소송절차 개시

047 소장의 필요적 기재사항 ········· 160
048 청구원인 ········· 162
049 소장의 보정명령과 각하명령 ········· 163

CHAPTER 07 | 소송절차 개시의 효력

050 중복소제기금지원칙 ········· 168
051 시효중단 ········· 173

CHAPTER 08 | 변론

052 처분권주의 ········· 180
053 변론주의 ········· 186
054 석명권 ········· 193
055 지적의무 ········· 197
056 변론 개관 ········· 201
057 변론준비절차 ········· 202
058 변론의 개시, 진행, 종결, 재개 ········· 204
059 변론의 구성 ········· 207
060 준비서면 ········· 209
061 적시제출주의 ········· 211
062 실기한 공격방어방법 각하 ········· 212
063 이의권 포기·상실 ········· 214
064 한쪽 당사자의 결석 – 진술간주 ········· 215
065 한쪽 당사자의 결석 – 자백간주 ········· 217
066 양쪽 당사자의 결석 – 쌍방불출석 취하간주 ········· 218
067 소송상 형성권 행사 ········· 220
068 소송상 합의 ········· 223
069 소송행위 의사표시의 하자와 철회 ········· 227
070 소송행위의 추후보완 ········· 230
071 교부송달 및 보충송달 ········· 235
072 발송송달 ········· 240
073 공시송달 ········· 242

074 소송절차의 중단 ·· 245
075 소송 중 사망 ·· 246

CHAPTER 09 | 자백과 자백간주

076 재판상 자백 ·· 254
077 자백의 철회 ·· 260
078 자백간주 ·· 262

CHAPTER 10 | 경험칙과 현저한 사실

079 경험칙 ·· 266
080 현저한 사실 ·· 267

CHAPTER 11 | 증거

081 증거와 증명의 개념 ·· 270
082 증거신청 ·· 272
083 유일한 증거 ·· 274
084 증인신문 ·· 276
085 당사자신문 ·· 278
086 감정 ··· 279
087 검증 ··· 281
088 서증 ··· 282
089 문서제출명령 ·· 288
090 증명방해 ·· 292
091 증거보전 ·· 294

CHAPTER 12 | 법원의 판단

092 자유심증주의 ·· 296
093 증명책임 ·· 300
094 법률상 추정 및 사실상 추정 ·· 302
095 일응추정 및 간접반증 ·· 304

CHAPTER 13 | 소송의 종료

- 096 소취하 ········· 308
- 097 재소금지원칙 ········· 310
- 098 포기와 인낙 ········· 314
- 099 재판상 화해 ········· 316
- 100 제소전 화해 ········· 321
- 101 화해권고결정 ········· 323
- 102 판결 ········· 324
- 103 판결의 경정 ········· 327

CHAPTER 14 | 판결의 효력

- 104 기판력 개관 ········· 330
- 105 기판력의 주관적 범위 ········· 333
- 105 기판력의 객관적 범위 ········· 338
- 107 기판력의 작용국면 ········· 342
- 108 기판력의 시적범위 및 차단효 ········· 345
- 109 추가청구와 변경의 소 ········· 351
- 110 판결편취 ········· 355

CHAPTER 15 | 사해행위취소소송

- 111 사해행위취소소송 ········· 360

CHAPTER 16 | 병합소송

- 112 객관적 병합 ········· 364
- 113 대상청구 ········· 371
- 114 소변경 ········· 373
- 115 반소 ········· 378
- 116 중간확인의 소 ········· 384
- 117 공동소송 개관 ········· 385
- 118 통상공동소송 ········· 389

119 필수적 공동소송 ·········· 391
120 주관적 선택적·예비적 병합 ·········· 395
121 선정당사자 ·········· 400
121 보조참가 ·········· 405
123 공동소송적 보조참가 ·········· 410
124 공동소송참가 ·········· 413
125 소송고지 ·········· 416
126 독립당사자참가 ·········· 417
127 참가승계 ·········· 424
128 인수승계 ·········· 426
129 소송탈퇴 ·········· 429

CHAPTER 17 | 상소

130 상소 및 상소요건 ·········· 434
131 상소이익 ·········· 435
132 상소불가분원칙 ·········· 438
133 불이익변경금지원칙 ·········· 440
134 항소 ·········· 448
135 항소취하 ·········· 453
136 부대항소 ·········· 455
137 상고 ·········· 457
138 환송판결의 기속력 ·········· 461
139 항고 ·········· 463

CHAPTER 18 | 재심

140 재심 ·········· 468

판례 색인 ·········· 475

CHAPTER 01

민사소송법 총론

001 소송절차 개관 및 소장/답변서

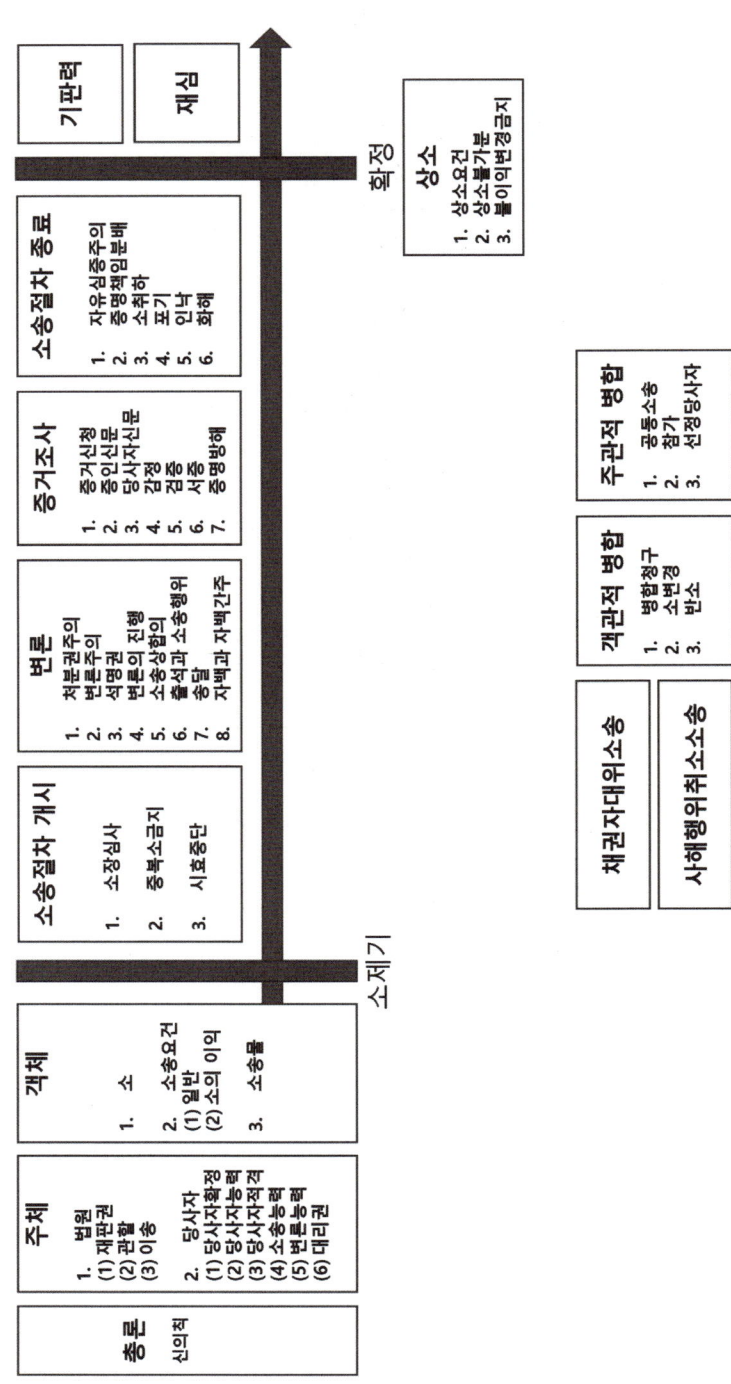

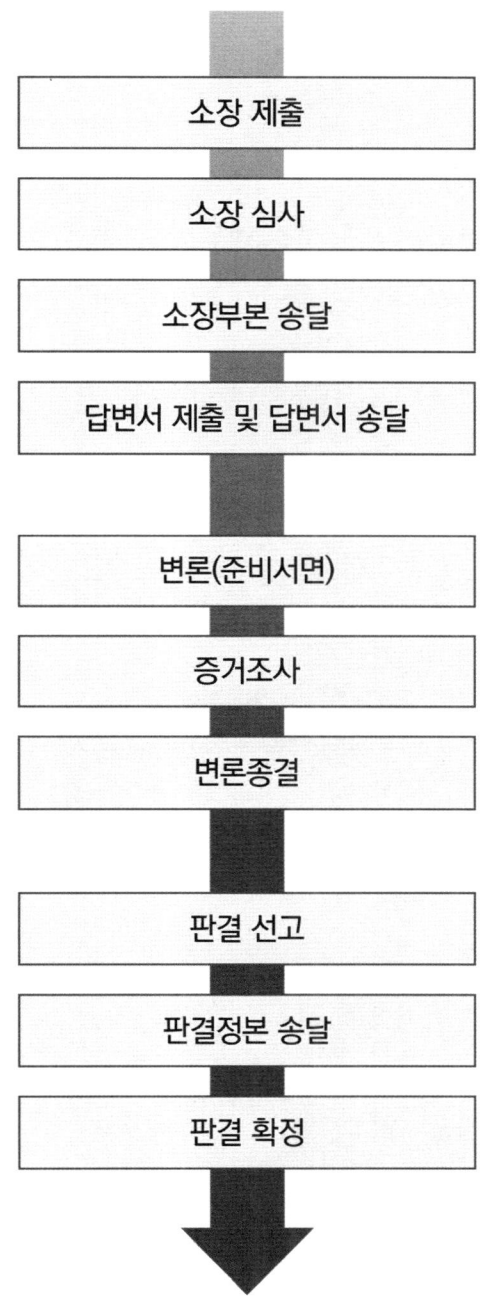

소 장

원고 김철수
　　서울특별시 강남구 역삼동 ○○오피스텔 303호
　　전화번호 010-NNNN-MMMM

피고 김영희
　　경기도 안양시 동안구 평촌동 ○○아파트 206동 705호

청구취지

1. 피고는 원고에게 5000만 원 및 이에 대한 2001. 5. 6.부터 갚을 때까지 연 5%의 비율로 계산한 돈을 지급하라.
2. 소송비용은 피고가 부담한다.
　라는 판결을 구합니다.

청구원인

1. 원고는 피고에게 2000. 1. 2. 자로 5000만 원을 2001.○○.○○.을 변제기로하여 연 ○○%의 이율로 대여하였습니다.
2. 피고는 변제기가 지나도 위 대여금을 지급하지 않자, 원고와 만나 각서를 작성하였습니다.
3. 각서 작성 후 피고는 현재까지 연락이 두절된 채 대여금을 지급하지 않고 있습니다.

입증방법

갑 제1호증 차용증
갑 제2호증 각서

첨부서류

소장부본, 소송대리위임장 1통

2002. 6. 25. 원고 김철수
서울중앙지방법원 귀중

답 변 서

사건 2002가단XXXXX
원고 김철수
피고 김영희

청구취에 대한 답변
1. 원고의 청구를 기각한다.
2. 소송비용은 원고의 부담으로 한다.
   라는 판결을 구합니다.

청구원인에 대한 답변
1. 원고로부터 3000만 원 상당의 금전을 받은 적이 있으나, 원고와 소비대차 계약을 맺은 적 없습니다.
2. 원고로부터 받은 돈은 원고가 피고의 사업이 어려워지고, 일시적으로 채무를 지게 되자 그 사정이 딱하다고 여겨 반환하지 않아도 되니 자유롭게 쓰라고 준 돈입니다.

입증방법
을 제1호증 녹음파일
을 제2호증 각서

첨부서류
위 입증방법 2통, 답변서부본 1통, 증거설명서 2통, 소송대리위임장 1통

2002. 7. 20. 피고 김영희
서울중앙지방법원 귀중

준 비 서 면

사건 2002가단XXXXX
원고 김철수
피고 김영희

위 사건에 관하여 원고는 다음과 같이 변론을 준비합니다.

다 음

1. 피고는 2000. 1. 2. 자로 5000만 원을 2001.○○.○○.을 변제기로 하여 연 ○○%의 이율로 대여하였습니다. 피고는 자신의 법률대리인을 통해 계약서와 함께 차용증을 작성해주었으며, 법률대리인이 위임장과 피고의 인감을 가져와 계약서와 차용증을 작성한 뒤 날인하였습니다.
2. 피고는 변제기가 지나도 위 대여금을 지급하지 않자, 원고는 피고의 법률대리인에게 연락했고 피고의 법률대리인 및 피고와 세 명이서 강남 우성 아파트 사거리 스타벅스에서 만나 각서를 작성하였습니다.
3. 각서 작성 후 피고는 현재까지 연락이 두절된 채 대여금을 지급하지 않고 있습니다.
4. 피고의 법률대리인에게 연락이 닿았지만 현재 법률대리인 직을 사임한 상태라고 하며 자신은 이 사건과 아무관계가 없다고 합니다.

2002. 8. 31. 원고 김철수
서울중앙지방법원 귀중

002 신의칙

> 의의 – 내용 – 예외 – 효과 + 관련 논점

I. 의의 및 취지

sA-1

당사자와 소송관계인은 **신의에 따라 성실하게 소송을 수행**하여야 한다(제1조 제2항). 민사소송의 **적정·공평·신속·경제**라는 이상을 실현하기 위함이다.

II. 내용

sA-2

1. 소송상태의 부당형성 배제

(1) 의의 [꾀유상이]

잔**꾀**를 써서 자기에게 **유**리하거나 **상**대방에게 불리한 소송**상**태를 형성하고 **이**를 **이**용하는 것은 신의칙에 반하여 허용되지 않는다.

(2) 판단

1) [관할선택권 남용] 민사소송의 일방 당사자가 **다른 청구에 관하여 관할만을 발생시킬 목적으로 본래 제소할 의사 없는 청구를 병합**한 것이 명백한 경우에는, **관할선택권의 남용으로서 신의칙에 위배**되어 허용될 수 없으므로, 관련재판적 규정을 적용할 수 없다(2011마62*).[1]

2) [소송신탁 및 허위증언] 소송신탁은 법률로 금지되므로 채권자가 K로 하여금 원고가 되어 채무자에게 대여금반환청구소송을 제기해 채권을 추심하게 한 약정은 반사회적 법률행위로서 무효이며, 채권자는 K가 채무자에게 대여금청구권을 갖는 것처럼 꾸며 소제기하게 하고 허위증언함으로써 법원을 기망해 승소판결을 받아 지급받게 했다면, 채권자는 공동불법행위자임에도 불구 K에게 위 약정 또는 부당이득에 의한 금원지급을 구하는 것은 사회질서 및 신의칙에 반한다(82다카1919).[2]

3) [판결 편취] 주소 있는 자를 주소불명의 행방불명자로 만들어 공시송달하게 하는 것은 신의칙에 반하여 허용될 수 없다.

4) [재판적 남용] 국내에 재산도 주소도 없는 자를 상대로 소제기를 하려 하는데 국내 재판적이 없어 국내 법원에 소송할 길이 막혔을 때에 억지로 재산을 국내에 끌여들여 재산이 있는 곳에 재판적을 만들어 놓고 그 법원에 소제기하는 것은 신의칙에 반한다.

5) [소액사건심판 남용] 소액사건심판법의 적용을 받기 위하여 채권을 소액으로 분할하여 청구하는 것은 신의칙에 반한다.

---

[1] 변호사 甲과 乙 사찰이, 소송위임계약으로 인하여 생기는 일체 소송은 전주지방법원을 관할 법원으로 하기로 합의하였는데, 甲이 乙 사찰을 상대로 소송위임계약에 따른 성공보수금 지급 청구 소송을 제기하면서 乙 사찰의 대표단체인 丙 재단을 공동피고로 추가하여 丙 재단의 주소지를 관할하는 서울중앙지방법원에 소를 제기한 사안에서, 甲의 위와 같은 행위는 관할선택권의 남용으로서 신의칙에 위반하여 허용될 수 없으므로 관련재판적에 관한 민사소송법 제25조는 적용이 배제되어, 서울중앙지방법원에는 甲의 乙 사찰에 대한 청구에 관하여 관할권이 인정되지 않는다고 한 사례.

[2] 권리자가 소송에서 제3자로서 증인으로 나서기 위해 다른 사람에게 채권을 양도한 것처럼 꾸민 사례. 이외에도 자기 채권의 만족을 위해 채무자와의 채권채무관계에 부당하게 제3자 또는 제3자의 재산을 끌어들이는 것은 신의칙에 반할 수 있다.

6) [유치권 남용] 우선하는 담보물권이 설정된 목적물을 소유한 채무자와의 사이에 자기 채권의 우선적 만족을 위해 의도적으로 유치권의 성립요건을 충족하는 내용의 거래를 일으키고 그에 기하여 목적물을 점유하여 유치권을 성립시키는 것은 신의칙에 반한다(2011다84298).
7) [명의신탁 남용] 채권자가 채권을 확보하기 위해 제3자 부동산을 채무자에게 명의신탁하게 한 다음 그 부동산에 대해 강제집행하는 것은 신의칙에 반한다(80다2604).

2. 모순 거동 금지

(1) 의의 [일신지모]

당사자 일방이 과거에 일정방향의 태도를 취하여 상대방이 이를 신뢰하고 자기의 소송상의 지위를 구축했는데, 그 신뢰를 저버리고 종전의 태도와 지극히 모순되는 소송행위를 하는 것은 허용되지 않는다(93다25875*).

(2) 판단

1) [표시정정에 동의하고 판결 후 표시정정 부적법 주장] 법원이 원고의 부적법한 당사자표시정정신청을 받아들이고 피고도 이에 명시적으로 동의하여 정정된 원고와 피고 사이에 변론이 진행된 다음 본안판결이 선고된 경우, 그 후에 당사자표시정정신청의 적법성을 문제 삼는 것이 허용되지 않는다(2008다11276).[3]
2) [추완항소 후 자신의 항소가 부적법함을 주장] 당사자가 송달이 부적법하다며 추후보완항소를 제기하여 이것이 받아들여져 본안 심리가 이루어졌으나 항소가 이유없다고 기각되자, 추후보완항소를 제기하였던 당사자가 다시 상고를 제기하면서 자기의 추후보완항소는 부적법하였다고 주장하는 것은 신의칙상 허용되지 않는다(93다25875*).
3) [부제소합의 위반] 부제소합의한 경우, 이에 위배되어 제기된 소는 권리보호의 이익이 없고, 신의칙에도 어긋나는 것이다(92다21760*).
4) [소취하합의 위반] 소취하계약에 반하여 소송을 계속 유지하는 행위는 신의칙에 반한다.
5) [매매계약 무효·해제 후 매매계약이행청구] 매매계약의 무효 또는 해제를 주장하며 그 매매대금의 반환을 구하는 소를 제기하고 그 소송 계속 중에 이중의 이득을 얻으려는 목적으로 매매계약이 유효함을 주장하여 그 이행을 구하는 별도의 소를 제기한 경우라든지, 매매계약을 무효·해제로 하기로 하는 합의가 있었거나, 매매계약에 기한 청구를 하지 않는다는 신뢰를 부여하는 행위를 했다는 등의 특별한 사정이 있고, 피고가 이를 신뢰할 정당한 이유가 있음에도 매매계약이행을 구하는 소를 제기하는 것은 신의칙에 반한다(2004다55698).[4]
6) [과거 주장 부정] 과거에 선행소송으로 어떤 사실 존재를 강하게 주장한 후 상대방으로부터 별소인 후 소를 제기당했을 때 이전에 강하게 주장한 사실을 부정하는 것은 신의칙에 반할 수 있다.

---

3) 제1심법원이 제1차 변론준비기일에서 부적법한 당사자표시정정신청을 받아들이고 피고도 이에 명시적으로 동의하여 제1심 제1차 변론기일부터 정정된 원고인 회사와 피고 사이에 본안에 관한 변론이 진행된 다음 제1심 및 원심에서 본안판결이 선고되었다면, 당사자표시정정신청이 부적법하다고 하여 그 후에 진행된 변론과 그에 터 잡은 판결을 모두 부적법하거나 무효라고 하는 것은 소송절차의 안정을 해칠 뿐만 아니라 그 후에 새삼스럽게 이를 문제 삼는 것은 소송경제나 신의칙 등에 비추어 허용될 수 없다.
4) 다만 이 사안에서는 원고가 매매계약의 무효 또는 해제를 이유로 매매대금반환의 전소를 제기한 상태에서 매매계약에 따른 소유권이전등기의 이행을 구하는 소를 제기한 것이 피고를 상대로 이중의 이득을 얻으려고 하는 목적이 있었다고 볼 수 없고, 피고에게 원고가 소유권이전등기의 이행을 구하는 소를 제기하지 않는다는 신뢰를 부여하였다고 보기 어려워 신의칙에 위배되지 않는 것으로 보았다.

7) [강제집행절차 후 무효 주장] 강제집행절차에서 당사자가 행사할 수 있는 구제절차를 취하지 않는 등의 선행행위를 하여 상대방이 신뢰를 가지는 것이 상당하다고 인정된 후 강제집행절차의 무효를 주장하는 경우 신의칙에 반한다(92다7726*).

3. 소송상 권능 실효

(1) 의의 [장상신새]

권리자가 장기간 권리를 행사하지 않아 상대방이 더 이상 권리자가 권리를 행사하지 아니할 것으로 신뢰할 만한 정당한 기대를 가지게 될 경우에, 새삼스럽게 권리자가 권리를 행사하는 것은 금지된다(94다51840*).

(2) 판단 [기정일구통]

1) [일반적 판단기준] 실효기간의 길이와 의무자인 상대방이 권리가 행사되지 아니하리라고 신뢰할 만한 정당한 사유가 있었는지는 일률적으로 판단할 수 있는 것이 아니라 구체적인 경우마다 권리자 측과 상대방 측 쌍방의 사정 및 객관적으로 존재한 사정 등을 모두 고려해 사회통념에 따라 합리적으로 판단한다(94다51840*).

2) [소권 실효] - 면직, 퇴직금 수령하고 10년 후 면직처분무효확인의 소를 제기

ⅰ) 判例

근로자들이 면직 후 바로 아무런 이의 없이 퇴직금을 수령하였으며 그로부터 9년 후 보상금까지 수령하였다면 면직일로부터 10년이 다 되어 면직처분무효확인의 소를 제기함은 신의성실의 원칙에 반하거나 실효의 원칙에 따라 권리의 행사가 허용되지 않는다(92다3670*)

ⅱ) 학설

① 소권실효 긍정설은 소권은 처분권의 대상이 될 수 있으므로, 소권도 실효 대상이 된다고 본다. ② 소권실효 부정설은 헌법이 인정하는 재판청구권인 소권은 실효의 대상이 될 수 없다고 본다. 다만, 소권남용으로 보아 소를 각하하여야 한다고 본다. ③ 실체법상 권리 실효설은 소권이 아닌 실체법상 지위가 실효된 것으로 보아 청구기각판결을 하여야 한다고 본다.

ⅲ) 검토

생각건대 권리행사가 실체법상 신의칙에 반하면 청구를 기각할 것이며, 권리행사는 실체법상 신의칙에 반하지 않고 소제기가 소송법상 신의칙 위반인 것만 각하해야 하므로, 위와 같이 권리행사가 실체법상 신의칙에 반하는 경우는 청구를 기각함이 분쟁의 종국적 해결로 타당하다.

3) [항소권 실효] 사위판결로 소유권이 넘어간 것을 알고도 4년간 아무런 법적 조치를 취하지 않은 경우 항소권과 같은 소송법상 권리에 대하여도 실효의 원칙이 적용될 수 있다(94다51840*).5)

4) [기간의 정함이 없는 신청] 통상항고, 이의신청 등과 같이 기간의 정함이 없는 신청에 실효의 원칙이 적용될 수 있다.

---

5) 허위주소송달 판결편취 사건에서, 판결정본 송달은 무효이므로 항소기간은 도과하지 않고 항소는 기간의 정함이 없는 신청이므로 실효의 원칙이 적용될 수 있다. 甲은 미국에 이민간 딸인 乙을 상대로 乙소유의 X토지에 대해 허위 매매를 원인으로 소유권이전등기청구의 소를 제기하면서 乙의 주소를 허위로 기재하여 자백간주로 승소판결을 얻어내었는데, 이후 귀국한 乙이 甲에게 항의하였고 언쟁을 벌였으며, 甲이 실제로 X토지를 제3자에게 매도하자 곧바로 乙이 항소한 경우, 甲은 乙이 항소권을 행사하지 않으리라는 정당한 기대를 가지게 되었다고 볼 수 없어 乙의 항소권은 실효된 것이 아니다.

5) [무효인 약정으로 넘겨준 등기의 말소청구] 갑이 을이 설립할 회사에 토지를 출자 또는 매도하기로 약정하고 회사 설립 후 등기를 넘겨 준 다음 장기간 회사 경영에 관여하다가 15년이 지난 후 토지 양도 무효를 주장하며 등기말소를 구하는 것은 신의칙에 반한다(2013다88829*).

4. 소송상 권능 남용 금지

(1) 의의 [외남]

소송 **외**의 목적을 추구하기 위한 소송상 권능의 행사는 소권의 **남**용으로 보호할 가치가 없다. 확정판결에 의한 권리라도 남용해선 안 되기 때문이다.

(2) 판단

1) [부제소합의 회피를 위한 공동소송참가] 부제소특약을 회피하기 위해 소제기 하지 않고 **공동소송참가** 하는 것도 소권 남용에 해당할 수 있다(87다카113*).6)
2) [반복적 재심청구] 대법원에서 **수회에 걸쳐 같은 이유를 들어 재심 청구를 기각하였음에도** 다시 같은 이유를 들어 최종 재심판결에 대해 재심을 청구하는 것은 상대방을 괴롭히고 사법적 혼란을 조성하는 바 소권의 남용이다(92재다226*).
3) [소송지연을 위한 기피신청] 소송 지연을 목적으로 한 기피신청은 허용되지 않는다.
4) [금품 수수 목적의 소제기] 직무수행 의사는 없이 오로지 학교법인이나 이사들로부터 금품을 받을 목적으로 제기한 이사회결의부존재확인의 소를 제기하는 것은 권리보호의 자격 내지 소의 이익이 없는 부적법한 것이다(74다767).

III. 예외   sA-3

당사자의 형평보다 실체적 진실에 맞는 해결이 요구되는 신분관계소송에는 신의칙이 적용되지 않는다.

IV. 효과   sA-4

1. 소송법상 의의

강행규정에 위배되는 것이므로 당사자의 주장이 없더라도 법원은 **직권**으로 판단할 수 있다(94다42129*).

2. 흠결시 취급

여효적 소송행위7)는 **무효**, 취효적 소송행위8)는 **배척**한다.

---

6) A주식회사의 대주주이며 대표이사로서 위 회사를 사실상 지배하던 甲의 처인 乙, 처남인 丙 등이 甲을 위하여 회사경영에 참여해 오다가 甲이 丁에게 대가를 받고 회사의 소유와 경영을 넘겨주면서 앞으로 어떠한 권리주장이나 청구도 하지 않기로 확약하였고 그에 따라 乙, 丙 역시 회사경영에서 완전히 손을 떼었음에도 불구하고 그로부터 3년 정도나 경과한 뒤에 甲이 丁과의 합의를 무시하고 다시 회사의 경영권을 되찾아 보려고 나서자 乙, 丙 역시 甲의 의도에 부응하여 甲이 제기한 주주총회결의부존재확인소송에 공동소송참가를 하였다면 이는 신의성실의 원칙에 반하는 제소로서 소권의 남용에 해당한다고 본 사례.
7) 법원의 개입 없이 직접 소송상 효력을 발생시키는 행위이다. 소취하, 포기·인낙, 화해 등이 이에 해당한다.
8) 법원에게 재판 등을 요구하거나 재판의 기초가 되는 자료를 제공하는 행위이다. 소제기, 주장, 증거신청 등이 있다.

3. 간과판결의 효력

상소의 대상은 되지만 재심사유에는 해당되지 않는다. (단, 공시송달에 의한 판결편취는 재심사유 11호에, 참칭대표자에 의한 판결편취, 성명모용에 의한 판결편취는 재심사유 3호에 해당한다.)

V. 관련 논점

sA-5

1. 신의칙의 선택적/보충적 적용 여부

(1) 학설

ⅰ) 선택적 적용설은 타법으로 해결가능한지 불분명할 수 있어 선택적으로 적용할 수 있다고 한다.
ⅱ) 보충적 적용설은 일반조항의 성격상 타법으로 해결할 수 없는 경우에만 보충적으로 적용되어야 한다고 한다.

(2) 判例 [부권신]

부제소합의에 위배되어 제기된 소는 **권**리보호의 이익이 없고 또한 **신**의성실원칙에도 어긋난다(2011다80449*).

(3) 검토

判例를 선택적 적용설, 보충적 적용설로 평가하는 견해가 각각 있으나, 사적재산권을 보호하기 위해 중요도를 낮게 볼 수 없어 선택적 적용설이 **타**당하다.

2. 법인격부인론

(1) 의의

회사가 외형상 법인의 형식을 갖추고 있어도, 실질적으로는 완전히 배후자 개인기업에 불과하거나 배후자에 대한 법적용 회피를 위한 수단으로 이용되는 경우, 회사에게만 법적 효과가 귀속됨을 주장하며 배후자 책임을 부정함은 신의칙에 위배된다. 이 경우, 특정 사안에 한해 회사의 법인격이 부인되어 회사는 물론 그 배후자(개인 또는 신설법인)에 대해서도 책임을 물을 수 있다.

(2) 법인격이 부인되는 회사가 당사자일 때 취급

법인격부인론은 특정 사안에서만 법인격을 부인하는 것이므로 해당 회사는 ⅰ) 표시설에 따라 당사자로 확정될 수 있고 ⅱ) 당사자능력이 인정될 수 있고 ⅲ) 당사자적격이 인정될 수 있어 그 회사에 대한 본안판결도 가능하다.

(3) 법인격이 부인되는 회사와 배후자 사이 당사자 변경

임의적 당사자 변경 또는 피고경정으로 가능하다고 볼 것이다.

(4) 법인격이 부인되는 회사의 배후자 사이의 판결효

법적 안정성을 위해 기판력 및 집행력의 범위를 판결을 받은 자가 아닌 자로 확장할 수 없다(93다44531*).

☑ **법인격부인론의 역적용**

개인이 회사를 운영하며 지배적 지위에 있는 경우, 개인 자산이 회사로 이전되었다면 제반사정을 종합적으로 살펴 회사 설립 전 개인 채무에 대한 회사의 책임을 부인하면 정의, 형평에 반할 때 회사에 대해 설립전 개인이 부담한 채무의 이행을 구할 수 있다(2019다293449).

CHAPTER

02

소송의 주체
- 법원

003 국제재판권 개관

📂 의의 – 내용 – 소송법상 취급

I. 의의 및 취지   sB-1

재판권이란 법질서 실현을 위해 **재판으로 분쟁을 처리하는 국가권력**을 의미한다.

II. 내용   sB-2

1. 인적 범위

(1) 원칙

국가의 영토고권 때문에 재판권은 국적을 불문하고 국내에 있는 모든 사람에게 미친다.

(2) 예외

치외법권자인 외교사절, 영사관원, 외국의 원수, 국제기구 직원, 외국국가, 주한미군에 대해서는 우리나라의 민사재판권이 미치지 않을 수 있다.

2. 물적 범위

외국적 요소를 갖는 사건에 대해 어느 나라의 법원이 재판권을 갖는지 결정하는 것으로, 국제재판관할권이라 한다.

3. 장소적 범위

민사재판권은 영토주권원칙에 따라 자국의 영토에 한정된다.

III. 소송법상 취급   sB-3

1. 소송법상 의의

ⅰ) 고도의 공익성이 요구되는 소송요건으로 **직권조사사항**이며, ⅱ) **직권탐지주의**에 의해 자료를 수집한다.

2. 흠결시 취급

ⅰ) 재판권 흠결시 법원은 **소각하판결** 한다.9) ⅱ) 재판권 흠결을 간과한 판결은 **당연무효**이며, 상소와 재심의 대상이 될 수 없다.10)

---

9) ⅰ) 判例 중에 소장을 송달할 수 없는 경우에 해당하여 제1심 재판장이 명령으로 소장을 각하한 것이 있고 ⅱ) 재판권이 없으면 소장부본 자체를 송달할 수 없으므로 소장 각하 해야 한다고 하는 소장각하설 있으나 ⅲ) 소제기 후 재판권 존부를 탐지하여야 알 수 있고, 재판권흠결이 명백해도 재판권 면제를 포기할 수 있으므로 판결로 소를 각하함이 타당하다.
10) 다만, 통설은 유효한 판결로 보이는 외관 제거를 위해 상소를 긍정한다. 법관 아닌 자의 판결이나 판결이 선고되지 않아 판결의 외관 조차 없는 비판결과 달리 보아야 한다는 입장이다.

004 국제재판권의 인적 범위

📁 원칙 및 예외 – 문제점 – 주권면제의 범위

Ⅰ. 원칙 및 예외　　　　　　　　　　　　　　　　　　　　　　　　　　　　sB-4

1. 원칙

우리나라 민사재판권은 대한민국 안 모든 **사람**에게 미친다.

2. 예외

다만, **외국주권국가**는 다른 나라 재판권에 따르지 않으며, 이를 **주권면제**라고 한다.11)

Ⅱ. 문제점　　　　　　　　　　　　　　　　　　　　　　　　　　　　　　　sB-5

외국주권국가의 **모든 행위**가 우리나라 법원의 재판권으로부터 면제되는지가 문제된다. 즉, 주권면제가 적용되는 **범위**가 문제된다.

Ⅲ. 주권면제의 범위　　　　　　　　　　　　　　　　　　　　　　　　　　sB-6

1. 학설

(1) 절대적 주권면제주의는 외국국가의 행위에 대해 모든 경우 재판권이 면제된다고 한다.
(2) 상대적 주권면제주의는 외국국가의 행위에 대하여 일정한 경우에만 재판권이 면제된다고 한다.
　ⅰ) 행위성질기준설은 주권행위만 면제되고 **사법**행위는 면제되지 않는다고 한다.
　ⅱ) 행위목적기준설은 공적 목적을 위한 행위만 면제되고 사적 목적을 위한 행위는 면제되지 않는다고 한다.

2. 判例

(1) 종래 [관복]

국가는 원칙적으로 **국제관례**상 외국의 재판권에 **복종**하지 않게 되어 있으므로 **외국 국가를 피고로** 우리나라가 재판권을 행사할 수 없다(74마281).12)

(2) 최근 [사주밀주부]

1) 원칙

외국의 **사**법적 행위가 ⅰ) **주**권적 활동에 속하거나 ⅱ) 이와 **밀**접한 **관련**이 있어 이에 대한 재판권 행사가 외국의 **주**권적 활동에 대한 **부**당한 간섭이 될 우려가 있다는 등의 특별한 사정이 없는 한, 외국의 사법적 행위에 대해선 우리나라 법원이 재판권을 행사할 수 있다(97다39216*).13)14)

---

11) 또한, 외교사절, 영사관원, 외국 원수, 국제기구 직원, 주한 미군도 우리나라의 민사재판권에서 면제될 수 있다.
12) 종래 判例는 절대적 주권면제주의 입장이었다.
13) 최근 미 육군 및 공군 교역처 사건의 전원합의체 判例는 상대적 주권면제주의 중 행위성질기준설의 입장을 취하고 있다.
14) 원고가 근무한 미국 산하 기관인 '육군 및 공군 교역처'의 임무 및 활동, 원고 지위 및 담당업무, 미합중국의 주권적 활동과 원고의

2) 외국의 부동산 무단 점유

ⅰ) 부동산은 영토주권의 객체로, 점유 주체가 외국이라는 이유만으로 부동산 소재지 국가 법원의 재판권에서 당연히 면제되지 않지만, 부동산 점유는 다양한 원인, 목적, 형태가 있어 외국이 국내 부동산을 점유하는 것을 두고 반드시 주권적 활동에 속하거나 이와 밀접한 관련이 있는 사법적 행위에 해당한다고 볼 수도 없다.

ⅱ) 외국이 부동산을 공관지역으로 점유하는 것과 관련하여 해당 국가를 피고로 하여 제기된 소송이 외교공관의 직무수행을 방해할 우려가 있는 때에는 그에 대한 우리나라 법원의 재판권 행사가 제한되고, 이때 그 소송이 외교공관의 직무 수행을 방해할 우려가 있는지 여부는 원고가 주장하는 청구 권원과 내용, 그에 근거한 승소판결의 효력, 그 청구나 판결과 외교공관 또는 공관직무의 관련성 정도 등을 종합적으로 고려하여 판단한다(2019다247903).[15]

3. 검토

외국의 사법적 행위에까지 우리나라 재판권이 미치지 않는다고 하면 우리 **주권행사의 지나친 자제**이므로 상대적 주권면제주의를 따르되, **명확한 기준**을 제시하는 행위성질기준설이 타당하다.

> ↘ 예시
> 1. 재판권 인정 취지의 사건
>   ⅰ) 외국국가와 체결한 매매계약[16] ⅱ) 외국국가 스스로 타국 법원에 소제기[17] ⅲ) 외국국가의 외교공관의 토지 무단 점유에 대한 부당이득반환청구
> 2. 재판권 불인정 취지의 사건
>   ⅰ) 주한미군 공무집행 중 불법행위[18] ⅱ) 제3채무자를 외국으로 하는 채권압류추심명령(단, 상대국가의 명시적 동의 또는 재판권 면제 주장 포기의 경우는 재판권 인정 가능)(2009다16766)[19] ⅲ) 외국국가의 외교공관의 토지 무단점유에 대한 건물철거 및 부지인도청구

업무 관련성 등을 종합해 이 사건 고용계약 및 해고행위의 법적 성질 및 주권적 활동과의 관련성 등을 살펴 이 사건 고용계약 및 해고행위에 대하여 우리 나라의 법원이 재판권을 행사할 수 있는지 여부를 판단하였어야 한다.
15) 결과적으로, 외국 국가를 상대로 외교공관이 경계를 넘어 부당하게 토지를 점유한 것에 대한 건물의 일부철거 및 부지인도청구에 대해서는 재판권이 없다고 보았으나, 무단 점유로 인한 차임 상당의 부당이득반환청구는 특별한 사정이 없는 한 외교공관의 직무수행을 방해할 우려가 있다고 할 수 없어, 우리나라 법원의 재판권이 인정될 수 있다고 하였다.
16) 외국국가를 피고로 주권행위와 무관한 사법행위로서의 매매계약에 기한 청구를 우리나라 법원에 제기할 수 있다.
17) 외국국가가 스스로 원고가 되어 소를 제기함은 재판권 면제를 포기하고 타국 재판권에 복종하겠다는 뜻이다.
18) 한미행정협정에 의해 주한미군의 공무집행 중 불법행위에 대해서는 한국법원의 미국을 상대로 한 민사재판권이 면제된다. 이 경우, 국가배상법이 적용되어 대한민국을 피고로 제소하여야 한다.
19) 집행채권자가 해당 국가를 제3채무자로 한 압류 및 추심명령을 신청하는 경우, 우리나라 법원은, 해당 국가가 사법적 행위로 부담하는 금전의 채무에 대하여 압류 기타 우리나라 법원에 의하여 명하여지는 강제집행의 대상이 될 수 있다는 점에 대하여 명시적으로 동의하였거나, 우리나라 법원의 압류 등 강제조치에 대하여 재판권 면제 주장을 포기한 것으로 볼 수 있는 경우에 한해 해당 국가를 제3채무자로 하는 채권압류 및 추심명령을 발령할 재판권을 가진다고 볼 것이다.

005 국제재판권의 물적 범위

📁 의의 – 종래 – 개정 국제사법 – 判例사안

Ⅰ. 의의   sB-7

국제재판관할권은 외국적 요소를 갖는 사건에 대해 **특정 국가의 법원**이 재판권을 갖는지 결정하는 것에 관한 문제이다.[20]

Ⅱ. 종래 학설 및 判例   sB-8

ⅰ) 역추지설[21] ⅱ) 관할배분설[22]이 있으나 ⅲ) 종래의 통설 및 判例였던 수정역추지설은 원칙적으로 토지관할 규정을 참작해 재판적이 있는 나라에 국제재판관할권을 인정하되 소송의 적정·공평·신속·경제에 반한다는 특별한 사정이 있는 경우 국제재판관할권이 부정하였다. ⅳ) 최근 判例는 사자 간의 적정·공평·신속·경제의 기본이념에 따라 결정한다고 하여 관할배분설 입장이다(2002다59788*).

Ⅲ. 개정 국제사법 국제재판관할 규정   sB-9

1. 국제재판관할 판단 일반원칙 (14)

(1) 원칙(제2조 제1항) [당사대실 공적신경]

대한민국 법원은 **당**사자 또는 분쟁이 된 **사**안이 **대**한민국과 **실질**적 관련이 있는 경우에 국제재판관할권을 가진다. 이 경우 법원은 실질적 관련의 유무를 판단할 때에 당사자 간의 **공**평, 재판의 **적**정, **신**속 및 **경**제를 꾀한다는 국제재판관할 배분의 이념에 부합하는 합리적인 원칙에 따른다.

(2) 예외(제2조 제2항) [없토특]

이 법이나 그 밖의 대한민국 법령 또는 조약에 국제재판관할에 관한 규정이 **없**는 경우 법원은 국내법의 (**토**지)관할 규정을 참작하여 국제재판관할권의 유무를 판단하되, 제1항의 취지에 비추어 국제재판관할의 **특**수성을 충분히 고려하여야 한다.[23]

2. 국제재판관할의 일반관할 및 특별관할

(1) 거소지 및 소재지 관련

1) 일반관할(제3조)

① 대한민국에 일상거소가 있는 자에 대한 소에 관해 법원에 국제재판관할이 있다. 일상거소가 어느 국가에도 없거나 일상거소를 알 수 없는 사람의 거소가 대한민국에 있는 경우도 같다.

---

[20] 한 국가 안에서 어느 지역 법원이 재판을 할지 결정하는 문제인 토지관할과 구분된다.
[21] 본래 국가를 먼저 정하고 그 국가 내에서의 토지관할을 판단해야 하지만, 거꾸로 민사소송법상 토지관할 규정을 역으로 파악하여 민사소송법상 규정상 토지관할 재판적이 인정될 수 있는 나라에 재판권을 인정하는 견해이다.
[22] 민사소송의 이념인 적정·공평·신속·경제의 관점에서 재판권을 인정하자는 견해이다.
[23] "국제사법, 대한민국 법령, 조약에 국제재판관할에 대한 규정이 없는 경우"라는 문구가 추가되어 명문의 규정이 있는 경우 이를 우선적으로 따라야 한다. 최근 국제사법이 개정되면서 국제재판관할 규정이 대폭 추가된 것과 궤를 같이 한다.

② 제1항에도 불구하고 대사(大使)·공사(公使), 그 밖에 외국의 재판권 행사대상에서 제외되는 대한민국 국민에 대한 소에 관하여는 법원에 국제재판관할이 있다.

③ 주된 사무소·영업소 또는 정관상의 본거지나 경영의 중심지가 대한민국에 있는 법인 또는 단체와 대한민국법에 따라 설립된 법인 또는 단체에 대한 소에 관하여 는 법원에 국제재판관할이 있다.

2) 사무소·영업소 소재지 등의 특별관할(제4조)

① 대한민국에 사무소·영업소가 있는 사람·법인 또는 단체에 대한 대한민국에 있는 사무소 또는 영업소의 업무와 관련된 소는 법원에 제기할 수 있다.

② 대한민국에서 또는 대한민국을 향하여[24] 계속적이고 조직적인 사업활동을 하는 사람·법인 또는 단체에 대하여 그 사업 또는 영업활동과 관련이 있는 소는 법원에 제기할 수 있다.

3) 재산소재지의 특별관할(제5조)

재산권에 관한 소는 다음 각 호의 어느 하나에 해당하는 경우 법원에 제기할 수 있다. 1. 청구의 목적 또는 담보의 목적인 재산이 대한민국에 있는 경우 2. 압류할 수 있는 피고의 재산이 대한민국에 있는 경우. 다만, 분쟁이 된 사안이 대한민국과 아무런 관련이 없거나[25] 근소한 관련만 있는 경우 또는 그 재산의 가액이 현저하게 적은 경우는 제외한다.

(2) 지식재산권 관련

1) 지식재산권 계약에 관한 소의 특별관할(제38조)[26]

① 지식재산권의 양도, 담보권 설정, 사용허락 등의 계약에 관한 소는 다음 각 호의 어느 하나에 해당하는 경우 법원에 제기할 수 있다. 1. 지식재산권이 대한민국에서 보호되거나 사용 또는 행사되는 경우 2. 지식재산권에 관한 권리가 대한민국에서 등록되는 경우

② 제1항에 따른 국제재판관할이 적용되는 소에는 제41조를 적용하지 아니한다.

2) 지식재산권 침해에 관한 소의 특별관할(제39조)[27]

① 지식재산권 침해에 관한 소는 다음 각 호의 어느 하나에 해당하는 경우 법원에 제기할 수 있다. 다만, 이 경우 대한민국에서 발생한 결과에 한한다. 1. 침해행위를 대한민국에서 한 경우 2. 침해의 결과가 대한민국에서 발생한 경우 3. 침해행위를 대한민국을 향하여 한 경우

② 제1항에 따라 소를 제기하는 경우 제6조 제1항을 적용하지 아니한다.

③ 제1항 및 제2항에도 불구, 지식재산권에 대한 주된 침해가 대한민국에서 일어난 경우, 외국에서의 발생 결과를 포함하여 침해로 인한 모든 결과에 관한 소를 법원에 제기할 수 있다.

④ 제1항 및 제3항에 따라 소를 제기하는 경우 제44조를 적용하지 아니한다.

(3) 계약 관련

1) 계약에 관한 소의 특별관할(제41조)

① 계약에 관한 소는 다음 각 호의 어느 하나에 해당하는 곳이 대한민국에 있는 경우 법원에 제기할 수 있다. 1. 물품공급계약의 경우에는 물품인도지 2. 용역제공계약의 경우에는 용역제공지 3. 물품인도지와 용역제공지가 복수이거나 물품공급과 용역제공을 함께 목적으로 하는 계약의 경우에는 의무의 주된 부분의 이행지

---

24) 인터넷을 통한 온라인 사업이 보편화된 국제적 추세를 고려한 문구로 볼 수 있다.
25) 분쟁의 대상인 소송물 등이 대한민국과 관련성이 있어야 한다.
26) 계약에 관한 소의 특별관할(제41조)에 대한 특별규정이다.
27) 불법행위에 관한 소의 특별관할(제44조)에 대한 특별규정이다.

② 제1항에서 정한 계약 외 계약에 관한 소는 청구의 근거인 의무가 이행된 곳 또는 그 의무가 이행되어야 할 곳으로 당사자가 합의한 곳이 대한민국에 있는 경우, 법원에 제기할 수 있다.

2) 소비자계약의 관할(제42조)

① 소비자가 자신의 직업 또는 영업활동 외의 목적으로 체결하는 계약으로서 다음 각 호의 어느 하나에 해당하는 경우 대한민국에 일상거소가 있는 소비자는 계약의 상대방(직업 또는 영업활동으로 계약을 체결하는 자를 말한다. 이하 "사업자"라 한다)에 대하여 법원에 소를 제기할 수 있다. 1. 사업자가 계약체결에 앞서 소비자의 일상거소가 있는 국가(이하 "일상거소지국"이라 한다)에서 광고에 의한 거래 권유 등 직업 또는 영업활동을 하거나 소비자의 일상거소지국 외의 지역에서 소비자의 일상거소지국을 향하여 광고에 의한 거래의 권유 등 직업 또는 영업활동을 하고, 그 계약이 사업자의 직업 또는 영업활동의 범위에 속하는 경우 2. 사업자가 소비자의 일상거소지국에서 소비자의 주문을 받은 경우 3. 사업자가 소비자로 하여금 소비자의 일상거소지국이 아닌 국가에 가서 주문을 하도록 유도한 경우

② 제1항에 따른 계약(이하 "소비자계약"이라 한다)의 경우에 소비자의 일상거소가 대한민국에 있는 경우에는 사업자가 소비자에 대하여 제기하는 소는 법원에만 제기할 수 있다.

③ 소비자계약의 당사자 간에 제8조에 따른 국제재판관할의 합의가 있을 때 그 합의는 다음 각 호의 어느 하나에 해당하는 경우에만 효력이 있다. 1. 분쟁이 이미 발생한 후 국제재판관할의 합의를 한 경우 2. 국제재판관할의 합의에서 법원 외에 외국법원에도 소비자가 소를 제기할 수 있도록 한 경우

3) 근로계약의 관할(제43조)

① 근로자가 대한민국에서 일상적으로 노무를 제공하거나 최후로 일상적 노무를 제공한 경우에는 사용자에 대한 근로계약에 관한 소를 법원에 제기할 수 있다. 근로자가 일상적으로 대한민국에서 노무를 제공하지 아니하거나 아니하였던 경우에 사용자가 그를 고용한 영업소가 대한민국에 있거나 있었을 때에도 또한 같다.

② 사용자가 근로자에 대하여 제기하는 근로계약에 관한 소는 근로자의 일상거소가 대한민국에 있거나 근로자가 대한민국에서 일상적 노무를 제공할 경우, 법원에만 제기할 수 있다.

③ 근로계약의 당사자 간에 제8조에 따른 국제재판관할의 합의가 있을 때 그 합의는 다음 각 호의 어느 하나에 해당하는 경우에만 효력이 있다. 1. 분쟁이 이미 발생한 경우 2. 국제재판관할의 합의에서 법원 외에 외국법원에도 근로자가 소를 제기할 수 있도록 한 경우

(4) 불법행위 관련(제44조)

불법행위에 관한 소는 그 행위가 대한민국에서 행하여지거나 대한민국을 향하여 행하여지는 경우 또는 대한민국에서 그 결과가 발생하는 경우 법원에 제기할 수 있다. 다만, 불법행위의 결과가 대한민국에서 발생할 것을 예견할 수 없었던 경우에는 그러하지 아니하다.

> **예외적인 민사소송법 토지관할 규정 참작**
>
> 1. 보통재판적
>   제3조, 제5조 제1항, 제5조 제2항
> 2. 특별재판적 중 독립재판적
>   제7조, 제8조 후단, 제11조, 제12조, 제18조, 제20조, 제21조

3. 국제재판관할 기타관할

(1) 관련사건의 관할(제6조)

① 상호 밀접한 관련이 있는 여러 개의 청구 가운데 하나에 대하여 법원에 국제재판관할이 있으면 그 여러 개의 청구를 하나의 소로 법원에 제기할 수 있다.

② 공동피고 가운데 1인의 피고에 대하여 법원이 제3조에 따른 일반관할을 가지는 때에는 그 피고에 대한 청구와 다른 공동피고에 대한 청구 사이에 밀접한 관련이 있어서 모순된 재판의 위험을 피할 필요가 있는 경우에만 공동피고에 대한 소를 하나의 소로 법원에 제기할 수 있다.

(2) 반소관할(제7조)

본소(本訴)에 대하여 법원에 국제재판관할이 있고 소송절차를 현저히 지연시키지 아니하는 경우 피고는 본소의 청구 또는 방어방법과 밀접한 관련이 있는 청구를 목적으로 하는 반소(反訴)를 본소가 계속(係屬)된 법원에 제기할 수 있다.

(3) 합의관할(제8조)

1) 의의 및 취지

섭외적 요소를 갖는 사건에 대해 특정 국가 법원이 재판권을 갖는 것으로 당사자 간 국제재판관할 합의를 할 수 있다. 당사자의 의사와 편의를 존중하기 위함이다.

2) 요건 및 절차[28]

① 당사자는 일정한 법률관계로 말미암은 소에 관하여 국제재판관할의 합의(이하 이 조에서 "합의"라 한다)를 할 수 있다. 다만, 합의가 다음 각 호의 어느 하나에 해당하는 경우에는 효력이 없다.

1. 합의에 따라 국제재판관할을 가지는 국가의 법(준거법의 지정에 관한 법규를 포함한다)에 따를 때 그 합의가 효력이 없는 경우
2. 합의를 한 당사자가 합의를 할 능력이 없었던 경우
3. 대한민국의 법령 또는 조약에 따를 때 합의의 대상이 된 소가 합의로 정한 국가가 아닌 다른 국가의 국제재판관할에 전속하는 경우
4. 합의의 효력을 인정하면 소가 계속된 국가의 선량한 풍속이나 그 밖의 사회질서에 명백히 위반되는 경우

② 합의는 서면[전보(電報), 전신(電信), 팩스, 전자우편 또는 그 밖의 통신수단에 의하여 교환된 전자적(電子的) 의사표시를 포함한다]으로 하여야 한다.

3) 효과

① 합의가 당사자 간의 계약 조항의 형식으로 되어 있는 경우 계약 중 다른 조항의 효력은 합의 조항의 효력에 영향을 미치지 아니한다.

② 당사자 간에 일정한 법률관계로 말미암은 소에 관하여 외국법원을 선택하는 전속적 합의가 있는 경우 법원에 그 소가 제기된 때에는 법원은 해당 소를 각하하여야 한다. 다만, 다음 각 호의 어느 하나에 해당하는 경우에는 그러하지 아니하다.

---

[28] 종래에는 전속적 국제재판관할합의가 유효하기 위한 요건으로 判例는 당해 사건이 타국 법원의 전속관할에 속하지 아니하고, 합의 대상 극가법원이 그 국가법상 당해 사건에 대하여 관할권을 가져야 하는 외에, 당해 사건이 합의대상 국가법원에 대하여 합리적 관련성을 가질 것이 요구되며, 그와 같은 전속적인 관할 합의가 현저하게 불합리하고 불공정하여 공서양속에 반하는 법률행위에 해당하지 않는 한, 그 관할 합의는 유효하다고 판시하였다(2009다19093). 이에 반해 종래 학설은 중립 국가에서 공정하게 재판받을 수 있도록 하고 당사자간 의사 결정 자유를 보장하기 위해 위 判例의 요건 중 합리적 관련성 요건은 유효 요건에서 제외해야 한다고 주장하였다.

1. 합의가 제1항 각 호의 사유로 효력이 없는 경우
2. 제9조에 따라 변론관할이 발생하는 경우
3. 합의에 따라 국제재판관할을 가지는 국가의 법원이 사건을 심리하지 않기로 한 경우
4. 합의가 제대로 이행될 수 없는 명백한 사정이 있는 경우

4) 종류[29]

합의로 정해진 관할은 전속적인 것으로 추정한다.

(4) 변론관할(제9조)

피고가 국제재판관할이 없음을 주장하지 아니하고 본안에 대하여 변론하거나 변론준비기일에서 진술하면 법원에 그 사건에 대한 국제재판관할이 있다.

(5) 전속관할(제10조)[30][31]

① 다음 각 호의 소는 법원에만 제기할 수 있다.
1. 대한민국의 공적 장부의 등기 또는 등록에 관한 소. 다만, 당사자 간의 계약에 따른 이전이나 그 밖의 처분에 관한 소로서 등기 또는 등록의 이행을 청구하는 경우는 제외한다.
2. 대한민국 법령에 따라 설립된 법인 또는 단체의 설립 무효, 해산 또는 그 기관의 결의의 유효 또는 무효에 관한 소
3. 대한민국에 있는 부동산의 물권에 관한 소 또는 부동산의 사용을 목적으로 하는 권리로서 공적 장부에 등기나 등록이 된 것에 관한 소
4. 등록 또는 기탁에 의하여 창설되는 지식재산권이 대한민국에 등록되어 있거나 등록이 신청된 경우 그 지식재산권의 성립, 유효성 또는 소멸에 관한 소
5. 대한민국에서 재판의 집행을 하려는 경우 그 집행에 관한 소

② 대한민국의 법령 또는 조약에 따른 국제재판관할의 원칙상 외국법원의 국제재판관할에 전속하는 소에 대해서는 제3조부터 제7조까지 및 제9조의 규정을 적용하지 아니한다.

③ 제1항 각 호에 따라 법원의 전속관할에 속하는 사항이 다른 소의 선결문제가 되는 경우에는 제1항을 적용하지 아니한다.

(6) 국제재판관할권의 불행사(제12조)

① 이 법에 따라 법원에 국제재판관할이 있는 경우에도 법원이 국제재판관할권을 행사하기에 부적절하고 국제재판관할이 있는 외국법원이 분쟁을 해결하기에 더 적절하다는 예외적인 사정이 명백히 존재할 때에는 피고의 신청에 의하여 법원은 본안에 관한 최초의 변론기일 또는 변론준비기일까지 소송절차를 결정으로 중지하거나 소를 각하할 수 있다. 다만, 당사자가 합의한 국제재판관할이 법원에 있는 경우에는 그러하지 아니하다.

---

[29] 종래에는 국내 토지관할에서 관할합의 종류(전속적/부가적)를 판단할 때처럼 판단하였다.
[30] 종래 특허권 양도계약 사건에서 등록을 요하는 특허권의 **성립**에 관한 것이거나 **유·무효 또는 취소** 등을 구하는 소는 일반적으로 등록이 청구된 국가 법원의 전속관할에 속하지만 특허권 등의 양도계약의 이행을 구하는 소는 등록이 청구된 국가 법원의 전속관할에 속하는 것으로 볼 수 없다고 판시하였다(2009다19093).
[31] 종래 직무발명 통상실시권 사건에서 피고 **직무발명 완성지가 한국**이고 원고가 이 직무발명에 기초해 외국에 등록되는 특허권에 대해 통상실시권을 갖는지는 특허권의 **성립**이나 **유·무효 등에 관한 것이 아니어서** 그 등록국이나 등록이 청구된 국가 법원의 전속관할에 속하지도 않고 사안은 대한민국과 실질적 관련성이 있다고 하였다(2012다4763).

② 제1항 본문의 경우 법원은 소송절차를 중지하거나 소를 각하하기 전에 원고에게 진술할 기회를 주어야 한다.
③ 당사자는 제1항에 따른 법원의 중지 결정에 대해서는 즉시항고를 할 수 있다.

(7) 긴급관할

우리나라에 재판적이 없고, 당해사안과 우리나라의 실질적 관련성을 인정하기 어려운 경우라도, 당사자 구제를 위해 긴급관할권을 인정하는 경우가 있다.

IV. 判例 사안에의 적용　　　　　　　　　　　　　　　　　　　　　　　　　　　sB-10

1. 베트남전 고엽제 사건(2006다17539)

원고들은 베트남 동안 우리나라 군대의 구성원으로 베트남에 파병되어 복무한 베트남전 참전군인들 또는 그 유족들이 베트남전 동안 복무지역에 살포된 고엽제에 노출되어 귀국한 후 우리나라에서 질병이 발생하였다고 주장하며 그 당시 고엽제를 제조·판매한 피고들을 상대로 제조물책임을 묻는 이 사건 소를 제기한 사건에서 우리나라 법원은 이 사건에 관하여 국제재판관할권을 가진다고 본 사례

> ↘ 한국법원에 한국인 피해자들이 미국회사인 피고 상대로 제조물책임에 따른 불법행위에 기한 손해배상청구
> 1) 일반관할(제3조) - 적용× (피고의 주된 사무소가 한국에 없고 미국에 있음)
> 2) 특별관할(제44조) - 적용○ (한국에서 고엽제 피해 결과가 발생함, 피고는 우리나라 군인들이 우리나라에서 제조물책임을 묻는 소를 제기할 수 있음을 충분히 예견 가능)
> 3) 실질적 관련성 - 피고들은 우리나라 군인들이 우리나라에서 피고들을 상대로 제조물책임을 묻는 소를 제기할 수 있음을 충분히 예견할 수 있었던 점, 관련 자료들이 모두 우리나라에 있는 등 여러 사정을 참작하여, 분쟁이 된 사안의 손해발생지 겸 당사자의 생활근거지인 우리나라는 이 사건의 사안 및 당사자와 실질적 관련성이 있음

2. 일본 강제징용 사건(2009다22549)

일제강점기에 국민징용령에 의하여 강제징용되어 일본국 회사인 미쓰비시중공업 주식회사(이하 '구 미쓰비시'라고 한다)에서 강제노동에 종사한 대한민국 국민 甲 등이 구 미쓰비시가 해산된 후 새로이 설립된 미쓰비시중공업 주식회사를 상대로 국제법 위반 및 불법행위를 이유로 한 손해배상과 미지급 임금의 지급을 구한 사안에서, 대한민국 법원의 국제재판관할권을 인정한 사례

> ↘ 한국법원에 강제징용 피해자들이 피고회사를 상대로 불법행위에 기한 손해배상청구 및 미지급임금청구
> (1) 불법행위에 기한 손해배상청구
> 1) 일반관할(제3조) - 적용× (피고의 주된 사무소가 한국에 없고 일본에 있음)
> 2) 특별관할(제44조) - 적용○ (한국에서 불법행위인 강제징용으로 끌려감)
> 3) 실질적 관련성 - 피해자들이 모두 한국에 거주하고, 한국의 역사 및 정치 상황과 밀접한 관계가 있어 당사자 또는 사안이 대한민국과 실질적 관련성이 있음
> (2) 미지급임금청구
> 관련사건 관할(제6조) - 적용○

3. 중국항공기 추락 사건(2010다18355)

2002년 김해공항 인근에서 발생한 중국항공기 추락사고로 사망한 중국인 승무원의 유가족이 중국항공사를 상대로 대한민국 법원에 손해배상청구를 한 사안에서, 대한민국 법원의 국제재판관할권을 인정한 사례

> ↘ 한국법원에 한국인 피해자들의 상속인들이 중국 회사인 피고를 상대로 손해배상청구
> 1) 일반관할(제3조) - 적용×(피고의 주된 사무소가 한국에 없고 중국에 있음)
> 2) 특별관할(제44조) - 적용○(한국에서 사고가 발생하였고 피고 항공기가 한국에 취항하며 영리를 취득하므로 불법행위 결과가 한국에서 발생할 것을 예측 가능)
> 3) 실질적 관련성 - 한국에서 항공기가 추락하여 자료수집 용이하고, 피고는 피해자들이 한국인이어서 한국에서 소제기 당할 것을 예측 가능하므로 당사자 또는 사안이 대한민국과 실질적 관련성이 있음

4. 재일교포가 재일교포에게 일본에서 빌려준 대여금 사건 : 순천테마파크 사건(2012다7571)

일본국에 주소를 둔 재외동포 甲이 일본국에 주소를 둔 재외동포 乙을 상대로 3건의 대여금채무에 대한 변제를 구하는 소를 대한민국 법원에 제기한 사안에서, 3건의 대여금 청구 중 2건은 분쟁이 된 사안과 대한민국 사이에 실질적 관련성이 있어 대한민국 법원에 국제재판관할권이 인정되고, 나머지 1건도 당사자 또는 분쟁이 된 사안과 법정지인 대한민국 사이에 실질적 관련성이 있다고 볼 수는 없지만 변론관할에 의하여 대한민국 법원에 국제재판관할권이 생겼다고 봄이 타당하다고 한 사례

> ↘ 한국법원에 일본에 주소 둔 원고가 일본에 주소 둔 피고 상대로 대여금반환청구
> **(1) 5백만 엔 및 2천만 원**
>   1) 일반관할(제3조) - 적용×(피고의 일상거소가 한국에 없고 일본에 있음)
>   2) 특별관할(제5조) - 적용○(소송물인 대여금채권을 피보전권리로 가압류를 집행한 피고 소유 부동산 소재지가 한국)
>   3) 실질적 관련성 - 돈을 수령하고 사용하는 장소가 한국이고 수령인도 한국 내 거주자이므로 한국에서 재판하는 것이 적정, 공평, 신속, 경제에 부합하여 당사자 또는 분쟁사안이 대한민국과 실질적 관련성이 있음
> **(2) 4천만 엔**
>   1) 일본에서의 토지관할에 대한 전속적 합의가 있더라도 다른 국가의 국제재판관할을 배제하진 않음
>   2) 변론관할(제9조) - 적용○

5. 중국인이 중국인에게 중국에서 빌려준 대여금 사건(2016다33752)

갑은 중국 국적으로 중국에서 사채업에 종사하다가 대한민국에서 영업을 하려고 입국한 사람이고, 을 등은 중국 국적의 부부로 중국에서 부동산개발사업을 영위하다가 대한민국에 거주지를 마련한 사람들인데, 갑이 과거 중국에서 을 등에게 빌려준 대여금의 반환을 구하는 소를 대한민국 법원에 제기한 사안에서, 제반 사정에 비추어 위 소는 대한민국과 실질적 관련성이 있으므로 대한민국 법원이 국제재판관할권을 가진다고 본 사례

> ↘ 한국법원에 중국인이며 한국에 거주하는 원고가 중국인이며 한국에 거주하는 피고에게 대여금반환청구
> 1) 일반관할(제3조) - 적용○(피고는 한국에 생활의 근거를 두고 자녀를 양육해오며 거주)
> 2) 특별관할(제5조) - 적용○(원고가 자신의 청구권에 기해 피고의 재산을 가압류하였고, 가압류한 재산의 소재지가 한국에 있음)

3) 실질적 관련성 - 피고는 한국에 거주하며 재산을 취득하여 한국에서 소제기 당할 수 있음을 예견 가능했고, 중국에서 빌려준 대여금이라 해도 계약서, 계좌이체 내역 등의 서증을 제출하는 경우 반드시 중국 현지 증거조사가 필요하지 않고 한국에서 소송하는 것이 불편하거나 불합리하지 않으므로 당사자 또는 사안이 대한민국과 실질적 관련성이 있음

6. 개성공업지구 사건 (2015다255265)

개성공업지구 현지기업 사이의 민사분쟁은 우리 헌법이 규정하고 있는 자유시장경제질서에 기초한 경제활동을 영위하다가 발생하는 것이라는 점 등까지 고려하면, 대한민국 법원은 개성공업지구 현지기업 사이의 민사분쟁에 대하여 당연히 재판관할권을 가지고 강제집행이 곤란하여도 소의 이익이 인정된다고 한 사례

↘ 한국법원에 한국 회사인 원고가 한국 회사인 피고를 상대로 개성공업지구에 위치한 건물인도청구
(1) 국제재판관할
  1) 일반관할(제3조) - 적용○(피고의 주된 사무소는 개성공업지구이지만 한국 법에 따라 설립됨)
  2) 특별관할(제41조) - 적용×(제1항의 물품공급계약에서 물품인도지 또는 의무가 이행되어야 할 곳은 한국이 아닌 개성공업지구임)
  3) 실질적 관련성 - 한국의 개성공업지구지원법, 남북교류협력법이 개성공업지구를 지원하며 현지기업의 설립절차를 규율하고 개성공업지구의 기업의 민사분쟁은 헌법이 규정한 자유시장경제질서에 기초한 경제활동 중에 생기는 것이므로 당사자 또는 분쟁사안이 대한민국과 실질적 관련성이 있음
(2) 소의 이익
  이행의 소는 원칙적으로 청구권의 존재를 주장하는 것으로서 권리보호이익이 인정되고, 판결을 받아도 집행이 사실상 불가능하거나 현저히 곤란하다는 사정만으로 그 이익이 부정되는 것은 아니므로 소의 이익 인정

7. 중국 청어인도 사건 (2006다71908*)

대한민국 회사가 일본 회사에게 러시아에서 선적한 냉동청어를 중국에서 인도하기로 하고 그 대금은 선적 당시의 임시 검품 결과에 따라 임시로 정하여 지급하되 인도지에서 최종 검품을 하여 최종가격을 정한 후 위 임시가격과의 차액을 정산하기로 한 매매계약에서, 그 차액 정산에 관한 분쟁은 최종 검품 여부 및 그 결과가 주로 문제되므로 인도지인 중국 법원이 분쟁이 된 사안과 가장 실질적 관련이 있는 법원이나, 대한민국 법원에도 당사자 또는 분쟁이 된 사안과 실질적 관련이 있어 국제재판관할권을 인정할 수 있다고 한 사례

↘ 한국법원에 한국 회사인 원고가 일본 회사인 피고를 상대로 정산금지급청구
1) 일반관할(제3조) - 적용×(피고의 주된 사무소가 한국에 없고 일본에 있음)
2) 특별관할(제4조) - 적용×(피고가 대한민국을 향해 '계속적이고 지속적인' 영업활동을 했다고 보기 어려움)
3) 특별관할(제41조) - 적용×(제1항의 물품공급계약에서 물품인도지는 중국, 제2항의 의무이행이 되어야 할 곳으로 합의된 곳도 한국이라고 보기 어려울 수 있음)
4) 실질적 관련성 - 중국에서의 소제기가 각하되어 한국에서의 국제재판관할을 부정하면 권리구제가 도외시될 수 있고, 한국에서 서류를 팩스로 전송받기로 했고, 정산금을 송금받은 곳이 한국이므로 당사자 또는 분쟁사안이 대한민국과 실질적 관련성이 있음[32]

---

[32] 이 사건에 대해 긴급관할을 인정한 것이라고 보는 견해도 있으나, 판례는 당해 사안이 우리나라와 실질적 관련성이 있다는 이유로 재판권을 인정하였다.

8. 플로리다 메츠사 사건(93다39607)

피고 회사는 미합중국 플로리다주에 주소나 영업소를 두지 아니하고 단지 같은 주에 본점이 있는 원고 메츠사에게 수년간 무선전화기를 판매하여 왔을 뿐임이 명백한바, 이러한 사정만으로는 피고가 자신이 제조한 상품의 하자로 인한 사고가 위 플로리다주에서 발생하여 이에 관한 소송이 그 지역의 외국법원에 제소될 것임을 합리적으로 예견할 수 있을 정도로 피고 회사와 위 플로리다주와의 사이에 실질적 관련이 있다고 보기 어려워 손해 발생지인 위 플로리다주 법원에 국제재판관할권을 인정하지 않은 사례

> ↘ **미국법원에 미국 회사인 원고가 한국 회사인 피고를 상대로 손해배상청구**
> 1) 일반관할(제3조) - 적용×(피고의 주된 사무소가 미국에 없고 한국에 있음)
> 2) 특별관할(제44조) - 적용×(원고 손해발생지는 미국 플로리다지만 피고는 플로리다에 영업소를 두지 않고 플로리다에 본점이 있는 메츠사에 전화기를 판매해 왔을 뿐이므로 그 지역 법원에 제소될 것을 예견할 수 없었음)
> 3) 실질적 관련성 - 피고는 영업소를 플로리다에 두지 않고 의도적인 영업행위, 광고행위, 고객상담 등을 하지 않아 이익을 향유하려는 의도적 행위가 없었으므로 당사자 또는 사안이 미국 법원과 실질적 관련성이 있다고 보기 어려움

9. 도메인 사건(2002다59788*)

대한민국 내에 주소를 두고 영업을 영위하는 자가 미국의 도메인 이름 등록기관에 등록·보유하고 있는 도메인 이름에 대한 미국의 국가중재위원회의 이전 판정에 불복하여 제기한 소송에 관하여 분쟁의 내용이 대한민국과 실질적 관련성이 있으므로 대한민국 법원의 국제재판관할권을 인정한 사례

> ↘ **한국법원에 한국인 원고가 미국회사인 피고에게 도메인이름 이전청구 및 침해금지청구권 부존재 확인청구**
> 1) 일반관할(제3조) - 적용×(피고의 주된 사무소가 한국에 없고 미국에 있음)
> 2) 특별관할(제39조) - 적용○(피고의 상표권에 대한 주된 침해행위라고 주장된 행위가 대한민국에서 일어남)
> 3) 실질적 관련성 - 도메인 이름의 선등록자인 원고는 한국 내 자기 주소지를 사업중심지로 서비스업을 했고, 그 웹사이트의 주언어는 한국어, 서비스권역도 한국이며, 도메인 이름 이전판정으로 영업상 손해가 발생한 곳 역시 한국이므로, 증거가 모두 한국에 있으므로 당사자 또는 사안이 대한민국과 실질적 관련성이 있음

10. 태국항공기 추락 사건(94가합66533)

태국에서 태국항공회사로부터 항공권을 구입한 대한민국 국적의 피해자가 네팔에서 항공기 추락사고로 사망한 사안에서, 그 항공회사 영업소가 대한민국 내에 있음을 이유로 대한민국의 국제재판관할권을 인정한 사례

> ↘ **한국법원에 한국인 원고가 태국회사인 피고에게 손해배상청구**
> 1) 일반관할(제3조) - 적용×(피고의 주된 사무소가 한국에 없고 태국에 있음)
> 2) 특별관할(제4조) - 적용×(태국에 있는 영업소의 업무에 관련 된 사건임)
> 3) 특별관할(제44조) - 적용×(비행기 추락으로 인한 불법행위지 또는 결과발생지는 한국이 아닌 네팔)
> 4) 토지관할규정참작(제5조제2항, 제12조) - 참작可(한국에 주된 영업소가 아닌 지점을 두고 있고, 피고 항공사의 항공운송 업무로 인해 발생한 손해배상청구이므로 참작 가능)
> 5) 실질적 관련성 - 태국법에 준거하여 설립되고 태국 내에 주된 사무소를 두고 있는 회사이기는 하나 대한민국 내에 있어서의 대표자를 정하고 대한민국 내에 영업소를 두고 있어서 당사자 또는 사안이 대한민국과 실질적 관련성이 있음

006 관할 개관

📁 의의 - 내용

Ⅰ. 의의 및 취지   sB-11

우리나라 내에서 여러 법원 사이의 재판권 분담 관계를 정해 놓은 것이다. 사건의 적정한 해결을 위함이다.[33)34)]

Ⅱ. 내용   sB-12

1. 법정관할 - 법률규정으로 발생한 관할

(1) 직무관할
  담당직무의 차이를 기준으로 재판권의 분담관계를 정해 놓은 것이다.

(2) 사물관할
  사건의 경중을 기준으로 재판권의 분담관계를 정해 놓은 것이다.

(3) 토지관할
  소재지를 기준으로 재판권의 분담관계를 정해 놓은 것이다.

 1) 보통 재판적
  모든 사건에 일반적으로 적용되는 재판적이다.

 2) 특별 재판적
  특정 사건에만 적용되는 재판적이다. ⅰ) 독립재판적 ⅱ) 관련재판적(제25조)이 있다.

☑ **법정관할 중 전속관할과 임의관할**

1. 전속관할[35)]
(1) 의의
  법정관할 중 전속관할은 공익적 요구에서 특정 법원만이 배타적으로 관할권을 갖는 관할이다.
(2) 내용
  직무관할(예: 심급관할), 재심관할(제453조 제1항), 변경의소 관할(제252조 제2항), 특허권 등의 지식재산권에 관한 소 관할(제24조 제2항) 등이 있다.
(3) 소송법상 취급
  ⅰ) 공익적인 소송요건이므로 직권조사사항이다. ⅱ) 전속관할을 위반하여 소제기하면 전속관할 법원으로 제34조 제1항에 따른 이송을 한다. ⅲ) 전속관할을 위반한 판결에 대해 상소심은 취소 또는 파기하고 이송판결을 한다(제419조).

---

33) 국제재판권은 서로 다른 국가 법원 사이에서 어떤 국가 법원이 사건을 재판할 수 있느냐의 문제이고, 관할은 한 국가 내의 법원 사이에서 어떤 법원이 사건을 재판할 수 있느냐의 문제이다.
34) 관할은 여러 법원 사이의 재판권의 분담관계를 정한 것이고, 사무분담은 동일한 한 법원 안에서 분담관계를 정해놓은 것이다(여러 합의체 상호간 또는 여러 단독판사 상호간의 분담).
35) 전속적 합의관할은 전속관할과 다르다. 전속적 합의관할은 당사자 의사로 성립되는 관할이며, 임의관할에 속한다.

ⅳ) 전속관할 위반된 판결이 확정되면 하자가 치유되어(재심사유로 규정되지 않음) 재심으로 구제 받을 수 없다.
ⅴ) 전속관할이 정해져 있는 경우 다른 법원에 합의관할, 변론관할, 관련재판적이 성립될 수 없다.

2. 임의관할

(1) 의의
법정관할 중 임의관할은 당사자의 편의를 위해 사익적 요구에서 정해진 관할이다.

(2) 내용
사물관할, 토지관할 등이 있다.

(3) 소송법상 취급
ⅰ) 사익적인 소송요건이므로 항변사항이다.36) ⅱ) 임의관할을 위반하여 소제기하면, 변론관할이 생기지 않는 한, 본래 관할법원으로 제34조 제1항에 따른 이송을 한다. 또한, 임의관할 법원에 소제기했을 때에도 제35조에 따라 다른 법원으로 이송이 가능하다. ⅲ) 임의관할을 위반한 판결에 대해 판결선고시 하자가 치유되어 상소 또는 재심으로 다툴 수 없다.37) ⅳ) 임의관할이 정해져 있어도 다른 법원에 합의관할, 변론관할, 관련재판적이 성립될 수 있다.

2. 재정관할 - 법원의 재판으로 발생한 관할

관할법원이 재판권을 법률상 또는 사실상 행사할 수 없는 때 또는 법원의 관할구역이 분명하지 않은 때 관계된 법원과 공통되는 바로 위의 상급법원이 결정으로 관할법원을 정할 수 있다(제28조).

3. 거동관할 - 당사자의 거동으로 발생한 관할

(1) 합의관할
당사자 사이의 합의로 발생하는 관할이다(제29조).

(2) 변론관할
관할권이 없는 법원에 당사자가 관할 항변을 하지 않고 본안에 관해 항변하는 경우 발생하는 관할이다(제30조).

☑ 관할항정의 원칙

1. 의의
관할은 소를 제기한 때 표준으로 정한다(제33조). 소제기시 해당 법원에 관할권이 인정되면 이후 관할은 문제되지 않는다. 또한, 소제기시 관할권이 없어도 변론종결시까지 관할권이 생기면 관할 위반이 아니다.

2. 원칙
ⅰ) 토지관할에 맞게 소를 제기한 뒤, 주소, 영업소 등이 변동되어도 관할에 영향이 없다. ⅱ) 관련재판적에서 본래 관할권 있던 청구가 취하, 각하되어도 관련재판적이 인정된 청구의 관할은 여전히 인정된다. ⅲ) 본소가 취하되어도 반소 관할에 영향이 없다.

3. 예외
ⅰ) 제1심 단독판사에서 심리 중 청구취지 확장으로 지방법원 합의부에 속하는 사건이 된 경우 ⅱ) 제1심 단독판사에서 심리 중 지방법원 합의부에 속하는 반소가 제기된 경우에는 변론관할이 생기지 않는 한 지방법원 합의부로 이송한다.

---

36) 단, 직권조사사항으로 보는 判例도 있다.
37) 따라서, 상급심에서는 제1심의 임의관할 위반을 조사하지 않는다.

007 직무관할

📁 의의 – 내용

I. 의의   sB-13

직무관할이란 **담당직무**의 차이를 기준으로 재판권의 분담관계를 정해 놓은 것이다. 직무관할은 직권조사 사항이며, 명문의 규정이 없어도 전속관할로 본다.

II. 내용   sB-14

1. 심급관할

ⅰ) 직무관할의 예로 **심급관할**을 들 수 있으며, 제1심은 지방법원이, 제2심은 지방법원 합의부(항소부) 또는 고등법원이, 제3심은 대법원이 맡는다. ⅱ) 직무관할은 **전속관할**이며, **직권조사사항**이다.

3심	대법원
2심	지방법원 합의부(항소부), 고등법원
1심	지방법원

2. 수소법원과 집행법원의 직무관할

ⅰ) 사건에 대한 판결절차, 증거보전절차 등은 수소법원38)의 직분이다. ⅱ) 강제집행절차 등은 집행법원의 직분이다.

3. 단독판사와 합의부의 직무관할39)

ⅰ) 제소전 화해, 독촉절차 등과 같이 간이신속한 판단을 요하는 절차는 단독판사의 직분이다. ⅱ) 지방법원 판사에 대한 제척·기피사건 등 중요한 판단을 요하는 절차는 지방법원 합의부의 직분이다.

---

38) 소제기로 인한 사건을 심리하여 판결을 내리는 법원을 수소법원이라고 한다.
39) 사건의 경중(예: 소가의 크기)에 따라 단독판사와 지방법원 합의부의 재판권 분담관계를 나눈 사물관할과 달리 직분에 따라 재판권의 분담관계를 나눈 직무관할이다.

008 사물관할

> 의의 – 내용 + 관련논점 – 소송법상 취급

Ⅰ. 의의　　　　　　　　　　　　　　　　　　　　　　　　　　　　sB-15

1. 사물관할 의의

지방법원 단독판사와 지방법원 합의부 사이에서 사건의 경중을 기준으로 하여 제1심 소송사건에 대한 재판권의 분담관계를 정해 놓은 것이다.

2. 소가 의의

원고가 소로써 달성하려고 하는 목적이 갖는 경제적 이익을 금전으로 평가한 금액을 의미한다.

Ⅱ. 내용　　　　　　　　　　　　　　　　　　　　　　　　　　　　sB-16

1. 단독판사 관할

소가를 기준으로 5억 원 이하 사건, 수표·어음금 청구, 금융기관 등이 원고인 대여금·구상금·보증금 청구, 자동차운행상 손해배상청구, 재정단독사건[40]은 단독판사의 관할이다.

2. 합의부 관할

소가를 기준으로 5억 원 초과 사건, 비재산권상의 소[41], 재산권에 관한 소로서 소가를 산정할 수 없는 청구[42], 재정합의사건[43], 관련청구[44] 등은 지방법원 합의부의 관할이다.[45]

Ⅲ. 관련논점　　　　　　　　　　　　　　　　　　　　　　　　　　sB-17

1. 병합소송에서의 소가

(1) 합산의 원칙

ⅰ) 하나의 소로 여러 청구를 하는 경우, 각 청구의 값을 **합하여** 소가를 정한다. ⅱ) 이때, 여러 청구의 **경제적 이익이 독립 별개일 것**을 요한다(제27조).[46]

---

[40] 단독판사가 심판할 것으로 합의부가 결정한 사건을 의미한다.
[41] 성명권, 초상권 등과 같이 인격권에 관한 소송, 해고무효확인소송과 같은 회사관계소송, 소비자권익침해금지를 위한 소비자단체소송 등이 해당된다.
[42] 기준시가가 없는 토지에 관한 소, 주주의 대표소송, 지식재산권에 관한 소 등이 해당된다.
[43] 합의부에서 심판할 것으로 합의부가 결정한 사건을 의미한다.
[44] 본소가 합의부 사건일 때 본소에 병합하여 제기하는 반소, 중간확인의 소, 독립당사자참가 등의 관련청구는 그 소가가 5억 원 이하라도 본소를 따라 합의부 관할에 속한다.
[45] 같은 지방 법원 내의 단독판사와 지방법원 합의부는 소송상 별개의 법원이다. 따라서, 동일한 지방법원 내의 단독판사와 합의부 간의 사건 이전은 이부가 아닌 이송으로 처리된다.
[46] 예를 들어, 원고가 피고에게 각각 모두 인용받을 수 있는 단순병합 관계의 1억 원 청구권과 3억 원 청구권을 구하는 경우, 합산의 원칙에 따라 소가는 4억 원이다.
또한, 원고가 여러 사람을 공동피고로 하여 각각 개별적 채무를 구하는 경우, 각 청구의 값을 합하여 소가를 정한다.

(2) 예외 [중수부]

1) 예외 - 합산하지 않는 경우

중복청구, **수**단청구, **부**대청구는 합산하지 않는다.

2) 중복청구의 흡수주의

여러 청구의 경제적 이익이 동일·중복되는 때엔 중복되는 범위 내에서 흡수되고, 그 중 가장 **다액**인 청구의 가액을 소가로 한다.

> **↘ 예시**
>
> **1. 병합청구 [선예연집보]**
> **선**택적 병합, **예**비적 병합, 여러 사람의 **연**대채무자에 대한 청구, **주**된 청구와 그 **집**행불능을 대비한 대상청구의 병합, 주채무자와 **보**증인에 대한 청구는 합산하지 않고 가장 다액의 청구의 값을 소가로 한다.
>
> **2. 동일한 토지에 대한 수 개의 말소등기청구**
> 소유권보존등기가 이루어지고 이에 터 잡아 저당권설정등기가 경료된 후 그 소유등기명의가 순차 이전된 **동일 부동산**에 대해 소유권보존등기명의자, 근저당권자 및 전득자를 공동피고로 제기된 **소유권보존등기, 근저당권설정등기, 소유권이전등기의 각 말소**를 구하는 소송에서는 1개의 소로써 주장하는 수 개의 청구의 경제적 이익이 중복되므로 중복되는 범위 내에서 흡수된다(98마938*).[47]
>
> **3. 해고무효확인청구와 해고가 무효임을 전제로 한 임금지급청구의 병합청구**
> 해고무효확인청구와 그 해고가 무효임을 전제로 한 임금지급청구가 1개의 소로 병합된 경우에는 비재산권을 목적으로 하는 소송(민사소송등인지규칙 제15조 제4항)과 그 소송의 원인된 사실로부터 발생하는 재산권상의 소송을 병합한 때에 해당하여 그중 다액인 소가에 의한 인지만을 붙이면 된다(94마1390).[48]

3) 수단청구 불산입원칙

~~1~~개의 청구가 다른 청구의 수단에 지나지 않을 때에는, 특별한 규정이 있는 경우를 제외하고, 그 가액은 소가에 산입하지 아니한다.[49] 다만, 수단인 청구의 가액이 주된 청구의 가액보다 다액인 경우에는 그 다액을 소가로 한다.

4) 부대청구 불산입원칙

주된 청구와 부대청구를 함께 청구하는 경우, 부대청구의 가액은 소가에 산입하지 않는다.[50]

---

[47] 위 소송에서 원고의 전부승소판결이 선고되어 그 등기명의인들이 전부 불복하여 상소를 제기하는 경우에도 하나의 상소장으로써 공동명의로 상소를 제기한 등기명의인들 사이에는 경제적 이익이 동일하거나 중복되는 때에 해당하므로 중복되는 범위 내에서 흡수된다고 할 것이어서 제1심에서 산정된 소가를 기준으로 하여 항소장 또는 상고장에 인지를 첨부하면 된다고 할 것이나, 다만 그 등기명의인들이 수 개의 항소장 또는 상고장으로 나누어 상소를 제기하는 경우에는 각각 별도로 제1심의 소가를 기준으로 하여 산정한 인지를 항소장 또는 상고장에 첨부하여야 할 것이고, 그 등기명의인들이 당초에는 수 개의 항소장 또는 상고장으로 나누어 상소를 제기하였다가 나중에 공동명의로 하여 하나의 항소장 또는 상고장을 다시 제출했더라도 이와 달리 취급할 것은 아니다.

[48] 해고무효확인청구의 소가와 임금지급청구의 소가를 합산한 금액을 위 소의 소가로 보고 한 제1심 재판장의 인지보정명령은 위법하고, 그 보정명령이 적법한 것임을 전제로 한 제1심 재판장의 항소장 각하명령 역시 위법하다.

[49] 토지인도청구를 하면서 그 지상건물의 철거를 동시에 구하는 경우, 토지인도청구의 소가만 계산한다.

[50] 과실, 손해배상(지연이자), 위약금, 비용 등 소송의 부대목적이 되는 경우 그 값은 소가에 산입하지 않는다. 3억 원 청구권 이행을 구하면서 이자 또는 지연손해금을 구하는 경우, 원금인 3억 원 청구권만으로 소가를 산정한다. 토지인도청구를 하며 임료에 상응하는 금전을 구하는 경우, 토지인도청구만으로 소가를 산정한다. 다만, 과실, 손해배상(지연이자)만을 단독으로 구하는 경우에는 그 과실, 손해배상 자체로 소가를 산정한다.

2. 소가 산정의 표준시기 및 사물관할 위반 여부 (13)(24)

(1) 원칙

소가는 소제기시를 기준으로 산정한다. 소제기 후 소송 목적물 값의 변동이 있어도 소가에 영향이 없다.

> ☑ **변론의 병합과 소가**
>
> ⅰ) 소제기 후 변론의 병합이 이루어진 경우에도, 소제기 당시를 표준으로 소가를 산정하고 합산액을 표준으로 하지 않는다(91다43176). ⅱ) 다만, 개정 사물관할규칙은 "단독사건의 항소법원을 정할 때"는 소송목적의 값이 소제기, 청구확장, 변론의 병합 당시 2억 원을 초과한 단독사건의 항소심은 고등법원이 심리한다고 규정하였다(단, 수표·어음금 청구, 금융기관 등이 원고인 대여금·구상금·보증금 청구, 자동차운행상 손해배상청구, 재정단독사건은 2억 원이 초과되어도 항소심을 고등법원이 심리하지 않음).

(2) 예외 - 소제기 후 제1심에서 청구확장 또는 반소제기

1) [제1심 단독판사 계속 중 청구확장] 다만 제1심 **단독판사 계속 중 청구취지가 확장되어 소가가 5억 원을 초과**하면 사물관할 위반이므로 피고가 관할위반의 항변[51]을 하면 지방법원 합의부로 관할위반에 의한 이송을 한다(제269조 제2항 유추).
2) [제1심 단독판사 계속 중 합의부 사건의 반소제기] 또한, 본소가 단독사건인 경우에 피고가 반소로 합의사건에 속하는 청구를 한 때에는 법원은 직권 또는 당사자의 신청에 따른 결정으로 본소와 반소를 합의부에 이송하여야 한다. 다만, 반소에 관하여 제30조의 규정에 따른 관할권이 있는 경우에는 그러하지 아니하다(제269조 제2항).

(3) 예외의 예외 - 소제기 후 제1심에서 청구감축, 항소심에서 청구확장·감축 또는 반소제기

1) [제1심 합의부 계속 중 청구감축] 소송이 **제1심 지방법원 합의부에 계속 중 소의 일부취하 또는 청구취지 감축에 의해 소가가 5억 원 이하가 되어도 단독판사로 이송하지 않는다.**[52]
2) [항소심 계속 중 청구확장·감축] 단독사건에 대한 **항소심에서 지방법원 합의부 사물관할에 속하는 청구로 청구취지가 확장되었더라도, 관할에는 영향이 없다.**[53]
3) [항소심 계속 중 합의부 사건의 반소제기] 단독사건에 대한 **항소심에서 지방법원 합의부 사물관할에 속하는 반소가 제기된 경우에도 관할에는 영향이 없다**(2011그65*).

[소가 변동에 의한 사물관할 위반 이송]

	지방법원 합의부(항소부)		고등법원	
2심	1심 단독 사건 중 소가 2억 원 이하	이송⇒× ×⇐이송	1심 단독 사건 중 소가 2억 원 초과[54] (소제기, 청구취지확장, 변론병합)	1심 지방법원 합의부 사건
1심	단독판사 소가 5억 원 이하	이송⇒○ ×⇐이송	지방법원 합의부 소가 5억 원 초과	

---

[51] 피고가 관할위반의 항변을 하지 않고 본안에 관해서만 다툰다면 변론관할이 성립되어 단독판사에서 심리될 수 있다. 사물관할은 전속관할이 아닌 임의관할이기 때문이다.
[52] 이송하지 않더라도 당사자에게 불리하지 않고 소송지연을 방지하기 위함이다.
[53] 항소심은 사물관할과 무관하게 법령으로 정해지기 때문이다. 즉 항소심관할은 제1심관할이 무엇인가에 따라 법령으로 정해지는 심급관할이다.

Ⅳ. 소송법상 취급　　　　　　　　　　　　　　　　　　　　　　　　　　　sB-18

1. 소가에 따른 인지를 부족하게 붙이거나 붙이지 않은 경우
ⅰ) 법원은 소장에 붙이거나 납부한 인지가 미달하는 경우, 소장 접수를 보류할 수 있다(제248조 제2항). 인지를 납부하면 소장을 접수하고 소장이 제출된 때 소가 제기된 것으로 본다(동조 제3항).

ⅱ) 소장에 따른 인지를 붙이지 않은 경우 재판장은 상당한 기간을 정하고, 그 기간 내에 보정하도록 명한다(제254조 제1항). 보정하지 않으면 재판장은 소장각하명령한다(동조 제2항).

2. 소가에 따른 사물관할 위반시
제34조 제1항에 따라 관할법원으로 이송한다. 단, 변론관할이 생기면 이송하지 않는다.

---

54) 제4조(고등법원의 심판범위) 고등법원은 다음 각 호의 어느 하나에 해당하는 사건에 대한 지방법원 단독판사의 제1심 판결·결정·명령에 대한 항소 또는 항고사건을 심판한다. 다만, 제2조 각 호의 어느 하나에 해당하는 사건을 제외한다.
　1. 소송목적의 값이 소제기 당시 또는 청구취지 확장(변론의 병합 포함) 당시 2억 원을 초과한 민사소송사건
　2. 제1호의 사건을 본안으로 하는 민사신청사건 및 이에 부수하는 신청사건(가압류, 다툼의 대상에 관한 가처분 신청사건 및 이에 부수하는 신청사건은 제외)

009 토지관할

📁 의의 – 내용 – 소송법상 취급

Ⅰ. 의의 sB-19

소재지를 달리하는 같은 종류의 여러 **제1심 법원** 사이에 재판권의 분담관계를 정해 놓은 것이다. 토지관할의 발생원인이 되는 지점을 재판적이라고 한다.

Ⅱ. 내용 sB-20

1. 보통재판적

(1) 의의

보통재판적은 모든 사건에 일반적으로 적용되는 재판적이다. 소는 피고의 보통재판적이 있는 곳의 법원이 관할한다. 피고의 응소 편의를 위함이다(제2조).

(2) 사람

피고의 주소 또는 거소에 보통재판적을 인정한다(제3조).

(3) 법인·비법인사단·재단

법인 등의 경우 **주된** 사무소가 있는 곳에 보통재판적을 인정한다(제5조 제1항). 제1항의 규정을 외국법인 등에 적용하는 경우에는 **대한민국에 있는** 이들의 사무소에 보통재판적을 인정한다(제5조 제2항).

(4) 국가

그 소송에서 국가를 대표하는 관청 또는 대법원이 있는 곳에 보통재판적을 인정한다(제6조).

2. 특별재판적 중 독립재판적 (17)(24)

(1) 의의

특정사건에만 적용되는 재판적으로, 피고의 주소지가 아닌 다른 곳에 소를 제기할 수 있도록 하여, 원고의 편의를 위해 규정되었다.

(2) 근무지

사무소에 계속하여 근무하는 사람에 대하여 소를 제기하는 경우, 그 근무하는 **사무소 소재지 관할법원**에 제기할 수 있다(제7조).

(3) 거소지

재산권에 관한 소를 제기하는 경우, 피고의 거소지 법원에 제기할 수 있다(제8조 전단).

(4) 의무이행지

재산권에 관한 소를 제기하는 경우, **의무이행지**의 법원에 제기할 수 있다(제8조 후단).

> ☑ 각 청구별 의무이행지 판단

ⅰ) [불특정물 및 특정물 관련청구 의무이행지] 특정물인도 이외의 채무(예: 금전채무)는 지참채무 원칙상 채권자의 주소지가 의무이행지다. 다만, 영업에 관한 청구는 채권자의 영업소가 의무이행지이다. 특정물인도채무는 채권 성립 당시 물건 소재지가 의무이행지이다.
ⅱ) [채권자 주소지 변경] 채권자의 주소지가 제소시까지 변경된 경우, 변경된 주소지가 의무이행지가 된다.
ⅲ) [채권 양도] 채권이 양도된 경우, 양수인의 주소지가 의무이행지가 된다.
ⅳ) [등기말소청구 의무이행지] 소유권이전등기 말소등기의무의 이행지는 그 등기관서 소재지이지, 원고의 주소지를 그 의무이행지로 볼 수 없다(2002마1156).
ⅴ) [불법행위 손해배상청구 의무이행지] 불법행위채무는 지참채무이므로 이에 기한 손해배상청구소송을 일률적으로 그 의무이행지인 피해자 주소지에서 소를 제기할 수 있다고 하면 피고가 예측하지 못한 곳에서 응소를 강요받게 되므로, 의무이행지에는 불법행위에 기한 손해배상채무의 이행지는 제외된다(서울고등법원 판결).
ⅵ) [계약관련청구 의무이행지] 계약상 청구는 계약이행청구, 계약확인청구, 계약불이행에 기한 손해배상청구, 계약해제에 기한 원상회복청구 등을 모두 포함하므로 그로 인한 의무이행지 법원에 소제기한다.
ⅶ) [법률 규정으로 발생하는 청구 의무이행지] 계약상 의무이행을 청구하는 소뿐만 아니라 법률 규정으로 발생하는 부당이득, 사무관리로 인한 청구의 소도 포함한다.
ⅷ) [어음청구 의무이행지] 어음의 의무이행지는 어음에 표시된 지급지이고 채권자 주소지가 아니다.

(5) 어음·수표 지급지

어음·수표에 관한 소를 제기하는 경우, 지급지 법원에 제기할 수 있다(제9조).

(6) 재산이 있는 곳

대한민국에 주소가 없는 사람 또는 주소를 알 수 없는 사람에 대해 재산권에 관한 소를 제기할 경우, **청구의 목적 또는 담보의 목적이나 압류할 수 있는 피고의 재산이 있는 곳**의 법원에 제기할 수 있다(제11조).

(7) 사무소, 영업소가 있는 곳

사무소 또는 영업소가 있는 사람에 대하여 그 사무소의 **업무와 관련**이 있는 소를 제기하는 경우에는 그 사무소가 있는 곳의 법원에 제기할 수 있다(제12조).

> ☑ 사무소, 영업소 소재지 판단

ⅰ) [업무에 관한 소의 범위] 본래 업무 자체에 대한 법률관계는 물론이고, 업무로부터 파생된 손해배상청구, 부당이득반환청구 등도 업무에 관한 소에 포함된다.
ⅱ) [사무소, 영업소의 범위] 사무소, 영업소는, 본점, 지점을 가리지 않으나 독립적인 업무가 이루어지는 곳이어야 한다.
ⅲ) [근무장소와 사무소] 근무장소는 타인의 사무소에 근로자로 일하는 장소를 의미하고, 사무소, 영업소는 자신이 운영하는 사업소를 의미한다. 제7조의 근무장소와 제12조의 사무소, 영업소는 다르다.

(8) 불법행위지

불법행위에 관한 소를 제기하는 경우, **행위지**의 법원에 제기할 수 있다(제18조 제1항). 불법행위지에는 가해행위지뿐만 아니라 **손해발생지(결과발생지)**가 포함된다.

☑ 각 손해배상청구별 판단

ⅰ) [손해배상청구의 범위] 특별법상의 불법행위, 공동불법행위, 사용자책임 등에 기한 손해배상청구도 포함된다. 불법행위에 기한 손해배상과 관련된 채무부존재확인의 소도 포함된다. 민법 제390조의 채무불이행에 따른 손해배상청구는 여기에 포함되지 않는다.
ⅱ) [항공기 사고] 항공기 사고의 경우 불법행위지는 사고의 행위지 및 결과발생지 또는 항공기의 도착지이다(2010다18355).

(9) 부동산이 있는 곳

부동산에 관한 소를 제기하는 경우에는 **부동산이 있는 곳**의 법원에 제기할 수 있다(제20조).

☑ 부동산에 관한 청구 판단

ⅰ) [부동산 자체 관련 청구] 물권에 관한 소 및 채권에 관한 소 중에서 소유권 또는 점유권 확인청구, 소유권 또는 점유권에 기한 인도청구, 방해배제청구, 지상권, 전세권, 저당권 관련 청구는 부동산에 관한 소에 포함된다.
ⅱ) [부동산 관련 금전청구] 부동산의 매매대금청구, 임료청구 등의 소는 부동산에 관한 소에 포함되지 않는다. 이는 제8조의 재산권에 관한 소로 처리된다.

(10) 등기할 기관이 있는 곳

등기·등록에 관한 소를 제기하는 경우에는 **등기 또는 등록할 공공기관이 있는 곳**의 법원에 제기할 수 있다(제21조).

☑ 등기·등록 관련 청구 판단

ⅰ) [등기 관련 청구] 소유권이전등기청구, 등기말소청구 등은 등기관서 소재지에 재판적이 인정되며, 이는 제20조의 부동산 소재지와 대부분 일치한다.
ⅱ) [등록 관련 청구] 건설기계, 자동차, 항공기 등의 경우 등록할 공공기관 소재지에 재판적이 인정된다.
ⅲ) [담보 관련 청구] 동산, 채권 등의 담보에 관한 법률에 따라 담보등기 또는 담보등록을 한 경우, 등기, 등록할 공공기관 소재지에 재판적이 인정된다.

(11) 지식재산권 관련 소

1) 특허권 등을 "제외한" 지식재산권과 "국제거래"에 관한 소의 특별재판적

ⅰ) 특허권 등(특허권, 실용신안권, 디자인권, 상표권, 품종보호권)을 제외한 지식재산권과 국제거래에 관한 소를 제기하는 경우, 제2조 내지 제23조의 규정에 따른 **관할법원 소재지**를 관할하는 **고등법원이 있는 곳**의 **지방법원**에 제기할 수 있다(제24조 제1항).
ⅱ) 소송의 **전문·효율화**를 위함이다. 이는 기존관할에 **부가**하여 관할법원을 인정하는 것이며, **임의관할**에 해당한다.

↘ 예시

보통재판적, 독립재판적으로 청주지방법원, 목포지방법원에 토지관할이 인정될 경우
☞ 제24조 제1항에 의해 <u>청주지방법원, 대전지방법원, 목포지방법원, 광주지방법원</u>이 모두 관할권을 갖는다.

2) "특허권 등"의 지식재산권에 관한 소의 특별재판적

ⅰ) 특허권 등(특허권, 실용신안권, 디자인권, 상표권, 품종보호권) 지식재산권에 관한 소를 제기하는 경우에는 제2조부터 제23조까지의 규정에 따른 **관할법원 소재지를 관할하는 고등법원이 있는 곳의 지방법원의 전속관할**로 한다(제24조 제2항). 제2항에도 불구 **서울중앙지방법원**에 특허권 등에 관한 소를 제기할 수 있다(동조 제3항).55)

ⅱ) 소송의 **전문·효율화**를 위함이다. **전속관할** 규정으로 기존에 관할권이 인정되었던 법원의 관할권은 소멸한다.

> ↘ 예시
> 보통재판적, 독립재판적으로 청주지방법원, 목포지방법원에 토지관할이 인정될 경우
> ☞ 제24조 제2항 및 제3항에 의해 대전지방법원, 광주지방법원, 서울중앙지방법원에만 관할권이 인정된다.

☑ 사해행위취소소송 의무이행지에 따른 토지관할

1. 사해행위취소소송에서 "의무이행지" 판단

(1) 사해행위취소소송의 의의 및 성질

(2) 사해행위취소로 형성되는 법률관계 기준으로 관할법원 판단 요부 **[목회의대형]**

채권자의 주된 **목적**은 사해행위의 취소 그 자체보다는 일탈한 **책임재산의 회복**에 있는 것이므로, 사해행위취소의 소에 있어서의 **의무이행지**는 **취소의 대상인 법률행위의 의무이행지**가 아니라 **취소로 인하여 형성되는 법률관계에 있어서의 의무이행지**라고 보아야 한다(2002마1156*).56)

(3) 채권자와 수익자를 기준으로 관할법원 판단 요부

사해행위취소의 효과는 채권자와 수익자 사이의 관계에서만 생기는 것이므로, 수익자가 사해행위의 취소로 인한 원상회복의무를 부담하더라도 이는 **채권자에 대한 관계에서 생기는 법률효과**에 불과하고 **채무자와 사이에서 그 취소로 인한 법률관계가 형성되지 않는다.**

(4) 학설

본래의 계약상의 의무이행지는 그 **계약에서 파생하는 각종 청구의 의무이행지**도 되며 각 청구마다 의무이행지가 다른 것이 아니라고 봄이 일반적이므로, 의무이행지는 **취소의 대상인 법률행위의 의무이행지라는 견해**가 있다.57)

(5) 검토

취소의 대상인 법률행위인 매매계약이 **절대적으로 취소되는 것이 아니므로**, 취소의 대상인 법률행위가 아닌 취소로 형성되는 법률행위를 기준으로 의무이행지를 판단하는 것이 타당하다.

2. 사해행위취소에 따른 원상회복으로 "말소등기의무이행지" 판단

(1) 제8조, 제20조, 제21조

---

55) 특허권 등의 지식재산권 침해로 인한 손해배상청구 사건을 제1심 단독판사 또는 합의부가 심판한 경우 항소심은 특허법원의 전속관할로 한다.

56) ① 춘천지법 속초지원으로 관할위반에 의한 이송을 해야한다는 결론은 원심과 대법원이 같으나, ② 취소로 인해 형성되는 법률관계의 의무이행지를 판단함에 있어 원심은 채무자와 수익자를 기준으로 판단했고 대법원은 사해행위취소소송의 상대효를 근거로 채권자와 수익자를 기준으로 판단해야 한다고 하여 원심을 파기했다. 따라서 이 사건은 사해행위취소소송에서 의무이행지를 판단하는 경우, 채권자와 수익자를 기준으로 판단해야 하며, 사해행위취소로 형성되는 법률관계를 기준으로 판단해야 한다는 뜻을 내포하고 있다.

57) 判例를 비판하는 견해는 사해행위취소에 따른 원상회복의무의 의무이행지를 취소의 대상이 되는 매매계약의 의무이행지로 보아야 한다고 하지만, 결과적으로 위 매매계약에 기한 소유권이전등기의 의무이행지는 해당 부동산의 등기관서 소재지이므로 춘천지법 속초지원으로 관할위반에 의한 이송을 해야한다는 결론은 判例와 같다.

> (2) 판례 [원말등주]
> 원고가 사해행위취소의 소의 채권자라고 하더라도 사해행위취소에 따른 **원**상회복으로서의 **소유권이전등기 말소등
> 기의무의 이행지**는 그 **등**기관서 소재지라고 볼 것이지, 원고의 **주**소지를 그 의무이행지로 볼 수는 없다(2002마1156*).

3. 특별재판적 중 관련재판적 (17)

(1) 의의 및 취지

하나의 소로 여러 개의 청구를 하는 경우, 하나의 청구에 관할권이 있으면 관할권이 없는 다른 청구에 관할권이 발생한다(제25조). 소송경제 및 재판통일을 위함이다.

(2) 요건 [여규하전+주]

ⅰ) 하나의 소로 **여**러 개의 청구를 할 것 ⅱ) 제2조 내지 제24조의 **규**정에 따라 ⅲ) **하**나의 청구에 대해 관할권58)이 있을 것 ⅳ) 관할권이 없는 청구가 다른 법원의 **전**속관할59)에 속하지 않을 것을 요한다.

> ☑ **주관적 병합의 경우 관련재판적 적용 여부**
>
> **1. 과거의 학설 및 판례**
> ⅰ) **긍정설**은 **소송경제**를 이유로 관련재판적 적용을 지지했고, ⅱ) **부정설**은 피고의 **관할이익**을 위해 허용될 수 없다고 보았으며, ⅲ) **절충설**은 제65조 전문의 공동소송의 경우에만 적용된다고 보았다. ⅳ) 判例는 한 개의 소로 여러 피고에 대해 청구를 하는 경우엔 적용될 수 없다고 하여 부정설의 입장이었다.
> **2. 1990년 개정법**
> 제25조 제2항을 규정하여 **제65조 전문**의 경우엔 관련재판적이 적용될 수 있도록 하였다.60)
> **3. 검토**
> 피고의 관할이익과 소송경제를 **조화**시키는 측면에서 타당한 개정이다.

(3) 효과

ⅰ) 관할권이 없던 나머지 청구에 관할권이 생긴다. ⅱ) 관련재판적이 인정되면, 본래 관할권이 있었던 청구가 취하, 각하되어도 관할에는 영향이 없다.

Ⅲ. 소송법상 취급   sB-21

토지관할(합의관할도 포함)을 위반하여 소제기한 경우, 제34조 제1항에 따라 관할법원으로 이송한다. 단, 변론관할이 생기면 이송하지 않는다.

---

58) 한 청구에 대해 제29조에 의해 관할합의로 관할권이 인정되는 경우도 포함된다. 나아가 한 청구에 대해 제30조의 변론관할로 관할권 또는 재정관할로 관할권이 인정되는 경우도 포함된다고 보는 견해가 있다.
59) 전속적 합의관할은 법정의 전속관할과는 달리 그 성질이 임의관할에 해당하므로 제25조의 관련재판적에 관한 규정은 전속적 합의관할이 있는 경우에도 그 적용이 배제되지 않는다.
60) 연대채무자들을 공동 피고로 하는 경우, 사고 피해자들의 손해배상청구, 주채무자와 보증인에 대한 청구, 순차이전된 원인무효등기경료자들에 대한 등기말소청구 등이 이에 해당한다. 다만 제65조 후문의 권리·의무 또는 그 발생원인이 동종인 주관적 병합에는 관련재판적 규정이 적용될 수 없음에 유의한다.

010 합의관할

📁 의의 – 요건 – 효과 – 종류

Ⅰ. 의의 및 취지   sB-22

1. 의의 및 취지

합의관할이란 당사자의 합의에 의하여 생기게 되는 관할을 말한다(제29조). 당사자의 **소송수행 편의**를 위해 규정되었다.

2. 성질

ⅰ) 관할 발생이라는 소송법상 효과를 발생시키는 **소송행위**로 소송능력을 요한다.

ⅱ) 관할합의 과정에서 착오, 사기·강박 등 의사표시의 하자가 있으면 **민법을 유추해 합의를 취소**할 수 있다. 관할합의는 절차를 조성하는 소송행위가 아니므로, 취소를 인정해도 절차안정에 영향이 없기 때문이다.

Ⅱ. 요건 [1임법법송특서] (14)(24)   sB-23

ⅰ) 제1심 법원의 **임의관할**에 대해서 할 것[61] ⅱ) 합의의 대상을 일정한 **법률관계**로 특정할 것[62] ⅲ) **관할법원**을 특정할 것[63] ⅳ) **소송행위**의 요건을 갖출 것 ⅴ) **특별법상**의 요건을 갖출 것을 요한다. ⅵ) 관할합의는 **서면**으로 해야 한다(제29조 제2항)[64].

☑ 약관규제 특별법상의 요건

1. 약관규제법

고객에 대해 부당하게 불리한 관할합의 조항은 무효로 한다고 규정한다.

2. "부당하게 불리한"의 의미 [지거부불]

사업자가 **거래상의 지위**를 남용하여 이러한 약관조항을 작성, 사용함으로서 **건전한 거래질서를 훼손**하는 등 고객에게 **부당하게 불이익**을 주었어야 한다(2007마1328).

3. "부당하게 불리한"의 판단 [내개거법]

약관조항에 의해 고객에게 생길 수 있는 **불이익**의 **내용**과 불이익 발생의 **개연성**, 당사자의 **거래과정**에 미치는 영향, **관계 법령** 등 제반사정을 종합해 판단한다(2007마1328).

---

61) 전속관할이 정해진 경우 다른 법원에 관할합의를 할 수 없다.
62) "장래 모든 소송에 대하여"라고 합의하는 경우 무효로 본다. "대여계약과 관련하여 발생하는 일체의 분쟁에 대하여"라고 합의하는 것은 유효하다.
63) "일방이 지정하는 법원", "전국의 모든 법원" 등의 표현으로 합의하는 경우 무효로 본다. 관할법원을 특정한 것도 아니고 상대방의 권리를 부당하게 침해하고 공평의 원칙에 반하기 때문이다(77마284*).
64) 관할합의 문구가 부동문자로 인쇄되어 있더라도 이를 예문으로 보아 관할합의의 효력을 부정해서는 안 된다(2006다68209).

4. 관련 논점 - 회사 내부 사정으로 인해 약관으로 한 전속적 합의관할의 변경 여부

회사 내부 업무조정에 따라 약관조항에 의한 전속적 합의관할이 변경된다고 볼 경우에는 당사자 **일방이 지정**하는 법원에 관할권을 인정한다는 관할합의 조항과 다를 바 없고 사업자가 **지위를 남용**하여 **건전한 거래질서를 훼손**하는 등 고객에게 **부당하게 불이익**을 주는 것으로서 무효인 약관조항이라고 볼 수밖에 없다(2009마1482).65)

III. 효과 sB-24

1. 원칙

ⅰ) 합의 내용대로 관할이 변동된다. ⅱ) 전속적 합의라도 임의관할이므로 다시 관할합의를 할 수 있고, 변론관할이 발생할 수 있으며, 다른 법원에 관련재판적이 인정될 수 있다. ⅲ) 전속적 합의를 한 경우라도 현저한 지연을 피하기 위한 공익적 사유로 다른 관할법원에 이송할 수 있다. ⅳ) 합의에 위반된 소가 제기된 경우, 변론관할이 발생하지 않으면 합의한 관할법원으로 이송해야 한다.

2. 관할합의 효력의 주관적 범위

(1) 당사자 및 일반승계인

당사자 및 일방승계인은 관할합의의 효력을 받는다.

(2) 특정승계인

1) 채권 승계인 [권자승변관] (14)

지명채권과 같이 **권**리관계의 내용을 당사자가 **자**유롭게 정할 수 있는 경우에는, 당해 권리관계의 **특정승**계인은 그와 같이 **변**경된 권리관계를 승계한 것이라고 할 것이어서, **관**할합의의 효력은 특정승계인에게도 미친다(2005마902*).

2) 물권 승계인 [물정재]

물권의 내용은 **정**형화되어 있어서 당사자가 그 내용을 **자**유롭게 변경할 수 없으므로 제3취득자인 부동산 양수인이 근저당권 부담부의 부동산 소유권을 취득한 특정승계인에 불과하면, 근저당권설정자와 근저당권자 사이에 이루어진 관할합의 효력은 부동산 양수인에게 미치지 않는다(94마536*).

(3) 제3자

채권자와 보증인간에 그 보증채무의 이행에 관련된 분쟁에 관하여 채권자가 제소법원을 임의로 선택할 수 있다고 한 약정의 효력은 약정 당사자가 아닌 주채무자에게는 미칠 수 없다(87다카1728).66) 또한 연대채무자 간에도 한 채무자가 채권자와 한 관할합의의 효력은 미치지 않는다.

---

65) 따라서 관할법원은 계약체결 당시 회사의 영업점 소재지 법원이다.
66) 주채무자와 보증인 또는 여러 연대채무자들 간에 관할합의의 효력은 미치지 않지만 관련재판적 규정이 적용될 수 있음은 유의한다.

Ⅳ. 종류 (14)(24)

1. 관할합의의 종류 [특더특배]

ⅰ) **특정법원**을 관할법원으로 **더**하는 부가적 합의 ⅱ) **특정법원만**을 **배**타적으로 관할법원으로 하는 전속적 합의가 있다. 전속적 또는 부가적 합의인지 명시하지 않은 경우 그 해석이 문제된다.67)

2. 학설

(1) 통설은 법정관할법원 중 어느 하나를 특정하거나 그 가운데 어떤 것을 배제하는 합의는 전속적 합의로, 그렇지 않은 경우는 부가적 합의로 해석한다.
(2) 소수설은 특정 법원을 지정한 이상 부가적이라고 해석할 만한 특별한 사정이 없는 한 전속적 합의로 해석한다.

3. 判例 [여채전]

대여금청구사건에서 이 사건 관할합의는 **여**러 법정 관할법원 중의 하나인 **채**권자의 주소지 법원을 관할법원으로 하기로 약정한 것으로서 **전**속적 관할합의에 해당한다고 한다(2006다68209).

4. 검토

당사자의 통상적인 의사를 고려했을 때, 判例가 타당하다.

☑ **전속적 관할합의가 다른 나라에 제소할 때에도 효력을 미치는지 여부** (14)

법정관할법원 중 어느 하나의 법원을 관할법원으로 하기로 약정한 경우에, 그 약정은 약정이 이루어진 국가 내에서 재판될 경우를 예상하여 **그 국가 내에서의 전속적 관할법원**을 정하는 합의라고 해석될 수 있지만, 특별한 사정이 없는 한 **다른 국가의 재판관할권을 완전히 배제하는 합의를 한 것으로 볼 수는 없다**(2006다68209).68)

---

67) 예를 들어, 특정법원"만"을 관할법원으로 합의하면 전속적 관할합의임을 명시한 것이다. 이 경우, 관할합의 종류를 판단할 필요 없이 문언 자체로 전속적 관할합의이다.
68) 대여금채권이 한국에 주소가 있는 원고에게 양도되어 채권양수인인 원고가 대여금청구의 소를 한국 법원에 제기한 경우 채권양도인과 채무자 사이의 일본국 내에서의 전속적 관할합의의 효력은 채권양수인인 원고에게 미치지 않는다. 한 국가 내에서의 전속적 (토지)관할합의와 국제재판관할합의는 서로 다르다. 이 判例 사안에서의 관할합의는 전자에 해당하며, 그 합의로 인해 한국의 국제재판관할권이 부정되지 않는다.

011 변론관할

> 의의 - 요건 - 효과

Ⅰ. 의의 및 취지　　　　　　　　　　　　　　　　　　　　　　　　　　　　　　　sB-26

원고가 **관할권 없는** 법원에 소제기 하였는데, **피고가 이의 없이 본안에 관한 변론**을 하였으면 생기는 관할을 말한다(제30조). 당사자의 이익 및 소송촉진을 위함이다.

Ⅱ. 요건 [1본항변]　　　　　　　　　　　　　　　　　　　　　　　　　　　　　　sB-27

ⅰ) 관할권이 없는 제1심 법원에 소가 제기될 것[69] ⅱ) 피고가 **본**안에 대한 진술을 했을 것[70] ⅲ) 관할위반이라고 **항**변하지 않을 것 ⅳ) **변**론 또는 변론준비기일에서 진술했을 것을 요한다.

☑ 청구기각의 답변만 한 경우도 본안에 관한 진술인지 여부[71]

1. 학설

ⅰ) <u>긍정설</u>은 이 경우에도 원고의 **청구를 배척해달라는 뜻을 명백히** 한 것으로 본안에 관한 진술로 본다. ⅱ) **부정설**은 피고의 **관할이익을 침해**할 우려가 있으므로 본안에 관한 진술로 보지 않는다.

2. 判例

피고의 반소장 제출에 대해 원고가 **반소기각의 답변**을 한 것만으로는 제412조 제2항의 이의 없이 반소의 본안에 관하여 변론한 때에 해당한다고 볼 수 없다(91다1783).

3. 검토

항소심 반소와 달리 당사자의 **심급이익을 해하지 않으므로 소송촉진**의 필요성 및 청구배척의 의사에 비추어 본안에 관한 진술로 봄이 타당하다.

☑ 진술간주도 변론에서의 진술에 포함되는지 여부

변론관할이 생기려면 피고의 본안에 관한 변론이나 준비절차에서의 진술은 **현실적인** 것이어야 하므로 피고의 불출석에 의해 **답변서 등이 법률상 진술간주**되는 경우에는 변론관할은 생기지 않는다(80마403*).[72]

Ⅲ. 효과　　　　　　　　　　　　　　　　　　　　　　　　　　　　　　　　　　sB-28

ⅰ) 관할권이 없었던 법원에 관할권이 생긴다. ⅱ) 피고는 더 이상 관할위반의 항변을 할 수 없고 법원은 관할위반에 의한 이송을 할 수 없다.

---

[69] 전속관할 규정에 위반된 소에서는 변론관할이 성립할 수 없다. 다만, 전속적 합의관할은 그 성질상 임의관할에 해당하므로, 그를 위반하여 제기된 소에서 변론관할이 생길 수 있다.
[70] 기피신청, 기일변경신청, 소각하판결의 신청은 본안에 관한 진술이 아니다.
[71] 소각하판결을 구한다는 답변만 한 경우 본안에 관한 변론이 아니다. 답변서 제출만으로는 본안에 관한 변론이 아니다.
[72] 서면에 의한 변론준비절차에서 변론관할이 생길 수 없으나, 변론준비기일에서는 변론관할이 생길 수 있다.

012 이송 개관

📁 의의 – 사유 – 절차 – 효과

Ⅰ. 의의   sB-29

법원에 계속되어 있는 소송을 재판으로 다른 법원에 옮기는 것으로서 소송경제를 도모하고 보다 편리한 법원에서 심판하기 위함이다.73)74)75)

Ⅱ. 사유   sB-30

ⅰ) 제34조 제1항의 관할위반에 의한 이송 ⅱ) 제35조의 심판편의에 의한 이송 ⅲ) 제36조의 특허권 등에 관한 소의 이송 ⅳ) 제269조 제2항의 반소제기에 의한 이송

Ⅲ. 절차   sB-31

1. 직권 또는 신청

법원이 직권 또는 당사자의 신청에 의하여 할 수 있다. 다만 判例는 관할위반에 의한 이송의 경우, 당사자의 신청권을 인정하지 않는다.

2. 재판

이송의 재판은 "결정"으로 한다. 다만 상소심에서 원판결을 취소 또는 파기하고 이송하는 경우에는 예외적으로 "판결"의 형식으로 한다(제419조, 제436조).

3. 불복 (13)

이송결정 또는 이송신청 기각결정에 대해서는 즉시항고 할 수 있다(제39조). 다만 判例는 관할위반에 의한 이송신청 기각결정에 대해서는 즉시항고 할 수 없다고 한다.

Ⅳ. 효과 [속계기]   sB-32

ⅰ) 이송결정의 **구속**력(제38조 제1항 및 제2항) ⅱ) 소송**계속**의 이전(제40조 제1항) ⅲ) 소송**기록**의 송부(제40조 제2항)

---

73) 이송은 "다른 법원"에 소송을 이전하는 것이다. "같은 법원"내에서 "단독판사끼리 또는 합의부끼리" 사건을 송부하는 이부와 구별된다. 다만, "동일한 지방법원"내에서 "합의부와 단독판사 사이"에서 사건을 송부하는 것은 이송임을 주의한다.
74) 기록송부는 소송기록을 송부하는 사실행위이다. 이송과 달리 재판으로 이루어지지 않으며, 소송계속이 이전되지 않아 기록이 송부되어 접수된 때를 기준으로 기간준수 여부를 판단한다.
75) 동일 지방법원의 본원과 지원 사이에는 이송으로 처리된다.

013 제34조 제1항 관할위반 이송

📁 의의 - 내용 + 관련 논점

Ⅰ. 의의 및 취지
sB-33

법원은 소송의 전부 또는 일부에 대해 관할권이 없다고 인정하는 경우에는 결정으로 이를 관할법원에 이송한다(제34조 제1항). 적정한 재판이 이루어지게 하기 위함이다.

Ⅱ. 내용
sB-34

1. 문제점
제34조 제1항의 이송규정은 제1심 법원 사이에 적용됨이 원칙이나 이를 넘어 그 밖에 법원 사이에도 유추적용할 수 있는지 문제된다.

2. 심급관할 위반의 소제기
 (1) 문제점
   상급법원을 제1심으로 하여 소를 제기한 경우, 관할권이 있는 제1심 법원으로 이송할 수 있는지 문제된다.
 (2) 학설
  1) 소각하설은 다른 법원에서 재판 받지 않을 의사가 명확한 경우, 바로 소각하 판결을 한다고 한다.
  2) 이송설은 심급관할은 공익적 성격을 가지므로 당사자의 의견을 고려함 없이 관할법원으로 이송해야 한다고 한다.
 (3) 검토
   예측하지 못한 기간도과로 인한 불측 피해를 방지하기 위해 이송설이 타당하다.

3. 심급관할 위반의 상소제기
 (1) 문제점
   항고 또는 상고를 잘못한 경우이거나, 상소장원심법원제출주의(제397조 제1항)를 위반한 경우, 올바른 법원으로 이송할 수 있는지 문제된다.
 (2) 학설
  1) 긍정설은 제34조 제1항은 총칙규정이며, 각하시 상소기간 준수 이익을 잃어버리므로 이송을 긍정한다.
  2) 부정설은 이송을 허용하면 판결의 확정시기를 불명확하게 할 수 있으므로 이송을 부정한다.
 (3) 判例
  1) 상소법원을 잘못 표시한 경우
   ⅰ) [특별항고해야 함에도 즉시항고] 특별항고만이 허용되는 재판에 대한 불복으로서 당사자가 **특별항고**라는 표시와 항고법원을 대법원으로 표시하지 아니하였다고 하더라도 그 항고장을 접수한 법원으로서는 이를 특별항고로 보아 소송기록을 대법원에 송부[76]한다(99마2081).

---

[76] 명칭은 기록송부지만 항고제기의 효력은 최초 항고장 제출시로 판단한다.

ⅱ) [통상항고해야 함에도 특별항고] 피고경정신청을 기각하는 결정에 불복이 있는 경우에는 통상항고를 제기하여야 하는 것이고, 따라서 비록 원심법원에 제출한 서면 제목이 '**특별항고장**'이고, 끝부분에 '**대법원 귀중**'이라고 기재되었더라도 이는 **통상항고를 제기한 것으로 보아야 할 것**이므로, 그 관할법원은 서울가정법원 합의부이고, 사건을 **관할법원에 이송한다**(97으1).

2) 상소장원심법원제출주의를 위반해 상소장을 접수한 경우

ⅰ) [대법원에 상고장 제출] **대법원에 제출된 상고장**이 원심법원에 송부된 경우, 상고제기기간 준수여부 판정시기는 비로소 **원심법원에 송부된 때**를 기준으로 한다(81누230).

ⅱ) [지방법원에 상고장 제출] 상고인이 상고장에 불복대상 판결을 서울고등법원 판결로 명시하여 서울고등법원에 상고장을 제출하려는 의사가 분명했으나, 동일 청사 내 위치한 서울지방법원에 상고장을 접수시키고, 공무원도 이를 간과해 접수한 경우, 최초에 **서울지방법원에 상고장을 제출한 날을 기준**으로 하여 상고제기기간 준수 여부를 가려야 한다(96마1590).

(4) 검토

이송으로 처리하지 않으면 **송부시간 소요**라는 우연한 사정에 의해 상소의 적법여부가 결정되어 당사자에게 **불측의 피해**를 줄 수 있으므로 이송을 긍정하는 것이 타당하다.

4. 재심관할 위반의 소제기 (20)

(1) 문제점

재심사유 제6호(서증의 위조 및 변조), 제7호(허위진술) 등 항소심의 사실인정을 이유로 상고심 또는 제1심에 재심을 제기한 경우, 그 취급이 문제된다.

(2) 재심관할법원

1) 제453조 제1항

재심은 재심을 제기할 **판결을 한 법원의 전속관할**로 한다.

2) 상고심에 재심을 제기한 경우

재심사유 제6호의 서증의 위조 및 변조, 제7호의 허위진술 등 **사실인정을 재심사유**로 하여 재심을 제기하는 경우 사실심의 판결에 대한 재심사유는 될지언정, **상고심의 판결에 대한 재심사유로 삼을 수 없다**(99재다746).

3) 제1심에 재심을 제기한 경우

항소심에서 사건에 대하여 본안판결을 하였을 때에는 제1심 판결에 대해 재심을 제기하지 못한다(제451조 제3항).

(3) 재심관할 위반시 조치

1) 제34조 제1항

법원은 소송의 **전부 또는 일부**에 대해 관할권이 없다고 인정하는 경우에는 결정으로 이를 관할 법원에 이송한다.

2) 상고심에 재심을 제기한 경우

항소심에서 채택한 증거가 위조된 것이라고 주장하면서 상고기각판결을 대상으로 재심의 소를 제기한 경우에는 **재심관할법원인 항소심법원으로 이송해야 한다**(84사4).

3) 제1심에 재심을 제기한 경우

재심사유 등에 비추어 **항소심 판결을 대상**으로 한 것이라고 인정되면 소를 **항소심 법원**에 **이송**한다(83다카1981*).

(4) 법률상 기간준수 판단

1) 제265조

시효중단 또는 법률상 기간 준수의 효력은 **소를 제기한 때**에 생긴다.

2) 제40조 제1항

이송결정이 확정된 때는 소송은 **처음부터** 이송받은 법원에 계속된 것으로 본다.

3) 判例

재심기간의 준수 여부는 제40조 제1항에 비추어 **제1심 법원에 제기된 때**를 기준으로 할 것이지 항소법원에 이송된 때를 기준으로 할 것은 아니다(83다카1981*).

5. 일반법원과 전문법원 사이 소제기

ⅰ) 소송을 비송으로 제기하거나, 비송을 소송으로 제기한 경우에는 소를 부적법 각하한다. ⅱ) 그 외(가사사건을 민사소송사건으로, 행정사건을 민사소송사건으로 하여 소를 제기한 경우)에는 이송으로 처리한다.

> ☑ **비송사건절차법 등에 비송사건임이 명확히 규정되어 있지 않은 경우**
>
> 비송사건절차법 등에 비송사건임이 명확히 규정되어 있지 않아 비송으로 신청할 사건을 민사소송으로 제기한 경우 당사자에게 석명하여 사건을 소송절차로만 처리해 달라는 것이 아니라 비송사건으로 처리해 주기를 바라는 의사도 포함되어 있음이 확인된다면, 소제기를 비송사건 신청으로 보아 비송사건으로 심리·판단하여야 하고 그 비송사건에 대한 토지관할을 가지고 있지 않을 때에는 관할법원에 이송한다(2020다238622).

Ⅲ. 관련 논점 - 관할위반시 이송신청권 존부 및 이송신청기각결정에 대한 즉시항고 가부   sB-35

1. 문제점

ⅰ) 제39조는 이송결정과 이송신청기각결정에 대해 즉시항고할 수 있다고 규정한다. ⅱ) 제34조 제1항은 법원이 결정으로 이송할 수 있다고 규정할 뿐 당사자의 이송신청권에 대해 언급하고 있지 않다. 따라서 **관할위반에 의한 이송의 경우, 이송신청권이 인정되지 않으므로 이송신청 배척에 대한 불복이 가능한지 문제된다.**

2. 判例

(1) 원칙 [권촉판항각]

관할위반에 의한 이송신청 기각결정에 대한 즉시항고 사건에서 당사자에게 관할위반을 이유로 하는 **이송신청권**이 없고, 당사자가 관할위반을 이유로 이송신청을 한 경우에도 이는 법원의 **직권발동을 촉구**하는 의미밖에 없으므로 법원은 이송신청에 대해 **재판**할 필요가 없으며, 법원이 이송신청을 거부하는 재판을 했어도 **항고**가 허용될 수 없으므로 항고심은 이를 **각**하해야 한다고 한다(93마524*).

(2) 이송결정취소에 따른 재항고의 경우 [이즉 권이취재]

법원이 당사자의 신청에 따른 직권발동으로 **이송결정**을 한 경우에는 **즉**시항고가 허용되지만 위와 같이 당사자에게 **이송신청권**이 인정되지 않는 이상 항고심에서 당초의 **이송결정**이 **취**소되었더라도 이에 대한 신청인의 **재**항고는 허용되지 않는다(2017마1332).

(3) 특별항고로 불복하려는 경우

이송신청기각결정은 그 결정에 대한 특별항고인에게 아무런 불이익을 주는 것이 아니며 그 결정에 대하여 특별항고할 어떤 이익도 없어 특별항고를 각하한다.

3. 학설 – 반대견해 [익다권판항]

피그의 **관할이익**을 보호하고 **다**른 이송신청권과의 균형상 **이송신청권**을 인정하고, 이송신청이 있는 경우, 이에 대해 **재판**하여야 하며, 이송신청기각결정에 대해 **항**고할 수 있다고 해야 한다고 한다.

4. 검토

관할위반의 경우에는 피고의 관할이익을 보호하기 위해 이송신청권을 허용함이 옳고, 이송신청에 대한 법원의 부당한 판단이 이루어진 경우, **불복하여 시정할 기회**를 부여함이 타당하므로 다수설이 타당하다.

014 제35조 심판편의를 위한 이송

> 의의 – 내용

Ⅰ. 의의 및 취지　　　　　　　　　　　　　　　　　　　　　　　　　　　sB-36

법원은 관할권이 있는 경우라도 **현저한** 손해 또는 **지연**을 피하기 위해 필요하면 직권 또는 당사자의 신청에 따른 결정으로 소송의 전·일부를 다른 관할법원에 이송할 수 있다. **다만, 전속관할이 정하여진 소의 경우에는 그러하지 아니하다**(제35조).

Ⅱ. 내용　　　　　　　　　　　　　　　　　　　　　　　　　　　　　　　sB-37

1. 현저한 손해 및 지연의 의미

ⅰ) **현저한 손해**란 당사자의 소송수행 부담[77]이 생기는 경우(사익적 규정)를 말하며, ⅱ) **지연**이란 법원이 사건을 처리하는데 시간, 노력이 크게 소요되는 것(공익적 규정)을 말한다. ⅲ) **判例**는 현저한 손해 또는 지연에 따른 이송을 엄격하게 해석하여 제35조 이송을 허용한 경우가 거의 없다.

2. 전속관할의 경우

ⅰ) 제35조 단서에서 전속관할이 정하여진 소에 대해서는 동조가 적용되지 않는다고 규정하며 ⅱ) **判例도 제35조는 전속관할인 심급관할에는 적용되지 않아 손해나 지연을 피하기 위한 이송의 여지도 없다**고 한다(2011그65*).[78]

> ☑ **전속적 합의관할의 경우**

1. 학설

ⅰ) **통설**은 현저한 지연을 피한다는 공익상 필요가 있는 경우에 한하여 이송을 할 수 있다고 본다. ⅱ) **부정설**은 전속적 합의를 한 당사자의 의사를 존중하여 합의를 부정하면서까지 이송을 할 수 없다고 본다.

2. 判例

전속적 합의관할의 경우, 법률이 규정한 전속관할과 달리 임의관할의 성격을 가지기 때문에 법원은 공익상의 필요에 의하여 사건을 다른 관할 법원에 이송할 수 있다(2007마1382).

3. 검토

생각건대 법원의 심리 적정을 위해 심리 지연을 피하기 위해 전속적 합의관할의 경우 제35조에 의한 이송이 가능하다고 봄이 타당하다.

---

[77] 피고측의 소송수행 부담을 주로 의미하나, 원고측 손해도 도외시 해서는 안 된다(98마1301).
[78] 따라서, 항소부가 단독판사 사건을 2심으로 심리하던 도중 청구취지 확장으로 소가가 2억 원 초과가 되거나, 합의부 관할에 속하는 반소가 제기되었더라도 항소심 관할에는 영향이 없고 제34조에 의한 이송은 물론 제35조에 의한 이송도 불가능하다.

015 제36조 지식재산권에 관한 소의 이송

> 의의 – 내용

I. 의의 및 취지

지식재산권에 관한 소의 심리 전문·효율화를 위해 제24조의 특별재판적 규정을 마련함과 동시에 동 규정에 의한 지나친 제약을 피하기 위해 제36조의 이송규정을 함께 마련하였다.

II. 내용

1. 특허권 등을 "제외한" 지식재산권과 "국제거래"에 관한 소

특허권 등(특허권, 상표권, 디자인권, 품종보호권)을 제외한 지식재산권과 국제거래에 관한 소가 제기된 경우 직권 또는 당사자의 신청에 따른 결정으로 그 소송의 전·일부를 **제24조 제1항에 따른 관할법원**에 이송할 수 있다. 다만, 이로 인해 소송절차를 현저하게 지연시키는 경우에는 그러하지 아니하다. 또한, 전속관할이 정해진 소에는 적용하지 않는다(제36조 제1항 및 제2항). 재판의 **전문·효율화**를 위함이다.[79][80]

2. "특허권 등"의 지식재산권에 관한 소

특허권 등(특허권, 상표권, 디자인권, 품종보호권)의 지식재산권에 관한 소를 관할하는 법원은 **현저한 손해 또는 지연**을 피하기 위해 필요한 때에는 직권 또는 당사자의 신청에 따른 결정으로 소송의 전·일부를 **제2조 내지 제23조 규정에 따른 지방법원**으로 이송할 수 있다(제36조 제3항). 전속관할로 정해짐으로 인한 당사자의 불편과 손해를 방지하기 위함이다.[81]

---

[79] 지식재산권에 관한 소송을 전문·효율적으로 처리할 수 있는 서울중앙, 수원, 대전, 대구, 광주, 부산지방법원 중 해당되는 법원으로 이송시켜 주는 것이다.
[80] 判例는 제35조의 심판편의 이송을 대부분 허용하지 않아 제35조의 심판편의 이송 규정만으로는 전문효율화된 심리를 위한 이송이 어려울 수 있기 때문에 제36조 제1항 및 제2항이 규정된 것으로 볼 수 있다.
[81] 본래 제2조 내지 제23조 규정에 의해 토지관할이 인정될 수 있었으나, 제24조 제2항 및 제3항의 전속관할 규정으로 인해 소멸된 관할법원으로 이송시켜 주는 것이다.

016 제269조 제2항 반소제기에 의한 이송

📁 의의 – 내용

I. 의의 및 취지　　　　　　　　　　　　　　　　　　　　　　　　　sB-40

합의부 사건에 속하는 반소가 제기된 경우 심리의 적정을 도모하기 위해 마련한 이송규정이다.

II. 내용　　　　　　　　　　　　　　　　　　　　　　　　　　　　sB-41

1. 원칙

본소가 단독사건인 경우에 피고가 반소로 합의사건에 속하는 청구를 한 때에는 법원은 직권 또는 당사자의 신청에 따른 결정으로 본소와 반소를 합의부에 이송해야 한다(제269조 제2항 본문). 당사자의 관할이익을 보호하기 위함이다.

2. 예외

반소에 관하여 제30조의 규정에 따른 변론관할권이 있는 경우에는 그러하지 아니하다(제269조 제2항 단서).

017 이송의 효과

📁 구속력 – 소송계속 – 소송기록

Ⅰ. 이송결정의 구속력　　　　　　　　　　　　　　　　　　　　　　　　sB-42

1. 의의 및 취지

소송을 이송받은 법원은 **이송결정에 따라야** 한다. 소송을 이송받은 법원은 사건을 다시 **다른 법원에 이송하지 못한다**(제38조 제1항 및 제2항). 반복되는 이송에 따른 소송지연을 방지하기 위함이다.

2. 전속관할을 위반한 이송결정의 경우

(1) 문제점

전속관할을 위반하여 이송한 경우에도 제38조 제1항 및 제2항에 따른 구속력을 인정할 수 있을지 문제된다.

(2) 학설

1) **비구속설**은 법원의 결정으로 전속관할을 배제할 수 없고, **전속관할 위반은 절대적 상고이유에 해당**하므로 구속력을 부정한다.
2) **구속설**은 제38조가 **전속관할을 배제하고 있지 않고**, 이송으로 인해 발생하는 소송지연을 방지하기 위한 공익적 요청상 구속력을 인정한다.
3) **절충설**은 전속관할 위반의 경우 원칙적으로 구속력을 인정하되, **심급관할 위반의 경우에는 구속력을 부정**한다.

(3) 判例

1) 원칙 [즉지공전]

이송결정의 기속력은 불복방법으로 **즉**시항고가 마련되어 있는 점이나 이송 반복에 의한 소송**지**연을 피해야 할 **공**익적 요청에 비추어 볼 때, **전**속관할의 규정을 위배하여 이송한 경우도 미친다.

2) 상급심으로 이송된 경우 [심법사상]

상급심 법원에도 미친다고 한다면 당사자의 **심**급의 이익을 박탈하고, 이송을 받은 법원이 **법**률심인 대법원인 경우에는 당사자의 **사**실에 관한 주장, 입증의 기회가 박탈되므로, 심급관할을 위반한 이송결정 기속력은 이송받은 **상**급심 법원에는 미치지 않는다(94마1059*).[82]

(4) 검토

제38조의 입법취지를 고려했을 때, 전속관할을 위반한 이송결정의 경우에도 구속력을 인정함이 타당하나, **심급의 이익**이란 중대한 이익 침해를 방지하기 위해 심급관할을 위반한 상급심으로의 이송결정의 경우에는 구속력을 부정할 것이다.

---

[82] 집행법원인 원심법원의 항고장 각하명령은 채권압류 및 전부명령을 1차적인 처분으로 한 원심법원이 그 채권압류 및 전부명령의 당부에 관하여 항고법원의 재판을 대신하여 판단하는 2차적인 처분이 아니라, 위 채권압류 및 전부명령의 당부와는 무관하게 자기 몫으로 판단하는 1차적인 처분으로서, 그에 대한 불복방법인 즉시항고는 성질상 최초의 항고임에도 항고법원은 이를 재항고로 보고 대법원으로 잘못 이송한 사례.

Ⅱ. 소송계속의 이전　　　　　　　　　　　　　　　　　　　　　　　　　　sB-43

1. 의의 및 취지
이송결정이 확정된 때는 소송은 **처음부터 이송받은 법원에 계속**된 것으로 본다(제40조 제1항).

2. 내용

(1) 법률상 기간준수
소송을 이송한 경우, 법률상 기간준수 여부는 소송이 이송된 때가 아니라 이송한 법원에 소가 제기된 **때**(=최초 소제기된 때)를 기준으로 해야 한다(83다카1981*).

(2) 시효중단
제265조는 소제기에 따른 시효중단 및 법률상 기간준수의 효력발생시기에 관해 동일하게 규정하고 있으므로 소멸시효 중단에 관하여도 이송한 **법원에 소가 제기된 때**(최초 소제기된 때) 효력이 발생한다(2007다54610).

(3) 소송행위의 효력

1) 학설

ⅰ) 관할위반에 따른 이송의 경우에만 이송 전 소송행위가 실효된다는 견해[83] ⅱ) 전속관할 위반은 유지되지 않지만 임의관할 위반은 유지된다는 견해 ⅲ) 관할위반에 따른 이송의 경우에도 이송 전 소송행위의 효력이 유지된다는 견해가 있다.

2) 검토

소송계속의 일체성을 근거로 이송 전 소송행위의 효력을 유지시킴이 타당하다.

Ⅲ. 소송기록의 송부　　　　　　　　　　　　　　　　　　　　　　　　　　sB-44

이송결정의 정본을 이송받을 법원에 보내야 한다(제40조 제2항).

---

[83] 관할위반이 아닌 다른 사유에 의한 이송은 이송 전 소송행위의 효력이 유지된다고 한다.

018 법관의 제척

의의 – 이유 – 절차 – 효과

Ⅰ. 의의 및 취지
sB-45

법관이 당해 사건과 특수한 관계에 있는 경우 **법률상 당연히 직무에서 배제된다**(제41조). 재판 공정성을 유지하기 위함이다.

Ⅱ. 제척이유
sB-46

1. 원칙
제41조에서 규정하는 제척사유는 **열거규정**으로 확대해석해서는 안 된다.

2. 제41조 각호

(1) **제1호** – 법관 또는 그 배우자이었던 사람이 사건의 당사자가 되거나, 사건의 당사자와 공동권리자·공동의무자 또는 상환의무자의 관계에 있는 때

　1) 배우자의 의미
　　과거, 현재의 법률상 배우자를 의미한다. 사실혼, 약혼관계는 포함하지 않는다.
　2) 공동권리자·공동의무자의 의미
　　ⅰ) 판단기준
　　　소송 목적이 된 권리관계에 관하여 **공통되는 법률상 이해관계**가 있어 재판의 공평성을 의심할 만한 사정이 존재하는 지위에 있는 관계를 의미한다(2009다102254*).
　　ⅱ) 종중과 종중원
　　　종중원들은 **종중원의 재산상, 신분상 권리·의무 관계에 직접적인 영향**을 미치는 종중 규약을 개정한 **종중 총회결의의 효력 유무**에 관하여 **공통되는 법률상 이해관계**가 있다. 따라서 종중원이 종중에 대하여 종중 규약을 개정한 **종중총회결의에 대한 무효확인을 구하는 소**를 제기하였는데 재판부를 구성한 판사 중 1인이 당해 종중의 구성원인 경우, 그 판사는 제1호에서 정한 당사자와 공동권리·의무자에 해당한다(2009다102254*).
　　ⅲ) 공유자, 합유자, 연대채무자, 주채무자와 보증인 등이 해당된다.[84]

(2) **제2호** – 법관이 당사자와 친족 관계에 있거나, 그러한 관계에 있었을 때

(3) **제3호** – 법관이 사건에 관하여 증언이나 감정을 하였을 때

(4) **제4호** – 법관이 사건 당사자의 대리인이었거나 대리인이 된 때

---
84) 다만, 법관이 회사의 주주이거나 채권자인 경우와 같이 경제적 이해관계인 경우는 제1호의 제척이유에 해당되지 않는다.

(5) 제5호 – 법관이 불복사건의 이전심급의 재판에 관여하였을 때(다른 법원의 촉탁에 따라 그 직무를 수행한 경우에는 제외)

1) 의의 및 취지

상소법원 법관의 예단배제 및 심급제도의 **실효성**을 확보하기 위한 규정이다.

2) **이전 심급**의 의미

당해 사건에 관한 **하급심** 재판을 의미한다.[85]

> ☑ **이전 심급에 해당되지 않는 경우** [환가재기송]
> 1. **소송상 화해**에 관여한 법관이 그 **화해내용에 따른 목적물인도소송**에 관여하는 경우(69다1232)
> 2. **가압류**에 관여한 법관이 다시 **본안소송**에 관여하는 경우(61민재항3)
> 3. **재심의 대상이 되는 확정판결**에 관여한 법관이 **재심소송**에서 다시 관여하는 경우(2000재다87*)
> 4. 본안사건의 재판장에 대한 **기피신청사건의 재판**에 관여한 법관이 다시 위 **본안사건**에 관여하는 경우(91마631)
> 5. **환송·이송**되기 전에 원심에 관여한 법관이 **환송·이송**된 후에 다시 관여하는 경우(단, 파기·환송시에는 제436조 제3항으로 관여하지 못한다.)

3) 재판의 의미

불복의 대상이 된 **종국판결**뿐만 아니라 상급심의 판단을 받은 **중간재판**도 포함한다(96다56115*).

4) 관여의 의미

최종변론과 판결의 합의에 관여함을 말하는 것이고, 최종변론 전의 **변론이나 증거조사 또는 기일지정**과 같은 소송지휘상의 재판 등에 관여한 경우는 포함되지 않는다(96다56115*). **판결선고에만 관여한 것**도 이에 해당하지 않는다.

III. 절차   sB-47

ⅰ) 제척이유 존부는 직권조사사항이며, 제척이유 있음이 명백하면 법관은 스스로 직무에서 물러난다. ⅱ) 제척이유가 있는지 의문이 있는 경우, 법원은 당사자 신청 또는 직권으로 제척 재판을 하여야 한다(제42조).[86]

IV. 효과   sB-48

ⅰ) 제척이유가 있으면 제척의 효과는 **당연히** 발생한다. 제척이유 있는 법관은 당해사건에 대해 직무집행을 할 수 없다. ⅱ) 다만 신청이 각하되거나 종국판결을 선고하거나 긴급을 요하는 행위를 하는 경우에는 그러하지 아니하다(제48조 단서). ⅲ) 제척이유 있는 법관이 관여한 소송행위는 무효이고, 간과 판결은 확정 전에는 **상소**(제424조 제1항 2호)로, 확정 후에는 **재심**(제451조 제1항 2호)으로 다툴 수 있다.

---

[85] 동일사건이어야 하고 내용이 같아도 다른 사건은 제척·기피사유가 아니다(83다카2009).
[86] 다만, 제척의 효과는 당연히 발생하므로, 제척 재판은 확인적 효력만을 갖는다.

019 법관의 기피

📁 의의 – 이유 – 절차 – 효과

Ⅰ. 의의 및 취지　　　　　　　　　　　　　　　　　　　　　　　　　　　　　sB-49

기피란 제41조에서 정한 제척이유 이외의 재판의 공정을 기대하기 어려운 사정이 있는 경우에 당사자의 신청을 기다려 재판에 의하여 법관이 직무집행에서 배제된다(제43조). 재판 공정성을 위함이다.

Ⅱ. 기피이유　　　　　　　　　　　　　　　　　　　　　　　　　　　　　　sB-50

1. 원칙

평균적인 일반인의 관점에서 볼 때, 법관이 불공정한 재판을 할 수 있다는 **의심을 할 만한 객관적인 사정이 있고, 그 의심이 단순한 주관적 우려나 추측을 넘어 합리적인 것일 때**를 말한다(2018스563*).[87][88][89]

2. 법관이 "소송대리인"과 특정관계에 있는 때도 기피이유 해당 여부

(1) 학설
　1) 긍정설은 법조의 정화 및 제41조 2호와의 균형을 위해 기피이유에 해당한다고 본다.
　2) 부정설은 소송대리인이 변호사가 아닌 경우에는 당사자에 준하여 기피이유가 되지만, 변호사인 경우에는 특별히 공정을 해할 사유가 존재하는 경우를 제외하고는 기피이유가 되지 않는다고 본다.

(2) 검토
전관예우 및 인맥을 중시하는 우리나라 풍토에 비추어 재판 공정성 확보를 위해 긍정설이 타당하다.

Ⅲ. 절차　　　　　　　　　　　　　　　　　　　　　　　　　　　　　　　　sB-51

1. 신청 및 방식

ⅰ) 기피는 그 법관에게 이유를 밝혀 신청하며(제44조 제1항) ⅱ) 기피이유와 소명방법은 신청한 날부터 3일 이내에 서면으로 제출한다(제44조 제2항). ⅲ) 기피이유를 알면서도 본안에 관해 변론한 경우에는 기피신청 하지 못한다(제43조).

---

[87] 이혼소송의 항소심재판장이 지법원장 재직 시절 자신의 친동생의 인사와 관련하여 S그룹 임원인 A에게 문자메세지를 보낸적이 있고, 이혼소송의 상대방이 S그룹 회장의 장녀 K인 경우, 평소 A와 K의 밀접한 협력관계에 비추어 보았을 때, 항소심재판장에 대한 기피이유가 인정된다고 본 사례.
[88] 약혼·사실혼·우정관계, 법적 친족범위를 넘어서는 친척관계, 회사의 주주관계 등이 기피이유에 해당된다.
[89] 判例 - 기피이유를 인정한 경우는 거의 없으며, 부정한 예를 보면, ① 법관이 채택한 증거를 일부취소한 경우(93주21) ② 법관이 절차를 밟지 않은 증인신청을 철회할 것을 종용한 경우(66마167) ③ 법관이 상기된 어조로 "이 사람아"라고 호칭한 경우(87두10) ④ 당사자 일방이 재판장의 변경에 따라 소송대리인을 교체한 경우(92마783) ⑤ 소송대리인과 당사자의 친동생이 판사실에 임의로 드나든 경우(68마951) ⑥ 법관이 이송신청 가부에 대한 가부 판단 없이 소송을 진행한 경우(82마637) 등이 있다.

2. 재판

ⅰ) 기피신청이 부적법하거나 소송지연의 목적인 경우, 간이각하 한다(제45조 제1항). ⅱ) 기피신청이 적법한 경우, 합의부에서 심리하며, 당사자는 의견서를 제출할 수 있다(제46조 제1항 및 제2항).

3. 불복

ⅰ) 기피신청을 받아들인 결정에 대해서는 불복할 수 없다(제47조 제1항). ⅱ) 기피신청이 각하되거나, 이유 없다는 결정에 대해서는 즉시항고할 수 있다(제47조 제2항).

Ⅳ. 효과   sB-52

1. 기피신청의 효과

(1) 본안소송절차의 정지 [각판급]

ⅰ) 기피신청이 있는 경우에는 그 재판이 확정될 때까지 소송절차를 정지해야 한다. ⅱ) 기피신청이 **각**하된 때 또는 **종국판**결을 선고하거나 **긴급**을 **요하는 행위**[90]를 하는 때에는 그러하지 아니하다(제48조 본문 및 단서).

(2) 문제점

절차정지 중 "**소송절차를 진행하는 행위**"를 하였고, 그것이 "**긴급을 요하지 않는 행위**"인 경우, 기피신청의 각하 또는 기각결정이 확정되면 절차정지 중 행한 행위의 하자가 치유되어 그 행위에 기초한 법원의 본안판결도 적법하게 되는지 문제된다.

(3) 학설

1) 소극설은 기피신청한 자는 절차 정지를 기대해 충분히 소송수행을 하지 않을 것이므로 당사자 **절차권 보장**을 위해 하자가 치유되지 않는다고 한다.
2) 적극설은 하자가 치유되지 않으면 다시 소송을 진행해야 하고, 이는 소송경제에 비추어 부당하므로 하자가 치유된다고 한다.
3) 절충설은 원칙적으로는 하자가 치유되지 않으나, 당사자의 **절차권을 침해하지 않는 경우** 하자가 치유된다고 본다.

(4) 判例

1) 절차 정지 중 **종국판결**한 경우 [종기전판기]

기피신청 당한 법관이 기피재판 확정 **전**에 한 **판**결은 그 후 기피신청이 이유 없는 것으로 **기각결정**이 확정된 때에는 유효하게 된다(78다1242).

2) 절차 정지 중 **쌍**방불출석 취하간주한 경우 [쌍특각규치]

특별한 사정이 없는 이상, 기피신청 **각**하결정이 확정되었다는 사정만으로 제43조 **규**정을 위반하여 쌍방불출석의 효과를 발생시킨 절차 흠결이 **치**유된다고 할 수 없다(2009다78467*).

(5) 검토

당사자의 절차권 보장과 소송경제를 조화시키는 측면에서 절충설이 타당하다.

---

90) 긴급을 요하는 행위에는 증거보전, 가압류, 가처분 등이 있다.

2. 기피결정의 효과

ⅰ) **기피결정에 의해 법관은 직무집행에서 배제된다.** ⅱ) 기피결정을 받은 법관이 관여한 소송행위는 무효이고, 그 소송행위에 기초하여 선고한 재판은 확정 전에는 **상소**(제424조 제1항 2호)로, 확정 후에는 **재심**(제451조 제1항 2호)으로 다툴 수 있다.

☑ 기피신청에도 불구하고 본안 종국판결 선고한 경우 기피재판 요부

법관에 대한 기피신청에도 불구하고 본안사건 담당 법원이 민사소송법 제48조 단서의 규정에 의하여 본안사건에 대하여 종국판결을 선고한 경우에는 그 담당 법관을 그 사건의 심리재판에서 배제하고자 하는 기피신청의 목적은 사라지는 것이므로 기피신청에 대한 재판을 할 이익이 없다(2008마427*).

☑ 법관의 회피

1. 의의 및 취지
   법관이 제척이유 또는 기피이유가 있다고 판단하여 스스로 직무집행에서 물러나는 것이다(제49조).
2. 회피이유
   제척이유 또는 기피이유가 있을 것을 요한다.
3. 절차
   재판을 요하지 않고 감독권 있는 법원의 허가를 얻어서 회피한다.
4. 효과
   기피이유 있는 법관이 회피 허가받은 후 심판에 관여해도 효력에 영향이 없다. 단, 제척이유 있는 법관이 회피 허가 후 심판에 관여하면 제척이유를 간과한 위법이 있다.

CHAPTER

03

소송의 주체
- 당사자

020 당사자 확정

> 의의 - 내용

Ⅰ. 의의 및 취지　　　　　　　　　　　　　　　　　　　　　　　　　　　sC-1

법원이 해석에 의해 **당사자**[91]가 누구인지를 **명확히** 하는 것이다. 대립당사자주의를 취하는 민사소송에서 **소송관계를 분명히** 하고 절차 참여기회를 보장하기 위함이다.

Ⅱ. 내용 (11)(16)　　　　　　　　　　　　　　　　　　　　　　　　　　　sC-2

1. 학설

(1) 의사설은 원고나 법원이 당사자로 삼으려는 자가 당사자가 된다고 한다.
(2) 표시설은 소장에 표시된 자를 당사자로 보며, 소장의 당사자표시, 청구취지, 청구원인 등을 고려하여 판단한다.
(3) 행동설은 소송상 당사자로 취급되거나 **당사자로 행동**하는 자가 당사자가 된다고 본다.

2. 判例

ⅰ) 당사자는 **소장에 기재된 표시 및 청구의 내용과** 원인사실을 합리적으로 해석하여 확정하여야 한다(85누953*).[92]
ⅱ) 제소전 사망자를 피고로 제소한 후 정정한 사건에서 상속인으로 표시정정을 허용하여 실질적 표시설의 입장으로 볼 수 있다(2005마425*).

3. 검토

의사설은 내심의 의사를 명확히 알 수 없어 부당하고, 행동설은 어떤 행동을 기준으로 당사자를 확정할 것인지에 대해 기준이 불분명하므로, **명확한 기준**을 제시하는 실질적 표시설이 타당하다.

---

91) 대리인이 아닌 소송의 원고, 피고를 말한다.
92) 즉, 실체법상 권리의무자인지 여부와 무관하게 소장에 원고, 피고라고 표시된 사람인지 여부로 소송의 당사자를 확정하며, 청구원인 등을 합리적으로 고려하여 확정한다.

021 표시정정

> 의의 – 내용 – 절차 – 효과

Ⅰ. 의의 및 취지 (11)　　　　　　　　　　　　　　　　　　　　　　　　　　sC-3

당사자로 확정된 자[93])가 **부정확하게 표시**[94])된 경우, 동일성이 인정되는 범위 내에서 당사자 표시를 변경하는 것이다. 소송경제를 위해 인정한다.

Ⅱ. 내용　　　　　　　　　　　　　　　　　　　　　　　　　　　　　　　sC-4

1. 오기, 누락

단순 오기[95]), 누락의 경우에는 표시정정을 허용한다.

2. 당사자능력

(1) 학교

1) 문제점[96])

당사자능력이 없는 학교를 피고로 표시하여 소를 제기하고 ⅰ) 보정되지 않은 경우, 형식적으로 소장에 기재된 학교를 피고로 보아 당사자능력 흠결로 소각하[97])해야 하지만, **ⅱ) 보정하는 경우**, 당사자능력자를 실질적 당사자로 확정하여 표시정정을 허용할지 문제된다.

2) 학설

ⅰ) 표시정정설은 ① 오기에 준해 당사자능력자가 실질적 당사자로 확정되므로 ② 올바른 당사자능력자로의 보정은 동일성이 인정되는 표시정정이라고 한다.

ⅱ) 피고경정설은 ① 당사자의 표시가 분명한 만큼, 당사자능력 없는 자가 피고로 확정되므로 ② 당사자능력 있는 자로 바꾸면 동일성이 없는 피고경정이 된다고 한다.

3) 判例

ⅰ) 당사자 확정

당사자능력 없는 자를 피고로 표시해 소제기한 경우, 소장의 전취지를 합리적으로 해석해 올바른 당사자능력자가 당사자로 확정되며, **피고를 정확히 표시하지 못하고 당사자능력이 없는 자를 피고로 잘못 표시한 것으로 본다**(96다3852).

---

93) 소장상의 원고, 피고의 표시, 청구취지, 청구원인 등을 합리적으로 해석하여 실질적 표시설인 **判例**의 입장에 따라 확정한 당사자(실질적 당사자)를 의미한다.
94) 소장상에 원고, 피고로 기재된 당사자(형식적 당사자)를 의미한다.
95) 성명 표기에 단순 오기가 있는 경우를 말한다. 단순 오기, 누락의 경우 소 자체가 부적법해지는 것은 아니다. 당사자를 학교, 조합, 사망자로 표시한 경우 보정하지 않으면 소가 부적법 각하되는 것과 대비된다.
96) "학교를 피고로 하여 소를 제기하고 보정하는 경우", ① "당사자 확정" 목차에서 관한 의사설, 표시설, 행동설 및 실질적 표시설로 평가되는 **判例**를 써준 후, 검토로 실질적 표시설을 지지해주고, 사안포섭에 위 "1) 문제점" 내용을 적는다. 바로 다음 목차로 ② "학교를 학교법인으로 표시정정 가부" 목차에서 위와 같은 표시정정설, 피고경정설 및 **判例**를 적어주며 사안을 해결한다.
97) 2001다21991 사건.

ⅱ) 표시정정 가부

개인이 경영하는 **학교를 피고로 표시**했다가 운영 주체인 **개인 명의로 피고표시를 정정**하는 것은 **당사자를 변경**하는 것이 아니라고 하여 표시정정설 입장이다(78다1205).

4) 검토

표시정정설 및 **判例**는 당사자확정 후 당사자능력을 조사해야 한다는 심리구조에 역행하는 면이 있으나, **허용범위를 넓혀 소송경제 및 당사자 편의**를 도모할 수 있으므로 타당하다.

[학교의 경우 표시정정설과 피고경정설의 시점별 당사자 확정]

	소제기시	보정시	간과판결시[98]
표시정정설	학교	운영주체(실질적 당사자능력자)	학교
피고경정설	학교	학교	학교

(2) 제소전 사망

1) 문제점[99]

제소전 사망자를 피고로 표시해 소를 제기한 경우, ⅰ) **보정되지 않는 한**, 사망자를 당사자로 확정하나, ⅱ) **보정하는 경우**, 상속인을 실질적 당사자로 확정해 표시정정을 허용할지 문제된다.

2) 判例

ⅰ) 사망자를 피고로 표시한 경우 [죽상표피상]

① 모르고 죽은 자를 피고로 표시해 제소한 사건에서 상속인이 처음부터 실질적인 피고이고 다만 그 표시를 잘못한 것이라고 인정되면 피고의 표시를 사망자로부터 그 상속인으로 표시정정하는 것을 허용하였다(2005마425*).

② 사망사실을 알고도 그 자를 피고로 표시한 경우에도 상속인으로의 표시정정을 허용하여 당초 소장을 제출한 때에 시효중단 효력이 생긴다고 판시한다(2010다99040*).[100]

ⅱ) 상속포기한 자를 피고로 표시한 경우

1순위 상속인의 상속포기 사실을 알지 못하고 1순위 상속인을 피고로 제소한 경우에도 당사자가 의도한 실질적 피고의 동일성에 관한 위 전제요건이 충족되는 한 마찬가지이다.

ⅲ) 상소심에서의 표시정정 가부

다만, **상고심(또는 항소심)**에 이르러서는 당사자 표시정정의 방법으로 그 흠결을 보정할 수 없다(2010다105310).[101]

---

98) 학교를 당사자로 한 판결의 경우 그 판결 효력을 어떻게 볼 것인가에 관하여 무효설, 재심설, 유효설이 있으며, **判例**는 판결의 효력을 유효로 본 것처럼 판시하였다(2001다21991).
99) "제소전 사망자를 피고로 하여 소를 제기하고 보정하는 경우", ① "당사자 확정" 목차에서 의사설, 표시설, 행동설 및 실질적 표시설로 평가되는 **判例**를 써준 후, 검토로 실질적 표시설을 지지해주고, 사안포섭에 위 "1) 문제점" 내용을 적는다. 바로 다음 목차로 ② "상속인으로 표시정정 가부" 목차에서 표시정정설, 피고경정설 및 **判例**를 적어주며 사안을 해결한다.
100) 학설 중 모르고 사망자를 피고로 표시하여 소제기한 경우에만 표시정정을 허용하고, 사망사실을 알면서도 사망자를 피고로 표시하여 소제기한 경우에는 피고경정으로 보정해야 한다는 견해가 있다(이시윤).
101) 같은 취지의 판시로, 원고가 사망자를 상속인으로 표시정정하며 일부상속인을 누락하여 제1심판결이 선고된 경우 원고는 항소심에서 누락상속인을 피고로 정정추가할 수 없다(73다1190)고 본 사례가 있다.

3) 학설
  ⅰ) 표시정정설은 당사자의 보호 및 소송경제를 위해 상속인으로 표시정정을 해야 한다고 본다.
  ⅱ) 피고경정설은 피고는 사망자로 확정되고, 상속인과 동일성이 인정되지 않으므로 피고경정이 도입된 취지에 따라 이를 피고경정으로서 허용하자고 한다.
4) 검토
  당사자능력 없는 사망자를 피고로 잘못 표시한 것이라면, 오기에 준해 볼 수 있으므로, 표시정정을 허용함이 타당하다. 다만, 상소심에서는 당사자의 심급의 이익 박탈 우려가 있으므로 불허할 것이다.

[제소전 사망의 경우 표시정정설과 피고경정설의 시점별 당사자 확정]

	소제기시	보정시	간과판결시
표시정정설	사망자	상속인(실질적 당사자능력자)	사망자
피고경정설	사망자	사망자	사망자

3. 당사자적격 [목선적교 목표]

목사를 **선**정당사자로 선정하여 소제기하는 것인데도 원고의 표시를 당사자**적**격이 없는 **교**회로 잘못 표시한 경우, 교인들이 **목**사를 선정당사자로 선정하여 제기한 것으로 보아야 하므로, 원고를 목사로 **표**시정정할 수 있다(95다26773).[102]

☑ **표시정정이 불허됨에도 변경된 자를 피고로 취급해 변론을 진행한 경우** [변당전판계]

표시정정은 임의적 당사자변경신청에 해당하여 허용될 수 없음에도 불구하고, 항소심은 **변**경된 자를 피고로 취급해 변론을 진행하고 판결한바, **당**사자 아닌 자를 당사자로 보고 소송을 진행해 판결한 위법이 있고 원고와 변경 **전** 피고 사이의 항소심 사건은 아직 항소심 **판**결이 선고되지 않은 채 원심에 **계**속 중이다(2009다54744).[103]

4. 종중

당사자인 종중의 법적 성격에 관한 당사자의 법적 주장이 무엇이든 그 실체에 관하여 당사자가 주장하는 사실관계의 기본적 동일성이 유지되고 있다면 그 법적 주장의 추이를 가지고 당사자변경에 해당한다고 할 것은 아니다(2013다76871).[104]

---

102) 따라서 당사자 아닌 교회를 당사자로 취급하여 변론을 진행시켜 판결 선고한 경우 목사에 대해서는 항소심 판결이 선고되지 않은 것이고 여전히 항소심 계속 중인 상태이다. 정당한 당사자인 선정당사자 목사는 항소심에 변론기일지정신청을 해야 한다. 만약 "정당한 당사자인 선정당사자 목사"가 당사자 아닌 교회를 당사자로 보아 절차를 진행시켜 선고한 항소심 판결에 대해 상고할 경우 대상적격흠결로 상고각하한다.
103) 위 95다26773과 일맥상통하는 사례. "부적법하게 변경된 자"가 자기가 받은 항소심 판결에 대해 "이러한 위법을 간과한 판결이 위법하다."라고 주장하며 상고한 경우 상고심은 항소심 판결을 상고인용·파기한다. 위95다26773사건은 목사가 자신의 절차에 대해 상고하면 여전히 항소심 계속 중이어서 판결이 선고되지 않은 부분에 대해 불복하는 것이므로 상고의 대상적격이 없어 상고각하 되는 것임에 반해, 2009다54744 사건은 부적법하게 변경된 자가 자기에게 선고된 판결이 잘못된 것이라고 불복한 것이어서 상고의 대상적격이 있고 상고심은 잘못된 부분을 파기한다.
104) 26세손 소외1을 공동선조로 지칭하다가, 29세손 소외2를 공동선조라고 주장을 변경한 경우, 원심은 이 주장을 허용하지 않는다고 하면서, 26세손 소외1을 공동선조로 하는 종중을 당사자로 보고 판단하였으나, 이를 대법원이 바로잡았다.

5. 항소인

항소장의 표지에 항소인을 잘못 표시(대한민국이 항소인인데 항소인을 목포시로 잘못 표시)한 사안에서, 이는 착오로 그 당사자 표시를 그르친 데 불과하고, 이러한 당사자 표시의 오기는 항소심 계속 중이라도 언제든지 정정이 허용되고, 보정서를 제출함으로써 항소 제기는 적법한 것으로 된다(2009다32027).

표시정정을 허용한 경우	표시정정을 불허한 경우
① 명백한 오기·누락 ② 학교에서 운영주체로 ③ 제소전 사망자에서 상속인으로 ④ 상속포기한 자에서 후순위 상속인으로 ⑤ 교회에서 선정당사자인 목사로 ⑥ 제1 종중에서 공동선조가 실질적으로 동일한 제2 종중으로 ⑦ 항소인 잘못 표시 ⑧ 순천향교수습위원회(순천향교의 내부조직)에서 순천향교로(96다3852) ⑨ 납원읍(서귀포시에 속한 행정구역)에서 서귀포시로(2001다83258) ⑩ 중앙회에서 지회로(2010다97044) ⑪ 제1 노동조합에서 이후 제1 노동조합이 편입되어 속하게 된 제2 노동조합으로(98다19950)	① 아들에서 아버지로(69다2161) ② 부재자재산관리인에서 부재자로 ③ 회사를 대표로 ④ 대표를 회사로 ⑤ 비법인사단(부락. 예컨대, 동, 리)의 일부 구성원을 비법인사단으로(92다50232) ⑥ 제1 종중과 공동선조가 달라 동일성이 인정되지 않는 제2 종중으로

III. 절차

1. 시기

(1) 원칙

당사자표시를 정정하는 것은 **당사자를 변경하는 것이 아니므로** 항소심에서 그러한 정정이 있었다 한들 당사자에게 **심급의 이익을 박탈하는 현상**이 일어난다고는 말할 수 없고, 상대편의 동의가 있어야 표시정정이 가능한 것이라고 말할 수 없다(78다1205).

(2) 예외 - 제소전 사망

다만, 제소전 사망자를 피고로 하여 소를 제기한 경우에는, **상소심에서의 표시정정은 허용되지 않는다**(2010다105310). **상속인의 심급의 이익을 보장하기 위함이다.**

2. 조치

(1) 석명

원고가 당사자를 정확히 표시하지 못하고 **당사자능력이나 당사자적격이 없는 자를 당사자로 잘못 표시**하였다면 법원은 당사자를 소장의 표시만에 의할 것이 아니고 **청구의 내용과 원인사실을 종합하여 확정**한 후 **확정된 당사자가 소장의 표시와 다르거나 소장의 표시만으로 분명하지 아니한 때에는 당사자의 표시를 정정·보충시키는 조치**를 취하여야 하고 이러한 조치를 취함이 없이 단지 원고에게 막연히 보정명령만을 명한 후 소를 각하하는 것은 위법하다(2012다68279).

(2) 소각하

당사자능력 없는 자를 피고로 하여 소를 제기한 후 표시정정하지 않은 경우, 당사자능력은 소송요건에 해당하므로 **부적법 각하**한다.

Ⅳ. 효과

1. 오기

당사자 표시가 착오로 잘못 기재되었음에도 소송 계속 중 당사자표시 정정이 이루어지지 않아 **잘못 기재된 당사자를 표시한 본안판결**이 선고, 확정된 경우라도 그 확정판결을 당연무효라고 볼 수 없을 뿐더러, 그 확정판결의 효력은 잘못 기재된 당사자와 동일성이 인정되는 범위 내에서 위와 같이 적법하게 확정된 당사자에 대하여 미친다(2008다27615).[105]

2. 학교·조합

(1) 학설

1) **무효설**은 죽은 자에 대한 판결이 무효인 것처럼 학교를 상대로 한 판결도 무효로 본다.
2) **재심설**은 소송능력 흠을 간과한 판결이 재심사유가 되는 것에 준해 당사자능력을 간과한 판결도 재심사유가 된다고 한다.
3) **유효설**은 죽은 자에 대한 판결과 달리 행정청, 학교, 조합이 일응 사회생활단위로 행동하여 판결을 받은 것이므로 이를 재심의 소로서 다툴 이익이 없다고 한다.

(2) 判例

항소심이 학교가 당사자능력이 있음을 전제로 하여 본안판결한 후, 상고심이 자판하여 **당사자능력이 흠결된 학교에 대한 부분**을 **취소하고 소를 각하**하여 제1심 판결의 효력을 유효로 보았다(2001다21991).

(3) 검토

배후실체가 존재하므로 판결을 무효로 볼 필요가 없으며, **재심사유로 규정되지도 않은 것**을 재심사유에 해당한다고 봄은 무리가 있으므로, **유효설**이 타당하다.

3. 제소전 사망

(1) 判例 [사대무판무]

사망자를 피고로 하는 소제기는 원고와 피고의 **대립당사자구조를 요구하는 민소법상의 기본원칙이 무시**된 부적법한 것으로 **실질적 소송관계가 이루어질 수 없으므로**, 그와 같은 상태에서 제1심 **판결**이 선고되었더라도 판결은 **당연무효**이며, 그 판결에 대한 상속인에 의한 **항소나 소송수계신청은 부적법하다**(94다16564).[106]

(2) 학설

ⅰ) 판결은 무효이지만 소송절차상 판결은 남아 있는 것이므로, 이는 비판결과 달리 **형식적 확정력과 자기구속력은 있다** 하고, 유효한 것처럼 보이는 **외형을 제거**하기 위해 상소의 대상은 된다고 하는 견해가 있다. ⅱ) 상소뿐만 아니라 재심의 대상이 된다고 하는 견해도 있다.

(3) 검토

대립당사자주의라는 중대한 원칙이 무시된 것으로 판결의 효력을 무효로 볼 것이며, **상속인에게도 판결의 효력이 없는 이상**, 판결이라는 외형제거를 위한 상소를 인정할 필요가 없다. 다만, **판결에 의해 생긴 등기·등록이 있는 경우**에는 그 제거를 위한 상소를 인정함이 타당하다.

---

105) 따라서, 적법하게 확정된 당사자는 전소 확정판결의 기판력을 받게 된다.
106) 실종자를 당사자로 한 판결이 확정된 후에 실종선고가 확정되어 그 사망간주의 시점이 소 제기 전으로 소급하는 경우 위 판결이 소급하여 무효로 되진 않는다(92다2455).

022 임의적 당사자변경

📁 의의 – 내용

Ⅰ. 의의 및 취지　　　　　　　　　　　　　　　　　　　　　　　　　　　　　sC-7

본안적격을 혼동해 잘못된 당사자에 대해 소를 제기한 경우, 표시정정과 달리 동일성이 없는 새로운 당사자로 변경(교환, 추가)하는 것을 임의적 당사자변경이라고 한다.107)

Ⅱ. 내용　　　　　　　　　　　　　　　　　　　　　　　　　　　　　　　　sC-8

1. 명문의 규정 없는 임의적 당사자변경 (11)

(1) 判例

　표시정정을 신청하더라도 실질적으로 당사자가 변경되는 것은 허용되지 않는다고 하여 **명문의 규정 없는 임의적 당사자변경을 불허**한다.

(2) 학설

　ⅰ) **긍정설**은 당사자의 **편의 및 소송경제**를 위해 허용하자고 하며, ⅱ) **부정설**은 명문도 없이 이를 허용함은 법적 안정성에 반하므로 불허하자고 한다.

(3) 검토

　민사소송법은 제260조의 피고경정과 같이 **임의적 당사자변경이 허용되는 경우를 제한**하고, **허용할 때에도 그 요건을 엄격히 요구**하므로 이러한 법제하에서 명문에도 없는 임의적 당사자변경을 허용해선 안 된다.

(4) 개정법

　1990년 개정법은 피고경정과 고유필수적 공동소송인 추가 규정을 신설하였고, 2002년 개정법은 선택적·예비적 공동소송인 추가 규정을 신설하였다.

2. 피고경정 (11)

(1) 의의 및 취지

　원고가 피고를 잘못 지정한 것이 분명한 경우에 변론을 종결할 때까지 피고를 경정하는 것이다(제260조). **진정한 분쟁해결을 위해 인정**한다.108)

---

107) 표시정정이 허용되지 않는 사안은 동일성이 인정되지 않은 자로 당사자 표시를 변경하려는 것이므로 임의적 당사자 변경 가부가 문제된다.
108) **判例**는 행정소송 사건에서 피고지정이 잘못된 경우, 법원으로서는 석명권을 행사하여 피고를 성업공사로 경정하게 하여 소송을 진행하여야 한다고 판시한다(96누1757).

(2) 요건

1) 원칙 [분1동물]

ⅰ) 피고를 잘못 지정한 것이 **분**명할 것 ⅱ) 제**1**심 변론종결 전까지 경정할 것 ⅲ) 종전 피고가 본안에 관해 변론을 한 경우 그자의 **동**의를 받을 것 ⅳ) 소송**물**이 동일할 것을 요한다.

2) 피고를 잘못 지정한 것이 분명한 것

ⅰ) 判例 [청법법]

피고를 잘못 지정한 것이 분명한 때란 **청**구취지나 청구원인 기재 자체로 보아 원고가 **법**률적 **평**가를 그르치는 등의 이유로 피고 지정이 잘못된 것이 명백하거나 **법**인격 유무에 관해 착오를 일으킨 것이 명백한 경우 등을 말한다(97마1632)[109].

ⅱ) 학설 - 반대견해

다수설은 당사자 **편**의와 소송경제를 이유로 실제 의무자가 누구인지 증거조사해봐야 알 수 있는 경우에도 피고경정을 허용하자고 한다. 같은 취지로 원고경정을 허용하자는 견해도 존재한다.

ⅲ) 검토

증거조사를 해봐야 알 수 있는 경우는 피고지정이 분명하게 잘못된 것이라고 할 수 없으므로 判例와 같은 기준으로 판단함이 타당하다.

(3) 절차

서면으로 해야 하며, 법원은 결정으로 재판한다.

(4) 효과

1) 시효중단 및 기간준수

신소제기의 성질을 가져, 피고경정 신청서를 제출시를 기준으로 판단한다.

2) 종전 당사자의 소송수행 결과

ⅰ) 당사자 동일성이 인정되지 않으므로 구당사자의 소송수행 결과를 승계하지 않는다.

ⅱ) 다만, 구당사자의 소송수행결과를 원용할 수 있고, 신당사자가 경정에 동의하거나 그가 구소송절차에 관여하여 구당사자의 소송수행이 신당사자의 **소송수행과 동일하게 평**가되면 그 결과가 승계될 수 있다.

---

[109] **判例**는 실제 당사자가 누구인지 증거조사가 이루어진 다음에 비로소 판단할 수 있는 경우에는 피고 지정이 잘못된 것이 분명한 경우라고 보지 않아 피고경정을 허용하지 않는다.

023 성명모용소송

📁 의의 – 절차 – 효과

Ⅰ. 의의　　　　　　　　　　　　　　　　　　　　　　　　　　　　　　　　　sC-9

원고로서 **타인 명의**로 제소하거나, 피고로서 타인 명의를 **참칭**하여 **소송을 수행**하는 경우를 말한다.

Ⅱ. 절차 (09)　　　　　　　　　　　　　　　　　　　　　　　　　　　　　　sC-10

1. 당사자 확정[110]

실질적 표시설에 따라 당사자로 표시된 **피모용자**가 당사자로 확정된다.

2. 법원의 조치

(1) 원고측 모용

무권대리에 준해 피모용자가 추인하지 않는 한 법원은 소를 부적법 **각하**한다.

(2) 피고측 모용

모용자의 **소송관여를 배척**하고 피모용자에게 **기일을 통지**하여 기일을 속행할 수 있도록 한다.

(3) 추인

피모용자가 추인하는 경우 모용자가 행한 소송행위는 **소급하여 유효**가 된다.

Ⅲ. 효과 (09)　　　　　　　　　　　　　　　　　　　　　　　　　　　　　　sC-11

1. 간과판결 및 송달의 효력

성명모용을 간과하고 본안판결한 경우, **무권대리의 흠결**이 있어 **위법**하지만 판결은 **유효**하다. **판결의 효력은 피모용자에게 미친다.**[111][112]

2. 구제방안

성명모용을 간과한 판결에는 **무권대리**의 흠결이 있으므로 피모용자는 판결 확정 전에는 **상소**[113](제424조 제1항 4호)로, 확정 후에는 **재심**(제451조 제1항 3호)으로 구제받을 수 있다(63다656*).[114] 성명모용소송으로 인해 책임질 수 없는 사유로 항소기간을 지키지 못한 경우 **추완상소**도 가능하다.

---

110) 당사자 확정에 관한 학설, 判例, 검토를 적어준다.
111) 당사자는 실질적 표시설에 따라 소장에 표시된 피모용자가 당사자이기 때문에 피모용자가 판결의 효력을 받는다.
112) 判例는 판결 확정 후 재심이 가능하다고 하여 판결정본송달이 유효하여 항소기간이 진행하여 확정될 수 있음을 전제로 한다(64다328).
113) 단, 화해조서는 곧바로 확정판결과 동일한 효력이 발생하므로 피모용자는 상소로 구제받을 수 없고 준재심의 소(제461조)로 구제받을 수 있다.
114) 성명모용소송 간과판결을 피모용자가 적법하게 추인하면 상소 및 재심사유는 소멸한다. 추인의 시기는 제한이 없다.

024 제소전 사망

📂 의의 – 절차 – 효과 + 관련 논점

I. 의의   sC-12

원고가 소를 제기한 상대방이 이미 사망한 자인 경우를 의미하며, 대립당사자주의를 취하는 민사소송의 기본원칙에 반하게 되어 그 취급이 문제된다.

II. 절차   sC-13

1. 당사자 확정[115]

실질적 표시설에 따라 당사자로 표시된 사망자가 당사자로 확정된다.[116]

2. 법원의 조치

대립당사자주의를 취하는 민사소송에서 **당사자능력은 소송요건**에 해당하고, 이미 사망한 자를 상대로 한 소는 소송요건을 갖추지 않은 것으로서 부적법하여 **소각하** 한다(2010다105310).

3. 보정

(1) 문제점[117]

제소전 사망자를 피고로 표시해 소를 제기한 경우, i) 보정되지 않는 한, 사망자를 당사자로 확정하나, ii) 보정하는 경우, 상속인을 실질적 당사자로 확정하여 표시정정을 허용할 것인지 문제된다.

(2) 判例

1) 사망자를 피고로 표시한 경우 [죽상피표상]

① 모르고 죽은 자를 피고로 표시해 제소한 사건에서 상속인이 처음부터 실질적인 피고이고 다만 그 표시를 잘못한 것이라고 인정되면 피고의 표시를 사망자로부터 그 상속인으로 표시정정하는 것을 허용하였다(2005마425*).

② 사망사실을 알고도 그 자를 피고로 표시한 경우에도 상속인으로의 표시정정을 허용하여 당초 소장을 제출한 때에 시효중단 효력이 생긴다고 판시한다(2010다99040*).[118]

2) 상속포기한 자를 피고로 표시한 경우

1순위 상속인의 상속포기 사실을 알지 못하고 1순위 상속인을 피고로 제소한 경우에도 당사자가 의도한 실질적 피고의 동일성에 관한 위 전제요건이 충족되는 한 마찬가지이다.

---

115) 당사자 확정에 관한 학설, 判例, 검토를 적어준다.
116) 다만, 보정(=표시정정)하는 경우에는 실질적 당사자능력인 상속인이 당사자로 확정된다.
117) "제소전 사망자를 피고로 하여 소를 제기하고 보정하는 경우", ① "당사자 확정" 목차에서 의사설, 표시설, 행동설 및 실질적 표시설로 평가되는 判例를 써준 후, 검토로 실질적 표시설을 지지해주고, 사안포섭에 위 "1) 문제점" 내용을 적는다. 바로 다음 목차로 ② "상속인으로 표시정정 가부" 목차에서 표시정정설, 피고경정설 및 判例를 적어준다.
118) 학설 중 모르고 사망자를 피고로 표시하여 소제기한 경우에만 표시정정을 허용하고, 사망사실을 알면서도 사망자를 피고로 표시하여 소제기한 경우에는 피고경정으로 보정해야 한다는 견해가 있다(이시윤).

3) 상소심에서의 표시정정 가부

다만, 상고심(또는 항소심)에 이르러서는 당사자 표시정정의 방법으로 그 흠결을 보정할 수 없다(2010다105310).119)

(3) 학설

1) **표시정정설**은 당사자의 보호 및 소송경제를 위해 **상속인**으로 표시정정을 해야 한다고 본다.
2) **피고경정설**은 피고는 사망자로 확정되고, 상속인과 **동일성**이 인정되지 **않으므로** 피고경정이 도입된 취지에 따라 이를 피고경정으로서 허용하자고 한다.

(4) 검토

당사자능력 없는 사망자를 피고로 잘못 표시한 것이라면, 오기에 준해 볼 수 있으므로, 표시정정을 허용함이 타당하다. 다만, 상소심에서는 당사자의 심급의 이익 박탈 우려가 있으므로 불허할 것이다.

III. 효과 sC-14

1. 간과판결의 효력 (16)

(1) 判例 [사대무판무]

사망자를 피고로 하는 소제기는 원고와 피고의 **대**립당사자구조를 **요**구하는 민소법상의 기본원칙이 **무**시된 부적법한 것으로 실질적 소송관계가 이루어질 수 없으므로, 그와 같은 상태에서 제1심 **판**결이 선고되었더라도 판결은 **당연무효**이며, 그 판결에 대한 상속인에 의한 **항소나 소송수계신청은 부적법**하다(94다16564*).120)

(2) 학설

i) 판결은 무효이지만 소송절차상 판결은 남아 있는 것이므로, 이는 비판결과 달리 **형식적 확정력과 자기구속력은 있다** 하고, 유효한 것처럼 보이는 **외형**을 제거하기 위해 **상소의 대상은 된다**고 하는 견해가 있다. ii) 상소뿐만 아니라 재심의 대상이 된다고 하는 견해도 있다.

(3) 검토

대립당사자주의라는 중대한 원칙이 무시된 것으로 판결의 효력을 무효로 볼 것이며, 상속인에게도 판결의 효력이 없는 이상, 판결이라는 외형제거를 위한 상소를 인정할 필요가 없다. 다만, 판결에 의해 생긴 등기·등록이 있는 경우에는 그 제거를 위한 상소를 인정함이 타당하다.

---

119) 같은 취지의 판시로, 원고가 사망자를 상속인으로 표시정정하며 일부상속인을 누락하여 제1심판결이 선고된 경우 원고는 항소심에서 누락상속인을 피고로 정정추가할 수 없다(73다1190)고 본 사례가 있다.

120) 단체가 실제로 존재하지 않음에도 그 단체가 존재하고 그 대표자로 표시된 자가 대표자 자격이 있는 자인 것으로 오인하여 가처분결정이 내려졌어도, 그 단체가 실제로 존재하지 않는다면 그 가처분결정은 효력을 발생할 수 없는 무효인 결정이라 할 것이므로, 무효인 가처분결정이 외형상 존재한다는 사실만으로 실제로 존재하지 아니한 단체를 당사자능력 있는 자로 취급하여야 하는 것은 아니다(94다14094).

이러한 법리는 당사자능력이 없는 단체를 상대로 보전처분 결정이 내려진 다음 그 단체의 대표자로 표시된 자가 그 단체의 이름으로 보전처분 이의신청을 하거나 항고를 제기한 경우에도 마찬가지로 적용되고, 당사자능력 없는 자가 제기한 보전처분에 대한 이의신청 또는 항고는 부적법한 것으로서 각하되어야 한다(2008마520).

2. 하자 치유

상속인이 소장을 수령하고 사망자 명의로 대리인을 선임하는 등 **상속인이 현실적으로 소송을 수행한 경우**, 신의칙상 상속인에게 소송수행결과나 판결효력을 인수시킬 수 있다(95다15667).

IV. 관련 논점   sC-15

1. 제소전 사망자 상대로 소제기한 경우, 상소심의 처리

(1) 고유필수적 공동소송에서 피고 중 1인이 제소전 사망자인 경우

상고심에서 고유필수적 공동소송인 중 1인이 제소전 사망자로 밝혀진 경우, 상고심은 **파기·소각하**한다(2010다105310).

(2) 이외의 경우 피고 1인이 제소전 사망자인 경우

i) 제소전 사망자에 상대로 소제기한 후, 항소제기시 **항소각하한다**(94다16564).

ii) 제1심 및 제2심 모두 제소전 사망자에 대한 판결이 선고된 후, 제소전 사망자를 상대로 상고제기시 상고심은 **상고각하한다**(2001다69122).

iii) 제1심은 제소전 사망자 상대로 본안판결이 이루어졌으나, 항소심에서 사망자의 상속인들이 수계신청하여 본안판결 받은 경우, 상고심은 **파기·항소각하한다**(2014다34041).

iv) 제1심은 제소전 사망자 상대로 본안판결이 이루어졌고, 사망자인 피고의 상속인들이 수계신청 하면서 항소하자 항소각하 판결이 선고되었으며, 재차 사망자인 피고의 상속인들이 상고한 경우 **상고기각한다**(69다929).

2. 소제기 후 소장부본 송달 전 사망 (16)

(1) 문제점

원고가 소제기를 했을 당시에는 피고가 생존했으나, 이후 소장부본이 송달되기 전 피고가 사망한 경우 그 취급이 문제된다.

(2) 학설

i) 소송 중 사망한 것으로 보아 제233조를 유추하여 상속인이 소송수계를 해야 한다는 견해 ii) **제소전 사망과 동일하게 취급해야 한다는 견해** iii) **피고측이 사망한 경우에는 제소전 사망과 동일하게, 원고측이 사망한 경우에는 소송 중 사망의 법리로 처리해야 한다는 견해**가 있다.

(3) 判例

제소전 사망을 간과한 판결은 **대립당사자구조를 무시한 판결로 무효**이며, 이러한 법리는 **소제기 후 소장부본 송달 전 피고가 사망한 경우도 마찬가지로 적용된다**(2014다34041).[121]

(4) 검토

대립당사자구조가 형성되는 소송계속의 발생 시점은 소장부본송달을 기준으로 판단하게 되므로 소제기 후 소장부본 송달 전 피고가 사망했다고 하더라도 제소전 사망의 법리로 규율함이 타당하다.

---

[121] 동일한 법리의 **判例**로, 지급명령신청 후 지급명령정본 송달 전 채무자가 사망한 경우 지급명령은 효력이 없다고 한다(2016다274188).

3. 소송대리인을 선임한 후 제소전 사망122) (19)

(1) 제95조

당사자가 사망하더라도 소송대리인의 소송대리권은 소멸하지 않는다.

(2) 判例

당사자가 소송대리인에게 소송위임을 한 다음 소 제기 전에 사망하였는데 소송대리인이 당사자가 사망한 것을 모르고 그를 원고로 표시하여 소를 제기하였다면 이러한 **소의 제기는 적법**하고, 시효중단 등 **소 제기의 효력은 상속인들에게 귀속**된다. 이 경우 제233조 제1항이 유추적용되어 사망한 사람의 상속인들은 그 소송절차를 수계하여야 한다(2014다210449*).123)124)

(3) 학설 – 반대견해

소제기 전 사망 시 대리권이 소멸되어 소가 부적법하고, 제95조, 제233조, 제238조는 소송 중 사망한 경우에 적용되므로 제소전 사망한 경우는 표시정정으로 처리해야 한다는 견해가 있다.

(4) 검토

생각건대 **제95조**에서 당사자가 사망하더라도 소송대리인의 소송대리권이 소멸하지 않는다고 규정하는 점에 비추어 **判例**가 타당하다.

---

122) 소송 중 사망한 경우가 아니므로 당사자지위 당연승계 및 소송 중 사망을 간과한 판결의 효력과 관련 없다.
123) 소송대리인이 상소제기 특별수권을 갖지 않는 경우, 제1심판결정본 송달 후 중단되면 상속인이 수계해야 한다는 의미에서 제233조를 유추한다고 표현한 것으로 볼 수 있다. 만약 소송대리인이 상소제기 특별수권을 갖는 경우라면 상소제기 후 중단된다.
124) 소제기 후 소송 중 당사자가 사망한 것은 아니므로 소송상 지위의 당연승계 논점은 불필요하다.

025 당사자능력

의의 - 내용 - 소송법상 취급 + 관련 논점

Ⅰ. 의의 및 취지 (22)   sC-16

당사자능력이란 소송의 주체가 될 수 있는 **일반적 능력**을 의미한다. 민법상 권리능력에 대응된다. 민사소송은 **대립당사자구조**를 취하기 때문에 당사자능력을 요구한다.

Ⅱ. 내용   sC-17

1. 민법상 권리능력자

ⅰ) 당사자능력은 이 법에 특별한 규정이 없으면 민법 그 밖의 법률에 따른다(제51조). ⅱ) 민법상 권리능력자는 민사소송법상 당사자능력이 인정되며, 이를 **실질적 당사자능력자**라고 한다.

> **예시**
> 1. 당사자능력 인정(제51조)
>   자연인, 법인, 국가, 지방자치단체(도, 시, 군, 구), 영조물법인, 공공조합(법인)은 당사자능력이 인정된다. 법인의 경우 사원이 없어져도 청산사무가 완료되기 전까지는 당사자능력이 인정된다.
> 2. 당사자능력 부정
>   하부행정구역(읍, 면), 행정청, 학교장은 당사자능력이 없다.

2. 비법인사단·비법인재단 (22)

ⅰ) 법인이 아닌 사단이나 재단은 대표자 또는 관리인이 있는 경우에는 그 사단이나 재단의 이름으로 당사자가 될 수 있다(제52조). ⅱ) 민법상 권리능력자가 아님에도 민사소송법상 당사자능력을 인정해주는 자를 **형식적 당사자능력자**라고 한다. **사회적으로 경제활동을 영위하는** 주체이므로 소송수행 편의상 소송상 당사자가 될 수 있도록 한 것이다.

> ☑ **비법인사단** (22)
>
> ⅰ) **사단성**[125][126]을 가지는 규약을 만들고 ⅱ) 의사결정기관·집행기관인 대표자[127]를 두는 등 **조직**을 갖추고 ⅲ) 운영과 관련하여 **단체로서 주요사항**이 확정된 경우 비법인사단에 해당한다(91다30675*). 사단인지 조합인지 여부는 단순히 명칭이 아니라 단체의 실질로 판단해야 한다.[128]

---

125) 사단성이란 대표기관을 통해 행위하고, 지분개념 없이 법률효과와 재산이 단체에 직접 귀속되는 것을 의미한다.
126) 사단법인의 하부조직의 하나라 하더라도 스스로 위와 같은 단체로서의 실체를 갖추고 독자적인 활동을 하고 있다면 사단법인과는 별개의 독립된 비법인사단으로 볼 수 있다(2006다60908*).
127) 비법인사단은 대표자나 구성원과는 별개의 주체이므로 그 대표자나 구성원을 당사자로 한 판결의 기판력이 비법인사단에 미치지 않고 비법인사단을 당사자로 한 판결의 기판력 또한 대표자나 구성원에 미치지 않는다(2010다53889*).
128) 단체의 실질이 비법인사단이면 당사자능력이 인정되지만, 단체의 실질이 조합이면 당사자능력이 부정된다. 이렇게 명칭이 아니라 단체의 실질에 따라 판단하므로 단체의 성격을 판단하는 문제가 나온다면 결론만 쓸 것이 아니라 단체의 실질을 비법인사단의 요건으로 구체적 판단을 해주어야 한다.

> **예시**
> 1. 당사자능력 인정(제52조)
>   ⅰ) 비법인사단으로, 종중129), 자연부락, 하부행정구역(동, 리)130), 교회131), 사찰(대한불교조계종), 재건축조합, 아파트부녀회, 입주자대표회의, 정당법상 정당, 채권단, 사단법인 내에서 단체로서 실질을 갖추고 독자적 활동을 하는 하부조직 등이 있다. ⅱ) 비법인재단으로, 장학재단, 자선기금, 유치원 등이 있다.
> 2. 당사자능력 부정
>   학교, 노인요양센터 등은 기관명칭에 불과하여 비법인사단 또는 조합이 아니다.

Ⅲ. 소송법상 취급　　　　　　　　　　　　　　　　　　　　　　　　　　　　sC-18

1. 소송법상 의의

ⅰ) 소송행위 유효요건으로, 당사자능력 없는 자의 **소송행위는 무효**이다. ⅱ) 소송요건으로, **직권조사사항**132)이며, 공익적 요소가 강해 자료수집은 **직권탐지**에 의한다.

2. 흠결시 취급

ⅰ) 표시정정으로 당사자를 보정할 수 있는 경우, **제59조를 유추하여 보정**을 명한다. 보정되지 않는 경우 소를 각하한다.
ⅱ) 소제기시 당사자능력 없었으나, 변론종결시 당사자능력이 있다면 소각하해선 안 된다.133)134)
ⅲ) 소제기시 당사자능력 있었으나, 소송 중 당사자능력 상실시 소송수계사유가 된다(제233조).

3. 간과판결의 효력135)

(1) 학교·조합

(2) 제소전 사망

---

129) 종중도 비법인사단의 요건을 갖춰야 당사자능력이 인정되고 이는 소송요건으로 사실심 변론종결시 기준으로 판단해야 한다(2011다64607).
130) 부락(동, 리)이 주민을 구성원으로 하여 고유목적을 가지고 의사결정기관과 집행기관인 대표자를 두어 독자적 활동을 하는 사회조직체라면 비법인사단으로 당사자능력이 있다(98다33512).
131) 교회가 다수의 교인들에 의해 조직되고 일정한 종교활동을 하고 있으며 그 대표자가 정해져 있다면 제52조의 비법인 사단으로서 당사자능력이 있다(91다30675*). 그 교회가 종전에 있던 같은 명칭의 교회와 같은 단체인 것인지, 종전에 있던 같은 명칭의 교회가 합병으로 소멸된 것인지, 그 교회의 구성원이 다른 교회에서 이탈한 것인지 여부나 그 동기는 그 당사자능력을 좌우할 사유가 된다고 할 수는 없다.
132) 당사자능력의 문제는 법원의 직권조사사항에 속하는 것이므로 그 당사자능력 판단의 전제가 되는 사실에 관하여는 법원이 당사자의 주장에 구속될 필요 없이 직권으로 조사하여야 하고, 따라서 비법인사단이 원고로 된 경우, 그 성립의 기초가 되는 사실에 관하여 당사자가 다양한 주장을 하는 경우, 구체적인 주장사실에 구속될 필요 없이 직권으로 단체의 실체를 파악하여 당사자능력의 존부를 판단하여야 한다(2019다278433).
133) 학교를 운영주체로, 사망자를 상속인으로 표시정정한 경우 소는 적법하다.
134) 소제기시 비법인사단의 실체를 갖추지 못했더라도 변론종결시까지 그 실체를 갖추면 소는 적법하다.
135) 전술한 "표시정정" 참조.

Ⅳ. 관련 논점 sC-19

1. 비법인사단의 소송수행 방안[136]

2. 조합의 소송수행 방안[137]

---

[136] 후술할 "비법인사단의 소송수행" 참조.
[137] 후술할 "조합의 소송수행" 참조.

025-1 비법인사단의 소송수행

📁 의의 – 당사자능력 – 소송수행

I. 비법인사단의 의의   sC-20

ⅰ) **사단성**138)을 가지는 규약을 만들고 ⅱ) 의사결정기관·집행기관인 대표자를 두는 등 **조직을 갖추고** ⅲ) 운영과 관련하여 **단체로서 주요사항이** 확정된 경우 비법인사단에 해당한다. 사단인지 조합인지 여부는 단순히 명칭이 아니라 단체의 실질로 판단해야 한다.

II. 비법인사단의 당사자능력   sC-21

ⅰ) 법인이 아닌 사단이나 재단은 대표자 또는 관리인이 있는 경우에는 그 사단이나 재단의 이름으로 당사자가 될 수 있다(제52조). ⅱ) 민법상 권리능력자가 아님에도 민사소송법상 당사자능력을 인정해주는 자를 **형식적 당사자능력자**라고 한다. 사회적으로 경제활동을 영위하는 주체이므로 소송수행 편의상 소송상 당사자가 될 수 있도록 한 것이다.

III. 비법인사단의 소송수행 방안   sC-22

1. 비법인사단 명의로 총회결의를 거쳐 소송수행

비법인사단의 당사자능력이 인정되므로, **총회결의를 거쳐 비법인사단 명의로** 소송을 수행할 수 있다.139)

> ☑ **총유재산에 관해 사원총회결의를 거치지 않은 소를 각하할 때 지적의무 행사 요부**
>
> 총유재산의 관리·처분에 관하여 적법한 **사원총회의 결의 없이** 이루어진 것으로 부적법한 소인지 여부는 당사자 사이에 **전혀 쟁점이 된 바 없음에도** 이를 이유로 소각하한 원심은 당사자가 **전혀 예상치 못한 법률적 관점에 기한 뜻밖의 재판으로서 석명의무 위반**의 위법이 있다(2018다261605).

2. 구성원 전원이 소송수행

(1) 고유필수적 공동소송인지 여부

민법 제276조는 총유물의 관리 및 처분은 사원총회 결의에 의한다고 하여, 총유재산에 관한 **실체법상 관리처분권을 구성원들에게 공동으로** 귀속시켜, 총유재산에 관한 소송은 **구성원 전원이 당사자가 되어 고유필수적 공동소송**으로 수행할 수 있다.

---

138) 사단성이란 대표기관을 통해 행위하고, 지분개념 없이 법률효과와 재산이 단체에 직접 귀속되는 것을 의미한다.
139) 총회결의를 거치지 않고 제기된 소는 소제기에 관한 특별수권이 흠결된 소로 부적법하다(2010다97044).

(2) 보존행위140)의 경우

1) 종래 判例
총유물의 보존행위에 관한 소송은 총회결의를 거쳐 구성원이 제기할 수 있다고 보았다.

2) 최근 判例
ⅰ) [비법인사단의 단체성] **민법 제276조**는 총유물의 관리 및 처분을 사원총회 결의에 의한다고 규정할 뿐, 공유나 합유처럼 **보존행위는 구성원 각자가 할 수 있다는 규정을 두지 않는다**. 이는 총유가 공유나 합유에 비해 **단체성**이 강하고 구성원들의 **지분권이 인정되지 않음**에서 나온 당연한 귀결이다.

ⅱ) [비법인사단의 소송수행 방안] 따라서, 총유재산에 관한 소송은 **비법인사단 명의**로 **총회결의**를 거쳐 하거나, **구성원 전원이 당사자가 되어 필수적 공동소송형태로 할 수 있을 뿐**, 구성원은 설령 그가 대표자라거나 총회결의를 거쳤어도, 그 소송의 당사자로 될 수 없고, 총유재산의 보존행위에 관한 소를 제기하는 경우에도 같다(2004다44971*).

---
140) 건물철거청구, 등기말소청구, 목적물반환청구, 진정명의회복을 이유로 한 소유권이전등기청구 등이 이에 해당한다.

025-2 조합의 소송수행

📁 의의 – 당사자능력 – 소송수행

Ⅰ. 조합의 의의 sC-23

지분을 정하여 공동의 사업을 하고 손익을 분배하기로 한 단체를 의미한다.

Ⅱ. 조합의 당사자능력 인정 여부 sC-24

1. 학설

(1) **긍정설**은 조합도 **단체**로서 기능이 있고, 조합과 비법인사단의 구별이 쉽지 않음을 근거로 조합의 당사자능력을 긍정한다.

(2) **부정설**은 조합원의 개성이 강하고 **다른 소송수행방안이 충분히 마련되어 있음**을 근거로 조합의 당사자능력을 부정한다.

2. 判例

민법은 조합과 권리능력 없는 사단을 **구별**하고, 전자의 **재산관계**를 합유로 후자는 **총유**로 규정하고 있어 같이 다룰 수 없다. 민법상 조합의 실체를 가지고 있는 경우 당사자능력이 없다(88다카6358).

3. 검토

조합의 당사자능력을 인정하면 조합자체에 대한 판결로써 **조합원에 대한 분할책임**이 어렵게 되므로 당사자능력을 부정함이 타당하다.

Ⅲ. 조합의 소송수행 방안 sC-25

1. 전원 또는 1인의 소송수행

(1) 능동소송

ⅰ) **합유물의 처분·변경**은 합유자 전원의 동의가 필요하고(민법 제272조) 합유물의 **지분 처분**에도 합유자 전원의 동의가 필요한 점(민법 제273조)에 비추어 조합재산에 관한 소송은 **고유필수적 공동소송**에 해당한다.141)

ⅱ) **보존행위**142)의 경우 합유자 1인이 할 수 있음에 비추어 **통상공동소송**에 해당한다(민법 제272조 단서).

---

141) 공동수급체는 민법상 조합의 성질을 가지므로 공사를 시행함으로 인해 도급인에 대해 갖는 채권은 원시적으로 공동수급체의 구성원에게 합유적으로 귀속하는 것이어서 특별한 사정이 없는 한 구성원 중 1인이 도급인에게 지분비율에 따른 급부청구를 할 수 없다(2009다105406).

142) 목적물반환청구, 등기말소청구, 건물철거청구, 낙찰자선정무효확인청구, 진정명의회복을 이유로 한 소유권이전등기청구 등이 있다.

ⅲ) 개별약정으로, 공동수급체가 아닌 개별구성원으로 하여금 지분비율에 따라 직접 도급인에 대해 권리를 취득하게 한 경우, 도급인에 대해 갖는 채권이 공동수급체의 구성원 각자에게 지분비율에 따라 구분해 귀속될 수도 있으며, 이와 같은 약정은 명시·묵시적으로 이루어질 수 있다(2009다105406).

(2) 수동소송
ⅰ) 조합재산에 대한 공동책임을 묻는 경우에는 **고유필수적 공동소송**에 해당한다.
ⅱ) **조합원 개인책임**143)에 대해 그 이행을 구하는 경우, **통상공동소송**에 해당한다.

2. 선정당사자 제도

(1) 의의 및 취지
공동의 이해관계를 가진 다수당사자가 소송할 경우, **총원을 위해 소송을 수행할 당사자를 선정**하는 제도이다(제53조). 소송간명화를 위해 규정한다.

(2) 요건
ⅰ) 공동소송할 여러 사람이 **비법인사단이 아닌 조합**이고, ⅱ) 조합원은 조합재산에 관한 소송에 대해 **공동의 이해관계**를 가지며, ⅲ) 조합원들 가운데서 ⅳ) **개별적으로 선정**144)하는 경우 선정당사자 제도를 활용할 수 있다.

3. 명문의 규정 없는 소송담당

(1) 원칙 및 예외 [변신탈합필]
임의적 소송신탁은 제87조가 정한 **변**호사대리의 원칙이나 **신**탁법 제6조가 정한 소송신탁의 금지를 잠**탈**하는 등의 **탈**법적 방법에 의하지 않은 것으로서 이를 인정할 **합**리적 **필**요가 있는 경우에 제한적으로 허용된다(83다카1815).

(2) 합리적 필요성
ⅰ) 소송담당자가 소송물에 대해 고유의 이익을 가지거나, ⅱ) 담당자가 **실체법상 포괄적 관리처분권**을 가지고 권리귀속주체 못지않은 지식이 있는 경우이다.

(3) 判例 [자업재임]
조합계약이나 조합결의에 의해 **자**기 이름으로 조합재산을 관리하고 **업**무집행권한을 수여받은 업무집행조합원은, **조합재산소송**에 관해 조합원으로부터 **임**의적 소송신탁을 받아 자기 이름으로 소송하는 것이 허용된다(83다카1815*).

4. 법률상 소송대리인 제도

(1) 문제점
조합의 업무집행조합원은 민법 제709조에 의해 업무집행 대리권이 있는 것으로 추정되므로 조합재산에 관한 소송에 있어 법률상 소송대리인으로 볼 수 있는지 문제된다.

---

143) 조합원 개인적 책임에 기한 조합채무의 이행, 조합원들과 개별적으로 체결한 약정에 기한 청구 등이 있다.
144) 전원의 동의로 선정해야 함을 의미한다.

(2) 학설

i) 긍정설은 민법 제709조를 업무에 관한 **포괄적 대리인**으로 해석하여 **소송편의**를 위해 가능하다고 본다. ii) **부정설**은 상법145)은 지배인의 포괄적 대리권을 인정하여 소송수행을 할 수 있으나, 민법에는 이런 **규정이 없어** 불가능하다고 본다.

(3) 判例

대표조합원이 **조합명**과 **대표자격**을 표시하고 전체 조합원을 대리하는 방식의 소송수행을 허용한 것이 있다.

(4) 검토

당사자능력을 인정할 수 없는 조합의 소송수행 편의를 증진시킬 수 있고, **명문으로 이러한 소송수행을 전면적으로 금지한 것으로 볼 수도 없으므로**, 민법 제709조의 취지상 긍정설이 타당하다.

5. 소송위임에 의한 소송대리인 활용

i) 민사소송법은 제87조에 의해 변호사대리원칙을 규정하므로 소송대리인을 선임하여 소송을 수행할 수 있다. ii) 다만, 허가를 받은 단독사건, 3000만 원 이하의 소액사건에서는 변호사가 아니라도 소송대리인이 될 수 있다.

---

145) 상법 제11조는 지배인이 영업주에 갈음하여 그 영업에 관한 재판상 또는 재판 외의 모든 행위를 할 수 있다고 명시적으로 규정한다. 반면 민법 제709조는 업무집행조합원이 재판상 행위를 할 수 있는지에 관한 명시가 없다.

026 당사자적격

📁 의의 - 내용 - 소송법상 취급

Ⅰ. 의의 및 취지   sC-26

특정 소송에서 정당한 당사자로 소송을 수행하고 **본안판결을 받을 적합한 자격**을 말하며, 민중소송(타인 권리를 주장하며 소를 제기)을 막기 위해 요구한다.

Ⅱ. 내용   sC-27

1. 이행의 소

(1) 통설

 ⅰ) 이행의 소에서 당사자적격은 **주장 자체로 판단**하며, 자기에게 이행청구권이 있음을 주장하는 자가 원고적격을 가지며, 이행의무자로 주장된 자가 피고적격을 가진다.

 ⅱ) 등기말소·회복청구사건에서도 주장 자체로 당사자적격을 판단하여 등기의무자가 아닌 자에 대한 소를 각하하지 않고 청구기각판결해야 한다고 한다.

(2) 判例

 1) 원칙 [이청주실존본]

  이행의 소에서 당사자적격은 이행**청**구권이 자신에게 있음을 **주**장하는 자에게 있고, **실**제로 이행청구권이 **존**재하는지는 **본**안심리를 거쳐서 판명될 사항이다(2003다44387).[146]

 2) 예외 [등상불아]

  ⅰ) 등기말소·회복청구사건에서 **등**기부 형식상 그 등기에 의해 권리를 **상**실하거나 기타 **불**이익을 받을 자가 **아**닌 자를 상대로 한 등기말소절차이행을 구하는 소는 당사자적격이 없는 자를 상대로 한 부적법한 소라고 하여 각하한다(73다211*).

  ⅱ) 가등기말소청구사건에서 가등기 이전 부기등기는 기존 가등기에 의한 **권리승계**를 등기부상에 명시하는 것뿐 그 등기에 의해 새 권리가 생기는 것이 아닌 만큼, 가등기말소등기청구는 **양수인만을** 상대로 하면 족하고, 양도인은 그 청구에서의 피고적격이 없다(94다17109).

(3) 검토

실제 청구권자인지 및 이행의무자인지 여부는 본안을 거쳐 심리해 봐야 알 수 있는 사항이므로 주장 자체로 당사자적격을 인정함이 타당하나, 등기말소·회복청구사건에서는 **주장 자체만으로도** 등기부상 이행의무자가 아님을 알 수 있으므로 **소송경제상 소를 각하함이 타당**하다.

---

146) 이행의 소에서 당사자적격은 주장자체로 인정해주고 본안심리결과 실제 권리자 또는 실제 의무자가 아닌 경우 법원은 본안적격 흠결로 본안 판단인 청구기각판결을 한다. 이행의 소에서 당사자적격 판단은 본안적격 판단에 흡수된다.

> **예시**
> 1. **가등기 회복등기절차이행청구**
>   말소된 가등기의 회복등기절차 이행을 구하는 소에서 가등기가 경료된 부동산이 제3취득자에게 소유권이 넘어간 후 가등기가 말소된 경우 가등기가 말소될 당시의 소유인 제3취득자를 상대로 가등기의 회복등기절차이행을 구해야만 피고적격이 인정된다(2006다43903).
> 2. **권리변경등기, 경정등기에 대한 승낙의 의사표시 청구**
>   등기명의인 아닌 사람을 상대로 권리변경등기나 경정등기에 대한 승낙의 의사표시를 청구하는 소는 당사자적격이 없는 사람을 상대로 한 부적법한 소이다(2014다87878).
> 3. **허무인, 실체 없는 단체의 등기말소청구**
>   등기부상 진실한 소유자의 소유권에 방해가 되는 불실등기가 존재하는 경우에 그 등기명의인이 허무인 또는 실체가 없는 단체인 때에는 소유자는 그와 같은 허무인 또는 실체가 없는 단체 명의로 실제 등기행위를 한 사람에 대하여 소유권에 기한 방해배제로서 등기행위자를 표상하는 허무인 또는 실체가 없는 단체명의 등기의 말소를 구할 수 있다(2008마615).

2. 확인의 소

(1) 원칙

확인의 소에서 청구에 대해 확인의 이익147)을 가지는 자가 원고적격을 가지고, 그와 대립되는 이익을 가지는 자가 피고적격자에 해당한다.

(2) 단체 내부 분쟁에서의 피고적격148)

1) 학설
   ⅰ) **단체피고설**은 **법률관계의 주체**는 개인이 아닌 단체이므로 개인이 아닌 단체가 피고적격을 가진다고 본다.
   ⅱ) **대표자피고설**은 대표자가 가장 큰 이해관계를 가지므로 단체 아닌 대표자를 피고적격자로 본다.
   ⅲ) **필수적 공동소송설**은 단체와 대표자를 모두 피고로 해야 한다고 한다.

2) 判例 [주법법위]
   ⅰ) 이사선임결의는 법인의 의사결정으로서 그로 인한 **법률관계의 주체**는 **법**인이므로 **법인을 상대로** 하여 이사선임결의의 존부나 **효**력 유무의 확인판결을 받음으로써만 그 결의로 인한 원고의 **법률상 지위**에 대한 위험이나 불안을 **유**효적절하게 제거할 수 있다(2010다30676*).
   ⅱ) 대표자 지위에 관한 확인소송에서 대표자 개인을 상대로 제소하는 경우에는 청구를 인용하는 판결이 내려진다 하더라도 그 판결의 효력이 해당 단체에 미친다고 할 수 없어 대표자의 지위를 둘러싼 당사자들 사이의 분쟁을 근본적으로 해결하는 유효적절한 방법이 될 수 없으므로, 그 단체를 상대로 하지 않고 대표자 개인을 상대로 한 청구는 확인의 이익이 없어 부적법하다(2020다211238*).

3) 검토
   이사 개인을 상대로 한 확인판결은 법인에 효력이 미치지 아니하므로 단체피고설이 타당하다.

---

147) 따라서 일반적으로 확인의 소에서 당사자적격은 확인의 이익 존부를 판단하는 문제로 귀결된다.
148) 예로 대표자선출결의 무효확인의 소, 이사회선임 부존재확인의 소, 종중도유사인준결의 무효확인의 소 등을 들 수 있다.

☑ **결의부존재확인의 소가 과거법률관계 확인인 경우**

1. 원칙 및 예외
(1) 원칙
　과거의 법률관계의 존부 확정은 **현재의 분쟁해결**을 위한 **직접적인 방법이 되지 못하므로** 원칙적으로 확인의 이익이 없다.
(2) 예외
　다만, ⅰ) 현재 법률관계 확인으로 선해 가능한 경우 ⅱ) 포괄적 법률관계 확인의 경우 ⅲ) 현재 법률상 지위에 영향이 있는 경우는 확인의 이익을 인정한다.

2. 判例
총회결의 부존재 또는 무효확인을 구하는 경우 그 결의에 의해 선임된 임원들이 취임하지 않거나 사임하고 새로운 총회결의에 의해 후임임원이 선출되어 등기를 마친 경우라면 당초 결의에 하자가 있더라도 결의 부존재, 무효확인을 구할 이익은 없다고 한다(94다50427).

3. 검토
심리의 대상이 되는 결의가 현재 법률관계에 미치는 영향이 없다면 불필요한 심리를 막기 위해 확인의 이익을 부정함이 타당하다.

3. 형성의 소

　ⅰ) 실체법상 형성권은 권리자의 의사표시만으로 법률관계가 변동되므로 별도의 소를 제기할 필요가 없다. ⅱ) 다만, 소로써만 권리를 행사할 수 있는 형성소권의 경우, 명문의 규정에 의한 당사자에게 당사자적격이 인정된다. ⅲ) 명문의 규정이 없는 경우, 당해 소송물인 권리관계에 관해 가장 큰 이해관계가 있는 자가 당사자적격이 있다고 본다(80다2425).

☑ **고유필수적 공동소송** (12)(16)

　ⅰ) 고유필수적 공동소송은 이해관계 있는 구성원 모두가 당사자가 되어야 하며, 1인 누락시 당사자적격 흠결로 소가 각하된다. ⅱ) 다만, 변론의 병합, 필수적 공동소송인 추가(제68조), 공동소송참가(제83조)로 하자를 치유하거나, 소취하 후 다시 소제기하여 적법하게 소송을 수행할 수 있다.

Ⅲ. 소송법상 취급　　　　　　　　　　　　　　　　　　　　　　　　　　　　　　sC-28

1. 소송법상 의의
　소송요건으로 **직권조사사항**이며, 자료수집은 **중간방식**에 의한다.

2. 흠결시 취급
　당사자적격이 흠결된 소는 부적법 **각하된다**.[149]

3. 간과판결의 효력
　당사자적격이 흠결된 판결의 효력은 정당한 **권리귀속주체에게 미치지 않으므로 무효**이다. 다만, 판결을 받은 자에겐 일응 유효하다.

---

[149] 다만, 判例는 이행의 소에서 자신의 권리를 주장하며 소제기한 경우 주장 자체로 당사자적격을 인정하고 실제 권리자가 아닌 것으로 밝혀지면 본안 적격 흠결로 청구기각한다. 이에 반해 소송담당(채권자대위소송, 명문의 규정 없는 임의적 소송담당)과 같이 제3자가 원래 권리귀속주체를 대신하여 소를 제기한 경우 증거조사하여 당사자적격 인정 여부를 판단하고 흠결시 소각하한다.

026-1 소송담당

📁 의의 - 내용

I. 의의 및 취지   sC-29

권리관계 주체 이외의 제3자가 당사자적격을 갖는 것을 의미한다.[150] 채권자의 권리의 보호 또는 소송 간명화를 위해 인정한다.

II. 내용   sC-30

1. 법정소송담당

(1) 의의

권리관계 주체인 사람의 의사와 관계없이 제3자가 **법률**에 따라 소송수행권을 갖는 경우이다.

(2) 종류

ⅰ) 제3자가 권리주체와 함께 소송수행권을 갖는 병행형 법정소송담당[151] ⅱ) 제3자가 권리주체에 갈음하여 소송수행권을 갖는 갈음형 법정소송담당[152]이 있다.

☑ **법정소송담당 - 채권자대위소송**

1. 의의

채권자가 자신의 채권을 보전하기 위해 채무자의 제3채무자의 권리를 대신 행사하는 것으로, 법정소송담당에 해당한다.

2. 법적성질

(1) 학설

 1) **법정소송담당설**은 채권자가 채무자를 대신하여 제3채무자에 대한 소송수행권을 가지는 법정소송담당으로 본다.

 2) **고유대위권설**은 채권자가 자신의 이익을 위해 **민법이 그에게 인정한 고유의 대위권**을 행사하는 것으로 본다.

(2) 判例

대위소에서 채권자는 채무자에 대한 자신의 권리를 보전하기 위하여 채무자를 대위하여 자신의 명의로 채무자의 제3채무자에 대한 권리를 행사하는 것이다.

(3) 검토

대위소 제기의 효력이 직접 채무자에게 귀속되므로 법정소송담당설이 타당하다.

---

[150] 소장의 원고란, 피고란에 소송담당자의 이름이 기재된다. 소장에서 대리인이 원고란, 피고란 밑에 별도로 표시되는 것과 구분된다.
[151] 채무자가 채권자대위소송이 제기된 사실을 모를 때 대위채권자, 회사 대신 회사의 이사에 대한 손해배상청구를 하는 대표소송에서 주주, 압류추심명령을 받은 추심채권자 등이 있다.
[152] 파산선고 받은 자 대신 소송을 수행하는 파산관재인, 채무자가 채권자대위소송이 제기됨을 안 경우 대위채권자, 상속인 대신 재산에 관한 소송을 수행하는 유언집행자, 주한미군 대신 피고가 되는 대한민국 등. 이들 모두 본래의 권리의무귀속주체 대신 당사자적격을 가진다.

3. 요건

i) 법정소송담당설은 피보전채권, 보전의 필요성, 채무자가 소제기하지 않았을 것을 소송요건으로, 피대위채권을 본안요건으로 본다. ii) 고유의 대위권설은 피보전채권, 보전의 필요성, 채무자가 소제기하지 않았을 것, 피대위채권 모두 본안요건으로 본다.

2. 임의적 소송담당

(1) 의의
권리관계 주체인 사람의 의사로 제3자가 소송수행권을 갖는 경우이다.

(2) 종류
i) 제53조의 선정당사자제도 ii) 명문의 규정 없는 임의적 소송담당이 있다.

☑ 명문의 규정 있는 임의적 소송담당 - 선정당사자(제53조)

1. 의의 및 취지
공동의 이해관계를 가진 다수당사자가 소송할 경우, 총원을 위해 소송을 수행할 당사자를 선정하는 제도이다(제53조). 소송간명화를 위해 규정한다.

2. 요건
i) 공동소송할 여러 사람이 비법인사단이 아닌 조합이고, ii) 조합원은 조합재산에 관한 소송에 대해 공동의 이해관계를 가지며, iii) 조합원들 가운데서 iv) 개별적으로 선정[153]하는 경우 선정당사자 제도를 활용할 수 있다.

☑ 명문의 규정 없는 임의적 소송담당

1. 원칙 및 예외 [변신잠합필]
임의적 소송신탁은 제87조가 정한 **변**호사대리의 원칙이나 **신**탁법 제6조가 정한 소송신탁의 금지를 **잠**탈하는 등의 탈법적 방법에 의하지 않은 것으로서 이를 인정할 **합**리적 **필**요가 있는 경우 제한적으로 허용된다(83다카1815).

2. 합리적 필요성
i) 소송담당자가 소송물에 대해 고유의 이익을 가지거나[154], ii) 담당자가 실체법상 포괄적 관리처분권을 갖고 권리 귀속주체 못지않은 지식이 있는 경우[155]이다.

3. 判例
(1) 조합원을 대신하는 업무집행조합원 [자업재임]
조합계약이나 조합결의에 의해 **자**기 이름으로 조합재산을 관리하고 **업무집행권한**을 수여받은 업무집행조합원은, **조합재산소송**에 관해 조합원으로부터 **임의적 소송신탁을 받아 자기 이름**으로 소송하는 것이 허용된다(83다카1815*).
(2) 관리단을 대신하는 입주자대표회의
집합건물의 관리단으로부터 **공용부분 변경에 관한 업무**를 위임받은 입주자대표회의는 특별한 사정이 없는 한 구분소유자들을 상대로 **자기 이름**으로 소를 제기하여 **공용부분 변경에 따른 비용을 청구**할 권한이 있다(2015다3570).

---

[153] 전원의 동의로 선정해야 함을 의미한다.
[154] 제3자가 매수인이 매수한 재산권에 대해 자기 권리를 주장하며 매수인에게 소를 제기했을 때(추탈소송), 매도인이 매수인 대신 소송을 담당하는 경우 매도인은 임의적 소송신탁을 받아 매수인 대신 피고가 될 수 있다.
[155] 조합의 업무집행조합원 등이 있다.

(3) 관리단을 대신하는 위탁관리회사
집합건물의 관리단으로부터 집합건물의 **관리업무**를 위임받은 위탁관리회사는 특별한 사정이 없는 한 구분소유자 등을 상대로 **자기 이름으로** 소를 제기하여 **관리비를 청구**할 당사자적격이 있다(2014다87885*).156)
(4) 공연권 등(저작물에 관한 일체의 권리)을 수여받지 않은 음악저작권협회
권리주체로부터 음악저작물에 관한 공연권을 신탁받지 않은 음악저작권협회에게 음악저작물에 대한 침해금지소송에 관해 임의적 소송신탁을 받아 자기 이름으로 소송을 수행할 합리적 필요가 있다고 볼만한 사정이 없다(2010다87474).

(3) 효과

ⅰ) 소송담당자가 받은 판결의 효력은 본래의 권리귀속주체가 담당자에 의한 소가 제기된 것을 알았을 때 본래 권리귀속주체에게도 확장된다. 즉, 이 경우 담당자와 본래 권리귀속주체를 실질적으로 동일한 당사자로 취급하는 것이다. ⅱ) 시효중단의 효력도 본래 권리귀속주체에게 확장된다. ⅲ) 중복소제기금지의 효력도 본래 권리귀속주체에게 확장된다.

---

156) 위탁관리업자가 관리비청구 소송을 수행하던 중 관리위탁계약이 종료되어 자격을 잃으면 소송절차는 중단되고 새로운 위탁관리업자 또는 관리단이 소송을 수계해야 한다. 단, 소송대리인이 있으면 중단되지 않는다(2019다229516).

027 **소송능력**

📁 의의 – 내용 – 소송법상 취급 + 관련 논점

Ⅰ. 의의 및 취지
sC-31

소송의 당사자로서 **유효하게 소송행위**를 하기 위해 필요한 능력을 의미하며, 자신의 권익을 옹호할 수 없는 자를 보호하기 위해 요구된다. 민법상 행위능력에 대응된다.

Ⅱ. 내용
sC-32

1. 소송능력자

ⅰ) 소송능력은 이 법에 특별한 규정이 없으면 민법 그 밖의 법률에 따른다(제51조). ⅱ) 민법상 **행위능력**자는 민사소송법상 소송능력이 인정된다.

2. 소송무능력자 (10)

(1) 종류

민법상 제한능력자(미성년자, 피성년후견인[157], 피한정후견인[158]), 의사무능력자[159]가 있다.

(2) 소송능력이 문제되지 않는 경우 **[대취증상 혼독근]**

타인의 **대**리인이 될 경우, 미성년자가 제기한 부적법한 소의 **취**하, **증**거방법[160]이 되는 경우, 미성년자 간과판결 또는 각하판결에 대한 **상**소, 미성년자가 **혼**인한 경우, 미성년자가 **독**립하여 **법률행위**를 할 수 있는 경우[161], **근**로계약상 임금청구의 경우엔 소송능력이 문제되지 않는다.

3. 민법상 행위능력과의 차이

(1) 미성년자, 피성년후견인은 **법정대리인에 의해서만** 소송행위를 할 수 있다(제55조 제1항). 피한정후견인도 한정후견인의 동의가 필요한 행위에 관하여는 대리권이 있는 한정후견인에 의하여서만 소송행위를 할 수 있다(동조 제2항).

(2) 민법 제6조에서 법정대리인이 범위를 정해 처분을 허락한 재산은 미성년자가 임의로 처분할 수 있다고 하나, 소송법상으로는 **처분을 허락한 재산에 관한 소송도 혼자 할 수 없다.**

(3) 소송무능력자의 소송행위는 취소할 수 있는 행위가 아닌 **유동적 무효**이며, **추인으로 소급하여 유효**하게 될 수 있다.

---

157) 원칙적으로 소송무능력자이지만, 가정법원이 정한 범위 내에서는 소송능력자.
158) 원칙적으로 소송능력자이지만, 가정법원이 정한 범위 내에서는 소송무능력자.
159) 의사능력이 없는 자(치매, 정신박약, 만취)는 소송능력이 없고 그의 소송행위는 절대무효이므로 추인할 여지도 없다. **判例**는 의사능력의 유무를 구체적 법률행위와 관련하여 개별적으로 판단한다.
160) 미성년자가 증인이 되는 경우를 의미한다.
161) 영업에 관해 부모의 허락이 있는 경우.

III. 소송법상 취급   sC-33

1. 소송법상 의의
ⅰ) **소송행위 유효요건**으로, 소송무능력자의 소송행위는 추인되지 않는 한 유동적 무효이다.
ⅱ) **소송요건**으로, **직권조사사항**이며, 자료수집은 **중간방식**에 의한다.

2. 흠결시 취급
ⅰ) 소송무능력자 또는 그가 선임한 소송대리인이 법정대리인을 기재하지 않고 소장을 제출하면 소장보정명령 후 보정되지 않으면, 필요적 기재사항(제249조) 흠결로 소장각하명령 될 수 있다(제254조 제1항 및 제2항).
ⅱ) 법원은 제59조에 의한 보정명령을 할 수 있으며, 추인권자에 의해 **추인되지 않는 한**, 소는 부적법하여 각하된다.
ⅲ) 다만, 소송 중 소송능력이 흠결되면 소가 각하되지 않고 소송절차가 중단된다. 단, 소송대리인이 있으면 중단되지 않는다.
ⅳ) 기일에 소송무능력자가 출석하면 배척하고 불출석으로 처리되므로 법정대리인이 출석해야 한다.

☑ 보정명령(제59조)과 추인(제60조) (20)(23)

1. 보정명령(제59조 – 소송능력 등의 흠에 대한 조치)
소송능력·법정대리권 또는 소송행위에 필요한 권한의 수여에 흠이 있는 경우에는 법원은 기간을 정하여 이를 보정(補正)하도록 명하여야 하며, 만일 보정하는 것이 지연됨으로써 손해가 생길 염려가 있는 경우에는 법원은 보정하기 전의 당사자 또는 법정대리인으로 하여금 일시적으로 소송행위를 하게 할 수 있다.

2. 추인(제60조 – 소송능력 등의 흠과 추인)
소송능력, 법정대리권 또는 소송행위에 필요한 권한의 수여에 흠이 있는 사람이 소송행위를 한 뒤에 보정된 당사자나 법정대리인이 이를 추인(追認)한 경우에는, 그 소송행위는 이를 한 때에 소급하여 효력이 생긴다.

☑ 추인[162] (20)(23)

1. 의의 및 취지
유동적 무효인 소송행위를 소급하여 유효하게 만드는 행위이다. **절차경제**를 위해 인정한다.

2. 요건 및 방식 [성방시괄]

(1) 성질
소송행위로서 소송능력이 필요하다.

(2) 방식
명시적·**묵시적**으로 추인이 가능하다. 미성년자가 직접 변호인을 선임해 제1심의 소송수행을 하게 했으나, 제2심에 이르러 **법정대리인이 소송대리인을 선임해 소송행위를 하면서 아무런 이의제기 없이 제1심의 소송결과를 진술한 경우는 묵시적으로 추인된 것이다**(80다308*).[163]

---

[162] 소송능력 흠결, 대리권 흠결, 절차중단 간과 등을 추인하여 하자를 치유할 수 있다. 이 경우, 소급효가 인정된다.
[163] 항소의 제기에 관하여 필요한 수권이 흠결된 소송대리인의 항소장 제출이 있었다고 하더라도 당사자 또는 적법한 소송대리인이 항소심에서 본안에 관하여 변론하였다면 이로써 그 항소제기 행위를 추인하였다고 할 것이어서, 그 항소는 당사자가 적법하게 제기한 것으로 된다(2019다246399).

(3) 시기

시기의 제한이 없으며, 항소심, 상고심164) 및 재심소송에서도 가능하다. 다만, 사전추인을 불가하며, 소각하 판결 확정 후 추인은 불가하다.

(4) 일**괄**추인원칙

1) 의의

소송행위의 추인은 특별한 사정이 없는 한 소송행위 **전체**를 대상으로 해야 한다.

2) 내용 [연일성]

소송행위는 **연**속적인 절차를 구성하므로 **일**부만 선별해 추인하면 절차 안정을 해할 수 있기 때문에 **상**고제기만 추인하고 그 밖의 소송행위는 모두 추인하지 않는다는 일부추인은 불허된다(2007다79480*).165)

3) 예외 [항취나혼]

항소로 소송이 2심에 계속 중 소를 취하한 일련의 소송행위 중 소**취**하 행위만을 제외하고 **나**머지 소송행위를 추인함은 소송의 **혼**란을 일으킬 우려가 없고 **소송경제상** 적절하여 추인은 유효하다(69다60*).

4) 효과

일부추인은 **무효**이며, 추인하지 않은 나머지 행위도 일단 추인거절의 의사표시를 했다면 확정적 무효가 되어 다시 추인할 수 없다.

3. 효과

유동적 무효의 소송행위가 **소급하여 유효**하게 된다(2019다208953*).

3. 간과판결의 효력

소송무능력을 간과한 판결은 당연무효라고 할 수 없고, **위법**하나 **유효**하다. 판결확정 전에는 **상소**(제424조 제1항 4호)로, 확정 후에는 **재심**(제451조 제1항 3호)으로 구제받을 수 있다.

IV. 관련 논점

sC-34

1. 소송무능력자가 패소한 경우 상소 가부 [대기신능] (10)

(1) 상대방의 상소

전부승소한 상대방이 상소하면 상소이익 흠결로 상소각하된다.

(2) 소송무능력자의 상소

1) 대상적격

소송무능력 간과판결은 위법하나 일응 유효하므로 상소의 대상적격은 인정된다.

2) 상소기간

ⅰ) 학설

① 송달유효설은 소송무능력자에 대한 판결정본송달이 유효하여 상소기간이 진행하고 **판결이 확정**된다고 본다.

② 송달무효설은 판결정본이 법정대리인에게 송달되지 않고 소송무능력자에게 송달된 경우, 이는 무효로 상소기간이 진행하지 않는다고 한다.

---

164) 대표권 흠결로 소각하한 항소심 판결 후 대법원에서 적법한 대표권자에 의해 모든 행위가 추인된 경우, 추인의 소급효로 인해 항소심의 소각하 판결은 결과적으로 위법하게 되는 것이므로 이를 파기 환송한다.

165) 따라서, 추인은 무효이고 무권대리인에 의해 제기된 상고는 상고요건 흠결로 상고각하된다.

ⅱ) 判例
    판결정본이 미성년자에게 송달된 경우, 판결이 **소송무능력을 이유로 소를 각하한 것이라는 등 특별한 사정이 없는 한** 그 **송달은 부적법하여 무효**이고 판결정본을 송달받지 않은 상태이므로 상소기간은 진행하지 않는다고 보았다(2020다8586*).
ⅲ) 검토
    생각건대 소송무능력자의 보호를 위해 그에 대한 판결정본 송달은 무효로 봄이 타당하다.
3) 신의칙
   소송무능력자가 제1심에서 소송능력이 있는 것처럼 주장 또는 행동한 경우라도 소송무능력자 구제를 위해 소송무능력자의 상소는 신의칙에 반하지 않는다.
4) 소송능력
   소송무능력 간과판결에 대해 이를 이유로 상소하는 경우 소송능력은 문제되지 않는다.
5) 상소심의 처리
   추인권자가 추인하지 않으면 소송능력 흠결을 이유로 제1심판결을 취소하고 소각하한다.

2. 소송무능력자가 승소한 경우 상소 가부 (10)

(1) **소송무능력자의 상소**
    전부승소한 자의 상소는 상소이익 흠결로 상소각하된다.
(2) **상대방의 상소**
  1) 判例
     대리권 흠결을 재심사유로 규정한 취지는 원래 그 **흠결이 있는 당사자 측의 보호**를 위한 것이므로 상대방이 이를 재심사유로 삼기 위하여는 그 **사유를 주장함으로써 이익을 받을 수 있는 경우**에 한하고 이익을 받을 수 있는 경우란 **대리권 흠결 이외의 사유로도 종전 판결이 종국적으로 재심원고의 이익이 되게 변경될 수 있는 경우**를 의미한다(80사50).166)
  2) 학설
     무능력자 또는 중단사유가 발생한 자의 보호라는 입법취지에 비추어 상대방의 무능력을 이유로 자기의 패소결과를 뒤엎는 것은 신의칙에 반한다.
  3) 검토
     생각건대 **자신의 절차권 흠결을 다투는 것도 아니므로 상대방의 소송무능력을 주장할 수 없다고 봄이 타당하다.**167)

---

166) 재심법원은 재심청구를 기각한다.
167) 상소심은 항소기각 또는 상고기각한다.

028 변론능력

📁 의의 – 내용 – 소송법상 취급

I. 의의 및 취지   sC-35

법원에 대해 **유효**하게 소송행위를 할 수 있는 능력을 의미하며, 소송을 **원활**하고 **신속**하게 진행하기 위해 요구된다.

II. 내용   sC-36

1. 변론능력자

소송능력자는 원칙적으로 변론능력이 있다.

2. 변론무능력자[168]

(1) 진술금지재판을 받은 자 [금선통]

ⅰ) 법원은 소송관계를 분명하게 하기 위해 필요한 진술을 할 수 없는 당사자 또는 대리인의 진술을 **금**지할 수 있다(제144조 제1항). ⅱ) 제1항에 따라 진술을 금지하는 경우, 필요하다고 인정하면 법원은 **변호사를 선**임하도록 명할 수 있다(동조 제2항).[169] ⅲ) 제1항, 제2항에 따라 대리인에게 진술을 금지하거나 변호사 선임 명령하였을 때에는 본인에게 취지를 **통**지해야 한다(동조 제3항).

(2) 변호사가 아닌 소송대리인

ⅰ) 변호사가 아니면 소송대리인이 될 수 없다(제87조). ⅱ) 다만, 법률상 소송대리인[170], 단독사건의 경우는 예외로 한다.

(3) 발언금지명령을 받은 자

재판장은 명령에 따르지 아니하는 사람의 발언을 금지할 수 있다(제135조 제2항).

(4) 듣거나 말하는 데 장애가 있는 자

변론에 참여하는 사람이 우리말을 못하거나, 듣거나 말하는 데 장애가 있으면 통역인에게 통역하게 해야 한다(제143조 제1항).

(5) 정신적·신체적 제약으로 진술하기 어려운 자 – 진술보조인 제도

1) 의의

질병 등의 사유로 인한 정신적·신체적 제약으로 소송관계를 분명하게 하기 위해 필요한 진술을 하기 어려운 당사자는 법원의 허가를 받아 진술을 도와주는 사람과 함께 출석해 진술할 수 있다(제143조의2). 소송수행 능력이 없는 자를 보호해 공평한 재판이 이루어지게 하기 위함이다.

---

[168] 고령이나 장애 등으로 변론에 어려움이 있는 자에 대해서 제144조의 진술금지재판에 따른 변호사선임명령 제도 및 제143조의2의 진술보조인 제도를 활용할 수 있다.
[169] 진술금지 또는 변호사선임명령시 소, 상소각하로 당사자에게 불이익이 있는바 청구 내용, 공격방어방법, 소송경과 등을 종합해 당사자에게 석명을 구하더라도 필요한 진술을 할 능력이 없는지 판단해 신중하게 결정한다(2023마6394).
[170] 영업에 관해 일체의 소송수행권을 갖는 지배인 등이 있다.

2) 요건

당사자와 가족, 계약·신뢰관계 등이 있는 자로서 듣거나 말하는 데 장애가 없는 자가 진술보조인이 될 수 있다. 허가신청은 심급마다 서면으로 한다.

3) 효과

진술보조인은 당사자와 동석하여 소송상 진술을 당사자가 이해할 수 있도록 중개·설명하는 행위를 할 수 있다.

III. 소송법상 취급 sC-37

1. 소송법상 의의

소송행위 유효요건으로, 변론무능력자의 소송행위는 추인하지 않는 한 유동적 무효이다.171)172)

2. 흠결시 취급

(1) 당사자에게 변호사 선임명령을 했으나 불응한 경우

ⅰ) 변호사 선임명령을 받고도 제1항의 새 기일까지 **변호사를 선임하지 아니한 때에는 법원은 결정으로 소 또는 상소를 각하할 수 있다**(제144조 제4항). ⅱ) 이 결정에 대해서는 즉시항고 할 수 있다(제144조 제5항).

(2) 대리인에게 변호사 선임명령을 했으나 불응한 경우 [변각 대본통]

제144조 제1항, 제2항, 제4항에 의하면 당사자 또는 대리인이 법원의 **변호사 선임명령**을 받고도 신기일까지 변호사를 선임하지 아니한 때는 소가 **각**하될 수 있는 점을 고려하여 제3항에서 당사자 본인이 아닌 **대리인**에게 진술을 금하고 변호사 선임을 명했을 때에는 실질적으로 **변호사 선임권한을 가진 본인**에게 그 취지를 통지하여 그로 하여금 변호사 선임 여부를 결정할 수 있는 기회를 부여하고 있으므로 그 **통지**가 없으면 변호사를 선임하지 않아도 소를 각하할 수는 없다(2000마2999).

(3) 선정당사자에게 변호사 선임명령을 했으나 불응한 경우 [내선 당선통]

선정당사자는 당사자이지만 선정자들과의 **내**부관계에서는 소송수행권을 위임받은 소송대리인과 유사하고, 나아가 선정당사자가 변호사를 선임하려면 **선**정자 의견을 고려하지 않을 수 없는 현실을 감안하면, **선**정**당**사자에게 변론을 금하고 변호사 선임명령을 한 경우에도, 제144조 제3항을 유추하여 실질적으로 변호사 선임권한을 가진 **선**정자들에게 법원이 그 취지를 **통**지해야 하고, 그러한 조치 없이는 변호사 선임이 없다 하여 소를 각하할 수 없다(2000마2999).

3. 간과판결의 효력

변론무능력을 간과한 판결은 상소나 재심으로 취소할 수 없다. 즉, 변론무능력을 간과했지만 이미 **판결했다면 흠결이 치유**된다.

---

171) 변론무능력의 흠결을 추인할 수 없어 절대적 무효로 보는 견해도 있다.
172) 다만, 소송요건은 아니다.

029 대리인 개관

📁 의의 – 내용

Ⅰ. 의의 및 취지　　　　　　　　　　　　　　　　　　　　　　　　sC-38

대리인[173]은 당사자의 이름으로 소송행위를 하거나 소송행위를 받는 제3자이다. 소송의 원활한 수행을 위해 대리인은 당사자를 위해 소송을 수행할 수 있다.

Ⅱ. 내용　　　　　　　　　　　　　　　　　　　　　　　　　　　　sC-39

1. 법정대리인

(1) 친권자, 후견인, 민법상 특별대리인

민법상 법정대리인은 소송상 법정대리인이 될 수 있다.

(2) 소송상 특별대리인

법정대리인이 없거나 법정대리권을 행사할 수 없는 경우 제62조의 소송상 특별대리인을 선임할 수 있다.

☑ **법인, 비법인사단, 비법인재단의 대표자** [20][23]

법인 등의 대표자에 대해서는 법정대리인에 관한 규정을 준용한다(제64조).

2. 임의대리인

(1) 법률상 소송대리인

지배인, 업무집행조합원, 선장 등은 업무 또는 항해에 관하여 재판상 행위를 할 수 있다.

(2) 소송위임에 의한 소송대리인

변호사는 소송위임계약을 통해 소송을 대리할 수 있다.

---

[173] 소송담당은 권리귀속주체 이외에 제3자가 "당사자(원고, 피고)"로 소송을 수행하는 것이고, 대리인은 별도로 당사자(원고, 피고)가 있는 상태에서 당사자가 아닌 "대리인"으로 소송을 수행하는 것이다.

030 법정대리인

> 의의 - 내용 - 소송법상 취급 + 관련 논점

Ⅰ. 의의 및 취지　　　　　　　　　　　　　　　　　　　　　　　　　　　sC-40

본인의 의사와 관계없이 **법률규정**에 의해 대리인이 된 자이다. **소송무능력자 보호**를 위한 대리인이다.

Ⅱ. 내용　　　　　　　　　　　　　　　　　　　　　　　　　　　　　　　sC-41

1. 친권자, 후견인, 민법상 특별대리인

(1) 의의

　이 법에 특별한 규정이 없으면 민법 그 밖의 법률에 따른다(제51조). 친권자, 후견인, 민법상 특별대리인 등 **민법상 법정대리인**은 소송법상 법정대리인이 된다.

(2) 지위

　ⅰ) 친권자는 일체의 소송행위를 할 수 있다.
　ⅱ) 후견인은 소 또는 상소에 응하는 수동적 소송행위를 제외하고 소 또는 상소의 제기와 같은 능동적 소송행위를 하거나(제56조 제1항), 취하, 포기, 인낙, 화해, 탈퇴를 하는 경우(동조 제2항), 후견감독인의 동의를 받아야 한다.
　ⅲ) 민법상 특별대리인은 일체의 소송행위를 할 수 있다.

2. 소송상 특별대리인

(1) 의의 및 취지

　미성년자, 피성년후견인[174] 등이 **당사자인 경우**, 친족, 이해관계인, 후견인, 검사 등은 제62조 제1항 각호의 경우, 절차가 지연됨으로써 손해를 볼 염려가 있음을 소명해 수소법원에 특별대리인을 선임해 주도록 신청할 수 있다(제62조 제1항).

(2) 사유

　ⅰ) **법정대리인이 없거나, 그 자가 대리권이 없는 경우** ⅱ) **법정대리인이 사실상·법률상 장애로 대리권**을 행사할 수 없는 경우 ⅲ) **법정대리인의 불성실하거나 미숙한 대리권** 행사로 소송절차가 현저히 방해되는 경우가 이에 해당한다(제62조 제1항 각호).

---

[174] 고령이나 장애 등으로 정신적, 신체적 장애가 있는 사람이 당사자인 경우 제62조의 소송상 특별대리인 제도를 활용할 수 있다. 유사한 상황에서 활용되는 제144조의 진술금지재판에 따른 변호사선임명령 제도 및 제143조의 2의 진술보조인 제도와 함께 알아둔다.

> ☑ **이해상반의 경우 소송상 특별대리인 제도 활용 – 법률상 장애** [비대특]
>
> **1. 원칙**
> [비법인사단과 대표자] 비법인사단과 대표자간 이익이 상반되는 사항에 관한 소송행위에 있어서는 위 대표자에게 대표권이 없으므로 달리 위 대표자를 대신하여 비법인사단을 대표할 자가 없는 한 이해관계인은 특별대리인의 선임을 신청할 수 있고 이에 따라 선임된 특별대리인이 비법인사단을 대표하여 소송을 제기할 수 있다(91다25208).
> [수인의 미성년자와 친권자] 수인의 미성년자와 그 친권자가 공유물분할의 소의 당사자가 된 경우, 미성년자마다 특별대리인을 선임하여 그 특별대리인이 미성년자를 대리하여 소송행위를 해야 한다(2023다301941). 양모와 미성년자 사이의 경우에도 미성년자의 특별대리인을 선임해야 한다(90다17491).
> [남편과 배우자] 남편이 배우자를 상대로 간통을 이유로 이혼소송을 하는 경우 어머니를 특별대리인으로 선임신청할 수 있다(2009므3652).
>
> **2. 예외 – 단체를 대표할 자가 있는 경우**
> 조합의 이사가 조합을 상대로 소제기한 경우, 조합장 등 대표권을 행사할 수 있는 자가 없더라도 그 조합에 감사가 있어 조합을 대표할 사람이 있는 경우에는 소송상 특별대리인을 선임할 수 없다. 설령 특별대리인이 선임되었어도 조합을 대표할 권한이 없으며 법원은 보정명령을 하여 적법한 대표권을 가진 감사로 대표자를 정정하도록 한다(2013다89372).

(3) 절차

ⅰ) 친족, 이해관계인, 후견인, 검사 등이 특별대리인 선임 신청할 수 있고, 법원이 직권으로 선임할 수도 있다(제62조 제2항). 특별대리인의 선임·개임 등은 법원의 결정으로 한다(제62조 제4항).

ⅱ) 소송상 특별대리인 선임신청 기각결정에 대해서는 항고할 수 있으나, 선임결정에 대해서는 항고할 수 없다(제439조).

(4) 효과 – 지위

ⅰ) 특별대리인은 대리권이 있는 후견인과 같은 권한이 있다. 특별대리인의 대리권의 범위에서 법정대리인의 권한은 정지된다(제62조 제3항). 특별대리인은 별도의 특별수권 없이 스스로 **일체의 소송행위**를 할 수 있으며, 소제기, 응소, 상소제기, 상소취하 권리가 있다(82므34*)(2016다210849). **공격방어방법으로서 실체법상 권리**도 행사할 수 있다(93다8986). 무권대리행위을 추인도 할 수 있다(2010다5373).[175]

ⅱ) 소송상 특별대리인이 선임된 후 대표권 흠결이 치유되었다면 특별대리인에 대한 수소법원의 해임결정 전이라도 흠결이 치유된 적법한 대표자는 유효하게 소송행위를 할 수 있다(2008다85758).

---

175) 제62조의 규정에 따라 선임된 특별대리인은 대표자와 동일한 권한을 가져 일체의 소송행위를 할 수 있다.
 원심은 법인 아닌 사단인 원고를 대표하여 이 사건 소를 제기한 X는 적법한 절차에 따라 원고의 대표자로 선임된 자라고 볼 수 없으므로 이 사건 소는 부적법하다고 판단하였다.
 그러나 기록에 의하면, 위 X는 원고를 대표하여 이 사건 소를 제기한 후 원심에서 그 대표권에 대한 의문이 제기되자 원심에 법 제64조에 의하여 준용되는 법 제62조에 따른 특별대리인 선임신청을 한 사실, 원심은 그 신청을 받아들여 2009. 9. 30. 위 X를 원고의 특별대리인으로 선임한다는 결정을 한 사실, 그 후 이 사건 소를 각하한 원심판결이 선고되자 원심에서의 원고 소송대리인이 원고를 대리하여 상고장을 제출하였고, X는 상고심에서의 원고 소송대리인을 새로이 선임하였는데, 위 새로이 선임된 소송대리인은 상고이유서를 통하여 원고측의 모든 소송행위를 추인한다는 취지로 주장하였다. 그렇다면 위 X가 원고를 대표하여서 한 모든 소송행위는 그 행위시에 소급하여 효력을 갖게 되고, X에게 대표 자격이 없음을 이유로 소를 각하한 원심은 결과적으로 위법하게 되어 원심을 파기환송한다(2010다5373).

(5) 의사무능력자에의 준용

당사자가 의사무능력자인 경우176), 제62조를 준용한다. 다만, 소취하, 화해, 청구의 포기·인낙, 탈퇴를 하는 경우 그 행위가 본인의 이익을 명백히 침해한다고 인정할 때에는 이를 허가하지 않을 수 있다(제62조의2).

III. 소송법상 취급 [서필공경 송중 본법]   sC-42

i) 대리권은 서면으로 증명한다(제58조). ii) 소장의 필요적 기재사항이다. iii) 공동대리원칙이 적용된다. iv) 당사자 본인이 법정대리인의 소송행위에 대해 경정권을 행사할 수 없다. v) 송달은 법정대리인에게 한다. vi) 법정대리인이 사망하거나 자격을 상실한 경우 소송절차는 중단된다. vii) 본인이 사망, 소송능력을 회복하거나 법정대리인이 사망, 파산, 성년후견개시 되면 법정대리권은 소멸한다.

IV. 관련 논점   sC-43

1. 공동대리원칙

(1) 의의

친권자인 부모는 공동으로 대리권을 행사하여야 하며, 회사의 대표자는 공동대표로 정함이 있는 경우에 공동으로 대표권을 행사하여야 한다.

(2) 내용 - 공동대리의 모순행위 처리

1) 제56조 제2항 유추설은 소제기, 제56조 제2항 등의 행위177)에 대해서는 명시적으로 공동으로 해야 하지만, 기타의 행위는 다른 대리인의 묵시적 동의를 통해 단독으로 할 수 있다고 한다. 모순된 행위는 당사자에게 더 이익되는 것을 받아들인다.
2) 제67조 준용설은 유리한 행위는 단독으로 할 수 있지만, 불리한 행위는 공동으로 대리권을 행사해야 하며, 모순된 행위는 유리한 것만 효력이 있다고 본다.
3) 검토

대리에 관한 문제이므로, 대리권에 관한 규정인 제56조 제2항을 유추하는 것이 타당하다.

(3) 예외

송달은 여러 법정대리인 중 한 사람에게 해도 된다(제180조).

(4) 효과

공동대리원칙에 위반한 행위는 무권대리로 무효이다. 모순된 행위는 당사자에게 더 이익되는 것을 받아들인다.

---

176) 정상적인 사리판단이 되지 않을 정도로 지능지수가 현저히 낮은 자, 만취자 등이 이에 해당한다.
177) 제56조 제2항은 법정대리인인 후견인이 소취하, 화해, 청구의 포기·인낙, 탈퇴를 하는 경우, 후견감독인으로부터 특별수권을 받아야 한다고 규정한다.

2. 대리·대표권 소멸통지의 원칙 (10)

(1) 의의
소송계속 중 법정대리권이 소멸한 경우, 본인 또는 대리인이 상대방에게 이를 통지하지 않으면 대리권 소멸 효력을 주장할 수 없다.

(2) 내용

1) 준용규정
임의대리권 소멸, 대표권 소멸, 선정당사자 자격 소멸에 준용된다.

2) 통지할 수 있는 본인 또는 대리인
법정대리권 소멸을 통지할 수 있는 본인은 **소송능력을 취득하거나 회복한 본인**이며, 법정대리권 소멸을 통지할 수 있는 대리인은 **구대리인 또는 신대리인**을 포함한다.

3) 당사자의 악의 및 과실 [몰알통획]
제63조 제1항의 취지는 대표자의 **대표권이 소멸**했어도 당사자가 **대표권 소멸사실을 알**았는지 여부, 모른 데에 과실 여부를 불문하고 그 사실 **통지** 유무에 의해 대표권 소멸 여부를 **획**일적으로 처리함으로서 절차 안정과 명확을 기하기 위함이다(95다52710*).

(3) 예외

1) 구법상 문제점
대표자가 상대방과 **통모**하여 본인에게 **손해**를 끼치기 위한 목적으로 소송행위를 한 경우에도 상대방에게 대표권 소멸사실을 통지하지 않으면 유효하게 처리되어 본인에게 가혹한 문제가 있었다.

2) 2002년 개정법
법원에 대표권 소멸사실이 알려진 뒤에는 제56조 제2항의 불리한 행위를 하지 못하도록 하여 본인을 보호할 수 있도록 하였다.

(4) 효과
법정대리권이 소멸해도 그 통지가 **없**으면 소송절차가 중단되지 않고, 구대리인이 한 소송행위는 유효하다.

☑ **대표권소멸통지를 문제삼지 않은 경우**

ⅰ) 대표자가 직무집행정지로 자격을 상실한 경우 ⅱ) 입주자대표회의 대표자가 선출무효로 자격을 상실한 경우 ⅲ) 선정당사자가 공동이해관계 소멸로 자격을 상실한 경우 ⅳ) 본인인 법인이 합병으로 소멸되어 대표권이 상실되는 경우 ⅴ) 대리인, 대표자, 선정당사자가 사망한 경우 등이 있다.

031 임의대리인

📂 의의 - 내용 - 소송법상 취급 + 관련 논점

I. 의의　　　　　　　　　　　　　　　　　　　　　　　　　　　　　　　sC-44

본인의 **의사**에 의해 선임된 대리인을 말한다. 소송수행 **편의** 및 **원활**한 소송진행을 위한 대리인이다.

II. 내용　　　　　　　　　　　　　　　　　　　　　　　　　　　　　　　sC-45

1. 법률상 소송대리인

(1) 의의

지배인, 업무집행조합원 등은 업무에 관하여 일체의 소송행위를 할 수 있고, 선장은 항해에 관한 소송행위를 할 수 있다.

(2) 지위

이들은 일체의 소송행위를 할 수 있으므로 법정대리인에 준하는 권한을 갖는다.

2. 소송위임에 의한 소송대리인

(1) 의의 및 취지

법률상 소송대리인을 제외하고 소송대리인은 **원칙적으로 변호사만**이 가능하다. 법률전문가의 관여로 소송절차를 효율적으로 진행하기 위함이다(제87조).[178][179]

(2) 예외

ⅰ) 법원의 허가를 받아 단독사건 중 소송목적의 값이 1억 원 이하이고 당사자와 밀접한 관계를 맺고 있는 사람은 소송대리인이 될 수 있다(제88조 제1항). ⅱ) 법원의 허가 없이 소가 3000만 원 이하의 소액사건에서 당사자의 배우자, 직계혈족, 형제는 소송대리인이 될 수 있다(소액사건심판법 제8조). ⅲ) 특허심판원의 심결에 대한 심결취소소송(변리사법 제8조) 등의 경우는 변호사대리원칙의 예외로 한다.

(3) 효과 - 지위

1) 원칙 및 특별수권사항

ⅰ) 소송위임에 의한 소송대리인은 소송에 필요한 **일체의 행위**를 할 수 있다(제90조 제1항).[180] ⅱ) 반

---

[178] 소송위임은 말 또는 서면으로 가능하나, 소송대리인의 권한은 서면으로 증명해야 한다(제89조).
[179] 변호사가 아닌 자가 영리를 위해 소송위임에 의한 소송대리인이 된 경우 그가 행한 소송행위는 무효이고, 추인도 불가하다고 할 것이다. 단, 영리 목적이 아닌 경우는 그가 행한 유동적 무효 소송행위를 추인할 수 있다고 볼 여지도 있다.
[180] 소송위임(수권행위)은 소송대리권의 발생이라는 소송법상의 효과를 목적으로 하는 단독 소송행위로서 그 기초관계인 의뢰인과 변호사 사이의 사법상의 위임계약과는 성격을 달리하는 것이고, 의뢰인과 변호사 사이의 권리의무는 수권행위가 아닌 위임계약에 의하여 발생한다.
민사소송법 제90조의 규정은 소송절차의 원활·확실을 도모하기 위하여 소송법상 소송대리권을 정형적·포괄적으로 법정한 것에 불과하고 변호사와 의뢰인 사이의 사법상의 위임계약의 내용까지 법정한 것은 아니므로, 본안소송을 수임한 변호사가 그 소송을 수행함에 있어 강제집행이나 보전처분에 관한 소송행위를 할 수 있는 소송대리권을 가진다고 하여 의뢰인에 대한 관계에서 당연히 그 권한에 상응한 위임계약상의 의무를 부담한다고 할 수는 없고, 변호사가 처리의무를 부담하는 사무의 범위는 변호사와 의뢰인 사이의 위임계약의 내용에 의하여 정하여진다(96다35484*).

소제기, 소취하, 포기·인낙, 화해, 탈퇴, 상소제기 및 취하, 복대리인181) 선임 등의 행위는 특별수권을 받아야 가능하다(제90조 제2항).182)

2) 제한 가부

소송대리권은 **제한하지 못한다**. 다만, 변호사가 아닌 소송대리인에 대하여는 그러하지 아니하다(제91조).

3) 사법행위 가부 [변위실사]

소송목적인 채권의 **변**제를 채무자로부터 수령하는 권한을 비롯하여 **위**임을 받은 사건에 관한 **실**체법상 **사**법행위183)를 하는 권한도 포함된다(2015다32585).

III. 소송법상 취급 [개경 송중 본법소]   sC-46

ⅰ) **개**별대리원칙이 적용된다. ⅱ) 당사자 본인이 소송대리인의 소송행위에 대해 **경**정권을 행사할 수 있다. ⅲ) **송**달은 소송대리인 또는 본인에게 한다. ⅳ) 소송대리인이 사망해도 절차가 **중**단되지 않는다. ⅴ) **본**인이 사망해도 대리권이 소멸되지 않는다(제95조). **법**정대리인이 자격을 상실하거나 소송담당자가 자격이 상실되어도 소송대리인의 대리권은 소멸되지 않는다(제96조). **소**송대리인이 사망하거나 파산하거나 성년후견개시심판을 받거나 판결정본 송달로 심급이 종료되거나 본인과의 소송대리권 위임의 기본 원인이 소멸184)하면 소송대리권이 소멸한다.

> ☑ **소송대리권 존부 취급**
>
> **1. 소송대리권 존부 주장을 판단하지 않으면 판달유탈인지 여부**
> 소송대리권의 존재는 소송요건으로서 직권조사사항이므로, 이에 관한 당사자의 주장은 직권발동을 촉구 의미밖에 없어 위 주장에 대하여 판단하지 않았다 해도 판단유탈의 상고이유로 삼을 수 없다(94다31549).
>
> **2. 소송대리권 존부에 자백간주 성립 가부**
> 소송대리권 존부는 직권조사사항이므로, 자백간주 규정이 적용될 여지가 없다(97다38930*).

IV. 관련 논점   sC-47

1. 개별대리원칙

(1) 의의

ⅰ) 여러 소송대리인이 있는 때에는 각자가 당사자를 대리한다(제93조 제1항). ⅱ) 당사자가 제1항의 규정에 어긋나는 약정을 한 경우 그 약정은 효력을 가지지 못한다(동조 제2항).

---

181) 소송대리인이 사망하거나 사임해도 복대리인의 대리권은 소멸하지 않는다. 복대리인이 사임하고 상대방에게 통지하면 복대리권 소멸이 인정된다.
182) 소송상 화해나 청구의 포기에 관한 특별수권이 되어 있다면 특별한 사정이 없는 한 그러한 소송행위에 대한 수권만이 아니라 그러한 소송행위의 전제가 되는 당해 소송물인 권리의 처분, 포기에 대한 권한도 수여되어 있다(99마6205*).
183) 상계권 행사 등이 이에 해당한다.
184) 단, 소송대리권이 소멸했다는 통지를 상대방에게 해야 대리권 소멸을 주장할 수 있다. 소송대리인 사임서를 제출했더라도 상대방에게 통지를 해야 대리권이 소멸된 것으로 본다.

(2) 내용

1) 여러 소송대리인의 모순된 행위 처리

　ⅰ) 동시에 이루어진 경우, 어느 것도 효력이 발생하지 않으나, ⅱ) **때를 달리** 한 경우 선행행위가 철회 가능한 것185)이면 선행행위가 철회되고, 철회 불가능한 것186)이면 후행행위가 무효가 된다.

2) 여러 소송대리인에 대한 송달 [여각공한송 모송최]

　ⅰ) [각자대리에 따른 송달] 당사자에게 **여러 소송대리인**이 있는 때에는 법 제93조에 의해 **각자**가 당사자를 대리하므로, 여러 사람이 **공동**으로 대리권을 행사하는 경우, 그 중 **한** 사람에게 송달을 하도록 한 제180조가 적용될 여지가 없어, 판결정본을 여러 소송대리인에게 각각 **송달**을 해야 하지만,

　ⅱ) [송달의 효력] 그와 같은 경우에도 소송대리인 **모**두 당사자 본인을 위해 서류를 송달받을 지위에 있으므로 당사자에 대한 **판결정본 송**달의 효력은 결국 소송대리인 중 1인에게 **최초**로 판결정본이 송달되었을 때 발생한다. 따라서 항소기간은 소송대리인 중 1인에게 최초로 판결정본이 송달되었을 때부터 기산된다(2011마1335).

☑ **소송대리인과 당사자에게 모두 송달된 경우 송달의 효력**

ⅰ) 소송대리인을 선임해도 당사자가 소송수행권을 잃는 것은 아니므로 본인에게 한 송달은 유효하다. ⅱ) 소송서류가 당사자와 소송대리인에게 모두 송달된 경우 송달의 효력을 따지는 기준시점은 당사자 또는 그 소송대리인 중 먼저 도달한 것을 기준으로 한다(2024다236211).

---

2. 경정권187)

(1) 의의 및 취지

본인이 법정에서 소송대리인의 사실상 진술을 취소·경정하는 것을 의미한다. 사실여부에 대해서는 본인이 잘 알고 있으므로, 본인 진술을 우선시하기 위함이다(제94조).

(2) 내용

ⅰ) 사실상 진술에 한하며 ⅱ) 본인이 소송대리인과 함께 변론에 출석해야 하고 ⅲ) 소송대리인의 진술 후 지체 없이 곧바로 해야 한다.

(3) 예외

ⅰ) 신청 ⅱ) 소송물의 처분행위188) ⅲ) 법률상 진술189)은 포함되지 않는다.

---

185) 부인, 자인진술, 자백간주 등이 있다.
186) 자백 등이 있다.
187) 법정대리인에는 적용되지 않음을 주의한다.
188) 포기·인낙, 화해 등이 있다.
189) 1) 법규의 존부·해석·평가에 대한 진술 2) 사실에 대한 법적 평가에 대한 진술 3) 권리·법률관계에 대한 진술이 있다.
　1)의 예로 법규, 조례에 대한 진술, 상표법상 품질오인을 일으키게 할 염려의 판단(2000후1542), 채권에 어떤 시효기간이 적용되는지여부에 대한 진술(2016다258124)
　2)의 예로 과실, 정당한 사유, 선량한 풍속 위반과 같은 불확정 개념에 대한 진술, 동일유사상표인지 여부에 대한 진술(2004다70789), 법정변제충당순서에 대한 진술(98다8763), 유언이 아닌 것을 유언이라고 시인(70다2662), 혼외자가 아닌데 혼외자라고 진술(79다62)
　3)의 예로 소송물자체인 권리관계에 대한 진술("A에게 대여금청구권이 있다.")(다만, 포기인낙이성립될 수도 있음), 소송물의 전제인 선결적 법률관계에 대한 진술("A에게 소유권이 있다.")이 있다(이시윤).

(4) 효과
소송대리인의 진술은 효력을 잃는다.

3. 심급대리원칙
(1) 문제점
특별수권사항을 규정한 제90조 제2항에는 상소제기는 명시되어 있으나, 상소에 응소하는 행위는 포함되어 있지 않아, 심급대리원칙을 인정할 수 있는지 문제된다.

(2) 학설
1) **긍정설**은 상소제기뿐만 아니라 상소에 응소하는 행위도 제90조 제2항의 특별수권사항으로 보아 대리권은 심급이 종료하면 소멸된다고 본다.
2) **부정설**은 일본법과 달리 우리나라 법은 상소에 응소하는 행위는 제90조 제2항의 특별수권사항으로 규정하지 않았으므로 대리인은 특별수권 없이도 상소에 응소할 수 있고, 대리권은 사건의 종료로 소멸된다고 본다.

(3) 判例
위임받은 소송대리권의 범위는 특별한 사정이 없는 한 당해 심급에 한정된다(99마6205*).

(4) 검토
소송대리인 선임·해임 등은 당사자의 자유에 맡겨야 하므로, 심급마다 이를 정할 수 있도록 심급대리원칙을 긍정함이 타당하다.

☑ 심급대리원칙 관련 논점

1. 파기환송 후 환송 전 항소심 대리권 부활 여부
(1) 학설
  1) 긍정설은 파기환송 후의 절차는 항소심 절차의 속행에 지나지 아니하므로 대리권이 **부활**한다고 본다.
  2) 부정설은 대리인과의 신뢰관계가 깨졌을 수 있고, 한 심급이 끝나면 대리권이 소멸한다는 심급대리원칙과도 맞지 않으므로 환송 후 대리권은 **부활하지 않는다**고 본다.
(2) 判例 **[전항계부 전송당송]**
  상고 **전** 항소심의 소송대리인의 대리권은 그 사건이 **항소심**에 **계속**되면서 다시 **부활**한다. 따라서 **환송 전** 항소심 소송대리인에게 한 **송달**은 **당**사자에게 한 **송달과 마찬가지의 효력이 있고 소송대리인은 환송 후 사무까지 처리해야 위임사무 종료에 따른 보수청구가 가능하다(84다카744*).[190]
(3) 검토
  당사자는 대리인을 언제든지 해임할 수 있고, 환송 후 항소심은 환송 전 **항소심의 재개 속행이므로 소송의 진행상황을 가장 잘 알고 있는 환송 전 항소심 대리권이 부활한다고 봄이 타당하다.

2. 재상고심에서 이전 상고심 대리인의 대리권 부활 여부 [한파다 항상]
소송대리권은 당해 심급에 한정되므로 상고심에서 항소심으로 파기 환송된 사건이 다시 상고된 경우에는 항소심 소송대리인은 그 대리권을 상실하고 환송 전 상고심 대리인의 대리권이 그 사건이 다시 상고심에 계속되면서 부활하게 되는 것은 아니라고 한다(96마148*).

---

[190] 소송대리인이 판결정본의 송달을 받고도 당사자에게 그 사실을 알려 주지 아니하여 당사자가 그 판결정본의 송달 사실을 모르고 있다가 상고제기 기간이 경과된 후에 비로소 그 사실을 알게 되었다 하더라도 이를 가리켜 당사자가 책임질 수 없는 사유로 인하여 불변기간을 준수할 수 없었던 경우에 해당한다고는 볼 수 없다(84다카744*).

3. 재심소송에서 재심 전 소송대리인의 대리권 부활 여부 [신분특재]

재심의 소는 **신**소제기라는 형식을 취하고 **재심 전의 소송과 일응 분리**되어 있으며, 사전 또는 사후의 **특**별수권이 없는 이상 **재**심 전 소송의 소송대리인이 당연히 재심소송의 대리인이 되는 것이 아니다(90마970).

032 대리권의 소송상 취급

> 소송법상 의의 – 흠결시 취급 – 간과판결의 효력 + 관련 논점

Ⅰ. 소송법상 의의 　　　　　　　　　　　　　　　　　　　　　　　　　sC-48

ⅰ) 무권대리행위는 **소송행위 유효요건**으로 **추인**191)되지 않는 한 **유동적 무효**이다. ⅱ) 소송요건으로 **직권조사사항**에 해당하며, 자료수집은 **중간방식**에 의한다.

Ⅱ. 흠결시 취급 　　　　　　　　　　　　　　　　　　　　　　　　　　sC-49

ⅰ) 대리권(또는 대표권)의 흠결이 발견되면 그 흠을 보정할 수 없음이 명백한 사정이 있지 않은 한 기간을 정하여 **보정을 명한다**.192)193) 대리권(또는 대표권)의 보정은 항소심에서도 가능하다. ⅱ) 무권대리인이 소를 제기하는 경우 추인권자에 의해 **추인되지 않는 한**, 소는 부적법하여 **각하된다**. ⅲ) 소가 적법하게 제기된 후 무권대리인이 된 경우 소를 각하하지 않는다. 법정대리인의 대리권이 소멸된 경우 절차는 중단되고(제235조), 임의대리인의 대리권이 소멸된 경우 절차가 중단되지 않는다.

Ⅲ. 간과판결의 효력 　　　　　　　　　　　　　　　　　　　　　　　　sC-50

무권대리를 간과한 판결은 당연무효라고 할 수 없고, **위법**하나 **유효**하다. 판결확정 전에는 **상소**(제424조 제1항 4호)로, 확정 후에는 **재심**(제451조 제1항 3호)으로 구제받을 수 있다.

Ⅳ. 관련 논점 　　　　　　　　　　　　　　　　　　　　　　　　　　　sC-51

1. 소송법상 표현대리·대표 인정 가부

(1) 표현대리의 의의 및 문제점

ⅰ) 민법은 거래안전을 위해 대리권의 외관 발생 책임이 본인에게 있고, 제3자가 선의·무과실 대리권 존재를 신뢰한 경우, 표현대리를 인정한다. ⅱ) 표현대리가 소송행위에도 인정될 수 있는지 문제된다.

(2) 학설

1) **긍정설**은 소송경제 및 등기를 **신뢰한 상대방 보호**를 위해 소송행위에도 표현대리가 인정될 수 있다고 본다.
2) **부정설**은 상법의 표현지배인 규정에서 소송행위를 제외하고 있고, **소송행위는 거래가 아니므로** 소송행위에 표현대리가 인정될 수 없다고 본다.
3) **절충설**은 원칙적으로 **표현대리가 인정될 수 없다**고 보지만, **본인의 고의·태만**이 있는 경우, 소송행위에도 표현대리를 인정할 수 있다고 본다.

---

191) 소송능력에서 추인의 의의·요건·방식·효과 참조. 추인은 소송능력 흠결, 대리권 흠결, 절차권 흠결 등에서 활용된다.
192) 스스로 대표자라고 주장하며 소제기한 경우 대표자표시정정을 촉구할 의무가 없다고 본 **판례**가 있다(92다48789).
193) 당사자가 소송을 수행할 의사가 있었으나 상대방의 대표자를 혼동해 잘못 표시한 경우, 곧바로 소를 각하해선 안 되고 적법한 대표자로 정정하도록 보정을 명한다(90다카25895). 소송을 정당하게 수행할 의사가 있으나, 당사자의 부지, 간과 등으로 대표권, 대리권에 흠결이 존재하는 경우 보정을 명하는 등 석명을 해야 하는 것으로 볼 수 있다.

(3) 判例 [공집인송표]

공정증서가 **집**행권원으로서 집행력을 가질 수 있도록 하는 **집행인**낙의 표시는 공증인에 대한 **소송**행위로서 이러한 소송행위에는 민법상 **표**현대리 규정이 적용될 수 없다(81다카621*).

(4) 검토

당사자의 선의 유무에 따라 **표현대리** 인정 여부를 판단하면 절차안정을 해하므로 부정설이 타당하다.

2. 쌍방대리금지원칙

(1) 변호사법 제31조

ⅰ) 당사자 일방으로부터 상의 받아 수임받은 사건의 상대방이 위임하는 사건 등은 대리할 수 없다. 당사자의 보호 및 **재판의 공정성**을 위함이다. ⅱ) 변호사법 제31조에 위반된 쌍방대리행위의 효력을 어떻게 처리할지 문제된다.

(2) 학설

1) **직무규정설**은 본 규정을 **훈시규정**으로 보아 위반을 하여도 그 **효력에는 아무런 영향이 없다**고 본다.
2) **절대무효설**은 본 규정을 **강행규정**으로 보아 이에 위반한 행위는 언제나 **절대적 무효**로 본다.
3) **추인설**은 본 규정에 위반된 행위를 **무권대리행위**로 보아 후위임자가 **추인하는 경우 유효**한 행위로 본다.
4) **이의설**은 본 규정을 **임의규정**으로 보아 이에 위반한 행위를 선위임자가 알았거나 알 수 있었음에도 이의하지 않으면 이의권 상실로 **유효**하게 된다고 본다.

(3) 判例 [변이무 알이효]

변호사법 제31조에 위반한 변호사의 소송행위에 대해 상대방 당사자가 법원에 대해 **이의**하는 경우, 그 소송행위는 **무**효이고 법원은 그 변호사의 소송관여를 더 이상 허용해서는 아니 되지만 상대방 당사자가 그 사실을 **알**았거나 알 수 있었음에도 불구하고 사실심 **변론종결시**까지 아무런 **이**의를 제기하지 아니했다면 그 소송행위는 완전한 **효**력이 생긴다(2003다15556*).

(4) 검토

직무규정설은 **입법취지**에 반하며, 절대무효설은 의뢰자에게 **예상 밖의 손해**를 끼쳐 부당하고, 추인설은 **선위임자에게 불이익**하므로, 본 규정이 선위임자 보호취지인 점에 비추어 이의설이 타당하다.

(5) 관련 논점

1) 사건의 동일 여부

분쟁실체의 동일 여부로 결정되므로, 소송물 동일 여부나 민사사건과 형사사건 같이 **절차가 같은 성질**인지는 문제되지 않는다(2003다41791).

2) 법률사무소에의 준용

법률사무소는 하나의 변호사로 보아, **동일 사건**에 대해 특정 **법률사무소의 한 변호사가 일방**을 대리하고, 그 **법률사무소의 또 다른 변호사가 상대방**을 대리하는 경우 쌍방대리금지원칙에 반하게 된다.[194]

3) 복대리인의 경우

쌍방대리금지원칙은 **복대리인의 경우**에도 마찬가지로 적용된다.

---

[194] 위 법무법인이 해산된 이후라도 변호사 개인의 지위에서 그와 같은 민사사건을 수임하는 것 역시 마찬가지로 금지되는 것이라고 풀이할 것이다. 비록 민사사건에서 직접적으로 업무를 담당한 변호사가 먼저 진행된 형사사건에서 피고인을 위한 직접적인 변론에 관여를 한 바 없었다고 하더라도 달리 볼 것은 아니라고 할 것이다(2003다15556*).

033 채권자대위소송

📁 의의 - 성질 - 요건 - 중복소제기 - 재소금지 - 기판력 + 관련 논점

Ⅰ. 의의　　　　　　　　　　　　　　　　　　　　　　　　　　　　　　　sC-52

채권자가 자신의 채권을 보전하기 위해 채무자의 제3채무자의 권리를 대신 행사하는 것으로, 법정소송담당에 해당한다.

> ☑ **채권자추심소송**
>
> 채권자가 채무자의 제3채무자에 대한 권리에 대하여 압류·추심명령을 받아 압류·추심채권의 이행을 제3채무자에게 구하며 제기하는 소이다.

Ⅱ. 법적 성질 (11)(15)(16)(19)(20)(21)　　　　　　　　　　　　　　　　　　sC-53

1. 학설
(1) 법정소송담당설은 채권자가 채무자를 대신하여 제3채무자에 대한 소송수행권을 가지는 법정소송담당으로 본다.
(2) 고유대위권설은 채권자가 자신의 이익을 위해 민법이 그에게 인정한 고유의 대위권을 행사하는 것으로 본다.

2. 判例
대위소에서 채권자는 채무자에 대한 자신의 권리를 보전하기 위하여 채무자를 대위하여 자신의 명의로 채무자의 제3채무자에 대한 권리를 행사하는 것이다.

3. 검토
대위소 제기의 효력이 직접 채무자에게 귀속되므로 법정소송담당설이 타당하다.

> ☑ **채권자추심소송의 법적 성질**
>
> **1. 소송담당인지 여부**
> ⅰ) 소송담당설은 채권자가 채무자의 제3채무자에 대한 권리를 대신 행사하는 소송담당으로 본다. ⅱ) 고유의 추심권설은 채권자가 고유의 추심권을 행사하는 것으로 본다. ⅲ) 判例는 채권자가 채무자가 제3채무자에게 갖는 권리에 대하여 대신 소송을 수행한다고 보아 소송담당설 입장이다.
>
> **2. 추심명령으로 인한 채무자의 이행의 소 당사자적격 상실여부**
> (1) 判例
> 　1) 전원합의체 다수의견
> 　　ⅰ) 채무자가 피압류채권의 이행의 소를 제기하는 것은 추심명령에 위반되지 않고 그의 당사자적격이 상실된다고

볼 법적 근거가 없다는 점 ii) 채무자가 피압류채권의 이행의 소에 대한 당사자적격을 상실하지 않아도 추심채권자, 제3채무자에게 불리하지 않다는 점 iii) 추심명령에 따라 채무자 당사자적격이 상실된다고 보면 분쟁의 일회적 해결 및 소송경제에 반하는 점을 들어 채무자의 제3채무자에 대한 채권에 관하여 추심명령이 있더라도 채무자가 제3채무자를 상대로 피압류채권에 관한 이행의 소를 제기할 당사자적격을 상실하지 않는다(2021다252977).
    2) 전원합의체 소수의견
     i) 추심채권자의 권리 실현 보장 ii) 민사집행법의 규정 취지에 비추어 채권자가 채무자의 제3채무자에 대한 권리 추심명령까지 받으면 채무자는 제3채무자에 대해 소를 제기할 당사자적격을 상실한다는 종래의 **判例**를 유지해야 한다(2021다252977).
  (2) 검토
    채무자는 피압류채권의 이행의 소를 제기함으로써 시효중단의 필요성, 집행권원을 확보할 필요성이 있으며, 소송절차의 효율성을 고려할 때 다수의견이 타당하다.

III. 요건 sC-54

1. 요건 (11)(15)(21)

 i) 법정소송담당설은 **피보전채권, 보전의 필요성, 채무자가 소제기하지 않았을 것**을 소송요건으로, **피대위채권**을 본안요건으로 본다. ii) 고유의 대위권설은 피보전채권, 보전의 필요성, 채무자가 소제기하지 않았을 것, 피대위채권 모두 본안요건으로 본다.

2. 피보전채권 흠결시 취급 (11)(15)

  (1) 학설
   1) 법정소송담당설은 피보전채권 흠결시 대위소는 **당사자적격 흠결**로 **소각하판결** 한다고 한다.
   2) 고유대위권설은 당사자적격은 주장 자체로 인정되고, 피보전채권은 본안요건이므로 흠결시 **청구기각 판결** 한다고 한다.
  (2) 判例 [채대당]
    채권자 스스로 원고가 되어 채무자의 권리를 **대**위행사할 **당**사자적격이 없게 되므로, 대위소송은 부적법하여 **각하**될 수밖에 없다(87다카2753*).
  (3) 검토
    대위소송을 법정소송담당으로 보는 이상, 피보전채권 흠결시 당사자적격이 흠결된 것으로 보아야 하므로, 소각하판결함이 타당하다.

☑ 피대위자가 사망자인 경우 대위소 피보전채권 흠결 여부

피대위자인 채무자가 **실존인물이 아니거나 사망한 사람**인 경우 역시 **피보전채권인 채권자의 채무자에 대한 권리를 인정할 수 없는 경우**에 해당하므로 그러한 채권자대위소송은 **당사자적격이 없어 부적법**하다(2020다300893).

3. 보전의 필요성 흠결시 취급

(1) 학설
1) **법정소송담당설**은 보전의 필요성 흠결시 대위소는 **당사자적격 흠결**로 소각하판결 한다.
2) **고유대위권설**은 당사자적격은 주장 자체로 인정되고, 보전의 필요성은 본안요건이므로 흠결시 **청구기각판결** 한다고 한다.

(2) 判例 [채청지대 초지보]
채권자는 **채**무자에게 소유권이전등기**청**구권이 있다고 주장하는 토지의 **지분**의 범위 내에서만 채무자의 제3채무자에 대한 소유권이전등기청구권을 **대**위행사할 수 있고, 그 범위를 **초**과하는 **지**분에 관하여는 **보**전의 필요성이 없어서 그 초과 지분에 관한 대위청구는 **부적법**하다(2010다39918).

(3) 검토
대위소송을 법정소송담당으로 보는 이상, 보전의 필요성 흠결시 당사자적격이 흠결된 것으로 보아야 하므로, 소각하판결함이 타당하다.

4. 채무자가 이미 소를 제기한 경우 취급

(1) 학설
1) **법정소송담당설**은 채무자가 이미 소를 제기한 경우, 대위소는 **당사자적격 흠결**로 소각하판결 한다고 한다.
2) **고유대위권설**은 당사자적격은 주장 자체로 인정되고, 채무자가 소를 제기하지 않았을 것은 본안요건이므로 흠결시 **청구기각판결** 한다고 한다.

(2) 判例

1) 원칙 [채행소당]

채권자대위권은 **채**무자가 제3채무자에 대한 권리를 **행**사하지 않는 경우에 한해 채권자가 자기의 채권을 보전하기 위해 행사할 수 있는 것이어서, **채**무자가 이미 **소**를 제기한 뒤에 채권자가 채무자를 대위해 제기한 소송은 **당**사자적격을 흠결해 부적법하다(2015다69372).

2) 채무자가 소제기 후 소취하한 경우 [취소당회 패]

채무자가 **소**를 **취**하하여 소송이 **소**급적으로 소멸한 경우에도 대위채권자의 **당**사자적격이 **회**복되지 않는다(2015다69372).[195)196)]

3) 채무자의 소가 각하된 경우

사원총회의 결의 없이 총유재산에 관한 소가 제기되었다는 이유로 각하판결을 받고 그 판결이 확정된 경우에는 채무자가 스스로 제3채무자에 대한 권리를 행사한 것으로 볼 수 없다(2018다210539).

4) 채무자의 소가 기각된 경우

채무자가 **패**소확정판결을 받은 경우에도 대위채권자는 대위소를 제기할 당사자적격이 없다(92다32876*).

---

195) 원심은 채무자가 소를 취하하면 소송이 소급소멸하므로 대위채권자가 당사자적격을 회복한다고 보았다.
196) 이 사안은 채무자가 제3채무자와 분쟁종료 합의를 한 후에 소를 취하한 것이어서, 실질적으로 권리행사가 이루어졌다고 보아 대위채권자의 당사자적격이 회복되지 않은 것이다. 만약 채무자가 이러한 분쟁종료 합의 없이 소를 취하하였다면 채무자의 실질적인 권리행사가 없는 것이므로 대위채권자의 당사자적격이 회복된다고 보아야 한다.

(3) 검토
1) 대위소송을 법정소송담당으로 보는 이상, 채무자가 이미 소를 제기한 경우, 당사자적격이 흠결된 것으로 보아야 하므로, 소각하판결함이 타당하다.
2) 또한 채무자가 소를 취하하였다고 하더라도 제3채무자와 분쟁종료합의를 하였다면 실질적으로 권리를 행사한 것이라고 보아야 하므로 대위채권자의 당사자적격이 회복되지 않는다고 볼 것이다.
3) 다만, 채무자가 분쟁종료합의 없이 소를 취하하거나, 채무자의 소가 각하된 경우에는 채무자가 실질적으로 권리를 행사한 것이 아닌바, 대위채권자는 당사자적격을 회복한다고 볼 것이다.

IV. 중복소제기   sC-55

1. 문제점
재판통일 위해 당사자는 전소 계속 중, 동일 당사자를 상대로 동일 소송물에 관하여 소를 제기하는 경우 중복소제기금지원칙에 위배된다(제259조). 채권자대위소송에서 여러 대위채권자 및 채무자 사이에 중복소제기에 해당할 수 있는지 문제된다.

2. 대위소송 중 채무자가 소제기한 경우
(1) 학설
1) 중복소제기 긍정설은 담당설의 입장에서 판결의 모순저촉을 방지하기 위해 채무자가 대위소제기 사실을 알았는지와 무관하게 채무자의 소는 중복소제기에 해당한다고 본다.
2) 절충설은 담당설의 입장에서 채무자는 대위소송 제기 사실을 알았을 때 기판력을 받으므로 판결의 모순저촉 방지 위해 채무자가 대위소제기 사실을 알았을 때 채무자의 소는 중복소제기에 해당한다고 본다.
3) 중복소제기 부정설은 고유의 대위권설 입장에서 대위채권자와 채무자의 소송은 당사자와 소송물이 달라 중복소제기를 부정한다.

(2) 判例 [대채 당다실동]
대위소송 계속 중 채무자가 같은 내용의 청구를 한 경우, 당사자는 다르더라도 실질적으로 동일소송이므로, 중복제소금지원칙에 저촉된다(73다351*).

(3) 검토
채무자는 공동소송적 보조참가로 자신의 권리를 보호할 수 있으므로 재판통일을 위해서 중복소제기로 봄이 타당하다.

3. 채무자의 소송 중 대위소가 제기된 경우
(1) 학설
1) 중복소제기 긍정설은 담당설의 입장에서 채무자와 대위채권자는 서로 기판력을 받는 관계이므로 판결 모순 방지 위해 대위채권자의 후소는 중복소제기에 해당한다고 본다.
2) 중복소제기 부정설은 고유의 대위권설 입장에서 채무자와 대위채권자는 당사자와 소송물이 다르므로 대위채권자의 후소는 중복소제기에 해당하지 않는다고 본다.

(2) 判例 [채대 당다실동]

채무자의 소송 계속 중 대위채권자의 대위소가 제기된 경우, 양 소송은 당사자는 다르더라도 실질적으로 동일소송이므로 후소는 중복소송금지규정에 저촉된다(80다2751).

(3) 검토

대위소의 성질을 법정소송담당으로 보는 이상, 두 소송의 당사자가 동일하고 채무자의 권리로 소송물이 같아 동일한 소로 볼 수 있으므로 중복소제기를 긍정할 것이다.

4. 대위소송 중 다른 채권자가 대위소를 제기한 경우

(1) 학설

1) 중복소제기 긍정설은 담당설 입장에서, 여러 대위채권자 사이에는 서로 기판력을 받는 관계이므로 후소는 중복소제기에 해당한다고 본다.
2) 절충설은 담당설 입장에서 채무자가 대위소제기 사실을 알았을 때 한해 대위채권자가 제기한 소의 기판력이 다른 대위채권자에게 미치므로, 채무자가 대위소제기 사실을 알았을 때에만 중복소제기에 해당한다고 본다.
3) 중복소제기 부정설은 고유의 대위권설 입장에서 여러 대위채권자는 각자의 대위권을 행사하는 것이므로 당사자와 소송물이 달라, 중복소제기에 해당하지 않는다고 본다.

(2) 判例 [대다동대 후중]

대위소송이 이미 계속 중일 때 같은 채무자의 다른 채권자가 동일한 소송물에 대하여 채권자대위권에 기한 소를 제기한 경우 시간적으로 후에 계속된 소송은 중복제소금지원칙에 위배된 부적법한 소송이다(87다카1618*).

(3) 검토

대위소는 법정소송담당이므로, 여러 대위채권자는 소송담당자로 당사자가 동일하다고 볼 수 있고, 소송물도 채무자의 권리로 동일하므로 중복소제기를 긍정하는 것이 타당하다.

☑ **추심채권자 및 채무자 사이의 중복소제기 문제**

1. 중복소제기금지원칙

ⅰ) 재판통일 위해 당사자는 전소 계속 중, 동일 당사자를 상대로 동일 소송물에 관하여 소를 제기하는 경우 중복소제기금지원칙에 위배된다(제259조). ⅱ) 법정소송담당인 채권자대위소송에선 채무자의 제3채무자에 대한 소 계속 중, 채권자가 제3채무자에게 대위소를 제기하는 경우 중복소제기에 해당할 수 있으므로, 추심소송도 이와 같이 규율될 수 있는지 문제된다.

2. 判例

(1) 채무자의 이행소송 중 채권자가 추심의 소를 제기한 경우

1) 종래

채무자의 제3채무자에 대한 금전채권에 대하여 압류 및 추심명령이 있으면 민사집행법 제238조, 제249조 제1항에 따라 압류 및 추심명령을 받은 압류채권자만이 제3채무자를 상대로 압류된 채권이행청구를 제기할 수 있고, 채무자는 압류 및 추심명령이 있는 채권에 대해 제3채무자를 상대로 이행의 소를 제기할 당사자적격을 상실하므로 채무자가 제기한 이행의 소는 부적법하고, 압류채권자가 제3채무자를 상대로 제기한 추심의 소 본안에 관해 심판한다고 하여, 소송경제에 반하거나 판결 모순 위험이 크다고 볼 수 없어 중복소제기금지원칙에 위배되지 않는다(2013다202120*).

2) 최근
압류 및 추심명령이 있더라도 채무자가 피압류채권에 관하여 제3채무자를 상대로 이행의 소를 제기할 당사자적격을 상실하지 않고, 채무자가 먼저 제기한 이행의 소와 추심채권자가 나중에 제기한 추심의 소는 비록 당사자는 다를지라도 실질적으로 동일한 사건이므로, 그 추심의 소는 민사소송법 제259조에서 금지하는 중복된 소제기에 해당하여 부적법하다(2021다252977).

(2) 추심소송 계속 중 채무자가 이행의 소를 제기한 경우
1) 종래
압류 및 추심명령이 있는 경우 채무자가 제기한 이행의 소는 당사자적격이 없어 부적법하였다.
2) 최근
채무자는 이행의 소를 제기할 당사자적격이 있지만, 이미 압류채권자의 추심소송이 계속 중인 상태에서 동일한 피압류채권에 관하여 채무자가 제3채무자를 상대로 이행의 소를 제기하는 것은 중복소제기금지원칙에 위배되어 부적법하다(2021다252977).

(3) 동일한 피압류채권에 관한 추심소송 계속 중 다른 추심채권자가 다시 추심의 소를 제기한 경우
1) 종래
압류 및 추심명령으로 당사자적격을 상실한 채무자가 이행소송에서 받은 확정판결의 효력은 그 변론종결 전 압류 및 추심명령을 받은 채권자에게 미치지 않으므로, 어느 한 추심채권자가 제기한 추심소송에서 확정된 판결의 기판력이 그 변론종결 전에 압류 및 추심명령을 받았던 다른 추심채권자에게 미치지 않는다. 따라서, 어느 한 채권자가 추심의 소를 제기하여 소송계속 중 다른 채권자가 같은 소송물에 관하여 추심의 소를 제기하더라도 중복소제기에 해당하지 않는다.
2) 최근
제218조 제3항에 따라 추심채권자가 추심소송에서 받은 확정판결의 기판력이 채무자에게 미치고, 압류 및 추심명령이 있더라도 채무자는 당사자적격을 상실하지 않아 특별한 사정이 없는 한 채무자가 제3채무자를 상대로 이행의 소를 제기하여 받은 확정판결의 효력은 추심채권자에게 미친다. 따라서, 어느 한 추심채권자의 추심소송 계속 중 다른 추심채권자가 같은 소송물에 관하여 제기한 추심의 소는 비록 당사자는 다를지라도 실질적으로 동일한 사건이므로 중복소제기금지원칙에 위배되어 부적법하다(2021다252977).

V. 재소금지

sC-56

1. 문제점

ⅰ) 법원농락 방지 위해 본안판결 후 소를 취하한 자는, 새로운 권리보호이익이 없는 한, 동일 당사자를 상대로, 동일 소송물에 관해 다시 소를 제기할 수 없다(제267조 제2항). ⅱ) 대위소송이 본안판결 후 취하된 다음, 채무자가 소를 제기한 경우 재소금지의 효력을 받게 되는지 문제된다.

2. 대위소송 취하 후 채무자가 소제기한 경우

(1) 학설
1) 긍정설은 담당설 입장에서, 채무자가 대위소제기 사실을 안 경우, **기판력을 받게 되므로**, 당사자와 소송물이 동일하여 재소금지효를 받게 된다고 한다.
2) 부정설은 고유의 대위권설 입장에서, 대위소송과 채무자의 소송은 **당사자와 소송물이 달라서** 채무자는 재소금지의 효력을 받지 않는다고 한다.

(2) 判例 [대채알판 피알대취]
대위소송이 제기된 사실을 **채무자가 알**았을 때에는 그 **판**결 **효**력은 채무자에게 미치므로 대위소송이

제기된 사실을 **피**대위자가 **알**게 된 이상, **대**위소송의 종국판결이 있은 후 **취**하된 때에는 피대위자도 재소금지규정의 적용을 받아 동일한 소를 제기하지 못한다(93다20177, 20184*).

(3) 검토
채무자가 대위소제기 사실을 알았던 이상, **공동소송적 보조참가로 절차 참여기회가 충분히 있었으므로**, 채무자에게 재소금지의 효력을 적용하는 것이 타당하다.

☑ **추심소송의 취하 후 다른 채권자의 추심소송의 재소금지원칙 저촉 여부**

추심채권자가 제3채무자인 피고들을 상대로 추심금 소송을 제기하였다가 항소심에서 소취하를 하였는데, 그 후 압류·추심명령을 받은 또다른 추심채권자인 원고들이 다시 피고들을 상대로 추심금 청구를 한 사건에서, 후소는 권리보호이익을 달리 하여 재소금지 원칙에 위반되지 않는다(2018다259213).

VI. 기판력
sC-57

1. 문제점
ⅰ) 기판력이란 확정된 종국판결의 내용이 후소에 대하여 가지는 구속력으로 판결모순 방지 위함이다.
ⅱ) 여러 대위채권자들과 채무자 사이 상호간에 기판력이 미칠 수 있는지 문제된다.

2. 대위소송의 기판력이 채무자에게 미치는지 여부 (16)

(1) 학설
1) **긍정설**은 **담당설** 입장에서, 제218조 제3항이 다른 사람을 위해 당사자가 된 자의 확정판결은 그 다른 사람에게도 효력이 미친다는 점을 규정한 것을 근거로 채무자에게 기판력이 미친다고 본다.
2) **절충설**은 **담당설** 입장에서, **채무자 보호를 위해 채무자가 대위소송이 제기된 사실을 안 경우에만** 채무자에게 기판력이 미친다고 본다.
3) **부정설**은 고유의 **대위권설** 입장에서, 채무자의 후소는 대위소송과 **당사자와 소송물이 달라** 대위소송의 기판력에 저촉되지 않는다고 본다.

(2) 判例
1) 전원합의체 다수의견 **[어대채알판]**
채권자대위권행사 통지, 소송고지 등 **어**떠한 사유로 인하였던 적어도 **채권자대위권에 의한 소송이 제기된 사실을 채무자가 알**았을 경우에는 그 **판**결의 효력이 **채무자에게 미친다.**
2) 전원합의체 소수의견 **[기채2알주안]**
기판력이 **채**무자에게 미치는 것으로 보는 근거를 제**2**18조 제3항에서 찾는 한 피대위자가 **알**고 모르고를 가릴 근거가 없으며, **주**관적 사정에 의해 기판력 여부에 영향을 미치게 하면 법적 **안**정성을 내세우는 기판력 정신에 반한다(74다1664*).

(3) 검토
긍정설은 채권자의 잘못으로 패소한 경우 채무자가 그 패소판결의 효력을 받아 부당하다. 부정설은 제3채무자가 반복적으로 응소해야 하는 부담이 있으므로, 채무자의 절차권이 보장된 경우에 한해 기판력이 미친다는 절충설이 타당하다.

3. 채무자가 제기한 소의 기판력이 대위채권자에게 미치는지 여부

(1) 학설

1) **기판력설**은 **담당설** 입장에서, 대위채권자는 채무자의 **권리**를 대위행사하는 것이므로, 채무자가 받은 판결의 기판력은 대위채권자에게 미친다고 본다.
2) **반사효[197]설**은 담당설 입장에서, 채무자와 **실체법상 의존관계**에 있는 대위채권자에게 반사효가 미친다고 본다.
3) **법률요건적 효력[198]설**은 고유의 대위권설 입장에서, 채무자가 확정판결을 받은 후, 대위소송이 제기되면 민법 제404조에 의해 대위권이 발생하지 않아, 채권자가 패소하게 된다고 한다.

(2) 判例 [채대 당다실동]

채무자와 제3채무자의 판결이 확정된 뒤 채권자대위의 소가 제기된 사건에서 **당사자만 다를** 뿐 **실질적**으로 **동일내용**의 소송이라면 확정판결의 효력이 대위소송에 미친다(80다2751*).

(3) 검토

법정소송담당설을 따르는 이상, **채권자는 채무자의 지위에 서는 것**이므로, 채무자가 받은 확정판결의 기판력은 대위채권자에게도 미친다고 봄이 타당하다. 다만, 이 경우 채무자의 권리행사로 인해 대위소의 당사자적격이 흠결되어 소송요건 선순위성에 의해 각하될 것이다(92다32876*).

☑ **대위채권자와 제3채무자 사이의 기판력**

1. 대위소 확정 후 제3채무자의 채무자 상대 소제기
(1) 대위소 성질
(2) 기판력 의의 및 취지
(3) 기판력 주관적 범위 - **대위소 기판력이 채무자에게 미치는지 여부**
(4) 기판력 객관적 범위 및 작용국면 - **모순관계**
(5) 기판력 시적범위 및 차단효
(6) 사안해결 - 청구기각

2. 제3채무자의 채무자 상대 소송 확정 후 대위소제기
(1) 대위소 성질
(2) 기판력 의의 및 취지
(3) 기판력 주관적 범위 - **채무자가 제기한 소의 기판력이 대위채권자에게 미치는지 여부**
(4) 기판력 객관적 범위 및 작용국면 - **모순관계**
(5) 기판력 시적범위 및 차단효
(6) 대위소 당사자적격
채무자는 **기판력**에 **저촉**되는 등기말소청구를 제3채무자에게 할 수 없다. 채무자의 대위채권자에 대한 소유권이전등기의무는 이행불능이므로 대위채권자는 피보전채권이 흠결되어 **당사자적격**이 없다(2009다104960).
(7) 소송요건 선순위성
(8) 사안해결 - 소각하

---

197) 반사효도 법률요건적 효력의 일종으로 볼 수 있다.
198) 법률요건적 효력이란 확정판결의 존재로 인해 일정한 법적 효력이 발생하는 것을 의미한다.

4. 대위소송의 기판력이 다른 대위채권자에게 미치는지 여부 (15)(19)(21)

(1) 학설
1) **기판력설**은 담당설 입장에서, 채무자가 대위소제기 사실을 **안 경우** 대위소송의 **기판력을 받게 되므로**, 한 대위채권자의 기판력은 다른 대위채권자에게 미친다고 본다.
2) **반사효설**은 담당설 입장에서, 채무자가 대위소제기 사실을 **안 경우** 대위소송의 **기판력을 받으므로**, 채무자를 통해 다른 대위채권자도 반사효를 받게 된다고 한다.
3) **부정설**은 고유의 대위권설 입장에서 여러 채권자는 각자의 대위권을 행사하는 것이므로, 당사자와 소송물이 달라 상호간에 기판력이 미치지 않는다고 본다.

(2) 判例 [어대채알판 다동대]
어떠한 사유로든 **대**위소송이 제기된 사실을 **채**무자가 **알**았을 경우에 한하여[199] 그 **판**결의 효력이 채무자에게 미치므로, 이 경우에는 **다**른 채권자가 **동**일한 소송물에 대하여 채권자**대**위권에 기한 소를 제기하면 전소의 기판력을 받는다(93다52808*).

(3) 검토
법정소송담당설을 따르는 이상, 채권자는 **채무자의 권리를 대신 행사**하는 것이므로, 채무자가 대위소제기 사실을 **안 이상**, 서로 다른 대위채권자 사이에서도 상호간에 기판력이 미친다고 봄이 타당하다.

☑ 대위소의 기판력이 채권자가 채무자를 상대로 제기한 소에 미치는지 여부

1. 피보전채권 흠결로 소각하된 경우 [대기피피 대피각피]
ⅰ) **대위소제기** 사실을 채무자가 알았을 때 그 **기판력**이 채무자에게 미치는데, 이는 대위소 소송물인 **피**대위채권 존부에 관해 채무자에게 기판력이 인정된다는 것이고, **소송요건**인 **피**보전채권 존부에 관해 소송당사자 아닌 채무자에게 기판력이 인정된다는 것이 아니다.
ⅱ) **대위소의 피**보전채권 흠결로 소**각**하판결이 확정된 경우, 그 기판력이 채권자가 **채무자 상대로 피**보전채권 이행을 **구하는 소송**에 미치는 것은 아니다(2011다108095*).

2. 본안판결한 경우 (16)
대위소의 본안판결이 확정된 경우, 집행력은 채권자와 제3채무자 사이에만 생기는 것이고 채권자와 채무자 사이에 생기지 않는다(79마232*).[200]

☑ 추심채권자 및 채무자 사이의 기판력 문제

1. 종래 判例
① 제218조 제3항에 의해 추심채권자가 일종의 추심기관으로서 채무자를 위하여 추심소송에서 받은 확정판결의 기판력은 소송결과와 관계없이 채무자에게 미친다. ② 압류 및 추심명령에 따라 이행의 소를 제기할 당사자적격을 상실한 채무자가 이행소송에서 받은 확정판결의 기판력은 변론종결 전 압류 및 추심명령을 받은 채권자에게 미치지 않고, 제218조 제1항에 의해 변론종결 후 압류 및 추심명령을 받은 채권자는 변론을 종결한 뒤의 승계인으로서 기판력이 미친다. ③ 어느 한

---

[199] 채무자가 대위소가 제기된 사실을 알지 못한 경우 그 기판력이 다른 채권자의 대위소에 미치지 않는다.
[200] 기판력과 집행력이 미치는 범위는 원칙적으로 같다. 79마232결정은 채권자 대위소송 기판력이 채무자에게도 미치는 경우가 있다고 하더라도 확정판결의 집행력만은 대위채권자와 제3채무자 사이에 생기는 것이고 대위채권자와 채무자 사이에는 생기지 않는다는 것일 뿐, 채무자와 제3채무자 사이의 집행력까지 부인하는 것은 아니다(2021가합104015).

채권자가 받은 추심소송 확정판결의 기판력은 그 변론종결 전 압류 및 추심명령을 받았던 다른 추심채권자에게 미치지 않는다(2016다35390).

2. 최근 判例

① 추심채권자가 추심소송에서 받은 확정판결의 기판력이 민사소송법 제218조 제3항에 따라 채무자에게 미치는 것은 종전 법리와 마찬가지이다. ② 압류 및 추심명령이 있더라도 채무자는 이행의 소를 제기할 당사자적격을 상실하지 않으므로, 채무자가 이행소송에서 받은 확정판결의 기판력 또한 소송결과와 관계없이 추심채권자에게 미친다. ③ 그 결과 어느 한 채권자가 받은 추심소송 확정판결의 기판력은 채무자를 통하여 다른 추심채권자에게도 미치게 되며 이는 추심명령이 이루어진 시기가 변론종결 전인지, 후인지를 불문한다. 즉 새로운 법리에 따르면 누가 소를 제기하든 그 확정판결은 채무자, 추심채권자 및 다른 추심채권자들에게 변론종결 전후와 소송결과를 불문하고 기판력이 미친다(2021다252977).

VII. 관련 논점 sC-58

1. 대위채권자가 채무자의 공유물분할청구권을 대위행사 할 수 있는지 여부

(1) 전원합의체 다수의견

채권자가 자신의 금전채권을 보전하기 위하여 채무자를 대위하여 부동산에 관한 공유물분할청구권을 행사하는 것은, **책임재산의 보전과 직접적인 관련이 없어**[201] 채권의 현실적 이행을 유효·적절하게 확보하기 위하여 필요하다고 보기 어렵고 채무자의 **자유로운 재산관리행위에 대한 부당한 간섭**이 되므로 보전의 필요성을 인정할 수 없다.

(2) 전원합의체 소수의견

채무자가 무자력 상태에 있으면 **원칙적으로 채권자대위권을 행사하여 금전채권을 보전할 필요성**이 있으므로, 채무초과 상태인 채무자가 부동산의 공유지분을 소유하고 있는 경우 금전채권자는 채무자의 권리에 속하는 공유물분할청구권 역시 대위하여 행사할 수 있다고 보아야 한다. **채권자대위권은 채권자가 채무자의 권리를 대신 행사하는 것이므로 기본적으로 채무자의 재산권에 대한 일정한 간섭을 전제로 하고, 그 권리행사에 채무자의 동의를 필요로 하지 않는다**(2018다879).

(3) 검토

채권자는 공유지분의 집행으로 채권의 만족을 얻을 수 있는바 다수의견이 타당하다.

2. 대위채권자가 채무자의 재심의 소제기를 대위할 수 있는지 여부 (20)

채무자와 제3채무자 사이의 소송이 계속된 이후의 소송수행과 관련한 개개의 소송상 행위는 그 권리의 행사를 소송당사자인 채무자의 의사에 맡기는 것이 타당하므로 채권자대위가 허용될 수 없다. 같은 취지에서, 상소의 제기와 마찬가지로 종전 재심대상판결에 대해 불복하여 종전 소송절차의 재개, 속행 및 재심판을 구하는 재심의 소 제기는 채권자대위권의 목적이 될 수 없다(2012다75239*).

---

[201] 채무자의 공유지분이 경매되어도 최종적으로 채무자는 동시배당의 경우와 동일하게 보호받을 수 있는 경우이기 때문에 공유물의 현실적 분할 여부와 책임재산 보전 사이의 관련성이 크다고 볼 수 없기 때문이다.

034 피보전채권 이행의 소 확정판결과 대위소

문제점 - 효력 - 취급

Ⅰ. 문제점

sC-59

채권자가 채무자에 대해 피보전채권 이행의 소를 제기하여 확정판결을 받은 후 채권자가 제3채무자에 대해 대위소를 제기한 경우, 전소 확정 판결이 후소에 미치는 효력이 문제된다.

Ⅱ. 피보전채권 이행의 소 확정판결이 후소인 대위소에 미치는 효력의 종류

sC-60

1. 학설

ⅰ) 실체법상 효과가 소송에 반영되어 전소 판결을 다툴 수 없다는 반사효설 ⅱ) 전소 판결이유 중 판단이 후소에서 유력한 증거가 된다는 증명효설 ⅲ) 피보전채권에 관한 확정판결 존부가 후소인 대위소송의 요건이 된다는 법률요건적 효력설 등이 있다.

2. 判例

채권자의 채무자에 대한 소유권이전등기의무의 존부가 후소인 대위소의 선결문제가 된다고 하더라도 확정판결의 기판력은 동일한 당사자 사이에서만 미치고 당사자가 다를 때에는 미치지 아니하는 것이 원칙이므로 위 전소판결의 기판력이 피고를 달리하는 이 사건에 당연히 미친다고는 할 수 없다(92다25151).

3. 검토

생각건대 명문의 규정도 없이 반사효가 후소에 미친다고 보기 어려우며, 전후소 당사자가 달라 기판력이 미친다고 보기도 어렵다. 전소 확정판결에서 판단된 내용은 특별한 사정이 없는 이상 후소에서 다툴 수 없다는 증거효가 후소에 미친다고 봄이 타당하다.

Ⅲ. 피보전채권 이행의 소 확정판결 후 대위소의 취급

sC-61

1. 피보전채권 이행의 소 승소확정판결 후 대위소의 취급

(1) 원칙 [보승3툴]

채권자가 채무자를 상대로 하여 그 보전되는 청구권에 기한 이행청구의 소를 제기해 승소판결을 받고 판결이 확정되면 제3채무자는 그 청구권 존재를 다툴 수 없다(2006다82700).

(2) 예외 [청대강3보]

채권자의 채무자에 대한 청구권 취득이 채권자로 하여금 채무자 대신 소송행위를 하게 하는 것을 주목적으로 이루어진 경우 또는 강행법규 위반(토지거래허가를 배제하는 내용으로 매매계약)으로 되어 무효인 경우, 대위소송의 제3채무자에 대한 관계에서는 피보전권리가 존재하지 않는다. 이는 위 확정판결이 재심으로 취소되지 않은 경우도 마찬가지이다(2017다228618).[202]

---

202) 따라서, 대위소는 피보전채권 흠결로 당사자적격 흠결이 되어 소각하된다.

2. 피보전채권 이행의 소 패소확정판결 후 대위소의 취급 [이패기대이필]

채권자가 채무자를 상대로 소유권이전등기절차이행의 소를 제기했으나 **패**소확정판결을 받았다면 그 **기**판력으로 말미암아 채권자로서는 더 이상 소유권이전등기청구를 할 수 없게 되었고, 가사 채권자가 **대**위소송에서 승소하였다 한들 채권자가 채무자에 대해 다시 **이**전등기절차의 이행을 구할 수 있는 것도 아니므로 채권자로서는 대위권을 행사함으로서 소유권이전등기청구권을 보전할 **필**요가 없게 되었다(92다25151).203)

---

203) 따라서 대위소는 보전의 필요성 흠결로 당사자적격 흠결이 되어 소각하된다.

CHAPTER

04

소와 소송요건

035 소의 종류 개관

📁 의의 – 내용

I. 의의 및 취지   sD-1

소란 원고가 피고를 상대로 특정한 청구에 관해 특정 법원에 판결을 구하는 신청이다.

II. 내용   sD-2

1. 이행의 소[204]

(1) 현재이행의 소

변론종결시 기준 이행기가 도래한 원고의 피고에 대한 이행청구권의 확인과 그 청구권의 이행을 명하는 판결을 구하는 소이다.

(2) 장래이행의 소

변론종결시를 기준으로 이행기가 장래에 도래하는 청구권을 주장하며 제기하는 소이다.

2. 확인의 소[205]

원고의 피고에 대한 다툼이 있는 특정 권리·법률관계의 존부를 확정하는 판결을 구하는 소이다.

3. 형성의 소[206][207]

원고의 피고에 대한 형성권의 확인과 법률관계의 변동을 일으키는 판결을 구하는 소이다.

(1) 실체법상 형성의 소

실체법상 법률관계의 변동을 구하는 소이다.[208]

(2) 소송법상 형성의 소

소송법상 법률관계의 변동을 구하는 소이다.[209]

(3) 형식적 형성의 소

형성의 소이면서 법원의 재량에 따라 판단하는 비송사건의 성질을 갖는 소이다.[210]

---

[204] 소각하판결-"소를 각하한다.", 청구기각판결-"원고의 청구를 기각한다.", 청구인용판결-"피고는 원고에게 ~을 하라."
[205] 소각하판결-"소를 각하한다.", 청구기각판결-"원고의 청구를 기각한다.", 청구인용판결-"~을 확인한다."
[206] 소각하판결-"소를 각하한다.", 청구기각판결-"원고의 청구를 기각한다.", 청구인용판결-"~한다."
[207] 형성의 소는 법률에 명문의 규정이 있는 경우에 한하여 인정되는 것이고 법률상의 근거가 없는 경우에는 허용될 수 없다(92다35462*). 단, 구 상법 규정을 유추적용하여 주식병합 무효의 소는 예외로 한다.
[208] 가사소송, 총회결의취소소송
[209] 재심의 소, 정기금 판결에 대한 변경의 소
[210] 공유물분할의 소, 토지경계확정의 소

036 공유물분할의 소

📁 의의 - 성질 - 심판방식

Ⅰ. 의의 및 취지   sD-3

공유물 분할에 관해 공유자 사이에 **협의가 성립되지 않은 경우, 판결에 의해 분할을 구하는 소이다. 실체관계에 부합하는 분쟁해결을 위함이다.**

Ⅱ. 성질   sD-4

ⅰ) 절차상 **소송으로** ⅱ) 장래 **법률관계의 창설을 구하며**, ⅲ) 실체적 진실에 부합하는 결론을 내리기 위해 당사자 주장에 구속되지 않고 **법원이 자유재량에 의해 합리적 판단을 하는** 비송사건의 성질을 가지므로 **형식적 형성의 소에 해당한다.**

> ☑ **공유물분할의 소의 공동소송형태**
>
> 공유물분할청구의 소는 분할을 청구하는 공유자가 원고가 되어 다른 공유자 전부를 공동피고로 하여야 하는 고유필수적 공동소송이다(2003다44615*).

Ⅲ. 심판방식 - 처분권주의 적용 여부   sD-5

1. 처분권주의 의의 및 취지
법원은 당사자 신청하지 않은 사항에 대해선 판결하지 못한다(제203조). 사적자치의 소송법적 실현이다.

2. 判例

(1) 원칙

법원은 공유물분할을 청구하는 자가 구하는 방법에 **구애받지 아니하고 자유로운 재량에 따라 합리적인 방법**으로 공유물을 분할할 수 있는 것이다(91다27228*).

(2) 분할방법 [과원배경]

ⅰ) 일정 요건이 갖추어진 경우 상호간 금전으로 경제적 가치의 **과**부족을 조정하게 하는 것 ⅱ) 분할청구자의 지분한도 안에서 현물분할하고 분할을 **원**치 않는 자들은 공유자로 남기는 것 ⅲ) 현물소유자로 하여금 다른 공유자에게 그 **지분의 합리적인 가격을 배**상시키는 것 ⅳ) 현물로 분할할 수 없거나 현물로 분할시 가액이 현저히 감손될 염려가 있는 경우211) **경**매를 명하는 대금분할 방법을 사용할 수 있다(91다27228*).

---

211) 분할방법에 관한 의사가 합치하지 않는 다는 주관적, 추상적 사정으로 대금분할 해선 안 된다(2022다294107).

☑ 공유자들이 공유관계 유지를 원치 않는 경우

ⅰ) 분할청구자들이 그들 사이의 공유관계 유지를 원치 않는데도 분할청구자들과 상대방 사이의 공유관계만을 해소한 채, 분할청구자들을 공유로 남기는 현물분할은 허용될 수 없다(2014다88888).

ⅱ) 분할청구자가 상대방들을 공유로 남기는 방식의 현물분할을 청구하고 있다고 하여, 상대방들이 그들 사이만의 공유관계의 유지를 원하고 있지 아니한데도 상대방들을 여전히 공유로 남기는 방식의 현물분할은 허용되지 않는다(2014다233428).

☑ 공유물분할의 소 기타

1. 청구취지 – "a, b, c 점을 연결한 부분을 甲소유로, d, e, f 점을 연결한 부분을 乙소유로 분할한다."
2. 청구원인 – ① 분할청구권을 가짐 ② 협의 불성립
3. 심리 – 청구기각 不可, 직권증거조사 可
4. 판결주문 – 공유물을 구체적으로 분할해 나타낸다.

037 토지경계확정의 소

의의 – 성질 – 심판방식

Ⅰ. 의의 및 취지   sD-6

인접한 토지 사이에 **경계가 불분명**한 경우 그 확정을 구하는 소를 말한다. 실체관계에 부합하는 분쟁해결을 위함이다.

> ☑ **토지경계확정의 소의 권리보호이익**
>
> 토지경계확정의 소는 인접한 토지의 경계가 사실상 불분명하여 다툼이 있는 경우에 재판에 의하여 그 경계를 확정하여 줄 것을 구하는 소송으로서, 토지소유권의 범위의 확인을 목적으로 하는 소와는 달리, 인접한 토지의 경계가 불분명하여 그 소유자들 사이에 다툼이 있다는 것만으로 권리보호의 필요가 인정된다(93다41792*).

Ⅱ. 성질 (12)   sD-7

1. 학설
(1) 확인소송설은 토지의 경계는 **토지소유권의 한계**로서 독립적으로 존재할 수 있는 것이 아니므로, 토지 소유권의 **범위**를 재판에 의해 확인한다고 본다.
(2) 형식적 형성소송설은 실체에 부합하는 결론을 내리기 위해 **당사자 주장에 구속되지 않고 진실된 경계를** 확정하는 비송사건의 성질을 가지므로 형식적 형성소송으로 본다.

2. 判例
서로 인접한 토지의 경계선에 관해 다툼이 있어서 토지 경계확정의 소가 제기되면 법원은 당사자 **쌍방이 주장하는 경계선에 구속되지 않고 스스로 진실하다고 인정되는 바에 따라 경계를 확정하여야 한다**고 하여 형식적 형성소송으로 본다(95다54761).

3. 검토
법률관계가 아닌 **경계확인**이라는 사실관계는 확인의 소의 심리대상이 될 수 없는 것이며, 토지의 경계와 소유권의 한계가 불일치하는 경우도 있으므로 형식적 형성소송으로 봄이 타당하다.

> ☑ **토지경계확정의 소에서 취득시효 주장 가부**
>
> **1. 학설**
> (1) **확인소송설**은 토지경계확정의 소는 토지소유권**의 범위에 관한 확인**에 속하므로 취득시효 항변도 심리될 수 있다고 한다.
> (2) **형식적 형성소송설**은 토지경계확정의 소는 **공적으로 토지경계를 확정**하는 것을 목적으로 하므로 취득시효는 심리 대상이 아니라고 한다.

2. 判例
토지경계확정의 소는 인접하는 토지의 경계확정을 구하는 소이고 그 토지에 관한 **소유권의 범위나 실체상 권리의 확인을 목적으로 하는 것은 아니므로** 취득시효는 이 소송에서 심리할 대상이 되지 못한다(92다44503).

3. 검토
경계확정을 통한 분쟁해결이라는 토지경계확정의 소의 존재 의의 및 사실관계 확정이라는 특성에 비추어 볼 때 취득시효 항변은 심리대상이 될 수 없다고 봄이 타당하다.

☑ 토지경계확정의 소의 공동소송 형태 (12)

1. 判例
토지경계는 토지소유권의 범위와 한계를 정하는 중요한 사항으로서, 그 경계와 관련되는 인접 토지 소유자 전원 사이에서 합일적으로 확정될 필요가 있으므로 인접 토지 소유자 전원이 공동으로만 소송할 것을 요건으로 하는 고유필수적 공동소송이다(2000다24207).

2. 학설
ⅰ) 유사필수적 공동소송설은 1인의 청구로도 전체 토지경계가 확정되고 다른 공유자는 판결의 효력을 받는다는 점을 근거로 든다. ⅱ) 고유필수적 공동송소송설은 전체 공유자들이 모두 관여하여 토지경계에 대한 합일확정적 결론이 요구됨을 근거로 든다.

3. 검토
생각건대 토지경계는 수인의 공유자 모두의 권리에 직접적인 영향이 있으므로 전원이 소송에 참여할 필요가 있는 고유필수적 공동소송으로 볼 것이다.

III. 심판방식 - 처분권주의·불이익변경금지원칙 적용 여부   sD-8

1. 처분권주의·불이익변경금지원칙 의의 및 취지
(1) 법원은 당사자 신청하지 않은 사항에 대해선 판결하지 못한다(제203조). 사적자치의 소송법적 실현이다.
(2) 판결은 당사자가 상소로 불복한 한도 내에서만 변경할 수 있다(제415조). 상소심에서의 처분권주의 발현이다.

2. 학설
(1) **긍정설**은 토지경계확정의 소는 형식적 형성소송이지만, 당사자 사이에 **다툼이 있는 부분이** 계쟁지가 되어 당사자의 주장을 초과하여 경계를 정할 수 없어 처분권주의 및 불이익변경금지원칙이 적용된다고 한다.
(2) **부정설**은 토지경계확정의 소는 형식적 형성소송이므로 법원은 **자유재량에 의해 합리적으로 경계를 정**할 수 있으므로 당사자의 주장에 구속되지 않아 처분권주의 및 불이익변경금지원칙이 적용되지 않는다고 한다.

3. 判例

서로 인접한 토지의 경계선에 관해 다툼이 있어서 토지 경계확정의 소가 제기되면 법원은 당사자 **쌍방이 주장하는 경계선에 구속되지 않고** 스스로 진실하다고 인정되는 바에 따라 경계를 확정하여야 한다고 판시하여 처분권주의 및 불이익변경금지원칙이 적용되지 않는 것으로 보았다(95다54761).[212]

4. 검토

토지경계확정의 소를 형식적 형성의 소로 봄이 타당하고, 올바른 결론을 내리기 위해 처분권주의 및 불이익변경금지원칙이 적용되지 않는 것으로 볼 것이다.

☑ 토지경계확정의 소 기타

1. 청구취지 - "토지경계는 a, b, c를 연결한 직선으로 확정한다."
2. 청구원인 - ① 토지인접 ② 경계 불분명
3. 심리 - 청구기각 不可, 직권증거조사 可
4. 판결주문 - 경계가 a, b, c 점을 연결한 선임을 확정한다.

---

212) 원심은 토지 경계에 대해 쌍방의 합의가 이루어져 토지경계확정의 소가 권리보호이익이 없다고 보았으나, 대법원은 소송 중 당사자 쌍방이 경계에 관하여 합의를 도출해냈다고 해도 원고가 소를 취하하지 않고 법원의 판결에 의하여 경계를 확정할 의사를 유지하고 있는 한, 법원은 그 합의에 구속되지 아니하고 진실한 경계를 확정하여야 한다고 판시하였다.

038 소송요건

📂 의의 - 조사 - 판단시점 - 소송법상 취급 + 관련 논점

I. 의의   sD-9

소가 적법하기 위해 갖추어야 할 사항을 말하며, 본안심리의 요건임과 동시에 본안판결선고의 요건이다.213)

II. 조사   sD-10

1. 직권조사사항과 항변사항 – 소송요건에 대한 법원의 조사 개시 방식

(1) 직권조사사항

직권조사사항이란 당사자가 **주장하지 않아도** 법원이 **직권으로** 조사해야 하는 사항을 말한다. 대부분의 소송요건은 직권조사사항이다.

> ☑ **대표권, 피보전채권, 당사자능력의 경우**
>
> **1. 대표권** (20)(23)
> 대표권 존부는 소송요건으로 직권조사사항이므로 법원은 사실과 증거를 직권으로 탐지할 의무까지는 없다 하더라도, 이미 제출된 자료에 의해 그 대표권의 적법성에 의심이 갈 만한 사정이 보인다면, 상대방이 다투지 않더라도 이에 관해 심리·조사할 의무가 있다(2021다238902).
>
> **2. 피보전채권**
> 피보전채권 존부는 소송요건으로 직권조사사항이므로 현출된 모든 소송자료를 통하여 살펴보아 피보전채권 존부에 관하여 의심할 만한 사정이 발견되면 직권으로 심리·조사할 의무가 있다(2009다3234).
>
> **3. 당사자능력**
> 종중이 당사자능력이 있는지, 그 대표자가 적법한 대표권한을 가지는지 여부는 직권으로 조사할 사항이나 상대방에서 그 당사자능력 또는 대표권을 부인하거나 이것이 부적법한 것이 아닌 한 법원에서 적극적으로 이를 석명하거나 심리판단할 필요는 없다(87다카1915).

> ☑ **과실상계의 경우**
>
> 당사자가 과실에 관하여 주장하지 않는 경우에도 소송자료에 의하여 과실이 인정되는 경우에는 이를 법원이 직권으로 심리·판단하여야 한다(96다30113*).

(2) 항변사항

피고의 **주장(소의 부적법을 주장하는 방소항변)을 기다려** 비로소 판단하게 되는 사항을 말한다. 임의관할, 부제소합의 등은 항변사항으로 볼 것이나, 判例는 임의관할, 부제소합의도 직권조사사항으로 본다.

---

213) 소송행위 유효요건은 흠결시 해당 소송행위만 무효인 것이고, 소송요건은 흠결시 소 자체가 부적법하여 각하된다.

2. 직권조사사항의 조사방식 – 소송요건에 대한 법원의 구체적인 자료수집 방식

(1) 조사방식의 선택

1) 문제점

직권조사사항을 구체적으로 판단하기 위하여 사실과 증거를 어떤 방식으로 수집·조사할 것인지 문제된다.

2) 학설

ⅰ) **직권탐지와 변론주의**의 방식에 의한다는 견해 ⅱ) **항상 중간방식**에 의한다는 견해 ⅲ) 직권탐지, 중간방식, 변론주의 세 가지의 방식을 **혼용**해야 한다는 견해가 있다.

3) 검토

직권조사사항은 공익적 요소가 희박한 것부터 강한 것까지 다양하므로, 세 가지 방식을 혼용하여 조사 방식을 결정하는 것이 타당하다.

(2) 직권탐지방식 [사×자×증×]

ⅰ) 고도의 공익성을 갖는 **재판권, 전속관할, 당사자능력** 등은 직권탐지방식 의해 조사한다. ⅱ) 당사자가 주장하지 않은 **사**실을 판단할 수 있고, **자**백에 구속되지 않으며, 당사자가 제출한 **증**거에 제한되지 않는다.

(3) 직권조사방식(중간방식) [사○자×증○]

ⅰ) **대부분**의 직권조사사항이 여기에 속한다. ⅱ) 당사자가 주장한 **사**실에 한해 판단할 수 있고, **자**백에 구속되지 않고, 당사자가 제출한 **증**거에 한해 판단한다.

(4) 변론주의방식 [사○자○증○]

ⅰ) 공익성이 희박한 것은 변론주의방식에 의해 조사한다. **임의관할** 등이 이에 해당한다. ⅱ) 당사자가 주장한 **사**실에 한해 판단할 수 있고, **자**백에 구속되며, 당사자가 제출한 **증**거에 한해 판단한다.

Ⅲ. 판단시점　　　　　　　　　　　　　　　　　　　　　　　　　　　　sD-11

1. 원칙

소송요건은 **사실심 변론종결시**를 기준으로 구비 여부를 판단한다. 따라서, 소송요건을 ① 제소시에 구비했어도 변론종결시 기준으로 흠결되면 소가 부적법하고, ② 소송요건을 제소시에 구비하지 못했어도 변론종결시까지 갖추면 소가 적법한 것이 원칙이다.

2. 예외

(1) 제소시 기준으로 판단한 경우

ⅰ) **관할권**은 ① 제소시에 갖추면 이후 사정은 관할에 영향이 없다. ② 관할권이 제소시에 없더라도 변론종결시에 관할권이 인정될 수 있으면 문제되지 않는다.

ⅱ) **당사자능력, 소송능력, 대리권, 선정당사자의 당사자적격**은 ① 제소시에 갖추면 소가 적법하고 소송 중 흠결된 경우, 소가 부적법 각하되지 않고 중단된다.[214] ② 당사자능력(비법인사단의 실체)을 제소시에 구비하지 못했어도 변론종결시까지 갖추면 소가 적법하다.

ⅲ) **소의 이익**이 제소시를 기준으로 인정되면 이후에 문제되지 않는다고 한 판시가 일부 있다.[215]

---

214) 단, 소제기 후 임의대리권 흠결은 절차가 중단되지 않는다.
215) 2010다2428

(2) 변론종결 뒤 시점을 고려한 경우

1) 소의 이익

근저당권설정등기가 **상고심 계속 중 낙찰을 원인으로 말소**되었다면 근저당권설정등기의 말소를 **구할 법률상 이익이 없게** 되므로 이 사건은 상고심 계속 중 **소의 이익이 흠결**되어 소가 부적법하다(2002다57904*).216)

2) 기판력 저촉 여부

확정판결의 존부는 당사자의 주장이 없더라도 법원이 **직권으로 조사**하여 판단하여야 하며, 이러한 사정이 사실심 **변론종결 이후에 발생한 경우 상고심에서도 이를 참작**하여야 한다(2010다80503*).

3) 당사자적격 (15)

사실심 변론종결 이후에 당사자적격 등 소송요건이 흠결되거나 그 흠결이 치유된 경우 상고심에서도 이를 참작하여야 한다(2010다64877).

Ⅳ. 소송법상 취급　　　　　　　　　　　　　　　　　　　　　　　　　　　　sD-12

1. 흠결시 취급

소송요건이 흠결된 경우 **소를 각하**한다. 본안판결을 받는 것이 원고에게 유리한 것이므로 소송요건에 대한 증명책임은 원고가 진다.

2. 간과판결의 효력

ⅰ) 제소전 사망에 따른 당사자능력 흠결, 당사자적격 흠결, 재판권 흠결을 간과한 판결은 무효(단, 당사자적격 흠결 판결은 판결받은 자에게는 유효)이다. ⅱ) 이외에는 위법하나 일응 유효한 판결로, 확정 전에는 상소로, 확정 후에는 재심사유에 해당하는 것에 한해 재심으로 구제받을 수 있다.

Ⅴ. 관련 논점 – 소송요건 선순위성　　　　　　　　　　　　　　　　　　　　sD-13

1. 문제점

소송요건 조사와 본안에 관한 심리는 시간적 선후관계가 없어 동시에 이루어지게 되므로, 원고의 청구가 이유 없다는 심증을 형성한 경우, 소송요건을 고려하지 않고 청구기각의 본안판결을 할 수 있는지 문제된다.

2. 학설

(1) **본안판결선고요건설**은 소송요건은 **본안판결선고의 요건**이므로 곧바로 청구기각판결 할 수 없다고 한다.

(2) **판결선고요건설**은 소송요건과 **본안판결 요건은 동일 평면의 승소판결선고요건**이므로 청구가 이유 없음이 밝혀지면, 소송요건 조사 없이 청구기각판결을 할 수 있다고 한다.

(3) **절충설**은 소송요건이 무익한 소송의 배제나 피고의 이익 보호와 같이 **사익적인 경우**, 곧바로 청구기각판결 할 수 있다고 한다.

---

216) 원심 변론종결 이후 말소된 근저당권설정등기에 대하여 그 말소를 구하는 사해행위취소 및 원상회복청구에 소의 이익이 없다(2021다299549). 대법원은 원심을 직권으로 파기하고 소각하한 사례.

3. 判例 [채당각본]

채권자대위소송에서 피보전채권이 없었던 사건에서 **채**권자가 채무자의 권리를 행사할 **당**사자적격이 없게 되므로 그 대위소송은 부적법하여 소를 **각**하하여야 함에도 불구하고 원심이 이를 간과하고 **본**안에 관하여 심리 판단한 것은 위법하다(88다카4727).[217]

4. 검토

소송요건에 관한 **법관의 법률상 권한**을 박탈해선 안 되고, 당사자의 **절차권**을 충분히 보장할 필요가 있으므로, 소송요건 선순위성을 긍정함이 타당하다.

---

[217] 판결이유에서는 소가 부적법하다고 보면서도 부적법한 소를 각하하지 않고 주문에서 기각한 경우 본안에 관하여 기판력이 생기지 아니하므로 이 점을 들어 원심판결을 파기할 수 없다(91다29026)고 판시한 사안은 소가 부적법하다고 판단하면서도 주문의 표현만 청구기각으로 잘못 표현한 것이어서 소송요건 흠결을 간과하고 본안에 대해 구체적으로 판단한 위 88다카4727 사안과 달리 소송요건 선순위성에 위배된 것이라고 보지는 않았다.

039 소의 이익 개관

> 의의 - 내용

Ⅰ. 의의 및 취지   sD-14

소의 이익이란 당사자가 소송제도를 이용하여 **본안판결을 받을 이익**을 의미한다. **무익한 소송을 방지하기** 위해 요구된다.218)

Ⅱ. 내용   sD-15

1. 권리보호자격 - 공통적인 소의 이익

(1) 청구가 재판상 청구할 수 있는 구체적 법률관계일 것

소권이 없는 자연채무에 대한 청구 권리보호자격이 없다. 법률상 쟁송이 아닌 임야·토지·건축물대장상의 명의 말소·변경청구 등은 권리보호자격이 없다.

(2) 법률상·계약상 소제기 금지사유가 없을 것

법률 또는 당사자간 계약으로 소를 제기할 우 없는 경우에는 권리보호자격이 인정되지 않는다.

(3) 제소장애사유가 없을 것

법률이 통상의 소송 아닌 간이하고 경제적인 다른 구제절차를 마련해 놓고 있는 경우에는 그를 이용함이 경제적이기 때문에 이런 경우에도 소를 제기함은 권리보호자격이 없다.

(4) 원고가 이미 승소확정판결을 받은 경우가 아닐 것

원고가 이행의 소를 제기하여 이미 승소확정판결을 받아 놓아 강제집행할 수 있는 경우, 다시 동일한 이행의 소를 제기함은 권리보호자격이 없다. 단, 시효중단을 위한 이행의 소 제기인 경우, 소의 이익을 인정하여 허용되는 경우가 있다.219)

(5) 신의칙 위반의 소제기가 아닐 것

소권의 행사는 신의에 따라 성실하게 하여야 한다. 신의칙에 반하는 소제기는 보호가치 없는 소송으로 소의 이익이 부인된다.

2. 권리보호이익 - 각종의 소에 특수한 소의 이익

(1) 현재이행의 소

변론종결시 기준 이행기가 도래하였으나 이행되지 않은 이행청구권의 존재를 주장하면, 그것으로 현재이행의 소의 권리보호이익이 인정된다.

---

218) 권리보호이익, 확인의 이익도 소의 이익의 일종이다.
219) 시효중단 참조.

(2) 장래이행의 소

변론종결시 기준 이행기가 장래에 도래하는 이행청구권을 주장하는 소이기 때문에 청구적격과 미리 청구할 필요가 인정되는 경우에 한하여 소의 이익을 인정한다.

(3) 확인의 소

원고와 피고 사이의 권리·법률관계에 대한 확인을 구하는 소로, 원칙적으로 권리관계 존부는 법원의 판결이 없어도 그 목적이 달성될 수 있으므로 원칙적으로 소의 이익이 없고 예외적으로 확인의 이익이 인정된다.

040 권리보호자격

📁 의의 – 내용

I. 의의 및 취지   sD-16

원고가 본안판결을 받기에 적합한 일반적 자격을 의미한다. 무익한 소송을 방지하기 위해 요구된다.

II. 내용   sD-17

1. 청구가 재판상 청구할 수 있는 구체적 법률관계일 것 – 대장명의말소청구

(1) 문제점

소는 법원의 권한에 속하는 **법률적 쟁송**이어야 하는데, 대장명의말소를 구하는 것이 이에 해당하는지 문제된다.

(2) 학설

1) 긍정설은 임야대장상 소유자는 **소유권 귀속에 관한 추정**을 받으므로 소의 이익을 긍정한다.
2) 부정설은 임야대장에 의한 소유권 귀속에 관한 추정은 등기의 **법률상 추정**과 같은 **증명책임 전환의 효력**은 없으므로 소의 이익을 부정한다.

(3) 判例 [대세권 진소방]

토지**대**장, 임야대장, 가옥대장 등은 **조세**징수의 편의를 위한 장부에 불과한 것으로서 대장은 **권리변동**의 공시방법이 아닌 만큼, 대장 등에 **진**실한 소유자가 아닌 자의 명의로 등재된 것만으로는 **소유권의 방**해가 된다고 할 수 없어 소유권을 부인하는 자에 대해 소유권의 확인을 청구함으로써 충분하고, 대장명의말소청구는 소의 이익이 없어 부적법하다(78다913).

(4) 검토

토지대장은 **사실관계를 공시할 뿐**, 권리의무를 공시하지 않으므로 대장명의말소청구는 사실 다툼에 불과하여 법률상 쟁송이라고 할 수 없으므로 소의 이익을 부정함이 타당하다.

2. 소제기 금지사유가 없을 것 – 중복소제기금지원칙, 재소금지원칙, 부제소합의

ⅰ) 법률상 소제기 금지사유인 중복소제기금지원칙(제259조), 재소금지원칙(제267조 제2항) 등에 위배되지 않아야 하고 ⅱ) 계약상 소제기 금지사유인 부제소합의[220][221] 등에 위배되지 않아야 한다.

---

[220] 당사자 사이에 부제소합의가 있는 채권을 피보전권리로 하여 제기한 사해행위취소청구도 인용될 수 없다(2011다81541).
[221] 중재계약이 있는 경우도 소는 권리보호자격이 없다.

3. 소제기 장애사유가 없을 것 - 예비적 청구 누락 알고도 상소하지 않아 확정[222)223)]

(1) 문제점

ⅰ) 직접적이고 경제적인 구제절차를 활용하지 않고 소제기하면 권리보호자격이 없다. ⅱ) 당사자가 예비적 청구에 관한 **판단이 누락**되었음을 알고도 **상소하지 않아 판결이 확정**된 경우, 당시의 직접적이고 경제적인 구제절차인 상소를 제기하지 않고 별소를 제기하는 경우, 소의 이익이 인정될 수 있는지 문제된다.

(2) 判例 **[예누알상 별권]**

예비적 청구에 관한 판단이 **누**락되었음을 **알**게 된 당사자가 **상**소하지 않아 판결을 확정시켰다면, 그 후 그 분쟁을 **별**소로 다시 제기하는 것은 **권**리보호를 위한 적법요건을 갖추지 못해 허용될 수 없다(98다17145).

(3) 학설

ⅰ) 판례와 같은 견해가 있으나, ⅱ) 반대견해는 소제기 장애사유에서 말하는 직접적이고 경제적인 구제절차는 "소제기 당시"에 취할 수 있는 조치를 말하며, "소제기 전"에 상소하지 않음을 이유로 별소를 허용하지 않음은 부당하다고 한다.

(4) 검토

상소절차를 통한 1회적 분쟁해결이 가능했음에도 당연무효가 아닌 판결을 확정시킨 경우, 당사자는 **상소절차 이용권을 스스로 포기한 것으로 볼 수 있으므로 별소로 이를 구하면 소의 이익을 부정하는 것이 타당하다.**

4. 이미 승소확정판결을 받은 경우가 아닐 것 - 기판력

ⅰ) 원고가 이미 승소확정판결을 받은 소송물에 대하여 동일한 소를 제기하는 경우, 소의 이익 흠결로 각하한다. ⅱ) 다만, 시효중단의 필요성, 판결내용의 불특정, 판결원본의 멸실의 경우에는 예외로 한다.

5. 신의칙 위반의 소제기가 아닐 것 - 소권실효

(1) 문제점

당사자는 신의에 따라 성실하게 소송을 수행하여야 하므로(제1조 제2항), 신의칙에 반하는 소는 소의 이익이 부정된다. 신의칙의 내용 중 실효의 원칙과 관련하여 **소권실효**도 인정할 수 있는지 문제된다.

(2) 학설

1) **긍정설**은 **소권은 처분권의 대상**이 될 수 있으므로, 소권도 실효 대상이 된다고 본다.
2) **부정설**은 **헌법이 인정하는 재판청구권**인 소권은 실효의 대상이 될 수 없다고 본다. 다만, **소권남용으로 보아 소를 각하하여야 한다고** 본다.
3) **실체법상 권리 실효설**은 소권이 아닌 실체법상 지위가 실효된 것으로 보아 **청구기각판결을 하여야 한다**고 본다.

---

222) 어느 청구에 대해 법원이 전혀 판단을 하지 않아 그 부분은 기판력이 생기지 않아 누락된 청구를 다시 제기해도 기판력에 저촉되지 않는다.
223) 예비적 청구에 대한 판단이 누락되었음을 알고도 상소하지 않아 판결을 확정시킨 경우 재심의 소는 재심의 보충성(제451조 제1항 단서)에 위반되어 부적법 각하된다.

(3) 判例

근로자들이 이의 없이 **퇴직금, 보상금**을 수령한 뒤 **면직일로부터 10년 후, 면직처분무효확인의 소**를 제기하는 것은 신의칙에 반하여 허용되지 않는다고 하여 소권도 실효될 수 있음을 판시하였다(92다23285).

(4) 검토

생각건대 권리행사가 실체법상 신의칙에 반하면 청구를 기각할 것이며, 권리행사는 실체법상 신의칙에 반하지 않고 소제기가 소송법상 신의칙 위반인 것만 각하해야 하므로, 위와 같이 권리행사가 실체법상 신의칙에 반하는 경우는 청구를 기각하는 것이 분쟁의 종국적 해결로 타당하다.

041 권리보호이익

📁 의의 – 내용

Ⅰ. 의의 및 취지　　　　　　　　　　　　　　　　　　　　　　　　　　　　　　sD-18

원고가 청구에 대하여 판결을 구할 **현실적 필요성**을 의미한다. 무익한 소송을 **방지**하기 위해 요구된다.

Ⅱ. 내용　　　　　　　　　　　　　　　　　　　　　　　　　　　　　　　　　　sD-19

1. 현재이행의 소

(1) 의의

　　현재이행의 소란 원고가 **변론종결시 기준 이행기가 도래**하였으나 이행되지 않은 이행청구권의 존재를 주장하며 제기하는 소이다.

(2) 원칙

　　이행의 소는 원칙적으로 원고가 **이행청구권의 존재를 주장**하는 것으로서 권리보호이익이 인정된다 (2015다255265).224)225) 승소확정판결을 받아 **강제집행**할 수 있도록 하게 하기 위함이다.

(3) 집행이 곤란한 경우

1) 집행곤란

판결절차는 분쟁의 관념적 해결절차로서 사실적인 강제집행절차와는 별도로 독자적인 존재의의를 갖고, 승소판결을 보유하면 **채무자에게 심리적 압박**이 되어 장래에 집행이 가능해질 수도 있기 때문에 소의 이익이 인정된다(2016다200552*).

2) 순차이전등기말소청구 [후인전실 전말]

순차적으로 경료된 소유권이전등기의 각 말소등기절차이행을 청구한 경우, **후**순위등기의 말소등기절차이행청구가 **인**용되지 않아 그 **전**순위등기의 말소등기의 **실**행이 불가능해도, 전순위등기명의자에 대한 관계에서 그 **전**순위등기의 **말**소절차를 이행할 의무가 있다고 인정되면 말소절차이행을 명해야 한다 (80다3198).226)

---

224) 이미 이행기가 도래한 청구권을 주장하면서 소제기하면 이행청구권의 주장만으로 권리보호이익은 인정된다. 심리결과 이행기가 변론종결시 도래하지 않았다면 청구기각한다(단, 원고가 반대의사를 표시하지 않고 미리 청구할 필요가 인정되는 경우라면 청구기각하지 않고 장래이행판결 가능함). 만약 이행기 미도래로 청구기각판결이 확정된 후 이행기가 도래한 다음 동일한 소를 다시 제기하면 변론종결 후 새로운 사유로 인정되어 후소는 전소 기판력에 저촉되지 않는다.
225) 토지거래허가구역 내 위치한 토지의 거래에 필요한 허가절차 협력의무이행청구는 소의 이익이 있다(90다12243*).
226) 전순위등기명의인에 대한 등기말소청구의 본안과 관련하여, 80다3198 사건에선 등기말소청구가 인용되었으며, 94다7348 사건에선 등기말소청구가 기각되었다.

3) 채권 가압류227) [가현이 가집시대]

채권에 대한 **가**압류가 있더라도 이는 채무자가 제3채무자로부터 **현**실로 급부를 추심하는 것만을 금지하는 것일 뿐 채무자는 제3채무자를 상대로 그 **이**행을 구하는 소를 제기할 수 있음이 원칙이다. 왜냐하면 채무자로서는 제3채무자에 대한 그의 채권이 **가**압류되었다고 해도 **집**행권원을 취득할 필요가 있고 또는 **시**효를 중단할 필요도 있는 경우도 있을 것이며 또한 가압류를 이유로 청구가 배척된다면 가압류가 취소된 후 **다**시 소를 제기해야 하는 불편함이 있기 때문이다(2001다59033*).228)229)

(4) 목적이 이미 실현되거나 실익 없는 청구

ⅰ) 등기 관련 소송 중 다른 원인에 의해 등기가 경료되거나, 등기가 말소되거나, 건물과 같은 목적물이 멸실된 경우 ⅱ) 사해행위취소소송 계속 중 목적 재산이 이미 채무자에게 복귀된 경우 ⅲ) 의사진술을 구하는 소에서 의사진술이 간주되더라도 아무런 법적 효과가 없는 경우 ⅳ) 부기등기말소청구의 경우가 있다.

☑ **담보물권 이전의 부기등기말소청구의 권리보호이익**

1. 원칙 [무저부주직]

피담보채무가 소멸된 경우 또는 근저당권설정등기가 당초 원인**무**효인 경우 주등기인 근**저**당권설정등기의 말소만 구하면 되고 그 **부**기등기는 별도로 말소를 구하지 않더라도 **주**등기의 말소에 따라 **직**권으로 말소되는 것이다(2000다5640).

2. 예외 [주이무부말]

근저당권의 이전원인만이 무효로 되거나 취소 또는 해제된 경우, 즉 근저당권의 **주**등기자체는 유효한 것을 전제로 이와는 별도로 근저당권**이**전의 부기등기에 한하여 **무**효사유가 있다는 이유로 **부**기등기만의 효력을 다투는 경우에는 그 부기등기의 **말**소를 소구할 필요가 있으므로 예외적으로 소의 이익이 있다(2002다15412).

☑ **실제 소유관계에 부합하지 않는 부기등기말소청구의 권리보호이익**

등기명의인의 표시변경 또는 경정의 부기등기가 등기명의인의 동일성을 해치는 방법으로 행하여져서 실지 소유관계를 표상하지 않는다면 진실한 소유자는 그 표시상의 소유명의자를 상대로 부기등기인 표시변경 또는 경정등기의 말소등기절차의 이행을 청구할 수 있다(2020다299214).230)

☑ **대상이 되는 법률관계가 종료된 뒤에도 형성소송의 권리호보이익**

근로자가 부당해고 구제신청을 하여 해고의 효력을 다투던 중 정년에 이르거나 근로계약기간이 만료하는 등의 사유로 원직에 복직하는 것이 불가능하게 된 경우에도 해고기간 중의 임금 상당액을 지급받을 필요가 있다면 임금 상당액 지급의 구제명령을 받을 이익이 유지되므로 구제신청을 기각한 중앙노동위원회의 재심판정을 다툴 소의 이익이 있다고 보아야 한다(2019두52386*).

---

227) **判例** 기재에 앞서 "가압류의 처분금지효"를 적어줄 수 있다. 채권이 가압류되면 처분금지효로 인해 채무자는 채권을 처분할 수 없고, 제3채무자도 변제 등의 채권 소멸행위를 할 수 없게 된다.
228) 가압류된 채권의 소의 이익을 인정하는 것은 피압류채권이 금전채권이든 소유권이전등기청구권이든 마찬가지다. 단지, 금전청구의 경우 압류명령이 해제되지 않는 한 채권자가 제3채무자로부터 현실로 급부를 추심할 수는 없고, 제3채무자는 집행단계에서 채무자의 집행을 저지할 수 있으므로, 별도의 조건 없이 청구인용판결이 가능하나, 소유권이전등기청구의 경우 별도의 집행절차가 없이 승소확정 판결만으로 곧바로 등기를 경료할 수 있으므로, 가압류의 해제를 조건으로 인용해야 할 뿐이다.
229) 채무자가 피압류채권에 관하여 제3채무자를 상대로 제기한 이행청구가 이유 있는 경우 단순 인용판결을 선고하는 것이 원칙이고, 추심채권자가 공동소송참가를 하였더라도 달리 볼 것은 아니다(2021다252977).
230) 이와 같이 부동산의 등기명의인의 표시변경 또는 경정등기의 말소등기절차의 이행을 청구하려는 자는 자신이 부동산의 원래의 등기명의인에 해당하는 자로서 진실한 소유자라는 사실을 증명하여야 한다(2020다299214).

☑ **의사진술을 구하는 구하는 청구의 권리보호이익**

의사진술이 간주되어 법적 효과가 발생하게 되면 소의 이익이 인정되지만, 의사진술이 간주되어도 어떠한 법적 효과도 발생하지 않는다면 소의 이익이 없다(2016다200552*).[231][232]

2. 장래이행의 소[233]

3. 확인의 소[234]

---

[231] 원고는 피고에 대하여 협의회의 구성원인 피고 대표 위원들로 하여금 회의 소집을 요구하게 하고 회의에서 복지기금의 출연안에 찬성하는 의사를 표시하게 하라는 것이 이 사건 소의 청구 내용이다. 결국 이 사건은 피고가 피고를 대표하는 이 사건 협의회 위원들에게 회의 소집을 요구하고 의안에 찬성할 것을 지시하는 의사의 진술을 구하는 소이므로, 판결이 확정되어 그러한 의사를 진술한 것으로 간주됨으로써 어떤 법적 효과가 생길 수 있다는 것이 전제되어야 소의 이익이 인정될 수 있다. 그러나 피고가 이 사건 협의회 위원들에게 회의 소집 및 의안 찬성을 요구하거나 지시한다고 하여 그 위원들이 피고의 요구나 지시에 따를 법적 의무가 있다거나 기속된다고 볼 수 없다. 그렇다면 원고가 이 사건 소에 의한 승소판결을 받고 확정되어 피고의 의사의 진술이 간주되더라도 그로써 무슨 법적 효과가 생길 것이 없다(2016다200552*).
[232] 의사진술을 구하는 청구, 즉, 의사표시에 갈음하는 재판을 구하는 청구의 대표적인 예로, 소유권이전등기청구가 있다.
[233] 후술할 "장래이행의 소" 참조.
[234] 후술할 "확인의 소" 참조.

042 장래이행의 소

📁 의의 - 요건

I. 의의 및 취지   sD-20

변론종결시를 기준으로 이행기가 장래에 도래하는 청구권을 주장하며 제기하는 소이다(제251조).235) 미리 집행권원을 얻어 두었다가 장래 이행기가 도래하면 즉시 강제집행하기 위함이다.

II. 요건 [기계미] (17)(24)   sD-21

1. 청구적격
(1) 청구권 발생의 기초가 되는 법률관계가 변론종결시 존재해야 한다.236)
(2) 이행기까지의 상태 계속의 확실성 또는 조건 성취의 개연성이 있어야 한다.237)

2. 미리 청구할 필요

(1) 의의

　이행기가 도래해도 임의이행을 기대할 수 없는 경우를 말하며, 이행의무의 성질과 의무자의 태도를 고려하여 판단한다.

(2) 이행의무의 성질

　정기행위와 같이 이행이 늦어지면 채무 본지에 따른 이행이 어렵거나 이행지체로 회복할 수 없는 손해가 발생하는 경우 미리청구할 필요가 인정된다.

(3) 의무자의 태도

　명시적으로 이행을 거부하거나, 현재 이행기 도래분의 미지급, 이행의무의 존재를 다투는 등의 경우에 미리청구할 필요가 인정된다.

> ↳ 예시
> 1. 청구적격 인정
> (1) 토지 불법점유자에 대한 인도완료일까지의 부당이득반환청구 (17)
> 　변론종결시 부당이득반환청구권 발생의 기초가 되는 불법점유 상태가 현존하고, 장래 인도시까지 불법점유상태가 계속될 것이 확실하여 청구적격이 인정되고, 현재 이행기 도래분에 대한 부당이득반환의 임의이행이 이루어지고 있지 않으므로 미리청구할 필요성도 인정된다.

---

235) 장래 이행기가 도래하는 청구권을 주장하며 소를 제기했어도 변론종결시 변제기가 도래하면 장래이행의 소 요건의 필요 없이 현재 이행의 소로 소의 이익이 당연히 인정된다.
236) 장래이행청구의 기초가 되는 계약관계가 변론종결시 존재하는 경우, 불법점유에 의한 부당이득반환청구의 기초가 되는 불법점유상태가 있는 경우 등을 의미한다.
237) 기한부 청구(확정기한 도래, 불확정기한 도래)는 상태 계속의 확실성, 조건부 청구(상환이행, 선이행, 집행불능 대비)는 조건 성취의 개연성을 요한다.

(2) 면직무효확인청구와 함께 복직시까지의 임금 지급을 구하는 청구
  임금청구의 기초가 되는 교수임용계약 및 직권면직처분이 변론종결시 존재하고, 복직시까지 이와 같은 상태가 계속될 것이 확실하여 청구적격이 인정된다(90다카25277).
(3) 학교법인 매매계약에서 감독청 허가를 조건으로 소유권이전등기청구
  매매계약이 감독청의 허가 없이 체결되어 아직은 효력이 없다고 하더라도 위 매매계약에 기한 소유권이전등기절차이행청구권의 기초가 되는 법률관계는 이미 존재한다고 볼 수 있고 장차 감독청의 허가에 따라 그 청구권이 발생할 개연성 또한 충분하므로, 매수인으로서는 미리 그 청구를 할 필요가 있는 한, 감독청의 허가를 조건으로 그 부동산에 관한 소유권이전등기절차의 이행을 청구할 수 있다(96다27988).
(4) 생존을 조건으로 정기적인 손해배상액 지급 청구
  손해배상청구의 기초가 되는 불법행위가 변론종결시 존재하고 장래 생존하는 기간 동안 불법행위에 기한 후유증의 상태 계속 확실성이 인정되어 청구적격이 인정되고, 현재 이행기 도래분에 대한 임의이행이 이루어지고 있지 않으므로 미리 청구할 필요도 인정된다(2001다72678).
(5) 상환이행청구 또는 선이행청구
  소유권이전등기청구(또는 저당권설정등기말소청구)의 기초가 되는 매매계약(또는 저당권설정계약)이 변론종결시 존재하고, 상환이행조건(또는 선이행조건) 성취의 개연성이 충분하여 청구적격이 인정된다(8()다2270*). 또한 이행이 제 때에 이루어지지 않으면 채무본지에 따른 이행이 되지 않거나, 채무자가 채무의 존재를 이행기가 도래하기 전부터 다투고 있거나(70다344), 상대방이 매매대금액수(또는 피담보채무액수)를 다투는 경우 미리 청구할 필요도 인정된다(92다15376).
(6) 집행불능 대비 대상청구 (24)
  대상청구권의 기초가 되는 본래급부에 관한 법률관계가 변론종결시 존재하고 집행시 집행불능이 될 개연성이 충분하고 현재 본래급부에 기한 이행의무를 해태하고 있으므로 미리청구할 필요도 인정된다.
(7) 도로폐쇄에 의한 피고의 점유종료일 또는 원고의 소유권 상실일까지의 부당이득반환청구
  최근 "원고의 소유권 상실"은 실체적 법률관계의 변동이 장래 불특정시점에 이루어지므로 수소법원에서 심판할 사항이고 집행기관의 판단에 맡길 수 없다고 하여 "도로 소유권 상실일까지"라는 표현이 바람직하지 않다고 하였다(2015다244432).[238]

2. 청구적격 불인정

(1) 피고가 매수할 때까지의 부당이득반환 청구
  "시가 위 토지를 매수할 때까지"로 기간을 정한 장래의 차임 상당 부당이득반환청구는 장차 시가 위 토지를 매수하거나 수용하게 될는지 또는 그 시점이 언제 도래할지 불확실하고 소유자가 위 토지를 계속하여 소유하지 못할 수도 있는 것이어서 위 장래의 기간 한정은 **의무불이행의 사유가 그 때까지 계속하여 존속한다는 보장이 성립되지 않아** 청구적격이 인정되지 않는다(91다17139).
(2) 변론종결 후 특정날짜까지의 부당이득반환청구
  "변론종결 후 93.1.21까지"로 기간을 정한 부당이득반환청구는 **그때까지 불법점유 상태의 계속이 확실하다고 볼 수 없어** 청구적격이 인정되지 않는다.
(3) 시험에 합격할 것을 조건으로 한 청구
  시험에 합격할 것을 조건으로 한 청구는 **조건성취의 개연성이 충분하지 않아** 청구적격이 부정된다.
(4) 준공검사가 마쳐질 조건으로 한 청구
  계약상 건물의 준공검사를 차용금 지급의 조건으로 하고 있는 것은 회사가 자신의 계약상의 의무를 모두 이행한 결과로서 준공검사를 마친 것을 의미하는 것이지 회사가 자신의 계약상의 의무를 이행하지 않더라도 준공검사를 마치기만 하면 차용금을 지급하여야 한다는 취지는 아니라고 할 것이므로, **회사의 의무이행 여부가 불확실한 상황에서 단순히 준공검사가 마쳐지는 것만을 조건으로** 하여 피고에게 장래이행의 판결을 명할 수는 없다(94다20341).

---

[238] 집행기관은 "소유권 취득·상실이라는 실체법상 권리관계"에 대한 판단을 할 수 없기 때문에 "원고 소유권 상실일"이 언제인지 판단할 수 없기 때문에 주문에 "원고 소유권 상실일까지"라는 기재가 있으면 집행기관이 집행문 부여시 혼선이 빚어질 수 있기 때문이다.

(5) 토지거래허가 받을 것을 조건으로 소유권이전등기청구
  1) 학설
    학교법인 매매계약에서는 감독청의 허가를 조건으로 장래이행의 청구를 할 수 있는 것과 같이 **긍정하는 견해**, 토지거래허가의 조건 성취 개연성이 충분하지 않아 **부정하는 견해**가 있다.
  2) 判例
    토지거래허가를 받기 전에는 물권적 효력은 물론 채권적 효력도 발생하지 아니하여 무효이므로 토지거래허가를 받을 것을 조건으로 하는 권리의 이전 또는 설정에 관한 어떠한 이행청구도 할 수 없다(90다12243*). 단, 토지거래허가절차에 대한 협력의무의 이행의 소는 제기할 수 있다(92다34414*).
  3) 검토
    토지거래허가 구역 내 토지 매매계약은 허가가 없는 한 강행규정에 위배되어 무효이고, 허가의 조건 성취 개연성이 충분하다고 보기 어려우므로 청구적격을 부정하는 것이 타당하다.
(6) 채권양도 통지를 조건으로 채무이행청구
  1) 학설
    채권은 양도되었으나 단지 대항요건만을 갖추지 못한 것에 불과하므로 **긍정하는 견해**, 채권양도통지가 이루어지지 않으면 채권양도가 대세적으로 효력이 없어 기초가 되는 법률관계가 없다는 이유로 **부정하는 견해**가 있다.
  2) 判例
    채권을 양수했으나 채권양도의 통지 등 **대항요건을 갖추지 못했다면 채권양수인은 현재는 채무자와 사이에 아무런 법률관계가 없어** 채무자에 대하여 아무런 권리주장을 할 수 없기 때문에 채무자에 대하여 채권양도인으로부터 양도통지를 받은 다음 채무를 이행하라는 청구는 장래이행의 소로서의 요건을 갖추지 못하여 부적법하다(90다9452).
  3) 검토
    대항요건을 갖추기 전이라도 당사자 간에는 기초 법률관계인 채권양도계약이 존재하고 채권양도통지가 이루어질 개연성이 충분하므로 채권양도 통지 조건부 채무이행청구의 청구적격을 인정함이 타당하다.
(7) 동시이행항변 또는 유치권 행사에 따른 점유시 인도하는 날까지의 부당이득반환청구
    피고의 점유는 동시이행항변권 또는 유치권의 행사에 따른 것이어서 적법하나 피고가 토지를 본래 목적에 따라 사용수익함으로써 실질적 이득을 얻고 있다는 이유로 임료상당금원의 부당이득반환을 명하고 있는 경우, **피고가 원고에게 토지를 인도하지 않더라도 원심이 이행을 명한 인도하는 날 이전에 토지의 사용수익을 종료할 수도 있기 때문에 의무불이행사유가 인도하는 날까지 존속한다는 것을 변론종결시에 확정적으로 예정할 수 없는 경우이어서** 그때까지 이행할 것을 명하는 판결을 할 수 없다(2000다37517).239)

3. 미리 청구할 필요 불인정
(1) 채무자가 장래 무자력해질 염려가 있다는 이유
    임의이행거부 등 사유 없이 **채무자가 무자력**해질 염려가 있다는 이유로 장래이행청구하는 경우, **집행권원을 미리 얻어 두었더라도 강제집행은 곤란**하므로 미리 청구할 필요가 없다.
(2) 채무자가 자신의 의무를 다투는 것으로 볼 수 없는 경우
    원고가 장래 임대차계약 종료시 건물을 인도하라는 장래이행청구를 한 사건에서 피고는 이 사건 임대차계약이 2024. 4. 1. 종료된다는 점 및 그 시점이 도래되어야 원고에 대하여 이 사건 건물의 인도의무가 있음을 주장하면서 이를 인정하였고, 권리금을 회수할 예정일 뿐이며 건물인도의무의 존부나 이행기의 도래 여부를 부정하거나 다툰 것으로 보이지 않고, 원고가 자신의 권리인 건물인도청구권에만 국한하여 집행권원을 확보하려는 전적으로 원고의 이해관계에만 부합하는 화해권고결정 요청을 거절하였다고 하여 자신의 의무를 다툰 것이 아니며 이행기가 도래하더라도 임의이행이 기대할 수 없는 경우에 해당하지 않아 미리 청구할 필요가 인정되지 않는다(2022다286786).

---

239) 동시이행항변 또는 유치권을 행사하는 자는 점유권을 갖기 때문에 그에 기해 점유만 하고, 사용·수익을 하지 않는다면 임료상당의 금원을 부당이득 명목으로 지급할 필요 없다. 따라서, 토지를 인도하는 날(=점유를 종료하는 날) 이전에 사용·수익을 중단하게 되면 그 이후 시점부터는 임료상당의 부당이득을 반환할 의무가 없게 되므로 동시이행항변 또는 유치권에 기한 점유자에 대해 "인도하는 날까지의" 부당이득반환을 청구할 수 없는 것이다(명석).

043 확인의 소

> 의의 - 대상적격 - 확인의 이익

Ⅰ. 의의 및 취지　　　　　　　　　　　　　　　　　　　　　　　　　　　sD-22

ⅰ) 확인의 소는 **법률관계를 대상으로 삼아** 확인을 구하는 소이다. ⅱ) 확인의 대상이 무제한해질 수 있어 **남소 방지**를 위해 소의 이익(대상적격, 확인의 이익)이 그 통제에 중요한 역할을 한다.

Ⅱ. 대상적격　　　　　　　　　　　　　　　　　　　　　　　　　　　　　sD-23

1. 의의

확인의 소로 현재의 권리·법률관계에 대한 확인을 심판대상으로 삼아야만 대상적격이 인정된다.

2. 권리·법률관계의 확인

권리·법률관계가 아닌 ⅰ) 사실관계 ⅱ) 추상적인 법령 또는 법규 자체의 확인에 대해서는 확인의 소의 대상적격이 인정되지 않는다.

> **예시 - 사실관계 확인에 불과하여 대상적격이 없는 경우**
> ① 어느 건물이 유족을 수용하는 모자원(母子園)이라는 확인(4291민상868) ② 사찰이 원고(대한불교조계종)의 종파에 속한다는 확인(83다325) ③ 원고 소유의 대지가 타인 소유의 건물의 부지가 아님의 확인(91누1974) ④ 별도로 보존등기 된 건물이 동일건물이라는 확인(4294민상914) ⑤ 종손이란 지위 확인을 구하는 것(4292민상940) ⑥ 온천발견자라는 지위 확인(2002다20353) ⑦ 시설비 지급사실의 확인(91다21549) ⑧ 지번·지적확인(77다408, 409) ⑨ 손해배상청구의 요건사실 중 하나인 과실유무 확인 등은 권리·법률관계가 아닌 사실관계 확인으로 대상적격이 없다. (단, 증서진부확인의 소는 사실관계확인이지만 확인의 이익을 인정한다.)

> **예시 - 추상적인 법령 또는 법규 자체의 확인에 불과하여 대상적격이 없는 경우**
> 대한민국 상이군정회의 정관 전부 또는 그 일부규정의 무효확인을 구하는 것은 결국 일반적, 추상적 법규의 효력을 다투는 것일 뿐 구체적 권리 또는 법률관계를 대상으로 하는 것이 아님이 명백하므로, 이를 독립한 소로써 구할 수는 없다(92다13875*).

3. 과거 법률관계 확인

(1) 원칙

과거의 법률관계의 존부 확정은 **현재의 분쟁해결을 위한 직접적인 방법이 되지 못하므로** 원칙적으로 확인의 이익이 없다.

(2) 예외

1) 현재 법률관계 확인으로 선해

매매계약 무효확인청구(또는 매매계약 해제확인청구)는 과거 **법률행위인 매매계약 무효확인을 구하는 것으로 볼 것이 아니라 현재 매매계약에 기한 채권채무가 존재하지 않는다는 확인을 구하는 취지를 간결하게 표현한 것으로 선해해야 한다**(66다17).[240]

2) 포괄적 법률관계 확인

신분관계, 사단관계, 행정관계와 같이 그것을 전제로 하여 수많은 **법률관계가 발생하고 그에 관하여 일일이 개별적으로 확인을 구하는 번잡한 절차를 반복하는 것보다 과거의 법률관계 그 자체의 확인을 구하는 편이 관련된 분쟁을 일거에 해결하는 유효 적절한 수단인 경우에는 예외적으로 확인의 이익이 인정된다**(94므1447).[241][242]

3) 현재 법률관계에 영향을 미치는 경우

과거 법률관계라도 현재 법률상 지위에 영향을 미치고 그 불안을 제거하기 위해 법률관계 확인을 받는 것이 가장 유효적절한 수단이면 예외적으로 확인을 구할 이익이 인정된다(2022다207547).

☑ 근저당권 말소 후, 피담보채무 부존재확인

1. 판례

근저당권의 피담보채무에 관한 부존재확인의 소는 **근저당권이 말소되면 과거의 권리 또는 법률관계**의 존부에 관한 것으로서 확인의 이익이 없게 된다(2012다17585).

2. 학설

1) **긍정설**은 저당권이 말소되었더라도 **채무 존부에 대한 다툼**이 있는 경우에는 **채무 존부에 대한 기판력**을 얻어 채무 존부에 대한 분쟁을 막을 필요가 있어 피담보채무부존재 확인을 구할 이익이 있다고 한다.
2) **부정설**은 **채무 존부는 분쟁의 주된 대상이 아니므로** 피담보채무 부존재확인의 소를 제기할 이익이 없다고 한다.

---

240) 주식양도·양수계약의 부존재 또는 무효확인을 구하는 소는 과거의 법률행위인 계약자체의 부존재 또는 무효확인을 구하는 것으로 볼 것이 아니라, 그 계약이 존재하지 아니하거나 무효임을 내세워 그 계약에 터잡아 이루어진 현재의 법률관계의 부존재 내지 무효의 확인을 구하는 취지라고 보아야 할 것이다(86다카2675).

241) [확인의 이익을 인정한 감사지위확인청구] 원고의 감사지위확인 청구 소송에서, 환송 후 항소심에 이르러 원고의 임기가 만료되고 후임 감사가 선임되어, 과거의 법률관계가 되었더라도 원고의 감사 지위 존부에 대하여 확인판결을 받는 것은 후속 분쟁을 근본적으로 해결하는 유효·적절한 수단이 될 수 있다. 감사 지위 존부는 금전지급을 구하는 후속 소송에서 선결문제가 되어 심판될 수 있으나, 이러한 사정만으로 확인의 이익을 부정할 수 없다(2018다249148).
즉, 감사임기가 만료되고 후임감사가 선임되어 감사자위확인이 과거 법률관계확인일지라도, 감사지위가 인정되는 기간 동안의 미지급 임금에 대한 손해배상청구와 관련된 후속분쟁에 있어, 감사지위확인을 구함이 분쟁을 일거에 해결하는 유효·적절한 수단이기 때문에 확인의 이익을 긍정한 사안이다.

242) [확인의 이익을 부정한 이사지위확인청구] 피고회사의 이사였던 원고가 임기 만료로 퇴사하였는데, 피고회사의 이사 정원이 부족하다는 이유로 자신이 현재 이사의 지위에 있음에 대하여 확인을 구하는 소를 제기하였다가, 그 후 피고 주식회사의 새로운 이사가 다시 선임되자 자신이 퇴사한 이후부터 새로운 이사의 선임 시까지 이사의 지위에 있었고 그 기간에 이사보수청구권이 발생하였다고 주장하면서 과거의 법률관계인 '위 일정기간 이사 지위에 있었음'에 대한 확인을 구하는 취지로 청구를 변경한 사건에서, 과거 법률관계에 대한 확인의 소는 권리보호 이익이 없음이 원칙이고 이사보수청구권의 발생 가능성만으로는 예외적으로 확인의 이익을 인정하기 부족하다(2022다207967).
2022다207967 判例에선 임기동안의 보수청구권 외에 현재 법률적 다툼이 존재한다는 구체적 사정이 보이지 않으므로 이사지위확인을 구할 이익이 없다고 보았다. ○○지위확인의 소의 확인의 이익 인정 여부는 일률적으로 판단하기 보다는 과거법률관계로 인해 현재 법률적 다툼이 존재하는지 여부 등 제반사정을 고려하여 판단해야 할 것이다.

3. 검토
채권자가 **청구권을 주장하면 원고의 법률상 지위에 현존하는 불안이 존재**하게 되므로 확인의 이익을 인정하는 것이 타당하다.

☑ 징계·파면·해임·면직 무효확인의 소 문제

1. 확인의 이익 인정
(1) 징계처분 무효 확인
　　징계처분으로 정직기간 동안 임금을 전혀 지급받지 못하는 법률상 불이익을 입게 된 이상 징계처분은 임금청구권 존부에 관한 현재 법률상 지위에 영향을 미치고 있으므로 확인의 이익이 있다(2010다36407).
(2) 해임, 파면처분 무효 확인
　　교원이 징계에 의해 해임, 파면되었다면 공직이나 교원으로 임용될 수 있는 법률상 지위에 대한 불안을 제거하기 위해 해임, 파면처분 무효확인을 구할 이익이 있다.

2. 확인의 이익 부정[243]
(1) 임용기간 만료
　　기간을 정해 임용된 사립학교 교원이 임용기간 만료 전에 해임, 면직, 파면 등 처분을 받고 그 임용기간이 만료된 때에는 재임용의무를 부여하는 규정이 없다면 임용기간 만료로 당연히 교원신분을 상실하고 직위해제 또는 면직 처분이 무효라도 교원신분을 회복할 수 없어서 그 무효확인청구는 과거 법률관계 확인청구에 지나지 않으므로 부적법하다(95재다199*).
(2) 정년 도과
　　근무정년을 초과한 상태이므로 신분회복이 불가능한데도 해직처분무효확인을 구한 경우 급료청구나 손해배상청구 소송에서 그 전제로서 해직처분의 무효를 주장해 구제를 받을 수 있으므로 해직처분무효확인을 받는 것은 소로 다툴 실익이 없다(82다카139).
(3) 법률상이 아닌 사실상 불이익으로 본 경우
　　과거의 법률행위에 불과한 해고에 대하여 확인소송을 구하는 이유가 단순히 사회적인 명예의 손상을 회복하기 위한 것이라면 이는 현존하는 권리나 법률상의 지위에 대한 위험이나 불안을 제거하기 위한 것이라고 할 수 없고, 그것이 재취업의 기회가 제한되는 위험을 제거하기 위한 것이라 하여도 이러한 재취업 기회의 제한이 법령 등에서 규정되어 있는 등의 특별한 사정이 없는 한 이는 사실상의 불이익이지 법률상의 불이익이라고 할 수 없어 이를 두고 권리나 법률상의 지위에 현존하는 위험이나 불안이 있는 것이라고 할 수도 없다(94다4011).

☑ 감사·이사지위 확인의 소 문제

1. 감사지위확인
　　원고의 감사지위확인 청구 소송에서, 환송 후 항소심에 이르러 원고의 임기가 만료되고 후임 감사가 선임되어, 과거의 법률관계가 되었더라도 이 사건 소송물인 원고의 감사 지위 존부에 대하여 기판력 있는 확인판결을 받는 것은 위와 같은 후속 분쟁을 보다 근본적으로 해결하는 유효·적절한 수단이 될 수 있다. 감사 지위에 있었는지 여부는 금전지급을 구하는 후속 소송에서 선결문제가 되어 심리·판단될 수 있으나, 이러한 사정만으로 확인의 이익을 부정할 수 없다(2018다249148).

2. 이사지위확인
　　피고 주식회사의 이사로 근무하던 원고가 임기 만료로 퇴사하였는데, 피고 회사의 이사 정원이 부족하다는 이유로 자신이 현재 이사의 지위에 있음에 대하여 확인을 구하는 소를 제기하였다가, 그 후 피고 주식회사의 새로운 이사가 다시

---
[243] 다만, 확인의 이익을 부정한 **判例**들도 감사지위확인청구 사건(2018다249148)을 들어 비판할 수 있다.

선임되자 자신이 퇴사한 이후부터 새로운 이사의 선임시까지 이사의 지위에 있었고 그 기간에 이사보수청구권이 발생하였다고 주장하면서 과거의 법률관계인 '위 일정기간 이사 지위에 있었음'에 대한 확인을 구하는 취지로 청구를 변경한 사건에서, 과거 법률관계에 대한 확인의 소는 권리보호 이익이 없음이 원칙이고 이사보수청구권의 발생 가능성만으로는 예외적으로 확인의 이익을 인정하기 부족하다(2022다207967).[244]

4. 제3자 법률관계 확인 [3법불제대유]

제3자의 법률관계와 관련하여 원고의 권리 또는 **법**적 지위에 **현존**하는 위험이나 **불**안이 야기되어 이를 **제**거하기 위하여 그 **법**률관계를 확인의 **대**상으로 삼아 원·피고 간의 확인판결에 의해 즉시 확정할 필요가 있고 또한 그것이 가장 **유**효적절한 수단이어야 확인의 이익이 있다(94다23388*).

> ↘ 예시 - 제3자 법률관계 확인의 이익이 인정된 경우
> ① 제3자 법률관계 확인으로 저당권자가 선순위저당권자를 상대로 선순위저당권 부존재 확인(2000다12785) ② 보증인의 채무자의 채권자에 대한 원채무부존재 확인(2015다206492) ③ 저당권자가 물상보증인을 상대로 제기한 채권존재확인(2002다20742)도 확인의 이익이 인정된다.

> ↘ 예시 - 제3자 법률관계 확인의 이익이 부정된 경우
> ① 학교법인 이사장직을 사임한 원고가 그 뒤 이사장으로 복귀하기 위하여 공동 피고인 학교법인, 재단법인을 상대로 그들 사이에 체결된 협정의 무효확인(2001다1171) ② 원고인 학교가 피고인 지방자치단체를 상대로 학교의 총감과 지방자치단체 사이에 체결된 협약의 유효확인(2014다208255)은 확인의 이익이 인정되지 않는다.

5. 장래 법률관계 확인

(1) 원칙

장차 바뀔 수 있는 불확실한 권리관계이기 때문에 확인의 이익이 인정되지 않는다.[245]

(2) 예외

조건·기한에 걸려 있어 불확정적인 법률관계도 보호할 가치가 있는 법적 이익에 해당하면 확인의 이익이 있다(2000다2429).

III. 확인의 이익   sD-24

1. 의의

확인의 이익은 **법률상 지위에 현존**하는 **불안·위험**이 존재하고, 그 불안·위험을 제거하는 데에 확인의 소가 가장 **유효·적절**한 수단일 때 인정된다.

---

244) 2022다207967 판시에선 임기동안의 보수청구권 외에 현재 법률적 다툼이 존재한다는 구체적 사정이 보이지 않아 이사지위확인을 구할 이익이 없다고 보았다. ○○지위확인의 소의 확인의 이익 인정 여부는 일률적으로 판단하기 보다는 과거법률관계로 인해 현재 법률적 다툼이 존재하는지 여부 등 제반사정을 고려하여 판단해야 할 것이다.
245) 상속개시 전 상속권확인, 유언자 생전에 유언무효확인 등이 있다.

2. 법률상 지위

불안을 제거함으로 인해, 원고의 법률상 지위의 불안이 해소되어야 하고, 반사적으로 받게 될 사실적·경제적 이익은 포함되지 않는다.246)

3. 현존하는 불안·위험

(1) 국가상대 확인의 소

1) 원칙 [소시공]

ⅰ) 국가가 등록명의자의 소유를 부인하면서 계속 **국가 소유를 주장**하는 특별한 사정이 있는 경우 확인의 이익이 있다(94다27649).

ⅱ) 확인의 소에 의한 **시효중단**으로 법적 불안정이 해소되는 경우이거나, **공부의 기재가 틀려서** 그 기재내용으로 소기의 목적을 이룰 수 없어 재판상 확정이 필요한 경우에는 확인의 이익이 인정된다(78다2399*).

2) 미등기 토지

ⅰ) 원칙 [미알소판등]

토지가 **미**등기이고 토지대장이나 임야대장상에 등록명의자가 없거나 등록명의자가 누구인지 **알** 수 없을 때, 토지 **소**유자임을 임야대장등본으로 증명할 수 없다면 **판**결에 의하여 증명함으로써 보존**등**기를 할 수밖에 없으므로 보존등기를 위한 소유권의 증명 때문에 토지 소유자가 국가를 상대로 제기한 확인의 소는 소의 이익이 있다(78다2399*).

ⅱ) 예외 [취등이소지변]

국가가 미등기 토지를 20년간 점유하여 **취**득시효가 완성된 경우, 그 미등기 토지의 소유자로서는 국가에게 이를 원인으로 하여 소유권**이**전**등**기절차를 **이**행하여 줄 의무를 부담하고 있는 관계로 국가에 대하여 그 **소**유권을 행사할 **지**위에 있다고 보기 어렵고, 또 그가 소유권확인판결을 받는다고 하여 이러한 지위에 **변**동이 생기는 것도 아니다(94다13480).

☑ 토지대장상 소유자 표시 흠결시 취급

1. 주소 기재의 일부가 누락되었을 뿐 소유권의 귀속 주체가 될 명의인, 상속인을 특정할 수 있는 경우
   토지대장상의 소유자 표시 중 **주소 기재의 일부가 누락**된 경우는 등록명의자가 누구인지 알 수 없는 경우에 해당하여 **대장에 의해 소유권보존등기를 신청할 수 없으므로** 토지소유자의 채권자는 **보존등기신청을 위해** 소유자를 대위해 국가상대로 소유권확인을 구할 이익이 있다(2018다242246).

2. 주소나 인적사항에 관한 기재가 없어 소유권의 귀속 주체가 될 명의인, 상속인을 전혀 특정할 수 없는 경우
   미등기토지에 대해 **토지대장, 임야대장의 소유자 명의인 표시란에 구체적 주소나 인적사항에 관한 기재가 없어서 그 명의인을 특정할 수 없는 경우**, 그 소유명의인의 채권자가 국가를 상대로 소유명의인을 대위하여 **소유권확인의 확정판결을 받더라도** 이 확인판결에는 소유자가 특정되지 않아 특정인이 위 토지의 소유자임을 증명하는 확정판결이라 볼 수 없어 국가상대 확인의 소는 확인의 이익이 없다(2020다300893).247)

---

246) ① 단체내부규정 무효확인, ② 회사의 경제적 이익을 위해 주주가 제기한 회사와 제3자간에 체결된 계약의 무효확인, ③ 명예회복 또는 재취업상의 불이익제거를 위한 해고무효확인 등은 사실상 또는 경제상 이익을 위한 확인의 소이므로 확인의 이익이 없다.

247) 대위소로 소유권확인의 소를 제기한 사안에서 소유권확인에 따라 소유권의 귀속 주체가 될 피대위자에 대한 인적사항이 전혀 없고, 그 상속인이 누군지조차 특정할 수 없는 경우여서 국가를 상대로 한 소유권확인의 소의 확인의 이익이 없다고 한 사례. 위 78다2399는 국가를 상대로 한 소유권확인의 소의 확정판결에 따라 소유권의 귀속 주체가 될 자가 누군지 특정될 수 있는 것과 대비된다.

3) 미등기 건물 [가당법불실]

가옥대장 비치관리업무는 국가사무라고 할 수도 없고, 건물소유권에 대해 국가가 이를 다투지도 않아 국가는 소유권귀속에 관한 직접 분쟁**당**사자가 아니어서 확인해 줄 지위에 있지 않다. 따라서 국가를 상대로 한 건물소유권확인소송은 **법률**상 지위의 **불**안제거에 **실**효성이 없는 것으로서 확인의 이익이 없어 부적법하다(94다20464).

4) 제3자의 등기·등록 [자판말등 법불적]

토지소유권을 주장하는 자는 그 기업**자**에 대한 승소**판**결만으로도 토지에 관한 기업자의 소유권보존등기를 **말**소하고 소유권보존**등**기를 신청할 수 있으므로, 국가를 상대로 한 소유권확인청구는 **법**적 **불**안성을 해소하는 데 필요하고도 **적**절한 수단이 될 수 없어 확인의 이익이 없다(94다27649).

(2) 유치권 부존재 확인

1) 원칙

유치권의 존재로 인해 목적물이 저가낙찰 되어 근저당권자인 원고의 **배당액이 줄거나 매각 자체가 불가능**하게 될 수 있어 원고의 법률상 지위를 불안하게 하므로 확인의 이익이 있다.248)

2) 유치권 일부부존재 확인

ⅰ) 원심判例 [불피목]

유치권은 **불**가분성을 가지므로 **피**담보채무의 범위에 따라 그 존부나 효력을 미치는 **목**적물의 범위가 달라지는 것이 아닌 점을 이유로 부정했다.

ⅱ) 대법원判例 [전유초]

유치권 **전**부 부존재뿐만 아니라 경매절차에서 **유**치권을 내세워 대항할 수 있는 범위를 **초**과하는 유치권 부존재 확인을 구할 법률상 이익이 있다(2013다99409).

ⅲ) 검토

피담보채무의 범위에 따라 원고의 법률상지위에 미치는 불안 정도가 달라지게 되므로 유치권 일부부존재 확인을 구할 이익이 있다고 볼 것이다.

3) 저당권 소멸시 유치권 부존재 확인 [유매소저확]

경매절차에서 **유**치권이 주장되었으나, 소유부동산 또는 담보목적물이 **매**각되어 그 소유권이 이전되어 **소**유권을 상실하거나 근**저**당권이 소멸하였다면, 소유자와 근저당권자는 유치권 부존재 **확**인을 구할 법률상 이익이 없다(2019다247385).249)

(3) 참칭채권자에 대한 청구권확인 [하참진귀]

하나의 채권에 관하여 2인 이상이 서로 채권자라고 주장하는 경우에는 **참**칭채권자가 채무자로부터 변제받아버리면 **진**정한 채권자는 그 때문에 자기 권리가 침해될 우려가 있어 채권자라고 주장하는 1인이 채권자라고 주장하는 다른 사람에 대해 그 **채**권이 자기에게 **귀**속한다는 확인을 구하는 청구는 확인의 이익이 있다(87다카2269*).

---

248) 유치권자는 저당권자에 대하여도 그 성립의 선후를 불문하여 우선적으로 자기 채권의 만족을 얻을 수 있다.
249) 본디 유치권부존재확인은 저가 낙찰을 방지하기 위함인데, 이미 경매 절차에서 유치권이 주장되어 그에 따른 금액으로 낙찰이 끝난 뒤이므로, 더 이상 유치권부존재 확인을 구할 실익이 없어지기 때문이다.

(4) 제1심에서 다투던 피고가 항소심에서 다투지 않는 경우

피고가 권리관계를 다투어 원고가 확인의 소를 제기했고 당해 소송에서 피고가 권리관계를 다툰 바 있다면 특별한 사정이 없는 한 항소심에 이르러 피고가 권리관계를 다투지 않는다는 사유만으로 확인의 이익이 없다고 할 수 없다(2008다74130).

(5) 서로 상대방의 계약 위반을 주장하는 경우

서로 상대방의 전속계약 위반을 이유로 해제의 의사표시를 한 경우, 계약상 채무의 부존재확인을 구할 이익이 있다(2016다256968).

(6) 보험회사가 보험수익자 상대로 채무부존재확인

보험계약의 당사자 사이에 계약상 채무의 존부나 범위에 관하여 다툼이 있는 경우 그로 인한 법적 불안을 제거하기 위하여 보험회사는 먼저 보험수익자를 상대로 소극적 확인의 소를 제기할 확인의 이익이 있다고 할 것이다(2018다257958).[250]

(7) 현재 채무가 없음에 다툼이 없는 경우 채무부존재확인

현재 금전채무가 없다는 점에 당사자 사이 다툼이 없다면 법적 지위에 불안위험이 있다고 할 수 없어 특별한 사정이 없는 한 채무부존재확인을 구할 이익이 없다(2021다277525).

4. 불안제거에 가장 유효·적절한 수단

(1) 확인의 소 보충성

1) 원칙

확인판결에는 집행권원이 없으므로 이행의 소를 제기할 수 있음에도 확인의 소를 제기하는 것은 **분쟁해결에 유효·적절한 수단이 될 수 없다**(91다1264*).

2) 예외

ⅰ) **시효중단**을 위한 경우 ⅱ) **금액이 판명되지 않은** 경우 ⅲ) 확인판결만으로도 피고의 **임의이행**이 기대되는 경우 ⅳ) **선결적 법률관계**[251] 확인의 경우 확인의 소 보충성에 반하지 않는다.

☑ **매매계약해제 확인청구 - 선결적 법률관계**

매매계약해제의 효과로서 **이미 이행한 것의 반환**을 구하는 이행의 소를 제기할 수 있을지라도 그 **기본이 되는 매매계약 존부에 대해 다툼**이 있어 즉시 **확정의 이익**이 있는 때는 계약해제확인을 구할 수도 있다(81다108).

---

[250] 전원합의체 반대의견은 보험계약자 등이 보험금 지급책임의 존부나 범위에 관하여 다툰다는 사정만으로는 확인의 이익이 인정될 수 없고, 그 외에 추가로 보험금 지급 의무, 범위를 즉시 확정할 이익이 있다고 볼만한 '특별한 사정'이 있는 경우에만 확인의 이익이 인정된다. '특별한 사정'은 예를 들어 보험계약자 등이 사회적으로 상당성이 없는 방법으로 보험금 지급을 요구하거나, 보험사기에 해당하여 보험회사가 범죄나 불법행위의 피해자가 될 우려가 있는 경우가 있다.

[251] 소유권에 기한 인도청구를 할 수 있음에도 그 전제문제가 되는 소유권 존부에 대한 확인을 구할 이익이 있다.

> ### ☑ 근저당권등기말소청구와 함께 피담보채무부존재 확인[252] - 선결적 법률관계
>
> #### 1. 判例
> 근저당권설정자가 **피담보채무부존재확인**과 함께 근저당권설정등기말소를 구하는 경우 **근저당권설정등기의 말소를 구하는 것이 분쟁을 유효적절**하게 해결하는 **직접적인 수단**이므로 별도로 피담보채무 부존재확인을 구하는 것은 확인의 이익이 없다(2000다5640).
>
> #### 2. 학설
> (1) **긍정설**은 저당권말소청구에 대한 **기판력은 선결적 법률관계인 채무존부**에 미치지 않으므로 채무존부에 대한 기판력을 얻어 채무존부에 대한 분쟁을 막을 필요 있다고 한다.
> (2) **부정설**은 **채무존부는 분쟁의 주된 대상이 아니므로** 피담보채무 부존재확인의 소를 제기할 이익이 없다고 한다.
>
> #### 3. 검토
> 법률상 지위에 현존하는 불안을 제거하여 **분쟁을 종국적으로 해결**하기 위해 피담보채무가 존재하지 않는다는 확인을 구할 필요가 있으므로 확인의 이익을 인정할 것이다.

(2) 상대방 청구권부존재 확인 [상황설명+승자3] (13)

자기 권리를 부인하는 상대방이 자기 주장과는 양립할 수 없는 제3자에 대한 권리를 주장한다고 하여 상대방 주장의 그 제3자에 대한 권리가 부존재한다는 확인을 구하는 것은, 설령 그 확인의 소에서 **승**소판결을 받더라도 그 판결로 인해 상대방에 대한 관계에서 **자**기 권리가 확정되는 것도 아니고 그 판결 효력이 제**3**자에게 미치는 것도 아니어서, 그 청구권 부존재 확인의 소는 유효적절한 수단이 될 수 없다(95다26131).

(3) 상대방 소유권부존재 확인

1) 원칙 [자상소근즉]
일반적으로 소유권의 귀속에 관해 다툼이 있는 경우 적극적으로 **자**기의 소유권확인을 구하지 않고 소극적으로 **상**대방 소유권의 부존재 확인을 구하는 것은 그 **소**유권의 귀속에 관한 분쟁을 **근**본적으로 해결하는 **즉**시 확정의 방법이 되지 못하므로 확인의 이익이 없다.

2) 예외 [피부법불]
원고에게 내세울 소유권이 없고 **피**고의 소유권이 **부**인되면 그로써 원고의 **법**적 지위에 대한 **불**안이 제거되어 분쟁이 해결될 수 있는 경우에는 피고의 소유권의 소극적 확인을 구할 이익이 있다(83다카2337).[253]

(4) 다른 유효·적절한 제도를 이용할 수 있는 경우

ⅰ) 소취하의 효력을 다투는 경우, 기일지정신청을 할 수 있으므로 소취하무효 확인의 소는 확인의 이익이 없다. ⅱ) 소송요건은 당해 소송절차에서 판단되므로 대상판결에 대표권 흠결이 있는 경우, 재심을 제기하여 이를 다툴 수 있으므로 대표권이 없다는 것을 확정짓기 위하여 제기하는 종중총회결의부존재 확인의 소는 확인의 이익이 없다.

---

252) 1000만 원 변제 조건 근저당권등기말소청구와 1000만 원을 초과하는 채무부존재확인을 구한 사건에서 **判例**는 피담보채무 부존재확인에 대해 확인의 이익을 인정하였다(81다393).
253) 원고가 대리인을 통해 토지매도자로부터 토지를 단독으로 매수했는데, 대리인이 권한 없이 원고와 이 사건 피고들 A, B 총 3인의 명의로 토지의 소유권이전등기를 마친 사안에서, 원고는 A, B를 상대로 토지 지분권이 부존재한다는 확인의 소를 제기하였다. 여기서, 원고는 오로지 본래 토지매도자를 대위하여 A, B 명의의 지분등기가 실체권리관계와 부합하지 않음을 이유로 무효임을 주장할 수 있을 뿐이고 적극적으로 자기의 지분권을 주장할 수 없는 처지이니, 이와 같은 경우에는 A, B의 지분권에 대한 소극적 확인을 구할 이익이 있다(83다카2337).

☑ 확인의 소

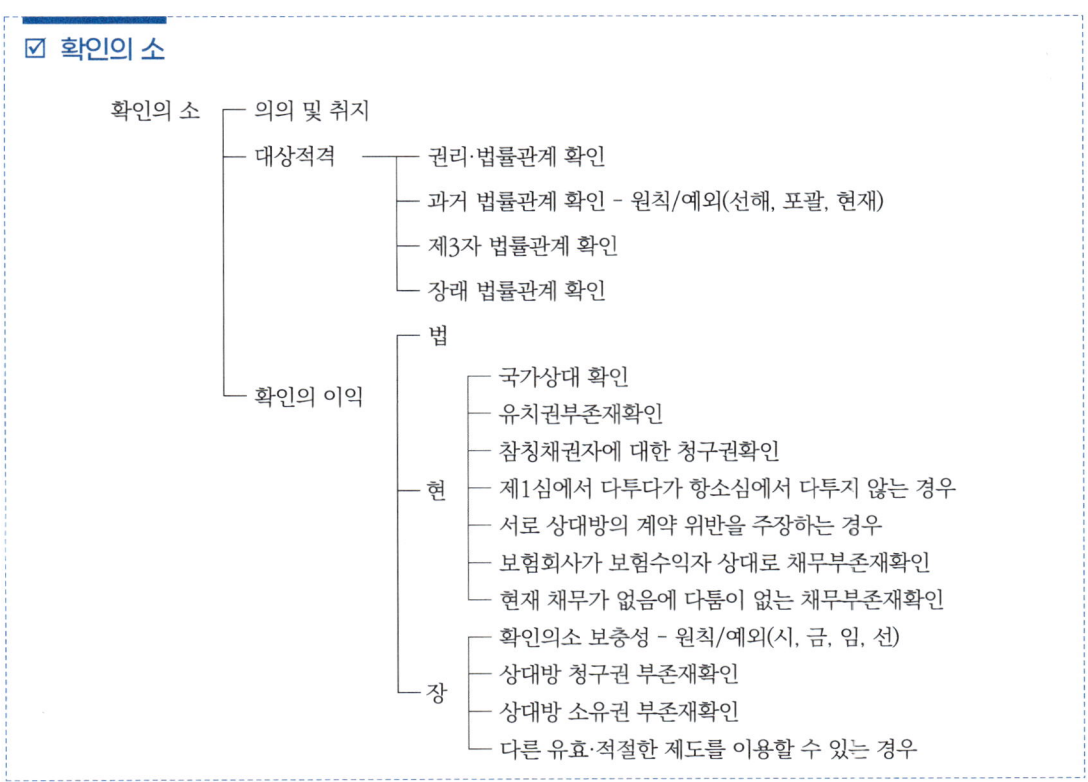

044 증서진부 확인의 소 (13)

📁 의의 – 대상적격 – 확인의 이익

I. 의의 및 취지　　　　　　　　　　　　　　　　　　　　　　　　　　　　sD-25

법률관계를 증명하는 서면의 진정여부를 확인하는 소이다(제250조). 법률관계를 증명하는 **서면**이 **분쟁 해결에 중요한 역할**을 하므로 진위여부를 신중하게 판단하고, 서면의 진부가 확정되면 분쟁해결에 큰 도움이 되므로 인정한다(91다15317*).

II. 대상적격　　　　　　　　　　　　　　　　　　　　　　　　　　　　　　sD-26

법률관계를 증명하는 서면으로, **처분문서**만이 대상적격을 갖는다. 처분문서란 그 기재 내용으로부터 직접 법률관계 존부가 증명될 수 있는 서면을 말한다.254)

III. 확인의 이익　　　　　　　　　　　　　　　　　　　　　　　　　　　　sD-27

i) 법률관계에 **다툼이 없거나**, 법률관계가 **소멸**된 경우 확인의 이익이 없다. ii) 법률관계가 이후에 소멸되었는지 다툼이 있으면 법률관계 자체의 확인을 구해야 하고 증서진부 확인의 소는 확인의 이익이 없다. iii) 이미 **법률관계와 관련하여 소가 제기되어 있으면** 증서진부 확인의 소는 확인의 이익이 없다. 다만, 증서진부 확인의 소가 먼저 제기된 상태에 그 법률관계와 관련된 소가 제기된 경우는 그러하지 아니하다.

---

254) ① 계약서, 차용증, 각서, 정관, 유가증권 등이 이에 해당한다. ② 세금계산서, 영수증(91다15317*), 대차대조표, 회사결산보고서 등은 보고문서이므로 이에 해당되지 않는다. ③ 유언서도 유언자의 생존 중에는 아무런 법률관계가 발생하지 않으므로 생존 중일 때에는 대상이 되지 않는다.

CHAPTER
05

소송물

045 소송물이론

📂 일반 - 이행의 소 - 확인의 소 - 형성의 소

I. 소송물이론 일반   sE-1

1. 문제점
소송물이 무엇인지 정하는 명문의 규정이 없어 문제된다.

2. 학설

(1) 구이론

실체법상 권리를 소송물로 보며, 청구원인을 기준으로 소송물을 식별한다.

(2) 신이론

ⅰ) 일지설은 **신청**을 소송물로 본다. 다만, 금전대체물의 경우에는 청구원인의 사실관계를 참작[255]한다. ⅱ) 이지설은 **신청과 사실관계**가 소송물을 구성한다고 본다.

3. 判例
불법행위에 기한 손해배상청구에서 **채무불이행**에 기한 손해배상을 명하는 것은 당사자가 신청하지 않은 사항을 판결한 것이므로 **처분권주의에 반한다**고 하여 구이론 입장이다(63다241*).[256]

4. 검토
신이론은 신청이 같으면 소송물을 같다고 보아 **당사자 구제에 미흡**하며, 소송물을 넓게 파악하여 법원의 **심리부담이 가해지**므로 구이론이 타당하다.

> **예시**
> 구이론 및 判例는 ① 대여금청구와 어음채권에 기한 청구는 소송물을 다른 것으로 보고(일지설에 따르면 동일 소송물, 이지설에 따르면 다른 소송물) ② 매매에 기한 소유권이전등기청구와 취득시효완성에 기한 소유권이전등기 청구는 소송물을 다른 것으로 보고(일지설에 따르면 동일 소송물, 이지설에 따르면 다른 소송물). ③ 대물변제계약에 기한 소유권이전등기청구권과 매매계약에 기한 소유권이전등기청구권의 소송물을 다른 것으로 본다(96다32133*)(일지설에 따르면 동일 소송물, 이지설에 따르면 다른 소송물) ④ 선행판결이나 약정에 따른 의무 위반을 원인으로 하는 금지 및 손해배상청구는 부정경쟁방지 및 영업비밀보호에 관한 법률상 영업비밀침해를 원인으로 한 금지 및 손해배상청구와 별개의 소송물이라고 한다(2015다49422) ⑤ 소유권 상실을 이유로 불법행위에 기한 손해배상청구와 소유권 보존등기 말소의무의 이행불능으로 인한 손해배상청구는 서로 다른 소송물이므로 주장하지 않은 손해배상책임을 인정하면 처분권주의에 반한다(2010다28604*).

---

[255] 구이론처럼 하나의 사실관계 또는 하나의 법률관계로부터 발생한 경합청구권을 서로 다른 소송물로 본다는 의미가 아니라, 서로 별개의 사실관계 또는 별개의 법률관계에 의해 발생한 금전청구권을 구별한다는 의미이다. 이를테면, 서로 별개의 계약으로 발생한 금전청구권은 금액이 같더라도 서로 다른 소송물로 본다는 의미이다.

[256] 재판상 이혼사유는 각 사유마다 독립된 이혼청구원인이 되므로 소송물이 별개가 되어 법원은 원고가 주장한 이혼사유에 관해서만 심판하여야 한다(62다812).

Ⅱ. 이행의 소　　　　　　　　　　　　　　　　　　　　　　　　　　sE-2

1. 신체상해에 따른 손해배상청구 (22)(24)

(1) 判例

신체상해를 이유로 손해배상청구할 경우, 통상의 **치료비와 같은 적극적 재산상 손해, 일실수익 상실에 따른 소극적 재산상 손해**257), **정신적 고통에 따른 정신적 손해**의 3가지로 나누어진다(76다1313*).258)

(2) 학설

ⅰ) 손해1개설은 손해액 총액에 관심이 있을 뿐이므로 소송물을 1개로 본다. ⅱ) 손해2분설은 재산상 손해와 정신적 손해는 그 성질이 다르므로 소송물을 2개로 본다. ⅲ) 손해3분설은 증명방법에 따라 세분화하여 소송물을 3개로 본다.

(3) 검토

당사자의 주장·증명의 범위를 명확하게 하기 위해 손해3분설이 타당하다.

2. 진정명의회복을 위한 소유권이전등기청구와 등기말소청구

(1) 判例 [등회목동 소방성]

어느 것이나 진정 소유자의 **등기명의를 회복**하려는 것으로서 실질적으로 **목적이 동일**하고 두 청구권 모두 **소유권에 기한 방해배제청구권**으로서 법적 근거와 **성질이 동일**하므로, 소송물은 실질상 동일한 것이다(99다37894*).

(2) 학설

1) 동일 소송물설은 어떤 방법을 취하든 등기회복의 결과는 차이가 없음을 근거로 소송물이 실질적으로 동일하다고 본다.

2) 별개 소송물설은 청구취지가 다르므로 소송물은 다르지만 신의칙상 후소가 허용되지 않는다고 본다.

(3) 검토

두 청구 모두 소유권에 기한 방해배제청구권을 실현하기 위함은 같으므로 소송물이 동일하다고 보는 것이 타당하다.

☑ **진정명의회복을 위한 소유권이전등기청구 가부**

1. 判例

이미 **자기 앞으로 소유권을 표상하는 등기**가 되어 있었거나 **법률에 의하여 소유권을 취득**한 자가 진정한 등기명의를 회복하기 위한 방법으로는 현재의 등기명의인을 상대로 그 등기의 말소를 구하는 외에 진정한 등기명의의 회복을 원인으로 한 소유권이전등기절차의 이행을 직접 구하는 것도 허용된다(89다카12398).

---

257) 일실수익상실로 인한 소극적 재산상 손해로서는 예를들면 일실노임 일실상여금 또는 후급적 노임의 성질을 띤 일실퇴직금 따위가 모두 여기에 포함된다(76다1313).

258) 단, 손해의 내용이 여러 개의 손해항목으로 나뉘져 있는 경우, 각 항목(적극적 손해에서 기왕의 치료비, 향후치료비, 개호비, 보조구비용 등)은 청구를 이유 있게 하는 공격방법에 불과하여 불이익변경 여부는 개별 손해항목을 비교해 결정할 것이 아니라고 한다(94다20730).

2. 학설
(1) **긍정설**은 등기부상 진정한 권리자에게 소유권이전등기를 하는 것은 현재 원인무효 등기를 말소하는 것은 실질적으로 **결과의 차이가 없으므로** 진정명의회복을 위한 소유권이전등기청구도 가능하다고 본다.
(2) **부정설**은 등기부는 **물권변동의 태양까지 여실히 반영**해야 하므로 현재 원인무효 등기를 말소하는 방식으로 진정한 권리자가 소유권을 회복해야 한다고 본다.

3. 검토
등기말소청구는 원인무효 등기를 경료한 자가 수인인 경우 그들 모두에 대해 소를 제기해야 하는 반면, 진정명의회복을 위한 소유권이전등기는 최종 등기명의자만을 상대로 소를 제기하면 족하므로 **간명한 분쟁해결** 취지상 긍정설이 타당하다.

3. 진정명의회복을 위한 등기말소청구와 계약해제에 의한 등기말소청구

(1) 判例 [진해원달]
전소로 **진**정명의회복을 위한 말소등기청구(또는 소유권에 기한 등기말소청구)를 한 후 후소에서 소유권에 기한 방해배제 청구권의 행사로서 피고 등기의 말소등기청구를 하는 것이 아니라, 약정의 계약당사자로서 그 계약**해**제에 따른 계약상의 권리에 기하여 원상회복으로 등기의 말소등기청구를 한 경우, 전소와 청구**원**인을 **달**리하는 것이어서 전소의 확정판결의 기판력이 후소에 미칠 수 없다(92다1353).259)

(2) 학설
ⅰ) 일지설은 말소를 구할 수 있는 **법적 지위**는 하나이므로 소송물은 하나라고 한다. ⅱ) 이지설은 두 청구가 하나의 **사실관계**로부터 발생했는지 여부에 따라 소송물이 동일한지 판단한다.

(3) 검토
양 청구는 **청구원인이 상이**하므로 서로 다른 소송물로 보는 구이론, **判例**가 타당하다.

> **예시**
> ① 소유권에 기한 인도청구와 약정에 기한 인도청구는 소송물이 다르다(90다카25970). ② 명의신탁자는 명의수탁자에 대하여 신탁해지를 하고 신탁관계의 종료 그것만을 이유로 하여 소유 명의의 이전등기절차의 이행을 청구할 수 있음은 물론, 신탁해지를 원인으로 하고 소유권에 기해서도 그와 같은 청구를 할 수 있고, 이 경우 양청구는 청구원인을 달리하는 별개의 소송이다(79다634). ③ 사기에 의한 의사표시취소를 원인으로 한 저당권등기말소청구와 피담보채무부존재를 원인으로 한 (저당권설정계약 해지하고 원상회복으로서)저당권등기말소청구한 경우 서로 다른 소송물로 본다(85다353*).

4. 소유권에 기한 반환청구와 점유권에 기한 반환청구

(1) 判例
소유권에 기하여 미등기 무허가건물의 반환을 구하는 청구취지 속에는 **점유권에 기한 반환청구권**을 행사한다는 취지가 당연히 포함되어 있다고 볼 수 없다(94다53006*).

(2) 학설
ⅰ) 일지설은 인도청구를 할 수 있는 **법적 지위**는 하나이므로 양 자의 소송물은 동일한 것이라고 한다.
ⅱ) 이지설은 **동일 사실관계**에서 발생한 것인지 여부에 따라 소송물 동일 여부를 판단한다.

---

259) 여기서 위 **判例**와 같이 "원인무효"에 기한 등기말소청구를 하고 "계약해제"에 기한 등기말소청구를 한 사안과 달리, 전소와 후소에서 모두 "원인무효"에 기한 말소등기청구를 하면서 "원인무효를 뒷받침하는 개개의 사유를 무효 또는 해제"로 주장하는 경우는 전소와 후소의 소송물이 동일하다는 것을 주의해야 한다.

(3) 검토
양 청구는 청구원인이 상이하여 다른 소송물로 보는 判例가 타당하다.

5. 점유개시원인이 다른 여러 취득시효완성에 기한 소유권이전등기청구

(1) 判例 [대증 물취공기]
전소에서 토지를 **대물변제** 받아 점유하기 시작하여 취득시효가 완성되었다는 사실을 이유로 소유권이전등기절차이행을 구했다가 배척되었음에도 불구하고 후소에서는 이를 **증**여받아 점유하기 시작하여 **취득시효**가 완성되었다고 주장하는 것은 전소의 소송**물**인 **취**득시효완성을 원인으로 한 소유권이전등기청구권의 존부에 관한 **공격방어**의 하나에 불과한 사실을 후소에서 다시 주장하는 것으로 전소 **기**판력에 저촉되어 허용될 수 없다(94다46114).

(2) 학설
ⅰ) 判例와 같은 견해가 있으나, ⅱ) 반대견해는 **점유를 시작하게 된 원인이 다르므로** 서로 다른 소송물이라 한다.

(3) 검토
양 청구는 모두 **취득시효 완성**이라는 동일한 **청구원인**에 기초한 청구이므로 그 전제가 되는 점유개시원인은 공격방어방법에 불과해 소송물이 동일하다고 봄이 타당하다.

6. 피담보채권을 달리하는 가등기에 기한 본등기청구

(1) 判例
가등기에 기한 본등기청구를 하면서 그 등기원인을 매매예약완결이라고 주장하는 한편 위 가등기의 피담보채권을 처음에는 대여금채권이라고 주장하였다가 나중에는 손해배상채권이라고 주장한 경우 가등기에 기한 본등기청구의 등기원인은 위 주장의 변경에 관계없이 매매예약완결이므로 등기원인에 변경이 없어 청구의 변경에 해당하지 아니하고, 위 가등기로 담보되는 채권이 무엇인지는 공격방어방법에 불과하다(92다11848*).

(2) 학설
ⅰ) 判例와 같은 견해가 있으나, ⅱ) 반대견해는 피담보채권이 다르므로 서로 다른 소송물로 보는 견해가 있다.

(3) 검토
양 청구는 등기원인이 동일하여 동일한 청구원인에 기초한 청구이므로 그 전제가 되는 가동기의 피담보채권은 공격방어방법에 불과해 소송물이 동일하다고 봄이 타당하다.

7. 등기의 원인무효 사유를 달리하는 여러 소유권이전등기말소청구

(1) 判例 [물말원 뒷개독공]
말소등기청구의 소송**물**은 당해 등기의 **말소**청구권의 주장이고 그 동일성 식별의 기준이 되는 **청구원**인은 당해 등기**원**인의 무효이므로, 등기원인의 무효를 **뒷**받침하는 **개**개의 사유는 **독립**된 **공**격방어방법에 불과하여 별개의 청구원인을 구성하는 것이 아니라 할 것이다. 따라서 그 사유들이 모두 전소의 변론종결 전에 발생한 사유라면 전소와 후소는 그 **소송물**이 동일하여 후소에서의 주장사유들은 전소 확정판결의 기판력에 저촉된다(80다1548*).

(2) 학설

ⅰ) 일지설은 말소등기를 청구할 수 있는 **법적지위**가 하나이므로 동일 소송물이라 한다. ⅱ) 이지설은 하나의 사실관계로부터 발생한 청구인지 여부에 따라 동일 소송물 여부를 판단한다.

(3) 검토

청구원인이 원인무효로 동일하므로 개개의 사유를 달리하여도 동일 소송물로 보는 **判例**가 타당하다.

8. 서로 다른 사유로 인한 부당이득반환청구 또는 계약해제에 의한 원상회복청구

(1) 判例 [부원공 어패다기]

계약해제의 효과로서 원상회복은 부당이득에 관한 특별규정이고, **부당이득반환청구**에서 법률상의 **원인 없는 사유**를 계약의 불성립, 취소, 무효, 해제 등으로 주장하는 것은 **공격방법**에 지나지 아니하므로 그 중 **어느 사유를 주장해 패소한 경우에 다른 사유를 주장해 청구하는 것은 기판력에 저촉된다**(2000다5978).[260]

(2) 학설

ⅰ) 일지설은 급여를 청구할 수 있는 **법적지위**가 하나이므로 동일 소송물이라 한다. ⅱ) 이지설은 하나의 사실관계로부터 발생한 청구인지 여부에 따라 동일 소송물 여부를 판단한다.

(3) 검토

청구원인이 법률상 원인 없음으로 동일하므로 개개의 사유를 달리하여도 동일 소송물로 보는 **判例**가 타당하다.

[소유권이전등기말소청구와 부당이득반환청구]

소유권이전등기말소청구		부당이득반환청구
~의 등기말소하라	청구취지	~원을 지급하라
원인무효[261]	청구원인	법률상 원인없음
무효, 취소, 해제	공격방어방법	취소, 무효, 해제

Ⅲ. 확인의 소[262] (20) sE-3

1. 학설

(1) 다수설은 확인의 소의 소송물은 권리·법률관계의 공권적 확정을 위한 것이므로, **소송물은 실체법상 권리**로 본다. 청구원인을 구성하는 매매, 증여, 취득시효 등의 소유권 취득 원인은 소유권이라는 실체법상 권리 자체에 영향을 주는 것이 아니므로 청구원인은 소송물 식별기준이 되지 않는다고 한다.

(2) 소수설은 이지설 입장에서 **청구원인 사실로 소송물을 특정**한다고 한다.

---

260) "부당이득반환청구"와 "계약해제에 기한 원상회복청구"는 법조경합 관계에 있어 소송물이 동일하다.
261) 청구원인이 "계약해제 등 계약상 권리"인 경우 청구원인이 "원인무효"에 기한 말소등기청구와 별개의 소송물이 된다.
262) 소유권 확인의 소에서 문제되는 논점이다.

2. 判例 [법확전원대][증취상동]

(1) 확인의 소 기판력 범위에 대해서는 토지소유권확인판결이 확정되면 그 **법률관계**가 그대로 **확정**되므로 **변론종결 전**에 그 확인**원**인이 되는 **다**른 사실이 있었더라도 기판력은 거기까지도 미친다고 한다(84다카2132).

(2) 확인의 소 재소금지 범위에 대해서는 부동산을 **증여** 받았음을 원인으로 한 소유권확인청구를 했다가 소를 **취**하한 뒤, 지분소유권을 **상속**받았음을 원인으로 지분소유권확인청구를 한 것은 **동**일한 소로 볼 수 없다고 한다(91다5730).

3. 검토

확인의 소는 **현재 권리관계 확정**을 통한 분쟁해결이 목적이므로 다수설이 타당하다.

IV. 형성의 소   sE-4

ⅰ) 구이론은 실체법상 형성권 주장이 소송물을 구성한다고 한다. ⅱ) 일지설은 청구취지로 구하는 법률관계 형성을 구할 수 있는 법적 지위의 주장이 소송물을 구성한다고 한다. ⅲ) 이지설은 청구취지로 구하는 법률관계 형성을 구할 수 있는 법적 지위와 함께 이를 뒷받침하는 청구원인의 사실관계에 의해 소송물이 구성된다고 한다.

046 일부청구

📁 의의 - 소송물 - 중복소제기 - 시효중단 - 기판력 - 과실상계

I. 의의 sE-5

수량적 가분 채권을 분할 청구하는 것을 말한다. 소송비용 절약과 **시험소송** 목적을 갖는다.

II. 소송물 (11)(22) sE-6

1. 문제점

일부청구의 경우 소송물을 특정한 일부 금액만으로 볼지, 전체 금액으로 볼지 문제된다.

2. 학설

(1) 일부청구 긍정설은 당사자의 **처분권**을 존중하기 위해 소송물을 일부로 본다.
(2) 일부청구 부정설은 판결의 모순 방지 및 분쟁의 **1회적 해결**을 위해 소송물을 전부로 본다.
(3) 명시설은 일부청구임을 명시한 경우엔 일부만 소송물이지만, 그렇지 않은 경우 전부가 소송물이라고 한다.

3. 判例 [일외별명일]

치료비청구를 하면서 **일부만을 특정하여 청구**하고 그 **이외**의 부분은 **별도소송**으로 청구하겠다는 취지를 **명**시적으로 유보한 때에는 그 소송물은 청구한 **일**부의 치료비에 한정된다(84다552).

4. 검토

당사자의 처분권과 분쟁의 1회적 해결이란 가치를 **조화**시킬 수 있는 명시설이 타당하다.

> **↘ 예시**
>
> **1. 명시적 일부청구로 본 경우**
> 상속재산에 대한 협의분할의 소급효에 의해 피상속인의 사망시부터 원고의 단독 소유로 되었는데 원고가 이를 **알지 못하고 전소에서 법정상속분만**을 구한 경우 일부청구임을 명시한 것이다(93다4170).
>
> **2. 명시적 일부청구로 보지 않은 경우**
> ① 전소 변론종결시 예상할 수 없었던 경우가 아닌 한, **변론종결일에 근접한 일자까지 소요된 치료비**임을 밝힌 치료비청구는 명시적 일부청구가 아니다(87다카1416). ② **공유지분 범위를 정확히 알 수 없어 일부 공유지분**에 대해서만 이행청구를 한 경우 명시적 일부청구가 아니다(92다33008*).

III. 중복소제기 sE-7

1. 문제점

재판통일 위해 당사자는 전소 계속 중, 그와 동일한 소송물에 대해, 동일 당사자를 상대로 소를 제기하는 경우 중복소제기금지원칙에 위배된다(제259조). 전소에서 일부청구한 경우, 후소로 잔부를 청구하는 것이 중복소제기라고 볼 것인지 문제된다.

2. 학설

(1) **긍정설**은 일부청구의 소송물은 전부이고, 청구취지 확장이 가능하며, **판결의 모순을 방지하기 위해 중복소제기에 해당**한다고 본다.
(2) **부정설**은 **일부청구의 소송물은 일부이므로, 잔부청구 후소는 중복소제기가 아니라고** 한다.
(3) **단일절차병합설**은 중복소제기는 아니지만 **이송, 변론의 병합 등 절차단일화를 시도**한 후 불가능하면 소권남용으로 소를 각하해야 한다고 본다.
(4) **명시한 때에만 중복소제기 부정설**은 **명시적 일부청구의 경우에는 일부만이 소송물이므로 잔부를 후소로 제기해도 후소가 중복소제기에 해당하지 않는다**고 본다.

3. 判例 [명일동내]

ⅰ) [일반] 일부청구임을 **명**시한 사건에서, 전소 소송물은 청구한 **일**부의 치료비에 한정되는 것이므로 전소송의 계속 중에 **동**일한 불법행위를 원인으로 유보한 **나**머지 치료비청구를 별도소송으로 제기하더라도 중복소제기에 해당하지 아니한다(84다552*).

ⅱ) [소권남용] 이 사건 소송이 일부청구인 종전소송의 사실심에 계속 중에 제기되었음이 명백한 이상, 종전소송에서 청구취지의 확장으로 용이하게 이 사건 청구를 할 수 있었는데도 별소로 잔부청구를 하는 것은 소권남용에 해당되어 부적법 각하된다(95다46319).263)

4. 검토

일부청구임을 명시한 경우 일부만이 소송물이고, **상고심에서는 청구취지 확장이 불가능하므로 긍정설은 부당**하다. 명시적 일부청구가 아닌 이상, **소송물을 항상 일부로 볼 수 없어 부정설은 부당**하다. 단일절차병합설은 **절차단일화 가부의 기준이 불명확**하므로 명시한 때에만 중복소제기를 부정할 것이다.

Ⅳ. 시효중단 (11)   sE-8

1. 문제점

ⅰ) 소제기시 시효중단의 효력이 있다(제265조). ⅱ) 일부청구의 경우 시효중단의 범위를 어떻게 볼 것인지 문제된다.

2. 학설

(1) **일부중단설**은 명시 여부 불문, 당사자가 **실제 청구한 범위에만** 시효중단 효력을 인정한다.
(2) **전부중단설**은 소를 제기한 이상, **권리 위에 잠자고 있다고 볼 수 없으므로** 청구권 전부에 대해 시효중단의 효력을 인정한다.
(3) **절충설**은 일부청구임을 **명시한 경우에는 일부에만** 시효중단의 효력이 발생하나, **명시하지 않으면 청구권 전부에 대해 시효중단 효력이 발생**한다고 한다.

---

263) 다만, 전 소송이 청구취지 확장이 불가능한 대법원에 계속 중인 경우에는 소권남용에 해당되지 않는다고 볼 것이다.

3. 判例

(1) 원칙 [일나시 나소시]

일부청구는 나머지 부분에 대한 시효중단의 효력이 없고 나머지 부분에 관하여는 소를 제기하거나 청구를 확장하는 서면을 제출한 때에 비로소 시효중단 효력이 생긴다(74다1557).

(2) 일부 청구지만 청구취지확장 뜻 명백히 한 경우 [확객시전][종확나시]

1) [청구확장 취지 명백히 표시] 감정결과에 따라 청구금액을 확장하겠다는 뜻을 소장에 객관적으로 명백히 표시한 경우에는 소제기에 따른 시효중단 효력은 소장에 기재된 일부청구액뿐만 아니라 손해배상청구권 전부에 대하여 미친다(91다43695*).

2) [실제로 청구 확장] 소장에서 청구의 대상으로 삼은 채권 중 일부만 구하면서 소송 경과에 따라 장차 청구금액을 확장할 뜻을 표시했으나 당해 소송이 종료될 때까지 실제로 청구금액을 확장하지 않은 경우에는 소송의 경과에 비추어 볼 때 채권 전부에 관하여 판결을 구한 것으로 볼 수 없으므로, 나머지 부분에 대하여는 재판상 청구로 인한 시효중단의 효력이 발생하지 아니한다(2019다223723).[264]

3) [청구 일부를 명시적으로 제외] 채권 일부만을 청구하며 장차 청구금액을 확장할 뜻을 표시하고 소송종료시까지 실제로 청구금액을 확장한 경우에는 소제기 당시부터 채권 전부에 관해 시효중단의 효력이 발생하나, 소장에서 청구의 대상으로 삼은 채권 중 일부만을 청구하면서 소송의 진행경과에 따라 장차 청구금액을 확장할 뜻을 표시하였더라도 그 후 채권의 특정 부분을 청구범위에서 명시적으로 제외[265]하였다면, 그 부분에 대하여는 애초부터 소제기가 없었던 것과 마찬가지이므로 시효중단 효력이 발생하지 않는다(2018다44114).[266]

4. 검토

일부청구의 소송물을 명시설의 입장에 따라 보는 이상, 시효중단에 있어서도 이와 같이 봄이 논리의 일관성이 있어 타당하다.

---

[264] 즉, 종전에는 명시적 일부청구한 경우, 청구취지 확장의 뜻을 객관적으로 명백히 표시만 했다면 소송물 전체에 대한 시효중단 효력을 인정하였으나, 최근 판시가 여기에 실제로 청구취지 확장을 했을 것이라는 요건을 추가한 것이다.

[265] 일부 소취하 등이 있을 수 있다.

[266] ① 원고는 추후 청구금액을 확장할 것을 전제로 손해배상액 중 일부를 청구한 사실, ② 원고는 2014. 11. 12.자 소변경신청서를 제출하면서 청구범위에서 부가가치세 상당액은 모두 제외하겠다는 의사를 표시하였고, 2015. 10. 23.자 소변경신청서를 통해서도 부가가치세 상당액을 청구범위에서 제외 의사를 재차 명시적으로 밝힌 사실, ③ 제1심판결 역시 손해배상금에서 부가가치세를 공제한 손해배상금을 산정하였고, 원고는 2016. 2. 5.자 항소이유서에서 이 부분에 관하여는 다투지 아니하였다가 2017. 9. 13.자 준비서면에서 비로소 부가가치세 공제에 관한 종전 주장을 철회하고 국민주택 규모 이하 세대분에 해당하는 부가가치세 상당의 손해배상을 구할 수 있으니 청구취지 변경신청서를 제출하겠다고 한 사실 등을 인정함. ④ 원고가 2014. 11. 14. 제1심법원 7차 변론기일에서 2014. 11. 12.자 소변경신청서를 진술하여 부가가치세 상당액의 손해배상채권을 청구범위에서 제외함에 따라 소멸시효 중단효과는 소급하여 소멸하였고, 부가가치세 상당액의 손해배상채권은 그 소멸시효 기산점을 이 사건 소제기일인 2011. 4. 26.로 보더라도 그로부터 5년의 시효기간은 중단 없이 진행하여 2016. 4. 26.이 경과함으로써 완성하였다고 보았다. 다시말해, 청구취지에서 명시적으로 제외한 2014. 11. 12.로부터 약 2년 10개월 뒤인 2017. 9. 13.에 다시 이를 구하였으므로, 이미 2016. 4. 26.가 경과함으로써 시효가 완성되어 이 부분에 대한 원고의 청구가 인정될 수 없다.

> ### ☑ 실제로 청구취지 확장하지 않은 부분의 취급
>
> **1. 최고의 효력**
>
> 실제로 청구취지를 확장하지 않은 부분은 재판상 청구로 인한 시효중단의 효력이 발생하지 않고, 채권자가 당해 소송이 종료된 때부터 6월 내에 민법 제174조(재판상 청구, 압류, 가압류)에서 정한 조치를 취함으로써 나머지 부분에 대한 소멸시효를 중단시킬 수 있다(2019다223723).
>
> **2. 후소로 제기하는 경우 시효중단의 소급효**
>
> 채권자가 소 제기를 통하여 채무자에게 권리를 행사한다는 의사를 표시한 경우 그 소송이 계속되는 동안에는 최고에 의하여 권리를 행사하고 있는 상태가 지속되고 있다고 보아야 하고, 최고에 의한 권리행사가 지속되고 있는 해당 소송 기간 중에 채권자가 민법 제174조에 규정된 조치를 취한 이상, 그 시효중단의 효력은 당초의 소 제기시부터 계속 유지되고 있다고 할 것이다(2020다251403).

Ⅴ. 기판력 (22)

sE-9

1. 문제점

ⅰ) **기판력이란** 판결모순 방지 위해 확정된 종국판결의 내용이 후소에 대하여 미치는 구속력이다. ⅱ) 전소인 일부청구의 판결이 확정된 경우, 후소로 잔부를 청구할 때 전소 기판력에 저촉되는지 문제된다.

2. 학설

(1) **일부청구 긍정설**은 일부청구는 청구권 일부만이 소송물이므로 잔부를 후소로 청구하면 기판력에 저촉되지 않는다고 한다.

(2) **일부청구 부정설**은 일부청구하여도 청구권 **전부**가 소송물이므로 잔부를 후소로 청구하면 기판력에 저촉된다고 한다.

(3) **명시설**은 일부청구임을 **명시한 경우**에는 **청구권 일부**만이 소송물이므로 잔부를 후소로 청구해도 기판력에 저촉되지 않는다고 한다.

3. 判例 [명일기나]

한 개의 채권의 일부에 대해서만 판결을 구한다는 뜻을 **명**시하여 소송이 제기된 경우 소송물은 그 채권의 **일**부이지 전부는 아니므로 그 일부의 청구에 대한 확정판결의 **기**판력은 **나**머지 부분의 청구에 미치지 않는다 (87다카1416*).

4. 검토

일부청구의 소송물을 명시설의 입장에 따라 보는 이상, 기판력에 있어서도 이와 같이 봄이 논리의 일관성이 있어 타당하다.

VI. 과실상계[267]

sE-10

1. 문제점

ⅰ) 법원은 원고가 신청한 사항에 대해서만 심판할 수 있다(제203조). ⅱ) 원고가 청구권의 일부만 구한 경우, 과실상계할 때, 청구권 전체를 기준으로 할지, 일부를 기준으로 할지 문제된다.

2. 학설

(1) 외측설은 전액에서 과실상계 후 잔존금액과 원고의 청구금액 중 작은 것을 인용한다고 한다. 당사자는 이와 같이 계산하고 소를 제기하는 것이 **통상적임**을 근거로 든다.

(2) 안분설은 일부청구하는 경우, 소송물은 일부이므로 일부청구한 금액을 기준으로 과실상계를 하고 잔존금액을 인용한다고 한다.

(3) 절충설은 명시적 일부청구의 경우에는 안분설을, 비명시한 경우에는 외측설을 따른다.

3. 判例 [과전통체]

손해배상청구권 중 일부만을 청구한 경우, **과실상계**를 함에 있어서는 손해의 **전**액에서 과실비율에 의한 감액을 하고, 이와 같이 풀이하는 것이 일부청구를 하는 당사자의 **통상적 의사**라고 할 것이다. 이는 소위 외측설에 따른 이론인 바 외측설에 따라 원고의 청구를 인용한다고 하여도 이것이 당사자 **처**분권주의에 위배되는 것이라고 할수는 없는 것이라고 할 것이다(75다819*).[268][269]

4. 검토

일부청구라도 채권 전부에 대해 판단이 이루어지는 것이 보통이므로 외측설이 타당하다.

---

[267] 당사자가 과실에 관하여 주장하지 않는 경우에도 소송자료에 의하여 과실이 인정되는 경우에는 이를 법원이 직권으로 심리·판단하여야 한다(96다30113).
[268] 전액에서 과실상계를 하고, 잔액이 청구액을 초과하지 않을 경우에는 그 잔액을 인용할 것이고 잔액이 청구액을 초과할 경우에는 청구의 전액을 인용하는 것으로 해석한다.
[269] 상계항변,변제항변 등도 마찬가지다. 즉, 채권 전액을 기준으로 상계하고 잔액과 일부청구액 중 작은 금액을 인용한다.

CHAPTER

06

소송절차 개시

047 소장의 필요적 기재사항

📁 의의 – 내용

I. 의의   sF-1

☑ 소송절차

소장 제출270) ☞ 소장 심사 ☞ 소장부본 송달 ☞ 답변서 제출 및 송달 ☞ 변론(준비서면 제출 및 송달) ☞ 증거조사 ☞ 종국판결 ☞ 판결 선고 ☞ 판결정본 송달 ☞ 판결 확정

소송절차는 법원에 소장을 제출함으로써 개시된다(제248조 제1항). 소장에는 제249조 제1항의 필요적 기재사항을 기재하여 제출하여야 한다. 법원은 소장에 붙이거나 납부한 인지액이 「민사소송 등 인지법」 제13조 제2항 각 호에서 정한 금액에 미달하는 경우 소장의 접수를 보류할 수 있다(동조 제2항).271) 법원에 제출한 소장이 접수되면 소장이 제출된 때에 소가 제기된 것으로 본다(동조 제3항).

☑ 접수 보류의 대상 및 착오접수 취급272)

1. 접수 보류의 대상

인지법 제13조 제2항에서 접수를 보류할 수 있는 대상으로 소장, 참가신청서, 재심소장 또는 준재심소장만 규정하고 있으나, 규정의 목적과 취지에 비추어 볼 때 반복하여 제기된 소에 대한 각하판결 또는 소장각하명령에 대한 불복절차에 부수하여 제출하는 소송구조 등의 신청서나 항고장 및 재항고장 등에 대해서도 접수를 보류할 수 있다.

2. 착오접수 취급

또한 접수를 보류할 수 있는 소장, 신청서 등에 형식적으로 법원의 접수인이 날인이 되었다고 하더라도 접수인의 날인이 업무상 착오 또는 오류에 의한 것이라면 그와 관계없이 접수를 보류할 수 있다.

☑ 무변론 소각하(항소각하) 판결

부적법한 소로서 그 흠을 보정할 수 없는 경우에는 변론없이 판결로 소를 각하할 수 있다(제219조). 부적법한 항소로서 흠을 보정할 수 없으면 변론 없이 판결로 항소를 각하할 수 있다(제413조).

---

270) 시효중단, 법률상 기간준수는 소제기시를 기준으로 판단한다. 중복소제기, 소송참가, 소송고지는 소장부본송달시 기준으로 판단한다.
271) 소송구조 신청은 경제적 어려움으로 인해 소송을 진행하기 어려운 사람을 돕기 위한 법원의 지원 제도. 인지대, 송달료 등의 법원 비용을 면제하거나 유예해 주며, 경우에 따라 변호사 비용까지 지원받을 수 있다.
272) [민사소송 등 인지규칙 제4조의2]에서는 "법 제13조 제2항에 따라 소장 등의 접수를 보류할 수 있는 경우는 소장 등에 붙이거나 납부한 인지액이 법 제13조 제2항 각호에서 정한 금액에 미달하는 경우로서 다음 각호의 어느 하나에 해당하는 경우로 한다."라고 규정하면서 제1호에서 "소장 등을 제출한 자가 동일인을 대상으로 반복하여 소장 등을 제출한 전력이 있고, 그 소 등에 대하여 각하판결 또는 소장각하명령 등을 받은 적이 있는 경우"를 그중 하나로 규정하고, 제4호에서 "그 밖에 제1호부터 제3호까지의 규정에 준하는 경우"를 규정함으로써 반복하여 소장 등을 제출하는 사람이 제출한 소장 등의 접수 자체를 보류할 수 있도록 하였다.

> **☑ 소권(항소권)남용 제재**
> 원고가 소권(항소권을 포함한다)을 남용하여 청구가 이유 없음이 명백한 소를 반복적으로 제기한 경우에는 법원은 결정으로 500만 원 이하의 과태료에 처한다(제219조의 2).

Ⅱ. 내용

1. 당사자

선택한 당사자를 표시함에 있어서 누가 원고이며, 누가 피고인가 분명히 알아볼 수 있도록 그 동일성을 특정하여 기재한다. 자연인의 경우 이름과 주소, 법인 등의 경우에는 명칭이나 상호와 본점 또는 주된 사무소의 소재지를 표시하는 것이 통상적이다. 민사소송규칙에 의해 연락처를 적는다.

2. 법정대리인

당사자가 제한능력자일 경우, 법정대리인을 기재할 것을 요한다. 미성년자가 당사자인 경우 친권자인 부모를, 피성년후견인이 당사자인 경우 성년후견인을 기재한다. 당사자가 법인 또는 비법인사단인 경우 대표자를 기재한다.

3. 청구취지

청구취지는 원고가 어떠한 내용과 종류의 판결을 요구하는지 밝히는 판결신청이고, 소의 결론부분이다. 청구원인 앞에 기재하며, 원고가 승소하면 판결주문에 적을 것을 간단명료하게 표시하여야 한다. 청구취지를 불명확하게 기재한 경우, 석명권 또는 지적의무의 대상이 된다. 이행의 소의 경우 "~을 인도하라", "~을 지급하라", "~을 말소하라"라고 기재한다. 확인의 소의 경우 "~을 확인한다"라고 기재한다.

4. 청구원인

권리근거규정 요건사실 또는 소송물 특정에 필요한 사실을 말한다.

048 청구원인

📁 의의 – 기재방식

Ⅰ. 의의 sF-3

ⅰ) **광의의 청구원인**은 원고가 주장하는 **권리의 발생원인사실** 전부를 말한다. ⅱ) **협의의 청구원인**은 소송물을 특정하는 데 필요한 사실관계를 말한다.273) 즉, 청구를 다른 것과 구별하여 그 동일성을 인식할 수 있을 정도의 사실을 의미한다.

Ⅱ. 기재방식 sF-4

1. 원칙

(1) 학설

ⅰ) 이유기재설은 광의의 청구원인을 기재해야 한다고 본다. ⅱ) 식별설은 협의의 청구원인만 기재하면 족하다고 본다.

(2) 검토

소장에 청구를 이유 있게 하는 사실을 순차적으로 제출해도 되는 **적시제출주의**를 채택하는 현행 법제상 소송경제상 식별설이 타당하다.

2. 소송물 특정을 위한 기재

(1) 문제점

식별설을 따를 경우, 소송물을 특정할 정도로 청구원인을 기재해야 하는데, 소송물 특정을 어느 정도로 해야할지 **소송물이론**을 통해 정할 수 있다.

(2) 학설 및 判例

ⅰ) **구이론 및 判例**는 실체법상 권리를 소송물로 보므로 **소송물을 특정 가능한 최소한의 권리발생원인**을 기재하면 된다고 본다. ⅱ) 일지설은 신청을 소송물로 보므로 **청구원인의 기재는 필요치 않다**고 본다. 다만, 금전·대체물의 경우에는 사실관계 참작을 위해 청구원인을 기재한다고 한다. ⅲ) 이지설은 신청과 사실관계를 소송물로 보므로 **사실관계를 특정**하기 위해 청구원인을 기재한다고 한다.

(3) 검토

당사자의 **권리구제 및 법원 심리부담** 측면에서 구이론이 타당하므로, 소송물을 특정 가능한 최소한의 권리발생원인을 기재하면 족하다.

---

273) 대여금청구의 경우, 대여일, 당사자, 금액은 소송물을 특정하는데 필요한 사실이지만 변제기의 도과는 청구를 이유 있게 하는 사실일 뿐 소송물 특정에 필요한 사실까지는 아니다.

049 소장의 보정명령과 각하명령

📁 소장보정명령 – 소장각하명령

Ⅰ. 소장보정명령　　　　　　　　　　　　　　　　　　　　　　　　　　sF-5

1. 의의

소장이 제249조 제1항의 규정에 어긋나거나, 인지를 붙이지 않은 경우, 재판장은 상당한 기간을 정하여 그 흠을 보정하도록 명하여야 한다(제254조 제1항).[274]

2. 보정시 효력발생 시기

(1) 문제점

법률기간 준수 및 시효중단의 효력은 소제기시를 기준으로 발생한다(제265조). 소장을 보정한 경우에 이러한 효력을 언제로 인정할 것인지 문제된다.

(2) 학설

ⅰ) **보정시설**은 자기책임 원칙에 따라 소제기가 아닌 보정시에 시효중단 효력이 발생하는 것으로 본다.
ⅱ) **소장제출시설**은 소장제출시 청구의사를 밝혔으므로, 소장제출시로 소급하여 효력이 발생한다고 본다.
ⅲ) **절충설**은 당사자 및 인지보정은 소장제출시에, 청구불특정 보정은 보정시에 효력이 발생한다고 본다.

(3) 判例

인지보정명령에 따라 인지를 납부한 경우에 보정 효력이 발생하는 시기는 **현금 납부시**라고 하여 보정시설의 입장으로 평가되는 것이 있다(2007마80).

(4) 23개정법

소장에 붙이거나 납부한 인지액이 미달되면 소장 접수를 보류할 수 있고, 부족한 인지를 납부한 경우 소장을 접수하여 최초 소장 제출시 소가 제기된 것으로 본다(제248조 제2항 및 제3항).

(5) 검토

보정시설은 **원고에게 지나치게 불리**하고, 소장제출시설은 **방만한 소제기**를 초래하여 피고의 방어권 침해가 우려되므로, 청구특정시 권리행사를 한 것으로 볼 수 있으므로 절충설이 타당하다.

Ⅱ. 소장각하명령　　　　　　　　　　　　　　　　　　　　　　　　　　sF-6

1. 의의 및 취지

원고가 제1항의 기간 내 흠을 **보정하지 아니한 때**에는 재판장은 **명령으로 소장을 각하**하여야 한다(제254조 제2항).[275] 형식적 사항에 대한 재판의 간이신속을 위해 재판장이 단독으로 행하도록 한다.

---

[274] 소장각하명령이 아닌 소장보정명령에 대해서는 통상항고, 즉시항고, 특별항고가 불가하다. 제439조의 소송절차에 관한 신청을 기각한 결정이나 명령에 해당하지 않고 불복규정도 없어 통상항고, 즉시항고가 불가하며, 중간재판의 성질을 가지는 것으로 특별항고의 대상도 되지 않는다(2012그46).
[275] 소장각하명령에 대해서는 즉시항고로 불복할 수 있다(제254조 제3항).

2. 소장각하명령 가능 시기

(1) 문제점
소가 부적법한 경우 소각하판결을 하게 되므로, 재판장이 소장각하명령을 언제까지 내릴 수 있는지 문제된다.

(2) 학설
ⅰ) 소장부본송달시설은 소장이 송달되면 소송계속이 발생하게 되므로 그전까지 재판장의 소장각하명령이 가능하다고 본다. ⅱ) 변론개시시설은 변론개시 후에는 합의부 전원이 관여하므로 그전까지 재판장의 소장각하명령이 가능하다고 본다.

(3) 判例 [각항개]
ⅰ) 항소심 재판장이 독자의 권한으로 항소장각하명령을 할 수 있는 것은 항소장의 송달 전까지 이며, 이 사건의 경우와 같이 항소장이 피항소인에게 송달되어 항소심의 변론이 개시된 후에는 재판장은 명령으로 항소장을 각하할 수 없다(73마641).276)
ⅱ) 독립당사자참가 사건에서 피항소인 중 한 명에게 항소장이 적법하게 송달되어 항소심법원과 당사자들 사이에 소송관계가 일부라도 성립하면 재판장은 단독으로 항소장각하명령을 할 수 없다고 한다(2019마5599, 5600).

(4) 검토
소장부본이 피고에게 송달된 이후에는 원고와 피고가 소송에 관여하는 대립당사자구조가 형성되어 판결로 소를 각하함이 타당하므로 소장부본송달시설이 타당하다.

3. 소장각하명령 이후 보정 가부

(1) 문제점
재판장의 소장각하명령에 대해 즉시항고를 할 수 있다(제254조 제3항). 이때 즉시항고가 제기된 후 항고심에서 당사자가 소장의 흠결을 보정하여 하자를 치유할 수 있는지 문제된다.

(2) 학설
ⅰ) 항고심은 항소심처럼 속심구조이므로, 항고법원은 제1심 결정 이후의 사정까지 참작해야 하므로 항고심 심리종결시를 기준으로 판단해야 한다는 견해 ⅱ) 즉시항고하면서 흠결을 보정한다고 하더라도 이미 성립된 법원의 결정·명령이 취소될 수는 없으므로 소장각하명령시를 기준으로 판단한다는 견해가 있다.

(3) 判例
ⅰ) 소장이나 항소장의 적식 여부는 각하명령이 성립한 때를 기준으로 할 것이고, 뒤에 즉시항고를 제기하고 항고심에서 흠을 보정하였다고 하더라도 그 흠이 치유되는 것은 아니다(95두61).277)
ⅱ) 또한, 명령정본이 당사자에게 고지되기 전에 부족한 인지를 보정했다고 하더라도 각하명령이 위법하게 되거나 재도의 고안에 의해 명령을 취소할 수 있는 것은 아니다(2013마670).278)

---

276) 判例는 변론개시시설을 따르는 것이 아니다. "변론의 개시"가 아닌 "항소장 송달"에 주안점을 두고 판시했기 때문이다.
277) 결정·명령이 성립되는 시점 이후에는 흠결을 보정할 수 없는 것이므로, 결정·명령이 성립되는 시점인 원본이 법원사무관에게 교부(전자문서로 작성된 결정이나 명령은 법관이 사법전자서명을 완료한 때 성립)된 이후에는 설령 당사자에게 고지되기 이전이라고 하더라도 보정으로 그 하자가 치유될 수 있는 것이 아니다. 참고로 결정·명령의 효력발생 시점은 당사자에게 고지된 시점이다.
278) 判例는 인지보정 가능시기에 대해 ① 보정기간, ② 각하명령 성립전(법원사무관에게 교부 전, 전자문서로 작성된 결정·명령은 법

(4) 검토

소로 권리를 구제받고자 하는 원고에게 **절차상** 하자에 불과한 소장의 하자 **치유기회**를 넓게 인정하여 줌이 타당하므로, 항고심 심리종결시까지 하자를 보정할 수 있다고 봄이 타당하다.

☑ **항소인이 항소장의 인지를 유효하게 보정할 수 있는 시기**

1. 항소장보정명령 및 항소장각하명령

ⅰ) 항소장에 법률의 규정에 따른 인지를 붙이지 아니한 경우 원심재판장은 항소인에게 상당한 기간을 정하여 그 기간 이내에 흠을 보정하도록 명하거나 법원사무관 등으로 하여금 보정명령을 하게 할 수 있고(제399조 제1항), ⅱ) 항소인이 위 기간 이내에 흠을 보정하지 아니한 때에는 원심재판장은 명령으로 항소장을 각하한다(동조 제2항).

2. 전원합의체 다수의견

결정이나 명령이 일단 성립(전자문서로 작성된 결정·명령은 법관이 사법전자서명을 완료한 때)하면 취소 또는 변경을 허용하는 별도의 규정이 있는 등의 특별한 사정이 없는 한 법원 스스로 이를 취소·변경할 수 없는 구속력을 가지게 되므로 항소인이 항소장에 대한 인지보정명령에 응하지 않았다는 이유로 항소장각하명령이 성립한 시점 후에는 항소인이 인지를 보정하더라도 특별한 사정이 없는 한 그 각하명령이 위법하게 되는 것은 아니다(2021마6542).

3. 전원합의체 소수의견

ⅰ) 항소장각하명령이 성립한 이후라도 항소인이 이에 대하여 적법하게 즉시항고를 제기하고 그 항고심 결정이 있기 전까지 인지를 보정하였다면 항소장각하명령에 대한 즉시항고에 정당한 이유가 있다고 보아 그 각하경령을 취소해야 한다는 견해

ⅱ) 항소장각하명령이 성립한 후라도 항소장각하명령이 고지되어 효력이 발생한 날까지 항소인이 인지를 보정하였다면 항소장각하명령에 대한 즉시항고에 정당한 이유가 있다고 인정하여 항소장각하명령을 취소하여야 한다는 견해

ⅲ) 다수의견과 같이 인지 보정의 효력은 항소장각하명령의 성립을 기준으로 판단하는 것이 타당하나, 항소장각하명령의 성립과 인지 보정의 선후를 가리는 시간의 단위는 '일(日)'을 기준으로 하여야 하지, '시(時)'를 기준으로 할 것은 아니므로 항소장각하명령이 성립한 날과 같은 날에 인지를 보정하였다면 항소인이 항소장각하명령 성립 후에 인지를 보정하였다고 할 수 없어 항소인의 인지 보정은 유효하다고 보는 견해가 있다.

4. 검토

제399조의 문언해석, 남상소의 방지 및 보정명령 불이행에 대한 제재 필요성에 비추어 다수의견이 타당하다.

관이 사법전자서명을 완료하기 전)까지만 인정하고 ③ 각하명령 성립 후 당사자에게 고지 전, ④ 당사자에게 고지 후(각하명령의 효력 발생 후) 인지보정이 불가하다고 한다.

이에 반해 다수설은 당사자의 절차권 보장을 위해 항고심 심리종결 전까지 인지보정이 가능하다고 한다.

CHAPTER

07

소송절차 개시의 효력

050 중복소제기금지원칙

📁 의의 - 요건 - 효과 + 관련 논점

I. 의의 및 취지   sG-1

당사자는 전소 계속 중, 동일 당사자를 상대로, 그와 동일한 소송물에 대한 소를 제기하는 경우 중복소제기금지원칙에 위배되어 허용되지 않는다(제259조). 재판의 통일과 소송경제를 위해 규정한다.

II. 요건 - 전소가 계속되어 있을 것 (23)   sG-2

1. 전·후소 판단기준

(1) 문제점

소송계속이란 특정청구에 대하여 법원에 판결절차가 걸려있는 상태를 의미한다. 소송계속의 발생시기를 언제를 기준으로 판단할지 문제된다.

(2) 학설

ⅰ) 제265조를 근거로 소제기시라는 견해 ⅱ) 법원과 양당사자의 **3면적 법률관계**가 형성되는 소장부본송달시라는 견해가 있다.

(3) 判例

전소, 후소의 판별기준은 소송계속의 발생시기, 즉, **소장이 피고에게 송달된 때**의 선후에 의할 것이다 (88다카25274).

(4) 검토

대립당사자주의를 취하는 민사소송의 기본원칙상 소장부본송달시를 기준으로 소송계속의 발생시기를 판단함이 타당하다.

2. 계속 중인 전소가 부적법한 경우 [전부변별]

전소가 소송요건 흠결하여 **부**적법해도 후소의 **변**론종결시까지 취하, 각하 등에 의해 소송계속이 **소멸**되지 아니하는 한 후소는 중복제소금지에 위배된다(2017다23066*).

III. 요건 - 당사자가 동일할 것   sG-3

전소 판결이 확정되면 **기판력을 받게 되는 자**는 중복소제기금지원칙에서 말하는 동일 당사자에 해당한다.279)280)

---

279) 전소 계속 중(예: 전소 상고심 계속 중) 전소 변론종결 뒤 승계인의 후소 제기, 선정당사자 소송 중 선정자의 소제기, 채권자대위소송에서 채권자와 채무자를 예로 들 수 있다.
280) 전소에서 원고였던 자가 후소에서 피고로 되어도 동일 당사자 요건을 충족하게 된다. 다만, 전소에서 甲이 乙을 상대로 자기 소유권 확인의 소를 제기한 후, 후소에서 乙이 甲을 상대로 소유권 확인의 소를 제기하는 것은 전소와 동일 소송물에 해당하지 않아 중복소제기에 해당하지 않는다.

IV. 요건 - 소송물이 동일할 것

sG-4

1. 상계항변과 중복소제기[281] (09)

(1) 상계항변의 특성에 따른 문제점

ⅰ) 제216조 제2항은 채권의 이중행사를 방지하기 위해 상계항변에 대한 판단에는 기판력이 발생한다고 규정한다. ⅱ) **상계항변이 행사된 소송의 판결이 확정되면 기판력이 발생**하게 되므로, 상계항변에 행사된 채권을 별소로 제기한 경우와의 관계에서 중복소제기금지원칙을 유추적용할 것인지 문제된다.

(2) 학설

1) **유추적용 긍정설**은 **판결의 모순저촉 우려**가 있으므로, 두 소송 사이에 중복소제기금지원칙을 유추적용하여 후에 제기된 소나 상계항변을 각하해야 한다고 한다.
2) **유추적용 부정설**은 상계항변은 일종의 **방어방법**이므로, 소송물 사이에 적용되는 중복소제기금지원칙을 유추하여선 안 된다고 한다.
3) **변론중지설**은 두 소송을 이부·이송 등으로 **병합심리**하되, 그것이 불가능한 경우에는 중복소제기로 판단하지 않고 한 쪽 소송의 변론을 중지시켜야 한다고 한다.
4) **반소요구설**은 상계항변으로 행사한 채권을 별소로 제기한 경우, 이미 계속 중인 소송에서 반소를 유도하도록 하자고 한다.

(3) 判例 [별상 병모경 별상]

별소로 청구한 반대채권으로 후소에서 **상**계항변한 사건에서 전소와 후소를 같은 기회에 심리판단하기 위하여 이부, 이송 또는 변론**병**합을 시도함으로서 기판력의 **모**순을 방지함과 아울러 소송**경**제를 도모함이 바람직했다고 할 것이나, 특별한 사정이 없는 한 **별**소로 계속 중인 채권을 자동채권으로 하는 소송상 **상**계 주장이 허용되지 않는다고 볼 수 없다(2000다4050*)[282](2021다275741).[283][284]

(4) 검토

중복소제기금지원칙을 유추하면 당사자 **권리구제에 미흡**하게 될 우려가 있고, 반소요구설은 **적극적으로 반소를 요구하는 것은 석명권의 한계를 일탈**한 것일 수 있으므로 유추적용 부정설이 타당하다. 다만, 병합심리함이 재판통일 관점에 있어서 바람직하다.

---

[281] 상계선행형(전소에서 소송 중 상계항변으로 주장한 채권으로 별소를 제기)과 별소선행형(별소로 청구한 채권을 후소에서 상계항변으로 제출)으로 나뉜다.
[282] 별소선행형
[283] 상계선행형
[284] 상대방이 본안에 관하여 준비서면을 제출하거나 변론준비기일에서 진술 또는 변론을 한 뒤에는 상대방의 동의를 받아야 효력을 가지는 소의 취하와 달리 소송상 방어방법으로서의 상계 항변은 그 수동채권의 존재가 확정되는 것을 전제로 하여 행하여지는 일종의 예비적 항변으로서 상대방의 동의 없이 이를 철회할 수 있고, 그 경우 법원은 처분권주의의 원칙상 이에 대하여 심판할 수 없다. 따라서 먼저 제기된 소송의 제1심에서 상계 항변을 제출하여 제1심판결로 본안에 관한 판단을 받았다가 항소심에서 상계 항변을 철회하였더라도 이는 소송상 방어방법의 철회에 불과하여 민사소송법 제267조 제2항의 재소금지 원칙이 적용되지 않으므로, 그 자동채권과 동일한 채권에 기한 소송을 별도로 제기할 수 있다(2021다275741).

2. 동일 청구권의 이행의 소와 확인의 소 중복소제기[285][286][287]

(1) 문제점

동일 청구권에 대한 이행의 소와 확인의 소는 동일 권리에 대한 판단을 구하는 것으로 판결 확정시 집행력 포함유무만 다르게 되므로, 두 소송 간에 중복소제기금지원칙을 적용할 것인지 문제된다.

(2) 학설

1) 이행의 소가 후소이면 중복소제기가 아니라는 견해는 후소가 확인의 소이면 전소 이행의 소에서 판단되는 채무존부에 대한 판단이 이루어지므로, 후소는 중복소제기에 해당하지만, **이행의 소는 확인의 소에 없는 집행력까지 포함하므로 후소가 이행의 소라면 후소는 중복소제기에 해당되지 않는다**고 한다.
2) 중복소제기 부정설은 이행의 소가 후소인 경우는 물론, 확인의 소가 후소여도 전소인 **이행의 소가 기한 미도래로 기각되는 경우**도 있는바, 후소는 중복소제기에 해당하지 않는다고 본다.
3) 중복소제기 긍정설은 판결모순 우려가 있고, 확인의 소 계속 중 **청구취지 확장**이 가능하므로 중복소제기에 해당한다고 본다.
4) 확인의 이익 문제로 보는 견해는 확인의 소에서 심리되는 **채무존부**는 이행의 소에서 심리되므로 확인의 소의 확인의 이익이 없다고 한다.

(3) 判例 [상황설명+청중원툴의]

채무인수인에 대해 제기한 이행의 소송 중에, 채무인수인이 채권자에 대하여 소외 채무자의 채권자에 대한 원채무의 부존재확인을 구한 사건에서, 후소는 전소와 그 **청**구취지와 청구원인이 서로 다르므로, 후소가 **중**복제소에 해당한다고 판단한 것은 잘못이고, **원**채무의 부존재는 전소에서 **다툴** 수 있었으므로 후소는 소의 이**익**이 없다(2001다22246*).

(4) 검토

중복소제기 부정설은 **판결의 모순저촉**을 막을 수 없어 부당하고, 긍정설은 **상고심에서 청구취지 확장**이 불가능하여 부당하다. 확인의 이익 문제로 보는 견해는 확인의 이익 전에 중복소제기가 문제될 수 있어 부당하다. 따라서 집행력을 포함하는 이행의 소가 후소인 때에만 중복소제기를 부정함이 타당하다.

3. 중복소제기 확대시도[288]

(1) 문제점

ⅰ) 전소와 후소가 기판력의 관점에서 **모순관계**에 있거나 ⅱ) 한 청구가 다른 청구의 **선결적 법률관계**에 해당하는 경우 중복소제기금지원칙을 확대하여 적용할 것인지 문제된다.

---

285) 甲청구권 확인의 소 - 甲청구권 이행의 소, 甲채무부존재확인의 소 - 乙청구권 이행의 소 등의 예시가 있다.
286) 일방의 이행청구와 상대방의 소극적 확인청구가 별소로 이루어지면 위와 같이 중복소송의 문제가 될 수 있으나, 동일한 소송절차에서 반소로 이루어지는 경우 중복소송의 문제는 발생하지 않고, 소극적 확인청구의 소의 이익이 문제될 뿐이라고 한다. ① 즉, 채무부존재확인의 소 계속 중 동일한 권리에 대한 이행의 소가 반소로 제기되면 채무부존재확인의 소의 소의 이익 흠결 여부가 문제되나, 判例는 소의 이익을 인정하고 있다. ② 반대로 이행의 소 계속 중 동일한 권리에 대한 채무부존재확인의 소가 반소로 제기되면 채무부존재확인의 소는 반소이익 흠결로 부적법하다(김홍엽).
287) 소유권에 기한 토지인도청구(또는 등기말소청구)에는 소유권 존부에 기판력이 발생하지 않기 때문에 소유권확인의 소와 포함관계(대소관계)에 있다고 보지 않지만 청구권 이행의 소에는 청구권 존부에 기판력이 발생하므로 청구권 확인의 소와 포함관계(대소관계)에 있다고 본다.
288) 甲소유권 확인의 소 - 乙소유권 확인의 소, 甲소유권이전등기청구 - 乙등기말소청구, 甲토지소유권 확인의 소 - 甲토지소유권에 기한 인도청구 등의 예시가 있다.

(2) 학설
1) 긍정설은 판결의 모순저촉을 방지하기 위해, 기판력의 관점에서 양 소송물이 모순관계이거나 한 청구가 다른 청구의 선결적 법률관계에 있는 경우, 중복소제기에 해당한다고 본다.
2) 부정설은 동일 소송물의 경우에만 중복소제기금지원칙을 적용한다. 전소 기판력이 작용하는 경우라도 후소에서 모순되는 판단을 하지 못할 뿐 소를 각하하는 것은 아니므로 중복소제기금지원칙을 적용할 사안은 아니라고 한다.

(3) 判例
1) 소유권을 원인으로 하는 이행의 소가 계속 중인 경우에도 **소유권에 관해 당사자 사이에 분쟁이 있어 확정의 이익이 있는 경우**에는 **소유권확인의 소를 제기할 수 있다**(65다2371).
2) 매매계약에 기한 이전등기청구가 제기된 후 상대방이 원고의 소유권이전등기가 **원인무효임을 이유로 등기말소청구의 소를 제기한 경우 동일 소송물이 아니므로 중복소제기에 해당하지 않는다**(79다1468).

(4) 검토
명문에서 동일 소송물의 경우만 중복소제기금지원칙을 적용한다고 규정하므로 부정설이 타당하다.

V. 효과   sG-5

i) 소송요건으로 **직권조사사항**이며 ii) 흠결시 **소각하판결** 한다. iii) 중복소제기임을 간과한 경우, 판결 **확정 전에는 상소로 구제받을 수 있으나, 판결 확정 후에는 재심으로 구제받을 수 없다.**

VI. 관련 논점 – 국제적 중복소제기   sG-6

1. 문제점

외국법원 판결도 승인요건을 갖추면 우리나라에 제기된 후소에 기판력을 미칠 수 있으므로, 제259조의 규정에 외국법원도 포함시킬 것인지 문제된다.

2. 종래 학설

(1) **규제소극설**은 제259조는 **국내법원만**을 의미하는 것이므로, 외국법원에 전소가 계속 중일 땐 후소가 중복소제기에 해당하지 않는다고 본다.
(2) **승인예측설**은 기판력과 같이 전소인 외국법원 판결이 제217조에 의해 승인 가능성이 예측되는 경우, 후소가 중복소제기에 해당한다고 본다.
(3) **비교형량설**은 **사안별로 판단**하여 외국법원이 국내법원보다 적절한 법원이면 국내법원에 제기되는 후소는 중복소제기에 해당한다고 본다.

3. 종래 判例 [승동기 승계중]

외국 확정판결이 제217조 각 호의 **승**인요건을 구비한 경우 이와 **동**일한 소송을 우리나라 법원에 다시 제기하는 것은 외국확정판결의 **기**판력에 저촉되므로, 외국법원에 소가 제기된 경우 외국법원의 판결이 장차 제217조에 의해 **승**인받을 가능성이 예측되는 때에는 제259조에서 정한 소송**계**속으로 보아야 하고, 이와 동일한 사건에 대해 우리나라 법원에 제소한다면 **중**복제소에 해당하여 부적법하다(2000가합7960).

4. 개정 국제사법 - 국제적 소송경합(제11조)

① 같은 당사자 간에 외국법원에 계속 중인 사건과 동일한 소가 법원에 다시 제기된 경우에 외국법원의 재판이 대한민국에서 승인될 것으로 예상되는 때에는 법원은 직권 또는 당사자의 신청에 의하여 결정으로 소송절차를 중지할 수 있다. 다만, 다음 각 호의 어느 하나에 해당하는 경우에는 그러하지 아니하다.
  1. 전속적 국제재판관할의 합의에 따라 법원에 국제재판관할이 있는 경우
  2. 법원에서 해당 사건을 재판하는 것이 외국법원에서 재판하는 것보다 더 적절함이 명백한 경우
② 당사자는 제1항에 따른 법원의 중지 결정에 대해서는 즉시항고를 할 수 있다.
③ 법원은 대한민국 법령 또는 조약에 따른 승인 요건을 갖춘 외국의 재판이 있는 경우 같은 당사자 간에 그 재판과 동일한 소가 법원에 제기된 때에는 그 소를 각하하여야 한다.
④ 외국법원이 본안에 대한 재판을 하기 위하여 필요한 조치를 하지 아니하는 경우 또는 외국법원이 합리적인 기간 내에 본안에 관하여 재판을 선고하지 아니하거나 선고하지 아니할 것으로 예상되는 경우에 당사자의 신청이 있으면 법원은 제1항에 따라 중지된 사건의 심리를 계속할 수 있다.
⑤ 제1항에 따라 소송절차의 중지 여부를 결정하는 경우 소의 선후(先後)는 소를 제기한 때를 기준으로 한다.

> ☑ **제217조의 외국판결 승인 요건**
> 1. 우리나라 법에 의해 그 외국법원에 재판권이 인정될 것
> 2. 당사자가 적법한 방식으로 송달을 받았을 것
> 3. 판결의 효력을 인정함이 선량한 풍속 및 사회질서에 위반되지 않을 것
> 4. 외국과 우리나라의 승인요건이 실질적 차이가 없거나 상호보증이 있을 것

051 시효중단

> 의의 – 방식 – 시기 + 관련 논점

Ⅰ. 의의 및 취지   sG-7

소를 제기하는 경우 시효중단 효력이 있다(제265조). 권리 위에 잠자지 않고 권리를 행사한 것이기 때문이다.

Ⅱ. 방식   sG-8

1. 청구권 확인의 소

ⅰ) 확인판결에는 집행권원이 없으므로 이행의 소를 제기할 수 있음에도 확인의 소를 제기하는 것은 분쟁해결에 유효·적절한 수단이 될 수 없다. ⅱ) 다만, 시효중단의 경우에는 예외로 한다.

2. 청구권 이행의 소

이행의 소를 제기하면 제265조에 의해 당연히 시효중단 효력이 인정된다.

☑ **전소 승소확정판결이 있을 때, 동일 청구권의 이행의 소를 제기한 경우** (21)

1. 일반적인 경우 적법 여부

(1) 원칙
 전소 확정판결의 기판력이 있어 그와 동일 소송물로 신소를 제기함은 권리보호이익이 없어 부적법하다.

(2) 예외 – 시효중단
  1) 전원합의체 다수의견 [압시박]
   다른 시효중단 사유인 **압류·가압류** 등의 경우, 이를 1회로 제한하고 있지 않음에도 재판상 청구만 1회로 제한된다고 볼 합리적 근거가 없다. **시**효중단을 위해 소제기 했고, **10년**의 **경**과가 **임박**한 경우 허용된다고 볼 것이다.
  2) 전원합의체 소수의견 [집영]
   이미 이행판결을 받아 유효한 **집행권원**을 가지고 있는 원고에게 다시 동일한 소송을 제기할 법적 이익은 인정되지 않는다. 10년마다 주기적으로 소송을 제기하여 판결을 받으면 **영구적으로 존속**하는 채권이 될 수 있어 부당하다 (2018다24349*).
  3) 검토
   채무자가 파산이나 회생제도를 통해 확정판결에 기한 채무에서 벗어날 수 있는 이상, 채권자에게도 시효중단을 위한 재소를 허용함이 **균형**에 맞으므로 다수의견이 타당하다.

2. 전소 확정 후 10년이 지난 경우 적법 여부 [확중새기박10]

시효중단을 위한 후소를 심리하는 법원으로서는 전소 판결이 **확**정된 후 소멸시효가 **중**단된 적이 있어 그 중단사유가 종료한 때로부터 **새**로이 진행된 소멸시효**기**간의 경과가 임**박**하지 않아 시효중단을 위한 재소의 이익을 인정할 수 **없다는** 등의 특별한 사정이 없는 한, 후소가 **전소 판결이 확정된 후 10년**이 지나 제기되었다 하더라도 곧바로 소의 이익이 없다고 하여 소를 각하해서는 아니 되고, 채무자인 피고의 항변에 따라 원고의 채권이 소멸시효 완성으로 소멸하였는지에 관한 본안판단을 하여야 한다(2018다24349).

3. 후소가 적법한 경우 본안심리방법

(1) 청구권에 대한 심리 [전확권요다]

한편 시효중단을 위한 후소의 판결은 **전**소의 승소 확정판결의 내용에 **저촉**되어서는 아니 되므로, 후소 법원으로서는 그 **확**정된 **권**리를 주장할 수 있는 모든 **요건**이 **구비**되어 있는지에 관하여 **다시 심리할 수 없다**.

(2) 항변에 대한 심리 [기변후멸]

위 후소 판결의 **기**판력은 후소의 **변론종결시**를 기준으로 발생하므로, 전소의 **변론종결 후**에 발생한 **변제, 상계, 면제, 소멸시효** 등과 같은 **채권소멸**사유는 후소의 심리대상이 된다. 따라서 채무자인 피고는 후소 절차에서 위와 같은 사유를 들어 항변할 수 있고 심리 결과 그 주장이 인정되면 법원은 원고의 청구를 기각하여야 한다(2018다24349*).

(3) 법률이나 판례의 변경

법률이나 판례의 변경은 전소 변론종결 후에 발생한 새로운 사유에 해당한다고 볼 수 없으므로 이를 심리할 수 없다 (2019다215272).

3. 새로운 방식의 확인의 소

(1) 전원합의체 다수의견 [청청이박]

1) 전소와 소송물이 동일한 이행소송이 제기되면 채권자가 의도하지 않은 **청**구권 존부에 관한 실체심리를 하게 되고, 채무자는 후소에서 전소 판결에 대한 **청**구이의사유를 조기에 제출하도록 강요된다.
2) 채무자는 **이**중집행 위험에 노출된다.
3) 후소의 적법성이 10년의 경과가 임**박**했는지 여부라는 불명확한 기준으로 좌우되어 부당하다.

(2) 전원합의체 소수의견 [확이집사]

1) 시효중단을 위해 후소가 제기된 경우, 전소 기판력에 저촉되어선 안되므로, 후소에서는 **확**정된 권리를 주장할 수 있는 모든 요건이 구비되어 있는지 다시 심리할 수 없고, 채무자는 청구**이**의사유를 후소에서 빠짐없이 주장해야 하는 부담이 있으나, 이는 채무자로서 당연히 감수해야 하는 것이다.
2) 이중**집**행시, 채무자는 청구이의의 **소**로 집행력의 배제를 구할 수 있다(2015다232316*).

(3) 검토

재판상 권리를 주장해 권리 위에 잠자는 것이 아님을 표명한 것으로 볼 수 있으면 시효중단사유인 재판상 청구에 해당한다고 해석해 왔으므로 다수의견이 타당하다.

4. 응소

(1) 문제점

민법 제168조에서는 시효중단 사유로 청구를 규정하고 있으므로, 이에 응소행위를 포함시킬 수 있는지 문제된다.

(2) 학설

1) 긍정설은 청구기각을 구하는 것도 민법 제168조의 청구와 마찬가지로 볼 수 있으므로 응소행위도 시효중단의 효력이 있다고 한다.
2) 부정설은 민법 제168조의 청구는 능동적인 청구만을 의미하므로 응소행위는 시효중단 사유가 아니라고 본다.

(3) 判例 [응주법]

민법에서 시효중단사유의 하나로 규정한 재판상청구에는 시효주장자가 원고가 되어 소를 제기한 데 대해 피고로 **응소**하여 그 소송에서 적극적으로 **권리를 주장**하고 그것이 **받**아들여진 경우도 포함된다(92다47861).

(4) 검토

응소하여 자신의 권리를 보호받고자 하는 행위를 하면, 권리 위에 잠자는 자로 볼 수 없으므로 시효중단 효력을 인정할 것이다.

☑ 응소와 시효중단 주장 시기

변론주의 원칙상 피고가 응소행위를 하였다고 하여 바로 시효중단의 효과가 발생하는 것은 아니고 **시효중단의 주장을 하여야** 그 효력이 생기는 것이지만, 시효중단의 주장은 반드시 응소시에 할 필요는 없고 **소멸시효기간이 만료된 후라도 사실심 변론종결 전**에는 언제든지 할 수 있다(2008다42416*).289)

☑ 응소와 시효중단 소급효

권리자인 피고가 **응소하여 권리를 주장하였으나 그 소가 각하되거나 취하되는** 등의 사유로 본안에서 그 권리주장에 관한 판단 없이 소송이 종료된 경우에도 민법 제170조 제2항을 유추적용하여 그때부터 **6월 이내에 재판상의 청구 등 다른 시효중단조치**를 취하면 **응소시에 소급**하여 시효중단의 효력이 있는 것으로 봄이 상당하다(2008다42416*).

☑ 응소한 청구의 청구원인과 다른 청구원인에 기한 청구권에 대한 시효중단 여부

점유자가 소유자를 상대로 소유권이전등기 청구소송을 제기하면서 그 청구원인으로 '취득시효 완성'이 아닌 '매매'를 주장함에 대하여, 소유자가 이에 응소하여 원고 청구기각의 판결을 구하면서 원고의 주장 사실을 부인하는 경우에는, 이는 원고 주장의 매매 사실을 부인하여 원고에게 그 매매로 인한 소유권이전등기 청구권이 없음을 주장함에 불과한 것이고 소유자가 자신의 소유권을 적극적으로 주장한 것이라 볼 수 없으므로 시효중단사유의 하나인 재판상의 청구에 해당한다고 할 수 없다(97다30288).

☑ 채권양도 통지 전 양도인의 응소행위

채권의 양도인이 채권양도 통지가 이루어지기 전에 관련소송에서 그 채권의 권리자로서 계약이 적법 유효하다고 주장하는 응소행위를 하여 승소한 경우 소멸시효가 중단되었다고 봐야 한다(2021다299549).

5. 보조참가

권리자가 의무자와 다투기 위하여 원고에게 보조참가한 경우에도 시효중단의 효력이 있다(2012다105314).

6. 지급명령신청

지급명령신청도 민법 제170조 제1항에서 정한 재판상 청구로 시효중단 효력이 있다(2011다54686*).

---

289) 채무자가 반드시 소멸시효완성을 원인으로 한 소송을 제기한 경우이거나 당해 소송이 아닌 전 소송 또는 다른 소송에서 그와 같은 권리주장을 한 경우이어야 할 필요는 없다.

III. 시기

1. 원칙 및 예외

(1) 원칙

소제기 또는 소변경시에 발생한다(제265조).

(2) 예외

재판상 청구는 소송의 각하, 기각 또는 취하의 경우에는 시효중단의 효력이 없다. 전항의 경우에 6개월 내에 재판상 청구, 압류 또는 가압류, 가처분을 한 때에는 시효는 **최초의 재판상 청구**로 인하여 중단된 것으로 본다(민법 제170조 제1항 및 2항).[290]

☑ **시효중단 효력 소멸 후 최고의 효력 및 시효중단 소급효**

1. 시효중단 효력 소멸 및 최고의 효력

민법 제170조의 해석에 의하면, 재판상의 청구는 그 소송이 각하, 기각 또는 취하된 경우에는 그로부터 6개월 내에 다시 재판상의 청구 등을 하지 않는 한 시효중단의 효력이 없고, 다만 최고의 효력이 있게 된다(87다카2337).

2. 시효중단 소급효

채권자가 소 제기를 통하여 채무자에게 권리를 행사한다는 의사를 표시한 경우 그 소송이 계속되는 동안에는 최고에 의하여 권리를 행사하고 있는 상태가 지속되고 있다고 보아야 하고, 최고에 의한 권리행사가 지속되고 있는 해당 소송 기간 중에 채권자가 민법 제174조에 규정된 재판상 청구, 압류 또는 가압류, 가처분 등의 조치를 취한 이상, 그 시효중단의 효력은 당초의 소 제기시부터 계속 유지되고 있다고 할 것이다(2020다251403).

---

2. 대위소송 중 양수한 채권으로 교환적 변경한 경우 [물특참잠]

채권자대위권에 기해 청구를 하다가 피대위채권 자체를 양수해 양수금청구로 교환적 변경한 경우, 양 청구는 동일 소송물에 관한 권리의무의 특정승계가 있을 뿐 소송**물**은 동일한 점, 시효중단 효력은 **특**정승계인에게도 미치는 점, 특정승계인이 소송**참**가하거나 소송인수한 경우엔 소송이 법원에 처음 계속된 때에 소급해 시효중단 효력이 생기는 점, 원고를 권리위에 **잠**자는 자로 볼 수 없는 점 등에 비추어 볼 때, 당초 대위소송으로 인한 시효중단 효력이 소멸하지 않는다(2010다17284).[291]

3. 순차대위소송의 경우 [대채중채 순최]

대위권 행사의 효과는 **채**무자에게 귀속되므로 대위소송의 제기로 인한 소멸시효 **중**단의 효과 역시 **채**무자에게 생긴다. 다른 채권자가 채무자를 대위해 피고를 상대로 같은 내용의 소를 다시 제기한 경우, 소멸시효는 채권자들의 **순**차적인 대위소송에 따라 **최**초의 대위소송의 제기로 중단되었다(2010다80930).[292]

---

[290] 지급명령신청도 민법 제170조의 재판상 청구에 포함되므로 지급명령신청이 각하된 경우 6개월 내 다시 소를 제기하면 민법 제170조 제2항에 의해 시효는 당초 지급명령신청이 있던 때에 중단된 것이다.

[291] 원심은 교환적 변경시를 기준으로 시효중단 효력이 발생한다고 보았으나 대법원이 이를 파기한 사례.

[292] 최고를 여러 번 하다가 재판상청구 한 경우 시효중단 효력은 항상 최초의 최고시에 발생하는 것이 아니라 재판상청구를 한 시점을 기준으로 소급하여 6개월 내에 한 최고시에 발생한다(83다카437). 즉, 순차대위소송의 경우 재판상 청구를 여러 번 한 것으로 민법 제170조가 적용되는 반면, 83다카437은 최고를 여러 번 한 것으로 민법 제174조가 적용된다.

4. 인수승계 후 소송탈퇴한 자가 다시 소제기한 경우 [인탈전]

인수참가인의 소송목적 양수효력이 부정되어 인수참가인에 대한 청구기각 또는 소각하판결이 확정된 날부터 6개월 내에 탈퇴한 원고가 다시 탈퇴 전과 같은 재판상 청구를 한 때에는 탈퇴 전에 원고가 제기한 재판상 청구로 인해 발생한 시효중단 효력은 유지된다(2016다35789).

5. 소송고지의 경우 [송완불2고]

법원이 소송고지서의 송달사무를 지체하는 바람에 소송고지서의 송달 전에 시효가 완성된다면 고지자가 예상치 못한 불이익을 입게 됨을 고려하면, 소송고지에 의한 최고의 경우에는 민사소송법 제265조를 유추적용하여 당사자가 소송고지서를 법원에 제출할 때에 시효중단의 효력이 발생한다고 봄이 상당하다(2014다16494).293)

> ☑ **채무자의 소제기로 인한 시효중단 효력이 압류채권자에게 미치는지 여부**
>
> 채무자가 권리주체의 지위에서 한 시효중단의 효력은 집행법원의 수권에 따라 피압류채권에 대한 추심권능을 부여받아 일종의 추심기관으로서 그 채권을 추심하는 추심채권자에게도 미친다. 그러므로 채무자가 제3채무자를 상대로 제기한 금전채권의 이행소송이 종료된 날로부터 6개월 내에 제3채무자를 상대로 추심의 소를 제기시, 채무자가 제기한 재판상 청구로 인하여 발생한 시효중단의 효력은 추심채권자의 추심소송에서도 그대로 유지된다(2019다212945*).

IV. 관련 논점 _{sG-10}

1. 사망자 상대로 소제기한 경우 시효중단 [사무상행 표애 민본]

이미 사망한 자를 피고로 하여 제기된 소는 부적법하여 이를 간과한 본안판결은 당연무효로서 그 효력이 상속인에게 미치지 않고 채권자의 이러한 제소는 권리자의 의무자에 대한 권리행사가 아니므로, 상속인을 피고로 하는 당사자표시정정이 이루어진 특별한 사정이 없는 한, 거기에는 애초부터 시효중단 효력이 없어 민법 제170조 제2항이 적용되지 않고, 법원이 이를 간과해 본안판결을 내린 경우에도 마찬가지이다(2013다94312).294)

2. 채권양도통지 전 채권양수인의 소제기로 인한 시효중단

채무자를 상대로 재판상의 청구를 한 채권의 양수인을 권리 위에 잠자는 자라고 할 수 없는 점에 비추어 보면, 비록 대항요건을 갖추지 못했더라도 채권의 양수인이 채무자를 상대로 재판상 청구를 했다면 소멸시효 중단사유인 재판상의 청구에 해당한다(2005다41818).

---

293) 가압류 신청에 따른 시효중단의 경우, 민사소송법 제265조를 유추하여 '재판상의 청구'와 유사하게 가압류를 신청한 때 시효중단의 효력이 생긴다. 가압류는 재판상 청구와 마찬가지로 법원에 신청을 함으로써 이루어지고, 가압류명령의 집행 또는 송달을 통해서 채무자에게 고지가 이루어지기 때문이다(2016다35451).

294) 2012. 7. 27. 소멸시효가 완성되는 채권을 가진 원고가 2008. 10. 18. 사망한 채무자를 상대로 2012. 5. 9. 이행의 소를 제기하여 승소확정판결을 받은 다음, 사망한 채무자의 상속인인 이 사건 피고를 상대로 2012. 12. 3. 이행의 소를 제기한 사안에서, 이미 사망한 자를 상대로 제기한 소로 시효중단의 효력을 인정할 수 없고, 사망한 자의 상속인을 피고로 제기한 이 사건 소는 소멸시효가 완성된 이후에 제기된 것이라고 본 사례.

3. 서로 다른 소송물에 대한 시효중단

(1) 문제점

소송물에 시효중단 효력이 생기는 것이므로, 소송물이론을 통해 한 청구권에 기한 소제기로 다른 청구권에 대해 시효중단 효력이 발생할 수 있는지 검토한다.

(2) 학설

ⅰ) **구이론**은 실체법상 권리를 소송물로 보아 원고가 주장한 **실체법상 권리만** 시효가 중단된다고 본다.

ⅱ) **신이론**은 신청을 소송물로 보아, 신청이 동일하면 다른 권리에 대해서도 시효중단의 효력이 있다고 본다.

(3) 判例

상법에 의한 손해배상청구의 소를 제기했다 하여 이로써 **불법행위로 인한 손해배상청구권**의 소멸시효가 중단될 수 없다고 한다(2002다11441).[295]

(4) 검토

당사자 구제 및 심리부담 측면에서 구이론이 타당하며, **권리관계 명확화** 위해 한 청구권에 기한 소제기가 다른 청구권에 대해 시효중단 효력을 발생시키지 않음이 타당하다.

---

[295] 어음채권의 원인이 되는 금전채권 이행의 소를 제기하면 어음채권의 시효는 중단되지 않지만, 어음채권 이행의 소를 제기하면 원인이 되는 금전채권의 시효는 중단된다. 어음은 원인이 되는 금전채권의 지급수단으로 수수된 것으로 그 어음채권 행사는 원인이 되는 금전채권을 실현하기 위한 것이기 때문이다(99다16378).

CHAPTER

08

변 론

052 처분권주의

> 의의 - 내용 - 예외 - 효과 + 관련 논점

Ⅰ. 의의 및 취지   sH-1

법원은 당사자가 신청하지 아니한 사항에 대하여는 판결하지 못한다(제203조). 절차의 개시 및 종료, 심판의 대상을 당사자의 처분에 맡기는 것으로 사적자치의 소송법적 실현이다.

Ⅱ. 내용   sH-2

1. 질적 동일 (16)

ⅰ) 소송물이론에서 구이론 및 判例에 따라 원고가 소송으로 구한 실체법상 권리에 대해서만 심판할 수 있다(2010다28604*).296) ⅱ) 원고가 신청한 소의 종류에 구속된다.297) ⅲ) 당사자가 신청한 심판 순서에 구속된다.298)

2. 양적 동일 (16)

양적 상한을 초과하여 인용하는 것은 처분권주의 위반이다(2010다42624*). 다만, 그보다 적게 인용하는 일부인용판결은 처분권주의에 위배되지 않는다.

3. 단순이행청구에 대해 상환이행·선이행판결 가부

(1) 단순이행청구에 대한 상환이행판결 [대이 미상이] (17)

매매계약체결과 **대금**완납을 청구원인으로 하여 소유권**이**전등기를 구하는 청구취지에는 대금 중 **미지**급금이 있을 때에는 위 금원의 수령과 **상환**으로 **이**전등기를 구하는 취지도 포함되어 있다(69다1592*).

(2) 단순이행청구에 대한 선이행판결 [전말 잔잔말]

피담보채무 **전**액을 변제했다고 주장하면서 근저당권설정등기에 대한 **말**소등기절차이행을 청구했으나, 변제한 금액이 채무 전액을 소멸시키는 데 미치지 못하고 **잔**존채무가 있는 것으로 밝혀진 경우에는, 채무자의 청구 중에는 확정된 **잔**존채무를 변제하고 그 다음에 위 등기의 **말**소를 구한다는 취지까지 포함되어 있다(95다19829*).

(3) 상환이행청구에 대한 선이행판결 [상말 잔말]

원고가 남아있는 피담보채권이라고 주장하는 100만 원의 수령과 **상환**으로 근저당권설정등기의 **말소**를 구한 경우, 밝혀진 **잔**존 피담보채무액의 지급을 조건으로 **말소**를 구하는 취지도 포함되었다고 봄이 상당하다(92다5249).

---

296) 또한, 원고가 피고에게 대위소로 소유권이전등기청구를 하였는데, 피고는 원고에게 직접 소유권이전등기를 명하는 판결은 처분권주의에 반한다(89다카12602*).
297) 이행의 소를 제기하였는데 확인판결을 하는 것은 처분권주의 위반이다.
298) 청구에 순위를 붙여 예비적 병합으로 구한 소를 제기한 경우, 주위적 청구를 심판하지 않고 예비적 청구를 먼저 심판하면 처분권주의 위반이다. 다만, 주장에 순위를 붙인 것에는 법원이 구속되지 않아 어느 주장을 먼저 판단해도 무방하다.

(4) 선이행청구에 대한 조건이 더 불리한 선이행판결 [잔말 초잔말]

피담보채무 중 **잔**존채무를 변제하는 것을 조건으로 담보등기의 **말**소등기이행을 구하는 청구에는 잔존채무액이 원고 주장의 금액을 **초**과하는 경우에 확정된 **잔**존채무변제를 조건으로 **말**소등기이행을 구하는 취지가 포함되어 있는 것으로 해석해야 한다(81다393).

☑ **상환이행·선이행판결 목차**

1. 처분권주의 의의 및 내용 – 의의/내용
2. 상환이행·선이행판결 가부 – 判例
3. 상환이행·선이행판결 요건
(1) 피고의 상환이행·선이행항변이 이유 있을 것
   변론주의 원칙상 피고가 상환이행항변 또는 선이행항변을 해야만 이를 심리대상으로 삼을 수 있다. 또한, 항변이 이유 있어 인정되어야 한다.
(2) 원고가 반대의사를 표시하지 않을 것
   원고의 청구에 상환이행 또는 선이행청구의 취지가 포함되어 있어야 하고 피고에 대한 반대급부가 없다는 취지299)가 아니어야 한다.
(3) 미리 청구할 필요가 있을 것
   이행기가 도래하기 전의 상환이행판결을 하는 경우 또는 선이행판결을 하는 경우에는 미리 청구할 필요가 있어야 한다.

☑ **이행기 미도래 단순이행청구시 장래이행판결 가부**

원고가 단순이행청구를 했는데 심리결과 이행기가 아직 도래하지 않는 경우, 원고가 반대의사를 표하지 않고 장래이행판결을 구하는 취지가 포함되어 있다면 장래이행판결 할 수 있다.

4. 건물철거청구에 대해 건물대금과 상환으로 건물인도청구 포함 여부 (25)

(1) 학설
 1) 긍정설은 원고는 패소판결을 받기보다는 상환이행판결이라도 받겠다는 의사임을 근거로 건물철거청구에 건물대금과 상환으로 건물인도청구가 포함되어 있다고 본다.
 2) 부정설은 **청구취지**가 다르고, 양 청구는 **청구원인**이 소유권에 기한 방해배제청구권과 매매계약으로 달라 포함되어 있지 않다고 본다.

(2) 判例
   건물철거와 그 부지인도청구에는 건물매수대금 지급과 동시에 건물명도를 구하는 청구가 포함되어 있다고 볼 수는 없다(94다34265).

(3) 검토
   두 청구는 **강제집행 방법**에서도 차이가 있고, **석명권**으로 해결할 수 있으므로 건물철거청구에 건물대금과 상환으로 건물인도청구가 포함되어 있다고 볼 수 없다.

---

299) 예를 들어, 피고에 대한 피담보채무가 없다는 취지, 피고에 대한 금전지급의무가 없다는 취지 등이 있다.

> ☑ **건물철거청구 관련 논점**
> 1. 건물대금과 상환으로 건물인도청구 포함 여부 - 처분권주의
> 2. 건물대금과 상환으로 건물인도청구로 청구취지를 변경하도록 할 것인지 여부 - 적극적 석명
> 3. 건물대금과 상환으로 건물인도청구로 청구취지 변경 - 소변경

5. 일시금청구에 대해 정기금지급판결 가부

(1) 종래 判例

장래 일정기간에 걸쳐 일정시기마다 발생하는 손해의 배상을 **일시금으로 청구**했더라도 법원은 정기금으로 지급할 것을 명할 수 있고, 정기금지급을 명할지 여부는 법원의 자유재량에 속한다(92다26673).

(2) 최근 判例

피해자가 입은 손해배상을 정기금에 의한 지급과 일시금에 의한 지급 중 어느 방식에 의해 청구할지는 원칙적으로 손해배상청구권자인 그 자신이 임의로 선택할 수 있으나, 일시금 지급방식에 의한 손해배상이 사회정의와 형평의 이념에 비추어 현저하게 불합리한 결과를 초래할 우려가 있는 때에는 청구권자가 일시금지급을 청구했더라도 법원이 재량에 따라 정기금지급을 명하는 판결을 할 수 있다(2000다11317).

6. 집행불능 대비 대상청구에 대해 이행불능 대비 대상청구 포함 여부

(1) 判例 [집이청]

집행불능시의 대상청구 속에 예비적으로 이행불능시의 전보배상청구도 포함된 것으로 보고 판단한 것은 청구하지 않은 것을 심리판단한 잘못이 있다(67다1525).

(2) 학설

ⅰ) 判例와 같은 견해도 있으나, ⅱ) 반대견해는 원고의 청구에는 변론종결시 이행불능이면 그에 대한 전보배상이라도 받겠다는 취지도 포함된 것으로 본다.

(3) 검토

집행불능 대비 대상청구는 주청구가 인용될 것을 전제로 하여 구하는 청구인바, 판시 타당하다.

7. 유권대리 주장에 대해 표현대리 주장을 근거로 판결 가부

(1) 학설

ⅰ) 신이론은 표현대리와 유권대리는 같은 내용의 청구로 소송물이 동일하므로 가능하다고 본다. ⅱ) 구이론은 ① 양 소송물 모두 청구규범은 민법 제568조(매매), 제598조(소비대차), 제548조(원상회복)이므로 소송물이 같아 가능하다는 견해와 ② 청구규범이 유권대리의 경우에는 민법 제114조, 표현대리의 경우에는 민법 제125조, 제126조, 제129조로 다르므로 소송물이 달라 불가능하다는 견해가 있다.

(2) 判例

유권대리에 기한 경우, 표현대리에 기한 경우 모두 대리행위의 효과가 본인에게 귀속되어 동일한 계약책임을 지므로 **소송물이 동일**하다는 취지로 판시하였다(83다카1819).

(3) 검토

민법상 청구규범이 같으므로, **유권대리와 표현대리는 동일 소송물**에서 공격방어방법의 차이에 불과하므로 유권대리 주장에 대해 표현대리 주장을 근거로 판결하는 것은 처분권주의 위반이라고 볼 수 없다.

8. 이자청구

(1) 判例

소송물은 원금, 이율, 기간 3개의 인자로 정해진다고 보고, 이자청구액을 초과하지 않더라도 각 인자를 초과하면 처분권주의에 반한다고 한다.

(2) 학설

ⅰ) 判例와 같은 견해가 있으나 ⅱ) 소송물은 이자청구권이므로 이자청구액을 초과하지 않으면 처분권주의 위반이 아니라는 견해가 있다.

(3) 검토

생각건대 판결금액이 청구금액 범위 내에서 이루어졌는지 판단하려면 이율, 기간을 기준으로 판단해야 하므로 判例가 타당하다.

9. 기타

(1) 신체상해로 인한 손해배상청구

통상의 치료비인 적극적 손해, 일실이익 손해인 소극적 손해, 정신적 손해인 위자료는 서로 다른 소송물이므로 합산한 금액이 아닌 각 손해별로 판단해야 한다.

(2) 원금과 이자청구

원금과 이자는 소송물이 달라, 합산한 금액을 넘지 않더라도 각 원금 또는 이자청구액을 넘어서 인용하면 처분권주의 위반이다(2009다12399).

(3) 약정이율에 기한 청구

약정이자 지급을 구한 청구에는 약정이율이 인정되지 않더라도 법정이자 지급을 구하는 취지가 포함되어 있다(2006다73072).

(4) 토지 소유권이전등기청구(또는 등기말소청구)

토지 소유권이전등기청구를 심리한 결과, 일부 지분이 인정될 수 있다면 일부 지분에 기한 소유권이전등기청구를 인용할 수 있다.

(5) 부진정연대책임에 기한 청구

부진정연대책임에 기한 청구를 한 경우, 연대책임에 기한 청구를 인용할 수 있다.300)

> ☑ **연대책임과 개별책임에 기한 청구** (16)
>
> ⅰ) 연대책임을 묻는 청구를 하였는데 개별책임에 기한 청구로 인용하면 질적 동일에서 벗어나 처분권주의 위반이다(2012다89832*). ⅱ) 개별책임을 구했는데 연대책임에 기한 청구로 인용하면 처분권주의 위반이다(2011다61646).

---

300) 부진정연대채무가 진정연대채무보다 절대효의 범위가 더 작아 채권자가 채권의 만족을 얻을 확률이 더 높기 때문이다.

(6) 사해행위 전부취소 및 원상회복청구

사해행위 전부를 취소하고 원상회복을 구한 사안에서 일부만이 사해행위라고 인정되면 사해행위 일부취소 및 가액배상을 명하는 판결을 할 수 있다(99다201612*).

III. 예외

형식적 형성소송에서는 처분권주의가 적용되지 않는다. 직권탐지주의가 적용되는 가사소송에서 소취하는 가능하지만 포기·인낙, 화해는 허용되지 않는다.

IV. 효과

ⅰ) 처분권주의를 간과한 판결은 절차적 사항이 아니므로 이의권의 대상이 되지 않는다. ⅱ) 판결 확정 전에는 상소로 구제받을 수 있으나, 판결 확정 후엔 재심으로 구제받을 수 없다.

V. 관련 논점 – 상한을 명시하지 않은 채무부존재 확인의 소

1. 채무부존재 확인의 소 확인의 이익

(1) 확인의 이익

당사자의 권리 또는 법률상 지위에 현존하는 불안, 위험이 있고 이를 제거함에는 확인판결을 받는 것이 가장 유효적절한 수단이 확인의 소이어야 한다.

(2) 判例

피고가 청구권이 없는데도 있다고 주장하면 원고에게 현존하는 법적 불안이 있으므로 피고를 상대로 채무부존재확인의 소를 제기할 수 있다(94다51536).

2. 상한을 명시한 채무부존재 확인의 소

채무상한을 명시한 경우, 부존재로 주장된 채무부분이 심판대상에 해당한다.

3. 상한을 명시하지 않은 채무부존재 확인의 소

(1) 소의 적법 여부

1) 문제점

채무의 상한을 명시하지 않고, 채무부존재 확인의 소를 제기하는 경우, **소송물이 특정**되어 적법한 것으로 볼 수 있는지 문제된다.

2) 학설

ⅰ) **긍정설**은 상한을 명시하지 않아도, **청구취지, 청구원인**을 보면 청구를 쉽게 특정할 수 있으므로 적법하다고 본다.

ⅱ) **부정설**은 상한을 명시하지 않으면 **청구취지가 불명확**하므로 부적법하다고 본다.

3) 判例

상한을 명시하지 않은 채무부존재 확인의 소가 제기된 경우, 소가 적법함을 전지로 본안판단을 하였다 (93다9422*).

4) 검토

채무부존재 확인의 소에서는 피고인 **채권자가 본래 채권액을 잘 알고 있어**, 방어권에 문제가 되지 않으므로 긍정설이 타당하다.

(2) 일부인용 가부

1) 문제점

ⅰ) 법원은 당사자가 신청한 사항에 대해서만 심판할 수 있다(제203조).

ⅱ) 심리결과 채권의 잔액이 원고가 스스로 인정하는 금액보다 많은 경우 일부패소판결이 가능한지 문제된다.

2) 학설

ⅰ) **전부기각설**은 상한이 명시되지 않은 경우, 원고의 의사는 전부 인용되지 않는 한 전부기각을 바라는 것이 통상적이므로 전부기각판결해야 한다고 본다.[301]

ⅱ) **일부기각설**은 전부기각하게되면 판결 내용이 실제 잔존 채무와 다를 수 있어 **분쟁이 유발될 수 있으**므로 존재하는 채무에 대해 일부기각을 해야 한다고 본다.[302]

3) 判例

원고가 **상한을 표시하지 않고 일정액을 초과하는 채무의 부존재의 확인을 청구하는 사건**에 있어서 **일정액을 초과하는 채무의 존재가 인정되는 경우**에는, 특단의 사정이 없는 한, 법원은 그 청구의 전부를 기각할 것이 아니라 **존재하는 채무부분에 대하여 일부패소의 판결**한다(93다9422*).

4) 검토

분쟁의 종국적 해결을 위해 잔존하는 채무부분에 대해서는 일부패소판결함이 타당하다.

☑ **전체 채권액이 5000만 원이고, 원고가 3000만 원을 초과하는 채무가 존재하지 않는다며 채무부존재 확인의 소를 제기한 경우, 판결주문**

1. 잔액이 1000만 원인 경우

"원고의 채무는 3000만 원을 초과하여서는 존재하지 않음을 확인한다."[303] (=전부인용판결)

2. 잔액이 4000만 원인 경우

"원고의 채무는 4000만 원을 초과하여서는 존재하지 않음을 확인한다. 원고의 나머지 청구를 기각한다." (=일부인용판결)

---

301) 전부기각판결은 채무액수가 아닌 채무존부만을 확정한다고 한다.
302) 기각판결은 채무존부를 확정하고 채권자의 주장대로 채무액을 확정한다고 한다.
303) 1000만 원을 초과하는 채무가 존재하지 않는다는 확인판결을 하게 되면 처분권주의 위반이기 때문이다.

053 변론주의

📁 의의 및 내용 - 주요사실 - 협의소송자료 - 예외 - 효과

I. 의의 및 내용 (10)(12)(24)　　　　　　　　　　　　　　　sH-6

1. 의의 및 취지

사실, 증거의 제출책임을 당사자에게 맡기고 법원은 당사자가 제출한 소송자료만을 기초로 판단한다는 원칙이다. 당사자의 절차권 보장 및 실체적 진실발견을 위함이다.

2. 내용

변론주의는 ⅰ) 자신에게 유리한 주요사실을 주장하지 않으면 그 사실은 없는 것으로 취급되는 불이익을 받는 **사실주장책임**[304], ⅱ) 다툼이 없는 사실에 대해서는 증거조사 없이 그대로 인정되는 **자백의 구속력**, ⅲ) 자기에게 유리한 증거를 제출하지 않으면 불이익을 받는 **증거제출책임**으로 이루어진다.

> ☑ **주장공통의 원칙** [주책쌍자불]
>
> **주**요사실의 주장은 반드시 명시적인 것이어야 하는 것은 아닐뿐더러 주장**책**임을 지는 당사자가 진술하여야 하는 것은 아니고 소송에서 **쌍**방당사자 간에 제출된 소송**자**료를 통하여 심리가 됨으로써 그 주장의 존재를 인정하더라도 상대방에게 **불**의의 타격을 줄 우려가 없는 경우에는 그 주장은 있는 것으로 보아 이를 재판의 기초로 삼을 수 있다(89다카15359*).[305]

II. 주요사실과 간접사실　　　　　　　　　　　　　　　　　sH-7

1. 주요사실[306]과 간접사실[307] 판단 (10)(12)(13)(18)(20)

(1) 학설

1) 법규기준설은 주요사실이란, **법률효과를 발생시키는 법규의 직접 요건사실**을 의미한다고 한다. 간접사실은 주요사실의 존부를 추인케 하는 사실을 의미한다.

---

[304] 주요사실인 대여사실을 당사자가 주장하지 않았는데 대여사실을 심리의 기초로 삼거나, 주요사실인 시효중단을 주장하지 않았는데 시효중단이 된 것으로 판단하거나 주요사실이자 항변사항인 동시이행항변, 소멸시효항변 등을 하지 않았는데 항변한 것으로 보고 판단하면 변론주의 위반이다. 즉, 주장하지도 않은 사실을 주장한 것으로 보고 심리의 기초로 삼으면 변론주의 위반이다. 이와 대비되는 개념으로, 주요사실을 당사자가 주장했음에도 이에 대해 아무런 판단을 하지 않은 것은 판단누락(재심사유 9호)의 위법이 있다고 한다.

[305] 원고가 소외인이 피고를 대리해 계약했다고 명백한 진술을 한 적은 없으나, 피고가 "피고는 소외인에게 계약체결 권한을 수여한 사실이 없다."라고 주장함으로써 원고가 대리행위 주장을 할 것을 전제로 소외인은 무권대리라는 주장을 한 경우, 소외인이 피고를 대리한 사실이 주장된 것으로 볼 수 있으므로 대리사실을 판단해도 변론주의에 반하지 않는다.

[306] 각 소송물인 권리마다 그 발생원인이 되는 법규정(민법, 상법 등)의 내용에 따라 그 권리를 인정받기 위해 주장, 증명해야할 핵심 사실관계가 있으며, 이를 주요사실이라 한다. 주요사실의 인정 여부에 따라 소송물인 권리의 인정 여부가 달라지므로 주요사실은 소송의 승패를 가르는 결정적 역할을 한다. 따라서, 사실주장책임, 자백 등이 주요사실을 대상으로 적용되는 것이다. 각 소송물의 주요사실은 후술한 "주요 청구의 주요사실" 박스를 참조.

[307] 계약사실 판단시 위한 약정서에 피고가 직접날인했는지 아니면 다른 사람이 대신 날인한 것인지 여부(71다278), 변제사실 판단시 금전을 상대방에게 직접 지급했는지 아니면 수령권한 수임자를 통해 지급했는지 여부(93다28379), 계약상대방과 카페에서 만난 사실, 차가 충돌하게 된 경위, 취득시효에 기한 소유권이전등기청구소송에서 점유권원 등은 간접사실이다.

2) 기준재구성설은 법원의 심리편의와 당사자의 예상외 재판방지라는 이익을 형량하여 주요사실을 판단한다고 한다.

(2) 判例

주요사실이란 **권리의 발생, 변동, 소멸**이라는 **법률효과를 발생시키는 실체법상의 구성요건 해당사실**을 의미한다(83다카1489). 간접사실이란 주요사실의 존부를 추인케 하는데 이바지하는 사실이다.

(3) 검토

명확한 판단기준을 제시하는 법규기준설이 타당하다.

2. 소멸시효 기산점 (18)(20)

(1) 학설

1) **주요사실설**은 소멸시효 기산점은 **민법 제166조**에 규정되어 있어 법규의 직접 요건사실이므로 주요사실이라고 한다.
2) **간접사실설**은 소멸시효 기산점을 당사자 주장에 의해 판단하게 되면 **상대방에게 불이익**이 가해질 수 있어 간접사실이라고 한다.

(2) 判例 [채멸효 소기시 소변본당]

소멸시효 기산일은 **채무의 소멸**이라고 하는 **법률효**과 발생의 요건에 해당하는 **소멸시효 기간계산의 시**발점으로서 **소멸시효 항변의 법률요건을 구성하는 구체적인 사실에 해당하므로 이는 변론주의의 적용 대상이고, 따라서 본래의 소멸시효 기산일과 당사자가 주장하는 기산일이 서로 다른 경우에는 변론주의의 원칙상 법원은 당사자가 주장하는 기산일을 기준으로 소멸시효를 계산해야 한다**(94다35886*), 308)309)

(3) 검토

명확한 판단기준을 제시하는 법규기준설에 따를 때, 실체법상 구성요건 해당사실인 소멸시효 기산점을 주요사실로 봄이 타당하다.

3. 취득시효 기산점 (12)

(1) 학설

1) **주요사실설**은 기산점이 정해지면 시효완성여부를 판단할 수 있고, **어차피 제3취득자가 본래의 기산점을 주장할 것이므로**310) 취득시효 기산점은 주요사실로 볼 것이라고 한다.
2) **간접사실설**은 민법 제245조에 취득시효 기산점이 규정되지 않아 간접사실로 본다.

---

308) 변론주의 사실주장책임에 의거해 당사자가 주장한 소멸시효 기산점에 따라 판단한다고 해도 증거로 다른 기산점이 나타나면 당사자가 주장한 기산점을 그대로 인정하지 않는다. 즉, 주장해도 증거로 뒷받침되어야 한다. 따라서, 치무자가 주장한 소멸시효 기산점보다 증거조사 결과 나타난 기산점이 늦은 경우, 채무자가 주장한 기산점을 인정할 수 없다.
309) 채무자가 주장한 소멸시효 기산점보다 증거조사 결과 나타난 기산점이 빠른 경우, 증거로 나타난 기산점 이후의 시점부터는 모두 기산점이 될 수 있는 것이고, 채권자 또한 채무자가 주장한 기산점에 다툼이 없을 것이므로 채무자가 주장한 기산점대로 인정할 수 있다.
310) 제3취득자는 취득시효 완성자로부터 권리행사 당하는 것을 막아야 하므로 실제 기산점을 주장하여 자신이 토지를 취득하기 전 이미 20년의 시효기간이 지난 상태였음을 주장할 것이기 때문이다. (취득시효 완성자는 취득시효에 기한 소유권이전등기청구권을 행사하고 있지 않던 중 제3취득자가 토지를 양수한 경우 그에게는 취득시효에 기한 소유권이전등기청구권을 행사할 수 없다.)

(2) 判例 [법직주 간주재]

취득시효 기산점은 **법률**효과 판단에 관해 **직**접 필요한 **주**요사실이 아니고 **간**접사실에 불과하므로 법원으로서는 이에 관한 당사자의 **주**장에 구속되지 아니하고 소송**자**료에 의하여 점유의 시기를 인정할 수 있다(97다34037*).

(3) 검토

기산점을 임의로 늦추어서 제3자가 소유권을 취득한 후에 시효가 완성된 것으로 조작하여 제3자에게 취득시효를 주장하여 거래안전을 해할 수 있으므로 간접사실로 봄이 타당하다.

> ☑ **취득시효에 기한 소유권이전등기청구에서 점유권원** [점간당구재]
>
> **점유의 권원은 간접**사실에 지나지 아니하는 것이므로, 법원은 **당**사자의 주장에 **구**애됨이 없이 소송**자**료에 의하여 인정되는 바에 따라 진정한 점유의 권원을 심리하여 취득시효 완성 여부를 판단할 수 있다(96다53789).311)

4. 수입, 가동연한, 공제할 생활비

(1) 학설

1) 주요사실설은 변론의 대상을 명확하게 하기 위해 수입, 가동연한, 공제할 생활비를 주요사실로 본다.
2) 간접사실설은 이는 손해를 금전적으로 평가하기 위한 자료에 불과하므로 간접사실에 해당한다고 본다.

(2) 判例

손해액과 함께 피해자의 수입, 가동연한, 공제할 생활비, 기대여명, 노동능력상실비율 등 기초사실에 관한 주장은 사실상의 주장에 속할 것이나, 일실이익의 현가 산정방식에 관한 주장은 당사자의 평가에 지나지 않는다(83다191).

(3) 검토

주요사실인 손해액 구성하는 구체적 사실들이므로 주요사실로 볼 것이다.

5. 과실, 정당한 사유 등 불확정개념 (12)

(1) 학설

1) 법규기준설은 과실, 정당한 사유 등은 실체법에 규정된 구성요건 해당 사실이므로 이를 주요사실로 보고, 그를 이루는 경위내력 사실312)은 간접사실로 본다.
2) 준주요사실설은 경위내력사실이 중요한 역할을 하므로 주요사실에 준해 준주요사실로 보고 이에 대해 주장책임 및 자백의 대상이 될 수 있다고 한다.
3) 요건사실·주요사실구별설313)은 실체법상 요건사실과 소송법상 주요사실을 구별하여 과실은 요건사실로, 경위내력사실은 주요사실로 보자고 한다.

---

311) 점유권원인 매수, 증여에 의한 점유(자주점유를 뒷받침) 또는 명의신탁, 임차에 의한 점유(타주점유를 뒷받침)에 따라 취득시효에 기한 소유권이전등기청구에서 자주점유의 추정(제197조)(잠정적 진실, 무전제의 추정)이 복멸될 수 있다.
312) 과실을 판단하기 위한 경위내력 사실로 "중앙선을 넘게 된 경위", "행인을 충돌하게 된 경위" 등을 들 수 있다.
313) 다만, 통선 및 **判例**는 요건사실과 주요사실을 동일한 것으로 본다.

(2) 判例

피고가 원고의 고의 또는 중과실을 추단케 할 수 있는 것이라면서 내세운 **주장사실**들은 주요사실인 고의 또는 **중과실**의 존부를 추인케 하기 위한 간접사실에 지나지 아니한다(2005다55312).

(3) 검토

ⅰ) 법규기준설은 불확정개념을 주요사실로 보고 경위내력사실을 간접사실로 보지만, 주장하지 않은 사실을 인정하게 되어 **예상외 재판**이 우려된다. ⅱ) 준주요사실설은 불확정개념과 준주요사실은 있고 주요사실이 없게 되는 문제가 있다. ⅲ) 요건사실·주요사실구별설은 요건사실과 주요사실의 **구별기준이 불명확**하므로 부당하다. ⅳ) 따라서 과실, 정당한 사유 등 불확정개념의 판단기초가 되는 구체적 사실(경위내력사실)을 주요사실로 봄이 타당하다.

☑ **주요 청구에서 주요사실**

1. 매매대금청구 - 매매계약
2. 대여금청구 - 대여계약(소비대차계약 및 목적물인도)/변제기도래
3. 부당이득반환청구 - **손**해/이**득**/**인**과관계/법률상**원**인없음
4. 소유권에 기한 부동산인도청구 - 원고**소**유/피고**점**유
5. 토지소유권에 기한 건물철거청구 - 원고**토**지소유/피고**건**물소유
6. 소유권에 기한 등기말소청구 - 원고**소**유/피고**등**기/등기**원**인무효
7. 진정명의회복 위한 소유권이전등기청구 - 원고**소**유/피고**등**기/등기**원**인무효
8. 취득시효에 기한 소유권이전등기청구 - **20**년/**계**속/**자**주점유/**평**온공연점유
9. 채권관계에 기한 저당권말소청구 - 저당권설정**계**약/피고저당권등기/저당권소**멸**
10. 소유권에 기한 저당권말소청구 - 원고**소**유/피고**저**당권등기/저당권소**멸**

Ⅲ. 협의의 소송자료 준별과 완화   sH-8

1. 준별

법원은 당사자가 주장의 형식으로 제출한 협의의 소송자료만을 심리의 기초로 삼을 수 있고, 증거자료에 의해 밝혀진 사실이라도 당사자가 주장하지 않았다면 심리의 기초로 삼을 수 없다. 당사자가 **예상외 재판**을 받는 것을 방지하기 위함이다.

2. 완화

변론주의 보완을 통한 당사자의 구제를 위해 ⅰ) 간접적 주장 ⅱ) 묵시적 주장 ⅲ) 다소의 차이를 허용하고 있다.

3. 간접적 주장 (24)

(1) 의의

간접적 주장이란 어떤 **행위**에 의해 당사자가 **주요사실**을 주장한 것으로 보는 것을 의미한다.

(2) 허용여부

1) 긍정설은 변론주의의 엄격한 적용으로 인한 **부당한 결과**를 시정하기 위해 간접적 주장을 허용하자고 한다.

2) **부정설**은 상대방의 **방어권 침해**가 우려되고, 석명권으로 이를 해결할 수 있으므로, 간접적 주장을 허용해서는 안 된다고 한다.

3) 判例 **[주직명 변간]**

주장은 **직**접적으로 **명**백한 경우뿐만 아니라 당사자의 **변**론을 전체적으로 관찰하여 **간**접적으로 주장한 것으로 볼 수 있는 경우에도 주요사실의 주장이 있는 것으로 보아야 한다(2005다21531*).

4) 검토

변론은 일정한 정형성이 없으므로, 구체적 타당성 위해 긍정설이 타당하며, 다만, 상대방 보호 위해 주요사실에 대한 주장이 **예상**되고, 상대방 **방어권의 침해가 없는** 경우에 허용할 것이다.

> ↘ 예시
> 1. 증인신문을 신청해 원고의 조부가 원고를 대리하여 토지를 매수한 사실을 입증하는 경우, 대리행위에 관한 진술이 있는 것으로 본다.
> 2. 공소장을 서증으로 제출하여 위조로 경료된 사실을 증명하는 경우, 위조로 경료된 사실을 주장한 것으로 본다.
> 3. 공탁서를 증거로 제출한 경우, 그 금액에 해당하는 만큼 변제를 주장한 것으로 볼 수 있다.

4. 묵시적 주장

(1) 의의

어떤 주장에 당사자의 **다른 주장도 포함**되어 있다고 보는 것을 의미한다.

(2) 유권대리 주장에 표현대리 주장 포함 여부

1) 학설

ⅰ) **불포함설**은 유권대리와 표현대리는 **주요사실**을 달리하므로, 유권대리 주장에 표현대리가 포함되어 있지 않다고 본다.

ⅱ) **포함설**은 원칙적으로는 포함되어 있지 않지만, 민법 제129조 표현대리의 주요사실의 일부가 상대방에 의해 주장된 경우314)에는 주장공통원칙에 의해 표현대리 주장이 있는 것으로 볼 수 있다고 한다.

2) 判例 **[표무유주포]**

표현대리가 성립된다고 하여 **무**권대리 성질이 **유**권대리로 전환되는 것은 아니므로, 양자의 구성요건 해당사실 즉 **주**요사실은 다르다. 그러므로 유권대리 주장에 무권대리에 속하는 표현대리 주장이 **포**함되어 있다고 볼 수 없다(83다카1489*).

3) 검토

표현대리는 무권대리의 성질을 가져, 유권대리의 주장에 포함되어 있다고 볼 수 없다.

---

314) 원고가 피고를 상대로 피고의 대리인과 체결한 계약에 기한 청구를 하고 원고가 유권대리만 주장하고 표현대리는 주장하지 않은 상황에서 피고가 "대리인의 대리권이 원래는 있었으나 계약시에는 이미 소멸했다."라고 주장한 경우 상대방(피고)에 의해 민법 제129조의 표현대의 주요사실 일부가 주장되었으므로 주장공통원칙을 적용하여 원고가 표현대리를 주장한 것으로 보고 승소판결을 할 수 있다는 견해이다.

(3) 어떤 채권에 대한 소멸시효 항변에 청구원인을 달리하는 채권에 대한 소멸시효 항변 포함 여부 [소떠특원달소포]

1) 원칙

채무자가 **소**멸시효항변을 하는 경우에 그 항변에 의해 어**떠**한 채권을 다투는 것인지 **특**정해야 하고 그와 같이 특정된 항변에는 특별한 사정이 없는 한 청구**원**인을 **달**리하는 채권에 대한 **소**멸시효항변까지 **포**함된 것으로 볼 수는 없다

2) 예외

채권자가 동일한 목적을 달성하기 위하여 복수의 채권을 가지고 있더라도 선택에 따라 어느 하나의 채권만을 행사하는 것이 명백한 경우라면 채무자의 소멸시효 완성의 항변은 채권자가 행사하는 당해 채권에 대한 항변으로 본다(2012다68217).

(4) 기타

1) 묵시적 주장 인정

ⅰ) 선이행항변에는 동시이행항변의 취지 포함
ⅱ) 채권양도로 당사자적격이 없다는 주장에는 채권양도로 청구가 이유 없다는 주장 포함(92다18597)
ⅲ) 고의의 불법행위에 기한 손해배상책임 주장에는 과실의 불법행위에 기한 손해배상책임 주장 포함(94다21078)
ⅳ) 갑이 을을 대리하여 토지를 매도했다는 주장에는 갑이 을을 대행적으로 대리하여 자신의 명의로 토지를 매도하였다는 주장 포함(94다19641)[315]
ⅴ) 자신의 이행거부행위가 채무불이행이 되지 않는다고 주장함은 동시이행항변 또는 불안의 항변에 관한 주장 포함(93다53887)
ⅵ) 중재신청으로 소멸시효가 중단되었다는 피고 주장에 재판상 청구로 소멸시효가 중단되었다는 주장이 포함되어 있는지 석명할 필요 있음(2020다210860)

2) 묵시적 주장 부정

ⅰ) 변제주장에는 상계주장 불포함
ⅱ) 피고의 시효취득 주장에 원고의 위 이전등기청구권이 시효소멸 하였다는 주장 불포함(81다534)
ⅲ) 불공정한 법률행위로 무효라는 주장에 착오에 기한 의사표시로 취소를 구한다는 주장 불포함(93다19962)
ⅳ) 본래 소멸시효 기산점보다 앞의 날짜로 소멸시효 기산점을 주장한 경우 본래 소멸시효 기산점에 대한 주장 불포함(94다35886)

5. 다소의 차이

주장사실과 다소의 차이가 있는 사실을 인정하여도 변론주의에 위반되지 않는다.

---

[315] 비슷한 예로, 피상속인의 상속인들로부터 매수하였다고 주장하다가 상속인 중 장남으로부터 매수하였다고 주장하였다면, 장남을 제외한 상속인들에 관해서는 장남이 그들을 대리하여 매도하였다는 주장 포함.

☑ 가정적 항변 [주직명변 청석가내이]

ⅰ) [가정적 항변으로 주요사실 주장 인정 가부] 주요사실에 대한 주장은 당사자가 이를 직접적으로 명백히 한 경우뿐만 아니라 당사자의 변론을 전체적으로 관찰하여 그 주장을 한 것으로 볼 수 있는 경우에도 주요사실의 주장이 있다고 보아야 하므로 청구원인에 관한 주장이 불분명한 경우에 그 주장이 무엇인지에 관하여 석명을 구하면서 이에 대하여 가정적으로 항변한 경우에도 주요사실에 대한 주장이 있다고 볼 수 있다.
ⅱ) [판단기준] 항변이 있다고 볼 수 있는지는 당사자들이 진술한 내용이나 취지뿐만 아니라 상대방이 당사자의 진술을 어떻게 이해하였는지도 함께 고려해서 합리적으로 판단하여야 한다(2017다865).316)

Ⅳ. 예외

sH-9

변론주의는 사실·증거에 대한 법적 평가, 법률의 해석·적용에는 적용되지 않는다.

☑ 소멸시효 기간 적용이 변론주의의 대상인지 여부 [기법변직] (18)

어떤 권리의 소멸시효기간이 얼마나 되는지에 관한 주장은 단순한 법률상의 주장에 불과하므로 변론주의의 적용대상이 되지 않고 법원이 직권으로 판단할 수 있다(2012다68217)(2016다258124*).317)

Ⅴ. 효과

sH-10

ⅰ) 주장하지 않은 주요사실을 판단하면 변론주의 위반이다.318) ⅱ) 일반적 상고이유에 해당하므로 판결확정 전에 상소로 구제받을 수 있다.

---

316) 甲 주식회사가 乙을 상대로 제기한 부당이득금반환 등 소송에서 乙이 원심 변론기일에 '만약 甲 회사의 주장대로 乙이 甲 회사를 기망하여 돈을 편취하였다면, 甲 회사는 을에게 불법행위를 원인으로 손해배상을 청구해야 하는데도 甲 회사가 乙에게 부당이득을 청구하고 있는 것은 아마도 甲 회사가 을에게 불법행위를 원인으로 손해배상을 청구할 경우, 이미 소멸시효 기간이 완료한 점을 고려한 것으로 보인다'고 주장하면서 甲 회사의 청구원인이 무엇인지 재판부에 석명을 요청하였고, 이에 甲 회사가 乙에 대한 청구가 불법행위에 따른 손해배상청구, 차용금반환 청구, 부당이득반환 청구의 성격을 모두 가진다고 하면서 '이 중 乙의 소멸시효 완성의 항변에 관해서는 관련 사건의 판결을 제시함으로써 乙의 주장이 타당하지 않음을 밝힌다'고 주장한 사안에서, 乙의 불법행위책임을 인정하면서도 乙의 소멸시효 항변 등에 관하여 아무런 판단을 하지 않은 원심판결에 판단누락의 잘못이 있다고 한 사례.
317) 당사자는 채권에 민법상 10년의 소멸시효 기간이 적용되는 것을 전제로 진술하였어도, 법원은 이에 구속되지 않고 해당 채권에 상법상 5년의 소멸시효 기간이 적용되는 것으로 판단하여 소멸시효가 완성된 것으로 인정할 수 있다.
318) 주장한 주요사실을 판단하지 않은 것은 판단누락이며, 재심사유 제9호에 해당한다.

054 석명권

> 의의 – 범위 – 내용 – 효과

Ⅰ. 의의 및 취지　　　　　　　　　　　　　　　　　　　　　　　　　　　sH-11

소송관계를 분명하게 하기 위해 당사자에게 질문하고 증명을 촉구하는 법원의 권능을 말한다(제136조 제1항). 변론주의를 보완하고 당사자 평등을 보장하기 위함이다.

Ⅱ. 범위　　　　　　　　　　　　　　　　　　　　　　　　　　　　　　sH-12

1. 석명의무의 범위 (08)(20)

(1) 문제점

　석명권은 법원의 권능인데, 법원이 석명권을 행사하지 않은 경우에 석명의무 위반을 이유로 상고할 수 있는지 문제된다.

(2) 학설

　ⅰ) **긍정설**은 석명권의 범위와 석명의무 범위는 일치하므로 석명권의 불행사는 상고이유로 본다. ⅱ) **부정설**은 석명권은 법원의 권능이지 의무가 아니므로 불행사가 상고이유가 되지 않는다고 한다. ⅲ) **절충설**은 석명권의 **중대한 해태**로 심리가 현저히 조잡해지는 경우 상고이유라고 본다.

(3) 검토

　긍정설은 상고심이 사실인정에 지나치게 간섭하게 되어 부당하며, 부정설은 **변론주의를 보완할 수 없**다. 따라서 양자의 **조화**를 꾀한 절충설이 타당하다.

2. 적극적 석명의 허용 여부 (25)

(1) 문제점

　사실관계를 분명하게 하기 위한 소극적 석명이 아닌, 법원이 당사자에게 새로운 신청, 주장을 하도록 시사하거나 증명방법을 제시하는 적극적 석명이 허용될 것인지 문제된다.

(2) 학설

　ⅰ) **제한적 긍정설**은 원칙적으로 부정하나, 종전 소송자료와 **합리적 연관성**이 있고 **당사자 공평 및 소송경제**에 부합하는 경우 긍정한다. ⅱ) **부정설**은 **처분권주의 및 변론주의와 충돌**하게 되므로 적극적 석명을 부정한다.

(3) 判例

1) 원칙 [주공시 변석]

　당사자가 **주**장하지도 아니한 법률효과에 관한 요건사실이나 독립된 **공**격방어방법을 **시**사하여 그 제출을 권유하는 것은 **변론**주의 원칙에 위배되고 **석**명권 행사의 한계를 일탈하는 것으로서 허용되지 아니한다(2001다21441).

2) 예외
ⅰ) 건물철거청구에 대해 건물대금지급과 상환으로 건물인도청구로 청구취지 변경
피고가 **건물매수청구권을 행사한 경우**, 법원은 **종전의 건물철거청구를 유지할 것인지** 아니면 **대금지급과 상환으로 건물인도를 청구할 의사가 있는지**에 관해 석명해야 한다(94다34265*).
ⅱ) 이행청구에 대해 확인청구로 청구취지 변경
청구권 이행소송 중 회생채무자에 대한 회생절차개시결정으로 중단된 절차가 수계된 경우, 법원은 회생채권의 확정을 구하는 것으로 청구취지를 변경할 의사가 있는지 석명(적극적 석명)해야 한다 (2013다69866).

(4) 검토
변론주의를 보완하는 석명권의 취지를 고려할 때 **예외적인 경우에만** 적극적 석명을 허용하는 제한적 긍정설이 타당하다.

Ⅲ. 내용   sH-13

1. 청구취지

(1) 의의
청구취지가 불분명, 불특정된 경우에 원고가 소로써 달성하려는 진정한 목적이 무엇인가를 석명해야 한다.

(2) 교환적 변경 [교의구명새 변불석]
소의 변경이 **교**환적인가 추가적인가의 여부는 기본적으로 당사자의 **의**사해석에 의할 것이므로 당사자가 **구**청구를 취하한다는 **명**백한 의사표시 없이 **새**로운 청구원인을 주장하는 등으로 그 **변**경형태가 **불**명할 경우에는 사실심 법원으로서는 청구변경의 취지가 교환적인가 추가적인가의 점에 대하여 **석**명으로 이를 밝혀볼 의무가 있다(94다6802)(86다카2600*).

(3) 신체상해로 인한 손해배상청구
재산적 손해로 인한 배상청구와 정신적 손해로 인한 배상청구는 **소송물을 달리하는 별개의 청구**이므로 당사자는 그 금액을 각각 특정하여 청구하여야 하고, 법원도 그 내역을 밝혀 각 청구의 당부에 관하여 판단한다(2006다32569).

(4) 여러 손해배상채권 중 일부청구
손해배상채권들이 발생시기와 발생원인 등을 달리하는 **별개의 채권인 이상** 이는 **별개의 소송물**에 해당하고, 채권자는 손해배상채권별로 청구금액을 특정하고, 법원도 **손해배상채권별로 인용금액을 특정**해야 한다. 이는 원고가 수 개의 손해배상채권들 중 일부만을 청구하고 있는 경우에도 마찬가지다(2007다25865).

(5) 건물매수청구권 행사 후, 원고의 청구취지 변경[319]

(6) 이행청구에 대해 확인청구를 구하는 것으로 청구취지 변경[320]

---

[319] 전술한 적극적 석명 참조
[320] 전술한 적극적 석명 참조

2. 주장

(1) 의의

청구원인사실이나 부인, 항변사실 등의 **주장이 불분명, 모순**된 경우에는 적절한 시기에 완전하게 밝혀지도록 정리석명해야 한다.

(2) 예시

1) 허용한 경우
   ⅰ) 매매로 샀다는 것인지 대물변제로 받았다는 것인지 주장이 불분명한 경우(4285민상43)
   ⅱ) 청구취지에는 등기말소의 직접이행을 구한다고 명시되어 있으나, 청구원인에는 채권자대위권을 행사하여 등기말소를 구한다고 명시된 경우와 같이 청구원인사실이 청구취지와 불일치, 모순된 경우(99다35393)
   ⅲ) 위조문서라고 다투다가 진정성립을 인정하는 등 주장의 모순된 경우(2001다29254)
   ⅳ) 일부인용된 제1심판결에 대해 전부기각을 구하면서 동시에 항소기각을 구하는 취지도 함께 기재한 경우(2022다263462)321)
   ⅴ) 매매계약 해제를 주장하며 그에 필요한 일부 요건사실 누락한 경우과 같이 법률효과를 주장하며, 요건사실 일부 누락한 경우(63다289)
   ⅵ) 청구원인에 관해 일관성 없이 주장하는 경우(79다669)
   ⅶ) 토지소유자임을 주장하면서 전보배상을 구하는 경우와 같이 주장이 청구취지와 청구원인사실이 모순되는 경우(66다615)
   ⅷ) 주장과 증거가 모순되는 경우(71다1934)
   ⅸ) 중재신청으로 소멸시효가 중단되었다는 피고 주장에 재판상 청구로 소멸시효가 중단되었다는 주장이 포함되어 있는지 석명할 필요 있음(2020다210860)
   ⅹ) 피고가 항소심에 이르러 제출한 답변서에 청구 전부기각을 구하면서 1심판결 중 원고 승소부분에까지 영향을 미치는 항변사유를 기재하였으나 답변서 말미에 항소기각을 구한 경우(2022다263462)

2) 불허한 경우322)
   ⅰ) 매매에 관한 주장만 하였는데, 변제주장을 할 것인지 석명하려는 경우
   ⅱ) 시효완성 항변을 할 것인지 석명하려는 경우
   ⅲ) 유권대리 주장만 하였는데, 표현대리 주장을 할 것인지 석명하려는 경우
   ⅳ) 수령지체책임 주장만 하였는데, 상계항변 주장을 할 것인지 석명하려는 경우
   ⅴ) 계약이행만을 주장하는데 주장하지도 않은 해제를 주장할 것인지 석명하려는 경우
   ⅵ) 부동산 단독소유임을 전제로 한 청구에 대해 공유자임을 전제로 보존행위에 기해 구한 경우

---

321) 항소심에 이르러 비로소 제출한 답변서에서 원고 청구의 전부 기각을 구하면서 제1심판결 중 원고 승소부분에까지 영향을 미치는 항변 사유를 기재하였으나 답변서 말미에서 항소기각을 구하는 취지도 함께 기재한 점, 피고는 제1심판결에서 인용된 금액의 액수는 다투지 않고 원고에게 지급한 점 등에 비추어 보면, 원고 일부 패소의 제1심판결에 대하여 원고만 항소한 이 사건에서 원심으로서는 석명권을 행사하여 피고에게 제1심판결 중 원고 승소부분에 대하여 부대항소 제기 의사가 있는지를 확인하고, 부대항소를 제기하는 취지라면 불복신청의 범위를 특정하게 하고 법령에 따른 인지를 붙이도록 한 후 소송절차에서 '부대항소인'으로 취급함으로써 항소심의 심판범위를 명확히 하였어야 한다.

322) 이는 적극적 석명이므로 불허한 것이다.

3. 증명

(1) 의의

다툼이 있는 사실에 대해 증명책임 있는 자가 부주의·오해·부지로 증거를 대지 못한 경우, 법원은 증명촉구의무를 진다. 다만, 그러한 사정 없이 법원이 적극적으로 증명을 유도하는 것은 허용되지 않는다.[323]

(2) 손해액 증명촉구의 석명 [책손미증촉] (08)

부당이득반환책임[324]이 인정되는 경우, 법원은 그 손해액에 관한 당사자의 주장과 증명이 미흡하더라도 적극적으로 석명권을 행사하여 증명을 촉구해야 하고 경우에 따라서는 직권으로라도 손해액을 심리, 판단해야 한다(2012다20819*).

(3) 이행불능 당시 부동산 가액에 대한 석명

부동산에 관한 매매계약의 해제로 인한 원상회복의무가 이행불능이 되어 이행불능 당시 가액의 반환채권이 인정되는 경우, 법원으로서는 이행불능 당시의 당해 부동산의 가액에 관한 원고의 주장·입증이 미흡하더라도 적극적으로 석명권을 행사하여 주장을 정리함과 함께 입증을 촉구하여야 한다(96다47913).

(4) 시효중단 증명촉구의 석명 (20)

피고의 소멸시효 항변에 대해 원고가 소멸시효 중단의 주장을 하였다면 원심으로서는 마땅히 석명권을 행사하여 원고에게 그에 관하여 증명을 촉구하였어야 한다(2013다59531).

(5) 변제항변이 있는 경우 증명촉구 석명

변제항변을 하였으나, 그에 대해 입증촉구도 하지 않고 변제를 인정할 아무런 증거가 없다고 하여 변제항변을 배척하고 판결한 경우 심리미진의 위법이 있다(72다393).

☑ **직권증거조사**

법원은 당사자가 신청한 증거에 의하여 심증을 얻을 수 없거나, 그 밖에 필요하다고 인정한 때에는 직권으로 증거조사를 할 수 있다(제292조). 변론주의를 보완하기 위함이다.

☑ **손해배상액수의 산정**[325]

손해가 발생한 사실은 인정되나 구체적인 손해의 액수를 증명하는 것이 사안의 성질상 매우 어려운 경우에 법원은 변론 전체의 취지와 증거조사의 결과에 의하여 인정되는 모든 사정을 종합하여 상당하다고 인정되는 금액을 손해배상 액수로 정할 수 있다(202조의2).

IV. 효과

sH-14

석명권의 중대한 해태로 심리가 현저히 조잡해진 경우, 일반적 상고이유로 판결 확정 전 상소로 구제받을 수 있다.

---

[323] 구체적으로 증명방법까지 제시하면서 증거신청을 종용함은 석명권 범위를 일탈한 것이다(64다325).
[324] 손해배상책임의 경우에도 마찬가지다.
[325] 부당이득반환청구의 경우에는 동조는 문제되지 않는다.

055 지적의무

> 의의 - 내용 - 효과

Ⅰ. 의의 및 취지　　　　　　　　　　　　　　　　　　　　　　　　　　　　sH-15

당사자가 **간과한 법률상 사항**에 관해 **의견진술 기회**를 부여해야 한다(제136조 제4항). 종래 석명권의 **법률적 측면이 강화**하여 **예상외의 재판**을 방지하기 위함이다.326)

Ⅱ. 내용 [간법영의]　　　　　　　　　　　　　　　　　　　　　　　　　　sH-16

1. 간과하였음이 분명한 사항

당사자가 오해, 부주의로 **명백히 간과한 법률상 사항**이 있거나, 주장이 법률상 관점에서 모순, 불명료한 경우를 의미한다.

2. 법률상 사항

(1) 소송요건

1) 당사자적격

　ⅰ) 피고적격

　　피고적격 등의 문제를 재판의 기초로 삼기 위해서는 원고에게 **법률적 관점에 관해 변론**을 하게 하고, **청구취지 등을 변경할 기회**를 주었어야 하는데도 이에 이르지 않은 채 소를 각하한 것은 원고가 전혀 **예상하지 못한 법률적 관점**에 기한 **예상외 재판**으로 불의의 타격을 가하였을 뿐 아니라 석명의무를 다하지 않은 것이다(94다17109).

　ⅱ) 대위소에서 대위채권자의 당사자적격327)

　　원고가 부주의 또는 오해로 망인으로부터 상속하였다고 주장한 소유권이전등기청구권 중 6/84 지분을 초과한 부분에 관하여 **보전의 필요성이 인정되지 않는다는 법률상의 쟁점**을 간과하였다고 보이고, 원심이 위와 같은 보전의 필요성 등의 문제를 재판의 기초로 삼기 위하여는 원고로 하여금 이러한 **법률적인 관점에 관하여 변론**을 하게 하고, 필요한 경우 **청구취지 등을 변경할 기회**를 주었어야 할 것인데도 이에 이르지 아니한 채 이 점을 재판의 기초로 삼아 이 부분 소를 각하한 것은 원고가 전혀 **예상하지 못한 법률적인 관점**에 기한 **예상외의 재판**으로 원고에게 **불의의 타격**을 가하였을 뿐 아니라 석명의무를 다하지 아니하여 심리를 제대로 하지 아니한 것이다(2013다25217).

---

326) 법률적 관점이 아닌 사실, 증거의 제출에 관한 내용을 다루는 변론주의와는 거리가 있다.
327) 해당 *判例* 사안은 대위채권자인 원고의 소외 채무자에 대한 피보전채권 "1/3지분"에 기해 제3채무자를 피고로 등기 "전부"말소청구를 한 사안으로, 법원의 증거조사 결과 원고의 주장과 달리 추가로 피보전채권 "1/6지분"이 인정될 수 있는 것으로 밝혀졌을 때, 법원이 원고에게 인정되는 피보전채권 "1/3지분"을 초과하는 등기말소청구를 보전의 필요성 흠결로 각하하여야 하는지 문제되었다. 여기서 결과적으로 법원은 ① 증거에 의해서만 밝혀진 원고의 피보전채권 "1/6지분"을 직권으로 인정할 필요가 없으며, ② 원고에게 인정될 수 있는 피보전채권 "1/3지분"을 초과하는 지분 기한 등기말소청구를 보전의 필요성 흠결로 각하해야 하지만 ③ 그에 앞서 증거조사에 의해 밝혀진 피보전채권 "1/6지분"에 대해 지적의무를 행사하여야 한다.

2) 제소기간

피고에게 채권자를 해할 의사가 있었는지만 다투어졌을 뿐 사해행위취소소송의 **제척기간**이 도과된 것인지는 **전혀 쟁점이 된 바가 없었던** 경우에 제척기간 도과로 소각하할 때에도 이점에 대해 원고에게 **의견을 진술할 기회**를 주어야 한다(2005다37185).

3) 부제소합의 (14)

당사자들이 부제소합의에 관하여 **쟁점으로 삼아 소의 적법 여부를 다투지 않는데도** 법원이 직권으로 부제소합의에 위배되어 소가 부적법하다고 판단하려면, **법률적 관점에 대해 당사자에게 의견을 진술할 기회**를 주어야 함에도 이에 이르지 않고 소를 각하하는 것은 **예상외의 재판**으로 당사자 일방에게 **불의의 타격**을 가하는 것으로 석명의무를 위반한 것이다(2011다80449).

4) 청구취지 불특정

당사자가 오해, 부주의로 **청구취지가 불특정**을 명백히 간과하고 **본안에 관해 공방**을 하고 있는데도 보정기회를 부여하지 아니한 채 당사자가 전혀 **예상하지 못했던 청구취지 불특정**을 이유로 소를 각하하는 것은 **석명의무**를 다하지 않은 것이다(2011다11459).

5) 확인의 이익

현재의 법률상 지위에 대한 불안을 제거하기 위해 **과거의 법률관계 확인을 구할 이익이 있는지를 석명**하고 이에 관한 의견을 진술하게 하거나 **청구취지를 변경할 기회**를 주어야 하는데도 과거 법률관계 확인은 확인의 이익이 없다고 보아 각하한 것은 석명의무 위반이다(2018다249148).

6) 대표권 (20)(23)

변론종결시까지 대표자 지위에 관해서 쟁점이 되지 않았으므로, 법원은 당사자에게 이 부분에 관하여 증명이 필요함을 지적하고 석명권을 행사하여 의견진술기회를 부여할 의무가 있는데도, 이러한 조치 없이 대표권 흠결로 소를 각하하면, 예상외 재판으로 당사자에게 뜻밖의 판결을 한 것으로 석명의무를 다하지 않은 것이다(2021다276973).328)

(2) 소송물

1) 사용자책임과 환경정책기본법책임

사용자책임이 있는지만 다투어졌을 뿐, 환경정책기본법에 의한 책임을 지는지는 전혀 **쟁점이 된 바가 없었음**에도 원심이 피고에 대해 **동법에 의한 손해배상책임을 인정**한 것은 당사자가 전혀 **예상하지 못한 법률적인 관점**에 기한 **예상외의 재판**으로서 당사자에게 **불의의 타격**을 가한 것이다(2006다50338).

2) 불법행위책임과 채무불이행책임

ⅰ) 손해배상청구의 법률적 근거를 계약책임으로 구성하면, 요건사실에 대한 입증책임은 피고가 부담하는 반면, 불법행위책임으로 구성할 경우 그 입증책임은 원고가 부담하므로 손해배상청구의 법적 성질에 따라 승패가 달라질 수 있는 중대한 법률적 사항에 해당한다.

ⅱ) 손해배상청구가 계약책임을 묻는 것인지 불법행위책임을 묻는 것인지 **명시한 바 없는바**, 그 주장이 **법률상의 관점에서 보아 불명료** 또는 불완전한 경우이므로 법원은 위와 같은 점을 지적하고 원고에게 **의견을 진술할 기회**를 부여하여야 한다(2009다42765).

---

328) 총유재산의 관리·처분에 관하여 적법한 사원총회의 결의 없이 이루어진 것으로 부적법한 소인지 여부는 당사자 사이에 전혀 쟁점이 된 바가 없음에도 이를 이유로 소각하한 원심은 당사자가 전혀 예상치 못한 법률적 관점에 기한 뜻밖의 재판으로서 석명의무를 위반한 위법이 있다(2018다261605). 총회결의를 거치지 않고 제기한 소는 소제기에 관한 특별수권이 흠결된 부적법한 소로 본다(2010다97044).

3) 소유권에 기한 직접 청구와 채권자대위권 행사에 따른 청구

가사 변론의 전체취지에 의해 **채권자대위권의 요건사실을 주장한 것으로 보더라도** 소유권을 원인으로 주장하고 있는데 **주장하지 않은 법률적 사항인 대위청구로 인용**했고, 이는 재판에 영향이 있는 사항이므로 피고에게 **의견진술의 기회를 주지 않은 것은 지적의무 위반이다**(2007다19006).329)

4) 증여에 기한 소유권이전등기청구와 환지약정에 기한 소유권이전등기청구

원고가 환지약정에 기한 소유권이전등기청구권을 분명하게 주장하진 않았으나 환지약정에 관한 증거신청을 구하고 있는 점에 비추어 보면, 원고는 환지약정에 기한 소유권이전등기를 구하는 취지도 엿보이고, 원고가 청구취지 및 청구원인을 같은 날짜의 증여에 기한 소유권이전등기이행청구라고 주장해도, 이는 법률적 견해의 착오로 볼 수 있다면, 석명권을 행사하여 그 청구의 동일성이 인정되는 한도 내인 같은 날짜의 환지약정에 기한 소유권이전등기이행청구를 주장하려는 취지인지를 명백히 하였어야 한다(94다16601).

5) 피고가 반소로 구한 소송물의 범위

망인의 상속인으로 피고 외에 소외인들이 있음을 알 수 있는 가족관계증명서가 제출되었는데, 피고는 상속분 범위 내에서만 보험금을 청구할 수 있다는 주장을 명시적으로 하지 않은 채 망인의 사망이 일반상해사망에 해당하지 않는다는 주장만 한 것은 오해, 부주의로 명백히 법률상의 사항을 간과한 것으로 볼 수 있으므로, 법원으로서는 석명권을 행사하여 의견진술기회를 주고, 피고의 상속분에 관하여 나아가 심리하는 등 석명의무를 다하였어야 한다(2015다236820).

(3) 소변경

1) 진정명의회복을 위한 소유권이전등기와 교환적 변경

원고가 **자기 앞으로 소유권등기가 되어 있지 않았고 법률에 의해 소유권을 취득하지도 않았다는** 종전 주장을 유지한 채 **진정명의회복을 위한 소유권이전등기절차이행청구를 제기(교환적 변경)**함으로써 주장 자체에 **명백한 모순**이 있었는데, 이는 부주의나 **법률적 지식의 부족**으로 진정명의회복을 위한 소유권이전등기의 법리를 제대로 이해하지 못한 것이다(2002다41435).

2) 잘못된 이행불능시점을 주장하며 소변경

원고들은 피고의 등기말소의무 이행불능 시점을 2006. 4. 14.로 주장하는 것은 단지 자신들에게 유리한 시점을 주장하는 취지인데, 명백히 표시되어 있지는 않으나, 위 소장변경신청서와 부대항소장에 나타난 원고들의 실제 의사는 위 이행불능 시점이 2006. 4. 14.이 아닌 2004. 8. 16.이라고 판단되는 경우에는 그 다음날부터의 지연손해금을 구하는 청구를 예비적 청구로 유지하는 것으로 볼 수 있으므로, 위 부대항소의 취지 또는 위 이행불능 시점이 2006. 4. 14.이 아닌 다른 시점인 경우에 지연손해금 청구의 취급을 석명해야 한다(2007다51703).

---

329) 만약, 원고가 자기 소유권에 기한 청구에 대해서만 주장했고, 대위권에 기한 청구(피대위채권에 대한 요건사실)에 대해서는 전혀 주장하지 않았는데 대위권에 기한 청구를 인정하면 변론주의 위반이며 지적의무는 문제되지 않는다. 반면, 원고의 전체적인 주장 내용 속에 자기 소유권에 기한 청구뿐만 아니라 대위권에 기한 청구 사실도 주장한 것으로 볼 수 있다면 대위권에 기한 청구를 인용하기 위한 사실은 주장된 것이므로 변론주의는 문제되지 않으나 사실에 대한 법률적 관점의 문제이므로 지적의무가 문제된다.

(4) 소가

법원은 소가 산정과 관련하여 필수적인 자료에 해당하거나 당사자가 부주의, 오해 또는 법률의 부지로 인하여 그 제출이나 진술을 간과하였음이 분명하다고 인정되는 사항 등에 관하여 적극적으로 석명권을 행사하여 당사자에게 자료 제출 등의 기회를 주거나 관련 기관에 조사를 촉탁하는 등의 조치를 취할 의무가 있다(2014마329).

(5) 항변

피고는 취득시효 완성에 기해 원고의 청구가 신의칙에 반한다고 주장하였을 뿐, 피고가 소외인을 대위하여 원고에게 유증에 기해 소유권이전등기청구를 구할 수 있음을 전제로 신의칙 위반의 항변을 한 적 없어 유증에 기한 소유권이전등기청구권에 대해 다투어지지 않았는데, 의견진술기회를 부여함도 없이 이에 기초하여 판단하면 석명 의무 위반이다(2021다200914).[330]

3. 재판결과에 영향

그 법률적 관점을 기초로 하여 재판하게 되면, **재판 결과**가 달라지는 경우를 의미한다.

4. 의견진술기회

불이익을 받을 당사자에게 **의견진술기회**를 부여하여 법률상 사항에 대해 명확히 밝히도록 한다.

III. 효과 sH-17

지적의무를 간과한 판결은 일반적 상고이유로, 판결 확정 전에 **상소**로 구제받을 수 있다.

---

330) 단, 지적의무가 아닌 사실에 관한 석명으로 볼 여지도 있다.

056 변론 개관

> 의의 – 내용

Ⅰ. 의의 및 취지   sH-18

변론이란 기일에 법원 공개법정에서 원고와 피고가 말로 판결의 기초가 되는 소송자료를 제출하고 법원이 심리하는 절차이다.

Ⅱ. 내용   sH-19

1. 필요적 변론

(1) 원칙

판결절차에서는 그 전제로서 반드시 변론을 열어야 하며, 변론에서 행한 구술진술만이 재판의 자료로 참작되는 경우를 필요적 변론이라 한다(제134조 제1항 본문).

(2) 예외

ⅰ) 소송요건 또는 상소요건의 흠결 ⅱ) 상고심 판결(제430조) ⅲ) 피고가 제256조의 답변서를 제출하지 않은 경우(제257조)에는 변론을 열지 않고 무변론판결을 할 수 있다.

2. 임의적 변론

결정으로 완결할 사건은 법원의 재량에 의하여 임의적으로 변론을 열 수 있는 임의적 변론에 의한다. 제척·기피(제41조), 관할의 지정, 소송상 특별대리인의 선임(제62조), 소송인수(제82조), 고유필수적 공동소송인 추가(제68조), 피고경정(제260조), 판결경정(제211조), 항고사건 등이 이에 해당한다.

☑ 소송법상 비밀보호를 위한 제도

1. 원칙
민사소송은 공개심리주의를 원칙으로 한다. 재판의 공정성을 확보하고 국민의 신뢰를 도모하기 위함이다(헌법 제109조).

2. 소송기록 열람에서의 비밀보호
제163조, 제163조의2

3. 증인신문 등에서의 비밀보호
제314조, 제315조, 제316조

4. 서증에서의 비밀보호
제344조 제1항 3호, 제344조 제2항, 제347조 제2항 및 제4항

057 변론준비절차

📁 의의 – 내용 – 효과

Ⅰ. 의의 및 취지   sH-20

ⅰ) 변론이 효율적·집중적으로 진행될 수 있도록 주장과 증거를 정리하는 절차이다(제279조 제1항).331)
ⅱ) 직접주의, 공개주의 실현을 위하여 2008년 개정법에서 원칙적으로는 변론기일을 열도록 하고, 예외적으로 변론준비절차를 열도록 하였다(제258조 제1항).

Ⅱ. 내용   sH-21

1. 진행법관 및 권한

ⅰ) 재판장이 담당한다(제280조 제2항). ⅱ) 쟁점정리, 증거채택여부 결정332), 증거조사(단, 증인신문과 당사자신문은 제외)를 할 수 있다.

2. 서면교환에 의한 변론준비절차333)

기간을 정해 당사자로 하여금 준비서면, 그 밖의 서류를 제출하게 하거나 당사자 사이에 이를 교환하게 하고 주장사실을 증명할 증거를 신청하게 하는 방법으로 진행한다(제280조, 민사소송규칙 제69조 제3항).

3. 변론준비기일에 의한 변론준비절차

ⅰ) 주장 및 증거를 정리하기 위해 필요하다고 인정할 때에는 변론준비기일을 열어 당사자를 출석하게 할 수 있다(제282조 제1항). ⅱ) 당사자는 변론준비기일이 끝날 때까지 변론의 준비에 필요한 주장과 증거를 정리하여 제출해야 한다(제282조 제4항). ⅲ) 당사자와 법원은 말로 변론 준비에 필요한 주장 및 증거를 정리한다. ⅳ) 비공개로 진행된다.

4. 변론준비절차의 종결

ⅰ) 사실 및 증거가 정리되면 변론준비절차를 종결한다. ⅱ) ① 사건을 변론준비절차에 부친 뒤 6월이 지났을 때 ② 당사자가 정해진 기간에 준비서면 등을 제출하지 않거나 증거신청을 하지 않은 때 ③ 당사자가 변론준비기일에 출석하지 않은 때 변론준비절차를 종결한다(제284조 제1항).

---

331) 다만, 본소절차를 현저히 지연시키지 않을 정도의 소변경, 반소제기, 소송참가, 상계항변 등 새로운 공격방어방법의 제출 등으로 새로운 쟁점정리가 필요하게 되는 등 사정이 있을 때에는 변론의 증지 또는 제한을 하고 변론준비절차에 부칠 수 있다(제279조 제2항).
332) 증거신청을 받아들이는 결정을 의미한다.
333) 서면교환에 의한 변론준비절차만을 거친 경우에는 제285조의 실권효가 적용되지 않는 다는 점을 주의한다.

> ### ☑ 변론준비기일에서 양 당사자 불출석시 취급
>
> #### 1. 문제점
> 변론준비기일에 양 당사자가 불출석한 경우, 제284조 제1항 3호에 따라 변론준비절차를 종결할 것인지, 제286조는 제268조를 준용하므로 새로운 변론준비기일을 지정할 것인지 문제된다.
>
> #### 2. 학설
> ⅰ) **제268조 우선적용설**은 반드시 새로운 변론준비기일을 지정한 후 또 불출석하면 기일지정신청을 기다려 쌍방불출석 취하간주를 적용한다고 한다. ⅱ) **제284조 우선적용설**은 불출석자를 과도하게 보호할 필요가 없으므로 변론준비절차를 종결한다고 한다. ⅲ) **선택설**은 새로운 변론준비기일을 지정해도 되고, 절차를 종결해도 된다고 한다.
>
> #### 3. 判例
> 변론준비기일에 양 당사자가 불출석한 경우, 새로운 변론준비기일을 지정할 수도 있고, 변론준비절차를 종결할 수도 있다고 한다(2004다69581*).
>
> #### 4. 검토
> 변론준비절차를 계속하여 사실·증거를 정리할 필요가 있다면 새로운 변론준비기일을 지정할 것이지만, 그럴 필요까지 없는 경우 변론준비절차를 종결하고 변론기일을 지정하는 것이 바람직하다.

Ⅲ. 효과 - 실권효

sH-22

변론준비기일을 종결한 경우, 변론준비기일에 부제출한 공격방어방법은 ⅰ) 그 제출로 인하여 소송을 현저히 지연시키지 아니하는 때 ⅱ) 중대한 과실 없이 변론준비절차에서 제출하지 못했다는 것을 소명한 때 ⅲ) 법원이 직권으로 조사할 사항인 때 ⅳ) 준비서면에 적힌 사항일 때를 제외하고 다음 변론에서 제출할 수 없다(제285조). 다만, 서면준비절차만 거친 경우에는 실권효가 적용되지 않는다.

058 변론의 개시, 진행, 종결, 재개

📁 개시 – 진행 – 종결 – 재개 – 일체성

I. 변론의 개시   sH-23

변론은 미리 재판장이 지정하여 양쪽 당사자에게 통지한 기일에 공개법정에서 행한다.

II. 변론의 진행   sH-24

1. 변론의 제한

하나의 소송절차에 여러 개의 청구가 병합되거나 여러 개의 독립한 공격방어방법이 제출되어 쟁점이 복잡다단할 경우, 이를 정리하기 위해 변론의 대상인 사항을 한정하는 조치를 취할 수 있다.[334]

2. 변론의 분리

청구의 병합이나 공동소송 등으로 청구가 여러 개인 경우, 법원이 그 중 어느 청구에 대해 별개의 소송절차로 심리할 뜻을 표명하는 것이다.[335]

3. 변론의 병합

법원에 따로 계속되어 있는 복수의 소송을 법원이 직권으로 하나의 소송절차에 몰아서 심리할 뜻을 명하는 것이다.

III. 변론의 종결   sH-25

소송절차가 진행된 결과 판결할 수 있게 되면 법원은 변론을 종결한다.

IV. 변론의 재개   sH-26

1. 의의

변론의 재개란 변론종결 후 판결선고 전에 종결된 변론을 다시 여는 것이다. 당사자의 주장·증명에 대해 심리가 미진한 경우, 이를 제대로 심리하기 위함이다(제142조).

2. 원칙

변론의 재개는 원칙적으로 법원의 재량이며, 변론재개신청은 법원의 직권발동을 촉구하는 의미만을 가진다.

---

[334] 본안 전 항변이 제출되었을 때 그 본안 전 항변에 관한 증거조사에 변론을 한정하는 것을 예로 들 수 있다.
[335] 단순병합 청구, 통상공동소송의 경우 변론의 분리가 가능하다.

3. 예외

ⅰ) 석명·지적의무를 행사하지 않은 경우336) ⅱ) 책임질 수 없는 사정으로 관건적 요증사실에 대한 주장·증명을 제대로 하지 못했고 그 주장·증명의 대상이 관건적 요증사실인 경우337)338)339) ⅲ) 재심사유가 있는 경우에는 변론의 재개가 법원의 의무이다(2017다244115*).

Ⅴ. 변론의 일체성   sH-27

변론을 여러 차례에 걸쳐 열었다 하여도 같은 기일에 동시에 연 것과 같이 소송자료로서 동일한 효력을 갖는다는 의미이다. 제1심과 제2심 변론기일 전체를 통틀어 인정된다.

☑ 기일지정신청 (10)(23)

1. 의의
소송종료의 효력을 다투면서 절차속행 및 기일지정을 촉구하는 당사자의 신청을 의미한다(민사소송규칙 제67조).340)

2. 효과
ⅰ) 신청이 이유 있으면 심리를 속행한다. ⅱ) **소취하, 항소취하**로 종료된 후 기일지정신청이 이유 없으면 소송종료선언341)한다.

3. 관련 논점 – 포기·인낙, 화해에 대한 기일지정신청

(1) 원칙
포기·인낙 및 화해로 절차가 종료되었을 때 이는 확정판결과 동일한 효력이 있고 당사자간에 기판력이 생기는 것이므로 확정판결의 당연무효사유가 존재하는 등의 특별한 사정이 없는 한 재심의 소에 의해서만 효력을 다툴 수 있어 기일지정신청하는 경우 이를 부적법 각하한다(4294민상914*).

(2) 예외
화해조서의 당연무효사유를 주장하며 기일지정신청 한 때에는 법원은 무효사유 존부를 가리기 위해 기일을 지정하여 심리하여야 하며, 무효사유가 존재한다고 인정되지 않으면 판결로 소송종료선언을 한다(2000다58668*).

---

336) 상속회복을 청구하는 원고가 상속권 침해사실을 증명할 필요가 없다고 오신하고 그 증명을 소홀히 한 경우 법원이 증명을 촉구할 의무가 있는데 석명권을 행사하지 않은 채 변론을 종결했다면, 판결은 위법하다(2009다64635).
337) 1심부터 환송후 항소심까지 시효중단의 주장·증명을 제출할 기회가 충분했음에도 제출하지 않고 있다가 환송 후 항소심 변론종결 후 그 주장·증명을 제출하기 위해 변론재개신청을 한 경우, 관건적 요증사실에 해당한다고 하더라도 당사자의 책임질 수 없는 사정이 있다고 볼 수 없는바 변론재개의무가 없다(2010다20532).
338) 피해자가 입은 상해 정도, 노동능력 상실 여부와 정도, 치료비금액, 사고시 피해자의 소득 및 직업, 피해자의 부주의 등을 확인할 수 없었던 경우였음에도 치료비 지급 판결을 하자, 당사자가 변론재개신청하면서 주장과 증명의 기회를 요구한 위 사항들은 판결 결과를 좌우할 수 있는 관건적 요증사실이며, 공시송달로 진행된 경우는 그에게 책임을 지우기 어려운 사정으로 주장과 증명의 기회를 갖지 못한 경우이다(2013다27343).
339) 본인소송으로 진행된 제1심에 대하여 피고가 항소심에서 비로소 응소하면서 제1회 변론기일에 임박해 새로운 항변이 포함된 준비서면 등을 제출하고 그대로 변론이 종결된 후 원고가 피고의 항변에 대응한 재항변, 반박 주장을 기재한 서면 등을 제출하며 변론재개신청을 하였다면, 법원은 변론재개의 필요성을 세심히 살펴야 한다(2022다263462).
340) 주로 소취하, 항소취하의 효력을 다투는 경우 활용된다. 소취하무효확인의 소는 소의 이익이 없다.
341) 만약 소취하, 항소취하에 대해 기일지정신청했는데 소송종료선언한 경우 당사자는 확정 전 상소로, 확정 후 재심으로 소송종료선언을 다툴 수 있다.

☑ 기일변경

1. 의의

기일변경은 기일을 개시하기 전에 그 지정을 취소하고 새로운 기일을 지정하는 것이다.

2. 요건

ⅰ) 제1차 기일은 법원이 직권으로 정하기 때문에 첫 변론기일 또는 변론준비기일을 변경하는 경우 현저한 사유가 없어도 당사자들의 합의로 가능하다(제165조 제2항) ⅱ) 제2차 이후의 변론기일 또는 변론준비기일을 변경하는 경우 현저한 사유가 있는 때에만 가능하다. 여기서 현저한 사유가 인정되려면 기일을 그대로 진행하여 불이익을 입는 것이 가혹하다고 인정되어야 한다.

3. 절차

ⅰ) 당사자는 기일변경신청을 할 수 있고, 재판장은 신청이 이유 있으면 기일변경의 명령을 하고 이유 없으면 불허한다. ⅱ) 기일변경의 허가 여부는 재판장의 전권사항이므로 불복할 수 없다.

☑ 기일연기

기일을 개시하고 별다른 소송행위가 이루어지지 않아 새로운 기일은 정하는 것이다.

☑ 기일속행

기일을 개시하고 수행한 소송행위를 완전히 끝마치지 못해 다음 기일을 정하는 것이다.

059 변론의 구성

📁 본안신청 – 공격방어방법 – 항변·부인

Ⅰ. 본안의 신청
sH-28

ⅰ) 원고가 소장 청구취지에 특정한 내용의 판결을 구하는 신청이다. ⅱ) 이에 대해 피고는 소각하 또는 청구기각을 구하는 반대신청을 한다. 이는 재판내용이 결정되는 것이 아니므로 본안신청이 아닌 소송상 신청에 해당한다.

Ⅱ. 공격방어방법
sH-29

ⅰ) 공격방법은 원고가 자신의 청구를 이유 있게 하기 위해 제출하는 주장과 증거자료를 의미한다. ⅱ) 방어방법은 피고가 원고의 청구를 배척하기 위해 제출한 소송자료이다. ⅲ) 법률상 주장[342]은 권리관계, 법규의 존부·해석에 관한 진술이다. ⅳ) 사실상 주장은 주요사실, 간접사실, 보조사실 등 구체적 사실에 대한 인식에 관한 진술이다.

> ☑ **주장의 판단순서**
>
> **1. 원칙**
> 법원은 당사자의 주장순서에 **구속되지 않고** 판단할 수 있다. 이로 인해 **주문의 차이가 없고**, 판결이유에서 판단되는 사항이므로 **기판력이 발생하지도 않기** 때문이다.
>
> **2. 예외**
> **상계항변**은 가장 마지막에 판단한다. 상계항변은 판결이유 중 판단에도 **기판력**이 발생하고, **출혈적** 방어방법이기 때문이다.

Ⅲ. 항변·부인
sH-30

1. 소송상 항변

(1) 본안 전 항변(방소항변)

원고가 제기한 소가 소송요건 흠결로 부적법하다는 피고의 주장이다. 다만, 소송요건은 직권조사사항이므로 법원의 직권발동을 촉구하는 의미를 가질 뿐이다.

---

[342] 1) 법규의 존부·해석·평가에 대한 진술 2) 사실에 대한 법적 평가에 대한 진술 3) 권리·법률관계에 대한 진술이 있다.
1)의 예로 법규, 조례에 대한 진술, 상표법상 품질오인을 일으키게 할 염려의 판단(2000후1542), 채권에 어떤 시효기간이 적용되는지여부에 대한 진술(2016다258124),
2)의 예로 과실, 정당한 사유, 선량한 풍속 위반과 같은 불확정 개념에 대한 진술, 동일유사상표인ㅈ 여부에 대한 진술(2004다70789), 법정변제충당순서에 대한 진술(98다8763), 유언이 아닌 것을 유언이라고 시인(70다2662), 혼외자가 아닌데 혼외자라고 진술(79다62),
3)의 예로 소송물자체인 권리관계에 대한 진술("A에게 대여금청구권이 있다.")(다만, 포기인낙이성립될 수도 있음), 소송물의 전제인 선결적 법률관계에 대한 진술("A에게 소유권이 있다.")이 있다(이시윤).

(2) 증거항변

상대방의 증거신청에 대해 **증거능력 또는 증거력이 없다는 주장**이다. 다만, 증거신청의 채택 여부 및 증거력의 유무도 법원의 전권사항이기 때문에 직권발동을 촉구하는 의미를 가질 뿐이다.

2. 본안의 항변과 부인

(1) 의의 및 종류

1) 항변

ⅰ) 항변이란 원고의 **권리근거규정의 요건사실과 양립가능한 반대규정의 요건사실**을 피고가 주장하는 것이다.

ⅱ) ① 원고의 주장사실을 인정하면서 그와 양립가능한 반대규정 요건사실을 주장하는 것을 **제한부 자백**이라 한다. ② 원고의 주장사실을 **다투면서 예비적으로** 항변하는 것을 **가정적 항변**이라 한다.

☑ **항변의 종류**

1. **권리장애적 항변**은 원고의 권리근거규정에 의한 **권리 발생을 처음부터 방해**하는 사실을 들어 항변하는 것이다.
   (강행법규 위반, 의사능력 흠결, 불공정행위)
2. **권리멸각적 항변**은 원고의 권리근거규정에 의해 **발생한 권리를 소멸**시키는 사실을 들어 항변하는 것이다.
   (변제, 상계, 면제, 경개, 혼동, 소멸시효, 채권의 양도, 조건의 성취)
3. **권리저지적 항변**은 **권리의 발생 또는 행사를 저지**하는 사실을 들어 항변하는 것이다.
   (건물매수청구권, 기한의 유예, 유치권, 동시이행항변권, 점유권원, 한정승인, 권리남용)
4. **재항변**은 피고의 항변에 대해 원고가 다시 그와 양립가능한 사실을 들어 피고의 주장을 배척하는 것을 말한다.
5. **재재항변**은 원고의 재항변에 대해 피고가 다시 그와 양립가능한 사실을 들어 원고의 주장을 배척하는 것을 말한다.

---

2) 부인[343]

ⅰ) **상대방의 주장사실과 양립불가능한 사실**을 주장하여 **상대방의 주장을 배척**하는 진술이다.

ⅱ) ① 상대방의 주장사실을 **단순히 부정**하는 것을 단순부인이라 한다. ② 상대방 주장사실과 양립불가능한 다른 사실을 들어 부정하는 것을 이유부 부인이라 한다.

(2) 구별

1) 상대방 주장과의 양립가능성

상대방의 주장사실과 **양립가능한지 여부**로 항변과 부인을 구별한다.

2) 증명책임

상대방이 **증명책임을 지는 사실을 부정**하는 것은 부인이며, 자신에게 **증명책임 있는 사실**을 들어 상대방의 주장을 배척하면 항변이다.

3) 판단

원고의 주장이 증거에 의해 사실로 인정되면 부인은 **판단할 필요 없다**. 하지만 이 경우에도 피고의 **항변이 있다면 이를 판단해야 한다**.

---

[343] 이와 비교되는 개념으로 부지가 있으며, 부지는 상대방 주장사실을 모른다고 하는 것으로, 제150조 제2항에 의해 상대방이 주장한 사실을 다툰 것으로 추정한다.

060 준비서면

📁 의의 – 내용 – 효과

Ⅰ. 의의 및 취지   sH-31

변론에서 말하고자 하는 사실상·법률상 사항을 기재하여 변론기일 전에 미리 제출하는 서면이다. 사안에 대해 미리 준비하여 변론의 집중을 도모하기 위함이다.

Ⅱ. 내용   sH-32

ⅰ) 준비서면의 기재 및 제출은 제272조 내지 제274조를 따른다. ⅱ) 준비서면 그 자체로는 소송자료가 될 수 없고 변론에서 진술되어야만 소송자료가 될 수 있다.

Ⅲ. 효과   sH-33

1. 부제출의 효과

(1) 무변론 자백간주 판결

피고가 소장부본을 송달받고도 30일 이내에 답변서 부제출시 무변론 자백간주로 피고패소판결한다(제257조).

(2) 부제출자가 출석한 경우

상대방 불출석시 준비서면에 기재하지 않은 사실을 주장하지 못한다(제276조). 이 경우, 속행기일을 정하고 그 속행기일 이전에 준비서면을 제출하면 준비서면 기재사실을 주장할 수 있다.

☑ **상대방 불출석시 준비서면에 기재하지 않은 증거신청 가부**

1. 학설
ⅰ) **적극설**은 증거신청도 사실인정에 중대한 영향이 있으므로 제276조에 증거신청도 포함된다고 본다. ⅱ) **소극설**은 결석자를 과도하게 보호할 필요가 없으므로 포함되지 않는다고 본다. ⅲ) **절충설**은 원칙적으로 적극설에 의하되, 상대방이 예상 가능한 사실에 관한 증거신청이면 예외적으로 허용된다고 본다.

2. 判例
준비서면 제출이 요구되지 않는 단독사건에서, 준비서면에 기재하지 않은 증인을 상대방이 변론기일에 출석하지 않은 채 재정증인으로 증거조사를 하고 증거로 채택한 경우 위법이 아니라고 한다(74다1721).

3. 검토
적극설은 당사자가 증거신청을 할 수 없게 되어 소송경제 및 분쟁해결에 적합하지 않으며, 소극설은 예상외의 재판 우려가 있으므로, 양자의 이익을 조화시킨 절충설이 타당하다.

> **☑ 준비서면에 기재하지 않은 사실을 진술하고 증거신청 채택시 이의권 포기·상실 가부**
>
> 준비서면에 기재하지 않은 사실 또는 상대방에게 송달되지 않은 준비서면 기재사실을 진술하게 하고 이에 대한 증거신청을 채택했더라도 상대방이 이의권을 포기하거나 이의권을 상실하게 되면 그 진술이나 증거신청 위법은 치유된다 (4286민상20).

　(3) 부제출자가 불출석한 경우

　　당사자가 변론기일에 불출석한 경우, 자백간주 규정을 준용한다(제150조 제3항).

　(4) 변론준비절차의 종결

　　당사자가 준비서면을 제출하지 않은 경우 변론준비절차를 종결하여야 한다.

2. 제출의 효과

　(1) 제출자가 출석한 경우

　　ⅰ) 준비서면에 기재된 사실은 상대방이 출석하지 않아도 주장할 수 있다(제276조). ⅱ) 준비서면 기재사실에 대해 상대방이 다투지 않거나 불출석한 경우 자백간주될 수 있다(제150조 제1항 및 제3항).

　(2) 제출자가 불출석한 경우

　　준비서면에 기재된 사실을 진술한 것으로 간주할 수 있다(제148조).

　(3) 실권효의 배제

　　준비서면에 적힌 사항은 변론준비기일에 제출하지 않아도 변론에서 주장할 수 있다(제285조 제3항).

　(4) 소취하시 피고의 동의권

　　피고가 본안에 관한 준비서면을 제출하면 피고의 동의를 얻어야만 소취하 가능하다(제266조 제2항).

　(5) 피고경정에 대한 동의권

　　피고가 본안에 관하여 준비서면을 제출하면 피고의 동의를 얻어야만 피고경정 가능하다(제260조).

> **☑ 준비서면 기재사항을 변론기일에서 진술하지 않은 경우 판단유탈인지 여부**
>
> 준비서면에 취득시효 완성에 관한 주장사실이 기재되어 있다 하더라도 그 준비서면이 변론기일에서 진술된 흔적이 없다면 취득시효완성의 주장에 대한 판단유탈의 위법이 있다 할 수 없다(80다1302*).

061 적시제출주의

> 의의 – 내용

Ⅰ. 의의 및 취지   sH-34

당사자는 **공격방어방법**을 소송의 정도에 따라 **적절한 시기**344)에 제출하여야 한다(제146조). 수시제출주의로 심리가 지연되자, **집중심리 및 절차촉진**을 위해 2002년 개정법에서 채택하였다.

Ⅱ. 내용   sH-35

ⅰ) 재정기간제도(제147조) ⅱ) 실기한 공격방어방법 각하(제149조) ⅲ) 실권효(제285조)345) 등으로 적시제출주의의 실효성을 도모하고 있다.

☑ 재정기간제도

1. 의의 및 취지

재판장은 당사자의 의견을 들어 한 쪽 또는 양 쪽 당사자에 대하여 특정한 사항에 관하여 주장을 제출하거나 증거를 신청할 기간을 정할 수 있다(제147조).

2. 요건

ⅰ) 재판장은 기간을 정함에 앞서 당사자의 의견을 들어야 하고 ⅱ) 제출을 요하는 사항, 기간을 특정해야 하고 ⅲ) 그 기간을 넘긴 때에는 제출할 수 없다는 취지를 함께 고지해야 한다.

3. 절차

정해진 기간을 도과한 경우, 주장 및 증거를 제출할 수 없다. 다만, 정당한 사유로 제출하지 못했음을 소명한 경우 그러하지 아니하다.

---

344) 적절한 시기인지 여부는 구체적, 개별적으로 판단한다.
345) 변론준비기일을 종결한 경우, 변론준비기일에 부제출한 공격방어방법은 ⅰ) 그 제출로 인하여 소송을 현저히 지연시키지 아니하는 때 ⅱ) 중대한 과실 없이 변론준비절차에서 제출하지 못했다는 것을 소명한 때 ⅲ) 법원이 직권으로 조사할 사항인 때 ⅳ) 준비서면에 적힌 사항일 때를 제외하고 다음 변론에서 제출할 수 없다(제285조). 다만, 서면준비절차만 거친 경우에는 실권효가 적용되지 않는다.

062 실기한 공격방어방법 각하

▷ 의의 - 요건 - 절차 - 효과

Ⅰ. 의의 및 취지　　　　　　　　　　　　　　　　　　　　　　　　　　　　sH-36

당사자가 고의 또는 중대한 과실로 공격방어방법의 제출이 늦은 경우, 당해 공격방어방법을 각하할 수 있다(제149조). 집중심리의 도모 및 소송지연 방지를 위함이다.

Ⅱ. 요건 [과어공지]　　　　　　　　　　　　　　　　　　　　　　　　　　　sH-37

1. 당사자의 고의 또는 중대한 과실이 있을 것 [지공난관경]

당사자의 법률지식과 함께 새로운 공격방어방법의 종류, 내용과 법률구성의 난이도, 기존의 공격방어방법과의 관계, 소송의 진행경과 등을 종합적으로 고려해야 한다(2017다1097*).346)347)348)

2. 적시제출주의 규정을 어겼을 것 [속총][과객상신]

(1) 항소심이 속심구조이고 제149조가 총칙규정이므로 항소심뿐만 아니라 제1심까지 통틀어 시기에 늦었는지 판단한다(2017다1097).

(2) 소송의 진행정도에 비추어 당사자가 과거에 제출을 기대할 수 있었던 객관적 사정이 있었는데도 이를 하지 않은 것인지, 상대방과 법원에 새로운 공격방어방법을 제출하지 않을 것이라는 신뢰를 부여했는지 여부 등을 고려해야 한다.349)350)

3. 공격방어방법일 것

공격방어방법만 해당되고, 소변경, 반소, 중간확인의 소 등은 이에 해당하지 않는다.

---

346) 출혈적 방어방법인 상계항변, 건물매수청구권 등은 조기제출이 어려워 항소심에 이르러 주장했다는 사정만으로는 고의 또는 중대한 과실을 인정하기 어렵다.
347) 항소심 계속중에 증거서류가 위조되었다는 증거를 확보하게 된 사정 등에 비추어 제1심 이래 21개월여가 지난 뒤에 한 위조항변이 실기한 공격방어방법에 해당되지 않는다(91다490). 항소심에 이르러 동일한 쟁점에 관한 대법원판결이 선고되자 그 판결 취지를 토대로 한 새로운 주장을 제출한 것이 실기한 공격방어방법에 해당하지 않는다(2005다46363)
348) 피고는 그 증인들의 소환비용을 예납하지 않았으며, 그 기일에 출석도 하지 않아 증거채택을 취소하고 변론을 종결하였고, 그 후 피고의 변론재개신청에 따라 기일을 지정하였음에도 불구 피고는 출석하지 않고 다음 기일에 비로소 출석하여 취소된 증인의 환문을 재차 신청한바 이 신청은 시기에 늦은 공격방어방법이므로 이를 채택하지 않아도 유일한 증거를 조사하지 않은 위법은 없다(67다2628*).
349) 피고가 유치권의 항변을 제출한 것은 원심 제4회 변론중이었으며 그 이전에도 변론기일이 1.2.3회나 경유 되었었고 피고는 1심에서도 유치권의 항변을 주장할 수 있었을 것인데 만연히 그 주장을 하지 않고 원심 제4회 변론기일에 비로소 그 주장을 한 것은 시기에 늦어서 방어방법을 제출한 것이다(4294민상1122*).
350) 피고는 환송 전 원심에서 상계항변이 가능함을 알았지만 부제소합의의 주장으로 충분히 승산이 있다고 보아 상계항변을 하지 않은 것이라고 주장함으로써 그 항변을 하지 않은 것이 의도적이거나 속단에 의한 것임을 자인한바, 이는 고의 또는 중대한 과실로 평가될 수 있어 환송 후 상계항변을 제출하여 실기한 공격방어방법으로 각하된다(2003다44387*).

4. 소송완결이 지연될 것

(1) 문제점

소송지연의 개념이 무엇인지 문제된다.

(2) 학설

ⅰ) 절대설은 공격방어방법의 제출로 새로 기일을 열어야 하면 지연으로 본다. ⅱ) 상대설은 적시에 제출한 경우보다 절차가 지연되면 지연으로 본다.

(3) 判例 [증어매]

법원이 공격방어방법에 대해 각하결정을 안한 채, 증거조사까지 마친 경우에는 더 이상 소송완결을 지연할 염려는 없어졌으므로 각하할 수 없고, 더욱이 실기한 공격방어방법도 어차피 기일속행이 필요하고 그 속행기일에서 심리도 마칠 수 있거나 공격방어방법의 내용이 이미 심리를 마친 소송자료의 범위 안에 포함되어 있는 때에는 소송완결을 지연시키는 것으로 볼 수 없다(98다52469).351)352)

(4) 검토

판시가 소송지연이라는 추상적인 개념에 대해 구체적 기준을 제시해주고 있으므로 이에 맞게 구체적 상황에 따라 판단하면 될 것이다.

Ⅲ. 절차　　　　　　　　　　　　　　　　　　　　　　　　　　　　　　　　　　sH-38

법원의 직권 또는 상대방의 신청에 따라 결정으로 재판한다.

Ⅳ. 효과　　　　　　　　　　　　　　　　　　　　　　　　　　　　　　　　　　sH-39

ⅰ) 각하여부는 법원의 재량이다. ⅱ) 각하된 경우 독립하여 항고할 수 없고 종국판결에 대해 상소로 다툴 수 있다. 각하신청이 배척된 경우, 소송지휘에 관한 사항이므로 불복할 수 없다.

---

351) 피고들의 항소 제기 후 제1차 변론기일에서 진술한 항소이유서에서 상계주장을 하고, 원심이 변론을 종결한 제8차 변론기일에서 그에 대한 서증을 제출하였으나, 원심은 위 주장에 대한 심리뿐만 아니라 쌍방의 여러 가지 다른 주장 및 입증에 대한 심리를 위 제8차 변론기일까지 계속하였고, 위 상계주장으로 인하여 소송 완결이 지연되었다는 사정을 찾아볼 수 없다(98다52469).
352) 변론재개시 소송관계는 변론재개 전 상태로 환원되므로, 재개된 변론기일에서 제출된 주장, 증명이 실기한 공격방어방법인지 판단할 때 변론재개 자체로 인한 소송완결 지연은 고려할 필요 없다(2010다20532).

063 이의권 포기·상실

📁 의의 – 요건 – 효과

I. 의의 및 취지   sH-40

1. 이의권

이의권이란 소송절차가 법규에 어긋났을 때 당사자가 이의하여 효력을 다툴 수 있는 소송상 권능을 의미한다.

2. 이의권 포기·상실

ⅰ) 이의권 포기란 소송절차가 법규에 어긋났을 때 이의하지 않겠다는 법원에 대한 의사표시를 말하며, ⅱ) 이의권 상실이란 소송행위가 법규에 어긋났음을 알거나 알 수 있었을 때 바로 이의하지 않으면 그 권리를 잃는 것을 말한다(제151조). **절차안정과 소송경제**를 도모하기 위함이다.

II. 요건   sH-41

1. 소송절차 규정

ⅰ) 소송행위의 시기, 방식, 장소 등 **형식적 사항**에 관한 규정에 대한 것이어야 한다. ⅱ) 처분권주의, 공격방어방법 판단 등 소송행위의 내용이나 소송상 주장에 관한 규정에는 적용되지 않는다.

2. 임의규정

소송수행상의 편의를 위한 **임의규정**에 관한 것이어야 한다.353)

> ☑ **강행규정 위반시 이의권 상실 여부** [항강판이] (16)
>
> 불변기간인 **항**소제기기간에 관한 규정은 성질상 **강**행규정이므로 그 기간 계산의 기산점이 되는 **판**결 정본의 송달의 하자는 **이**의권의 포기나 상실로 인하여 치유될 수 없다(78다2448*).354)

III. 효과   sH-42

이의권의 포기·상실로 소송행위가 완전하게 유효하게 된다.

---

353) 송달의 흠, 절차중단 간과, 쌍방대리금지 위반, 기일통지 누락, 증거조사방식 위반 등이 이에 해당한다.
354) 일반적인 소송서류송달이 아닌 "판결정본송달"의 경우에 적용되는 것임을 주의한다.

064 한쪽 당사자의 결석 - 진술간주

📁 의의 – 요건 – 효과 + 관련 논점

I. 의의 및 취지   sH-43

당사자가 **변론기일에 출석하지 않거나, 출석하고도 무변론**인 경우, 그가 제출한 **답변서, 준비서면에 기재된 사항을 진술한 것으로 본다**(제148조 제1항). 소송지연을 방지하기 위함이다.

II. 요건 [제무불] (15)   sH-44

i) 소장, 답변서, 준비서면 등을 **제**출했을 것 ii) 변론기일에서 **무**변론이거나 iii) 변론기일에 **불**출석했을 것을 요한다.

III. 효과 (15)   sH-45

i) **변론을 진행하느냐 기일을 연기하느냐는 법원의 재량**이나, ii) 출석 당사자만으로 **변론**을 진행시, 불출석한 당사자가 제출한 **소장, 답변서, 준비서면에 적혀 있는 사항을 진술한 것으로 보아야 한다**(2008다2890*).355)

☑ 진술간주로 서증 제출 가부

서증은 법원 외에서 조사하는 경우 외에는 당사자가 변론기일 또는 준비절차기일에 출석해 현실적으로 제출해야 하고, 서증이 첨부된 소장, 준비서면 등이 진술되는 경우도 마찬가지다(91다15775).

☑ 진술간주로 변론관할 인정 가부

변론관할이 생기려면 피고의 본안에 관한 변론이나 준비절차에서의 진술은 **현실적인** 것이어야 하므로 피고의 불출석에 의해 **답변서 등이 법률상 진술간주**되는 경우에는 변론관할은 생기지 않는다(80마403*).

IV. 관련 논점   sH-46

1. 자백하는 취지의 답변서 제출시, 재판상 자백 성립 여부 (15)

(1) 문제점

i) **자백**이란 상대방의 주장사실과 일치하고 자신에게 **불리한 주요사실**에 대한 진술이다. ii) 진술간주에 적힌 내용을 불출석자가 자백한 것으로 처리할지 문제된다.

---

355) 불출석한 자가 준비서면 등을 제출했다면 준비서면 등에 기재된 내용이 진술간주되지만, 해당 준비서면 등에서 다투지 않은 상대방 주장에 대해서는 자백간주가 성립할 수 있다.

(2) 학설
1) 재판상 자백설은 자백의 의사표시를 서면에 분명히 하였으므로 서면이 진술간주되면 재판상 자백이 성립된다고 한다.
2) 자백간주설은 결석자를 위한 진술간주 제도 취지상 당사자 보호를 위해 **철회 가능한 자백간주**로 본다.

(3) 判例 [준자 변진자]
답변서나 **준**비서면에 **자**백에 해당하는 내용이 기재되어 있는 경우라도 그것이 **변론**기일이나 변론준비기일에서 **진술** 또는 진술간주되어야 재판상 **자**백이 성립한다(2014다229870*).

(4) 검토
당사자는 출석했더라도 서면 내용대로 자백할 것이므로 소송경제 도모를 위해 재판상 자백으로 봄이 타당하다.

2. 서면에 의한 청구인낙 가부

(1) 문제점
ⅰ) 인낙이란 피고가 원고의 소송상 **청구가 이유 있음**을 스스로 인정하는 법원에 대한 의사표시이다.
ⅱ) 인낙은 변론기일에 출석하여 말로 함이 원칙이나, 진술간주를 확대적용하여 서면만으로 인낙이 가능한지 문제된다.

(2) 학설
1) 긍정설은 소송경제 및 당사자의 **인격권** 존중 차원에서 서면인낙도 가능하다고 한다.
2) 부정설은 인낙은 **절차 종결** 행위이므로, 분쟁해결에 신중을 기하기 위해 서면인낙은 허용되지 않는다고 한다.

(3) 判例 [인준진 변구]
피고가 청구를 **인**낙하는 취지를 기재한 **준**비서면을 제출하여 그 준비서면이 **진**술간주되었더라도 피고가 **변론**기일에 출석하여 **구**술로써 인낙하지 아니한 이상 인낙의 효력은 발생하지 않는다(92다23230).

(4) 검토
당사자가 서면으로 불리한 의사표시를 한다면 굳이 **출석을 강요해 불편 및 소송지연**을 초래할 필요는 없으므로 긍정설이 타당하다.

(5) 2002년 개정법
공증사무소 인증을 받는다면 서면인낙도 가능한 것으로 규정하였다.356)

---

356) 준비서면 또는 답변서에 청구원인을 다투는 기재 없이 인낙의 취지만 기재하여 제출하였는데 공증사무소의 인증을 받지 않은 경우, 인낙의 효력이 발생하지 않게 된다. 이때 당사자는 청구원인에 대해 다투는 답변서를 제출하지 않고 변론기일에 불출석한 것이 되어 제150조 제3항의 불출석 자백간주가 성립될 수 있다.

065 한쪽 당사자의 결석 - 자백간주

📁 의의 – 요건 – 효과 + 관련 논점

I. 의의 및 취지 sH-47

한쪽 당사자가 적법한 기일통지를 받았음에도 **변론기일**에 불출석한 경우, 상대방 주장사실에 대해 **자백**한 것으로 본다(제150조 제3항). 소송촉진을 위함이다.

II. 요건 [제공불] (10)(15) sH-48

ⅰ) 상대방 주장사실을 다투는 답변서 등을 **제**출하지 않을 것 ⅱ) **공**시송달에 의하지 않은 적법한 기일통지를 받았을 것 ⅲ) 변론기일에 **불**출석했을 것을 요한다.

III. 효과 (10)(15) sH-49

자백간주된 사실은 ⅰ) 제288조의 불요증사실이 되며 ⅱ) 법원에 대한 구속력은 생기지만 ⅲ) 당사자에 대한 구속력은 생기지 않는다.

IV. 관련 논점 sH-50

1. 자백간주 후 공시송달된 경우 [자후공자배]

의제**자**백으로서의 효과가 발생한 때에는 그 이**후**의 기일에 대한 소환장이 송달불능으로 되어 **공**시송달하게 되었더라도 이미 발생한 의제자백의 효과가 상실되지 않으므로 **자**백한 것으로 간주해야 할 사실을 증거판단하여 의제자백에 **배**치되는 사실인정을 하면 위법하다(87다카961).

2. 공시송달 후 자백간주된 경우 [공각툰 공투재]

제1심에서 피고에 대해 **공**시송달로 재판이 진행되어 피고에 대한 청구가 기**각**되었어도 피고가 원고 청구원인을 다**툰** 것으로 볼 수 없으므로, 원고가 항소한 항소심에서 피고가 **공**시송달이 아닌 방법으로 송달받고도 다**투**지 아니한 경우에는 제150조 **자**백간주가 성립된다(2015다36167).

066 양쪽 당사자의 결석 - 쌍방불출석 취하간주

📁 의의 – 요건 – 효과

I. 의의 및 취지

sH-51

적법한 기일통지를 받고도 양쪽 당사자가 필요적 변론기일에 2회 내지 3회 불출석시 소취하 간주한다(제268조). 소송의사 없는 소송을 조기에 종료시키기 위함이다.

II. 요건 (19)

sH-52

ⅰ) 양쪽 당사자의 1회 결석 또는 출석했더라도 무변론[357] ⅱ) 양쪽 당사자의 2회 결석 또는 출석했더라도 무변론[358] ⅲ) 1월 내 기일지정신청이 없거나[359] 양쪽 당사자의 3회 결석 또는 출석했더라도 무변론일 것을 요한다.

☑ 불출석 횟수 판단

ⅰ) 불출석은 연속적이지 않고 **단속적**이어도 횟수에 산입된다. ⅱ) 같은 **심급**[360][361], 같은 **종류**[362]의 기일의 경우에만 횟수에 산입한다. ⅲ) 각 **청구**[363][364]마다 판단한다.

☑ 변론준비기일에서의 쌍방불출석 효과가 변론기일에 승계되는지 여부 (19)

1. 문제점
변론준비기일과 변론기일을 동종 기일로 보아 변론준비기일에서의 불출석이 변론기일에 승계되는지 문제된다.

2. 학설
ⅰ) **긍정설**은 제286조에서 제268조를 준용하고 있고 **변론준비기일의 실효성**을 위해 승계된다고 본다.
ⅱ) **부정설**은 변론기일과 변론준비기일은 **운영주체와 방식이 달라** 승계되지 않는다고 본다.

3. 판례 [직공불승]
변론준비기일은 재판장에 의해 비공개로 진행되어 **직**접주의와 **공**개주의가 후퇴할 수 있고 취하간주제도는 적극적 당사자에게 **불리한 제도**인바, 불출석 효과는 변론기일에 **승**계되지 않는다(2004다69581*).

---

[357] 법원은 양쪽 당사자에게 다시 기일통지를 한다(제268조 제1항). 단, 변론을 종결하고 판결할 수 있다는 견해가 있으나, 명문의 규정에서 다시 기일을 통지하라고 규정한바 부당하다. (19)
[358] 법원은 변론 종결하거나 신기일을 정하지 않고 기일을 종료시킨다. 단, 변론종결하고 판결할 수 있다는 견해 있다. (19)
[359] 양쪽이 2회 불출석 또는 무변론 후 당사자의 기일지정신청이 없이 법원이 직권으로 기일을 지정하여도 직권으로 지정된 기일에 불출석 또는 무변론하면 3회 불출석으로 쌍방불출석 취하간주 처리된다(2001다60491*).
[360] 환송 전 항소심 불출석 횟수와 환송 후 항소심 불출석 횟수는 합산하지 않는다.
[361] 1심과 2심의 불출석 횟수는 합산하지 않는다.
[362] 변론준비기일과 변론기일은 서로 다른 종류의 기일이므로 불출석 횟수를 합산하지 않는다는 것이 **判例**이다.
[363] 본소 계속 중 양쪽이 1회 결석하고, 소송중 추가적 변경, 반소, 중간확인의 소가 병합된 후 다시 또 양쪽이 결석한 다음 기일지정신청을 하지 않으면 본소만 취하간주되고 병합된 청구는 취하간주되지 않는다.
[364] 교환적 변경시 구청구과 신청구 판단 과정에서의 불출석 횟수를 합산하지 않는다.

4. 검토
소취하간주 규정은 **국민의 재판받을 권리**를 침해할 수 있으므로 **명백한 근거 없이 확대 적용할 수 없고** 개정법에 따라 변론준비절차는 예외적인 절차가 되었으므로 승계되지 않는다고 봄이 타당하다.

☑ 적법한 절차에 의해 변론기일 통지를 받지 않은 경우

1. 변론기일에 양쪽 당사자가 출석하지 아니한 때의 의미
제2항에서 정한 1월의 기일지정신청기간은 불변기간이 아니어서 추후보완이 허용되지 않는 점을 고려하면, 위 제1항, 제2항에서 규정하는 '변론기일에 양쪽 당사자가 출석하지 아니한 때'란 양쪽 당사자가 적법한 절차에 의한 송달을 받고도 변론기일에 출석하지 않는 것을 가리킨다.

2. 송달이 부적법한 경우 쌍방불출석간주 효과 발생 여부
따라서, 변론기일의 송달절차가 적법하지 아니한 이상 비록 그 변론기일에 양쪽 당사자가 출석하지 아니하였다고 하더라도, 위 제2항 및 제4항에 따라 소 또는 상소를 취하한 것으로 보는 효과는 발생하지 않는다(2020다216462).

III. 효과

sH-53

소[365] 또는 상소[366]가 취하된 것으로 간주한다.[367]

☑ 상소취하간주의 효력을 상소로 다툴 수 있는지 여부
항소취하간주된 경우, 이는 법률에 의해 당연히 발생하는 효과이고, 상고의 대상이 되는 종국판결이 아니므로 항소취하간주의 효력을 다투려면 항소심에 기일지정신청을 해야 하고 상고할 수는 없어 상고는 부적법 각하된다(2018다259541).

---

[365] 소취하간주가 있었음에도 간과해 본안판결 한 경우, 상급심은 소송종료선언을 한다.
[366] 상소가 취하된 경우, 원판결이 확정된다.
[367] 제268조에 따라 법률상 당연히 발생하는 효력이므로 법원은 본안에 대한 석명 및 심리를 할 수 없다.

067 소송상 형성권 행사

📁 형성권 행사 소멸 - 상계재항변

I. 소송상 형성권 행사의 효력 소멸시 취급 (09)(18)   sH-54

1. 문제점

소송상 형성권을 행사한 후, 소가 취하 또는 각하되거나, 형성권이 실기한 공격방어방법으로 각하된 경우 사법상으로도 형성권 행사의 효력이 소멸하는지 문제된다.368)

2. 학설

(1) **소송행위설**은 소송상 형성권 행사는 **소송행위**로서, 상계항변을 받아들인 **청구기각판결**에 의해 상계의 사법상 효과가 발생한다고 한다. 소가 취하 또는 각하되거나, 형성권이 각하되면 **사법상 효력이 발생하지 않는다**고 한다.

(2) **병존설**은 사법상 형성권을 행사하는 **사법행위**와 사법상 효과를 법원에 진술하는 **소송행위**가 **병존**하는 것으로 본다. 사법행위에 의해 형성권의 사법상 효과가 발생한다고 본다. 소가 취하 또는 각하되거나 형성권이 각하된 경우에도 **사법상 효력이 남게 된다**.369)

(3) **신병존설**은 병존설을 취하면서 소송상 형성권의 행사는 **법원 판단을 받을 것으로 조건으로 효과를 발생시키려는 의사표시**라고 한다. **사법행위**로 형성권의 사법상 효과가 발생한다고 본다. 소가 취하 또는 각하되거나 형성권이 각하되면 **사법상 효력도 소멸한다**고 본다.

(4) **양성설**은 하나의 행위이지만 **사법행위와 소송행위의 성질을 함께 갖는다**고 한다. 양성적 행위에 의해 사법상 효과가 발생한다고 본다. 소가 취하 또는 각하되거나 형성권이 각하되면 **사법상 효력도 발생하지 않는다**고 본다.

3. 判例

(1) 해제권 [해취형행]

소제기로써 계약**해**제권을 행사한 후 그 소송을 **취**하했어도 해제권은 **형**성권이므로 그 **행**사의 효력에는 아무런 영향을 미치지 않는다(80다916*).

(2) 상계권 [수예의판실]

소송상 방어방법으로서의 상계항변은 통상 그 **수**동채권의 존재가 확정되는 것을 전제로 하여 행하여지는 일종의 **예**비적 항변으로서 소송상 상계의 **의**사표시에 의해 확정적으로 그 효과가 발생하는 것이 아니라 당해 소송에서 수동채권의 존재 등 상계에 관한 법원의 **실**질적 **판**단이 이루어지는 경우에 비로소 **실**체법상 상계의 효과가 발생한다(2013다95964*).

---

368) 만약, 사법상으로 형성권 행사의 효력이 남아있게 되면 더 이상 형성권을 행사할 수 없게 된다.
369) 병존설에 따를 때 상계주장을 각하한 경우, 상계항변 등의 소송상 행사효력이 소멸되면 원고의 소구채권은 남아있음에도 피고의 사법상 상계권 행사 효력이 그대로 남게 되어 상계항변에 행사된 채권만 소멸된다.

4. 검토

소송행위설은 상계를 받아들인 청구기각판결로 인해 사법상 효력이 발생하게 되어 마치 **형성판결**인 것처럼 되므로 부당하다. 병존설은 **상계권이 각하되어도 사법행위 효력이 남게 되어** 부당하다. 양성설은 실체법과 소송법이 분리되어 있는 현행법체계에 부합하지 않는다. 따라서 반대채권 소멸의 문제가 없는 해제권은 병존설로 판단하되, 상계권은 신병존설로 판단함이 타당하다.

> ☑ **상계항변 후 조정이 성립되어 수동채권 존부 판단이 이루어지지 않은 경우**
>
> 소송상 상계항변은 수동채권의 존재가 확정되는 것을 전제로 하는 예비적 항변으로서 당사자가 스송상 상계항변으로 달성하려는 목적, 자주적 분쟁해결수단인 조정의 성격 등에 비추어 볼 때, 당해 소송절차 진행 중 당사자 사이에 조정이 성립됨으로써 수동채권의 존재에 관한 법원의 실질적인 판단이 이루어지지 않은 그 소송에서 행하여진 소송상 상계항변의 사법상 효과도 발생하지 않는다(2011다3329*).

II. 상계항변에 대한 상계재항변 가부

sH-55

1. 상계재항변 가부370) (19)

ⅰ) 법원이 피고의 상계항변을 배척하는 경우에는 상계의 재항변을 판단할 필요가 없다. ⅱ) 피고의 상계항변이 이유있는 경우에는 수동채권과 자동채권이 상계적상 당시에 대등액에서 소멸한 것으로 본다. 따라서 원고가 상계의 재항변으로써 상계할 대상인 피고의 자동채권이 그 범위에서 존재하지 않는 것이 되어 이때에도 원고의 상계의 재항변을 판단할 필요 없다. ⅲ) 원고의 상계재항변은 일반적으로 허용할 이익이 없다(2013다95964*).

2. 다른 청구채권으로 상계재항변을 하는 경우

이는 원고가 2개의 채권을 청구하고, 피고가 그 중 1개의 채권을 수동채권으로 삼아 소송상 상계항변을 하자, 원고가 다시 청구채권 중 다른 1개의 채권을 자동채권으로 소송상 상계의 재항변을 하는 경우에도 마찬가지다(2012다107662).

---

370) 앞서 소송상 방어방법으로 상계항변은 수동채권의 존재가 확정되는 것을 전제로 하는 예비적 항변으로서 소송상 상계 의사표시에 의해 확정적으로 효과가 발생하는 것이 아니라 수동채권의 존재 등 상계에 관한 법원의 실질적 판단이 이루어지는 경우에 실체법상 상계의 효과가 발생한다는 상계항변의 효과가 발생한다고 한 **判例**를 기재해준다. 상계 재항변이 불허되는 이유는 상계의 효과 발생 논리를 전제로 하기 때문이다.

☑ 상계항변 관련 논점 – 일반 6형제

1. 상계항변에 중복소제기금지원칙 유추 및 철회시 취급

(1) 중복소제기금지원칙 유추
☞ 상계항변이 이루어진 소와 상계항변의 자동채권을 구하는 별소가 동시에 계속 중일 때

(2) 상계항변 철회시 취급
☞ ⅰ) 상대방 동의 없이 상계항변의 철회 가부 ⅱ) 소송 중 철회된 상계항변 심판 가부 ⅲ) 상계항변 철회 후 자동채권으로 후소제기시 재소금지원칙 적용 여부

2. 상계항변 기판력
☞ 상계항변에 행사된 채권이 실질적으로 판단되어 인정되거나 배척된 다음, 판결이 확정되었을 때

3. 상계권 등 사법상 형성권 차단 여부
☞ 변론종결 전 갖는 형성권을 행사하지 않고 있다가 "변론종결 후 형성권을 행사"하며 청구이의의 소 또는 채무부존재확인의 소, 건물매매대금청구의 소를 제기할 때

4. 상계권 등 사법상 형성권 행사의 효력 소멸시 취급(=소송상 형성권 행사 법적성질)
☞ 상계항변했는데 소취하 또는 소각하되거나 실기한 공격방어방법으로 각하되는 등 상계항변에 행사된 채권이 실질적으로 판단받지 못하고 소송상 행사의 효력이 소멸된 때 실체법상으로도 상계권 행사의 효력이 남게 되는지 판단할 때

5. 상계 재항변 가부
☞ 상대방의 상계권 행사에 대해 상계 재항변할 때

6. 상계주장의 판단순서
☞ 상계와 함께 다른 채무소멸사유를 주장하여 각 주장의 판단순서를 고려할 때

068 소송상 합의

📂 의의 - 적법성 - 법적성질 및 효과 + 관련 논점

Ⅰ. 의의   sH-56

현재 계속 중이거나 장래 계속될 **소송에 대해 특정한 법적효과의 발생**을 목적으로 한 당사자간 **합의**를 말한다. 당사자의 의사결정 자유를 존중하기 위함이다.

Ⅱ. 적법성   sH-57

1. 명문의 규정이 있는 합의

관할합의(제29조), 불항소합의(제390조 제1항 단서) 등은 명문으로 인정되어 적법하다.

2. 명문의 규정이 없는 합의 [처변 효예합] (08)(14)(17)

부제소합의, 소취하합의, 불상소합의, 상소취하합의는 명문의 규정이 없는 소송상 합의로, **처분권주의·변론주의 범위** 내에서 이루어지고, 당사자가 그 **법효과** 발생을 명확히 **예측하고 합**의하였다면 적법하다.371)

> ☑ **불상소합의**372)373)
>
> **1. 의의 및 취지**
> 당사자가 특정 사건에 관해 심급을 제1심에 한정하여 상소하지 않기로 하는 소송상 합의를 의미한다. 당사자의 처분권을 존중하여 인정된다.
>
> **2. 법적성질**
> 명문의 규정 없는 소송상 합의의 성질에 대해 ⅰ) 사법행위임을 전제로 의무이행소구설, 항변권발생설 있으나 ⅱ) 통설 및 判例는 불상소합의는 제390조 제1항 단서의 불항소 합의에 준해 소송행위로 본다(2017다21411*). 민법상 의사표시 하자 규정이 유추적용되어 무효, 취소가 가능하다.

---

371) 퇴직금청구권은 퇴직이라는 사실을 요건으로 발생하므로 퇴직시 발생하는 퇴직금청구권에 관해 사전에 포기하거나 부제소특약을 하는 것은 강행법규인 구 근로기준법에 위반되어 무효이다(97다49732).
① [퇴직함과 동시에 퇴직 관련 청구의 부제소 합의] 퇴직하면서 "피고 회사와의 근로관계를 종료함에 있어 일체 퇴직금 등을 지급받은바, 근로관계 종료와 관련하여 추후 여하한 이의 제기도 하지 않을 것을 서약합니다."라는 내용의 서약서에 서명한 것이라면, 퇴직에 기인한 일체의 청구를 하지 않겠다는 부제소특약을 한 것으로 적법하다(97다11133).
② [일체 분쟁에 대한 사전 부제소합의] 부제소합의는 당사자가 처분할 수 있는 특정된 법률관계에 관한 것으로서 그 합의 당시 각 당사자가 예상할 수 있는 상황에 관한 것이어야 유효하다. 위로금 지급에 관해 일절 소송을 제기할 수 없도록 정한 규정은 조합원과 피고 조합 간의 법률상의 쟁송에 관하여 헌법상 보장된 조합원의 재판을 받을 권리를 구체적 분쟁이 생기기 전에 미리 일률적으로 박탈한 것으로 헌법과 부제소합의에 위반되어 무효라고 할 것이다(2000다65086).
372) 상고할 권리를 유보하고 항소만 하지 않기로 하는 불항소합의(제290조)와 구별된다.
373) 상소권 자체를 포기하는 상소권의 포기와 구별한다. 불상소합의는 상소권 자체가 발생하지 않는 것이다.

3. 요건

i) 서면으로 하며 서면에 쌍방이 상소하지 않는다는 취지가 명백히 표현되어 있을 것(2007다52317)³⁷⁴⁾ ii) 처분권주의, 변론주의 범위내에서 이루어질 것 iii) 특정한 법률관계에 대해 할 것 iv) 소송능력, 소송대리인의 경우 특별수권 등이 있을 것을 요한다. v) 합의의 시기는 소제기의 전후를 불문한다.

4. 효과

i) 제1심판결선고와 동시에 판결이 확정된다. 판결선고 후에 합의가 이루어지면 그것은 실질적으로 항소권 포기로서, 합의의 성립과 동시에 판결은 확정된다. ii) 상소시 상소각하된다. iii) 합의의 대상에 효력이 미친다. 일반승계인, 채권의 특정승계인에게 효력이 미치며, 물권의 특정승계인, 제3자에게 효력이 미치지 않는다.

5. 관련 논점

(1) 판결선고 후 불상소합의 해제 가부

당사자 쌍방이 제1심판결선고전에 미리 항소하지 아니하기로 합의하였다면, 제1심판결은 선고와 동시에 확정되는 것이므로 그 판결선고 후에는 당사자의 합의에 의하더라도 그 불항소합의를 해제하고 소송계속을 부활시킬 수 없다 (86다카2728*).

(2) 일방만 상소하지 않기로 하는 합의의 효력

불상소의 합의는 심급제도의 이용을 배제하여 간이신속하게 분쟁을 해결하고자 하는 당사자의 의사를 존중하여 인정되는 제도이므로 당사자의 일방만이 상소를 하지 않기로 약정하는 합의는 공평에 어긋나 효력이 없다(86다카2728*).

III. 법적성질 및 효과 (08)(17)   sH-58

1. 문제점

명문의 규정 없는 소송상 합의의 경우 법적성질 및 효과를 어떻게 볼 것인지 문제된다.

2. 학설

(1) **사법계약설**은 **명문의 규정이 없어** 사법상 효력만 발생하는 사법계약으로 본다. i) 의무이행소구설은 의무이행을 소구하여 강제집행한다고 한다. ii) 항변권발생설은 합의에 따라 이를 **항변**으로 주장할 수 있는 권리가 발생한다고 한다.

(2) **소송계약설**은 소송계약으로 보고 **직접 소송상 효력**이 발생한다고 본다.

3. 判例

(1) 강제집행신청의 취하약정을 위배했다 하여 직접 소송으로서 그 취하를 청구할 수 없다고 하여 의무이행소구설을 배척했다(66다564).

(2) 소취하 계약 위반시 **권리보호이익**이 없어 소를 각하하였다(68다1665*).³⁷⁵⁾

(3) 항소취하합의시 항소취하서가 제출되지 않는 경우, **항변**으로 주장할 수 있고, 항소심은 **항소이익이 없다** 하여 항소각하한다(2017다21411).

---

374) 불상소합의와 같은 소송행위의 해석은 표시주의와 외관주의에 따라 해석해야 한다. 문언의 내용이 불분명하여 당사자의 의사해석에 관한 주장이 대립할 소지가 있고 추단되는 당사자 의사도 불분명하다면, 소극적 입장에서 합의의 존재를 부정하여야 한다 (2007다52317).

375) 조건부 소취하의 합의를 한 경우에는 조건의 성취사실이 인정되지 않는 한 그 소송을 계속 유지할 법률상의 이익을 부정할 수 없다(2013다19571*).

4. 검토

의무이행소구설은 우회적인 구제방법이므로 적절치 않고, **명문의 규정도 없이** 소송계약으로 볼 수도 없으므로, 항변권발생설이 타당하다.

[소송상 합의에 대한 취급]

1. 항변권발생설

부제소계약	소취하계약	불상소계약	상소취하계약
소각하	소각하	상소각하	상소각하

2. 소송계약설

부제소계약	소취하계약	불상소계약	상소취하계약
소각하	소송종료선언	상소각하	소송종료선언

IV. 관련 논점

sH-59

1. 직권조사사항인지 여부 (14)

(1) 판례

1) **부제소 합의**한 경우, 이에 위배되어 제기된 소는 **권리보호이익**이 없고, 신의성실원칙에도 어긋나므로, 소가 부제소합의에 위배되어 제기된 경우 법원은 **직권**으로 소의 적법 여부를 판단할 수 있다(2011다80449*).

2) **항소취하합의**의 경우 **항변사항**으로 본 것도 있다(2017다21411).

(2) 다수설

법원의 **심리부담** 이유로 항변사항이라 본다.

(3) 검토

부제소합의, 불상소합의 등과 같은 **소송절차, 상소절차 개시 여부**와 관련된 소송상 합의는 직권조사사항으로 봄이 타당하나, 그 외의 **소송상 합의**는 법원의 심리 범위가 지나치게 넓어지는 것을 방지하기 위해 항변사항으로 봄이 타당하다.

2. 소송상 합의의 요건 및 절차

ⅰ) 명문의 규정이 있는 소송상 합의는 소송능력, 대리권 등이 필요하며, 서면으로 해야 한다. ⅱ) 명문의 규정이 없는 소송상 합의는 사법계약설에 따르면 행위능력, 민법상 대리권 등이 필요하다. ⅲ) 소송상 합의는 민법에 의해 무효·취소될 수 있으며376)377)378)379) 조건·기한을 붙일 수 있다. ⅳ) 관할합의, 불항소합의는 서면으로 해야 한다고 명문으로 규정되어 있고, 불항소합의에 준하는 불상소합의도 서면에 의해 이루어져야 한다.

3. 소송상 합의의 효력범위

소송상 합의는 일반승계인, 채권의 특정승계인에게 미치지만, 물권의 특정승계인과 제3자에게는 미치지 않는다.

> ☑ **재판상 화해로 다른 소송에 대한 소취하합의 가부**
>
> 법원에 계속중인 다른 소송을 취하기로 하는 내용의 화해조서가 작성되었다면 당사자 사이에는 그 다른 소송을 취하하는 합의가 이루어진 것이므로, 재판상 화해가 재심의 소에 의하여 취소, 변경되는 등의 특별한 사정이 없는 한 그 소송의 원고에게는 권리보호의 이익이 없게 되어 그 소는 각하되어야 한다(2005다14861).

> ☑ **피보전채권에 대해 부제소합의를 한 경우 사해행위취소소송 취급**
>
> 채권자취소권을 행사하려면 채무자에 대하여 피보전채권을 행사할 수 있음이 전제되어야 하고 피보전채권에 대한 부제소합의 등으로 피보전채권을 행사할 수 없다면 그 채권을 행사하기 위한 사해행위취소청구도 인용될 수 없다(2011다81541).

---

376) [소취하합의의 착오 취소] 소취하합의의 의사표시 역시 민법 제109조에 따라 법률행위의 내용의 중요 부분에 착오가 있는 때에는 취소할 수 있다(2020다227523).
377) [불공정 법률행위에 따른 부제소합의의 무효] 계약이 민법 제104조에서 정하는 '불공정한 법률행위'에 해당하여 무효라면, 그 계약으로 인한 불공정성을 다툴 수 없도록 하는 부제소합의 역시 특별한 사정이 없는 한 무효라고 할 것이다(2009다50308).
378) [소취하합의의 묵시적 해제]계약의 합의해제는 명시 또는 묵시적으로 이루어질 수 있는 것으로, 계약(소취하합의) 후 이행제공, 최고 등이 없이 장기간 이를 방치하였다면, 그 계약은 묵시적으로 합의해제되었다(93다28836).
379) [강행법규에 위반되는 부제소합의] 부제소합의로 인해 그 계약이 강행법규에 반하여 무효임을 주장하지 못하게 됨으로써 강행법규의 입법 취지가 몰각될 경우 그 부제소합의는 특별한 사정이 없는 한 무효라고 봄이 타당하다(2018다261773).

069 소송행위 의사표시의 하자와 철회

📂 민법유추 취소 – 재심규정 유추

I. 여효적 소송행위의 민법유추 취소 (14)(23)

sH-60

☑ 취효적 소송행위와 여효적 소송행위

1. 취효적 소송행위
ⅰ) 법원에게 재판 등을 요구하거나 재판의 기초가 되는 자료를 제공하는 행위이다. 소제기, 주장, 증거신청 등이 이에 해당한다. ⅱ) 처분권주의 및 변론주의가 적용되므로 원칙적으로 철회의 자유가 인정된다.

2. 여효적 소송행위
ⅰ) 법원의 개입 없이 직접 소송상 효력을 발생시키는 행위이다. 자백, 소취하, 포기·인낙, 화해 등이 이에 해당한다. ⅱ) 절차안정과 상대방 신뢰보호 문제가 있어 원칙적으로 철회가 허용되지 않고 예외사유가 있는 경우에만 철회가 허용된다.

1. 문제점

여효적 소송행위는 직접 소송상 효력을 발생시키므로 절차안정과 상대방 신뢰보호를 위해 원칙적으로 철회하지 못한다. 다만, **절차를 종료시키는 여효적 소송행위**380)381)에 대해 민법유추 취소가 허용될 것인지 문제된다.

2. 학설

(1) **민법유추 긍정설**은 소취하 등의 절차 종료 행위는 뒤에 연속되는 다른 소송행위가 없어 절차안정을 해하지 않아 유추적용 긍정한다.
(2) **민법유추 부정설**은 절차안정을 위해 **표시주의를 관철**해야 하므로 민법 유추적용 부정한다.

3. 判例 [취민사무]

소**취**하, 항소취하와 같은 소송행위에는 특별한 사정이 없는 한 **민**법상 법률행위에 관한 규정을 적용할 수 없으므로 **사**기, 강박 또는 착오 등 의사표시 하자를 이유로 **무**효, 취소를 주장할 수 없다(96다35484*).382)

☑ 소취하의 착오취소 부정

1. 사무원의 착오로 소취하서 제출
원고 소송대리인으로부터 소송대리인 사임신고서 제출을 지시받은 **사무원은 원고 소송대리인의 표시기관**에 해당되어 **그의 착오는 원고 소송대리인의 착오**라고 보아야 하므로, 사무원의 착오로 원고 소송대리인의 의사에 반하여 소를 취하하였다고 하여도 무효라고 볼 수는 없고, 서면이 상대방에게 송달되기 전후를 묻지 않고 원고는 임의로 철회할 수 없다(95다11740)(97다6124).

---

380) 절차를 종료시키는 여효적 소송행위는 취하, 포기, 인낙, 화해가 있다.
381) 절차를 조성하는 여효적 소송행위인 자백은 예외적인 [오동착경]의 사유가 있을 때만 제한적으로 철회할 수 있다.
382) 내심의 의사에 반하여 소를 취하해도 소취하를 무효로 볼 수 없다(80다3251).

2. 착오로 상고취하서가 아닌 소취하서 제출
원고측이 소취하서를 제출하고, 피고 소송대리인이 소취하동의서를 같은 날 제출한 이후, 원고가 "상고취하서를 제출하고자 서류형식에서 소취하서로 클릭하고 제출서는 상고취하서를 첨부파일로 제출하였으나 1, 2심 일부승소로 소취하서를 제출할 이유가 없습니다."라고 소취하 효력을 다투었으나, 소취하는 표시를 기준으로 효력 유무를 판정할 수밖에 없으므로 소취하 효력을 무효로 볼 수 없다(2017다247503).

☑ 포기·인낙 및 화해의 경우

1. 포기·인낙
형사상 처벌받을 다른 사람의 행위로 인한 사유가 인낙에 대한 준재심사유가 되려면 그것이 인낙의 **의사표시를 하게 된 직접적인 원인**이 된 경우만이고 인낙하게 된 간접적인 원인밖에 되지 않은 경우까지 준재심사유가 된다고 볼 수 없다(95다3077).383)

2. 화해
형사상 처벌받을 타인의 행위로 인한 사유가 소송상 화해에 대한 준재심사유로 될 수 있는 것은 그것이 당사자가 화해의 **의사표시를 하게 된 직접적인 원인**이 된 경우에 한한다.

4. 검토
소취하의 하자에 대해서는 제451조 제1항 5호를 유추하여 구제받을 수 있고, 포기·인낙·화해는 준재심의 소로 구제받을 수 있으므로 명문의 규정도 없이 민법을 유추한 취소를 인정할 순 없다.

Ⅱ. 재심규정 유추 (14)(23)   sH-61

1. 문제점
제451조 제1항 5호에서는 형사상 처벌받을 타인의 행위로 인해 자백을 하였거나, 공격방어방법 제출에 방해를 받은 때를 재심사유로 규정하는바, 이를 유추하여 소송종료행위를 철회할 수 있는지 문제된다.

2. 判例 [형유외]
소취하 등 소송행위가 사기, 강박 등 **형사상 처벌받을 타인의 행위**로 이루어져도 타인 행위에 대해 **유죄**판결이 확정되고 소송행위가 그에 부합되는 의사 없이 **외**형적으로만 존재384)할 때 제451조 제1항 5호, 제2항을 유추해 효력을 부인할 수 있다(82다카312*).

☑ 예외 判例

1. 유죄확정판결을 요하지 않는 경우
소취하 등의 행위가 타인의 **강요·폭행**에 의해 이루어진 경우, 소취하는 무효이다(82다카312*).

---
383) 포기·인낙의 경우 재심사유조차도 엄격하게 해석하므로 민법상 취소도 부정하는 입장으로 볼 수 있다.
384) 즉, 해당 소송행위를 하려는 내심의 의사가 결여된 상태에서 행한 소송행위를 의미한다.

> 2. 소송행위가 그에 부합되는 의사 없이 외형적으로만 존재할 것을 요하지 않는 경우
> 대리인의 배임행위에 상대방 또는 그 대리인이 통모하여 가담한 경우와 같이 **대리인이 한 소송행위 효과를 당사자에게 귀속시키는 것이 절차적 정의에 반해 도저히 수긍할 수 없다**고 볼 정도로 **대리권에 실질적인 흠**이 발생한 경우에는 소송행위가 외형적으로만 존재할 것을 요하지 않았다(2010다86112).[385]

3. 학설

(1) 유죄확정판결 필요설은 민사법원이 형사범죄의 유죄 여부를 판단하는 것은 민사절차상 불가능하므로 재심사유 5호를 유추하여 소취하를 철회할 때 유죄확정판결이 필요하다고 한다.

(2) 유죄확정판결 불요설은 제451조 제2항[386]은 유죄확정판결이 있을 때만 재심을 제기할 수 있다고 규정하지만 이는 재심의 남용을 막기 위한 것이므로, 재심사유 5호를 유추하여 소취하를 철회함에 있어서 유죄확정판결은 요하지 않는다고 한다.

4. 검토

당사자의 권리구제를 도외시할 수 있으므로 재심사유 5호를 유추함에 있어 유죄확정판결을 요하지 않는 것이 타당하다.

---

[385] 원심은 대리인이 상대방과 통모하여 항소취하를 할 의사를 가졌으므로 소송행위가 그에 부합되는 의사 없이 외형적으로만 존재한다고 볼 수 없다고 보았으나, 대법원은 이 사안에서 소송행위가 그에 부합되는 의사 없이 외형적으로만 존재할 것의 요건을 고려하지 않고 항소취하의 효력이 무효라고 보았다. 대리인과 상대방의 통모 사실을 모르는 본인의 입장에서는 항소취하를 할 의사가 전혀 없었다고 해석할 여지가 있다.

[386] 제4호 내지 제7호의 가벌행위 재심사유를 들어 재심을 제기할 경우, 형사유죄확정판결을 요구한다.

070 소송행위의 추후보완

> 의의 - 요건 - 절차 - 효과

Ⅰ. 의의 및 취지　　　　　　　　　　　　　　　　　　　　　　　　　　　　sH-62

　당사자가 책임질 수 없는 사유로 불변기간을 해태한 경우, 그 사유가 없어진 날부터 2주 이내에 게을리 한 소송행위를 보완할 수 있다(제173조). 불변기간 미준수로 인한 치명적 불이익을 구제하기 위함이다.

Ⅱ. 요건　　　　　　　　　　　　　　　　　　　　　　　　　　　　　　　sH-63

1. 불변기간

　ⅰ) 통상기간이 아닌 불변기간에 적용된다. ⅱ) 상소기간, 재심기간 등이 해당된다.387)388)

> ☑ **항고이유서 제출기간**
>
> 민사소송법 제172조 제1항에 의하면 불변기간을 제외한 법정기간을 늘리거나 줄일 수 있으므로, 항고이유서 제출기간을 늘리는 것은 가능하다. 한편 당사자가 책임질 수 없는 사유로 **불변기간을 지킬 수 없었던 경우 소송행위의 추후보완을 할 수 있는 것과의 균형상** 항고인이 책임질 수 없는 사유로 항고이유서 제출기간을 지킬 수 없었던 경우 법원은 제출기간이 지난 후라도 **제172조 제1항에 의하여 항고이유서 제출기간을 늘릴 수 있다**(2024마5813).

2. 책임질 수 없는 사유

(1) 처음부터 공시송달 되어 상소기간 미준수한 경우

1) 원칙 (12)(14)(21)

　ⅰ) [일반] 처음부터 소장부본 등의 서류가 피고에게 공시송달되었다면 소제기 사실을 알면서 고의로 행방을 감추었다는 등의 특별한 사정이 없는 한 피고가 그 공시송달 사실을 모른 데 과실이 없다고 하여 추완항소를 허용한다(80다2739*).

　ⅱ) [공시송달 후 전화로 고지] 제1심법원이 소장부본 등을 공시송달로 피고에게 송달하고 피고의 휴대전화로 전화하여 '소장부본을 피고의 주소지로 송달하겠다.'고 고지하고 변론기일과 장소를 알려주었는데, 이후 피고가 출석하지 않은 상태에서 절차를 진행하여 판결을 선고한 다음 피고에게 판결정본을 공시송달하였고, 그 후 피고가 추완항소를 제기한 사안에서, 피고는 책임질 수 없는 사유로 항소기간을 지킬 수 없었다(2021다228745).

　ⅲ) [전출신고하지 않아 공시송달] 전출신고를 하지 않아 소장부본, 판결정본 등이 **주민등록상 주소에 송달불능되어 공시송달**된 경우 단지 피고가 전출신고를 하지 않았다는 이유로 기간도과에 과실이 있다고 할 수 없다(93므324).

---

387) 判例는 상고이유서제출기간, 항고이유서제출기간은 불변기간이 아니어서 추완이 불허된다.
388) 判例는 제268조 제2항 소정의 1월의 기일지정신청기간은 불변기간이 아니어서 추완이 불허된다(92마175*).

ⅳ) [원고와 피고의 통화] 피고가 원고로부터 '법적절차 착수 통보'를 받게 되자 이를 문의하기 위해 원고와 통화하였고, 원고는 피고에게 소제기 사실을 알리고 사건번호를 안내하였으며 피고는 '변호사를 선임하여 대응하겠다'고 답하였으나, 피고가 소제기일, 청구취지, 청구원인 등을 구체적으로 파악했다고 보기 어렵고, 제1회 변론기일에 피고가 불출석하자 곧바로 변론이 종결되어 같은 날 판결이 선고되리라고는 미처 예상하지 못했으므로 피고가 제1심판결이 공시송달 방법으로 송달된 사실을 알지 못한 것에 대하여 과실이 있다고 보기 어렵다(2024다300266).

2) 예외

ⅰ) [고의로 회피 또는 방치하여 공시송달] 피고가 소송을 회피할 목적하에 등기부에 허위주소를 기재하는 바람에 송달불능되거나 소제기 사실을 알고 소송서류가 **송달불능되도록 장기간 방치**한 경우 처음부터 공시송달된 경우(2021다228745)

ⅱ) [잘못된 주소기재하여 공시송달] 항고인이 항고하면서 스스로 항고장에 적은 주소로 송달했으나 이사불명으로 송달불능되어 공시송달된 경우

ⅲ) [수감 또는 구속으로 공시송달] 소송대리인이 수감되어 있거나 신청인이 **구속**되어 있는 상태에서 공시송달된 경우(62누2)(92다3441)

(2) 소송 중 공시송달 되어 상소기간 미준수한 경우

1) 원칙 (21)(23)

처음에는 통상송달에 의해 소송이 진행되다가 피고가 주소를 옮기고도 주소변경신고를 안해 공시송달된 때에는 당사자에게 **소송진행을 조사할 의무**가 있으므로 과실이 있다고 하여 추완항소를 부정한다(86다카2224*).

2) 예외

ⅰ) [주소변경신고 후 공시송달] 원고가 주소가 바뀌었다고 하면서 **송달장소변경신고(또는 답변서에 변경된 주소 기재)**를 했는데도 항소심이 신고를 간과하고 원고의 이전 주소지로 변론기일통지서를 송달했다가 송달불능되자 기일통지서 기타 서류에 대해 공시송달을 명한 경우에는 당사자의 **책임질 수 없는 사유를 인정**한다(2007다54009).

ⅱ) [교도소 수감 후 공시송달] 당사자가 소송 **계속 중 수감**된 경우 제185조에서 정한 송달장소 변경의 신고의무를 부담하지 않고 요건을 갖추지 못한 공시송달389)로 상소기간을 지키지 못하게 되었으므로 특별한 사정이 없는 한 과실 없이 판결의 송달을 알지 못한 것이고, 책임을 질 수 없는 사유로 불변기간을 준수할 수 없던 때에 해당한다(2019다220618*). (23)

ⅲ) [폐문부재 후 공시송달] 피고에게 판결정본을 송달하려 하였으나 모두 **폐문부재를 이유로 송달되지 않아 공시송달**의 방법으로 판결정본을 송달한 사안에서, 원심법원의 잘못으로 피고에게 판결선고기일이 제대로 고지되지 아니하였고, 공시송달의 요건 흠결이었던 사정을 종합하여 보면 피고가 불변기간을 준수하지 못한 것이 피고의 책임에 해당한다고 할 수 없다(2011마1154).

ⅳ) [조정이 소송으로 이행] 조정이 성립되지 않은 것으로 사건이 종결된 후 피신청인 **주소가 변경되었는데도 주소변경신고를 하지 않은 상태에서 조정이 소송으로 이행**되어 변론기일통지서 등 소송서류가 발송송달이나 공시송달의 방법으로 송달된 경우, 피신청인이 소송의 진행상황을 조사하지 않아 상소제기의 불변기간을 지키지 못한 것이 '당사자가 책임질 수 없는 사유'에 해당한다(2015다213322). (23)

---

389) 당사자가 소송 계속 중에 수감된 경우 법원이 판결정본을 제182조에 따라 교도소장 등에게 송달하지 않고 당사자 주소 등에 공시송달하였다면, 공시송달 요건을 갖추지 못한 하자가 있더라도 재판장의 명령에 따라공시송달을 한 이상 송달의 효력은 있다.

↘ **예시 - 기타 책임질 수 없는 사유**

1. 책임질 수 없는 사유 인정

① 천재지변에 의해 송달이 제대로 이루어지지 않은 경우 ② 우편물의 전달을 부탁받은 자가 당사자에게 전달하지 않은 경우(4293민상397) ③ 어머니와 자식간 분쟁이 있는 경우 자식에 대한 판결을 어머니가 전달하지 않은 경우(92다11473) ④ 우체국 집배원의 불성실한 처리로 송달불능(2002다67628) ⑤ 무권대리인이 소송수행하고 판결정본 송달받은 경우(94다55774) ⑥ 발송송달임을 명시하지 않고 발송송달한 경우(2007다37219) ⑦ 피고는 입원, 처는 간병, 자녀는 외가에 있을 때 주소지로 송달된 경우(90다20480) ⑧ 해외여행 중 지급명령을 송달받은 경우

2. 책임질 수 없는 사유 부정

① 변호사 또는 사무원이 본인에게 송달사실을 알리지 않고 상소기간이 도과된 경우(84다카744) ② 보충송달 받은 자가 본인에게 전달하지 않은 경우(84누405) ③ 출장이나 질병치료를 위한 출타시 가족에게 송달된 경우(68마458) ④ 집행관의 말만 믿고 기록열람 등 사실확인을 하지 않은 경우(64마9) ⑤ 항소장을 제1심법원에 제기해야 하는데 항소심법원에 제출하여 항소기간이 경과된 경우(2002다73067)

☑ 당사자의 범위에 소송대리인 및 대리인의 보조인도 포함되는지 여부

제173조 제1항은 "당사자가 그 책임을 질 수 없는 사유로 인하여 불변기간을 준수할 수 없었던 경우에는 그 사유가 없어진 후 2주일 내에 해태된 소송행위를 추완할 수 있다."고 규정하고 있는바, 여기서 당사자에는 **당사자 본인뿐만 아니라 그 소송대리인 및 대리인의 보조인도 포함**된다(99다9622*). 단, 다른 사건의 소송대리인은 이에 포함되지 않는다.

☑ 추후보완 사유의 증명책임 소재

책임질 수 없는 사유로 말미암아 불변기간인 상소기간을 지키지 못하게 되었다는 사정은 상소를 추후보완하고자 하는 당사자 측에서 주장·증명하여야 한다(2019다244980).

☑ 추완사유에 관한 주장을 판단하지 않으면 판단유탈인지 여부

추완사유의 유무는 소송요건으로서 법원의 직권조사사항이므로 이에 관한 당사자의 주장은 직권발동을 촉구하는 의미밖에 없어 이에 대하여 판단하지 아니하였다고 하더라도 판단유탈의 상고이유로 삼을 수 없다(99다3150).

III. 절차

sH-64

1. 기간

(1) **원칙** (14)(21)(23)

책임질 수 없는 사유가 없어진 날부터 2주 이내에 게을리한 소송행위를 보완할 수 있다. 그 사유가 없어질 당시 **외국**에 있던 당사자에 대하여는 이 기간을 30일로 한다(제173조 제1항).

(2) **공시송달의 경우**

1) 원칙

ⅰ) 기산점 (14)(21)(23)

공시송달의 경우, 단순히 판결이 있었던 사실을 안 때가 아니고, 나아가 **판결이 공시송달의 방법으로 송달된 사실을 안 때**이다(94다24299*).

ⅱ) 판결이 공시송달의 방법으로 송달된 사실을 안 때의 의미 (21)(23)
① 당사자가 판결이 공시송달의 방법으로 송달된 사실을 안 때는 통상적으로 "당사자나 소송대리인이 당해 사건기록을 열람하거나 판결정본을 영수한 때"로 볼 수 있다(2020다46601*).
② 단, 다른 사건의 소송대리인이 다른 소송절차에서 당해 사건기록이 포함된 준비서면을 송달받은 때는 이에 대항하지 않는다(2021다305796*). 390)

2) 예외
ⅰ) 판결이 공시송달된 것을 안 것으로 인정할 수 있는 경우
피고가 당해 "판결이 있었던 사실을 알았고" 사회통념상 "판결의 경위에 대하여 당연히 알아볼 만한 특별한 사정"이 있었다고 인정되는 경우에는 그 경위에 대하여 알아보는 데 통상 소요되는 시간이 경과한 때에 판결이 공시송달의 방법으로 송달된 사실을 알게 된 것으로 추인하여 책임질 수 없는 사유가 소멸하였다고 봄이 상당하다(2020다46601).

> 예시 - 판결의 경위를 알아볼 만한 특별한 사정
1. 판결의 경위를 알아볼 만한 특별한 사정 인정
ⅰ) 당사자가 다른 소송의 재판절차에서 송달받은 준비서면 등에 당해 사건의 제1심 판결문과 확정증명원 등이 첨부된 경우에는 위의 특별한 사정을 인정할 수 있고(따라서, 특별한 사정이 없는 한 해당 서면을 송달받은 때 판결이 공시송달로 이루어진 경위를 알았다고 볼 수 있음), ⅱ) 제1심판결이 있었던 사실을 알게 된 후 대처방안에 관하여 변호사와 상담을 하거나 ⅲ) 추완항소 제기에 필요한 해외거주증명서 등을 발급받은 경우에도 마찬가지이다(2020다46601).

2. 판결의 경위를 알아볼 만한 특별한 사정 부정
ⅰ) 유체 동산 압류집행을 당하였다는 등의 사정만으로는 위의 특별한 사정을 인정하기 어렵고 ⅱ) 채권추심회사 직원과의 통화 과정에서 사건번호 등을 특정하지 않고 단지 '판결문에 기하여 채권추심을 할 것이다.'라는 이야기를 들은 경우에도 당해 제1심판결이 있었던 사실을 알았다거나 위의 특별한 사정이 인정된다고 볼 수 없다(2020다46601). ⅲ) 원심이 피고의 아내에게 보충송달된 금전채권의 지급명령 및 압류·추심명령 송달된 때 금전채권에 대한 제1심판결이 있었던 사실과 그 경위를 알아볼 만한 특별한 사정이 있다고 본 사건에서 대법원은 피고와 그의 아내의 **혼인관계 실질이 소멸하여 아내가 피고의 '동거인'으로서 보충송달을 받을 수 있는 지위를 인정하기 어려운 특별한 사정**이 존재하는지, 그에 따라 판결의 경위를 알아볼 만한 특별한사정이 없다고 보아야 할지에 관하여 의심을 갖고 더 심리할 필요가 있었다고 판단한 사례가 있다(2022다229936).

ⅱ) 판결의 경위를 알아볼만한 특별한 사정의 심리방법
이를 판단하기 위하여는 위 사정들이 주장되고 위 사정들에 관한 소송자료나 증거들이 현출되어 심리되어야 한다. 추후보완항소를 제기하는 당사자는 위 사정을 주장·증명하여야 하고, 이는 소송요건에 해당하므로 법원은 직권으로라도 심리하여야 한다.

---

390) 당사자가 다른 소송절차에서 송달받은 준비서면 등에 당해 사건의 제1심 판결문 등이 첨부된 경우에는 그 시점에 제1심판결의 존재 및 공시송달된 사실까지 알았다고 볼 것이지만, 다른 소송에서 선임된 소송대리인이 그 소송절차에서 위와 같은 준비서면 등을 송달받았다는 사정만으로 이를 당사자가 직접 송달받은 경우와 동일하게 볼 수는 없다(2021다305796)(2022다231038). 제1심에서 피고에 대한 소장 부본, 제1심 판결문 등이 전부 공시송달 방법으로 송달된 후 피고가 추후보완항소를 제기한 사건에서, 원고와 피고 사이의 다른 사건에서 피고가 선임한 소송대리인이 당해 사건의 제1심 판결문 등을 서증으로 송달받았거나 이를 출력하였다는 등의 사정만으로 그 무렵 피고가 이를 전달받았거나 인식하게 되었다고 단정할 수 없고 그와 같이 볼 만한 구체적인 정황도 찾기 어려우며 다른 사건의 소송대리인을 당해 사건의 당사자와 동일하게 평가할 수도 없다고 보아, 다른 사건의 피고 소송대리인이 당해 사건의 제1심 판결문을 송달받아 출력한 무렵 피고가 이를 인식하였을 것이라는 등 이유로 그로부터 2주가 경과한 피고의 추후보완항소가 부적법하다고 본 원심을 파기한 사례.

iii) 판결의 경위를 알아볼만한 특별한 사정에 대한 석명의무
당사자의 주장이 분명하지 아니한 경우 법원은 석명권을 행사하여 이를 명확히 하여야 할 것이다.

iv) 판결의 경위를 알아볼만한 특별한 사정에 대한 증명책임
직권조사사항에 관하여도 그 사실의 존부가 불명한 경우에는 증명책임의 원칙이 적용되어야 할 것인바, 법원의 석명에도 불구하고 피고가 그 주장한 추후보완사유의 증명을 하지 않는다면 그 불이익은 피고에게 돌아간다(2022다247538).

2. 신청

(1) 원칙
신청은 **본래의 방식**으로 한다.

(2) 항소를 추완항소로 보는 경우 (14)
항소하면서 추후보완항소라는 취지의 문언을 기재하지 않았더라도 그 전체적인 취지에 비추어 그러한 주장이 있는 것으로 볼 수 있는 경우에는 당연히 그 사유에 대해 심판해야 하고, **증거에 의해 항소기간의 경과가 책임질 수 없는 사유로 말미암은 것으로 인정되면 항소는 처음부터 추완항소라고 보아야 한다**(2007다41560).391)

> ☑ **항소를 추후보완 항소로 인정해주지 않은 경우**
>
> 추완항소임을 명백히 하지 아니한 이상 항소각하판결 전에 반드시 추완사유 유무를 심리하거나 이를 주장할 수 있는 기회를 주어야 하는 것은 아니다(2011마1335).

IV. 효과
sH-65

i) 추완항소가 적법한 경우, 일반적인 항소심과 마찬가지로 심리된다. ii) 다만, 대상이 된 확정판결의 기판력, 집행력에 아무런 영향이 없어 집행을 저지하려면 별도의 집행정지결정을 요한다.

---

391) 원심으로서는 피고의 항소에 대한 주장취지가 추완항소인지를 석명하였어야 함에도 이에 이르지 않고 제1심에서의 공시송달의 적법여부만을 판단하여 항소를 각하한 것은 위법하다(79다1528).

071 교부송달 및 보충송달

📁 원칙 – 주소 – 근무장소

Ⅰ. 교부송달 원칙

sH-66

송달은 특별한 규정이 없으면 **송달받을 사람**에게 서류의 등본 또는 부본을 **교부하여야 한다**(제178조 제1항).392)

> ☑ **제178조의 "송달받을 사람"**
>
> ⅰ) 송달받을 사람은 원칙적으로 당사자이다. ⅱ) 또한, 법정대리인393), 소송대리인394)도 해당된다. ⅲ) 이외에도, 교도소 등에 수감된 자에게 할 송달은 교도소장에게 한다(제182조).395) 또한, 사자·법정대리인 또는 ㅅ소송대리인은 주소등 외의 장소(대한민국안의 장소로 한정한다)를 송달받을 장소로 정하여 법원에 신고할 수 있다. 이 경우에는 송달 영수인을 정하여 신고할 수 있다(제184조).

> ☑ **교도소 등에 수감된 자에 대한 송달**
>
> ⅰ)[일반] 수감된 당사자에 대한 송달을 교도소장 등에게 하지 않고 당사자의 종전 주소, 거소로 한 것은 부적법한 송달로 무효이다. ⅱ)[발송송달] 수감된 당사자에 대하여 민사소송법 제185조, 제187조에 따라 종전에 송달받던 장소로 발송송달을 하였더라도 적법한 송달의 효력을 인정할 수 없다(2021다53). ⅲ)[공시송달] 교도소 수감자에 대하여 교도소장에게 송달해보지도 않고 공시송달한 경우 송달은 위법하지만 유효하다(2019다220618).

Ⅱ. 주소 등에서의 교부송달 및 보충송달

sH-67

1. 주소 등에서의 교부송달

(1) 의의

송달은 받을 사람의 주소, 영업소 등에서 한다(제183조 제1항).

(2) 요건 – 주소, 영업소 등에 해당할 것

영업소란 **영업, 사무가 일정 기간 지속**하여 행해지는 **중심적 장소**로, 어느 정도 **반복해서 송달이 이루어질 것이라고 객관적으로 기대할 수 있는 곳**을 의미한다.396)

---

392) 송달의 효력 문제는 법원의 직권조사사항이므로 당사자의 주장·증명에도 불구하고 그 효력에 의심할 만한 사정이 있다면 법원은 이를 직권으로 심리하여 판단하여야 한다(2022다229936).
393) 당사자가 미성년자이면 미성년자에 대한 송달을 부적법하며 무효이므로 부모에게 송달하고, 당사자가 법인이면 법인은 자연인이 아니므로 대표자에게 송달한다. 이 경우 송달은 원칙적으로 법정대리인의 주소, 영업소 등에서 한다.
394) 소송위임에 의한 소송대리인이 있는 경우, 본인에게 송달도 가능하다.
395) 송달받을 사람이 교도소 등에 수감 중인 사실을 법원에 신고하지 아니하였거나 기록에 의하여 법원에서 그 사실을 알 수 없었다고 하여도 수감자의 종전 주소에의 송달은 무효이며, 교도소장은 송달에 있어서 일종의 법정대리인이라고 할 것이므로 반드시 교도소장에게 송달하여야 한다(82다카349*).
396) 한시적인 기간에만 운영되는 장소라도 어느정도 반복해서 송달이 이루어질 것이라고 객관적으로 기대할 수 있는 곳이면 적법한 송달장소이다. 선거사무소가 민사소송법 제183조 제1항의 사무소에 해당한다(2014다43076).

☑ 법인에 대한 송달

1. 원칙 및 예외
법인에 대한 송달은 **대표자**에게 하며, **대표자의 주소지**에서 함이 원칙이나, **법인**의 **영업소**에서도 가능하다.

2. 법인의 영업소의 의미
여기서 "영업소 또는 사무소"라 함은 당해 법인의 영업소 또는 사무소를 말한다고 보아야 하므로, 그 대표자가 겸임하고 있는 별도의 법인격을 가진 다른 법인의 영업소 또는 사무소는 그 대표자의 근무처에 불과하다(2000다60197).

3. 법인의 영업소로 먼저 송달했으나 송달불능된 경우
법인에게 송달할 서류는 그 대표자의 주소, 거소에 함이 원칙이고, 법인의 영업소나 사무소에서도 할 수 있으나, 소장에 기재된 **법인의 주소지로 발송했으나 이사불명으로 송달불능**된 경우에는 **원칙으로 되돌아가 법인의 대표자의 주소지**로 소장부본 등을 송달해 보고 그곳으로도 송달되지 않을 때 주소보정을 명해야 한다(97마600*).

☑ 타인을 통해 본인에게 전달된 경우

1. 유효로 본 경우
(1) 교부송달로 유효
　피고의 영업소에 고용된 종업원이 **피고의 주소지에 일시 방문**했다가 **판결정본을 수령하여 피고에게 전달**한 경우에는 **피고에게 전달한 때 송달이 유효**하므로 피고가 전달받은 날부터 상소기간이 진행된다(93다25875).
(2) 보충송달로 유효
　보충송달을 받을 자가 아닌 사람이 송달서류를 받았으나 그 후 그 서류가 전전하여 제때에 그 사무원의 신분을 가진 사람에게 전달되었다면 보충송달로서 유효하다(78다2269).

2. 무효로 본 경우
피고가 송달받은 판결정본을 원고가 받아서 **원고의 처**를 통해 **피고의 처**에게, 다시 피고의 처가 **피고**에게 전달한 경우에는 **판결정본 송달이 무효**이므로 상소기간이 도과하지 않는다(78다2448).

2. 주소 등에서의 보충송달 (10)(12)

(1) 의의
　　주소 등에서 송달받을 사람을 만나지 못한 때에는 그 사무원, 피용자, 동거인으로서 사리분별 지능이 있는 사람에게 서류를 교부할 수 있다(제186조 제1항).

(2) 요건 [주만보새]

1) 주소 등 송달할 장소일 것397)
　　보충송달도 법이 정한 송달장소에서 하는 것만 허용되므로 송달장소 아닌 곳에서 송달받을 자의 동거자에게 서류를 교부한 것은 동거자가 거부하지 않더라도 부적법하다(2001마3790*).

2) 송달받을 자를 만나지 못했을 것

---

397) ① 반드시 주민등록상의 주소지가 아니더라도 실제 거주하는 곳이면 송달은 적법하다. ② 하지만 우체국 창구 등에서 이루어진 송달(2001마3790), 행방을 감추고 주민등록도 이전된 경우 종전 주소지 등에서의 송달(92다43098), 주소변경신고를 했음에도 종전주소지에 한 송달(2018무513)은 부적법하여 무효이다.

3) 당사자를 보조하는 사무원, 피용자, 동거인일 것 (10)(12)
   ⅰ) 반드시 수송달자와 고용관계가 있어야 하는 것은 아니고 평소 사무를 보조하는 자이면 충분하다 (2010다48455).
   ⅱ) 동거인이란 수송달자와 같은 세대398)에 속하여 생활을 같이 하는 사람399)으로 반드시 법률상 친족관계에 있을 필요는 없다(2019다244980).
   ⅲ) 아파트의 경비원이나 빌딩의 관리인은 보통 사무원, 피용자, 동거인은 아니다. 다만 수송달자가 다른 사람에게 우편물 기타 서류의 수령권한을 명시·묵시적으로 위임한 경우에는 그 수임자가 해당 서류를 수령함으로써 수송달자 본인에게 서류가 적법하게 송달된 것으로 보아야 한다(2000두1164).

4) 사리분별 지능이 있는 자일 것 (10)(12)
   ⅰ) 송달의 취지를 이해하고 영수한 서류를 수송달자에게 교부하는 것을 기대할 수 있는 정도의 능력이면 족하다(99모225).400)
   ⅱ) 본인과 수령대행인 사이에 당해 소송에 관해 상반된 이해관계가 있는 때에는 수령대행인이 소송서류를 본인에게 전달할 것이라고 합리적으로 기대하기 어렵고, 본인을 대신하여 송달받는 것은 쌍방대리금지원칙에도 반하므로, 본인과 당해 소송에 관해 상반된 이해관계가 있는 수령대행인에 대하여는 보충송달을 할 수 없다(2014다54366*). [전쌍반보]
   ⅲ) 동일 수령대행인이 당사자 쌍방을 대신하여 서류를 동시에 수령하는 경우, 중립적 지위에 있기 어려워 당사자 쌍방 모두에게 서류가 제대로 전달될 것이라고 합리적으로 기대하기 어렵고, 쌍방대리금지에도 반하므로 그를 통한 보충송달은 무효이다(2020므11658).

(3) 효과

송달받을 수 있는 자에게 교부한 때 송달의 효력이 발생하고, 수송달자인 본인에게 교부되었는지는 불문한다.

Ⅲ. 근무장소에서의 교부송달 및 보충송달

sH-68

1. 근무장소에서의 교부송달

(1) 의의

주소 등의 장소를 알지 못하거나 그 장소에서 송달할 수 없는 때에는 송달받을 사람의 근무장소에서 송달할 수 있다(제183조 제2항).

---

398) 다만, 같은 건물이라도 다른 세대에서 생활하는 자라면 동거인이라 볼 수 없다.
399) 법률상 배우자라고 하더라도 별거와 혼인공동체의 실체 소멸 등으로 소송당사자인 상대방 배우자의 '동거인'으로서 보충송달을 받을 수 있는 지위를 인정할 수 없다(2022다229936).
피고는 제1심판결의 존재를 알지 못하였다가 2020. 12.경 은행계좌를 복원하는 과정에서 예금채권 압류사실을 통해 제1심판결의 존재를 알게 되었으며, 법원에서 제1심판결 정본을 발급받고 2주 내에 추완항소를 제기하였다. 원심은 원고가 소멸시효 중단을 위하여 신청한 지급명령 및 채권압류·추심명령이 피고의 주소지로 송달되어 피고의 배우자가 수령하였으므로, 위 압류·추심명령이 송달된 2017. 8.경에는 피고가 '제1심판결의 존재와 그 경위를 알아볼 만한 특별한 사정이 있었다'고 인정하며, 피고의 추완항소는 부적법하다고 보았다.
반면, 대법원은 위 지급명령 및 압류·추심명령은 피고의 배우자가 수령하여 보충송달되었지만, 피고는 2015년 경부터 배우자와 혼인관계의 파탄으로 다른 곳에서 별거하였으므로, 혼인관계 실질이 소멸하여 배우자가 피고의 '동거인'으로서 보충송달을 받을 지위를 인정하기 어려운 특별한 사정이 존재하는지 심리해야 한다고 하였다.
400) 서류를 교부받은 사람이 초등학교 3학년, 15세인 경우에도 보충송달이 적법하게 이루어진 것으로 보았다.

(2) 요건

1) 주소 등의 장소를 알지 못하거나 그 장소에서 송달할 수 없을 것

ⅰ) [자연인인 당사자가 경영하는 별도의 법인격 있는 회사로 송달] 송달은 원칙적으로 받을 사람의 주소, 영업소 등에서 해야 하는데 여기서 영업소 등은 수송달자 자신이 경영하는 영업소 등을 의미하는 것이지 수송달자의 근무장소는 이에 해당하지 않는다. 수송달자가 경영하는, 그와 별도의 법인격을 가지는 회사의 사무실은 수송달자의 영업소, 사무소라고 할 수 없고 근무장소에 지나지 아니한다. 따라서 주소 등의 장소에 송달을 시도하지 않은 채 근무장소로 한 송달은 위법하다(2004마535).[401]

ⅱ) [법인인 당사자의 대표자가 경영하는 별도의 법인격 있는 회사로 송달] 법인에 대한 송달은 대표자에게 하여야 하고, 송달은 대표자의 주소, 거소, 영업소 또는 사무소에서 함이 원칙이다. 여기서 "영업소 또는 사무소"라 함은 당해 법인의 영업소 또는 사무소를 말한다고 보아야 하므로, 그 대표자가 겸임하고 있는 별도의 법인격을 가진 다른 법인의 영업소 또는 사무소는 그 대표자의 근무처에 불과하다. 따라서 법인의 영업소 또는 사무 등에서 대표자에게 송달을 시도하지 않는 채 대표자의 근무처로 한 송달은 위법하다(2000다60197).

2) 근무장소일 것

ⅰ) 현실의 근무장소로서 고용계약 등 법률상 행위로 취업하고 있는 지속적인 근무장소이어야 한다.[402]

ⅱ) 회사의 비상근이사, 사외이사, 비상근감사인 피고들에 대해 소장 부본을 회사의 본점 소재지로 송달하여 회사의 직원이 수령한 경우, 회사는 피고들에게 지속적인 근무장소라고 할 수 없어 송달로서의 효력이 없다(2012다16063).

2. 근무장소에서의 보충송달 (16)

(1) 의의

근무장소에서 송달받을 사람을 만나지 못한 때에는 사용자, 피용자, 그 밖의 종업원으로서 사리분별 지능이 있는 사람이 서류의 수령을 거부하지 아니하면 그에게 서류를 교부할 수 있다(제186조 제2항).

(2) 요건 [주근만보사]

1) 주소 등의 장소를 알지 못하거나 그 장소에서 송달할 수 없을 것
2) 근무장소일 것 (16)
3) 송달받을 자를 만나지 못했을 것
4) 당사자를 보조하는 사무원, 피용자일 것 (16)
5) 사리분별 지능이 있을 것

(3) 효과

송달받을 수 있는 자에게 교부한 때 송달의 효력이 발생하고, 수송달자인 본인에게 교부되었는지는 불문한다.

---

401) 자신이 주인으로 있는 "점포, 가게, 판매점 등"은 영업소이지만 자신이 대표로 있는 "법인격을 갖는 회사"는 근무장소이다.
402) 지점에 근무하는 사람에게 본점은 근무장소가 아니다.

☑ 출회송달

송달받을 사람의 주소등 또는 근무장소가 국내에 없거나 알 수 없는 때에는 그(송달받을 본인에 한함)를 만나는 장소에서 송달할 수 있다(제183조 제3항). 주소 등 또는 근무장소가 있는 사람(송달받을 본인에 한함)의 경우에도 송달받기를 거부하지 아니하면 만나는 장소에서 송달할 수 있다(제183조 제4항).

☑ 유치송달

ⅰ) 서류를 송달받을 사람 또는 주소 등에서의 보충송달의 규정에 의해 서류를 넘겨받을 사람이 정당한 사유 없이 송달받기를 거부할 때에는 송달할 장소에 서류를 놓아둘 수 있다(제186조 제3항). ⅱ) 다만, 근무장소에서 보충송달 받을 자가 거부한 경우에는 그러하지 아니하다. 즉, 주소 등에서의 교부송달 및 보충송달 규정, 근무장소에서의 교부송달 규정에 의해 서류를 넘겨받을 사람이 정당한 사유 없이 송달받기를 거부할 때에만 유치송달을 할 수 있다.

☑ 법원사무관 등에 의한 송달

해당 사건에 출석한 사람에게는 법원사무관 등이 직접 송달할 수 있다. 법원사무관 등이 그 법원 안에서 송달받을 사람에게 서류를 교부하고 영수증을 받은 때에는 송달의 효력을 가진다(제177조).

072 발송송달

📂 의의 – 요건 – 효과

Ⅰ. 의의 및 취지
sH-69

보충·유치송달 규정에 따라 송달할 수 없는 때(제187조) 및 주소변경신고를 하지 아니한 사람에게 달리 송달할 장소를 알 수 없거나 주소변경신고를 한 장소에서 송달이 불능이 될 때(제185조)는 종전 송달 받던 장소로 발송송달로 서류를 송달할 수 있다.

> ☑ **제187조**
> 제186조의 규정(보충·유치송달 규정)에 따라 송달할 수 없는 때에는 법원사무관등은 서류를 등기우편 등 대법원규칙이 정하는 방법으로 발송할 수 있다.

> ☑ **제185조**
> ⅰ) 당사자·법정대리인 또는 소송대리인이 송달받을 장소를 바꿀 때에는 바로 그 취지를 법원에 신고하여야 한다(제1항).
> ⅱ) 제1항의 신고를 하지 아니한 사람에게 송달할 서류는 달리 송달할 장소를 알 수 없는 경우 종전에 송달받던 장소에 대법원규칙이 정하는 방법으로 발송할 수 있다(제2항).

Ⅱ. 요건[403]
sH-70

1. 보충·유치송달 규정에 따라 송달할 수 없는 때

ⅰ) 송달할 장소[404][405]는 밝혀져 있으나 교부송달, 보충송달, 유치송달할 수 없는 경우이어야 한다.[406][407]
ⅱ) 이 경우 밝혀진 송달장소로 발송송달한다.

---

[403] 발송송달은 송달할 때 서류마다 요건이 구비되어야 하므로 A서류가 발송송달 요건이 구비되어도 B서류를 당연히 발송송달할 수 있는 것이 아니고, B서류도 발송송달 요건을 구비한 것인지 따져보아야 한다.
[404] 송달하여야 할 장소란 실제 송달받을 자의 생활근거지가 되는 주소·거소·영업소 또는 사무소 등 송달받을 자가 소송서류를 받아 볼 가능성이 있는 적법한 송달장소를 말하는 것이다(2020다216462).
[405] 원심에서 송달해 보았던 장소는 소장과 항소장에 원고 주소지로 표시된 곳으로 등기부상 주소이나, 그 곳이 송달할 당시 실제 생활근거지인 주소 등으로 볼 수 없고 그 곳에서 송달이 이루어진 적도 없었는바, 소장과 항소장에 기재되어 있던 주소지는 보충송달 또는 유치송달을 할 수 있는 송달장소라고 할 수 없고, 그 주소를 잘못 기재한 것이 원고 또는 소송대리인의 책임있는 사유에 기한 것이라해도 마찬가지다. 따라서, 그 곳에서의 보충송달이나 유치송달이 불가능하여 그 곳으로 우편송달(발송송달)하였어도 그 송달의 효력이 발생할 수 없을 것이다. 결국, 변론기일에 출석하지 않았어도 쌍방불출석의 효과가 발생한다고 볼 수 없다(2001다30025).
[406] 폐문부재와 같이 본인, 동거인, 사무원 등을 모두 만날 수 없는 경우를 예로 들 수 있다.
[407] 만약 동거인, 고용인 등이 있어 보충송달 또는 유치송달을 할 수 있음에도 발송송달하면 위법하다.

2. 주소변경신고 하지 않아 달리 송달할 장소가 없거나 주소변경신고한 장소에서 송달불능된 때

ⅰ) 송달이 이루어지던 당사자의 송달받을 장소가 바뀌었음에도 주소변경신고를 하지 않아 달리 송달할 장소를 알 수 없는 경우[408] ⅱ) 송달받을 장소를 바꾸었다는 취지를 신고하였는데 그 바뀐 장소에서의 송달이 불능이 되는 경우가 있다(2020다216462). ⅲ) 이 경우 종전 송달받던 장소로[409][410] 서류를 등기우편 등에 의한 방법으로 발송송달한다.

> ☑ **교도소 등에 수감된 자의 종전 주소지로 한 발송송달**
>
> 수감된 당사자에 대한 송달을 교도소장 등에게 하지 않고 당사자의 종전 주소나 거소로 한 것은 부적법한 송달로서 무효이고, 이는 법원이 서류를 송달받을 당사자가 수감된 사실을 몰랐거나, 수감된 당사자가 송달의 대상인 서류의 내용을 알았다고 하더라도 마찬가지이다. 따라서 수감된 당사자에 대하여 민사소송법 제185조나 제187조에 따라 종전에 송달받던 장소로 발송송달을 하였더라도 적법한 송달의 효력을 인정할 수 없다(2021다53).

Ⅲ. 효과

sH-71

발송한 때에 송달된 것으로 본다(제189조).

---

408) '달리 송달할 장소를 알 수 없는 경우'라 함은 상대방에게 주소보정을 명하거나 직권으로 주민등록표 등을 조사할 필요까지는 없지만, 적어도 기록에 현출되어 있는 자료로 송달할 장소를 알 수 없는 경우에 한하여 등기우편에 의한 발송송달을 할 수 있음을 뜻한다(2020다216462).
409) 당사자가 송달장소로 신고한 바 있다고 하더라도 그 송달장소에 송달된 바가 없다면 그곳을 민사소송법 제185조 제2항에서 정하는 '종전에 송달받던 장소'라고 볼 수 없다(2020다216462).
410) 원고는 소장에 자신의 주소지를 A라고 기재(이후 제출된 증거에는 원고의 주소지는 A외에도 B, C가 있었음)하였으나, 소제기부터 모든 소송서류는 소송대리인에게 송달되었을 뿐 원고에게 송달된 바 없다. 원고가 제1심에서 패소하자, 원고 소송대리인은 항소하면서 항소장에 원고의 주소지를 A라고 기재하였고, 원고는 항소하면서 소송대리인을 별도로 선임하지 않았다. 항소심에서 원고에 대한 변론기일통지서를 A로 송달하였으나 모두 수취인불명을 이유로 송달불능되었다. 이에 항소심은 소송서류를 A로 발송송달하였다. 원고는 항소심 변론기일에 모두 출석하지 않았고, 피고들 소송대리인은 모두 출석하였으나 변론하지 않아 쌍방불출석 항소취하간주 처리하였다.
① 원고는 A에서 송달받은 적이 없어 A가 제185조의 '종전에 송달받던 장소'에 해당한다고 볼 수 없다. ② 원고에게 A 외에도 2개의 주소가 더 있고, 그 주소로 소송서류를 송달해 보지도 않았음에도 제185조의 '달리 송달할 장소를 알 수 없는 경우'에 해당한다고 볼 수도 없다. ③ 수취인불명으로 송달불능된 주소지인 A가 원고의 생활근거지로서 소송서류를 받을 가능성이 있는 적법한 송달장소라고 볼 수 없으므로, 제187조의 요건이 갖추어졌다고 볼 수도 없다.
따라서, 항소심이 원고에게 변론기일통지서를 발송송달 한 것은 제185조 또는 제187조의 요건이 갖추어지지 않은 것으로 부적법하여 효력이 없다. 따라서 원고가 원심 1, 2차 변론기일에 출석하지 아니하였다고 하더라도, 항소를 취하한 것으로 보는 효과는 발생하지 않는다(2020다216462).

073 공시송달

> 의의 - 요건 - 절차 - 효과 + 관련 논점

I. 의의 및 취지 sH-72

주소 등 또는 근무장소를 알 수 없는 경우 공시송달할 수 있다(제194조 제1항). 원활한 소송을 위한 제도이다.

II. 요건 sH-73

ⅰ) 당사자의 주소 등 또는 근무장소를 알 수 없는 경우 또는 외국에서 할 송달에 관해 촉탁규정(제191조)을 따를 수 없는 경우(제194조 제1항)[411)412)] ⅱ) 최후적이고 보충적일 것을 요한다.

☑ 주소 등 또는 근무장소를 알 수 없는 경우

ⅰ) 송달받을 자가 주소, 거소를 떠나 더 이상 송달장소로 인정하기 어렵게 되었다면 송달할 장소를 알 수 없는 경우에 해당된다고 볼 수 있다(2024마5321). ⅱ) 송달장소를 알 수 있는 경우(폐문부재, 장기출타, 소송 중 수감)는 이에 해당되지 않는다.

☑ 소권 남용으로 무변론 소각하판결시 공시송달

원고가 소권(또는 항소권)을 남용해 청구가 이유 없음이 명백한 소를 반복적으로 제기한 것에 대해 법원이 변론 없이 판결로 소각하하는 경우, 재판장은 직권으로 피고에 대하여 공시송달을 명할 수 있다(제194조 제4항).

III. 절차 sH-74

ⅰ) 당사자의 신청 또는 직권으로 이루어진다(제194조 제1항). ⅱ) 법원사무관 등이 송달서류를 보관하고 그 사유를 법원게시판에 게시하거나 매체를 통해 공시한다(제195조). ⅲ) 재판장은 직권 또는 신청으로 법원사무관 등의 공시송달처분을 취소할 수 있다(동조 제5항).

IV. 효과 sH-75

1. 공시송달이 적법한 경우

최초의 공시송달은 게시한 날부터 2주[413)] 후에 효력이 발생하며, 그 뒤에 같은 당사자에 대한 공시송달은 게시 다음날부터 효력이 발생한다(제196조 제1항).

---

411) 외국에서 하여야 하는 송달은 재판장이 그 나라에 주재하는 대한민국의 대사, 공사, 영사 또는 그 나라의 관할 공공기관에 촉탁한다(제191조).
412) 재판장은 소송지연을 피하기 위해 필요한 때 공시송달을 명할 수 있다(제194조 제3항).
413) 외국에서 할 송달에 대한 공시송달의 경우, 2개월로 한다(제196조 제2항). 제196조 제1항 및 제2항의 기간은 줄일 수 없다(제196조 제3항).

2. 공시송달이 부적법한 경우

(1) 원칙 [재명요명] (23)

ⅰ) 공시송달은 재판장이 그 요건이 충족된다고 보아 일단 공시송달을 명한 이상 실제로는 그 요건이 구비되지 아니하여 공시송달을 명할 수 없는 경우였더라도 그 명령에 의한 공시송달은 유효하다(91다9985*).414)
ⅱ) 상소, 재심으로 위법·유효한 공시송달로 인한 절차상 흠을 구제받는다.

(2) 예외 – 송달 자체에 흠결이 있는 경우

ⅰ) 절차 중단 중 망인에 대한 공시송달(2007다52997), 대표자 사망 후 새 대표자가 정해지지 않은 경우, 법인에 대한 송달(91다9985), 미성년자에 대한 공시송달(2020다8586) ⅱ) 무효인 공시송달로 판결정본이 송달되면 상소기간이 진행하지 않아 상소로만 구제받을 수 있다.

Ⅴ. 관련 논점

sH-76

1. 공시송달의 경우 쌍방불출석 취하간주 적용 여부

(1) 문제점

공시송달된 경우 쌍방불출석 취하간주 규정이 적용될 수 있는지에 대해 명문의 규정이 없어 문제된다.

(2) 判例

1) 공시송달이 적법한 경우 [주신공쌍책]

법인인 소송당사자가 법인이나 그 대표자의 주소가 변경되었는데도 이를 법원에 신고하지 아니하여 2차에 걸친 변론기일소환장이 송달불능이 되자 법원이 공시송달방법으로 재판을 진행한 결과 쌍방불출석으로 취하간주되었다면, 이는 당사자의 책임으로 돌릴 수 없는 사유로 변론기일을 해태한 경우라고는 볼 수 없다고 하면서 쌍방불출석취하간주를 인정했다(86누509).

2) 공시송달이 부적법한 경우415) [송공송쌍]

당사자의 주소, 거소 기타 송달할 장소를 알 수 없는 경우가 아님이 명백함에도 재판장이 명함으로써 변론기일소환장이 공시송달된 경우, 그 당사자는 적법한 절차에 의한 송달을 받았다고 볼 수 없으므로, 공시송달의 효력이 있더라도 각 변론기일에 당사자가 출석하지 아니했다고하여 쌍방불출석의 효과가 발생한다고 볼 수 없다(96므1380).

(3) 학설

공시송달의 경우에는 당사자 보호를 위해 쌍방불출석 취하간주 제도가 적용되지 않는다고 하는 견해가 있다.

(4) 검토

공시송달이 적법한 경우에는 명문의 규정에 따라 당사자의 불출석을 이유로 쌍방불출석 취하간주를 적용해도 부당한 처사라고 할 수 없으며, 공시송달이 부적법한 경우에는 절차권 보장을 위해 동 규정이 적용되지 않는 것으로 볼 것이다.

---

414) 당사자가 소송 계속 중에 수감된 경우 법원이 판결정본을 제182조에 따라 교도소장 등에게 송달하지 않고 당사자 주소 등에 공시송달 방법으로 송달하였다면, 공시송달의 요건을 갖추지 못한 하자가 있다고 하더라도 재판장의 명령에 따라공시송달을 한 이상 송달의 효력은 있다(2019다220618).
415) 공시송달은 부적법해도 유효라는 논점을 선결로 적는 문제가 나올 수 있다.

2. 송달불능과 법원의 조치

송달불능	원인	법원의 조치
폐문 부재	대문이 닫혀 있고 아무도 없는 경우	동일 장소로 재송달 신청 또는 특별송달 신청
수취인 부재	송달받을 자가 여행, 군입대, 교도소 수감 등으로 송달받을 수 없는 경우	여행지, 군부대, 교도소 주소로 보정
수취인 불명	송달장소에서 송달받을 사람을 찾을 수 없는 경우	새로운 송달장소로 보정, 불가능 시 공시송달 신청
주소 불명	번지 기재 누락, 아파트의 동호수 미기재 등 송달장소를 찾을 수 없는 경우	정확한 주소로 보정
이사 불명	송달받을 자가 이사했으나 이사한 곳을 알 수 없는 경우	새로운 송달장소로 보정, 불가능 시 공시송달 신청

074 소송절차의 중단

📁 의의 – 사유

Ⅰ. 의의   sH-77

당사자에게 소송수행 불능 사유가 생겼을 때 새로운 당사자가 소송을 수행할 때까지 법률상 당연히 절차의 진행이 정지되는 것이다.

Ⅱ. 사유[416]   sH-78

ⅰ) 당사자의 사망(제233조) ⅱ) 당사자인 법인이 합병에 의해 소멸(제234조)[417] ⅲ) 당사자의 소송능력 상실 및 법정대리인의 사망 또는 대리권의 상실(제235조)[418] ⅳ) 신탁재산에 대한 수탁자의 임무 종료(제236조)[419] ⅴ) 소송담당자[420]의 자격 상실 또는 선정당사자 전원의 자격 상실(제237조)[421] ⅵ) 당사자의 파산[422] 또는 파산재단소송에 있어서 파산절차의 해지(제239조)(제240조) 등의 사유로 소송절차가 중단될 수 있다.

☑ 소송절차의 정지(중단, 중지)

1. 소송절차의 중단
소송수행이 불가능한 사유가 생겼을 때 새로운 당사자 또는 소송수행자가 소송절차를 이어가기 전까지 법률상 당연히 절차가 정지되는 것이다.

2. 소송절차의 중지
법원이나 당사자에게 소송을 진행할 수 없는 사유가 생겼거나 진행에 부적당한 사유가 생겼을 때 법률상 당연히 또는 법원의 결정에 의해 절차의 진행이 정지되는 것이다. 소송절차의 중단과 달리 당사자 또는 소송수행자의 교차가 없다.

☑ 소송절차의 정지의 효과

소송절차의 정지 중 행한 법원과 당사자의 소송행위는 원칙적으로 무효이다. 다만, 절차의 정지를 간과하고 이루어진 판결은 위법하지만 유효하다.

---

[416] 단, ⅰ 내지 ⅴ의 사유 중 중단사유가 생긴 측에 소송대리인이 있는 경우 절차가 중단되지 않는다.
[417] 신설법인이 당사자지위를 당연승계하고, 신설법인이 수계신청한다.
[418] 당사자지위 당연승계는 문제되지 않는다. 소송능력을 회복한 자 또는 적법한 법정대리인이 수계신청한다. 법정대리권 소멸의 경우, 대표권소멸통지를 해야만 절차가 중단된다(제63조).
[419] 신수탁자가 당사자지위를 당연승계하고, 신수탁자가 수계신청한다.
[420] 단, 대위소송의 대위채권자, 추심소송의 추심채권자는 담당자지만 여기에 해당하지 않는다.
[421] 선정자가 당사자지위를 당연승계하고, 선정자 또는 새로운 선정당사자가 수계신청한다. 선정을 철회하거나 선정당사자를 바꾸는 경우, 선정당사자자격 소멸의 통지를 해야 효력이 있다.
[422] 파산선고를 받은 자가 채권자를 상대로 채무의 존재를 다투는 소송에서 파산채무자에 대한 파산선고가 있는 때에는 파산관재인 또는 상대방이 수계할 때까지 이에 관한 소송절차는 당연히 중단된다(2019다246399).

075 소송 중 사망

📁 의의 - 절차 - 효과 + 관련 논점

Ⅰ. 의의   sH-79

소제기 당시엔 당사자가 생존하였으나, 소송 계속 중 사망한 경우를 의미하며, 상속인들의 당사자지위 승계 및 절차진행과 관련하여 그 취급이 문제된다.

Ⅱ. 절차   sH-80

1. 당사자지위 당연승계 (13)(18)(22)(25)

(1) 학설

1) 당연승계 긍정설은 실체법상 포괄승계 원인의 발생으로 사망자의 소송상 당사자지위가 상속인에게 당연승계된다고 한다.
2) 당연승계 부정설은 형식적 당사자개념을 근거로 상속인이 수계절차를 밟아서 당사자로 표시되어야만 당사자지위를 승계할 수 있다고 한다.

(2) 判例 [중사지상대]

소송 중 당사자가 사망한 때부터 소송은 그 지위를 당연히 이어받는 상속인과의 관계에서 대립당사자 구조를 형성하게 된다(94다28444*).

(3) 검토

제95조에 의해 당사자가 사망해도 소송대리권은 소멸하지 않고, 제238조에 의해 소송대리인 존재시 절차가 중단되지 않는 점에 비추어 당연승계 긍정설이 타당하다.

2. 소송절차의 중단423) (13)(18)(22)(25)

(1) 절차 중단의 요건

소송의 대상이 상속될 수 있는 법률관계이고, 상속인이 존재하면 절차가 중단될 수 있다.424)

(2) 소송대리인 존부에 따른 절차 중단 여부

1) 소송대리인이 없는 경우

당사자가 죽은 때에 소송절차는 중단된다.425) 상속인은 소송절차를 수계하여야 한다(제233조).

2) 소송대리인이 있는 경우

ⅰ) 상소제기 특별수권이 없는 경우

판결정본 송달시 절차가 중단되며426), 상소기간은 진행하지 않는다(제238조).

---

423) 대표권이 소멸한 경우 소송절차가 중단되지만(제235조), 대표권소멸통지를 하지 않으면 중단되지 않는다.
424) 소송의 대상이 일신전속적 법률관계처럼 상속될 수 없는 법률관계이거나, 상속인이 없으면 절차가 중단되지 않고 소송종료선언 한다(2015다255258*).
425) ① 통상공동소송에서 1인이 소송 중 사망한 경우, 사망자의 절차만 중단되고, 다른 공동소송인의 절차는 중단되지 않는다. ② 필수적 공동소송에서 1인이 소송 중 사망한 경우, 전체 절차가 중단된다.

ⅱ) 상소제기 특별수권이 있는 경우

상소제기시 절차가 중단되며427), 상소기간은 진행한다. 따라서 판결정본을 송달받고도 상소하지 않는 경우 판결이 확정된다.

3. 수계신청 (25)

(1) 수계신청 의의

수계신청이란 절차중단을 해소하기 위한 당사자의 신청이다. 다만, 소송대리인이 있어 절차가 중단되지 않은 경우라도 표시정정 의미의 수계신청은 가능하다(68마1100).

☑ **소송대리인이 있는 경우 수계신청**

소송대리인이 있는 경우 당사자가 사망해도 소송대리권은 소멸되지 않고 소송절차를 중단할 필요가 없게 되어 그대로 속행되므로 상속인이 소송절차를 수계함을 필요로 하지 아니한다고 한 것일 뿐 위와 같이 소송절차가 중단되지 않는 경우에는 상속인은 소송절차를 수계하지도 못한다는 뜻으로는 풀이될 수 없다(72다1271).

☑ **대표자 표시변경신청을 소송수계로 볼 수 있는지 여부**

대표자 표시변경신청을 하였고 이는 소송수계신청의 취지로 보아야 할 것이다(2006재다171).428)

(2) 수계신청 법원

1) 원칙 및 문제점

원칙적으로 수계신청은 중단 당시 소송이 계속된 법원에 해야 한다. 다만, 절차 중단을 간과하고 판결이 있는 경우 어느 법원에 수계신청을 할지 문제된다.

2) 학설

ⅰ) **원심법원설**은 재판이 송달된 뒤에 중단된 절차의 수계에 대하여는 그 재판을 한 법원이 결정해야 한다는 제243조 제2항 및 상소장원심법원제출주의를 근거로 원심에 수계신청을 해야 한다고 한다.

ⅱ) **선택설**은 당사자편의 및 소송경제를 위해 원심 또는 상소심에 선택적으로 수계신청할 수 있다고 한다.

3) 判例 [수송상송상수]

판결 선고 후 상속인이 **수**계신청을 하여 판결을 **송**달받아 **상**고하거나 또는 사실**상 송**달을 받아 **상**고장을 제출하고 상고심에서 **수**계절차를 밟은 경우에도 그 수계와 상고는 적법하다(94다28444).429)

---

426) 따라서 판결정본 송달받고 수계하여 절차중단을 해소한 다음 상소를 제기하는 것이 원칙인 절차이다. 다만, 判例는 절차중단을 해소하지 않고 상소를 먼저 제기하고 상소심에서 수계하는 것도 가능하다는 선택설 입장이다.
427) 상소제기 후 상소심에서 수계하여 중단을 해소한다.
428) ① 소송 중 법인 대표자의 대표권이 소멸된 경우에도 이를 상대방에게 통지하지 아니하면 소송절차상으로는 그 대표권이 소멸되지 아니한 것으로 보아야 하므로 변경 전 대표자를 원고의 대표자로 표시한 제1심판결은 적법하고, ② 원고는 항소심에서 대표자 표시변경신청을 하였고 이는 소송수계신청의 취지로 보아야 할 것이므로 원고의 대표자를 변경 후 대표자로 표시한 항소심 판결도 적법하다고 할 것이다(소송수계신청의 적법 여부는 법원의 직권조사 사항으로서 조사의 결과 수계가 이유 없다고 인정할 경우에는 결정으로서 이를 기각하여야 되나, 이유 있을 때에는 별도의 재판을 할 필요 없이 그대로 소송절차를 진행할 수 있는 것이다)(2006재다171).
429) 상소심에서 수계절차를 밟은 경우 절차상 하자는 치유되고 그 수계와 상소는 적법한 것으로 된다(2019다246399).

4) 검토

당사자의 소송수행 편의를 위해 선택설이 타당하다.

(3) 수계신청 절차

수계신청은 말 또는 서면으로 할 수 있다. 기일지정신청이나 표시정정신청의 형식이어도 취지에 따라 수계신청으로 처리할 수 있다. 수계신청시 법원은 상대방에게 이를 통지해야 하며, 상대방에 대한 관계에서는 통지시에 중단이 해소된다.

(4) 수계신청 효과

수계신청이 이유 있으면 수계한 자를 당사자로 하여 절차를 진행한다. 수계신청이 이유 없으면 결정으로 기각한다.430) 수계신청 기각결정에 대해선 통상항고 할 수 있다.

III. 효과

sH-81

1. 간과판결의 효력 (13)(22)

(1) 判例 [대중 절무대]

소송 계속 중 사망의 경우 상속인과의 관계에서 대립당사자구조가 존재하고 다만 수계시까지 절차가 중단될 뿐인바, 중단간과 판결은 적법한 수계인의 권한을 배제한 절차상 위법은 있지만 당연무효라고 할 수 없고, 다만 그 판결은 대리인에 의하여 적법하게 대리되지 않았던 경우와 마찬가지로 보아 대리권 흠결을 이유로 상소·재심에 의해 취소를 구할 수 있다(94다28444*).

(2) 학설

1) 위법·유효설은 절차중단을 간과한 위법만이 있고, 대립당사자구조를 간과한 것은 아니므로 위법하지만 일응 유효한 판결로 보아, 판결 확정 전에는 상소(제424조 제1항 4호)로, 확정 후에는 재심(제451조 제1항 제3호)로 구제받는다고 한다.
2) 무효설은 대립당사자구조가 흠결된 것은 제소전 사망과 마찬가지이므로 당연무효 판결로 본다.

(3) 검토

당연승계 긍정설을 취하는 이상, 대립당사자구조는 유지되고 단순히 절차적 위법만 있을 뿐이므로 판결은 위법하지만 유효하다고 볼 것이다.

2. 하자치유

ⅰ) 제424조 제2항을 유추해 볼 때, 당사자가 판결 후 명시적 또는 묵시적으로 원심절차를 적법한 것으로 추인하면 상소·재심사유는 소멸한다. ⅱ) 상속인이 사망자 명의로 소송대리인을 선임하고, 사망자 명의로 상고했을 뿐만 아니라, 상고이유서를 제출하면서 절차상 하자는 상고이유로 삼지 않고 본안에 관해서만 다툰 경우에는 소송대리인의 절차 중단 중 소송행위를 추인한 것으로 봄이 상당하므로 절차상 위법 사유는 소멸하였다고 할 것이다(94다28444).

---

430) 소송수계신청 적법 여부는 직권조사사항으로, 조사 결과 수계가 이유 없다고 인정할 경우, 결정으로 이를 기각하여야 되나, 이유 있을 때에는 별도의 재판을 할 필요 없이 그대로 소송절차를 진행할 수 있다(2006재다171*).

Ⅳ. 관련 논점

1. 당연승계에 따른 판결 효력 [전망잘정]

소송대리인은 상속인들 전원을 위해 소송을 수행하며 그 판결은 상속인 전원에게 효력이 있다. 상속인이 밝혀지면 상속인을 소송승계인으로 하여 신당사자로 표시하지만 상속인 불명시 망인을 당사자로 표시해도 무방하며 신당사자를 잘못 표시했어도 정당한 상속인에게 판결효가 미친다(91마342*).

2. 일부상속인을 누락한 상소의 효력

(1) 수계신청한 "일부 상속인 스스로" 상소한 경우

1) 공동소송종류 및 통상공동소송 독립의 원칙

ⅰ) 공동상속인들 사이엔 소송목적과 관련하여 합일확정을 요하지 않으므로 통상공동소송 관계이다.
ⅱ) 제66조 독립의 원칙에 따라 각 공동소송인들은 개별적으로 소송을 수행한다.

2) 判例 [효지간지확]

제1심판결의 효력은 누락 상속인에게도 그들의 상속지분만큼 미치므로 항소기간은 진행되고 제1심판결 중 누락된 상속인의 상속지분 부분은 그들이나 대리인이 항소하지 않으면 항소기간 도과로 판결이 확정된다(91마342*).

☑ **누락상속인 구제방안**

1. 문제점

수계신청한 일부 상속인이 스스로 상소한 경우, 누락된 상속인들의 판결은 상소기간 도과로 확정되는바, 이들의 구제책이 문제된다.

2. 학설

ⅰ) 상소제기의 특별수권을 예문으로 보아 이는 무효이므로 제1심 판결정본송달로 중단되어 미확정상태라는 견해 ⅱ) 누락상속인에 대해서는 사실상 절차가 중단되고 판결이 선고되지 않아 추가판결한다는 견해 ⅲ) 소송대리권을 판결선고시까지로 제한하자는 견해가 있다.

3. 검토

명문의 규정 없이 이러한 구제수단을 인정할 수 없으며, 상소기간 도과로 판결이 확정되면 추후보완상소로 구제받을 수 있을 것이며, 손해배상청구의 소를 제기할 수도 있을 것이다.

---

(2) 망인이 선임한 대리인이 일부 상속인을 누락하고 상소한 경우

1) 判例 [잘대모합전]

정당한 상속인들 모두에게 효력이 미치는 판결에 대해 그 잘못된 당사자 표시를 신뢰한 망인의 소송대리인이나 상대방 당사자가 그 잘못 기재된 당사자 모두를 상소인 또는 피상소인으로 표시하여 상소를 제기한 경우에는 상소한 자의 합리적 의사에 비추어 특별한 사정이 없는 한 정당한 상속인들 모두에게 효력이 미치는 위 판결 전부에 상소가 제기된 것이다(2007다22859*).[431)432)]

---

431) 判例에 대해 상소인으로 기재되지도 않은 자를 상소인으로 보는 것은 부당하다는 견해가 있다.
432) 위 91마342 사건은 누락된 상속인을 제외한 나머지 상속인들이 누락된 상속인들에 대한 소송대리권을 갖지도 않고, 통상공동소

(2) 학설

수계하지 않은 누락상속인이 상소인으로 표시되지도 않았는데 상소인으로 볼 수는 없다는 견해가 있다.

3. 포괄유증인과 특정유증인의 당연승계 및 수계

(1) 포괄유증인

포괄유증을 받은 자는 **상속인과 동일한 권리의무**가 있으므로 당사자의 지위를 당연승계하고 절차가 중단된 법원에 수계신청을 해야 한다.

(2) 특정유증인 [재상유채지]

특정유증의 경우에는, 유증재산은 일단 상속재산으로서 **상**속인에게 귀속되고 유증을 받은 자는 단지 유증의무자에게 유증을 이행할 것을 청구할 수 있는 채권을 취득할 뿐이므로 유증자가 사망한 경우 그의 **소송상 지**위도 일단 상속인에게 당연승계되는 것이고 특정유증을 받은 자가 이를 당연승계할 여지는 없다 (2007다22859).433)

4. 공동상속인들의 수계 (25)

(1) 공동소송종류 및 통상공동소송 독립의 원칙

ⅰ) 공동상속인들 사이엔 소송목적과 관련하여 합일확정을 요하지 않으므로 통상공동소송 관계이다.
ⅱ) 제66조 독립의 원칙에 따라 각 공동소송인들은 개별적으로 소송을 수행한다.

(2) 공동수계 요부

소송계속 중 당사자인 피상속인이 사망한 경우 **공동상속재산은 상속인들의 공유**이므로 소송의 목적이 공동상속인들 전원에게 합일확정되어야 할 필요적 공동소송관계라고 인정되지 않는 이상 **반드시 공동상속인 전원이 공동으로 수계하여야 하는 것은 아니다**(92다29801*).

(3) 중단의 범위

일부 상속인이 수계절차를 밟지 않았다면 그들에 대한 관계에서는 그 소송은 **중단된** 채로 피상속인이 **사망한 당시의 심급법원에 계속되어 있다**(93다31993).

(4) 수계신청할 법원

수계신청하지 않은 상속인은 **중단된 법원에 수계신청**해야 하고 상소심 법원에 수계신청을 할 수는 없다.

5. 사망자표시 판결의 집행방법

(1) 문제점

사망자 명의 판결에 대해 승계인에게 강제집행을 하기 위해서 승계인 명의로 집행문을 부여받아야 한다. 이때 어떤 방식으로 집행문을 부여받을지 문제된다.

(2) 학설

1) **승계집행문설**은 승계집행문을 부여받아 상속인에게 집행하면 된다고 한다.
2) **판결경정설**은 판결경정으로 판결을 시정하여 일반집행문을 받아 상속인에게 집행한다고 한다.

송 관계이므로 누락된 상속인에 대해서는 분리확정되는 것이다. 반면, 2007다22859 사건에서 망인의 소송대리인은 망인의 상속인 모두를 대리할 권한을 갖고 있으므로 전원에 대해 상소를 제기한 것으로 본 것이다.
433) 따라서 특정유증인이 아닌 상속인이 수계신청 한다.

(3) 判例
1) 소송대리인이 없어 절차가 중단된 후 간과판결한 경우
사망자 명의 판결에 기해 사망자 승계인에 대한 강제집행 실시를 위해서는 민사집행법 제31조를 준용하여 승계집행문을 부여받는다고 한다(98그7).
2) 소송대리인이 있어 절차가 중단되지 않고 판결한 경우
수계신청 했음에도 판결에 이전 당사자를 표시해 선고한 때에는 수계인을 당사자로 판결경정하면 된다(2000다49374).

(4) 검토
ⅰ) 중단간과판결도 당연무효는 아니며, 상속인에게 효력이 미치므로 민사집행법 제25조 제1항 및 제2항에 따라 승계집행문을 부여받음이 타당하다. ⅱ) 다만, 판결 전 소송이 중단되지 않고 누가 승계인인지 이미 판명된 경우에는 판결의 명백한 오류처럼 판결을 경정함이 절차경제에 부합한다.

6. 절차중단간과 흠결이 상고심에서 밝혀진 경우 직권파기 가부

(1) 判例
수계할 당사자가 소송행위를 할 수 없는 상태에서 심리되고 판결이 선고되어 대리인에 의해 **적법하게 대리되지 않은 경우**와 마찬가지의 위법이 있고, 상고심은 상고이유를 판단할 필요 없다고 하면서 **직권으로 절차중단을 간과한 원심을 파기하였다**(94다24121).434)

(2) 학설
ⅰ) 절차중단을 간과한 판결인지 여부는 직권조사사항이므로 직권파기 가능하다는 견해 ⅱ) 절차중단 여부는 소송 중엔 직권조사사항이지만 판결 선고 후엔 중단간과의 흠결을 상고이유로 주장한 경우에만 판단한다는 견해 ⅲ) 직권조사사항이지만 당사자의 수계가 있는 경우 하자가 치유된다는 견해가 있다.

(3) 검토
수계신청만 하였을 뿐, 추인으로 볼만한 사정이 없다면, 상고심은 절차중단을 간과하고 본안판결한 원심을 직권파기함이 타당하다.

---

434) 위 94다24121 사안에서 명시 또는 묵시적으로 추인하였다고 볼만한 사정이 없던 것으로 보여진다.

CHAPTER
09

자백과 자백간주

076 재판상 자백

📁 의의 - 효과 + 관련 논점

Ⅰ. 의의 (10)(24)　　　　　　　　　　　　　　　　　　　　　　　　　　　　sl-1

상대방의 주장과 **일치**하고 자기에게 **불리**한 **주요사실**에 대한 진술이다.

> ☑ **묵시적 자백**
>
> 자백은 명시적인 진술이 있는 경우에 인정되는 것이 보통이지만, 자백의 의사를 추론할 수 있는 행위가 있으면 묵시적으로 자백을 한 것으로 볼 수도 있다. 다만 상대방의 주장에 단순히 침묵하거나 불분명한 진술을 하는 것만으로는 자백이 있다고 인정하기에 충분하지 않다(2018다267900).

Ⅱ. 효과　　　　　　　　　　　　　　　　　　　　　　　　　　　　　　　　sl-2

ⅰ) 제288조의 **불요증사실**이 되며, ⅱ) 법원에 대한 **구속력**이 있어 자백한 사실을 그대로 인정해야 하며, ⅲ) 당사자에 대한 구속력이 있어 철회사유가 없는 한 철회할 수 없다.

Ⅲ. 관련 논점　　　　　　　　　　　　　　　　　　　　　　　　　　　　　sl-3

1. 선행자백과 자인진술

(1) 선행자백과 자인진술의 개념

1) 문제점

자백이란 상대방 주장과 일치하고 자기에게 불리한 주요사실의 진술이다. 다만, **양 진술의 시간적 선후**를 불문하고 선행자백이 성립할 수 있는지 문제된다.

2) 判例 **[불자원일 일자]**

ⅰ) 선행자백은 일방이 자기에게 **불리**한 사실상의 진술을 **자**진하여 한 후 상대방이 이를 **원용**함으로써 그 사실에 관하여 당사자 **쌍방**의 주장이 **일**치함을 요한다.435) ⅱ) 그 주장의 **일치**가 있기 전에는 선행자백이라 할 수 없고, **자인**진술이라 한다(92다14724*).

3) 학설

상대방의 원용 전에는 선행자백이라 하며, 원용 후에는 재판상 자백이라 한다.436)

4) 검토

주장의 일치를 요하는 자백의 정의에 비추어 원용 전에는 자인진술로, 원용 후에는 선행자백으로 보는 판시가 타당하다.

---

435) 일방이 한 진술에 잘못된 계산이나 기재, 기타 이와 비슷한 표현상의 잘못이 있고 그 잘못이 분명한 경우에는 비록 상대방이 이를 원용했더라도 당사자 쌍방의 주장이 일치한다고 할 수 없으므로 자백이 성립할 수 없다(2018다229564).
436) 다만, 다수설에 따르더라도 상대방의 원용 전에는 철회할 수 있으나 원용 후에는 철회할 수 없다.

(2) 자인진술의 소송상 취급

1) 원칙 [원철모]

일단 자기에게 불리한 사실을 진술한 당사자도 그 후 그 **상대방의 원**용이 있기 전에는 자인한 진술을 **철**회하고 이와 **모**순되는 진술을 자유로이 할 수 있다(92다14724).

2) 철회 전 취급

상대방의 원용이 있기 전에도 **법원에 대한 구속력**은 인정된다.

3) 철회 후 취급

자인진술은 소송자료로부터 제거되므로 철회된 사실에 기초하여 판결하면 **변론주의 위반**이 될 수 있다(2014다64752).

2. 권리자백

(1) 의의

법규의 존부·해석 또는 법률관계 대한 불리한 진술을 권리자백이라 하며, 이는 법원이 스스로 판단할 전권사항이므로 법원과 당사자를 구속하지 못한다.

> ↘ 예시
>
> **1. 법률상 유언이 아닌 것을 유언이라고 시인한 것**
> 원고가 망인의 유언을 이유로 이행청구를 하였다가 후에 사인증여계약에 의해 이행청구를 한다그 주장한 사안에서 법률상 유언이 아닌 것을 유언이라고 시인했다고 하여 그에 대해 자백이 성립될 수 없다(2000다66430).
>
> **2. 법률상 혼외자가 아님에도 혼외자라고 시인한 것**
> 법률상 혼인 외의 자가 아닌 것을 혼인 외의 자라고 시인했다 하여 혼인 외의 자로 될 수 없으므로 이는 권리자백에 해당한다(79나62).
>
> **3. 해제의 효력에 대한 진술**
> 해제의 효과에 대한 진술은 당사자 사이의 법률관계의 변동에 대한 진술이므로 권리자백이다. 단, 해제의 요건사실(상대방의 이행지체 사실, 최고 사실, 상대방의 의무 불이행 사실, 해제의 의사표시를 한 사실)에 대한 자백은 주요사실에 대한 자백으로 인정된다.
>
> **4. 특약의 해석에 관한 진술**
> 잔금지급기일에 관한 특약의 해석에 대한 의견 또는 법적 평가는 권리자백으로 법원을 기속하지 않는다(96다17738).
>
> **5. 이행불능에 관한 주장**
> 이행불능에 관한 주장은 법률적 효과에 관한 진술을 한 것에 불과하고 사실에 관한 진술을 한 것이라고 볼 수 없으므로 이는 권리자백에 해당한다(90다7104*).
>
> **6. 법정변제충당순서에 관한 진술**
> 이행기나 변제이익에 관한 사항은 구체적 사실로서 자백의 대상이 될 수 있으나, 법정변제충당 순서 자체는 법률 규정의 적용에 의하여 정해지는 법률상 효과여서 이는 권리자백에 불과하다(98다6763*).[437]
>
> **7. 시간제 근로자라거나 교직원이 아니라는 진술**
> 강사로서 근로계약을 맺음에 있어 그 강사의 지위가 시간제 근로자라거나 교직원이 아니라고 진술하는 것은 강사와 학원 사이의 법률관계에 대한 해석·평가에 해당하므로 권리자백이 된다(2007다87061).

---

437) 단, 법정변제충당순서와 다른 변제충당순서의 합의가 있다는 사실은 자백이 성립할 수 있다(2023다299789).

8. 소송절차에서 사건에 적용할 준거법에 관해 당사자가 일치하는 의견진술
"자신들의 분쟁에 어떤 법률(협약)이 적용되는 것이라고 진술"하는 것이므로 이는 법령의 해석·적용에 대한 진술이 되는 것이고, 이는 권리자백이 된다. 반면 자신들이 "준거법에 대한 합의를 한 적이 있다는 사실 자체"에 대해서는 자백이 성립할 수 있다.

9. 과실, 정당한 사유, 사회질서 위반 등에 관한 진술
과실, 인과관계 등 불확정개념은 그 경위내력사실에 대한 자백을 인정함이 타당하다.

10. 정당한 봉급월액이 얼마인지에 대한 진술
정당한 봉급월액이 얼마인지에 대한 당사자의 주장은 재판상 자백 또는 자백간주의 대상이 되는 사실에 대한 주장이라고 볼 수 없다(2021다280781).

(2) 선결적 법률관계에 대한 자백 (19)(23)

1) 문제점

자백은 사실에 대해 성립한다. 소유권에 기한 등기말소청구, 건물인도청구 등의 소에서 상대방의 소유를 인정하는 경우와 같이 당해 청구의 **선결적 법률관계**에 자백이 성립할 수 있는지 문제된다.

2) 判例

ⅰ) 소송물의 전제문제가 되는 **권리관계를 인정하는 진술은 권리자백으로 법원을 기속하는 것도 아니며, 상대방의 동의 없이 자유로이 철회할 수 있다**고 하여 선결적 법률관계에 대한 자백을 부정한다(2007다87061*).

ⅱ) 다만, 피고가 원고의 소유권을 인정한 진술은 그 소전제가 **되는 소유권의 내용을 이루는 사실에 대한** 진술로 볼 수 있으므로 재판상 자백이다(87다카749*).

3) 학설

ⅰ) 긍정설은 소유권과 같은 선결적 **법률관계가 중간확인의 소의 소송물이 되었을 때 자백보다 더 불리한 청구인낙**이 가능한 점에 비추어 건물인도청구에서 소전제가 되는 소유권에 대한 자백도 허용된다고 한다.

ⅱ) 부정설은 권리자백은 법원의 전권인 법률판단에 관한 자백이므로 자백의 효력이 없다고 한다.

4) 검토

요건사실에 대해서는 자백이 성립될 수 있고, **요건사실은 특정 법률효과를 발생시키는 구체적 사실**을 의미하므로 **소유권을 인정한다는 진술은 권리 그 자체가 아닌 그를 이루는 구체적 사실**에 대한 내용을 인정한 것이라고 볼 것이다.

☑ 법률용어를 사용한 진술과 자백

법률용어를 사용한 당사자의 진술이 동시에 구체적인 사실관계의 표현으로서 사실상의 진술도 포함하는 경우에는 그 범위에서 자백이 성립하는 것이라 할 것이다(84다122*).438)439)

---

438) 원고 소송대리인의 "본건 토지가 토지구획정리사업법부칙 제2항 해당 토지인 사실은 다툼이 없다."란 진술 중에는 위 토지가 공공에 공용되는 하천임을 전제로 하는 사실상의 진술도 포함된 것으로 보이므로 그 취지의 자백이 인정된다(84다122).
439) 매매대금청구소송에서 피고가 매매사실을 인정한다고 진술하는 것처럼 법률상 개념을 사용하여 진술하는 경우도 매매사실에 대한 진술로 자백이 성립할 수 있다.

3. 간접사실에 대한 자백

(1) 문제점
간접사실이란 주요사실의 존부를 추인케 하는데 이바지하는 사실이다. 주요사실뿐만 아니라 간접사실에 대해서도 자백이 성립할 수 있는지 문제된다.

(2) 학설
1) **긍정설**은 **자기책임의 원칙**을 근거로 간접사실에 대해서도 자백이 성립할 수 있어 당사자는 임의로 철회할 수 없다고 한다.
2) **부정설**은 간접사실에 대한 자백을 인정하면 **법관의 자유심증 영역을 크게 제약**하게 되어 올바른 판단이 이루어질 수 없으므로 부정한다.

(3) 判例 [취요기간 법당]
부동산 시효취득에서 점유개시시기는 **취**득시효의 **요**건사실인 점유**기**간을 판단하는 데 수단구실을 하는 **간**접사실이므로 이에 대한 자백은 **법**원이나 **당**사자를 구속하지 않는다(94다37868).

(4) 검토
간접사실은 주요사실이 아니므로 **변론주의 사실주장책임의 대상이 되지 않고**, 간접사실에 자백 인정시 법원의 자유심증을 제약하게 되므로 자백의 대상이 될 수 없다고 봄이 타당하다.

4. 보조사실에 대한 자백

(1) 문제점
보조사실이란 증거방법의 증거능력이나 증거력에 관한 사실[440]이다. 주요사실뿐만 아니라 보조사실 중 문서의 진정성립에 대해서도 자백이 성립할 수 있는지 문제된다.

(2) 학설
1) **긍정설**은 문서의 진정성립여부는 증서진부확인의 소에서 심리되는 사항으로 그에 대해 청구인낙이 가능한 것과의 균형상 보조사실에 대해서도 자백이 성립할 수 있다고 한다.
2) **부정설**은 보조사실은 주요사실이 아닌 간접사실과 같은 역할을 하므로 자백성립을 부정한다.

(3) 判例 [보간주 인철]
문서의 성립에 관한 자백은 **보**조사실에 관한 자백이나 그 취소에 관하여는 다른 **간**접사실에 관한 자백의 취소와는 달리 **주**요사실의 자백취소와 동일하게 처리해야 할 것이므로 문서의 진정성립을 **인**정한 자는 이를 **철**회할 수 없다(88다카3083). 인영 또는 날인의 진정도 마찬가지다.

(4) 검토
처분문서에 대해 진정성립이 인정되면 그 내용이 진실한 것으로 추정되므로 그 중요성은 주요사실에 준하므로 보조사실 중 문서의 진정성립에 대한 자백을 인정할 것이다.

---

[440] 예를 들어, 증인의 진술이 위증이라는 사실, 문서의 진정성립에 대한 사실 등이 있다.

5. 자기에게 증명책임 있는 사실에 대한 자백

(1) 문제점
법률요건분류설에 따라 **자기에게 증명책임**이 있는 사실에 대해서도 자기에게 **불리한** 진술을 하게 되면 자백이 성립할 수 있는지 문제된다.

(2) 학설
1) 증명책임설은 자기가 증명책임을 지는 사실에 대해 자백이 성립된다고 보면 **지나치게 가혹**할 수 있으므로, 상대방이 증명책임을 지는 사실에 대해서만 자백이 성립할 수 있고, **자기에게 증명책임이 있는 사실을 스스로 부정하는 자기모순의 진술은 주장을 정정할 기회**를 주어야 한다고 한다.
2) 패소가능성설은 자기에게 증명책임 있는 사실도 자백이 성립되면 **패소할 가능성**이 있는 것은 마찬가지이므로 이에 대해 자백이 성립할 수 있다고 한다.

(3) 判例 [피원 등자원]
원고의 **피**상속인 명의로 소유권이전등기가 마쳐진 것이라는 점은 원래 **원**고가 입증책임을 부담할 사항이지만 위 **등**기를 마치지 않았다는 사실을 원고 스스로 **자**인한 바 있고 이를 피고가 **원**용한 이상 이 점에 관해 **자백**이 성립했다(92다24899*).

(4) 검토
자기책임의 원칙에 따라 자기에게 증명책임이 있는 사실에 대해서도 자백이 성립한다고 볼 것이다.

6. 불확정개념을 이루는 경위내력사실에 대한 자백(08)

(1) 문제점
자백은 주요사실에 대해 성립하므로 과실, 정당한 사유 등 불확정개념을 주요사실로 보아 그에 자백이 성립한다고 볼 것인지, 그를 이루는 **경위내력사실**441)을 주요사실로 보아 그에 자백이 성립한다고 볼 것인지 문제된다.

(2) 判例
피고가 원고의 고의 또는 중과실을 추단케 할 수 있는 것이라면서 내세운 주장사실들은 주요사실인 고의 또는 중과실의 존부를 추인케 하기 위한 간접사실에 지나지 아니한다고 보아 그에 대한 자백의 성립을 부정하였다(2005다55312).

(3) 학설
1) 법규기준설은 과실, 정당한 사유 등은 실체법에 규정된 구성요건 해당 사실이므로 이를 주요사실로 보고, 그를 이루는 경위내력 사실은 간접사실로 보아 자백이 성립하지 않는다고 한다.
2) 준주요사실설은 경위내력사실이 중요한 역할을 하므로 주요사실에 준해 준주요사실로 보고 이에 대해 주장책임 및 자백의 대상이 될 수 있다고 한다.
3) 요건사실·주요사실구별설은 **실체법상 요건사실과 소송법상 주요사실을 구별**하여 과실은 요건사실로, 경위내력사실은 주요사실로 보자고 한다.

---

441) 경위내력사실로 "중앙선을 넘게 된 경위", "인도 위의 행인을 충돌하게 된 경위" 등을 들 수 있다.

(4) 검토

　ⅰ) 법규기준설은 불확정개념을 주요사실로 보고 경위내력사실을 간접사실로 보지만, 주장하지 않은 사실을 인정하게 되어 **예상외 재판**이 우려된다. ⅱ) 준주요사실설은 **불확정개념과 준주요사실은 있고 주요사실이 없게 되는** 문제가 있다. ⅲ) 요건사실·주요사실구별설은 요건사실과 주요사실의 **구별기준이 불명확**하므로 부당하다. ⅳ) 따라서 과실, 정당한 사유 등 불확정개념의 판단기초가 되는 구체적 사실(경위내력사실)을 주요사실로 봄이 타당하다.

7. 준거법에 관한 합의사실 자백

(1) 문제점

국제사법에서 당사자는 외국적 요소가 있는 사건에 적용될 준거법을 합의할 수 있다고 규정하는데, 준거법 합의 사실이 자백의 대상이 될 수 있는지 문제된다.

(2) 判例

어느 국제협약을 **준거법으로 하는 합의**를 할 수 있고 그 합의가 있었다는 사실은 자백의 대상이다(2013다81514).

(3) 학설

　ⅰ) 판례와 같은 견해도 있으나, ⅱ) 반대견해는 국제사법은 실체법이 아니므로 준거법 지정 합의는 법률효과를 발생시키는 실체법상 구성요건 해당사실인 **주요사실이 아니고 직권조사사항으로서 자백의 대상이 아니라고** 한다.442)

(4) 검토

준거법 지정 합의가 있었다는 사실은 계약의 내용이므로 사실에 대한 **법적평가라거나 직권조사사항으로 볼만한** 사정이 없으므로 자백이 성립한다고 볼 것이다.

---

442) 判例는 소송상 효과를 발생시키는 부제소합의를 주요사실로 보지 않고 직권조사사항으로 본다.

077 자백의 철회

📁 철회판단 – 철회제한 – 철회사유

I. 자백의 철회인지 판단 – 묵시적 철회 [명배묵]   sl-4

재판상 자백의 취소는 반드시 **명**시적으로 하여야만 하는 것은 아니고 **종전의 자백과 배**치되는 사실을 주장함으로서 **묵**시적으로도 할 수 있다(89다카14240).

II. 자백 철회의 제한 (15)(19)(24)   sl-5

자백은 **여효적 소송행위**로 직접 소송상 효력이 발생하므로 절차안정, 상대방 신뢰보호를 위해 원칙적으로 철회할 수 없다.

III. 자백의 철회사유 (15)(19)(24)   sl-6

1. 자백에 5호 재심사유 존재

견해대립 있으나, 판결의 확정을 기다려 판결에 대해 재심을 제기할 것이 아니라, 판결 전에 소송절차에서 자백의 효력을 부정하는 것이 소송경제에 부합하므로 자백철회를 인정하는 것이 통설과 판례다.

2. 상대방 동의 [이동착취이]

자백을 취소하고 이에 대해 상대방이 **이**의를 제기함 없이 **동**의하면 반진실, **착**오의 요건은 고려할 필요 없이 자백의 **취**소를 인정해야 한다. 그러나 자백의 취소에 대해 상대방이 아무런 **이**의를 제기하고 있지 않다는 점만으로는 취소에 동의했다고 볼 수는 없다(94다22897*).

3. 자백이 진실에 반하고 착오에 기한 것

(1) 제288조 단서

진실에 어긋나는 자백은 그것이 **착**오로 말미암은 것임을 증명한 때에는 취소할 수 있다.[443]

---

[443] 부동산 매수인인 원고가 소장에서 매매잔대금은 경락대금이 포함되지 않은 2000만 원임을 자인하여 금 2000만 원의 수령과 상환으로 소유권이전등기이행을 구하여 그 잔대금에 경락대금이 포함되지 않는다고 선행자백을 하였다가 피고가 원용한 후에 원고가 소변경신청서에서 그 잔대금이 금 2000만 원에서 경락대금인 1500만 원을 뺀 나머지 금원임을 주장하여 금 500만 원의 수령과 상환으로 소유권이전등기를 구하여 선행자백의 취소를 하였다.
1) 잔대금 2000만 원에는 경락대금이 포함되어 있지 않다는 소장의 기재가 [진실에 반하는 선행자백]에 해당되는 것은 명백하고, 그 기재 경위에 관해 2) 증거 및 변론의 전취지를 종합하여 원고로부터 소장의 작성을 의뢰받은 사람이 매매계약서상의 '잔대금 2000만 원'이라는 기재만을 보고 이를 원고가 지급할 매매잔대금으로 잘못 알고 그와 같이 기재하여 소가 제기된바, [선행자백은 착오에 기인한 자백]이라 할 것이다.

(2) 判例 [진착진변]

자백이 **진**실에 반한다는 증명444)이 있다고 하여 그 자백이 **착**오로 인한 것이라고 추정되는 것은 아니지만, 그 자백이 **진**실과 부합되지 않는 사실이 증명된 경우라면 **변**론의 전취지에 의해 자백이 착오로 인한 것이라는 점을 인정할 수 있다(2004다13533*).

4. 본인의 경정권 행사

소송대리인이 자백한 경우, 당사자가 이를 곧 경정한 때에는 효력을 잃는다(제94조).

---

444) 이때 진실에 부합하지 않는다는 사실에 대한 증명은 그 반대되는 사실을 직접증거에 의하여 증명함으로써 할 수 있지만 자백사실이 진실에 부합하지 않음을 추인할 수 있는 간접사실의 증명에 의하여도 가능하다고 할 것이다.

078 자백간주

📁 제150조 제1항 - 제150조 제3항 - 제257조 - 효과

I. 제150조 제1항 자백간주   sI-7

1. 의의 및 취지 (16)

당사자가 변론에서 상대방이 주장하는 사실을 **명백히 다투지 아니한 때**에는 그 사실을 자백한 것으로 본다(제150조 제1항).[445] 소송촉진을 위함이다.

2. 요건

i) 상대방 주장사실을 **명백히 다투지 아니할 것** ii) **변론 전체의 취지**[446]로 보아 그 사실에 대해 다툰 것으로 인정되는 경우가 아닐 것을 요한다.

3. 관련 判例

(1) 청구원인사실을 부인하는 취지의 답변서를 제출한 경우

원고의 청구원인사실에 대한 주장을 부인하는 취지의 피고의 답변서가 제출되면 진술되거나 진술간주된 바 없어도 변론의 전취지에 의해 원고의 청구를 다툰 것으로 볼 것이다(80다1424).

(2) 답변취지로 청구기각판결만을 구한 경우

피고가 답변취지로 청구기각판결을 구하였을 뿐 원고가 청구원인으로 주장한 사실에 대하여는 아무런 답변도 진술하지 않았다면, 변론의 전취지에 의하여 그 사실을 다툰 것으로 볼 수 없다(89다카4045).

II. 제150조 제3항 불출석 자백간주   sI-8

1. 의의 및 취지 (16)

한쪽 당사자가 **적법한 기일통지**를 받았음에도 변론기일에 불출석한 경우, 상대방 주장사실에 대해 **자백한 것으로 본다**(제150조 제3항). 소송촉진을 위함이다.

2. 요건 [제공불] (10)(15)

i) 상대방 주장사실을 다투는 답변서 등을 **제출**하지 않을 것 ii) **공**시송달에 의하지 않은 적법한 기일통지를 받았을 것 iii) 변론기일에 **불**출석했을 것을 요한다.

---

[445] 자백간주는 주요사실, 간접사실에 대해 성립될 수 있으나, 법률상 진술, 경험칙에 대해서는 성립될 수 없다. 2021다280781 判例 판시에서도 법률상 주장에 대하여 자백 또는 자백간주가 성립하지 않는다고 한다.
[446] 여기서 변론의 전취지는 변론의 일체성(변론을 여러 차례에 걸쳐 열어도 같은 기일에 동시에 연 것과 같이 소송자료로서 동일 효력을 가짐)을 의미한다. 자유심증주의에서 변론의 전취지는 상황, 내용, 태도 등을 의미한다.

3. 관련 判例

(1) 자백간주 후 공시송달된 경우 [자후공자배]

의제자백으로서의 효과가 발생한 때에는 그 이후의 기일에 대한 소환장이 송달불능으로 되어 공시송달하게 되었더라도 이미 발생한 의제자백의 효과가 상실되지 않으므로 자백한 것으로 간주해야 할 사실을 증거판단하여 의제자백에 배치되는 사실인정을 하면 위법하다(87다카961).

(2) 공시송달 후 자백간주된 경우 [공각툰 공투재]

제1심에서 피고에 대해 공시송달로 재판이 진행되어 피고에 대한 청구가 기각되었어도 피고가 원고 청구원인을 다툰 것으로 볼 수 없으므로, 원고가 항소한 항소심에서 피고가 공시송달이 아닌 방법으로 송달받고도 다투지 아니한 경우에는 제150조 자백간주가 성립된다(2015다36167).

III. 제257조 무변론 자백간주

sl-9

1. 의의 및 취지 (16)

i) 피고는 소장부본을 송달받은 날부터 30일 내에 답변서를 제출해야 한다(제256조). ii) 피고가 답변서를 제출하지 않은 경우 청구원인사실을 자백한 것으로 보고 변론 없이 판결할 수 있다(제257조 제1항). 소송촉진을 위함이다.

2. 요건 및 예외

(1) 요건

i) 피고가 소장부본을 송달받은 후, 30일 내에 답변서를 제출하지 않거나 ii) 청구원인 사실을 모두 자백하는 취지의 답변서를 제출하고 따로 항변하지 않아야 한다. iii) 반드시 판결선고기일을 열어 법정에서 판결을 선고하며, 무변론 원고승소판결시 판결선고기일을 통지447) 및 답변서를 제출하지 않는 경우에는 무변론 원고승소판결이 선고된다는 사실을 통지해야 한다.

(2) 예외

i) 공시송달 사건448)이거나 ii) 직권조사할 사항이 있거나 iii) 판결선고 전까지 피고가 다투는 취지의 답변서를 제출하면 무변론판결을 할 수 없다.449)

3. 관련 判例 - 무변론 청구기각판결 가부

(1) 문제점

원고의 청구가 주장 자체로 이유 없는 경우 무변론 청구기각판결을 선고할 수 있는지 문제된다.

(2) 학설

1) 긍정설은 절차신속, 원·피고 평등관점에서 무변론 청구기각판결을 할 수 있다고 본다.
2) 부정설은 명문의 규정이 없고, 변론주의에 위배되어 무변론 청구기각판결 할 수 없다고 한다.

---

447) 무변론판결은 판결선고시 법률관계를 기준으로 기판력이 발생한다.
448) 공시송달 사건은 무변론판결할 수 없으므로 변론기일을 열어야 하고 공시송달을 받고도 답변서 없이 불출석한 자는 주장입증의 부족으로 패소하게 된다. 자백간주의 요건을 충족하지 않아 자백간주되지 않는다.
449) 무변론판결하지 않는 경우, 출석과 서면제출 여부에 따라 제148조의 진술간주 또는 제150조의 자백간주 가능하다.

(3) 判例

무변론판결은 원고의 **청구를** 인용할 경우에만 가능하고 원고의 **청구가** 이유 **없음이** 명백해도 변론 없이 청구기각판결을 할 수 없다(2017다201033).

(4) 검토

필요적 변론이 원칙이며, 원고에게 가혹할 수 있으므로 부정설이 타당하다.

IV. 효과 (15)(16) sl-10

ⅰ) 제288조의 **불요증** 사실이 되며, ⅱ) **법원에 대한 구속력**이 생겨 법원은 자백간주된 사실을 그대로 인정하여야 한다. ⅲ) 다만, **당사자에 대한 구속력은 없어** 당사자는 이와 모순되는 진술을 할 수 있다.

> ☑ **자백간주에 의한 판결시 이유기재 생략**
>
> 무변론자백간주로 인한 판결 또는 불출석 자백간주로 인한 판결 이유는 기판력의 범위를 확정하기 위해 청구 특정에 필요한 사항과 상계항변 판단 사항만을 간략히 표시할 수 있다(제208조 제3항).

CHAPTER

10

경험칙과 현저한 사실

079 경험칙

> 의의 – 내용 – 상고이유

Ⅰ. 의의 sl-11

경험칙이란 일상생활의 경험에서 얻게 되는 **사물에 대한 지식이나 법칙**을 말한다. ⅰ) 일반상식에 속하는 **경험칙** ⅱ) 전문지식이 있는 자만 알 수 있는 **전문경험칙**이 있다. ⅲ) 개연성 정도에 따라 단순 가능성이 있는 일반경험칙과 고도의 개연성이 있는 경험칙이 있다.

Ⅱ. 내용 sl-12

1. 사실주장책임
일반상식에 속한 경험칙은 주장을 요하지 않지만, 전문경험칙은 법관이 알기 어려워 주장 요한다.

2. 자백의 구속력
경험칙에 대하여는 자백의 구속력이 인정되지 않는다.

3. 증명책임
일반 경험칙은 증명을 요하지 않으나, 전문경험칙은 법관이 알기 어려우므로 증명을 요한다.

Ⅲ. 경험칙 위반이 상고이유인지 여부 sl-13

1. 문제점
경험칙을 잘못 적용한 것이 법률문제로서 상고이유가 될 수 있는지 문제된다.

2. 학설
(1) **법률문제설**은 경험칙도 법규에 준하여 이를 잘못 적용하면 상고이유가 된다고 본다.
(2) **사실문제설**은 경험칙은 사실판단에 쓰이는 자료에 불과해 상고이유가 아니라고 한다.
(3) **절충설**은 경험칙 적용에 현저한 오류가 있는 경우에만 상고이유가 된다고 한다.

3. 判例
경험칙에 반하는 사실인정은 자유심증주의의 한계를 일탈하여 위법한 것으로서 상고이유가 된다(2018다248909*).450)

4. 검토
경험칙에 기한 사실인정은 일반 사람으로서도 수긍이 가야 하며, 이는 상고심이 충분히 심리할 수 있으므로 법률문제설이 타당하다.

---

450) 가동연한을 60세가 아닌 65세로 보아야 한다고 하며 원심을 파기한 사안, 월 가동일수가 22일이 아닌 25일로 보아야 한다고 하며 원심을 파기한 사안이 있다.

080 현저한 사실

> 의의 – 내용 – 공지의 사실 – 법원에 현저한 사실

Ⅰ. 의의
sl-14

현저한 사실은 일반인, 법관이 명확하게 인식하고 있어 증거로 그 존부를 인정할 필요가 없을 정도로 객관성이 담보된 사실이다. ⅰ) 공지의 사실 ⅱ) 법원에 현저한 사실이 있다.

Ⅱ. 내용
sl-15

1. 사실주장책임

(1) 학설
1) **긍정설**은 변론주의하에서 주요사실에 대해서는 당사자의 주장을 요하며, 제288조는 증명을 요하지 않는다고 규정했을 뿐이므로 당사자가 주장한 사실에 한해 법원이 판단할 수 있다고 한다.
2) **부정설**은 실체적 진실발견을 위해 현저한 사실은 주장하지 않아도 판단할 수 있다고 한다.

(2) 判例
변론주의하에서는 법원에 현저한 사실이라도 당사자가 그 사실에 대한 진술을 하지 않는 한 법원은 그것을 사실인정의 자료로 할 수 없다(64다1761).

(3) 검토
당사자의 절차권 보장 및 예상외 재판 방지를 위해 현저한 사실이라도 주요사실로서 판결의 기초로 삼기 위해서는 주장을 요한다고 할 것이다.

2. 자백의 구속력

(1) 학설
1) **긍정설**은 변론주의를 근거로 현저한 사실에 반하는 자백이더라도 구속력을 인정한다.
2) **부정설**은 재판의 위신이 떨어질 수 있으므로 현저한 사실에 반하는 자백은 구속력을 부정한다.

(2) 判例
자백한 사실이라 하더라도 현저한 사실에 배치되는 경우에는 그 자백은 효력을 발할 수 없는 것이다 (4291민상551).

(3) 검토
현저한 사실에 반하는 자백의 구속력을 인정하는 것은 변론주의의 과장이므로 구속력을 부정함이 타당하다.

3. 증명책임
제288조에 따라 현저한 사실은 증명을 요하지 않는다.

III. 공지의 사실

sl-16

1. 의의
통상의 지식을 가진 일반인이 믿어 의심치 않을 정도의 사실을 의미한다.

> ↘ 예시
> 화폐단위가 '원'인 것, 우리나라 사람들이 일제 강점기에 창씨개명을 한 사실, 현재의 환율 등이 공지의 사실에 해당한다.

2. 월평균가동일수, 생명표에 의한 기대여명, 가동연한

(1) 학설

월평균가동일수, 생명표에 의한 기대여명, 가동연한은 ⅰ) 현저한 사실이라는 견해와 ⅱ) 경험칙이라는 견해가 있다. 경험칙으로 볼 경우, 일반경험칙은 증명을 요하지 않지만, 전문경험칙은 증명을 요한다.

(2) 判例

1) 월평균가동일수는 공지의 사실이라고 하며, 생명표에 의한 기대여명[451], 가동연한은 법원에 현저한 사실이라고 한다(69다2172)(99다41886).
2) 다만, 월평균가동일수와 가동연한이 경험칙임을 전제로 판시한 것이 있다(88다카16876).

(3) 검토

이는 일반인이 믿어 의심치 않을 정도의 사실이라고 보기 어렵고, 통계로 얻어진 경험칙이며, 그중에서도 전문경험칙에 해당하며 주장 및 증명이 필요하다고 할 것이다.

IV. 법원에 현저한 사실

sl-17

1. 의의

(1) 전원합의체 다수의견

법원에 현저한 사실은 **법관이 직무상 알고 있는 사실로서 명확한 기억을 하고 있거나 기록을 조사해 곧바로 내용을 알 수 있는 사실**이다.

(2) 전원합의체 소수의견

예상외 재판을 방지하기 위해 **법관이 직무상 알게 된 사실도 명확한 기억을 하고 있지 않으면 현저한 사실**이라고 할 수 없다(94다20051*).

(3) 검토

법원에 현저한 사실을 불요증사실로 취급하는 취지가 기록을 조사하면 그 진실 여부를 바로 확인할 수 있다는 데 있으므로 다수의견이 타당하다.

> ↘ 예시
> 당해 소송절차상 있었던 사실, 확정기한의 도래사실, 다른 판결의 선고 사실 등이 법원에 현저한 사실에 해당한다.

---

451) 다만, 피해자, 즉, 특정인의 기대여명은 주요사실임을 주의한다.

CHAPTER

11

증 거

081 증거와 증명의 개념

📁 증거 – 증명

Ⅰ. 증거   sJ-1

ⅰ) **증거방법**이란 법관이 오감에 의해 조사할 수 있는 유형물을 말한다.452) 증인, 감정인, 문서 등을 의미한다. ⅱ) **증거자료**란 증거방법을 조사해서 얻은 내용을 말한다. 증언, 문서내용, 당사자신문결과 등을 의미한다. ⅲ) **증거원인**이란 심증형성의 원인이 된 자료나 상황을 말한다. 변론 전취지, 증거자료 등을 의미한다. ⅳ) **증거능력**이란 증거방법으로서 증거조사 대상이 될 자격을 말한다.453) ⅴ) **증거력**은 증거자료가 요증사실 인정에 기여하는 정도를 말한다.454) ⅵ) **직접증거**란 주요사실을 증명하는 증거이고 ⅶ) **간접증거**는 간접사실이나 보조사실을 증명하는 증거이다.

Ⅱ. 증명   sJ-2

ⅰ) **본증**이란 자기에게 증명책임이 있는 사실에 대해 **법관에게 확신을 줄 수 있을 정도로** 증명하는 것이다. ⅱ) **반증**이란 **상대방에게 증명책임이 있는 사실을 부정하여 법관이 의심을 품게 하기 위해** 제출하는 증거이다. ⅲ) **증명**이란 법관이 요증사실에 대해 **확신**을 얻도록 하는 증거제출행위이다. ⅳ) **소명**이란 법관이 요증사실에 대해 **일응 확실할 것이라고 추측**을 얻은 상태에 이르도록 하는 증거제출행위를 말한다. 신속한 처리를 요하거나 절차적 사항에 대해서 가능하다. 기피이유, 보조참가이유 등이 소명의 대상이 된다.

☑ 여러 대화자 중 1인이 한 무단녹음의 증거능력 (09)

1. 문제점
원칙적으로 민사소송에서는 증거능력에 제한이 없다. 하지만 통신비밀보호법은 타인간의 대화를 녹음하지 못한다고 규정하는 등 동의 없는 무단녹음을 금하는 규정을 두고 있다. 이에 비추어 '여러 대화자 중 1인'이 무단녹음한 증거의 경우 증거능력이 제한될 것인지 문제된다.

2. 학설
ⅰ) 증거능력 긍정설은 실체적 진실발견을 위해 위법수집증거의 증거능력을 인정한다. ⅱ) 증거능력 부정설은 인격권 보호, 소송상 신의칙 준수를 위해 위법수집증거의 증거능력을 부정한다. ⅲ) 절충설은 원칙적으로 증거능력을 부정하고, 위법성조각사유 등이 있는 경우에는 예외적으로 증거능력을 인정한다.

---

452) 민사소송에서 원칙적으로 증거방법에는 특별히 제한을 두지 않으며, 이를 증거방법의 무제한이라고 한다. 단, 대리권의 존재는 서면으로만 증명할 수 있고, 변론의 방식에 관한 것은 변론조서로만 증명할 수 있다.
453) 소제기 후에 작성된 사문서, 전문증거(다른 사람으로부터 전해들은 것을 법원에 진술하는 증거), 대화자 중 1인 몰래 녹음한 테이프 모두 증거능력을 인정하며 원칙적으로 증거능력에 제한을 두지 않는다. 이를 증거능력의 무제한이라고 한다. 단, 당사자와 법정대리인은 증인능력이 없다.
454) 증거력 판단은 원칙적으로 법원의 자유심증영역으로 법원의 전권사항이다. 단, 공문서와 사문서의 증거력 유사적 추정 규정은 법원의 자유심증이 제한되는 경우이다.

3. 判例 [자비위증]

2인간 대화 중에 그 중 1인이 그 대화를 비밀녹음한 사건에서도 민사소송법이 증거에 관해 **자유심증주의**를 채택하고 있기 때문에 **상대방의 부지 중 비밀로 대화를 녹음**한 녹음테이프를 **위법으로 수집**되었다는 이유만으로 **증거능력을 부정할 수 없다**(80다2314*).

4. 검토

실체적 진실발견과 인격권 보호를 **조화시키기 위해 원칙적으로 증거능력을 인정**하되, 당사자의 **인격권을 부당하게 침해**하게 될 우려가 있는 경우에는 증거능력을 부정함이 타당하다.

☑ 대화자 아닌 타인의 무단녹음의 증거능력

대화에 참여하지 않는 제3자의 경우 설령 전화통화 당사자 일방의 동의를 받고 그 통화 내용을 녹음하였다 하더라도 그 상대방의 동의가 없었던 이상 전화통화의 내용은 증거능력이 없다(2021다236999).

082 증거신청

📁 증거신청 – 모색적 증명 – 직권증거조사

I. 증거신청

sJ-3

1. 의의

증명할 사실과 관련하여 법원에 특정 **증거방법**에 대한 조사를 **요구**하는 소송행위이다. 변론주의에 따라 당사자의 증거신청이 있어야 증거조사 가능하다.

2. 요건

ⅰ) **증명할 사실**455), **증거방법**456), **입증취지**457)를 표시하여 ⅱ) 말 또는 서면으로 한다.

3. 효과

ⅰ) 증거신청이 있으면 상대방에게도 그 신청에 대하여 의견을 진술할 기회를 주어야 한다. 증거신청자의 상대방은 증거항변을 할 수 있다. ⅱ) 증거신청은 취효적 소송행위이므로 자유로이 철회할 수 있으나, 증거조사가 개시되면 상대방의 동의가 있어야만 철회할 수 있다. ⅲ) 증거신청이 부적법하면 증거신청을 각하하며, 같은 사실에 대한 여러 개의 증거 중 법원이 선택적으로 증거신청을 채택하여 조사할 수 있고, 필요하지 않은 경우 증거조사하지 않을 수 있다(제290조 본문).

II. 모색적 증명

sJ-4

1. 의의

증명책임을 지는 자가 사실의 경과를 정확히 모르는 경우, **증명할 사실을 정확히 명시하지 않고**458) 먼저 **증거신청**하면서 증거조사를 통해 **자기주장에 필요한 자료**를 얻어내려는 것이다.

2. 허용 여부

(1) 학설

ⅰ) 모색적 증명을 허용하면 상대방으로부터 증거를 제출받아 구체적 사실을 탐색하게 되어 증거신청 남용의 우려가 있어 **불허하자는 견해** ⅱ) 현대형 소송과 같이 증거의 구조적 편재가 심한 소송의 경우에는 공평한 재판을 위해 제한적으로 **허용하자는 견해**가 있다.

(2) 검토

민사소송의 이념인 적정·공평을 실현하기 위해서 증거의 구조적 편재가 심한 현대형 소송에서는 제한적으로 허용함이 타당하다.

---

455) 대여사실, 변제사실 등을 의미한다.
456) 증인, 문서 등을 의미한다.
457) 증명할 사실과 증거와의 관계를 의미한다. 증인이 금전을 대여하는 현장을 목격하였다는 내용을 기재한다.
458) 예를 들어 불법행위로 피해를 입게 되었을 때 사건이 일어난 구체적 경위, 원인을 명확히 알지 못하여 증명할 사실을 명시하지 않거나 추상적으로만 기재하고 그 원인, 경위와 관련된 증거신청을 하는 경우이다.

3. 허용시 요건

증거신청의 남용 방지를 위해 ⅰ) 상대방이 사실관계를 해명하기 쉬운 입장이고 ⅱ) 증명할 당사자가 추적 가능한 실마리를 증명할 사실로 특정한 경우에 한해 허용할 것이다.

Ⅲ. 직권증거조사 sJ-5

당사자가 신청한 증거에 의해 심증을 얻을 수 없거나, 그 밖에 필요한 경우 직권으로 증거조사를 할 수 있다(제292조).[459] 변론주의를 보완하기 위함이다.

---

[459] 앞서 증명촉구 석명을 적어주는 경우가 있다. 관련 判例도 당사자에게 증명을 촉구하거나 직권으로라도 증거조사하여야 한다고 언급한다.

083 유일한 증거 (10)

> 의의 - 내용 - 예외/효과

I. 의의 및 취지 sJ-6

1. 제290조 본문 및 단서

ⅰ) 증거조사는 법원의 재량사항이지만 ⅱ) 그것이 유일한 증거인 때에는 반드시 조사하여야 한다. 증명기회를 제대로 보장하기 위함이다.

2. 유일한 증거 [쟁전조]

특정 쟁점460)에 대하여, 전 심급461)을 통해 이미 조사462)한 바가 없어 이를 조사하지 않으면 증명할 방법이 없게 되는 증거이다.

II. 내용 sJ-7

1. 주요사실

주요사실에 대해서만 유일한 증거가 문제되고, 간접사실, 보조사실은 이에 해당하지 않는다.463)

2. 본증과 반증

(1) 判例

유일한 증거란 당사자가 **입증책임이 있는** 사항에 관한 유일한 증거를 말하므로, **반증은 유일한 증거에 해당할 수 없어** 이를 채택하지 않았다고 하여 증거조사절차가 법령에 위배되었다고 할 수 없다(97다38510).

(2) 학설

ⅰ) 判例와 같은 견해도 있으나, ⅱ) 증거제출권의 중요성을 강조하며, 반증도 포함된다고 보는 견해가 있다.

(3) 검토

본증과 반증 모두 제대로 이루어지지 않으면 당사자가 패소하게 되는 점은 마찬가지이므로 반증도 유일한 증거에 해당할 수 있다고 볼 것이다.

3. 당사자신문

ⅰ) 종래 判例는 당사자신문은 다른 증거방법에 의해 심증을 얻을 수 없는 때에 한해 할 것이므로 그 신청을 각하했어도 유일한 증거를 각하한 위법이 없다고 하였다(4289민상452). ⅱ) 다만, 2002년 개정법으로 당사자신문의 보충성이 폐지되었으므로 당사자신문이 유일한 증거에 해당하면 각하해선 안 된다.

---

460) 사건 전체로 보아 여러 개의 증거가 있어도 특정 쟁점에 대해 조사한 적이 없으면 이에 해당한다.
461) 제1심에서 증거조사한 적이 있다면 제2심에서는 증거조사 하지 않아도 된다.
462) 신청한 증거의 개수는 문제되지 않으므로 여러 개의 증거신청을 했어도 조사한 적이 없으면 이에 해당한다.
463) 다만 61다1510 사건에서는 보조사실인 서증의 진정성립을 위해 신청한 증인이 단 한 번 출석하지 않았다 하여 신문을 취소한 다음 항변을 받아들이지 않은 것은 요증사실에 대한 유일한 증거를 조사하지 않은 위법이 있다고 하였다.

III. 예외   sJ-8

ⅰ) 증거신청이 **부적법**한 때 ⅱ) 증거신청서 **미제출** 또는 **비용을 미납**한 때 ⅲ) 증인에 대한 송달불능으로 증거조사 장애가 있을 때 ⅳ) 증거신청이 재정기간 또는 시기에 늦은 때(실기한 공격방어방법)의 경우에는 유일한 증거를 조사하지 않을 수 있다.

Ⅳ. 효과   sJ-9

유일한 증거는 **반드시 조사**해야 하지만, 그 증거조사결과를 반드시 **채택**해야 하는 것은 아니다. 유일한 증거임에도 조사하지 않으면 채증법칙 위반으로 상고이유에 해당한다.

084 증인신문

📁 의의 – 증인능력 – 증인의무 – 조사방법

I. 의의 및 취지   sJ-10

증인의 증언으로부터 증거자료를 얻는 증거조사를 말한다. 직접 사건에 관여한 자의 진술이 분쟁해결에 도움이 되기 때문이다.

II. 증인능력   sJ-11

증인은 과거에 경험한 사실을 법원에 보고할 것을 명령받은 사람으로 당사자 및 법정대리인 이외의 제3자이다. 증인능력 없는 사람을 증인신문한 경우라도 절차규정 위배인바 이의권 상실로 하자가 치유될 수 있다.

III. 증인의무   sJ-12

1. 의의(제303조)

법원은 특별한 규정이 없으면 누구든지 증인으로 신문할 수 있다. 우리나라 재판권에 복종하는 자는 원칙적으로 모두 증인의무를 진다.

2. 출석의무(제309조 ~ 제312조)(민사소송규칙 제81조) (12)

3. 선서의무(제319조 ~ 제326조)

4. 진술의무(제314조 ~ 제318조)

IV. 조사방법   sJ-13

1. 서면(민사소송규칙 제79조, 제80조, 제84조)(제310조)

(1) 증인진술서

법원은 증인신문을 위해 필요하다고 인정하는 때에는 증인을 신청한 당사자[464]에게 증인이 증언할 내용을 기재한 증인진술서를 제출하게 할 수 있다. 증인진술서는 서증의 성질을 갖는다.

(2) 증인신문사항 기재서면

증인신문신청이 채택된 경우 증인신문할 내용을 미리 상대방에게 개시하기 위해 증인신문할 사항을 적은 서면을 증인을 신청한 당사자가 제출한다.

(3) 서면증언

출석하기 어려운 증인이 출석 증언에 갈음해 제출하는 서면이다. 증인이 제출하며, 서면은 증언의 성질을 갖는다.

---

464) 증인신문을 신청한 원고 또는 피고를 의미한다.

2. 교호신문(제327조~332조) (12)

(1) 원칙
증인신문은 증인을 신청한 당사자가 먼저 한 다음(주신문) 상대방 당사자가 한 뒤(반대신문), 증인신청한 당사자의 재신문(재주신문) 순으로 진행되고 이후의 신문은 재판장의 허가를 얻은 경우에 한하여 허용된다. 당사자의 신문이 끝난 이후 법원의 보충신문이 이루어진다.

(2) 주신문
증명할 사항과 이에 관련된 사항에 관하여 한다. 주신문에서는 신문하는 사람이 기대하는 답을 암시해 질문하는 유도신문은 원칙적으로 금지된다. 다만 예외적으로 유도신문이 허용되는 경우가 있다(민사소송규칙 제91조 제2항)

(3) 반대신문
주신문에 나타난 사항과 이에 관련된 사항에 관해 한다. 주신문에 나타나지 않은 새로운 사항에 관하여 신문하려 할 때에는 재판장의 허가를 받아야 하며, 그 신문은 그 사항에 대해서는 주신문으로 취급한다. 유도신문을 할 수 있다.

(4) 재주신문
반대신문에서 나타난 사항과 이와 관련된 사항에 관해 한다. 원칙적으로 유도신문이 금지된다.

(5) 보충신문·개입신문
재판장은 양 당사자의 신문이 끝난 후 증인을 신문할 수 있고, 필요한 경우 당사자의 신문 도중에 증인을 신문할 수 있다.

3. 격리신문(제328조)
두 사람 이상의 증인을 신문하는 경우에 증인은 따로따로 신문하여야 한다.

4. 구술신문(제331조)
증언은 법정에 출석하여 말로 해야 하며 서류에 의해 진술하지 못한다. 그러나 허가를 받은 경우에는 그러하지 아니하다.

☑ 법관의 경질로 인한 증인의 재신문

민사소송법 제204조 제3항은 단독사건의 판사가 바뀌거나, 합의부의 법관의 반수 이상이 바뀐 경우에 종전 신문한 증인에 대하여 당사자가 다시 신문을 신청한 때에는 법원은 그 신문을 하여야 한다고 규정한다. 이는 증인의 태도 등을 통하여 받은 인상은 증인신문조서만으로는 알 수 없기 때문에, 재신문으로 경질된 법관에게 직접 심증을 얻도록 하려는 데에 그 취지가 있다.

따라서 법원이 재신문이 필요하지 않다고 인정하는 경우(예: 종전에 증인을 신문할 때는 다툼이 있었으나 현재는 다툼이 없어 증명이 필요없게 된 경우, 다른 증거로 심증이 이미 형성되어 새로 심증을 형성할 가능성이 없는 경우, 소송지연 목적으로 재신문을 신청하는 경우 등)에는 민사소송법 제290조에 따라 재신문을 하지 아니할 수도 있는 것이다(92누2424*).

085 당사자신문

▷ 의의 – 증거방법 – 증거력

I. 의의 및 법적 성질
sJ-14

i) 당사자 본인이 증거방법이 되어 그가 경험한 사실에 대해 진술케 하는 증거조사이다(제367조). ii) 당사자신문에서의 진술은 소송자료가 아닌 증거자료에 불과하여 주요사실에 대한 주장 또는 자백으로 취급할 수 없다.

II. 증거방법으로서의 보충성
sJ-15

1. 문제점
구법은 다른 증거방법에 의해 법원이 심증을 형성하지 못한 경우에만 당사자신문을 허용했다. 이러한 증거방법으로서의 보충성을 인정할 것인지 문제된다.

2. 종래 학설
(1) **보충성 유지론**은 당사자로부터는 공정한 진술을 기대하기 어려우므로 당사자신문은 보충적으로만 허용할 것이라고 한다.
(2) **보충성 폐지론**은 당사자는 사실관계를 가장 잘 알고 있어 분쟁을 조속히 해결할 수 있으므로, 증거방법으로서의 보충성을 폐지하자고 한다.

3. 2002년 개정법
당사자신문의 보충성을 **폐지**하면서, 당사자신문 전에 당사자가 선서하도록 하고, 그럼에도 거짓진술을 한 당사자에게 **과태료**를 부과하도록 하였다.

III. 증거력으로서의 보충성
sJ-16

1. 문제점
당사자신문 결과가 요증사실 증명에 얼마나 유용한가는 법원의 자유심증에 의하여 판단함이 원칙이다. 이때 당사자신문 결과만으로 요증사실을 인정할 수 있는지 문제된다.

2. 종래 判例
증거방법으로서의 보충성을 증거력으로서의 보충성으로까지 확대해석하여 당사자신문 결과만 가지고는 주요사실을 인정할 수 없고 다른 증거와 함께서만 비로소 주요사실을 인정할 수 있다고 하였다(83다카95).

3. 검토
2002년 개정법에 의해 당사자신문의 보충성이 폐지되었으므로, 조속한 분쟁의 해결을 위해 당사자신문 결과만으로도 요증사실이 증명되었다고 볼 수 있다.

086 감정

📁 의의 - 감정대상 - 감정의무 - 감정결과

Ⅰ. 의의 및 취지 sJ-17

특별한 학식과 경험을 가진 자에게 그 전문적 지식 또는 그 지식을 이용한 판단을 소송상 보고시켜 **법관의 판단능력을 보충**하기 위한 증거조사를 말한다. 법관은 모든 지식을 다 갖출 수 없기 때문이다.465)

Ⅱ. 감정대상 sJ-18

전문적인 사실판단, 외국법, 관습법 등이 감정의 대상이다.

> ↘ 예시 - 전문적인 사실판단
> 사람의 정신상태, 사망원인, 신체의 상해정도, 공사의 하자, 수리비, 토지 측량, 부동산의 시가, 임대료 등이 있다.

Ⅲ. 감정의무466) sJ-19

ⅰ) 감정에 필요한 학식, 경험이 있는 자는 감정할 의무(출석의무, 선서의무, 감정의견 보고의무)를 진다. 다만, 증언 또는 선서를 거부할 권리가 있는 사람과 선서무능력에 해당하는 사람은 감정인이 되지 못한다(제334조). ⅱ) 감정의무 해태시 소송비용부담 또는 과태료 부과 등의 제재가 있으나, 감정인이 불출석해도 구인, 감치할 수 없다(제333조).

Ⅳ. 감정결과 sJ-20

1. 원칙 [증자다주툴]

민사소송절차에서 감정인의 감정결과는 **증**거방법의 하나에 불과하고, 법관은 당해 사건에서 모든 증거를 종합하여 **자**유심증에 의하여 특정의 감정결과와 **다**르게 판단할 수 있고, 당사자도 **주**장, 입증을 통해 그 감정결과를 다**툴** 수 있다(2001다27777).467)

---

465) 비교개념으로 ① 증인은 경험사실을 진술하는 자일 뿐, 지식을 이용한 판단을 보고하는 자가 아니다. ② 감정증인은 특별한 학식과 경험으로 자신이 경험한 사실을 진술하는 증인이다. 이는, 증인에 해당하며, 감정인이 아니다. ③ 감정촉탁은 일반적인 감정을 개인이 아닌 공공기관, 학교, 그밖에 상당한 설비가 있는 단체에 감정을 촉탁하는 것으로, 이 경우 선서의무가 면제되므로 권위 있는 기관에 의해 공정성, 진실성, 전문성이 담보되어야 한다(82다카317).
466) 감정 절차는 제333조 내지 제339조 참조.
467) 다만, 객관적인 증명 없이 감정결과의 사소한 오류의 가능성을 지적하거나 객관성이 결여된 증명으로 감정 결과를 다투는 것만으로 감정결과를 배척할 순 없으며, 감정결과는 감정방법 등이 경험칙에 반하거나 합리성이 없는 등 현저한 잘못이 없는 한 존중해야 한다.

2. 감정결과에 일부 오류가 있는 경우 [오모일내]

감정 결과 일부에 **오류**가 있는 경우에도 그로 인하여 감정 사항에 대한 **감정 결과**가 전체적으로 서로 **모순**되거나 매우 불명료한 것이 아닌 이상, 감정 결과 전부를 배척할 것이 아니라 해당되는 **일부 부분**만을 배척하고 **나머지** 부분에 관한 감정 결과는 증거로 **채택**하여 사용할 수 있다(2009다84608).

> ☑ **감정결과의 일부채택을 부정한 경우**
>
> 하나의 측량도면이라면 부분적으로 맞지 않는 부분이 나올 수 없을 뿐 아니라 비전문가가 이를 가리는 것은 불가능하다고 할 수 밖에 없는 것이므로, 동일한 감정인이 작성한 측량도면을 일부 채용하고 일부 배척한 것은 채증법칙 위반이라 할 것이라고 하여 측량도면의 일부 채용 및 일부배척은 허용하지 않았다(83다카1933).

3. 여러 감정인의 상반된 감정결과

동일사실에 관해 **상반되는** 수 개의 감정결과 중 어느 것에 의하여 사실인정을 하는가는 법원의 **자유심증**의 범위에 속하는 것으로서 **논리와 경험칙**[468]에 위반되지 아니하는 한 적법하고 하나를 받아들이고 나머지를 배척함에 있어 그 이유를 구체적으로 명시하지 않아도 무방하다(97다36507).

> ☑ **여러 감정인의 상반된 감정결과가 있는 경우 법원의 조치**
>
> 동일한 감정사항에 대하여 2개 이상의 감정기관이 서로 모순되거나 불명료한 감정의견을 내놓고 있는 경우, 다른 증거자료가 뒷받침되지 않는 한, 각 감정기관에 감정서의 보완을 명하거나 증인신문이나 사실조회 등으로 정확한 감정의견을 밝히도록 하는 등 적극적인 조치를 강구해야 한다. 이는 전문적인 학식과 경험이 있는 사람이 작성한 감정의견이 기재된 서면이 서증의 방법으로 제출된 경우, 이를 사실인정의 자료로 삼으려 할 때에도 마찬가지다(2022다303216). 이외에, 또 다른 감정을 명하는 것도 무방하다.

4. 선서하지 않은 감정인의 감정결과

법원이 착오로 감정인으로부터 **선서**를 받는 것을 누락함으로 인해 그 감정인에 의한 감정결과가 증거능력이 없게 된 경우라도, 그 감정인이 작성한 **감정결과를 기재한 서면이 당사자에 의하여 서증으로** 제출되고, 법원이 그 **내용을 합리적**이라고 인정하는 때에는 이를 사실인정의 자료로 삼을 수 있다(2005다77848*).

5. 당사자의 원용 요부 [현변원]

법원은 감정결과를 법정에 **현출**시켜 당사자에게 **변론** 기회를 주어야 한다. 감정의 결과가 법정에 현출된 이상 당사자가 **원용한다는** 진술을 하지 **않아도** 증거자료로 사용할 수 있다(75다2227).

---

[468] 따라서, 합리적 의문점이 존재함에도 한쪽 당사자의 감정결과만을 받아들여 논리와 경험칙에 위배되는 경우 감정결과 채택은 위법하다.

087 검증

📁 의의 – 대상 – 관련 논점

I. 의의   sJ-21

법관이 직접 오관의 작용에 의해 직접적으로 사물의 성질과 상태를 검사하여 증거자료로 하는 증거조사이다.

II. 대상   sJ-22

사물의 외형 등 시각, 청각, 촉각으로 감지할 수 있는 대상 등이 검증의 대상이다.

> ↘ 예시
> 사고차량, 건물의 하자, 상표의 동일성, 사람의 용모·체격[469], 문서의 위조 여부, 필적·인영[470], 녹음테이프, 동영상 파일 등이 있다.

III. 관련 논점 – 녹음테이프 조사 방법   sJ-23

1. 학설

ⅰ) 서증설은 녹음테이프의 내용을 조사하므로 서증에 준해 취급한다. ⅱ) 검증설은 녹음테이프는 재생하여 음성을 청취하여 조사하기 때문에 녹음테이프를 검증물로 취급한다.

2. 判例

녹음테이프, 동영상 파일에 대한 증거조사는 검증의 방법에 의한다(99다1789*).[471]

3. 검토

실무적으로도 녹취서를 서증으로 제출하고, 서증의 증명력을 확보하기 위해 녹음테이프를 검증물로 조사하므로 검증에 의함이 타당하다.

---

[469] 사람의 진술 내용을 증거로 하면 당사자신문, 증인신문이 되지만, 체격·용모, 상처 등 신체의 특징을 검사하는 경우에는 검증물이 된다.
[470] 문서에 기재된 내용을 증거로 하면 서증이 되지만, 위조문서인지 여부, 필적·인영 등은 검증물이 된다.
[471] 검증의 대상인 동영상 파일에 대해 문서제출명령을 한 것은 위법하다(2009마2105*).

088 서증

📁 의의 – 형식적 증거력 – 실질적 증거력 + 관련 논점

Ⅰ. 의의 및 취지 sJ-24

서증이란 문서에 표현된 의사를 증거방법으로 하여 요증사실을 증명하는 증거조사이다. 문서에 객관적으로 기록된 것을 기초로 하여 가장 확실한 증거라고 한다.

☑ 문서의 종류

1. 공문서와 사문서
(1) **공문서**란 공무원이 직무상 작성한 문서이다.
   등기부, 각종 대장, 공증문서 가족관계등록부 등이 해당된다.
(2) **사문서**는 그 외의 문서를 말한다.
   매매계약서, 차용증 등이 해당된다.
(3) 공사병존문서는 사문서에 공무원이 직무상 일정한 사항을 기입해 넣은 문서이다.
   확정일자(공문서)가 기재된 임대차계약서(사문서), 내용증명 부분(공문서)이 기입된 내용증명우편통지서(사문서), 등기소의 등기제(공문서)가 기입된 매도증서, 차용증(사문서) 등이 해당된다.[472]

2. 처분문서와 보고문서
(1) **처분문서**란 **증명하고자 하는 법률행위가 그 문서 자체에 의해 이루어진** 문서를 말한다.
   계약서, 각서, 차용증, 매도증서, 어음·수표, 유언서, 등이 해당된다.
(2) **보고문서**란 작성자가 보고 듣고 느끼고 의견이나 감상을 기재한 문서를 말한다.
   의사록, 회의록, 상업장부, 가족관계증명서, 이력서, 진단서, 편지, 일기, 확인서 등이 해당된다.

☑ 서증신청의 방식

서증신청의 방식은 ⅰ) 스스로 문서를 제출하는 방식[473] ⅱ) 문서제출의무가 있는 자에게 문서제출명령할 것을 신청하는 방식 ⅲ) 문서소지자에게 제출의무가 없는 경우 문서소지자에게 문서를 보내도록 촉탁할 것을 신청하는 방식 ⅳ) 그 문서가 있는 장소에서 서증을 신청하는 방식이 있다.

Ⅱ. 형식적 증거력 sJ-25

1. 의의

문서가 증거신청자에 의해 작성자로 주장되는 자의 의사로 작성된 것을 문서의 진정성립이라 하며, 문서의 진정성립이 인정되면 **형식적 증거력**이 인정된다.

---

[472] 공문서 부분은 제356조에 의해 진정성립이 유사적 추정될 수 있으나, 사문서 부분은 별도로 진정성립을 증명해야 하고, 2단의 추정이 적용될 수 있다.
[473] 문서제출은 변론기일 또는 준비기일에 출석하여 현실적으로 제출해야 하고, 서증이 첨부된 소장 또는 준비서면 등이 진술되는 경우에도 제출한 것이 되지 않는다(91다15775).

2. 판단

인정, 침묵, 부인, 부지라는 인부절차 및 자유심증(증거자료, 변론 전취지)에 의해 판단한다.474)475)476)

3. 추정

(1) 공문서 (20)

공무원이 직무상 작성한 것으로 인정한 때 이를 진정한 공문서로 유사적 추정한다(제356조).

(2) 사문서 (14)(15)(19)(20)(24)

1) 문서제출자는 사문서가 진정한 것임을 증명해야 한다(제357조).
2) 인영의 진정이 인정되면 날인의 진정이 사실상 추정되고, 날인의 진정이 인정되면 문서 전체의 진정성립이 제358조에 의해 유사적 추정된다는 2단의 추정을 인정한다(2009다37831*).

4. 복멸

(1) 공문서 (20)

제356조는 유사적 추정 규정으로 사실상 추정의 명문화에 불과하므로 상대방은 반증으로 이를 복멸시킬 수 있다.

(2) 사문서 (20)

1) 인영의 진정 복멸

인연의 진정은 문서제출자가 증명책임을 지므로 상대방은 반증으로 복멸시킬 수 있다.

2) 날인의 진정 복멸 [날사 반날에][도강재] (15)(19)

  i) 날인행위가 작성 명의인의 의사에 기한 것이라는 추정은 사실상 추정이므로, 인영의 진정성립을 다투는 자가 반증을 들어 인영의 진정성립 즉, 날인행위가 작성명의인의 의사에 기한 것임에 관해 법원으로 하여금 의심을 품게 할 수 있는 사정을 입증하면 그 진정성립 추정은 깨진다(96재다462).

  ii) 이는 인영의 진정과 양립가능한 사실인 인장도용, 강박날인, 자격모용의 사실을 본증으로 법관에게 확신을 주어 날인의 진정추정을 복멸시키는 간접반증이다.

☑ **인장도용, 자격모용 사실에 밝혀지거나 다툼이 없는 경우** [날사작외깨 문제작위정권] (15)(19)

날인행위가 작성명의인의 의사에 기한 것(=날인의 진정)이라는 사실상 추정은 날인행위가 작성명의인 이외의 자에 의해 이루어진 것임이 밝혀진 경우(또는 타인에 의해 날인된 것임을 인정한 경우, 제3자가 대리인의 자격으로 날인한 것에 다툼이 없는 경우)에는 깨지므로 문서제출자는 날인행위가 작성명의인으로부터 위임받은 정당한 권원에 의한 것이라는 사실까지 입증할 책임이 있다(94다41324*).

---

474) 인정, 침묵의 경우, 자백과 자백간주의 법리가 적용된다.
475) 부인, 부지로 답변하면 제357조에 의해 증명책임은 문서제출자에게 돌아간다. 따라서, 문서제출자의 증명부담을 완화해주기 위해 유사적 추정 규정(제356조, 제358조) 및 2단의 추정이 활용된다.
476) 인영의 진정으로 2단의 추정 인정 후 변론의 전취지 및 다른 증거들을 종합할 때 문서 진정성립이 인정되지 않는다고 판시한 경우도 있다(2005다74733).

3) 문서의 진정성립 복멸 [문유사 반문의][변백] (14)(15)(24)
　ⅰ) 날인의 진정이 인정되면 문서 성립의 진정이 제358조에 의해 추정되나 이는 유사적 추정으로서 사실상 추정을 명문화한 것에 불과하므로 다투는 자가 반증으로 문서의 진정성립에 관해 의심을 품게 하는 사정을 입증하면 그 추정이 번복된다(2009다7762*).477)
　ⅱ) 이는 날인의 진정과 양립가능한 사실인 문서의 변조, 제3자의 백지문서 보충기재 사실을 본증으로 법관에게 확신을 주어 문서의 진정성립 추정을 복멸시키는 간접반증이다.

☑ 백지문서 보충기재를 증명하거나 다툼이 없는 경우, 진정성립 추정 복멸 여부 (14)(15)(24)

1. 判例
작성명의인의 날인만 되어 있고 그 내용이 백지로 된 문서를 교부받아 백지 부분을 작성명의자가 아닌 자가 보충한 문서의 경우, 문서의 진정성립의 추정이 깨진다. 따라서 문서제출자는 그 기재내용이 작성명의인으로부터 위임받은 정당한 권원에 의한 것이라는 사실을 입증할 책임이 있다(2001다11406*).478)

2. 학설
ⅰ) 判例와 같은 견해도 있으나, ⅱ) 반대견해는 백지로 날인된 문서를 주면 백지보충권도 준 것이며, 제358조는 내용 기재하고 날인한 경우뿐만 아니라 날인하고 내용 기재한 경우도 포함한다고 본다.479)

3. 검토
증명책임의 공평한 분담을 위해서 문서의 진정성립에 대해 의문이 생기는 경우, 문서의 진정성립의 추정이 깨진다고 보는 判例가 타당하다.

☑ 문서의 진정성립 판단방법 및 문서 일부에 대한 진정성립 인정

1. 문서의 진정성립 판단 - 자유심증주의(제202조)
문서의 진정성립에 대한 증명은 문서의 서명날인을 포함하여 그 내용 전체가 대상으로 되는 것으로서 진정성립의 인정 여부는 법원이 모든 증거자료와 변론의 전취지에 터잡아 자유심증에 따라 판단하게 되는 것이다(87다카3147*).

2. 문서 일부에 대한 진정성립 인정 여부
거증자가 문서를 증거로 제출하는 취지가 그 문서의 전체에 대한 진정성립을 거증하려는 데 있는 것이 아니라 단순히 그 문서를 현출시키는데 있을 뿐이라면 그 후 거증자의 상대방이 동일내용의 문서를 제출함에 대하여 거증자가 성립을 인정하는 것으로 진술하였다 하더라도 변론의 전 취지에 비추어 거증자가 그 문서의 일부에 대한 진정성립만을 인정할 뿐 전체에 대한 진정성립을 다투는 경우에는 그 거증자의 성립인정의 진술은 그 문서 중 그 거증자의 주장과 배치되는 부분을 제외한 나머지 부분에 대한 진정성립만을 인정하는 취지로 보아야 한다(87다카3147*).

---

477) 判例는 문서의 진정성립을 복멸하기 위해서는 반증을 제출하면 된다고 판시한다. 다만, 문서의 진정성립 추정을 복멸하기 위해서는 본증을 제출해야 한다는 견해도 있다(김홍엽).
478) 백지어음의 경우 수취인, 소지인에게 보충권을 준 것이 아니라는 점, 불완전어음으로서 무효라는 점에 관한 입증책임이 발행인에게 있다(83다카1585). 일반적인 백지문서와 달리 백지어음은 보충권을 예정하고 있으므로, 백지어음임을 증명해도 어음의 진정성립 추정은 복멸되지 않는다.
479) 제358조에 의해 문서의 진정성립이 유사적 추정될 때 내용기재와 날인의 순서는 명문으로 규정되어 있지 않으므로 날인 먼저 하고 이후 내용을 기재한 경우도 동조가 적용되어 문서의 진정성립이 추정될 수 있다는 의미이다.

☑ 변론 전취지만으로 문서의 진정성립 인정 가부

상대방이 부지로 답변하여 사문서의 형식적 증거력을 다툰 경우에 법원은 다른 증거에 의하지 아니하고 변론의 전취지를 참작하여 자유심증으로 그 문서가 진정한 것임을 인정할 수 있다(90누3904).480)481)

☑ 증인의 증언에 의해 사문서 진정성립을 인정하기 위한 요건

사문서의 진정성립에 관한 증명 방법에 관하여는 특별한 제한이 없으나 그 증명 방법은 신빙성이 있어야 하고, 증인의 증언에 의하여 그 진정성립을 인정하는 경우 그 신빙성 여부를 판단함에 있어서는 증언 내용의 합리성, 증인의 증언 태도, 다른 증거와의 합치 여부, 증인의 사건에 대한 이해관계, 당사자와의 관계 등을 종합적으로 검토하여야 한다(98다57198*).

III. 실질적 증거력 sJ-26

1. 의의

어떤 문서가 요증사실을 증명하기에 얼마나 유용한가의 증거가치를 말한다(=다툼이 있는 사실을 증명할 수 있는 능력).

2. 판단

법관의 자유심증으로 판단한다.

3. 추정

(1) 처분문서 (20)

처분문서는 형식적 증거력이 인정되면 실질적 증거력이 추정된다.

(2) 보고문서 중 "공문서"482) [진배 의비신대] (20)

진정성립이 추정되는 공문서는 **진**실에 반한다는 등의 특별한 사정이 없는 한 내용의 증명력을 쉽게 **배**척할 수 없으므로 **의**문점이 있는 부분이 있더라도 기재 내용과 배치되는 사실이나 문서가 작성된 근거와 경위에 비추어 기재가 **비**정상적으로 이루어졌거나 내용의 **신**빙성을 **의**심할 만한 특별한 사정을 증명할 만한 **다**른 증거자료가 없다면 기재 내용대로 증명력을 가진다(2013두3658).

4. 복멸

(1) 처분문서 [처부반기] (20)

처분문서는 그 성립의 진정함이 인정되는 이상, 법원은 기재 내용을 **부**인할 만한 분명하고도 수긍할 수 있는 **반**증이 없는 한 처분문서에 **기**재되어 있는 문언대로 의사표시의 존재와 내용을 인정해야 한다(2014다19776*).483)

---

480) 당사자가 부지로서 다툰 서증에 관하여 거증자가 특히 성립을 증명하지 아니한 경우라도 법원은 다른 증거에 의하지 않고 변론의 전취지를 참작하여 자유심증으로써 그 성립을 인정할 수 있다(87므16)(92누16560)(80다1857).
481) 증거로 제출된 농지소표 사본에 대하여 상대방이 부지로 다투고 있는데도 변론의 전취지에 의하여 그 원본의 존재와 진정성립을 인정한 원심판결을 파기한 사례도 있다(95다48667).
482) 등기부, 가족관계등록부, 토지·임야대장, 사실조회회보, 감정의뢰회보, 공증문서, 지적공부, 민·형사 판결서 등
483) 처분문서에 나타난 당사자의 의사해석이 문제 되는 경우에는 문언의 내용, 법률행위가 이루어진 동기와 경위, 법률행위로써 달성하려는 목적, 당사자의 진정한 의사 등을 종합적으로 고찰하여 논리와 경험칙에 따라 합리적으로 해석하여야 한다(2021다202309).

(2) 보고문서 중 "공문서" (20)

기재내용이 진실하지 않다는 다른 특별한 사정을 들어 추정을 복멸시킬 수 있다.

IV. 관련 논점   sJ-27

1. 판결서의 보고문서성

(1) 문제점

ⅰ) 실질적 증거력이란 어떤 문서가 요증사실을 증명하기에 얼마나 유용한가의 증거가치를 말한다.
ⅱ) 판결서의 실질적 증거력과 관련하여 보고문서성이 문제된다.[484]

(2) 전원합의체 다수의견 [판사보재]

판결서는 판시 내용대로 어떤 사실이 있었는가를 증명하는 한도에서 보고문서성도 있어 자유심증으로 판결서를 사실인정의 자료로 삼을 수 있다고 한다.

(3) 전원합의체 소수의견 [의판본사]

판결서는 그 본질이 법원의 의사표시이지 작성자의 견문, 판단, 감정 등을 기재·보고하는 것을 본질로 하는 것이 아니므로 판결이 인정한 사실을 입증하기 위하여는 실질적 증거력이 없다(79다1281).

(4) 검토 [민특유합]

민·형사확정판결에서 인정된 사실은 특별한 사정이 없는 한 유력한 증거가 되므로, 합리적 이유 설시 없이 이를 배척할 수 없어 판결서의 보고문서성을 인정함이 타당하다.

☑ 변론조서의 증명력

변론조서에는 법원사무관 등이 변론의 요지를 기재하며, 재판장이 기명날인하고 이해관계인은 조서의 열람을 신청하고 이의를 제기할 수 있는바, 변론조서는 다른 특별한 사정이 없는 한 그 내용이 진실한 것이라는 점에 관한 강한 증명력을 갖는다(2001다6367*).

2. 판결서 기재내용이 현저한 사실인지 여부

피고와 제3자 사이에 있었던 민사소송의 확정판결의 존재를 넘어서 그 판결의 이유를 구성하는 사실관계들까지 법원에 현저한 사실로 볼 수는 없다(2019다222140*).

3. 사본의 증거능력과 증거력 (23)

(1) 원본제출원칙과 예외

1) 원본제출원칙

법원에 문서를 제출하거나 보낼 때는 원본, 정본 또는 인증 있는 등본으로 한다(제355조 제1항).

---

484) 이에 반해 판결서의 처분문서성은 어떤 내용을 갖는 "판결" 자체가 있었다는 사실의 증명에 이용될 수 있다.

2) 예외 – 사본제출

원본을 분실하였다든가, 선의로 이를 훼손한 경우, 또는 문서제출명령에 응할 의무가 없는 제3자가 해당 문서의 원본을 소지하고 있는 경우, 원본이 방대한 양의 문서인 경우 등 원본 문서의 제출이 불가능하거나 비실제적인 상황에서는 원본 제출이 요구되지 않으나, 해당 서증의 신청당사자가 원본 부제출에 대한 정당성이 되는 구체적 사유를 주장·입증해야 한다(2000다66133).

(2) 사본의 증거조사

1) 사본을 원본에 갈음하여 제출할 수 있다. 원본의 존재와 원본의 성립의 진정에 관해 다툼이 없고, 상대방이 이의를 제기하지 않아야 한다(2000다66133*).485)

2) 사본을 원본으로 제출할 수 있다. 사본이 독립된 서증이 되고, **원본은 제출되지 않은 것으로 취급된다**.486) **변론의 전취지가 아니라 증거에 의해 사본과 같은 원본이 존재하고 그 원본이 진정하게 성립했음이 인정되지 않는 한 그와 같은 내용의 사본이 존재한다는 것 이상의 증거가치는 없다**(2009다96403*).

☑ **전자복사문서**

원본이 현존하지 않는 문서라도 그것이 과거에 존재한 적이 있는 문서를 전자복사한 것이라면 그 원본의 존재 및 진정성립이 인정된다고 하여 이를 서증으로 채용한 것이 잘못이라 할 수 없다(91다35540).

(3) 사본의 증거능력

민사소송에서 증거능력은 제한되지 않으므로, 사본도 증거능력이 있다.

(4) 사본의 증거력 – 사본을 원본으로 제출한 경우

1) 형식적 증거력

사본의 형식적 증거력은 인부절차로 판단한다.

2) 실질적 증거력

증거에 의해 ⅰ) 사본과 같은 원본이 존재하고 ⅱ) 그 원본의 진정성립이 인정되어야 한다.487)

---

485) 사본이 원본에 갈음하여 제출된 경우, 원본의 형식적 증거력과 실질적 증거력이 문제된다.
486) 사본을 원본으로 제출한 경우, 사본의 형식적 증거력과 실질적 증거력이 문제된다.
487) 사본을 원본으로 제출한 경우, 변론 전취지만으로 원본의 진정성립을 인정할 수 없다.

089 문서제출명령

의의 - 사유 - 절차

I. 의의 및 취지   sJ-28

상대방 또는 제3자가 소지한 것으로서 **제출의무있는 문서**에 대해 서증신청을 함에 있어서는, 그 제출명령을 구하는 신청을 하여야 한다(제343조 후단). 증거의 구조적 편재 시정을 위함이다.

II. 사유 (09)   sJ-29

1. 인용문서(제344조 제1항 제1호)

(1) 의의 [증주존근]
  - ⅰ) 문서 그 자체를 **증**거로 인용한 경우뿐 아니라 자기 **주**장을 명백히 하기 위해 적극적으로 문서의 **존**재와 내용을 언급하여 자기 주장의 **근**거 또는 보조로 삼은 문서도 포함한다(2006무82).
  - ⅱ) 소송 중 일방이 소송의 당사자가 아닌 자가 소지한 문서를 인용한 경우, 소송의 당사자가 아닌 문서 소지자는 1호의 문서제출의무를 부담하지 않는다(2024무677).

(2) 예시 – 공무원이 직무상 소지한 문서

인용문서에 해당하는 이상, 제344조 제2항에서 규정하는 바와는 달리, 그것이 **공무원이 직무와 관련해 보관하거나 갖고 있는 문서**(또는 공공기관의 비공개대상정보)라도 제출의무를 면할 수 없다(2006무82*).

2. 인도·열람문서(제344조 제1항 제2호)

(1) 의의

증거신청자가 약정 또는 법률에 기해 문서의 인도 또는 열람을 청구할 수 있는 **실체법상 권리**를 갖는 경우를 의미한다.

(2) 예시

채권증서, 위임사무 수행 보고서, 회사의 주주명부, 재무제표 등이 있다.

3. 이익·법률관계문서(제344조 제1항 제3호)

(1) 의의

ⅰ) 이익문서란 증거신청자의 **실체적 이익**을 위해 작성된 것을 말한다. 증거확보라는 소송상 이익은 동조 제2항의 일반적 제출의무 규정으로 처리할 것이다. ⅱ) 법률관계문서는 **법률관계 자체**를 기재한 것을 말한다. 법률관계 생성과정에서 작성된 문서는 동조 제2항의 일반적 제출의무 규정으로 처리할 것이다.

(2) 예시

ⅰ) 이익문서의 예로 유언서, 영수증, 동의서, 수권서 등이 있다. ⅱ) 법률관계문서의 예로 계약서 등이 있다.

(3) 예외

ⅰ) 공무원의 직무상 비밀이 적힌 문서 ⅱ) 문서 소지자 또는 그의 친족이 **형사상 소추되거나 치욕**이 될 우려가 있는 문서 ⅲ) **직무상 비밀**이 적힌 문서는 제출을 거부할 수 있다.

4. 일반적 제출의무(제344조 제2항)

(1) 의의

2002년 개정법은 문서 제출의무를 일반화하여 증거의 **구조적 편재** 시정의 실효성을 부여하였다.

(2) 예시

진료기록부, 계약서 초안, 왕복서신, 의견서, 심의록 등에 대해 적용할 수 있다.

(3) 예외

ⅰ) 공무원의 직무상 비밀이 적힌 문서 ⅱ) 문서소지자 또는 그의 친족이 **형사상 소추되거나 치욕**이 될 우려가 있는 문서 ⅲ) **직무상 비밀**이 적힌 문서 ⅳ) **자기이용문서**는 제출을 거부할 수 있다.

☑ **직무상 비밀이 적힌 문서**

1. 원칙 [심보]

공개되면 해당 직업에 **심**각한 영향을 미치는 경우인데, **보**호가치 있는 비밀일 경우에만 문서제출을 거부할 수 있다(2015마4174).

2. 보호가치 판단 [제공불진]

제반 사정을 종합해 비밀**공**개로 발생하는 **불**이익과 실체적 **진**실 발견을 비교형량하여 판단한다(2015마4174).

☑ **자기이용문서** [목내소종 오문개간불]

문서의 작성 **목**적, 기재 **내**용, 문서의 **소**지 경위나 그 밖의 사정 등을 **종**합적으로 고려하여 **오**로지 **문**서소지자가 이용할 목적으로 작성되고 외부자에게 **개**시하는 것이 예정되어 있지 않으며, 개시할 경우, 문서소지자에게 **간**과하기 어려운 **불**이익이 생길 염려가 있는 것을 말한다(2015마4174).

☑ **회사 내부문서의 자기이용문서 해당 여부**

1. 학설

ⅰ) 회사 운영의 **투명성**을 위해 자기이용문서에 **해당하지 않는다는 견해** ⅱ) 회사의 **비밀 보호**를 위해 자기이용문서에 **해당한다는 견해**가 있다.

2. 판례 [열동직 외목 개공]

ⅰ) 신청자가 **열람 등을 요구할 수 있는 사법상 권리**를 갖는 문서와 **동일한 정보** 또는 그 **직접적 근거**가 되는 정보가 당해 문서 내용에 포함된 경우, ⅱ) 객관적으로 **외부에서의 이용**이 작성 **목**적에 전혀 포함되어 있지 않다고는 볼 수 없는 경우, ⅲ) 당해 문서 자체를 외부에 개시하는 것은 예정되어 있지 않아도 당해 **문서에 기재된 정보의 외부개시가 예정**돼 있거나 그 정보가 **공익성**을 갖는 경우 등에는 내부 문서라는 이류로 자기이용문서라고 쉽게 단정할 것은 아니다(2014마2239).

3. 검토 [공목내소종]
재판의 **공**정성을 위해 자기이용문서라고 일률적으로 단정할 수 없고, 문서의 작성 **목**적, 기재 **내**용, 문서의 **소**지 경위나 그 밖의 사정 등을 **종**합적으로 고려하여 판단할 것이다.

☑ 제2항 제출거부사유 증명책임

1. 문제점
제2항 거부사유의 경우 **조문형식**이 제1항 거부사유와 달라 증거신청자와 소지자 중 누가 증명책임을 지는지 문제된다.

2. 학설
ⅰ) 신청자설은 조문형식상 **제1항 3호는 거부사유가 단서**로 되어 있어 소지인이 거부사유를 증명하지만 **제2항 거부사유는 거부사유 부존재가 본문**에 규정되어 있어 **신청자가 거부사유 부존재를 증명**해야 한다고 한다. ⅱ) 소지자설은 **신청자가 거부사유 부존재를 증명하는 것은 어렵기** 때문에 소지자가 거부사유를 증명해야 한다고 한다.

3. 검토
증거의 구조적 편재 시정을 위해 도입된 문서제출명령신청제도 취지상 소지자설이 타당하다.

☑ 전기통신사업자가 통신비밀보호법을 이유로 자료제출 거부 가부

1. 전원합의체 다수의견
ⅰ) 통신비밀보호법과 민사소송법은 **각각 독자적 입법 취지**를 가지므로 각 규정 취지에 비추어 적용범위를 정할 수 있고, 명시적인 규정을 두지 않더라도 **민사소송법상 증거에 관한 규정이 원천적으로 부적용 되는 것은 아니며** ⅱ) 통신비밀보호법은 **민사소송법에서 정한 조사의 촉탁에 따른 통신사실확인자료 제공을 허용**하며 ⅲ) **통신비밀보호법의 취지는 법원이 신중, 엄격한 문서제출명령 제도 운용을 통해 구현**할 수 있는바 통신비밀보호법을 이유로 통신사실확인자료의 문서제출명령을 거부할 수 없다.

2. 전원합의체 소수의견
ⅰ) 통신비밀보호법은 동법에서 정한 예외에 해당하지 않으면 **누구에게도 통신사실확인자료를 제공할 수 없도록 강한 일반적 금지의무를 부과**하고 ⅱ) **특별법인 통신비밀보호법을 우선적용**해야 하므로 통신사실확인자료에 대해 문서제출명령을 할 수 없다(2018스34).

3. 검토
분쟁의 종국적 해결을 위해 다수의견 타당하며 비밀·자유 보호 및 적정·신속 재판을 비교형량하여 통신사실확인자료의 제출 여부를 판단하게 함이 타당하다.

III. 절차

sJ-30

1. 신청
ⅰ) 문서제출명령 신청은 문서의 표시와 취지, 소지자, 증명할 사실 등을 밝혀 서면으로 한다(제345조). ⅱ) 문서제출명령 신청시, 문서의 취지, 증명할 사실 등을 개괄적으로 표시하면 상대방이 문서의 표시와 취지 등을 내도록 하여 신청자의 부담을 완화해주는 문서정보공개제도가 있다(제346조).

2. 재판 [의존소서무]

상대방에게 문서제출신청서를 송달하는 등 그에 관한 **의**견을 진술할 기회를 부여하고, 그 결과에 따라 문서의 **존**재와 **소**지 여부, 문서가 **서**증으로 필요한지 여부, 상대방이 제344조에 따라 문서제출의**무**를 부담하는지 여부 등을 심리한 후, 허가 여부를 판단해야 한다(2009무12).[488]

3. In Camera 제도

법원은 문서가 제출의무 있는 것인지 판단하기 위해 문서소지자에게 그 문서를 제시하도록 명할 수 있다. 이 경우, 법원은 문서소지자의 비밀 보호를 위해 그 문서를 다른 자가 보도록 해서는 안 된다(제347조 제4항).

4. 결정

ⅰ) 문서제출신청에 정당한 이유가 있으면 결정으로 문서소지자에게 제출을 명할 수 있다. 이 경우, 문서 일부에 대한 제출명령도 가능하다(제347조). ⅱ) 이에 대해서는 즉시항고 할 수 있다(제348조).

☑ 문서제출신청 대상이 된 문서가 필요치 않거나 청구와 관련 없는 경우

1. 제290조

법원은 당사자가 신청한 증거를 필요하지 않다고 인정할 때에는 조사하지 않을 수 있다.

2. 判例

법원은 제출명령신청의 대상이 된 문서가 서증으로서 필요하지 않다고 진정할 때에는 제출명령신청을 받아들이지 아니할 수 있다. 또한, 제출명령의 대상이 된 문서에 의해 입증하려는 사항이 당해 청구와 직접 관련이 없는 것이면 받아들이지 아니할 수 있다(2014마2239).

---

[488] 따라서 이러한 심리도 없이 문서제출명령 신청 바로 다음 날 한 문서제출명령은 위법하다.

090 증명방해

📂 의의 - 요건 - 효과 + 관련 논점

Ⅰ. 의의 sJ-31

상대방의 증명을 곤란하게 하는 행위를 말한다. 재판의 공정성 및 신의칙 준수를 위해 증명방해 행위에 대해 제재를 가한다.

Ⅱ. 요건 [증고훼 방알알] sJ-32

ⅰ) 증거방법을 고의, 과실로 훼손하는 등 당사자의 행위가 있고, ⅱ) 이로 인해 입증방해가 됨을 알았거나 부주의로 알지 못했어야 한다.[489]

Ⅲ. 효과 sJ-33

1. 문제점

제349조, 제350조, 제369조 등은 상대방이 제출의무 있는 문서를 훼손하거나 사용할 수 없게 한 때, 법원은 "그 문서의 기재에 대한 상대방의 주장을 진실한 것으로 인정할 수 있다"라고 규정하여, 그 해석이 문제된다.

2. 학설

(1) 증명책임 전환설은 증명방해가 있으면 증명방해자에게 증명책임이 전환된다고 본다.
(2) 법정증거설은 증명방해가 있으면, 요증사실이 곧바로 증명되었다고 본다.
(3) 자유심증설은 증명방해가 있다고 하여, 곧바로 요증사실이 증명되었다고 보아서는 안 되고, 증명방해의 태양, 다른 증거 등에 따라 자유심증으로 판단해야 한다고 본다.
(4) 절충설은 원칙적으로 자유심증으로 판단하지만, 증거의 구조적 편재가 심한 현대형 소송에서는 요증사실이 증명되었다고 본다.

3. 判例

(1) 명문의 규정이 있는 증명방해 [문내진 문주증재]

문서제출명령에 따르지 아니한 경우 법원은 상대방의 그 문서에 관한 주장, 즉 문서의 성질, 내용, 성립의 진정 등에 관한 주장을 진실한 것으로 인정해야 한다는 것이지, 그 문서에 의하여 입증하고자 하는 상대방의 주장사실까지도 반드시 증명되었다고 인정해야 한다는 취지가 아니며 주장사실의 인정 여부는 법원의 자유심증에 의한다(93다15991*).

---

[489] 증거자료에의 접근이 훨씬 용이한 일방이 상대방의 증명활동에 협조할 의무가 있는 것은 아니다. 증거자료에의 접근이 훨씬 용이한 일방 당사자가 상대방의 증명활동에 협력하지 않는다고 하여 상대방의 입증을 방해하는 것이라고 단정할 수 없고 이는 신의성실원칙에 위반된 것이 아니다(95다23835).

(2) 명문의 규정이 없는 증명방해 [변합방자불]

의사가 진료기록을 변조한 행위는 **변**조이유에 대해 상당하고도 **합**리적인 이유를 제시하지 못하는 한, 신의칙에 어긋나는 입증**방**해행위에 해당하고 법원은 이를 하나의 자료로 하여 **자**유로운 심증에 따라 의사에게 **불**리한 평가를 할 수 있다.

(3) 당사자신문에서의 증명방해 [요신요]

제369조에 의해 법원이 진실한 것으로 인정할 수 있는 것은 신문사항에 관한 상대방의 주장, 즉 신문사항에 포함된 내용에 관한 것이므로 법원이 이를 적용함에 있어서는 상대방의 **요**건사실에 관한 주장사실을 진실한 것으로 인정할 것이라고 설시할 것이 아니라, 당사자 본인 **신**문사항 가운데 어느 항을 진실한 것으로 인정한 연후에 그에 의하면 상대방 당사자의 **요**건사실에 관한 주장사실을 인정할 수 있다고 판시해야 한다(89다카1084*).

4. 검토

증명책임 전환설과 법정증거설은 증명방해자에게 **지나치게 가혹**하여 부당하고, 절충설은 모든 **현대형 소송**에서 증거의 구조적 편재가 심한 것은 아니므로 부당하다. 따라서 합리적인 결론 도출이 가능한 자유심증설이 타당하다.

IV. 관련 논점

sJ-34

1. 제3자의 증명방해

제3자가 정당한 이유 없이 문서제출명령에 응하지 않으면, 500만 원 이하의 과태료에 처한다.

2. 증명방해 목적 없이 문서를 훼손한 경우

증명방해 목적 없이 문서를 훼손하였더라도, 훼손된 부분에 잔존 부분과 상반되는 내용의 기재가 있을 가능성이 인정되어 문서 전체의 취지가 문서제출자의 주장에 부합한다는 확신을 할 수 없게 되면 이로 인한 **불이익**은 훼손된 문서를 제출한 자에게 돌아간다(2014다81542*).

091 증거보전

📁 의의 – 요건 – 효과

I. 의의   sJ-35

　소송절차에서 증거조사를 행한 기일까지 기다리자면, 그 증거방법의 조사가 불가능하거나, 곤란하게 될 사정이 있는 경우에 본안 소송절차와는 별도로 미리 증거조사를 하여 그 결과를 확보하여 두는 절차이다 (제375조).

II. 요건 (09)   sJ-36

1. 보전의 필요성

　미리 증거조사하지 않으면 장래 그 증거방법을 사용하는 것이 불가능하거나, 곤란한 사정이 존재해야 한다고 하여 보전의 필요성을 요구한다.

2. 보전의 필요성 소명 정도

(1) 학설
　1) **엄격설**은 신청의 남용을 방지하기 위해 위조가능성 등 구체적 소명이 요한다.
　2) **완화설**은 소송촉진을 위해 증거 왜곡이 우려되면 구체적 소명이 필요치 않다고 본다.

(2) 검토
　원치적으로 구체적 사실을 소명해야 할 것이나, 현대형 소송에서의 증거의 구조적 편재를 시정하기 위해서는 소명의 정도를 완화하는 것이 타당하다.

III. 효과   sJ-37

　증거보전결과를 변론에 상정하고 변론조서에 기재함으로써 소송자료가 된다.

CHAPTER

12

법원의 판단

092 자유심증주의

> 의의 – 내용 – 예외 – 효과

Ⅰ. 의의 및 취지 sK-1

법관이 **변론 전체의 취지와 증거자료를** 참작하여 자유롭게 사실인정을 할 수 있는 원칙을 말한다(제202조). 논리법칙과 경험법칙에 따라 사회정의와 형평의 이념에 입각해 판단하기 위함이다.

Ⅱ. 내용 sK-2

1. 증거원인

(1) 변론 전체의 취지

변론 전체의 취지[490]란 증거조사결과를 제외한 일체의 소송자료로서, 당사자의 주장내용·태도·증명시기, 그 밖의 변론 과정에서 얻은 인상 등 변론에서 나타난 일체의 사항을 말한다.

☑ **변론 전체의 취지가 독립적 증거원인이 될 수 있는지 여부**

1. 학설
(1) **독립적 증거원인설**은 제202조는 증거조사를 실시한 때 **항상 증거자료를 참작하라는 의미는 아니므로**, 변론 전체의 취지만으로 다툼이 있는 사실을 인정할 수 있다고 한다.
(2) **보충적 증거원인설**은 변론 전체의 취지는 **기준이 모호**하여 **상급심이 심리**하기 어려우므로 다른 증거와 함께 다툼이 있는 사실을 인정하여야 한다고 한다.

2. 判例
주요사실에 대하여는 **변론 전체의 취지만으로는** 사실을 인정할 수 없고 다만 사실인정의 자료가 되는 **다른 증거방법의 보충적 권능**을 다할 뿐이다(83다카308*).[491]

3. 검토
법관의 **안일한 사실 인정**을 방지하기 위해 보충적 증거원인설이 타당하다.

---

[490] 이에 반해 제150조 제1항의 변론의 전취지는 변론의 일체성을 의미한다.
[491] 다만, 문서의 진정성립, 자백 철회의 요건으로 착오는 변론 전체의 취지만으로도 인정할 수 있다.

(2) 증거조사결과

증거방법을 조사하여 얻은 결과물을 말한다.

> ☑ **증거공통원칙 인정 여부**
>
> **1. 문제점**
> **자유심증주의**는 **증거자료의 평가**도 **법관**의 판단에 맡긴다. 제출된 증거자료가 증거제출자뿐만 아니라 상대방에게도 유리하게 작용할 수 있는지 문제된다.
>
> **2. 학설**
> ⅰ) **긍정설**은 제출한 증거를 어떻게 **평가**할지는 **법원의 전권사항**이므로 증거공통원칙을 인정한다.
> ⅱ) **부정설**은 증거제출에도 **변론주의**가 적용되어 상대방이 증거를 **원용**하지 않으면 그에게 유리하게 이용할 수 없다고 한다.
>
> **3. 判例 [어제원어유]**
> ⅰ) [원칙]증거는 **어느 당사자에 의하여 제출**되거나 상대방이 이를 **원용하는 여부에 불구**하고 당사자 **어느 쪽**의 **유리**한 사실인정 증거로 할 수 있다(2003다57697).
> ⅱ) [원용하지 않은 경우] 상대방이 제출된 증거방법을 원용하지 않은 경우, 상고이유에서 새삼스레 그 증거판단의 유탈을 주장할 수는 없다(73다160).
>
> **4. 검토**
> **변론주의는 증거제출**에 관한 것이고, **증거평가는 자유심증**에 의함이 타당하므로 증거공통원칙을 인정할 것이다.

2. 심증의 형성

(1) 고도의 개연성 있는 확신

법관은 사실인정을 위해 100%의 증명은 아니라도, 고도의 개연성이 있는 확신으로 통상인이라면 의심을 품지 않을 정도여야 한다(2008다6755*).492)493)494)

(2) 자의금지

법관의 자의적인 판단을 허용하는 것이 아니므로 논리법칙과 경험법칙에 따라 사회정의와 형평의 이념에 입각해 판단한다.

---

492) **判例**는 "손해배상청구소송에서 일실수익"의 증명도를 경감하여 상당한 개연성이 있는 수익의 증명으로 족하나, 증거에 의해 합리성, 객관성이 있어야 한다(2008다6755*).
493) 제202조의 2에 의해 "손해배상청구소송에서 손해액"의 증명도를 경감하여 손해가 발생한 사실은 인정되나 구체적인 손해액을 증명하는 것이 매우 어려운 경우, 변론 전체의 취지와 증거자료를 종합하여 손해액을 정할 수 있다.
494) 또한, 종래 **判例**는 "현대형소송에서 인과관계"의 증명도를 경감하여 위법행위와 손해 사이에 인과관계가 존재하는 상당정도 가능성을 증명하면 족하다고 하였다.

III. 예외

1. 자백계약

(1) 의의

특정사실에 대해 당사자간에 다투지 않기로 하는 계약이다.

(2) 허용 여부

변론주의의 적용을 받는 통상의 민사소송에서는 당사자의 **자백**이 허용되므로 원칙적으로 자백계약은 허용된다. 다만, 권리자백계약과 간접사실에 대한 자백계약은 무효이다.

(3) 내용

특정사실에 대해 자백한 것으로 취급되어 **불요증사실**이 된다.

2. 증거제한계약

(1) 의의

특정 증거방법 이외에 **다른 증거방법**은 쓰지 않기로 하는 계약이다.

(2) 허용 여부

증거신청의 자유와 **철회**가 변론주의에 의해 인정되므로 허용된다. 다만, 직권증거조사를 한도에서는 무효이다.

(3) 내용

ⅰ) 다른 증거를 제출하면 상대방은 증거제한계약을 주장하여 **증거채택 거부를 신청**할 수 있고, 법원은 이에 **구속**되어 증거채택 할 수 없다. ⅱ) **이미 증거조사가 마쳐진 경우**라면 변론주의를 벗어나 **자유심증**의 영역으로 발전하였으므로 법원은 이에 구속되지 않게 된다.

> ☑ **직권증거조사의 경우 증거제한계약에 구속되는지 여부**
>
> ⅰ) 직권증거조사를 하는 경우에도 법원은 증거제한계약에 구속된다는 소수설 ⅱ) 직권증거조사를 하는 경우에는 법원은 구속되지 않는다는 다수설이 있다. ⅲ) 생각건대 소송신속 및 실체적 진실 발견을 위해 법원이 직권으로 하는 직권증거조사의 경우에는 증거제한계약에 구속되지 않는다고 봄이 타당하다.

3. 증거력계약

(1) 의의

주요사실에 대해 소명만 있으면 증명된 것으로 보는 약정을 말한다.

(2) 허용 여부

자유심증 형성 시 심증형성 정도는 확신에 이를 정도를 요구하는 증명과 확신은 아니나 일응 틀림없을 것이라는 추측에 이를 정도면 족한 소명으로 구분된다. 법률에서 소명만으로 입증할 수 있다고 규정하지 않는 한 **주요사실 입증**은 법원이 **확신을 가질 정도의 증명**을 해야 한다. 따라서 **소명만 있으면 입증된 것으로 보는 약정**은 자유심증주의에 반하는 증거계약으로 **무효**이다(94가합30633).

4. 증명책임계약

(1) 의의
요증사실의 **진위불명**상태에서 누가 **패소의 불이익**을 입을지 정하는 계약이다.

(2) 허용 여부
입증책임의 소재에 관하여 **당사자 간에 특약**이 있으면 특별한 사정이 없는 한 그에 따라야 한다(97다33089).

(3) 내용
진위불명시 계약으로 정한 당사자가 **패소**하게 된다.

5. 중재감정계약

(1) 의의
사실판정을 제3자에게 맡기기로 하는 당사자 간 약정이다.

(2) 허용 여부
처분할 수 있는 권리법률관계는 당사자의 합의에 따라 결정할 수 있는 것이므로 권리관계 존부 판단의 전제가 되는 사실의 확정만 제3자에게 맡기는 것도 유효하다.

(3) 내용
사실관계의 존부는 합의로 정한 제3자가 확정한다.

IV. 효과

sK-4

위법한 증거조사절차에 의해 사실을 인정하거나, 논리와 경험법칙을 현저히 어긋나게 사실을 인정하면 자유심증주의의 한계를 벗어난 것으로 상고이유가 된다.

093 증명책임

> 의의 – 분배 + 관련 논점

I. 증명책임 의의   sK-5

객관적 증명책임이란 진위불명상태에서 당사자가 당해 사실 부존재로 입게 되는 **패소 불이익**을 의미한다.

II. 증명책임의 분배   sK-6

1. 원칙 (08)(10)(11)(13)

법률요건분류설에 따라 당사자는 자기에게 유리한 법규의 요건사실을 증명하여야 한다. 원고는 권리근거규정의 요건사실을, 피고는 반대규정 요건사실에 대해 증명책임을 진다.

2. 법률요건분류설과 신설

(1) 법률요건분류설

원고는 **권리근거규정의 요건사실**에 대해 증명책임을 진다. 피고는 권리근거규정의 **반대규정**(권리장애[495], 권리멸각[496], 권리저지[497] 규정) **요건사실**에 대해 증명책임을 진다.

(2) 신설

1) **위험영역설**은 손해원인이 **가해자의 위험영역**에 있는 경우 가해자가 사실관계를 쉽게 해명 가능하므로 인과관계와 과실의 부존재에 대한 증명책임을 진다고 한다.
2) **증거거리설**은 증거와의 거리, 증명 난이도에 따라 증명책임을 분배해야 한다고 한다.

(3) 검토

위험영역설과 증거거리설은 기준이 모호하고 부정확하므로, **권리근거규정을 본문으로, 반대규정을 단서로 규정한 입법취지**에 따라 법률요건분류설을 따를 것이다. 다만, **현대형** 소송에서는 증거의 편재 시정을 위해 증명책임의 완화 및 전환 방안을 마련할 것이다.

---

495) 공서양속 위반, 강행규정 위반, 통정허위표시 등이 해당된다.
496) 변제, 면제, 상계, 해제, 대물변제, 공탁, 경개, 소멸시효 등이 해당된다.
497) 유치권, 동시이행항변 등이 해당된다.

III. 관련 논점

1. 소송요건 (11)

직권조사사항의 존부가 불명한 경우에는 입증책임의 원칙이 적용되어야 할 것인바, **본안판결을 받는 것 자체가 원고에게 유리함에 비추어 직권조사사항인 소송요건에 대한 입증책임은 원고에게 있다**(96다39301).

2. 소극적 확인의 소 또는 청구이의의 소

원고가 권리장애, 권리멸각, 권리저지규정에 해당하는 요건사실에 대한 증명책임을, 피고가 권리근거규정에 해당하는 요건사실에 대한 증명책임을 진다(2013다99409)[498](2010다12852*).

3. 부당이득반환청구에서 법률상 원인 없음

(1) 문제점

부당이득반환청구의 소의 요건사실 중 하나인 **법률상 원인 없음**에 대해 누가 증명책임을 지는지 문제된다.

(2) 학설

1) **민법 제741조**를 근거로 법률상 원인 없음은 **권리근거규정의 요건사실**이므로 청구권자에게 증명책임이 있다는 견해가 있다.
2) **급부부당이득**의 경우, 법률상 원인 없음은 청구권자에게 증명책임이 있지만, **침해부당이득**의 경우에는 청구권자에게 이를 증명하게 하면 가혹하므로 피고에게 증명책임이 있다는 견해가 있다.

(3) 判例

1) 급부부당이득 [급원부사멸]

급부부당이득의 경우에는 **법률상 원**인이 없다는 점에 대한 증명책임은 **부당이득반환을 주장하는 사람**에게 있다. 이 경우 부당이득의 반환을 구하는 자는 **급부행위의 원인이 된 사**실의 존재와 함께 그 사유가 무효, 취소, 해제 등으로 소멸되어 법률상 원인이 없게 되었음을 주장, 증명하여야 한다(2017다37324).

2) 침해부당이득 [침상권]

침해부당이득의 경우에는 부당이득반환 청구의 **상**대방이 그 이익을 보유할 **정당한 권**원이 있다는 점을 증명할 책임이 있다(2017다37324)(87다카205).

(4) 검토

증명난이도와 형평성을 고려하여, 급부부당이득과 침해부당이득의 경우를 나누어서 증명책임을 분배함이 타당하다.

---

498) 유치권부존재확인의 소에서 유치권의 요건사실인 유치권의 목적물과 견련관계 있는 채권의 존재에 대해서는 피고가 주장, 증명해야 한다(2013다99409).

094 법률상 추정 및 사실상 추정

📂 의의 – 효과 – 복멸 + 관련 논점

I. 의의

추정이란 어느 사실에 기초하여 다른 사실을 추인해내는 것을 의미한다. ⅰ) **법률상 추정**이란 법규화된 경험칙을 이용하여 행하는 추정이다.499) ⅱ) **사실상 추정**이란 일반 경험칙을 이용하여 행하는 추정이다.

> ☑ **유사적 추정**
>
> **1. 의의**
> 명문의 규정에 "추정"이라는 단어가 있지만, 엄격한 의미의 법률상 추정이 아닌 것을 유사적 추정이라고 한다.
>
> **2. 종류**
> (1) 잠정적 진실
> 　전제사실이 없는 **무전제**의 추정을 말한다.500) **증명책임이 전환**되어 상대방은 반대사실을 본증으로 제출하여 이를 복멸시킬 수 있다.
> (2) 증거법칙적 추정
> 　**실체법의 요건사실과는 관계없는** 추정을 말한다.501) **증명책임이 전환되지 않아** 상대방은 반증으로 이를 복멸시킬 수 있다.

II. 효과

ⅰ) 법률상 추정의 경우, 증명책임을 지는 자는 요건사실을 직접 증명할 수도 있지만, 요건사실의 증명을 **전제사실의 증명으로 갈음**할 수 있다. 법률상 추정된 사실은 상대방에게 **증명책임이 전환되어 상대방이 추정사실의 반대사실에 대한 증명책임**을 지게 된다. ⅱ) 사실상 추정의 경우, 증명책임을 지는 자는 요건사실을 직접 증명하거나, 간접사실들로부터 요건사실이 추정되도록 할 수 있다.

III. 복멸

ⅰ) 법률상 추정의 경우, 상대방은 **전제사실에 대해 반증**을 제출하거나, 법률상 **추정된 사실의 반대사실**에 대해 법관에게 확신을 주는 **본증**으로 법률상 추정을 복멸시킬 수 있다. ⅱ) 사실상 추정의 경우, 상대방은 간접사실 또는 사실상 추정된 사실에 대하여 법관에게 의심을 품게 하는 반증을 하여 사실상 추정을 복멸시킬 수 있다.

---

499) 민법 제198조의 점유 계속의 추정을 예로 들 수 있다.
500) 민법 제197조의 자주, 평온·공연 점유의 추정을 예로 들 수 있다.
501) 제356조, 제358조의 문서의 진성성립에 관한 추정을 예로 들 수 있다.

IV. 관련 논점

sK-11

1. 등기의 추정력 (13)

(1) 문제점

등기의 추정력에 관해 **명문의 규정이 없어**, 이를 법률상 추정으로 볼 것인지 문제된다.

(2) 학설

1) 법률상 추정설은 점유에도 법률상 추정을 인정하므로 상대방이 추정사실의 반대사실에 대해 본증을 제출해야 하고, **증명책임이 전환**된다고 한다.
2) 사실상 추정설은 명문의 규정이 없으므로, 상대방이 추정사실에 대해 반증을 제출하면 되고, **증명책임이 전환되지 않는다**고 한다.

(3) 判例 [추말대위무]

등기는 적법히 이루어진 것으로 **추**정되므로 그 등기가 원인무효임을 이유로 **말**소를 청구하는 전등기명의인으로서는 그 반대사실 즉, 그 제3자에게 전등기명의인을 **대리할 권한**이 없었다든지, 또는 그 제3자가 전등기명의인의 등기서류를 **위**조하였다는 등의 **무**효사실에 대한 입증책임을 진다(2009다37831*).502)503)504)

(4) 검토

부동산 **거래안전**을 도모하기 위해 등기의 추정력을 법률상 추정으로 보는 것이 타당하다.

> ☑ **확정판결에 기한 등기의 추정력**
>
> 판결이 확정됨에 따라 소유권이전등기가 마쳐진 경우, 등기청구권은 법원 판단에 의해 확정된 것임이 분명하고, 법원이나 제3자도 그러한 기판력을 부정할 수 없으므로, 타인이 확정판결에 기한 등기의 추정력을 번복하기 위해서는 일반적으로 등기의 추정력을 번복하기 위한 증명 정도를 넘는 명백한 증거를 제출해야 한다(2002다26252*).

2. 점유 계속의 추정

전후 양시에 점유한 사실이 있는 때에는 그 점유는 계속한 것으로 법률상 추정한다(민법 제198조).

3. 자주, 평온·공연 점유의 추정

점유자는 소유의 의사로 선의, 평온 및 공연하게 점유한 것으로 추정한다(민법 제197조). 따라서 점유자가 취득시효를 주장하는 경우, 스스로 소유의 의사를 증명할 책임은 없고, 타주점유를 주장하는 상대방에게 타주점유에 대한 입증책임이 있다(2011다15094).

---

502) 등기권리, 등기원인, 등기절차 모두 적법하게 이루어진 것으로 법률상 추정된다.
503) ① 등기명의자가 전소유자로부터 등기부상 기재된 등기원인이 아닌 다른 원인으로 취득했다고 하면서 등기원인의 태양이나 과정을 다르게 주장한다고 하여 등기의 추정력이 깨지는 것은 아니다(94다10160). ② 취득시효로 등기를 취득한 등기명의자의 취득시효 기간 중 일부 기간동안 제3자가 직접적, 현실적 점유를 했다는 사정만으로 등기의 추정력이 깨지는 것도 아니다(2023다223591).
504) 다만, 등기원인으로 주장된 계약서가 진정하지 않은 것으로 증명되거나 등기절차가 적법하게 진행되지 않은 것으로 볼만한 의심스러운 사정이 증명된 경우 추정이 복멸된다.

095 일응추정 및 간접반증

📁 일응추정 - 간접반증 - 현대형 소송

Ⅰ. 일응추정 sK-12

1. 의의

사실상 추정의 한가지로서, 고도의 개연성이 있는 경험칙을 이용하여 **간접사실로부터 주요사실을 추정**하는 것을 말한다.505) 추정된 사실은 거의 증명된 것이나 마찬가지로 보기 때문에 **표현증명**이라 한다.

2. 내용

ⅰ) 요건사실 증명을 **전제사실 증명**으로 갈음해 증명책임을 완화한다. ⅱ) 다만, 사실상 추정의 한가지로 **증명책임을 전환시키지 않는다**.

Ⅱ. 간접반증 sK-13

1. 의의

주요사실에 대하여 일응추정이 생긴 경우, 그 추정의 **전제사실(간접사실)과 양립되는 별개의 간접사실**을 증명하여 일응 추정을 번복하기 위한 증명활동을 말한다.506)

2. 내용

ⅰ) **주요사실**507)에 대해서는 **반증**을, ⅱ) **간접사실**508)에 대해서는 **본증**이 된다.

☑ 종래 개연성설과 신개연성설

1. 종래의 개연성설
침해행위와 손해 사이에 인과관계가 존재하는 상당 정도의 가능성이 있다는 증명을 하면 족하다고 보았다.

2. 신개연성설(=간접반증 이론)
간접반증이라는 개념을 도입하여 증명의 대상을 명확히 하여, 증명책임의 공평 타당한 분담을 꾀하였다.
공해소송에서 인과관계를 증명함에 있어, ① 오염물질 배출 ② 피해지역에의 도달 ③ 원인물질의 손해발생에의 유해성의 세 가지 사실 중 어느 두 가지의 사실을 증명한 경우에는 가해자가 다른 간접사실에 의해 인과관계를 부정하지 않는 한, 법원은 오염물질 배출과 피해 사이의 인과관계를 인정할 수 있다고 한다.

---

505) 일응추정은 다른 말로 표현하면 "정형적인 사건경과과정"을 이용한 추정이다. 예를 들어, 차도를 달리던 자동차가 인도에 진입한 사실이나 중앙선침범의 사실, 건물 신축 후 바로 붕괴된 사실, 의사가 수술 후 메스를 환자 뱃속에 남겨 둔 사실이 확정되면, 그것만으로 과실 또는 위법행위와 손해 사이의 인과관계가 일응추정되어 더 이상의 증명이 필요 없다.
506) 사실상 추정(날인의 진정 추정, 문서의 진정성립의 추정 등)을 복멸시키는 경우에도 간접반증이 활용될 수 있다.
507) 과실, 인과관계 등이 이에 해당한다.
508) 다만, 운전자인 피고가 인도에의 진입사실이나 중앙선침범의 사실을 받아들이면서 뒤의 다른 차량에 의한 충격했다는 특단의 사정(=간접사실)을 본증으로 증명하면 피고의 과실 추정은 복멸된다.

3. 검토
종래의 개연성설의 '상당 정도의 가능성이 있다는 증명'이 일반적인 증명과 어느정도 차이를 갖는지 불명확하고 추상적이므로, 보다 명확한 기준을 제시하는 신개연성설이 타당하다.

III. 현대형 소송

sK-14

1. 공해소송

(1) 判例

1) 종래 - 수도권매립지 사건

ⅰ) 오염물질이 **배출**되었고, 피해지역에 **도달**했으며, 그 후 **피해가 발생**한 사실이 증명되면 **오염물질 배출과 피해 사이의 인과관계**가 일응 증명된다. ⅱ) 인과관계 부정을 위해서는 ① **반증**으로 피해 원인 물질이 **들어있지 않거나**, 들어있더라도 **안전농도 범위** 내에 속한다는 사실을 증경하거나, ② **간접반증**으로 피해는 배출된 오염물질이 아닌 **다른 원인**이 전적으로 작용하여 발생한 것임을 증명하여야 한다(2009다84608*).

2) 최근

ⅰ) 시설의 **오염물질로 인해 물건 피해가 발생한 것으로 볼 만한 상당한 개연성**이 있다는 점을 증명하면 **시설과 피해 사이의 인과관계**가 추정되고 시설의 오염물질 배출, 피해물건에 도달, 피해 발생이 직접 증명되어야 하는 것은 아니다. ⅱ) 인과관계 부정을 위해 **다른 원인** 등의 간접사실에 대해 반증을 들어 다툴 수 있다(2019다300866).

(2) 종래의 判例에 대한 평가

종래 진해화학 사건 判例에 대해 ⅰ) 다수설은 일응추정과 간접반증이론을 채택한 경우로 평가하였으나, ⅱ) 소수설은 원인물질이 들어있고, 안전농도를 초과한 사실을 증명하지도 않은 상태에서 인과관계가 고도의 개연성에 의해 일응추정된다고 할 수는 없으므로 종래의 개연성설을 벗어난 것이 아니라고 하였다.

(3) 검토

원고의 증명책임 부담 완화를 위해 ⅰ) 오염물질 배출, 피해지역 도달, 피해 발생을 증명하거나 ⅱ) 피해가 오염물질 배출로 인한 것으로 볼만한 상당한 개연성이 있다는 점을 증명하면 인과관계가 추정되고 ⅲ) 오염물질 배출자의 반증 또는 간접반증으로 복멸 가능케 함이 타당하다.

2. 의료소송

(1) 判例

1) 종래

① 환자측에서 **일반인 상식**에 **바탕을 둔 의료상의 과실** 있는 행위를 입증하고 그 결과와 사이에 일련의 의료행위 외에 다른 원인이 개재될 수 없다는 점을 증명한 경우, ② 의료행위를 한 측이 결과가 의료상 과실이 아닌 전혀 **다른 원인**으로 말미암은 것이라는 입증을 하지 않는 이상, ③ 의료상 **과실과 결과 사이의 인과관계를 추정**하여 증명책임을 완화함이 손해의 공평 부담을 지도원리로 하는 손해배상제도의 이상에 맞는다(94다39567*).[509]

2) 최근

① 통상 의료인의 진료상 과실로 평가되는 행위의 존재를 증명하고, 그 과실이 손해를 발생시킬 개연성이 있다는 점을 증명한 경우, 과실과 손해 사이 인과관계를 추정한다. ② 여기서, 손해 발생 개연성은 의심이 없을 정도로 증명될 필요는 없으나, 과실과 손해 사이 인과관계를 인정하는 것이 의학적 원리에 부합하지 않거나 해당 과실이 손해를 발생시킬 막연한 가능성이 있는 정도에 그치는 경우에는 증명되었다고 볼 수 없다. ③ 의료행위자는 손해가 진료상 과실로 인해 발생한 것이 아니라는 점을 증명해 추정을 번복할 수 있다(2022다219427).

(2) 검토

환자측이 증명한 사실로써는 고도의 개연성 있는 경험칙에 의해 주요사실이 추정된다고 보긴 어려운바, 사실상 추정으로 볼 것이며, 의료행위자가 다른 원인을 들어 간접반증으로 복멸 가능케 함이 타당하다.

3. 제조물책임소송

(1) 判例

제품이 정상적으로 사용되는 상태에서 사고가 발생한 경우, ① 소비자측에서 그 **사고가 제조업자의 배타적 지배하에 있는 영역에서 발생한 것임을** 입증하고 그러한 사고가 어떤 자의 과실 없이는 통상 발생하지 않는다고 하는 사정을 증명하면 ② 제조업자측에서 그 사고가 제품의 결함이 아닌 **다른 원인**으로 말미암아 발생한 것임을 입증하지 못하는 이상, ③ 위 제품은 사회통념상 기대되는 합리적 안정성을 갖추지 **못한 결함이 있었고, 이 결함으로 말미암아 사고가 발생했다고** 추정하여 배상책임을 지울 수 있도록 입증책임을 완화함이 손해의 공평 타당한 분담을 지도원리로 하는 손해배상제도의 이상에 맞는다(98다15934).

(2) 검토

소비자측이 증명한 사실로써는 고도의 개연성 있는 경험칙에 의해 주요사실이 추정된다고 보긴 어려운바, 사실상 추정으로 볼 것이며, 제조자가 다른 원인을 들어 간접반증으로 복멸 가능케 함이 타당하다.

---

509) 즉, 의료상 과실 존부는 환자측이 증명해야 하고, 의사에게 무과실이 증명책임을 지운 것은 아니다(2002다45186*).

CHAPTER

13

소송의 종료

096 소취하 (25)

> 의의 – 요건 – 절차 – 효과

Ⅰ. 의의 및 취지   sL-1

원고가 제기한 소의 전·일부를 철회하는 것으로, 소송계속이 소급적으로 소멸하게 된다. 당사자의 처분권을 존중한 것이다.510)

Ⅱ. 요건 [확송동]   sL-2

ⅰ) 판결 **확정** 전까지 ⅱ) 소송능력 등 소송행위 유효요건을 갖춰야 하고 ⅲ) **피고가 본안**에 대한 준비서면의 제출 또는 변론준비기일에서의 진술, 변론을 한 경우에는 그의 **동의**511)를 받아야 한다(제266조 제2항).

> ☑ **상대방의 동의가 필요 없는 경우**
> 1. **피고가 이송신청, 기일변경 동의, 소각하 요구 등 절차적 사항**에 대해 진술한 경우에는 소취하시, 피고의 동의를 요하지 않는다.
> 2. 피고가 **주위적으로 소각하를, 예비적으로 청구기각**을 구한 경우에는 본안판결을 구하는 것은 예비적 청구에 그치므로 소취하시, 피고의 동의를 요하지 않는다(68다217*).
> 3. 소취하 서면이 송달된 날부터 **2주 내에 상대방이 이의하지 않은 경우**에는 소취하에 동의한 것으로 본다(제266조 제6항).

> ☑ **소취하 동의에 대한 별도의 특별수권 요부**
> 소취하에 대한 소송대리인의 동의는 제90조 제2항의 특별수권사항이 아니며, 소송대리인에 대하여 특별수권사항인 소취하를 할 수 있는 대리권을 부여한 경우에도 상대방의 소취하에 대한 동의권도 포함되어 있다고 봄이 상당하므로 소송대리인이 한 소취하의 동의는 소송대리권의 범위 내의 사항으로서 본인에게 효력이 미친다(82므40).

Ⅲ. 절차   sL-3

서면 또는 말로 할 수 있다.

> ☑ **소취하서 제출 후 임의철회 가부**
> 소취하서가 제출되면 그 서면이 상대방에게 송달되기 전후를 불문하고 이를 임의로 철회할 수 없다(97다6124*).

---

510) 소취하해도 실체법상 권리의무에는 영향이 없어 실체법상 권리가 포기되거나 상실되지 않는다(94다15486*).
511) 피고가 한번 확정적으로 소취하 동의를 거절하면 소취하 효력이 없고 이후 동의해도 소취하 효력이 생기지 않는다.

Ⅳ. 효과   sL-4

소송 계속이 소급적으로 소멸[512][513]하며, 재소금지의 효력을 받게 된다.

---

[512] 피고가 채무를 이행하였기 때문에 소를 취하한 것이라는 등의 특별한 사정이 없는 한 패소한 당사자에 준해 원고가 소송비용을 부담한다(2020카확522).
[513] 취하된 소는 원칙적으로 원고에게 무익한 것이 되어 피고가 채무를 이행했기 때문에 취하한 것이라는 등의 특별한 사정이 없는 한 패소자에 준해 취하한 원고가 소송비용을 부담한다(2020카확522).

097 재소금지원칙

📁 의의 – 요건 – 효과 + 관련 논점

Ⅰ. 의의 및 취지   sL-5

본안 종국판결 후 소를 취하한 당사자는 동일한 소를 제기할 수 없다(제267조 제2항). **법원 농락 방지를 위**함이다.

Ⅱ. 요건 – 본안 종국판결 후 소를 취하했을 것 (14)   sL-6

1. 원칙

본안 종국판결의 선고 후 소취하 해야 재소금지의 효력을 받는다.

☑ **재소금지원칙 적용 여부**

1. 재소금지원칙 적용

재소금지원칙이 적용되는 예로 **제1심 판결 선고 후 소취하, 상소심에서 소취하**(다만, 상소심에서 상소취하는 재소금지원칙이 문제되지 않음을 주의), **상소심에서 교환적 변경** 등이 있다.

2. 재소금지원칙 부적용

재소금지원칙이 적용되지 않는 예로 **소각하 후 소취하, 소송종료선언 후 소취하, 판결선고 전 소취하, 사망자 상대로 소제기 후 당연무효 판결 받고 소취하, 전소에서 상계항변하여 본안판결 받고 상계항변 철회(이후 상계항변에 행사한 채권으로 후소 제기)** 등이 있다.

☑ **"소취하"를 포함한 화해권고결정에 재소금지원칙 적용 여부**

본안에 대한 종국판결이 있은 뒤에 **"원고는 소를 취하하고, 피고는 이에 동의한다."는 내용의 화해권고결정**이 확정되어 소송이 종결된 경우, 민사소송법 제267조 제2항의 규정에 따라 같은 소를 제기하지 못한다(2018다230229).

---

2. 사망자 상대로 소제기 후 소취하 [사항취무]

사망자를 상대로 한 판결에 대하여 그 망인의 상속인인 피고가 **항**소를 제기하여 원고가 항소심 변론에서 그 소를 **취**하했더라도 위 판결은 당연**무**효의 판결이므로 원고는 재소금지의 제한을 받지 않는다(67다2494).

III. 요건 – 당사자가 동일할 것

sL-7

1. 원칙

전소의 원고만이 재소가 금지된다.514) 당사자가 동일한 경우뿐만 아니라 전소 기판력을 받는 자도 재소 금지의 효력을 받을 수 있다.515)

2. 변론종결 뒤 특정승계인 (25)

(1) 문제점

변론종결 뒤 일반승계인이 재소금지의 효력을 받는 것에 대해서는 이론이 없으나, **변론종결 뒤 특정승계인도 재소금지의 효력을 받는지** 문제된다.

(2) 判例 [취소철 취변]

소취하한 자로부터 **소유**권을 양수한 특정승계인이 다시 건물**철**거를 청구한 경우, 소를 **취**하한 사람에는 **변론종결 후의 특정승계인을 포함한다**(81다64,65*).

(3) 학설

1) 특정승계인 포함설은 특정승계인도 당사자 동일 요건을 충족하여 재소가 금지된다고 한다. 다만, 특정승계인에게 소취하의 **책임이 없고 새로운 권리보호이익이 인정**된다면 재소를 허용한다.
2) 특정승계인 불포함설은 재소금지는 기판력처럼 법적 안정성을 위한 것이 아니고 **소권남용에 대한 제재**이므로 전소 취하를 알면서 승계했다는 사정이 없는 한 그 효력이 특정승계인에게는 미치지 않는다고 본다.

(4) 검토

특정승계인도 새로운 권리보호이익이 인정되면 **재소가 가능**하여 구제받을 수 있으므로 **포함설**이 타당하다.

3. 전소 대위소송에서 채무자가 대위적격을 부여한 경우 [권적인재]

채권자의 채무자에 대한 **권**리가 없음이 밝혀져 그를 대위하여 채무자의 권리를 행사할 자격이 없었더라도, 채권자가 채무자의 권리를 대위 행사할 **적**격이 있다고 주장함에 대하여 채무자가 적극적으로 채권자의 주장을 인정하면서 그의 청구를 **인**낙하여 채권자에게 **대위 적격**을 부여한 이상, 채두자는 **재**소금지원칙상 제3채무자를 상대로 동일한 소송을 제기할 수 없다(95다18406).

---

514) 전소 보조참가인은 재소금지의 효력을 받지 않는다.
515) 선정당사자의 본안판결 후 소취하시 선정자, 대위채권자가 대위소 본안판결 후 소취하시 피대위자 등.

Ⅳ. 요건 – 소송물이 동일할 것   sL-8

1. 원칙
전·후소의 소송물이 동일해야 한다.

2. 선결관계 재소금지

(1) 문제점
전소가 후소의 선결관계에 있는 경우 후소가 재소금지의 효력을 받게 되는지 문제된다.

(2) 判例 [선다목권판동]
후소가 전소 소송물을 **선결**적 법률관계로 할 때는 비록 소송물은 **다르**지만 원고는 전소 **목적**이었던 **권리**, 법률관계 존부에 대해 **다시** 법원 **판**단을 구할 수 없는 관계상 후소도 **동일한** 소로써 판결을 구할 수 없다(88다카18023*).

(3) 학설
1) 긍정설은 **법원 농락 방지의 제재 실효성**을 위해 전소를 선결문제로 하는 후소도 재소금지의 효력을 받게 된다고 한다.
2) 부정설은 재소금지의 효력을 받게 되면 소취하로 인해 **확정판결**의 **효력**인 **기판력의 경우보다도 더 당사자에게 불리**하므로 재소금지가 적용되지 않는다고 한다.

(4) 검토
전소 법률관계에 대해서 **다시 심판**을 요구하는 것으로 볼 수 있으므로 재소금지가 적용된다고 볼 것이다.

Ⅴ. 요건 – 새로운 권리보호이익이 없을 것 (08)(16)(25)   sL-9

1. 원칙
소취하에 책임이 없고 자기 권리를 보호하기 위해 다시 소제기할 필요가 있어 새로운 권리보호이익이 인정되면, 소취하의 남용이라 볼 수 없으므로 재소금지의 효력을 받지 않는다(95다48599*).516)517)

2. 예시 [불소허재공]
ⅰ) 소취하 후 피고가 소취하의 전제조건인 약정사항을 **불**이행한 경우 새로운 권리보호의 이익이 있다(93다22074*). ⅱ) 소송요건이 갖추어지지 않아 **소를 취하했다가 이후 소송요건을 갖춘** 경우 새로운 권리보호의 이익이 있다. ⅲ) 토지거래허가 전에 소유권이전등기청구의 소를 제기하여 승소판결을 받은 후 취하했는데 그 뒤에 **허**가를 받은 경우 새로운 권리보호의 이익이 있다. ⅳ) 피고가 소유권 침해를 중지해 소취하했는데 그 뒤 **재**침해하는 경우 새로운 권리보호의 이익이 있다. ⅴ) **공**유지분 양수한 자가 양수한 지분에 기해 소를 추가한 경우 양수한 지분에 기한 청구의 소취하에 책임이 없고 새로운 권리보호이익이 있다.

---

516) 1심 본안 판결 후 공유지분을 양도한 자가 자기 지분에 기한 소를 취하한 뒤 공유지분을 양수한 자가 양수한 지분에 기한 소를 추가한 사안에서 공유지분 양수인은 소취하에 대한 책임이 없고, 자기 권리를 보호하기 위해 공유지분에 기해 다시 소제기 할 필요도 있어 취하된 전소와 권리보호이익을 달리하여 재소금지원칙에 저촉되지 않는다.
517) 구분소유자가 부당이득반환청구 소송을 제기하였다가 본안에 대한 종국판결이 있은 뒤에 소를 취하하였더라도 구분소유자가 받은 판결의 기판력을 받는 관리단이 부당이득반환청구의 소를 제기한 것은 특별한 사정이 없는 한 새로운 권리보호이익이 발생한 것으로 재소금지에 반하지 않는다(2021다239301*).

VI. 효과   sL-10

ⅰ) 소송요건으로 직권조사사항이며 ⅱ) 흠결시 소각하판결 한다. ⅲ) 간과판결은 위법하지만 유효하여 판결 확정 전에 상소로 다툴 수 있다. 다만 재심사유에는 해당되지 않는다.

VII. 관련 논점 – 중복소제기금지에 위반된 후소를 본안판결 받은 후 취하한 경우 전소의 취급   sL-11

1. 문제점

중복소제기금지에 위반된 후소를 본안판결 받은 후 취하한 경우, 전소가 재소금지의 효력을 받아 부적법하게 되는지 문제된다.

2. 判例 [중본취동 후전]

중복소송의 경우 **본**안에 대한 종국판결이 있은 후 소를 **취**하한 자는 **동**일한 소를 제기할 수 없다는 법리에 의해 **후**소의 본안판결이 있은 후 후소를 취하한 자는 **전**소를 유지할 수 없다(67다1042*).

3. 학설

ⅰ) 判例와 같은 견해도 있으나, ⅱ) 반대견해는 부적법한 것은 후소이고, 전소를 유지해도 법원을 농락한다고 볼 수 없으며, 전소를 각하하면 부당한 소권 박탈이라고 한다.

4. 검토

법원이 후소에 들인 노력을 무용화하므로 재소금지규정의 취지를 관철하기 위해 이 경우, 전소는 재소금지의 효력을 받아 각하된다고 볼 것이다.

098 포기와 인낙

> 의의 – 요건 – 절차 – 효과

Ⅰ. 의의 및 취지 sL-12

ⅰ) 포기란 원고가 자신의 **청구가 이유 없음을** 스스로 자인하는 것이다. ⅱ) 인낙이란 **피고가 원고의 청구가 이유 있음을** 스스로 자인하는 것이다. 당사자의 **처분권** 존중을 위해 인정된다.[518]

Ⅱ. 요건 sL-13

ⅰ) 소송 계속 중 가능하며 ⅱ) 소송능력 등 소송행위 유효요건을 갖추어야 한다. ⅲ) 조건·기한을 붙이지 못한다.

☑ **예비적 병합에서 예비적 청구 인낙 가부**

주위적 청구의 당부를 먼저 판단하여 그 **이유가 없을 때에만 예비적 청구**에 관하여 심리판단 할 수 있고, 예비적 청구만을 분리하여 심리하거나 일부 판결을 할 수 없으며, 피고로서도 **예비적 청구에 관하여만 인낙을 할 수도 없고**, 가사 인낙을 한 취지가 조서에 기재되었더라도 인낙의 효력이 발생하지 않는다(94다62017*).

☑ **소송요건이 흠결된 소의 포기·인낙 가부**[519]

1. 학설
ⅰ) **긍정설**은 포기·인낙은 본안판결 자체가 없어 소송요건 흠결시에도 가능하다고 본다.
ⅱ) **부정설**은 포기·인낙은 확정판결과 동일한 효력이 발생하므로 소송요건을 요한다.
ⅲ) **절충설**은 원칙적으로 소송요건이 필요하나, 무익한 소송배제 또는 피고의 이익 보호를 목적으로 하는 소송요건[520] 흠결시에는 포기·인낙이 가능하고, 공익보호가 목적인 소송요건[521] 흠결시에는 불가능하다고 본다.

2. 검토
소송요건은 민사소송 제도의 공익적 요소도 포함하고 있으므로 인낙으로 인해 승소하지 못할 원고가 승소하는 것은 부당하므로 부정설이 타당하다.

---

518) 포기·인낙은 실체법상 채권·채무의 발생 또는 소멸의 원인이 되는 법률행위라 볼 수 없다(2020다271919*).
519) 소송물인 권리가 법률상 불허되면 선량한 풍속, 사회질서에 반하는 부적법한 청구인바 인낙이 성립되지 않는다. 다만, 소송물인 권리는 법률상 허용되지만 원고의 주장이 법률상 불허되는 경우 ① 유효설은 인낙은 청구가 이유 있는지에 대한 법적 판단을 배제하는 것이므로 인낙이 가능하다고 보고 ② 무효설은 강행법규 위반이 되어 인낙이 무효라고 보고 ③ **判例**는 구 농지개혁법상 농지소재지 관서의 증명이 없더라도 농지매매를 원인으로 한 소유권이전등기청구의 인낙을 기재한 조서는 무효가 아니라고 한다(68다2024).
520) 임의관할, 중복소제기금지원칙, 소의 이익 등.
521) 재판권, 전속관할 등.

III. 절차　　　　　　　　　　　　　　　　　　　　　　　　　　　　sL-14

ⅰ) 말로 함이 원칙이지만, 서면522)으로도 가능하며 ⅱ) 법원은 포기·인낙 조서를 작성한다.

IV. 효과　　　　　　　　　　　　　　　　　　　　　　　　　　　　sL-15

포기·인낙 조서는 확정판결과 동일한 효력이 있다(제220조).523) 포기조서는 기판력만 가진다. 인낙조서는 기판력을 가지며, 이행의 소에 대한 인낙조서는 집행력도 가진다. 형성의 소에 대한 인낙조서는 형성력을 가진다.524)

---

522) 제148조 진술간주 제도에서 서면인낙 가부 참조.
523) 인낙은 확정판결과 동일한 효력을 가지며 실체법상 채권채무 발생원인이 되는 법률행위라고 볼 수 없어 인낙 자체의 해제는 인정되지 않는다.
524) 주주총회결의의 부존재·무효를 확인하거나 결의를 취소하는 판결이 확정되면 당사자 이외의 제3자에게도 그 효력이 미쳐 제3자도 이를 다툴 수 없게 되므로, 주주총회결의의 하자를 다투는 소에 있어서 청구의 인낙이나 그 결의의 부존재·무효를 확인하는 내용의 화해·조정은 할 수 없고, 가사 이러한 내용의 청구인낙 또는 화해·조정이 이루어졌다 하여도 그 인낙조서나 화해·조정조서는 효력이 없다(2004다28047*).

099 재판상 화해

> 의의 – 법적성질 – 요건 – 절차 – 효과

I. 의의 및 취지   sL-16

법원525)에서 당사자들이 소송물인 권리관계에 대해 서로 양보526)하여 소송을 종료시키기로 하는 합의이다. 원만한 분쟁해결을 위해 인정한다.

II. 법적 성질 (18)(24)   sL-17

1. 학설
(1) 사법행위설은 화해조서는 공증목적에 불과해 사법상 화해계약과 동일하다고 본다.
(2) 소송행위설은 화해에 기판력이 인정됨을 근거로 소송행위라고 한다.
(3) 양성설은 당사자 사이에선 사법상 화해계약의 성질, 법원에 대해서는 소송행위의 성질을 모두 갖는다고 본다.
(4) 양행위 병존설은 사법상 화해계약과 소송행위 두 가지가 각각 병존한다고 본다.

2. 判例 [물법확 순소]
ⅰ) 소송상 화해는 소송물인 법률관계를 확정하는 효력이 있고 사기, 착오 등을 이유로 취소할 수 없다는 등 법적 성질은 순수한 소송행위다(4293민재6*)(2011두1917*). ⅱ) 다만, 조건부 화해를 허용하며, 창설적 효력을 인정하여 일부 양성설적 측면을 보인다.

3. 검토
화해조서에 확정판결과 동일한 효력을 인정하는 제220조와 화해조서에 대해 준재심의 소를 제기할 수 있도록 한 제461조에 따라 재판상 화해는 소송행위로 볼 것이다.

III. 요건   sL-18

ⅰ) 소송 계속 중 가능하며 ⅱ) 소송능력 등 소송행위 유효요건을 갖추고 ⅲ) 권리의무에 관해 처분권을 가져야 한다.

☑ **당사자가 처분할 수 없는 대상에 대한 화해 가부**

'재심대상판결을 취소한다'라는 형성재판의 대상과 같이 당사자가 임의로 처분할 수 없는 사항을 대상으로 한 조정이나 화해는 불허되고, 설령 조정이나 화해가 성립했어도 효력이 없어 당연무효다(2010다97846*).

---

525) 법원에서 하고, 확정판결과 동일한 효력이 있으므로 법원 밖에서 이루어지는 민법상 화해와 다르다.
526) 한쪽이 일방적으로 권리를 포기, 인정하는 포기, 인낙과 다르다.

☑ 당사자와 소송물 [당보3 물아 내]

재판상 화해의 **당사자**는 소송당사자 아닌 **보조참가인**이나 **제3자**도 될 수 있고, 화해를 위해 필요한 경우에는 **소송물 아닌 법률관계**를 첨가할 수도 있으므로, 화해효력은 원래의 소송당사자 사이의 소송물에만 국한되지 않고, 그 효력은 **화해조서에 기재된 화해내용**에 따라 조서에 기재된 당사자에게 미친다(78다2278).

☑ 조건부 화해 가부

1. 문제점
화해를 이루는 "내용"에 대해 조건을 붙이는 것은 허용되지만, **화해의 "성립, 효력"에 대해 조건을 붙일 수 있는지** 문제된다.

2. 학설
(1) **사법행위설, 양성설**은 사적자치의 원칙에 따라 화해에 조건·기한을 붙이는 것을 허용한다.
(2) **소송행위설**은 법적 안정성을 이유로 화해의 성립에 조건을 붙일 수 없다고 한다.

3. 判例 [내자이실조]
재판상 화해의 **내용**은 당사자의 합의에 따라 **자유로 정할 수** 있는 것이므로 제3자의 **이의**가 있을 때에는 화해의 효력을 **실효**시키기로 하는 내용의 재판상의 화해가 성립되었다면 그 **조건의 성취로서 화해 효력은 당연히 소멸**되고 그 실효의 효력은 언제라도 주장할 수 있다(88다카2332*).

4. 검토
화해의 **원활**한 성립을 위해, 조건부 화해도 가능하다고 볼 것이다.

IV. 절차 · sL-19

ⅰ) 말로 함이 원칙이지만, 서면으로도 가능하며, ⅱ) 법원은 화해조서를 작성한다.

V. 효과 · sL-20

1. 원칙

(1) 확정판결과 동일한 효력

화해조서는 확정판결과 동일한 효력이 있다(제220조). 따라서 기판력, 집행력, 형성력이 생길 수 있다.

(2) 창설효

화해가 성립되면 종전 법률관계를 바탕으로 한 권리의무는 소멸하고 화해에 따른 새로운 법률관계가 형성된다(2005다42880*).

---

1. 창설적 효력 [창종멸새]

화해권고결정은 재판상 화해와 같은 효력을 가지며, 재판상 화해는 확정판결과 동일한 효력이 있고, **창설적 효력**을 가지는 것이어서 **종전의 법률관계를 바탕으로 한 권리·의무관계는 소멸**함과 동시에 화해에 따른 **새로운 법률관계가 형성**된다. 당사자는 이에 반하는 주장을 할 수 없고, 법원도 이에 저촉되는 판단을 할 수 없다(2012다29557*).

2. 청구권의 법적 성질과 창설적 효력 [말화물창채]

소유권에 기한 물권적 방해배제청구로서 **소유권등기의 말**소를 구하는 소송이나 진정명의회복을 원인으로 한 소유권이전등기의 이행을 구하는 소송 중에 그 소송물에 대하여 **화해권고결정**이 확정되면 상대방은 여전히 **물권적인 방해배제의무**를 지는 것이고, 화해권고결정에 **창설적 효력이 있다고 하여** 그 청구권의 법적 성질이 **채권적 청구권으로 바뀌지 아니한다**(2010다2558).

3. 창설적 효력의 범위

재판상 화해 등의 창설적 효력이 미치는 범위는 당사자가 서로 양보를 하여 확정하기로 합의한 사항에 한하며, 당사자가 **다툰 사실이 없었던 사항**은 물론 화해의 전제로서 서로 양해하고 있는 데 지나지 않은 사항에 관하여는 그러한 효력이 생기지 아니한다(2012다98225*).527)

4. 화해권고 결정의 기준시

화해권고 결정의 기판력은 그 **확정시**를 기준으로 하여 발생한다(2010다2558).528)

2. 화해조서와 기판력 (18)(24)

(1) 문제점

조서에 실체법상 하자가 있더라도 기판력을 인정할 수 있을지 문제된다.529)

(2) 학설

1) 무제한 기판력설은 제220조 및 제461조에서 예외 규정을 두고 있지 않으므로, 실체법상 하자가 존재해도 언제나 기판력이 인정된다고 본다.530)531)532)

2) 제한적 기판력설은 **당사자 보호를 위해 화해에 실체법상 하자가 없는 경우에만** 기판력을 인정하고, 실체법상 하자가 있는 경우에는 화해의 **무효·취소·해제**를 인정한다.533)

---

527) 피고 3은 원고로부터 금전을 차용하고 변제하지 못하자 원고에게 '피고 3은 2011. 4. 7.까지 원고에게 차용금을 지급하고, 미지급시 X부동산에 관한 소유권이전등기를 마쳐준다.'는 내용의 각서를 작성해주었다. 원고는 2011. 4. 7.까지 변제받지 못하자 제소전화해를 신청하여 '피고 3은 원고에게 이 사건 각 지분에 관한 소유권이전등기절차를 이행한다.'는 내용의 제소전화해가 성립하였다.
이 사건 각서에 따른 대물변제예약 또는 양도담보약정은 제소전화해의 전제로서 서로 양해하고 있었던 사항으로 볼 여지가 충분하므로, 이 사건 제소전화해의 창설효로 인해 차용금채무와 대물변제예약 또는 양도담보약정의 효력을 소멸시키고, 이에 갈음하여 피고 3의 완전한 소유권 이전의무를 발생시키는 내용으로 해석할 것이 아니라, 대물변제예약 또는 양도담보약정의 이행방법으로서 피고 3이 원고에게 소유권이전등기를 이행하는 내용으로 해석함이 상당하다.
528) 처분금지가처분은 목적물에 대한 채무자의 소유권이전, 담보물권 설정 등 처분행위를 금지하는 가처분이다. 가처분이 등기되면 채무자 및 제3자에게 구속력이 인정된다. 따라서 처분금지가처분 등기 후 채무자가 목적물에 대한 처분행위를 하여도 채권자는 그 처분행위 효력을 부정할 수 있다.
화해권고결정 확정 전 처분금지가처분에 기해 그 결정 확정 후 이전등기를 마친 가처분채권자는 피보전권리의 한도에서 가처분위반의 처분행위 효력(=화해권고결정 효력)을 부정할 수 있고, 가처분채권자는 화해권고결정의 기판력이 미치는 승계인에 해당하지 않는다(2010다2558).
529) 화해조서의 실체법상 하자를 다투며 화해를 취소, 해제하고자 하거나 하자 있는 화해의 기판력에 반하는 후소를 제기하는 경우 논점이 된다.
530) 화해조서에 명백한 표현상 오류가 있으면 제211조에 의해 경정할 수 있다.
531) 화해 성립의 하자는 준재심의 소로 구제받는다. 다만, 화해가 사망자를 당사자로 하는 등 화해에 확정판결의 무효사유가 있을 경우에는 기일지정신청(실체법상 하자를 이유로는 기일지정신청 불가)으로 구제받는다.
532) 기망에 의한 화해가 이루어진 경우, 화해의 의사표시를 하게 된 직접적인 원인이 된 경우가 아니고 간접적인 원인밖에 되지 않으므로 5호의 준재심사유에 해당되지 않는다.
533) 제한적 기판력설에 따르면 화해조서에 실체법상 하자가 없을 때 준재심을 활용하고, 화해조서에 실체법상 하자가 있는 경우엔 기일지정신청 또는 화해무효확인의 소가 가능하다고 본다. 다만, 제소전 화해의 경는 절차종료적 소송행위의 무효를 다투는 절차인 기일지정신청은 불가하다.

3) 기판력 부정설은 화해는 자주적인 해결방안으로 기판력을 인정할 수 없고, 실체법상 하자를 이유로 무효·취소·해제를 인정한다.

(3) 判例 [순소 사취][재화해]

1) 재판상 화해는 **순수한 소송행위**로서 사법상 화해와는 달리 **사**기나 착오를 이유로 **취**소할 수 없다는 등으로 그 법적 성질이 소송행위임을 분명히 하고 있다(2011두1917*).
2) **재**심의 소에 의하지 않고서는 화해를 사법상 **화**해계약임을 전제로 재판상 화해 **해**제를 주장하는 것과 같은 화해조서의 취지에 반하는 주장을 할 수 없다(4294민상914*).
3) 화해 내용이 강행법규에 위배된 경우라도 그것은 단지 재판상 화해에 하자가 있음에 불과하고 재심절차에 의한 구제를 받는 것은 별론, 그 화해조서의 무효를 주장할 수 없다(74다634*).

(4) 검토

화해조서도 확정판결과 동일한 효력이 있으므로 **법적 안정성**을 위해 무제한 기판력을 인정하여 실체법상 하자를 이유로 취소할 수 없다고 볼 것이다.

[화해를 해제한 경우와 계약 해제를 원인으로 화해에 반하는 청구한 경우]

화해 자체의 해제	계약 해제를 원인으로 제소전 화해에 반하는 청구
무제한 기판력설에 따라 화해 자체의 해제는 불허됨 (4294민상914)	제소전 화해 후, 새롭게 발생한 사실을 주장하여 화해에 반하는 청구를 해도 화해의 기판력에 반하지 않음 (94다17680)[534]

3. 제1화해와 제2화해의 모순 저촉 (18)

제1화해가 성립한 후에 다시 제1화해와 모순 저촉되는 제2화해가 성립하였다 하여도 제1화해가 조서에 기재되어 확정판결과 동일하게 기판력이 발생한 이상 제2화해에 의하여 **제1화해가 당연히 실효되거나** 그의 집행으로 마쳐진 소유권이전등기가 **무효로 되다고 볼 수 없다**(94다59028*).

4. 공유물분할의 소에서 조정조서의 형성력 인정 여부

(1) 判例

1) 전원합의체 다수의견

공유물분할의 소송 또는 조정절차에서 공유토지 현물분할의 협의가 성립하여 **조정이 성립했어도**, 그 사정만으로 공유물분할판결과 마찬가지로 즉시 공유관계가 소멸하고 그 협의에 따른 새로운 **법률관계가 창설되는 것은 아니고**, 공유자들의 협의에 따라 토지 분필절차를 마친 후 다른 공유자의 **공유지분을 이전받아 등기를 마쳐** 그 부분에 대한 대세적인 소유권을 취득한다.

---

[534] 甲이 乙에게 부동산을 매도했으나, 등기를 마치지 않은 상태에서, 乙이 丙에게 부동산을 매도하여 직접 甲에게서 丙으로 제소전 화해로 소유권이전등기를 마침과 동시에 丙이 乙에게 잔금을 지급하기로 약정했는데, 丙이 잔금 미지급 후 甲을 상대로 제소전 화해조서로 등기를 마치자, 乙이 매매계약을 해제하고 丙에게 해제에 기한 원상회복청구로 등기말소를 구한 사안. ① 원심은 화해조서가 당연무효이거나 준재심으로 취소되지 않는 한, 乙이 甲에 대한 소유권이전등기 청구권을 보전하기 위해 甲을 대위하여 丙 등기를 말소할 수 없다고 하였다. ② 대법원은 乙의 의무는 丙이 이전등기를 마침으로 인해 이행되었으니 丙이 잔금 미지급시, 乙은 매매계약 해제 후 계약 당사자로서 丙에게 직접 해제에 기한 원상회복으로 등기말소를 구할 수 있다고 하였다. 또한 당초 乙이 제기한 대위소에 乙이 계약당사자로서 원상회복청구를 직접 丙에게 하는 취지가 포함되어 있는지 석명권을 행사했어야 한다고 하였다.

2) 전원합의체 소수의견

공유물분할의 소에서 공유부동산의 특정한 일부씩을 각각의 공유자에게 귀속시키는 것으로 현물분할하는 내용의 조정이 성립하였다면, 그 조정조서는 **공유물분할판결과 동일한 효력**을 가지는 것으로서 조정이 성립한 때 물권변동의 효력이 발생한다고 보아야 한다(2011두1917*).

(2) 검토

조정은 법원의 판단이 아닌 **당사자 협의에 의한 분할과 다를 바 없으므로**, 조서에 형성력을 인정하지 않는 다수의견이 타당하다.

5. 형성소송의 판결과 같은 내용으로 한 화해조서의 효력

법률관계의 형성을 목적으로 하는 형성의 소는 명문의 규정이 있어야 제기할 수 있고 그 판결이 확정됨에 따라 효력이 생긴다. 따라서 형성판결의 효력을 개인 사이의 합의로 창설할 수는 없으므로, 형성소송의 판결과 같은 내용으로 재판상 화해(또는 조정을 갈음하는 결정)를 하더라도 판결을 받은 것과 같은 **효력은 생기지 않는다**(2022그534).

6. 계속 중인 다른 소송을 취하하기로 하는 내용의 화해조서의 효력

재판상 화해에 있어서 법원에 **계속중인 다른 소송을 취하하기로 하는 내용**의 화해조서가 작성되었다면 당사자 사이에는 **법원에 계속중인 다른 소송을 취하하기로 하는 합의**가 이루어졌다 할 것이므로, 다른 소송이 계속중인 법원에 취하서를 제출하지 않는 이상 그 소송이 취하로 종결되지는 않지만 위 재판상 화해가 재심의 소에 의하여 취소 또는 변경되는 등의 특별한 사정이 없는 한 그 소송의 원고에게는 **권리보호의 이익이 없**게 되어 그 소는 각하되어야 한다(2005다14861).

100 제소전 화해

📁 의의 – 법적성질 – 요건 – 절차 – 효과

I. 의의 및 취지   sL-21

소제기 전 단독판사 앞에서 화해신청을 하여 분쟁을 해결하는 절차이다. 다툼 없는 계약 내용에 대해 기판력을 얻기 위해 이용된다.

II. 법적 성질[535]   sL-22

III. 요건[536]   sL-23

☑ **현실분쟁 요부**

1. 학설
ⅰ) **현실분쟁설**은 제소전 화해의 남용을 방지하기 위해 분쟁이 현실화 된 경우에만 가능하다고 본다.
ⅱ) **장래분쟁설**은 조속한 분쟁해결 위해 장래 분쟁발생의 가능성이 있는 경우도 가능하다고 본다.

2. 判例
화해절차 이전에 현실적 다툼이 있을 것을 요한다.

3. 검토
장래분쟁설은 기준이 모호하므로 명확하게 현재 분쟁이 있는 경우에만 제소전 화해를 허용함이 타당하다.

IV. 절차   sL-24

☑ **화해신청 및 대리인 선임권 위임 금지**

1. 신청
당사자는 청구취지, 청구원인과 다투는 사정을 밝혀 상대방의 보통재판적이 있는 곳의 지방법원에 화해신청할 수 있다(제385조 제1항).

2. 대리인 선임권 위임 금지
ⅰ) 당사자는 화해를 위하여 대리인을 선임하는 권리를 상대방에게 위임할 수 없다. 일방의 지위 남용을 방지하기 위함이다(제385조 제2항). ⅱ) 이를 위반한 경우 대리인은 무권대리인이 되어 화해는 준재심사유가 존재하게 된다.

---

[535] 소송상 화해와 동일
[536] 소송상 화해와 동일

3. 화해신청의 처리

화해신청의 요건이나 방식에 흠이 있으면 각하결정한다. 이에 대해서는 항고할 수 있다(제439조). 화해신청이 적법하면 기일을 정해 조서에 당사자, 법정대리인, 청구취지, 청구원인, 화해조항, 날짜, 법원을 표시하고 판사와 사무관 등이 기명날인 또는 서명한다(제386조).

V. 효과[537]

sL-25

---

[537] 소송상 화해와 동일

101 화해권고결정

📁 의의 – 요건 – 절차 – 효과

Ⅰ. 의의 및 취지　　　　　　　　　　　　　　　　　　　　　　　　　　sL-26

　법원 등은 소송 중인 사건에 대해 직권으로 당사자의 이익, 제반사정을 참작하여 **청구취지에 어긋나지 않는 범위 안에서** 화해권고결정을 할 수 있다(제225조 제1항). 사건의 **공평한** 해결을 위함이다.

Ⅱ. 요건　　　　　　　　　　　　　　　　　　　　　　　　　　　　　　sL-27

　당사자의 이익, 제반사정을 참작해 청구취지에 어긋나지 않아야 한다.

Ⅲ. 절차　　　　　　　　　　　　　　　　　　　　　　　　　　　　　　sL-28

　법원이 직권으로 한다.

Ⅳ. 효과 (22)　　　　　　　　　　　　　　　　　　　　　　　　　　　　sL-29

　ⅰ) 화해권고결정서의 정본 송달일로부터 2주 이내 **이의**를 신청할 수 있다. 이는 불변기간이다(제226조). ⅱ) **이의신청**이 적법한 경우, 화해권고결정 **이전의 상태로 돌아가며**, 이전 소송행위는 그대로 효력을 가진다(제232조). ⅲ) 당사자가 결정서 정본 송달일로부터 2주 이내 이의신청을 하지 않거나, 이의신청 각하결정이 확정되거나, 이의신청을 취하 또는 포기한 때 화해권고결정은 확정된다(제231조). ⅳ) 화해권고결정이 확정되면 재판상 화해와 같은 효력(기판력, 집행력, 형성력, 창설효)이 있다(제220조).

102 판결

📁 판결·결정·명령 – 종국·중간판결 – 전부·일부판결 – 소송·본안판결 – 소의 종류에 따른 판결

I. 판결·결정·명령

sL-30

1. 주체
ⅰ) 판결은 법원이 한다. ⅱ) 결정은 법원이 하고, 명령은 재판장 등 법관이 한다.

2. 대상
ⅰ) 판결은 당사자의 권리의무와 관련하여 소송요건, 본안에 대하여 판단한다. ⅱ) 결정·명령은 소송절차에 관한 부수적 사항(기피신청 기각결정, 이송결정, 항소장각하명령 등)에 대하여 판단한다.

3. 방식
ⅰ) 판결은 필요적 변론이 원칙이다. ⅱ) 결정·명령은 임의적 변론에 의한다.

4. 효과
ⅰ) 판결은 확정되면 효력이 발생하고, 법원은 자기 판결에 기속된다. ⅱ) 결정·명령은 고지시 효력이 발생되고 기속력이 없다.

5. 불복
ⅰ) 판결은 상소로 불복한다. ⅱ) 결정·명령은 항고, 재항고로 불복한다.

II. 종국판결과 중간판결

sL-31

1. 종국판결
종국판결이란 심리를 마치고 당해 심급을 이탈시키는 재판이다.[538]

2. 중간판결
중간판결이란 심급을 종료시키지 않는 판결로 종국판결을 하기에 앞서 그 종국판결의 전제가 되는 쟁점을 미리 정리, 판단하여 종국판결을 준비하는 재판이다.

> ☑ **중간판결의 구속력 및 불복방법**
>
> **1. 구속력**
> 중간판결이 선고되면, 판결을 한 법원은 이에 구속되므로 종국판결을 할 때에도 그 주문의 판단을 전제로 하여야 한다(2010다65818*).

---

[538] 항소심 또는 상고심의 환송판결도 종국판결이다(80다3271*)(93재다27, 34*).

2. 불복방법

중간판결은 종국판결 이전의 재판으로서 종국판결에 대해 불복하여 중간판결의 내용을 상소로 다툰다(2010다65818*).

III. 전부판결과 일부판결

sL-32

1. 전부판결

소송 목적이 된 청구의 전부에 대하여 하는 판결이다.

2. 일부판결

소송의 일부에 대한 심리를 마친 경우, 그 일부에 대하여 하는 판결이다. 소송의 정리, 집중을 위해 이루어진다(제200조). 나머지 부분은 잔부판결한다.539)

> ☑ **판결누락(=재판누락)**
>
> **1. 의의**
> 청구의 **전부에 대해 재판할 의사로** 판결했지만, **실수로 청구 일부에 대해 판결을 누락**한 것이다. 만약, 그 소송이 일부판결이 허용되는 경우라면 추가판결로 구제받고, 일부판결이 허용되지 않는 경우라면 상소, 재심으로 구제받는다.
>
> **2. 판결이유에는 설시했으나, 판결주문에 설시가 없는 경우** (18)
> **판결이유에서 청구가 이유 없다고 설시하고 있더라도 주문에서 설시가 없으면** 특별한 사정이 없는 한 **재판의 누락이** 있다(2004다24083*). 재판의 탈루로 원심 계속 중인 부분에 대한 상고는 불복의 대상이 존재하지 않아 부적법하다(2017다237339*).540)
>
> **3. 판결주문에 설시했으나, 판결이유 중 청구 일부에 대한 설시가 없는 경우**
> 재판의 탈루가 있는지 여부는 우선 주문의 기재에 의하여 판정하여야 하고, **주문에 청구의 전부**에 대한 판단이 기재되어 있으나 **이유 중에 청구의 일부에 대한 판단이 빠져 있는 경우**에는 **이유를 붙이지 아니한 위법**이 있다고 볼 수 있을지언정 **재판의 탈루가 있다고 볼 수는 없다**(2003다13604).

> ☑ **판단누락 - 판결이유의 기재**
>
> 판결서의 이유에는 주문이 정당하다는 것을 인정할 수 있을 정도로 당사자의 주장, 그 밖의 공격방어방법에 관한 판단을 표시하면 되고 당사자의 모든 주장이나 공격방어방법에 관하여 판단할 필요가 없다(제208조 제2항). 판결에 당사자가 **주장한 사항에 대한 구체적·직접적인 판단이 표시되어 있지 않더라도 판결 이유의 전반적인 취지에 비추어 그 주장을 인용하거나 배척하였음을 알 수 있는 정도라면 판단누락이라고 할 수 없다. 설령 실제로 판단을 하지 않았다고 하더라도 그 주장이 배척될 경우임이 분명한 때에는 판결 결과에 영향을 미치는 잘못이라고 할 수 없다**(2020다292411).

---

539) 단순병합, 통상공동소송은 일부판결이 가능하다. 하지만, 선택적 병합, 예비적 병합, 필수적 공동소송으로 심리되는 소송은 일부판결할 수 없다.
540) 항소심에 이르러 새로운 청구가 추가된 경우, 항소심은 추가된 청구에 대하여는 실질상 제1심으로서 재판하여야 하므로 제1심이 기존의 청구를 배척하면서 "원고의 청구를 기각한다."고 판결하였는데, 항소심이 기존의 청구와 항소심에서 추가된 청구를 모두 배척할 경우 단순히 "항소를 기각한다."는 주문 표시만 하면 되는 것은 아니고, 이와 함께 항소심에서 추가된 청구에 대하여 "원고의 청구를 기각한다."는 주문 표시를 하여야 한다. (18)

[판단누락, 재판누락, 일부판결]

	판단누락	재판누락	일부판결
의사	실수	실수	고의
대상	공격방어방법	재판	재판
구제	상소 및 재심	추가판결	잔부판결

Ⅳ. 소송판결과 본안판결

1. 소송판결

소 또는 상소가 부적법하다고 하여 각하하는 판결이다. 소송종료선언, 소취하무효선언도 이에 해당한다.

2. 본안판결

청구가 이유 있는지에 대한 판결이다.

Ⅴ. 소의 종류에 따른 판결

1. 이행판결

이행판결은 원고의 피고에 대한 이행청구권 확인과 그 청구권의 이행을 명하는 판결이다.

2. 확인판결

확인판결은 특정 권리·법률관계의 존부를 확정하는 판결이다.

3. 형성판결

형성판결은 원고의 피고에 대한 형성권의 확인과 법률관계를 변동시키는 판결이다.

4. 관련 判例

공유물분할청구의 소에 관하여 판결주문 가항에서 **토지 각 부분을 각 당사자의 소유로 분할한다는 취지의 형성판결을**, 나항에서 당사자는 **가액보상금을 지급받음과 동시에 특정 부분 지분에 관하여 공유물분할을 원인으로 한 소유권이전등기절차를 이행하라는 취지의 이행판결을 선고한 경우, 각 항은 효과 면에서 서로 모순**되므로 이유모순 등의 잘못이 있다(2018다241410).

103 판결의 경정

📁 의의 - 요건 - 절차 - 효과

Ⅰ. 의의 및 취지　　　　　　　　　　　　　　　　　　　　　　　　　　sL-35

판결내용[541]을 실질적으로 변경하지 않는 범위에서 표현상 잘못을 고치는 것이다(제211조), 판결의 내용을 실질적으로 변경하지 않으면서도 사소한 오류를 바로잡아 집행에 지장이 없도록 하기 위해 이루어진다.

Ⅱ. 요건　　　　　　　　　　　　　　　　　　　　　　　　　　　　　sL-36

ⅰ) 판결에 표현상 잘못이 있고 ⅱ) 그 잘못이 분명한 경우이어야 한다.

> **↘ 예시 - 표현상 잘못**
> 당사자란 표시(84그60), 부동산 표시의 착오기재(83그7), 대지권 표시의 누락(90그17), 주소누락(2000그37), 계산착오(70다1156), 면적표시 오류(85그66), 건물표시(88그51), 청구기각을 항소기각으로 잘못표시(98다21953), 판결주문상 이행의 주체가 되는 당사자 잘못표시, 주문에서 나머지 청구를 기각한다는 문구 누락 등이 있다.

> **☑ 청구취지 중 원금 부분의 표시 추가 가부**
> 청구취지 중 원금부분의 표시를 추가하는 것은 주문의 내용을 실질적으로 변경하는 경우에 해당하여 경정할 수 없다(94그26).

> **☑ 당사자의 청구에 잘못이 있는 경우, 경정 가부**
> 판결이나 화해조서의 경정이 가능한 오류에는 그것이 법원의 과실로 인하여 생긴 경우뿐만 아니라 당사자의 청구에 잘못이 있어 생긴 경우도 포함된다(83그7*).

> **☑ 명백한 잘못의 판단자료**
> 경정결정을 함에 있어서는 그 소송 전 과정에 나타난 자료는 물론 경정대상인 판결이나 화해 이후에 제출되어진 자료도 다른 당사자에게 아무런 불이익이 없는 경우나 이를 다툴 수 있는 기회가 있었던 경우에는 소송경제상 이를 참작하여 그 오류가 명백한지 여부를 판단할 수 있다(98마1839*).

Ⅲ. 절차　　　　　　　　　　　　　　　　　　　　　　　　　　　　　sL-37

법원의 직권 또는 당사자의 신청으로 할 수 있다. 경정은 결정으로 한다. 상소심[542], 판결 확정 후에도 경정 가능하다.

---

541) 결정·명령의 경우에도 필요한 경우 경정이 허용되고, 포기·인낙조서, 화해조서의 경우에도 경정이 허용된다.
542) 상소심은 상소하지 않아 분리확정된 당사자의 하급심 판결 부분에 대한 경정 권한을 갖는 것은 아니다(91마748).

Ⅳ. 효과

경정으로 인해 잘못이 시정되는 효력은 판결선고시로 소급된다. 경정결정에 대해서는 즉시항고 할 수 있다. 다만, 경정기각결정에 대해서는 특별항고로 불복한다.

> ☑ **판결경정신청 기각 결정에 헌번 위반이 있어 특별항고 할 수 있는 경우**
>
> 결정이나 명령의 절차에서 헌법이 정하고 있는 적법한 절차에 따라 공정한 재판을 받을 권리가 침해된 경우를 포함한다. 판결경정신청을 기각한 결정에 이러한 헌법 위반이 있다고 하려면 신청인이 그 재판에 필요한 자료를 제출할 기회를 전혀 부여받지 못한 상태에서 그러한 결정이 있었다든지, 소송과정에 나타난 자료와 판결 선고 후에 제출된 자료에 의하여 판결에 잘못이 있음이 분명하여 판결을 경정해야 하는 사안임이 명백한데도 법원이 이를 간과함으로써 기각결정을 하였다는 등의 사정이 있어야 한다(2020그507).

CHAPTER

14

판결의 효력

104 기판력 개관

📁 의의 - 주관적 범위 - 객관적 범위·작용국면 - 시적범위·차단효 - 본질

Ⅰ. 의의 및 취지　　　　　　　　　　　　　　　　　　　　　　　　　　sM-1

확정된 종국판결의 내용이 후소에 대해 갖는 구속력을 의미한다. 판결의 모순·저촉을 방지하기 위해 인정한다.

[판결 확정시기]

	확정시기
1심, 2심	상소기간 도과시
상고심	상고심 판결선고시
상소취하, 상소각하	상소기간 도과시
무변론판결	상소기간 도과시[543]
불상소합의	판결선고시[544]
불항소합의	상고기간 도과시
상소권포기	상소권 포기시
불복하지 않은 부분	항소심판결선고시 또는 상고심판결선고시

Ⅱ. 주관적 범위　　　　　　　　　　　　　　　　　　　　　　　　　　sM-2

1. 상대성 원칙

기판력은 전소 당사자 사이에서만 미친다. 제3자는 **절차에 참여**할 수 없었으므로 판결의 효력을 강요할 수 없기 때문이다.

2. 예외

변론종결 뒤 승계인(제218조 제1항), 목적물 소지자(제218조 제1항), 권리귀속주체(제218조 제3항), 소송탈퇴자(제82조 제3항)에 대해서는 재판의 무용화를 방지하기 위해 판결의 효력이 확장된다.

Ⅲ. 객관적 범위 및 작용국면　　　　　　　　　　　　　　　　　　　　　sM-3

1. 원칙

기판력은 **판결주문**에 대해 발생하고, 판결이유 중 판단에 대해서는 발생하지 않는다. 오판 시정 및 신속한 결론을 내리기 위함이다(제216조 제1항).

2. 상계항변

판결이유 중 **상계항변**에 대한 판단에 대해서는 기판력이 발생한다. 채권의 **이중행사** 및 **재판무용화 방지**하기 위함이다(제216조 제2항).

---

[543] 기판력의 표준시는 무변론판결선고시이다.
[544] 단, 판결선고 후 불상소합의 한 경우 합의 성립과 동시에 판결이 확정된다.

Ⅳ. 시적범위 및 차단효 sM-4

1. 시적범위
기판력은 **변론종결시 법률관계**를 기준으로 발생한다.

2. 차단효
전소 **변론종결 전** 제출할 수 있었던 공격방어방법은 후소에서 차단된다.

Ⅴ. 기판력의 본질 sM-5

1. 학설
(1) **모순금지설**은 기판력은 **판결의 모순**을 방지하기 위한 효력이며, 전소 승소한 자가 동일한 소를 제기하면 **권리보호이익 흠결**로 각하하고, 전소 패소한 자가 동일한 소를 제기하면 전소와 **모순되지 않게 기각**한다.
(2) **반복금지설**은 기판력은 분쟁의 1회적 해결을 위해 인정되는 효력이고, 전소 승소한 자 또는 패소한 자를 불문하고 동일한 후소를 제기하면 **기판력 저촉**을 이유로 각하한다.

2. 判例
전소 확정판결에서 원고가 승소한 부분은 후소에서 **권리보호이익이 없다고 하여 각하**하며, 패소한 경우에는 청구기각판결의 기판력에 의하여 그 내용과 **모순되는 판단**을 하여서는 안 되는 구속력 때문에 전소판결의 판단을 채용하여 원고 청구기각의 판결을 한다(87다카2478*).

3. 검토
반복금지설은 선결 또는 모순관계와 같이 소송물이 다른 경우, 재판의 반복이라 할 수 없는 경우에도 기판력이 후소에 미치는 것을 설명할 수 없으므로 모순금지설이 타당하다.

☑ **기판력에 저촉되는 후소판결이 확정된 경우 취급**

기판력 있는 전소판결과 저촉되는 후소판결이 그대로 확정된 경우에도 전소판결의 기판력이 실효되는 것이 아니고 재심의 소에 의하여 후소판결이 취소될 때까지 **전소판결과 후소판결은 저촉되는 상태 그대로 기판력**을 갖는 것이다. 후소판결의 기판력이 **전소판결의 기판력을 복멸시킬 수 있는 것도 아니어서**, 전소판결과 **저촉되는 후소판결이 확정되었다는 사정은 변론종결 후 새로운 사유에 해당되지 않으므로**, 이를 이유로 전소판결의 기판력이 미치지 않게 되었다고 할 수 없다(96다32706).

☑ **외국재판의 승인**

1. 외국재판의 강제집행
ⅰ) 외국법원 확정재판 등에 기초한 강제집행은 대한민국 법원에서 집행판결로 그 강제집행을 허가하여야 할 수 있다(민사집행법 제26조). ⅱ) 집행판결을 청구하는 소는 제217조의 승인요건을 갖추지 않으면 각하된다(민사집행법 제27조).

2. 외국재판 승인요건 [재달사승]

외국법원의 확정판결 또는 이와 동일한 효력이 인정되는 재판은 다음 각 호의 요건을 모두 갖추어야 효력이 인정된다(제217조).
 ⅰ) 외국법원에 재판권이 인정될 것 ⅱ) 패소한 피고가 적법한 송달을 받았을 것545)546) ⅲ) 확정재판의 승인이 대한민국의 선량한 풍속 또는 사회질서에 어긋나지 않을 것547)548) ⅳ) 상호보증이 있거나 승인요건이 실질적으로 차이가 없을 것

3. 손해배상에 관한 외국재판 승인

손해배상에 관한 확정재판이 대한민국 법률 또는 국제조약의 기본질서에 현저히 반하는 경우, 확정재판의 전·일부를 승인할 수 없다(제217조의 2).549)550)

☑ 소송판결의 기판력

1. 객관적 범위

소각하판결이 확정되면 소송판결의 기판력은 그 판결에서 **확정한 소송요건의 흠결**에 관해 미친다(2002다70181*).

2. 작용국면

(1) 후소에서 다른 소송요건이 문제될 경우
  전소 기판력이 후소에 작용하지 않는다.
(2) 후소에서 동일한 소송요건이 문제될 경우
  소송물이 동일하여 기판력이 작용한다는 견해가 있으나, 전소 판결주문에서 소송물이 판단된 것이 아니므로 전소에서 문제된 소송요건으로 인해 소가 적법한지 여부에 관한 전소 법원의 판단은 **후소 본안판단의 선결문제**이므로 선결관계로 기판력이 작용한다.

3. 시적범위 및 차단효

소송판결 기판력은 전소에서 확정한 소송요건 흠결에 관해 미치지만 당사자가 그러한 **소송요건의 흠결을 보완**하여 다시 소를 제기한 경우에는 그 기판력의 제한을 받지 않는다(2002다70181*).551)

---

545) 민사소송법 제186조 제1항과 제2항에서 규정하는 보충송달도 교부송달과 마찬가지로 외국법원의 확정재판 등을 국내에서 승인·집행하기 위한 요건을 규정한민사소송법 제217조 제1항 제2호의 '적법한 송달'에 해당한다(2017다257746).
546) 적법한 송달방식을 따르지 않았더라도 피고가 스스로 응소하는 등 실질적으로 자기 이익을 방어할 기회를 가졌다고 볼 수 있으면 적법한 것으로 본다(2015다207747).
547) 국내 및 국제적 거래질서의 안정이나 예측가능성도 함께 고려해야 하고, 우리나라 법에 외국재판에서 적용된 법령과 동일한 내용의 법령이 없다는 이유로 그 외국재판 승인을 거부할 것은 아니다(2018다231550).
548) 일본의 한국 식민지배가 합법적이라고 평가한 부분이 포함되어 있어 대한민국 헌법의 핵심적 가치와 정면충돌하는 경우 승인요건이 구비되지 않은 것으로 본다(2009다22549).
549) 이는 징벌적 손해배상과 같이 손해의 전보범위를 초과하는 배상액을 인정한 외국확정판결의 승인을 적정 범위로 제한하려는 규정인바, 실제 손해의 전보배상을 명한 경우 승인을 제한할 수 없다(2015다1284).
550) 손해전보 범위를 초과하는 손해배상을 명한 외국재판이 손해배상의 원인으로 삼은 행위가 적어도 우리나라에서 손해전보의 범위를 초과하는 손해배상을 허용하는 개별 법률의 영역에 속하는 경우 그 외국재판을 승인하는 것이 손해배상 관련 법률의 기본질서에 위배되어 허용될 수 없다고 보기 어렵다(2018다231550).
551) 구 민주화보상법에 따라 원고들이 보상금을 지급받으면 피고가 원고들에게 지는 손해배상의무와 관련하여 재판상 화해가 성립되는 것으로 보므로, 보상금을 지급에 동의한 원고들이 피고에게 구한 국가배상청구(선행소송)는 권리보호이익 흠결로 소각하되어 확정되었다. 이후 구 민주화보상법에 대한 헌법재판소의 위헌결정이 있었고, 이 위헌결정은 소급효가 제한되지 않았다. 따라서, 위헌결정이 선고된 이후에는 피고의 불법행위로 손해에 대해서는 재판상 화해가 성립하였다고 볼 근거가 없게 되었다. 그렇다면 원고들이 손해에 대한 국가배상을 구하는 이 사건에서는 선행소송 각하판결의 권리보호이익 결여라는 소송요건의 흠결이 보완되어 전소 소각하판결 기판력에 저촉되지 않는다(2021다211600).

105 기판력의 주관적 범위

📁 의의 – 변론종결 뒤 승계인 – 추정승계인 – 목적물 소지자 – 권리귀속주체 – 소송탈퇴자

Ⅰ. 의의 및 취지   sM-6

1. 상대성 원칙

기판력은 **전소 당사자** 사이에서만 미친다. 제3자는 **절차**에 참여할 수 없었으므로 판결의 효력을 강요할 수 없기 때문이다.552)

2. 예외

변론종결 뒤 승계인(제218조 제1항), 목적물 소지자(제218조 제1항), 권리귀속주체(제218조 제3항), 소송탈퇴자(제82조 제3항)에 대해서는 재판의 무용화를 방지하기 위해 판결의 효력이 확장된다.

Ⅱ. 변론종결 뒤 승계인 (25)   sM-7

1. 의의 및 취지

확정판결은 **변론을 종결한 뒤의 승계인**에 대하여 효력이 미친다(제218조 제1항).553)554) 판결효력의 회피를 방지하기 위함이다.

2. 변론종결 "뒤"의 승계일 것

(1) 물권 승계

ⅰ) 계약이 아닌 등기가 이루어진 시점을 기준으로 판단한다. ⅱ) 건물철거청구 사건에서 변론종결 전 가등기를 하고 변론종결 후 본등기를 마친 사람은 변론종결 뒤 승계인에 해당한다고 보았다(92다10883). 다만, 말소등기청구 사건에서 변론종결 전 가등기를 마치고 변론종결 후에 본등기를 마친 사람은 변론종결 뒤의 승계인에 해당하지 않는다고 보았다(69다2227).555)

(2) 채권 승계

채권양수인이 변론종결 뒤 승계인에 해당하는지 여부는 채권양도합의가 아닌 **대항요건**이 갖추어진 때를 기준으로 판단한다(2020다210747*).

---

552) 기판력과 집행력은 원칙적으로 당사자 사이에만 미치므로 법인의 하부조직을 상대로 이행을 구하는 소를 제기하여 승소 확정판결을 받은 경우, 판결의 집행력이 법인에까지 미친다고 볼 수 없으므로 그 판결을 집행권원으로 하여 법인 재산에 대해 강제집행할 수 없다. 법인 자체에 대한 별도의 집행권원이 필요하다(2018다231031*).
553) 승계집행문을 받아 판결을 집행할 수 있다(민사집행법 제31조). 전소 판결받은 당사자에겐 일반집행문으로 집행한다.
554) 채무가 판결에 표시된 채무자 이외의 자(이하 '그 자')가 실질적으로 부담하거나 그 자에게 '채무 발생의 기초적인 권리관계'가 승계되었어도, 그 자가 채무자의 포괄승계인이거나 그 채무 자체를 특정 승계하지 않은 한, 그 자에게 서로이 이행을 소구함은 별론, 기판력, 집행력의 범위를 그 자에게 확장해 승계집행문을 부여할 수 없다(2002다43851*).
555) 전자는 건물의 철거의무를 지는 사실상의 건물 처분권 취득시점에 중점을 둔 것이고 후자는 가등기의 순위보전적 효력에 중점을 둔 것이다(전원열).

(3) 2차 승계

1차 승계가 **변론종결 전**이라면 2차 승계가 변론종결 뒤라도 2차 승계인은 변론종결 뒤 승계인에 해당하지 않는다.

3. 승계인에 해당할 것

(1) 소송물 승계

소송물 자체를 승계한 자는 **채권 또는 물권인지 여부를 불문하고** 승계인에 해당한다.556)

(2) 계쟁물 승계

1) 학설

ⅰ) 구이론은 소송물이 **대세적 효력이** 있는 물권적 청구권인 경우에만 승계인에 해당한다고 본다.
ⅱ) 신이론은 실체법상 권리와 분리하여 소송물을 판단하므로 **물권적 또는 채권적 청구권을 불문하고** 승계인에 해당한다고 본다.

2) 判例

소유권에 기한 등기말소청구와 같은 물권적 청구권인 경우에만 원고승소확정판결 후에 피고로부터 이전등기를 경료한 자는 원고에게 등기말소의무를 부담하므로 변론종결 뒤의 승계인이라고 한다(90다9964*).

3) 검토

소송물이 채권적 청구권인 경우, 승계인은 원고에게 아무런 **의무를 부담하지 않으므로** 물권적 청구권인 경우에만 승계인에 해당한다고 볼 것이다.

4. 고유의 방어방법이 없을 것

(1) 문제점

원고에 대하여 **실체법상 대항할 권리**557)558)가 있는 경우 변론종결 뒤 승계인에 해당하지 않는지 문제된다.

(2) 학설

1) 실질설은 승계인에게 고유의 방어방법이 있으면 **승계인에 해당되지 않는다**. 원고에게 승계집행문이 부여되지 않아 그가 승계집행문부여의 소를 제기해야 한다고 한다.
2) 형식설은 고유의 방어방법이 있어도 **승계인에 해당**하지만, 승계인은 **고유의 방어방법을 후소에서 주장**할 수 있다. 원고에게 승계집행문이 부여되고, 승계인은 승계집행문부여 이의의 소를 제기해야 한다고 한다.

---

556) 채권양수인, 면책적 채무인수인은 소송물 자체를 승계한 것이나, 중첩적 채무인수인은 당사자의 채무는 그대로 존속하며 별개의 채무를 부담하므로 승계인이 아니다(2009그196). 영업양수인도 승계인이 아니다.
557) "고유의 방어방법이 없을 것"의 요건은 전소확정판결에서 패소한 피고로부터 등기 또는 점유를 승계한 자가 변론종결 뒤 승계인에 해당하는지 판단하는 경우에 문제되며, 그 자에게 원고에 대하여 실체법상 대항할 권리가 있는지 판단한다.
558) 선의취득자, 취득시효 완성자, 동의를 얻어 전차한 자, 통정허위표시의 제3자, 대외적으로 소유권을 가진 명의수탁자인 피고로부터 이전등기를 경료한 자, 이중매매에서 등기를 먼저 경료한 제2매수인 등.

(3) 判例

신탁자가 수탁자를 상대로 **명의신탁해지를** 원인으로 청구한 경우, 소유권이전등기를 명하는 확정판결의 **변론종결 후에 피고로부터 청구목적물을 매수하여 등기를 한 제3자**는 변론종결 후의 승계인에 해당되지 아니한다(80다2217).559)

(4) 검토

고유의 방어방법을 가진 자에게 **부담**을 주면 부당하므로 실질설이 타당하다.

☑ **물권 고유의 효력과 변론종결 뒤 승계인**

1. 判例

ⅰ) 가등기말소청구소송의 사실심 변론종결 후에 토지 소유자로부터 근저당권을 취득한 제3자는 위 가등기말소청구소송의 소송물인 **패소자의 가등기말소청구권**을 승계하여 갖는 것이 아니며, **자신이 적법하게 취득한 근저당권**에 기한 **물권적 청구권**을 원인으로 소송상 청구를 하는 것이므로, 위 제3자는 변론종결 뒤 승계인에 해당하지 않는다.

ⅱ) 소유권에 기한 물권적 청구권인 가등기말소청구소송의 소송물은 가등기말소청구권이므로 청구기각된 **확정판결의 기판력**은 가등기말소청구권 **부존재**에만 미치고, **소송물이 아닌 토지 소유권의 존부**에 관하여는 미치지 않는다 (2019261381*).560)

2. 학설 - 반대견해

判例가 기판력의 주관적 범위를 판단함에 있어 **객관적 범위와 연계**시킨 문제가 있다는 비판이 있다.

3. 검토

물권의 일반적 효력으로 물권적 청구권을 갖게 되는 자는 이를 보호해줄 필요가 있으므로, 변론종결 뒤 승계인으로 보지 않는 것이 타당하다.

Ⅲ. 추정승계인 sM-8

1. 의의 및 취지

당사자가 변론종결 전까지 승계사실을 진술하지 않은 경우 변론종결 뒤 승계한 것으로 추정한다(제218조 제2항). 승계인에게 판결 효력을 미치게 하여 판결의 실효성을 도모하기 위함이다.

2. 요건

(1) 문제점

변론종결시까지 승계사실을 진술하지 않은 "당사자"가 승계인인지, 피승계인인지 그 의미가 문제된다.

(2) 학설

ⅰ) **승계인설**은 피승계인이 진술하지 않아 승계인에게 추정의 불이익을 입게 하는 것은 불합리하므로 제218조 제2항의 "당사자"를 승계인으로 본다. ⅱ) **피승계인설**은 소외인인 승계인이 변론에서 진술하기 어려우므로 제218조 제2항의 "당사자"를 피승계인으로 본다.

---

559) 명의수탁자인 피고로부터 등기를 경료한 제3자는 대외적 소유권자로 인정되는 명의수탁자로부터 등기를 경료받았기 때문에 고유의 방어방법이 인정된다.
560) 건물명도청구 사건(98다6855), 토지인도청구 사건(84다카148)도 같은 취지의 판시를 하였다.

(3) 검토

전소의 당사자는 피승계인이었으므로 피승계인설이 타당하다.

3. 효과

ⅰ) 원고는 승계사실만 증명하여 승계집행문을 신청할 수 있다. ⅱ) 종전 확정판결 기판력의 배제를 원하는 당사자 일방이 변론종결 전에 당사자 지위의 승계가 이루어진 사실을 증명한다면, 종전소송에서 당사자가 그 승계에 관한 진술을 하였는지 여부와 상관없이 그 승계인이 종전의 확정판결의 기판력이 미치는 변론종결 후의 승계인이라는 제218조 제2항의 추정은 깨지고, 기판력, 집행력을 면할 수 있다(2005다34667, 34674*).561)

Ⅳ. 목적물 소지자   sM-9

1. 의의 및 취지

확정판결은 당사자를 위하여 청구의 목적물을 소지한 자에게 효력이 미친다(제218조 제1항). 판결효력 회피를 방지하기 위함이다.

2. 요건 [변위물강]

ⅰ) **변**론종결 전후 무관하게 특정물인 목적물을 소지하고 ⅱ) 당사자 또는 변론종결 뒤 승계인을 **위**해 소지하고 자기의 고유한 이익을 위한 소지가 아닐 것을 요한다. ⅲ) 소송**물**이 물권적 또는 채권적 청구권인지 여부를 불문하고, 목적물은 동산 또는 부동산인지 여부를 불문한다. ⅳ) **강**제집행면탈을 목적으로 가장양수하거나 명의신탁받은 자에게 유추적용할 수 있다는 견해가 있다.

	예시	집행 방법
당사자 또는 변론종결 뒤 승계인을 위해 소지 (목적물 소지자 해당)	수치인, 창고업자, 관리인, 운송인	본인에 대한 확정판결로 승계집행문을 받아 목적물 소지자에게 집행
자기의 고유한 이익을 위해 소지 (목적물 소지자 비해당)	임차인, 질권자, 전세권자, 지상권자, 증여받는 자	목적물 소지자에 대한 별도의 판결을 받아 일반집행문으로 집행

> ☑ **점유보조자의 경우**
>
> 점유보조자가 점유하는 것은 본인의 점유를 보조하는 것이고 목적물 소지자라고 볼 수 없으므로 본인에 대한 확정판결로 일반집행문을 받아 집행한다(2001다13983*). 즉, 목적물 소지자는 논점이 아니다.

---

561) 후소 원고(이하 '甲')는, 후소 피고(이하 '乙')가 소외인(이하 'A')을 상대로 제기했던 전소에서 X토지에 경료된 A의 등기가 원인무효라며 등기말소청구를 했다가 청구기각 확정되었는데, 甲은 전소 변론종결 후 승계인 내지 청구 목적물의 소지자에 해당하여 전소 기판력을 받으므로, 乙은 전소 기판력에 저촉되는 주장을 할 수 없고, 전소 소송물과 같은 성질인 진정명의회복을 이유로 한 소유권이전등기청구를 A의 지위를 승계한 甲에게 구할 수 없다고 주장하였다.
당사자가 변론종결시까지 승계사실을 진술하지 않으면 변론종결 뒤 승계인으로 추정되나, 甲의 전소 변론종결 전 승계가 인정되어, 위 추정은 깨어졌다 할 것이다. 또한, 甲은 A로부터 X토지를 증여받았으므로 목적물 소지자가 아니다.

3. 효과

본인에 대한 확정판결로 승계집행문을 받아 목적물 소지자에게 집행할 수 있다.

V. 권리귀속주체　　　　　　　　　　　　　　　　　　　　　　　　　sM-10

선정당사자, 대위채권자, 파산관재인이 수행한 소송의 판결 효력은 권리귀속주체에게 미친다.

VI. 소송탈퇴자　　　　　　　　　　　　　　　　　　　　　　　　　　sM-11

소송의 당사자였던 자가 소송에서 탈퇴시 판결의 효력을 받는다(제80조 단서)(제82조 제3항).

106 기판력의 객관적 범위

📂 의의 - 상계항변 - 상환이행판결 - 판결이유

Ⅰ. 의의 및 취지
sM-12

기판력은 **판결주문**에 대해 발생하고, 판결이유 중 판단에 대해서는 발생하지 않는다(제216조 제1항). 오판 시정 및 신속한 결론을 내리기 위함이다.

Ⅱ. 상계항변 기판력 (18)
sM-13

1. 의의 및 취지

판결이유 중 상계항변에 대한 판단에 대해서는 기판력이 발생한다(제216조 제2항). 채권의 **이중행사** 및 **재판무용화** 방지하기 위함이다(2004다17207*).

2. 요건 [단자수대]

(1) **단**독행위로서의 상계일 것

상계합의의 경우에는 후소에 기판력이 미치지 않는다.

(2) **자**동채권이 실질적으로 판단되었을 것

ⅰ) 수동채권인 소구채권이 인정되지 않아 상계항변을 판단할 필요 없는 경우 ⅱ) 상계항변이 실기한 공격방어방법으로 각하되거나 ⅲ) 채권 성질상 상계가 허용되지 않거나(민법 제496조562), 제492조 제1항 단서563)) ⅳ) 상계부적상인 경우564)(민법 제492조 제1항 본문) 상계항변에 관한 판단에 기판력이 발생하지 않는다.565)

(3) **수**동채권이 소송물로 심판되는 소구채권이거나 그와 실질적으로 동일566)할 것

상계를 주장한 채권과 그 수동채권을 기판력의 관점에서 동일하게 취급해야 할 필요성이 인정되어야 한다(2004다17207*).

☑ **수동채권이 동시이행항변에 행사된 채권인 경우** [수동상 2동이기] (18)

수동채권이 **동시이행항변에 행사된 채권**인 경우, **상계**에 대해 **기판력**이 발생하면, **제216조**가 예정한 것과 달리 **동시이행항변에 행사된 채권**에 관한 **판결이유 중 판단**에 **기판력**이 미치는 결과가 되어 부당하므로 기판력이 발생하지 않는다(2004다17207*).567)

---

562) 채무가 고의의 불법행위로 인한 것인 때에는 그 채무자는 상계로 채권자에게 대항하지 못한다(민법 제496조).
563) 상계할 자동채권에 항변권이 붙어 있는 경우와 같이 채무의 성질상 상계가 불허되는 경우다(민법 제492조 제1항 단서). 항변권이 붙어 있는 채권을 자동채권으로 상계하면 일방의 의사표시로 상대방의 항변권 행사 기회를 박탈하므로 자동채권의 존재가 인정되더라도 상계는 허용할 수 없다.
564) 자동채권의 이행기가 미도래한 경우 상계부적상이다.
565) 채권 성질상 또는 상계부적상으로 상계가 '불허'되는 경우는, 자동채권을 '부정'하여 상계항변을 배척할 경우에 기판력이 있다는 것과 구별된다(75다48*).
566) 원고가 상계를 주장하며 청구이의의 소를 제기하는 경우가 있다.
567) 동시이행항변에 행사된 채권 또는 상계의 재항변에 행사된 채권을 후소로 구해도 전소 기판력에 저촉되지 않으나, 전소 판결이유 중 판단이 유력한 증거가 되어 특별한 사정이 없는 한 이에 기초하여 판단된다.

(4) 대항한 액수의 범위일 것

1) 상계항변 인정

ⅰ) 상계하자고 **대항한 액수**에 한해 기판력이 발생한다.

ⅱ) ① 제1설은 자동채권과 수동채권이 과거에 함께 존재했다가 상계로 소멸해 현재 존재하지 않는다는 데에 기판력이 생긴다고 한다. ② 제2설은 **현재 자동채권과 수동채권이 부존재**한다는 점에 기판력이 생긴다고 한다. ③ 생각건대 제216조 제2항에서 "청구가 성립되는지 아닌지의 판단"이라고 규정한 점에 비추어 제1설이 타당하다.

2) 상계항변 배척 [반부기 반존대멸][반부기 상수잔]

ⅰ) 상계항변을 배척하는 판단시, **반**대채권이 **부**존재한다는 판결이유 중 판단의 **기**판력은 특별한 사정이 없는 한 법원이 **반**대채권의 **존**재를 인정했더라면 상계에 관한 실질적 판단으로 나아가 수동채권의 상계적상일까지의 원리금과 **대**등액에서 소**멸**하는 것으로 판단할 수 있었던 자동채권의 원리금 액수의 범위에서 발생한다.

ⅱ) 2개 이상의 반대채권을 주장했는데 그 중 어느 한 반대채권의 존재를 인정해 수동채권의 일부와 대등액에서 상계하는 판단을 하고 나머지 반대채권들은 모두 부존재한다고 판단하여 그 부분 상계항변은 배척한 경우에, 그와 같이 **반**대채권들이 **부**존재한다는 판단에 대해 **기**판력이 발생하는 전체 범위는 **상**계를 마친 후의 **수**동채권의 **잔**액을 초과할 수 없다(2016다46338).

Ⅲ. 상환이행판결(=동시이행판결) sM-14

1. 상환이행판결 기판력이 상환이행관계에 있는 반대채권 존부 또는 수액에 미치는지 여부

동시이행의 판결에 있어 기판력은 소송물인 당해 소송 피고의 채무에 미칠 뿐 그와 동시이행관계에 있는 반대채권의 존부나 그 수액에 대하여는 미치지 않는다(2005다17082).568)

2. 상환이행판결 기판력이 상환이행 조건에 미치는지 여부

동시이행관계에 있는 반대채권의 존재 및 액수 등에 대하여서는 기판력이 생길 여지가 없다 하겠으나 본건 소유권이전등기청구에 위 동시이행의 조건이 붙어 있다는 점에 관하여는 기판력이 미치는 것이다(74다2074*).569)

3. 상환이행판결 확정 후 후소의 기판력 저촉 판단

(1) 전소 원고가 전소로 구한 청구권을 상환이행조건 없이 후소로 제기

상환이행판결 확정 후 전소 원고가 자신의 반대의무 없이 전소 확정판결에서 구한 청구권을 구하는 후소를 제기하면 후소는 권리보호이익 흠결(동일관계)로 각하된다(2021다215497*).570)

---

568) 따라서, 동시이행항변에 행사된 채권을 후소로 구해도 전소 기판력에 저촉되진 않으나, 전소 판결이유 중 판단이 유력한 증거자료가 되어 특별한 사정이 없는 이상 전소 판결이유 내용에 기초하여 판단될 것이다.
569) 원고가 반대의무 이행을 하지 않아도 피고의 이행의무가 있다는 주장은 전소 기판력에 저촉되어 불허된다(74다2074).
570) 동시이행 판결의 집행은 채권자가 반대의무의 이행 제공을 증명해야만 개시할 수 있으나(민사집행법 제41조 제1항), 동시이행의 판결의 기판력은 소송물인 피고의 채무에 미칠 뿐 그와 동시이행관계에 있는 반대채권의 존부나 그 수액에 미치지 않는다.

(2) 전소 피고가 전소에서 상환이행 조건부로 인정된 원고 청구권을 다투는 후소 제기

　피고가 전소에서 상환이행 조건부로 인정된 원고 청구권을 다투는 후소를 제기하면 전소 기판력에 저촉되어(모순관계) 기각된다.

IV. 판결이유 중 판단　　　　　　　　　　　　　　　　　　　　　　　　　　　　sM-15

1. 판결이유 중 판단 구속력 인정 가부 (18)

(1) 문제점

　판결이유 중 판단에 구속력을 인정하지 않으면, **판결의 내용이 모순될 수 있으므로** 이를 인정할 것인지 문제된다.

(2) 학설 [경쟁의]

　ⅰ) 경제적가치동일설은 전·후소의 경제적 가치가 동일하면 전소 판결이유 중 판단에 **기판력**이 발생한다고 본다. ⅱ) 쟁점효이론은 전소에서 쟁점이 되어 심리된 경우 판결이유 중 판단에 **쟁점효**가 생긴다고 한다. ⅲ) 의미관련론은 전소판결이 후소에서 확정하려는 **법률효과**와 **의미관련**을 가지면 전소 판결이유 중 판단에 기판력이 발생한다고 본다.

(3) 判例 [객주법 물생이생]

　기판력의 **객**관적 범위는 **주**문에 포함된 **법**률관계 존부 판단에만 국한하는 것이므로 기판력은 소송물에 한해 **생**기고 판결**이**유 중 판단에 관해 **생**기는 것은 아니다(78다58)(2001다47467*).

(4) 검토

　제216조 제1항의 해석 및 오판시정 위해 판결이유 중 판단에 구속력을 인정하지 않음이 타당하다.

↘ 예시

1. 원고가 양도담보권자라는 전제하에 구한 농지인도청구 인용판결 확정 후 전소 피고가 전소 원고는 양도담보권자가 아님을 들어 등기말소청구의 후소를 제기하는 경우
　☞ 전소 판결이유 중 판단인 원고가 양도담보권자인지 여부에 기판력 발생하지 않아 후소에 작용하지 않는다. 즉, 전소는 "인도"를, 후소는 "등기"를 구하는 것이므로 기판력의 작용국면이 아니다(78다58).

2. 소유권에 기한 등기말소청구(또는 인도청구) 기각판결 확정 후 패소한 원고가 소유권 확인의 소를 후소로 제기하는 경우
　☞ 전소 판결이유 중 판단인 소유권 존부에 기판력이 발생하지 않아 후소에 작용하지 않는다. 즉, 전소는 "등기(또는 인도)"를, 후소는 그 전제사항인 "소유권 확인"을 구하는 것이므로 기판력의 작용국면이 아니다(2002다11847).

3. 매매계약이 무효임을 들어 제기한 매매대금반환청구의 소 인낙 후 다시 전소 원고가 매매계약 유효임을 전제로 이전등기청구의 후소를 제기하는 경우
　☞ 판결이유 중 판단인 매매계약이 유효 또는 무효인지 여부에 대해서는 기판력이 발생하지 않아 후소에 작용하지 않는다. 즉, 전소는 "금전"을, 후소는 "등기"를 구하는 것이므로 기판력의 작용국면이 아니다(2004다55698).

4. 가등기에 기한 소유권이전등기청구 인용판결 확정 후 전소 피고가 가등기말소청구의 후소를 제기하는 경우
　☞ 전소 기판력은 전소 소송물의 전제문제에 불과한 판결이유 중 판단인 "가등기의 효력 유무"에는 미치지 않으므로 기판력의 작용국면이 아니다(93다52488*).

5. 물건의 인도판결 확정 후 물건의 불법점유를 원인으로 손해배상청구의 후소를 제기하는 경우
   - ☞ 전소 기판력은 전소 소송물이 아닌 실체적 법률관계에 영향을 미치는 것은 아니므로 후소에 작용하지 않는다. 즉, 전소는 "인도"를, 후소는 "금전"을 구하는 것이므로 기판력의 작용국면이 아니다(2014다467780).

2. 증거효 [민특유합]

민·형사사건의 확정판결에서 인정된 사실은 **특**별한 사정이 없는 한 **유**력한 증거자료가 되므로 후소 법원은 **합**리적 이유설시 없이 이를 배척할 수 없다(79다1281*).571)

---

571) 민사재판에서 관련 형사판결에서 인정된 사실관계를 배척할 수도 있다(2019다202146).

107 기판력의 작용국면

📁 동일 - 선결 - 모순

Ⅰ. 동일관계
sM-16

전·후소의 소송물이 동일한 경우 전소 기판력이 후소에 동일관계로 작용한다.572)

> ☑ **특정부분 이전등기청구 패소 후, 토지 전체 지분이전등기 청구**
>
> **1. 전원합의체 다수의견 및 별개의견 [청동][권판공차]**
> (1) 전소와 후소는 각 **청구취지를 달리**하여 소송물이 **동일**하다고 볼 수 없어 전소 기판력은 후소에 미칠 수 없다.
> (2) **권**리관계의 존부에 대한 변론과 법원의 **판**단을 받을 수 있었다고 볼 수 **없다면** 그것이 변론종결 전 **공**격방어방법이라 탁하여 그 **차**단효를 인정할 수도 없는 것이니, 전소 기판력이 위 특정부분에 대한 지분에 미치지 않는다.
>
> **2. 전원합의체 소수의견 [일기기]**
> 특정부분에 관한 지분이전등기는 특정부분에 관한 소유권이전등기청구의 **분량적 일부**이므로, **특정부분에 관한 소유권이전등기청구**를 하였다가 **기**각되었음에도, 후에 그 특정부분을 포함한 토지 전부에 관한 지분이전등기를 구하는 것은, 그 특정부분에 관한 한 **기판력에 저촉**되어 허용되지 않는다(94다17956*).
>
> **3. 검토**
> 한 쪽으로는 승소해야 할 당사자가 **법원의 불찰로 패소함은 부당**하므로 다수의견이 타당하다.

Ⅱ. 선결관계
sM-17

ⅰ) 전소의 기판력이 있는 소송물에 대한 판단이 후소 소송물 판단에 있어 선결문제가 되거나 전소 소송물 판단이 후소에서 **항변사유가 되는 경우** 전소 기판력이 후소에 선결관계로 작용한다. ⅱ) 후소법원은 선결문제의 한도 내에서 **전소 기판력이 있는 판단에 구속되어 심판할 뿐, 소 자체를 각하하는 것이 아니다.**573)

> ↘ 예시
>
> **1. 전소 소송물 판단이 후소 소송물 판단의 선결문제 일반**
> (1) 전소: 소유권 확인의 소
>   ☞ 후소: 소유권에 기한 인도청구(또는 말소등기청구, 이전등기청구)(94다4684*)
> (2) 전소: 원금청구
>   ☞ 후소: 이자청구(또는 지연손해금청구)

---

572) 예시는 소송물이론 참조.
573) 전소의 주문에 포함된 소송물에 관한 판단이 후소에서 짚고 넘어갈 선결문제가 되었을 때에는 후소법원은 그 한도 내에서 전소와 다른 내용의 판단을 해서는 안 되고, 당사자도 그와 다른 주장을 할 수 없다.

(3) 전소: 甲의 피담보채무부존재 확인의 소
    ☞ 후소: 甲의 저당권말소청구574)
  (4) 전소: 甲의 소유권이전등기청구가 乙의 이행의무가 없다는 이유로 기각
    ☞ 후소: 甲이 소유권이전등기청구에 대해 乙이 이행의무 있음을 전제로 이행불능임을 원인으로 한 손해배상청구
  (5) 전소: 甲의 배당이의의 소 패소
    ☞ 후소: 甲이 전소 본안판결에 의해 확정된 배당액에 대해 부당이득반환청구(99다3501*)
2. 전소 소송물 판단이 후소에서 항변사유가 되는 경우
  (1) 전소: 토지매수인 甲의 매매(또는 취득시효)에 기한 토지소유권이전등기청구 기각
    ☞ 후소: 토지매도인 乙의 甲에 대한 건물철거 및 토지인도청구에서 甲이 점유권원 있음을 항변(94다46114)
  (2) 전소: 부동산 소유자의 전세금반환청구권 부존재 확인의 소 인용
    ☞ 후소: 부동산 소유자가 소유권에 기한 건물인도청구소송에서 전세권자가 전세금반환청구권이 있다며 동시이행항변
  (3) 전소: 제3채무자 소유의 토지 위에 건물을 소유한 대위채권자가 채무자를 대위하여 제3채무자를 상대로 제기한 소유권이전등기 청구 피보전채권 흠결 소각하
    ☞ 후소: 토지 소유자인 제3채무자가 자기 토지 위 건물 소유자 대위채권자를 상대로 제기한 건물철거 및 토지인도청구소를 제기한 경우, 대위채권자가 자신에게 피보전권리가 있음을 전제로 소유권이전등기청구권을 대위행사 할 수 있으므로 토지에 대한 점유권원이 있다는 항변(2000다41349)
  (4) 전소: 甲의 乙에 대한 매매대금청구 기각
    ☞ 후소: 乙의 甲에 대한 목적물인도청구소송에서 여전히 甲이 매매대금청구권이 있다며 동시이행항변

III. 모순관계 sM-18

후소가 전소에서 확정된 법률관계와 서로 모순되는 **반대관계**를 소송물로 하는 경우 전소 기판력이 후소에 모순관계로 작용한다.

↘ 예시
1. 전소: 소유권 확인의 소
  ☞ 후소: "패소한" 피고가 소유권 확인의 소
2. 전소: 계약이 유효함을 전제로 대금청구 인용
  ☞ 후소: "패소한" 피고가 계약이 무효임을 전제로 부당이득반환청구
3. 전소: 금원청구 인용 (17)
  ☞ 후소: "패소한" 피고가 채무부존재확인의 소
4. 전소: 매매계약이 유효함을 전제로 소유권이전등기청구 인용
  ☞ 후소: "패소한" 피고가 매매계약이 무효임을 전제로 등기말소청구(86다카1958*)575)
5. 전소: 제소전 화해로 일방의 등기
  ☞ 후소: 상대방이 등기말소청구

---

574) 80다1020 사건에서 判例는 채무의 존부에 관한 청구와 그 채무관계를 원인으로 한 소유권이전등기말소청구권(채권의 담보로 소유권이전등기가 경료된 사안) 존부는 별개의 소송물이므로 채무부존재확인의 확정판결의 기판력이 그 채무부존재를 원인으로 하는 소유권이전등기말소청구소송에 미칠 수 없다고 판시하였다. 하지만, 채무존부에 대한 전소 소송물 판단은 해당 채무관계를 원인으로 한 후소 소송물인 등기말소청구권 존부의 선결문제가 되므로 선결관계로 봄이 타당하다(김건호, "기판력의 물적범위에 관한 소고").
575) 전소 등기말소청구 인용 ☞ 후소로 패소한 피고가 인도청구 및 부당이득반환청구한 경우, 작용국면 해당되지 않음

☑ 전소에서 문제된 것과 다른 청구원인에 기한 후소 청구 (20)

1. 判例 [말기말 패다이]
소유권이전등기가 원인무효라는 이유로 그 **등기말소**를 명한 판결이 확정되었더라도 그 판결의 **기판력**은 **소송물이었던 말소등기청구권 존부**에만 미치므로 그 소송에서 **패소한 당사자**는 전소에서 문제된 것과는 **전혀 다른 청구원인**에 기하여 상대방에 대해 **소유권이전등기청구**를 할 수 있다(93다43491).

2. 학설
(1) **모순관계 긍정설**은 **법적 안정성**을 중시하여 전소와 후소의 소송물은 서로 **모순관계**에 해당하므로 변론종결 전 매수사실(또는 시효취득 사실)은 차단된다고 본다.
(2) **모순관계 부정설**은 **구체적 타당성**을 중시하여 전소인 등기말소청구의 청구원인과 **다른 청구원인**을 이유로 이전등기를 청구하였기 때문에 모순관계에 해당하지 않고, 변론종결 전 매수사실(또는 시효취득 사실)은 차단되지 않는다고 한다.

3. 검토
후소는 전소의 **판결주문을 다투는 것이라고 할 수 없으므로** 기판력에 저촉되지 않는다고 봄이 타당하다.

108 기판력의 시적범위 및 차단효

📁 의의 - 변론종결 전 - 변론종결 후

I. 의의 및 취지　　　　　　　　　　　　　　　　　　　　　　　　　　　sM-19

ⅰ) 기판력은 **변론종결시** 법률관계를 기준으로 발생한다. ⅱ) 전소 **변론종결 전** 제출할 수 있었던 공격방어방법은 후소에서 차단된다.

II. 변론종결 전 사유의 차단　　　　　　　　　　　　　　　　　　　　　　sM-20

1. 한정승인

(1) 한정승인 의의

상속인은 상속으로 인하여 취득할 재산의 한도에서 피상속인의 채무와 유증을 변제할 것을 조건으로 상속을 승인할 수 있다(민법 제1028조). 채권보다 채무가 더 많더라도 상속받은 채권의 범위 내에서만 채무를 부담하게 되고 고유재산에 대해서는 집행되지 않는다.[576]

(2) 전소에서 한정승인을 주장하지 않고 후소에서 주장

1) 判例 [한책심주이 책한]

ⅰ) 채권자가 상속인을 상대로 상속채무의 이행을 구하는 소송에서 채무자가 **한**정승인 사실을 주장하지 않으면 **책**임 범위는 현실적인 **심**판대상으로 등장하지 아니하여 **주**문에서는 물론 **이**유에서도 판단되지 않으므로 그에 관하여 기판력이 미치지 않는다.

ⅱ) 그러므로 채무자가 한정승인을 하고도 변론종결시까지 그 사실을 주장하지 아니하여 **책임범위에 관한 유보가 없는** 판결이 확정되었더라도 채무자는 그 후 **한**정승인 사실을 내세워 청구이의의 소[577]를 제기할 수 있다(2006다23138*).

2) 학설 [책무 전상고]

ⅰ) 한정승인을 주장하지 않아서 판결주문에서 채무범위만 명시하여 **책**임범위에 관한 유보 없는 판결이 확정된 경우에도 **무**한책임을 판시한 것으로 보고 책임범위에 기판력을 인정한다.

ⅱ) 한정승인 사실은 확정된 책임범위를 다투기 위한 **전소 변론종결 전**의 사유이므로 청구이의사유가 될 수 없어서 **상**속재산 뿐 아니라 상속인의 **고**유재산에 대해서도 강제집행 한다.

3) 검토

한정승인은 채무존부 자체가 아닌 **책임범위**에 관한 문제이므로 전소에서 주장하지 않은 한정승인을 후소에서 주장할 수 있다고 봄이 타당하다.

---

[576] 피상속인의 적극재산(채권)과 소극재산(채무)이 얼마인지 정확히 알 수 없을 때 한정승인하면 보다 안전하게 채권, 채무를 상속받을 수 있다.
[577] 청구이의의 소란 변론종결 후 발생한 사유를 들어 확정판결의 집행력 배제를 구하는 소이다. 청구이의의 원인이 변론종결 뒤에 생긴 것이어야 한다.

(3) 전소에서 한정승인 인정된 후, 후소로 책임범위에 관한 유보 없는 청구 [한상단책 한주책기][상채]
  1) 전소에서 상속인의 **한**정승인이 인정되어 **상**속재산의 한도에서 지급을 명한 판결이 확정된 때에는 채권자가 상속인에 대해 새로운 소에 의해 위 판결의 기초가 된 전소 사실심 **변론종결시 전에 존재한 법정 단**순순인 등 한정승인과 양립할 수 없는 사실을 주장하여 위 채권에 대해 **책**임범위에 관한 유보가 없는 판결을 구하는 것은 허용되지 아니한다.
  2) **한**정승인이 인정된 때에는 **주**문에 **책**임범위에 관한 유보가 명시되므로 한정승인의 효력에 대한 전소의 판단에 **기**판력에 준하는 효력이 있기 때문이다.
  3) 이러한 법리는 채권자의 급부청구에 대해 **상**속인의 한정승인의 주장이 받아들여져 상속재산의 한도 내에서 지급을 명한 판결이 확정된 경우와 **채**권자 스스로 위와 같은 판결을 구해 판결이 확정된 경우 모두에 마찬가지로 적용된다(2012다3197).

(4) 상속포기 [한책 채주기포]
  한정승인 사안에서 판시한 실권효 제한의 법리는 채무상속에 따른 **책**임의 제한 여부만이 문제되는 한정승인과 달리 상속에 의한 **채**무의 존재 자체가 문제되어 그에 관한 확정판결의 **주**문에 당연히 **기**판력이 미치게 되는 **상**속**포**기의 경우에는 적용될 수 없다(2008다79876*).

[한정승인과 상속포기의 기판력 문제]

	전소	후소	전소 다침?	후소 허용?
전소에서 한정승인 주장 안하고 후소에서 주장			막대기(책임범위)만 새로 얹을 뿐 전소 안 다침	○
전소에서 한정승인 인정 후 후소로 책임범위 유보 없는 판결 구함			막대기(책임범위)를 떼어버려서 전소 다침	×
상속포기			직사각형(채무)을 없애버려서 전소 다침	×

2. 변론종결 전 형성권 (09)(15)(25)

(1) 문제점
  전소 변론종결 전 존재한 취소권, 해제권, 상계권, 건물매수청구권 등의 **형**성권을 후소578)에서 주장하면 기판력에 의해 차단되는지 문제된다.

(2) 학설
  1) 실권설은 모든 형성권이 차단된다고 한다. 법적안정성을 근거로 한다.
  2) 비실권설은 모든 형성권이 차단되지 않는다고 한다. 실체법상 권리인 형성권의 **행**사를 존중하기 위함이다.

---
578) 청구이의의 소, 채무부존재확인의 소 등이 있다.

3) 상계권(또는 건물매수청구권) 비실권설은 취소권, 해제권 등 다른 형성권은 후소에서 차단되지만, 상계권(또는 건물매수청구권)은 차단되지 않는다고 한다. 상계항변은 출혈적 방어방법이고 행사시기를 자유에 맡겼음을 근거(건물매수청구권은 건물효용유지를 위해 정책적으로 마련된 것임을 근거)로 든다.

4) 제한적 상계권(또는 건물매수청구권) 실권설은 상계권(또는 건물매수청구권)도 전소 변론종결 전 행사할 수 있었음을 알았는데 불행사한 경우, 후소에서 차단된다고 한다. 소송촉진 및 신의칙 준수를 근거로 든다.

(3) 判例

1) 취소권, 해제권, 백지보충권

해제사유가 전소의 변론종결 전에 존재했다면 변론종결 후에 해제의 의사표시를 했더라도 이는 기판력에 저촉된다(80다2751).

2) 상계권 [상이후 변적알]

변론종결 후 상계의사표시를 한 때에는 청구이의의 소579)에서 규정하는 이의원인이 변론종결 후에 생긴 때에 해당하므로 양 채권이 변론종결 전에 상계적상에 있었어도 알았는가 몰랐는가와 무관하게 적법한 청구이의사유가 된다(66다780*).

3) 건물매수청구권 [철매 철매물기]

확정판결에 의하여 건물철거가 집행되지 않은 이상 임차인은 매수청구권을 행사하여 별소로 임대인에 대해 건물매매대금지급을 구할 수 있다. 건물철거소송과 매매대금청구소송은 서로 소송물을 달리하므로, 종전 확정판결의 기판력에 의해 건물매수청구권의 행사가 차단된다고 할 수 없다(95다42195).

(4) 검토

비실권설은 법적안정성 측면에서 부당하고, 실권설과 제한적 상계권(또는 건물매수청구권)실권설은 권리의 행사를 전소에서 강요하게 되어 부당하므로 상계권(또는 건물매수청구권) 비실권설이 타당하다.

3. 알지 못했던 변론종결 전 사유 [전알전모]

ⅰ) 전소 변론종결 전에 존재하던 사유이므로, 원고가 그러한 사정을 알지 못해 전소에서 주장하지 못했더라도 이를 후소에서 새로이 주장하여 전소에서의 소송물에 대한 판단과 모순되는 판단을 구하는 것은 전소 확정판결 기판력에 반한다(2011다79968*).580)

ⅱ) 기판력은 그 소송의 변론종결 전에 주장할 수 있었던 모든 공격방어방법에 미치는 것이므로, 그 당시 당사자가 알 수 있었거나 알고도 주장하지 않았던 사항에 한해서만 기판력이 미친다고 볼 수 없다(2020다231928).

---

579) 청구이의의 소란 변론종결 후 발생한 사유를 들어 확정판결의 집행력 배제를 구하는 소이다. 청구이의의 원인이 변론종결 뒤에 생긴 것이어야 한다.

580) ① 토지가 토지거래허가구역에서 해제되어 매매계약이 확정적으로 유효하게 된 사정은 전소 변론종결 전에 존재하던 사유이므로, 원고가 이를 알지 못해 전소에서 주장하지 못했더라도 후소에서 주장하여 전소 판결주문과 모순되는 판단을 구하면 전소 기판력에 저촉된다. ② 전소 변론종결 후 토지거래허가를 받아도 그 허가는 토지거래허가구역에서 해제되어 허가 대상에서 제외된 후에 이루어진바 변론종결 후 사정변경이라 할 수 없다(2011다79968*).

III. 변론종결 후 사유의 허용　　　　　　　　　　　　　　　　　　　　　sM-21

1. 원칙
변론종결 후 새로운 사유가 발생한 경우 이에 대해선 전소 기판력이 미치지 않는다.

2. 변론종결 후 새로운 사유의 의미 [후사증법판]
변론종결 **후** 발생한 새로운 사유란 새로운 **사**실관계를 말하는 것일 뿐 기존 사실관계에 대한 새로운 **증**거자료가 있다거나 새로운 **법**적 평가 또는 그와 같은 법적 평가가 담긴 다른 **판**결이 존재한다는 등의 사정은 포함되지 않는다(2016다222149).581)582)

☑ 변론종결 후 법령의 변경

1. 전소 확정판결 후 법령의 변경이 변론종결 후 새로운 사유인지 여부
승소판결이 확정된 후 소송촉진 등에 관한 특례법(이하 '소송촉진법')의 변경으로 소송촉진법 소정의 지연손해금 이율이 달라졌다고 하더라도 그로 인하여 선행 승소확정판결의 효력이 달라지는 것은 아니다.

2. 전소 확정판결 후에 변경된 법령을 이유로 확정판결과 다른 금액을 인정할 수 있는지 여부
따라서, 확정된 선행판결과 달리 변경된 소송촉진법상의 이율을 적용하여 선행판결과 다른 금액을 원고의 채권액으로 인정할 수 있는 것도 아니다(2019다215272).

☑ 변론종결 후 위헌결정

1. 변론종결 후 새로운 사유로 본 경우
선행소송인 국가배상청구가 권리보호이익 흠결로 각하 확정되고, 구 민주화보상법에 대한 위헌결정이 선고된 이후에는 피고의 불법행위로 손해에 대해서는 재판상 화해로 인해 국가배상청구의 권리보호이익이 흠결되었다고 볼 근거가 없어진 바, 원고들이 국가배상을 구하는 후행소송에서는 선행소송 각하판결의 권리보호이익 결여라는 소송요건의 흠결이 보완되어 전소 소각하판결 기판력에 저촉되지 않는다(2021다211600).

2. 변론종결 후 새로운 사유로 보지 않은 경우
구 소촉법의 규정에 대하여는 그 후에 헌법재판소의 위헌결정이 선고됨으로써 위 구 소촉법 규정이 위헌임이 확인되었다고 하더라도, 그로 인하여 위 승소확정판결의 효력이 달라지는 것은 아니며 법원이 위 승소확정판결에서 지급을 명한 것과 다른 금액을 채권자의 채권액으로 인정할 수 있는 것도 아니다(2003다19572).

---

581) 원고가 X회사로부터 건물을 분양받았다고 주장하는 피고를 상대로 소유권에 기한 건물인도청구를 구하였으나, 피고는 매수로 정당한 점유권원이 있다는 이유로 기각판결이 확정 후, X회사가 피고를 상대로 제기한 매매계약무효확인의 소가 X회사 승소 확정된 것을 보고 다시 원고가 피고 상대로 건물인도청구의 소를 구하였다. 피고의 건물을 점유할 정당한 권원 존부는 전소 변론종결 전 존재하던 사유로 원고가 전소에서 공격방어방법으로 주장할 수 있었고 그에 대한 법적 평가가 담긴 무효확인소송의 확정판결이 전소 변론종결 후에 있어도 새로운 사유에 해당하지 않는다(2016다222149).
582) 甲이 乙을 상대로 소유권에 기해 토지인도청구를 구해 甲승소 확정되었다. 그 후 乙이 甲을 상대로 토지소유권 확인의 소를 제기해 승소 확정되었다. 그러자 乙이 甲을 상대로 소유권에 기해 토지인도청구의 소를 제기하였다. 법원은 소유권확인의 소와 소유권에 기한 인도청구의 소는 소송물이 다르니, 소유권확인판결 확정만으로는 인도청구의 기초에 변경이 없다고 하여 전소 기판력에 저촉된다고 하였다(91다650).

3. 변론종결 후 발생한 채무소멸사유

전소에서 패소한 채무자는 **변론종결 후 발생한** 변제, 면제, 소멸시효완성, 화해 등 **채무소멸사유**를 주장하면서 청구이의의소를 제기할 수 있다.

4. 변론종결 후 변제하는 조건

전소에서 피담보채무의 **변제**로 양도담보권이 소멸하였음을 원인으로 한 **소유권이전등기의 회복청구**가 기각되었더라도 장래 잔존 피담보채무의 **변제를 조건**으로 이전등기의 회복청구를 하는 것은 전소 확정판결의 기판력에 저촉되지 않는다(2013다64793*).

5. 변론종결 후 조건 성취 [후전조조동]

변론종결 후 새로운 사유가 발생한 경우까지 전소의 확정판결의 기판력이 미치는 것은 아니므로, 전소에서 정지조건(=소취하) 미성취를 이유로 청구가 기각되었더라도 변론종결 후 그 조건이 성취되었다면 동일한 청구에 대하여 다시 소를 제기할 수 있다(2000다50909).583)

6. 변론종결 후 이행가능 [불기회사]

을로부터 병 앞으로 소유권이전등기가 경료되어 있기 때문에 을의 갑에 대한 소유권이전등기의무가 **이행불능**이라는 이유로 갑이 을을 상대로 한 소유권이전등기청구소송에서 **청구기각**판결이 확정된 후, 을이 병을 상대로 소유권이전등기 말소청구 소송을 제기하여 승소판결을 받아 등기부상 **소유권을 회복**한 경우 을은 갑에 대하여 소유권 이전등기 의무를 부담한다고 봄이 신의성실의 원칙상 당연하므로 종전의 갑 **패소판결 확정 후 사정변경**이 생긴 이상, 갑이 을을 상대로 다시 소유권이전등기를 청구하는 후소는 기판력에 저촉되지 않는다(94다46817).

7. 변론종결 후 재산분할협의 [단상후분내] (20)

전소에서 원고가 **단독상속인**이라고 주장하여 소유권확인을 구했으나 **공동상속인에 해당**한다는 이유로 **상속분에 해당하는 부분**에 대해서만 원고의 청구를 인용하는 판결이 확정되었다면, 전소의 기판력은 전소 **변론종결 후**에 상속재산분할협의에 의해 원고가 소유권을 취득한 나머지 상속분에 관한 소유권확인을 구하는 후소에는 미치지 않는다(2011다24340).

---

583) 원고가 피고를 상대로 금전지급청구를 구했고, 제1심 기각판결에 대해 원고가 항소하였다. 원고는 약정에 의해 피고가 금전채무 이행을 주장하였으나, 동 약정은 원고 소취하를 조건으로 하는데, 그때까지 원고가 소취하하지 않아 조건이 불성취로 법원은 원고 항소를 기각하였다. 항소기각판결 후 원고는 소취하 서면을 제출했으나 피고가 소취하에 부동의하였고 상고기간 도과로 판결 확정되었다. 이후 원고는 피고를 상대로 동일한 청구를 제기하며 전소 항소심 변론종결시 후 소취하서면을 제출했다고 주장하자, 후소 법원은 전소 변론종결 후 전소 취하하여 약정의 정지조건 성취라는 사정변경이 발생하여 전소 기판력이 미칠 수 없다고 보았다.

☑ 전소 원금청구 변론종결시 전후의 이자채권 (17)

1. 전소 변론종결시까지의 이자채권

(1) **전소 변론종결시까지의 원본채권의 존부**는 **판결이유**에서 판단된 것이고 **과거의 법률관계**에 불과하여 **기판력이 발생하지 않으**므로 후소에 기판력으로 작용하지 않는다.

(2) 또한 전소 변론종결 당시의 원본채권의 부존재 판단은 **전소 변론종결시까지의 이차채권에는 선결관계가 되지 않는다**.584)

(3) 다만 **전소 변론종결 전 특정시점에 면제**했다고 판단한 전소 확정판결은 후소에서 **유력한 증거**가 되므로 후소 법원은 특별한 사정이 없는 한 이를 기초로 판단하여 **그 특정시점 전까지의 이자채권만을 인용**해야 한다.585) (이 부분은 문제에서 전소 변론종결 전 면제했다는 사정이 주어지지 않으면 쓰지 않음)(76다1488*)

2. 전소 변론종결시부터 현재까지의 이자채권

전소 **변론종결시 기준 원본채권**에 관한 판단을 **선결관계**로 하므로 기판력이 작용한다(76다1488*).

---

584) 변론종결시 원본채권 존부 판단은 그보다 이전 시점에 대해서 선결관계가 될 수 없기 때문이다.
585) 판결이유의 증거효를 인정하여 판단한 것으로, 면제 이전 시점까지는 채권이 존재했고, 면제 이후 시점부터는 채권이 부존재하게 된 것이므로 면제한 시점 이전까지의 이자채권만을 인정한 것이다.

109 추가청구와 변경의 소

📁 추가청구 – 변경의 소 – 확대손해·여명연장

Ⅰ. 추가청구   sM-22

1. 문제점
장래이행판결 당시 판단의 기초로 된 사정이 현저하게 변경된 경우, 추가청구를 허용해야 하는데, 장래이행의 확정판결 기판력에 저촉되지 않는 점을 어떻게 설명할 것인지 문제된다.

2. 학설
(1) 시적한계설은 전소에서 제출할 수 없었던 공격방어방법은 후소에서 차단되지 않는다고 본다.
(2) 별개소송물설은 전소 변론종결시까지 예측할 수 없었던 손해는 별개의 소송물이므로 후소에 기판력이 미치지 않는다고 한다.
(3) 명시적 일부청구의제설은 명시적 일부청구가 있었던 것으로 보아 차액을 후소로 구하는 것은 전소 기판력에 저촉되지 않는다고 본다.

3. 判例

(1) 임대료 상승, 병세악화 – 명시적 일부청구의제설 [명일기차]
전소에서 일부청구를 **명**시하지 않았지만 명시한 경우처럼 그 청구가 **일**부청구이었던 것으로 보아, 전소판결의 **기**판력이 **차**액상당의 부당이득반환청구에 미치지 않는다(92다46226*).

(2) 후유증 등 확대손해, 여명연장 – 별개소송물설 [새종예포별기]
불법행위로 인한 적극적 손해의 배상을 명한 전소 변론종결 후에 **새**로운 적극적 손해가 발생한 경우에 그 소송 **변론종**결 당시 그 손해의 발생을 **예**견할 수 없었고 또 그 부분 청구를 **포**기하였다고 볼 수 없는 등 특별한 사정이 있다면 전소송에서 그 부분에 관한 청구가 유보되어 있지 않더라도 이는 전소의 소송물과는 **별**개의 소송물이므로 전소 **기**판력에 저촉되는 것이 아니다(80다1671*).

4. 검토
ⅰ) 시적한계설은 **예상할 수 없었던 손해는 별개의 소송물**로 볼 수 있음에도, 동일한 소송물로 보아 시적 범위로 처리하는 문제점이 있다. ⅱ) 임대료 상승, 병세악화의 경우 **전혀 다른 별개의 소송물로 보기 어려우**므로 명시적 일부청구의제설로 해결함이 타당하다. ⅲ) 확대손해, 여명연장의 경우, 전소 변론종결시에 전혀 예측할 수 없었으므로 별개의 소송물로 봄이 타당하다.

Ⅱ. 변경의 소
sM-23

1. 의의 및 취지
(1) 정기금 판결이 확정된 후 액수산정의 기초가 된 사정이 현저하게 바뀐 경우, 지급할 정기금 액수를 바꾸어 달라는 소이다(제252조). 공평의 원칙을 실현하기 위해 2002년 개정법에서 도입되었다.
(2) 소송물은 전소인 정기금 판결과 동일하다고 보는 것이 통설이며, 소송법상 형성의 소에 해당한다.

2. 요건 [정확적일 현]
(1) 정기금 확정판결이 있을 것
(2) 정기금 판결을 받은 자일 것 (=당사자적격)
전소의 당사자이거나 기판력을 받는 자이어야 한다.

> ☑ **전소 소송물이 채권적 청구권이었던 경우** [부채종소송 다부정변]
> ⅰ) [부동산 소유권 취득자에게 기판력이 미치는지 여부] **부당이득반환** 판결이 확정된 경우, 소송물은 **채권적 청구권**인 부당이득반환청구권이므로, 위 소송의 **변론종결** 후에 위 토지의 **소유권**을 취득한 사람은 **변론종결 뒤의 승계인**에 해당하지 않아 정기금지급판결의 기판력이 미치지 않는다..
> ⅱ) [부동산 소유권 취득자의 변경의 소 적부] 토지의 새로운 소유자가 무단 점유자를 상대로 **다시 부당이득반환청구**의 소를 제기하지 않고, 전 소유자의 부당이득반환청구소송에서 내려진 **정기금판결에 대하여 변경의 소를 제기하는 것은 부적법**하다(2014다31721*).

(3) 일반 소송요건
(4) 판결 확정 후 액수산정의 기초가 된 사정이 현저하게 바뀌었을 것[586]
  1) 확정판결이 있은 후에 그 액수 산정의 기초가 된 사건이 현저하게 바뀜으로써 당사자 사이의 형평을 크게 침해할 특별한 사정이 생겨야 한다(2009다64215).[587]
  2) 단순히 종전 확정판결의 결론이 위법, 부당하다는 등의 사정을 이유로 정기금의 액수를 바꾸어 달라고 할 수 없다(2015다243996).[588]

3. 절차
ⅰ) 변경의 소는 제1심 판결법원의 전속관할로 한다(제252조 제2항). ⅱ) 확정판결의 사본을 첨부하여야 한다.

4. 효과
변경의 소가 인용되면, 정기금 판결의 기판력이 배제되고 **새로운 법률관계를 형성한다**. 원판결을 감액 또는 증액하는 판결주문을 선고한다.

---
[586] (4)의 요건은 본안요건이므로 흠결시 청구기각된다.
[587] 12년간 공시지가 2.2배, 임대료 2.9배 상승은 현저한 사정변경이라 볼 수 없다(2009다64215*).
[588] 전소 정기금 판결에서 토지가 도로임을 전제로 판결한 경우, 해당 토지는 대지임에도 도로라고 잘못 전제하여 판결했다는 이유로 변경의 소를 제기한 것에 대해 원심법원이 인용판결 한 것은 위법하다고 한 사례.

5. 추가청구와 변경의 소 관계

변경의 소는 변경의 소 제기일 이후 증감액만 구제되므로 정기금 판결인 전소 변론종결 후부터 변경의 소 제기 전까지는 추가청구[589] 또는 청구이의의 소로 구제받는다.

III. 후유증 등 확대손해·여명연장의 경우 "변경의 소" 가부   sM-24

1. 문제점

변경의 소의 심판대상이 될 수 있는 소송물이 전소 정기금판결과 동일한 소송물인지 판단하여 判例가 전소 정기금판결의 소송물과 별개의 소송물로 보는 확대손해, 여명연장의 새로 발생한 손해에 대해서는 변경의 소가 불허된다고 볼지 문제된다.

2. 학설 [동확별취][잘변다변]

(1) 소송물 동일설은 변경의 소는 소송물이 전소와 동일한데, 후유증에 의한 확대손해는 전소 소송물과 별개 소송물이므로 추가청구 하면 되고 변경의 소 대상이 아니라고 한다.
(2) 소송물 별개설은 변경의 소는 잘못된 재판을 다시 해달라는 것이 아니므로 소송둘은 전소 확정판결내용을 변경해 달라는 변경청구권으로 전소와 소송물이 다르며, 예상치 못한 확대손해도 변경의 소가 허용된다고 한다.

3. 검토

변경의 소는 전소 정기금 판결의 기판력에 후소가 저촉되는 것을 해결하기 위해 도입된 것이므로 변경의 소의 소송물은 정기금 판결의 소송물과 동일하다고 볼 것이다.

☑ **여명단축**

손해배상청구소송 판결 확정 후 피해자가 그 판결에서 손해배상액 산정의 기초로 인정된 기대여명보다 일찍 사망한 경우라도 그 판결이 재심의 소 등으로 취소되지 않는 한 그 판결에 기해 지급받은 배상금을 법률상 원인 없는 이득이라며 반환을 구함은 그 판결의 기판력에 저촉(모순관계)된다(2009다56665).

---

[589] 변경의 소 제기일 이전 부분에 대해 현저한 사정변경이 없으면 전소에서 인용된 부분은 권리보호이익 흠결로 각하하고 전소에서 인용된 부분을 초과한 부분은 전소 기판력에 저촉되어 기각된다. 변경의 소 제기일 이전 부분에 대해 현저한 사정변경이 인정되면 추가로 구하는 청구 부분이 전소 기판력에 저촉되지 않아 인용할 수 있다.

☑ 추가청구와 변경의 소 논점 정리

1. 임료폭등, 병세악화

　　├ 추가청구
　　├ 변경의 소
　　└ 추가청구와 변경의 소 관계

2. 임료폭락, 병세호전

　　├ 청구이의의 소
　　├ 변경의 소
　　└ 청구이의의 소와 변경의 소 관계

3. 후유증 등 확대손해, 여명 연장

　　├ 추가청구
　　└ 변경의 소 가부 학설대립

110 판결편취

> 의의 - 종류 - 판결효 - 소송법상 구제 - 실체법상 구제 - 집행단계 구제

Ⅰ. 의의　　　　　　　　　　　　　　　　　　　　　　　　　　　　　　sM-25

악의로 상대방이나 법원을 기망하여 부당히 판결을 받는 것을 말한다.

Ⅱ. 종류　　　　　　　　　　　　　　　　　　　　　　　　　　　　　　sM-26

ⅰ) 공시송달에 의한 판결편취 ⅱ) 허위주소송달에 의한 판결편취 ⅲ) 참칭대표자에 의한 판결편취 ⅳ) 소취하합의 위반의 판결편취 ⅴ) 성명모용소송이 있다.

Ⅲ. 판결효력　　　　　　　　　　　　　　　　　　　　　　　　　　　　sM-27

1. 학설

(1) **유효설**은 법적안정성을 위해 판결은 일응 유효하다고 한다.
(2) **무효설**은 당사자의 **절차권이 박탈**되었으므로 판결이 무효라고 본다.

2. 判例

판결이 **형식적으로 존재**하는 이상 사위판결도 당연무효의 판결이 아니다.

3. 검토

재심사유 11호로 공시송달에 의한 판결편취를, 3호로 성명모용소송, 참칭대표자에 의한 판결편취를 다투도록 하여 판결이 일응 유효하다고 봄이 타당하다.

Ⅳ. 소송법상 구제수단　　　　　　　　　　　　　　　　　　　　　　　　sM-28

1. 문제점

편취판결의 **송달이 유효한지 여부**에 따라 당사자가 선택할 수 있는 **소송법상 구제수단**이 달라지므로 이를 살핀다.

2. 학설

(1) **항소설**은 **송달을 무효**로 보아, 상소기간은 진행하지 않으므로, 당사자는 항소로 구제받을 수 있다고 한다.
(2) **추완·재심설**은 송달을 유효로 보아, 상소기간이 진행하여 판결이 **확정**될 수 있고, 그 이후에는 **추완상소 또는 재심**으로 구제받는다고 한다.

3. 判例

(1) 공시송달에 의한 판결편취 [공허송간확]

공시송달 방법에 의해 판결정본이 송달된 경우 피고의 주소지를 **허**위로 하여 소가 제기된 경우라도 그 **송**달은 유효하고 그때부터 **상소기간**이 도과되면 그 판결은 **확**정되는 것이므로 피고는 재심의 소를 제기하거나 추완항소를 제기해야 한다(79다1528*).

(2) 허위주소송달에 의한 판결편취 [허다송간]

판결정본이 제소자가 허위로 **표**시한 상대방의 **허**위주소로 보내져서 상대방 아닌 **다**른 사람이 그를 수령한 것이니 상대방에 대한 판결정본의 **송**달은 **부적법**하여 **무효**이고 상대방은 아직도 판결정본의 송달을 받지 않은 상태에 있는 것으로서 그 판결에 대한 **항소기간**은 진행을 개시하지 않은 것이다(75다634*).

(3) 참칭대표자

피고 대표자를 참칭대표자로 적어 그에게 소장부본 등을 송달하게 하고 자백간주에 의한 판결을 받아낸 경우, 송달은 유효하기 때문에 항소기간이 진행하므로 재심사유가 된다(98다47290*).

(4) 성명모용소송

판결 확정 후 재심이 가능하다고 하여 판결정본송달이 유효하여 항소기간이 진행함을 전제한다(64다328).

4. 검토

송달을 무효로 보면 언제든 항소할 수 있어 법적 안정성에 반하므로, 추완·재심설이 타당하다. 다만, 허위주소송달에 의한 판결편취의 경우에는 송달 자체가 없었던 것으로 보아 항소설이 타당하다.

V. 실체법상 구제수단   sM-29

1. 문제점

판결편취에 의해 **집행이 완료**된 경우, 부당이득반환청구, 등기말소청구, 손해배상청구 등으로 구제받을 수 있는지 문제된다.

2. 학설

(1) 재심필요설은 법적 안정성을 강조해 재심에 의한 **편취판결의 취소**가 선행되어야 한다고 본다.
(2) 재심불요설은 편취판결을 보호함은 자연적 정의감에 반하므로 재심으로 **취소하지 않고도 별소**를 제기할 수 있다고 본다.
(3) 절충설은 원칙적으로 재심이 필요하지만 당사자의 절차적 기본권이 근본적으로 침해된 경우에는 후소가 가능하다고 본다.

3. 判例

(1) 원칙 [재기강원]

판결이 **재**심의 소 등으로 취소되지 아니하는 한 그 판결의 **기**판력에 저촉되는 주장을 할 수 없으므로 그 확정판결의 **강**제집행으로 교부받은 금원을 법률상 **원**인 없는 이득이라고 할 수 없어 부당이득반환청구 불가하다(94다41430*).

(2) 예외 - 허위주소송달 사건 [허기등실말]

허위주소송달의 경우, 사위판결에 기판력이 부정되므로 사위판결에 의거하여 경료된 소유권이전등기는 실체적 권리관계에 부합될 수 있는 다른 사정이 없는 한 말소될 처지에 있는 것이어서 사위판결에 대하여 항소하지 않고 별소인 말소등기청구를 할 수 있다(75다634*).590)

(3) 예외 - 손해배상청구 [재불쉽 강불절재정]

확정판결에 재심사유가 존재하는 경우, 재심의 소에 의해 그 취소를 구하는 것이 원칙적인 방법임에 비추어 볼 때 불법행위의 성립을 쉽게 인정해서는 아니 된다.

확정판결에 기한 강제집행이 불법행위로 되는 것은 당사자의 절차적 기본권이 근본적으로 침해된 상태에서 판결이 선고되었거나 판결에 재심사유가 존재하는 등 확정판결 효력을 존중하는 것이 정의에 반함이 명백하여 이를 묵과할 수 없는 경우로 한정할 것이다(95다21808*).591)592)

4. 검토

별소로 편취판결의 기판력에 반하는 후소를 허용하면 법적 안정성이 저해되어 부당하다. 다만, 절차적 기본권이 근본적으로 침해된 판결편취로 인한 손해를 인정할 수 있다면 손해배상청구를 허용할 수 있을 것이다.

VI. 집행단계 구제수단   sM-30

1. 문제점

청구이의의 소란 변론종결 후 발생한 사유를 들어 확정판결의 집행력 배제를 구하는 소이다. 청구이의의 원인이 변론종결 뒤에 생긴 것이어야 한다. 편취판결 집행을 청구이의의 소로 막을 수 있는지 문제된다.

2. 학설

(1) 청구이의이유 긍정설은 구체적 타당성을 들어 부당한 집행은 청구이의의 소로 막을 수 있다고 본다.
(2) 청구이의이유 부정설은 법적 안정성을 들어 판결편취사실은 변론종결 전 사유이므로 청구이의이유가 될 수 없다고 한다.

3. 判例

(1) 한 연대채무자로부터 변제받은 사실을 감추고 다른 연대채무자를 상대로 승소판결을 편취한 사건 [부청집]

청구이의의 소는 부당한 강제집행이 행하여지지 않도록 하려는 것이므로 판결에 의해 확정된 청구가 그 판결의 변론종결 후에 변경, 소멸된 경우뿐만 아니라 판결을 집행하는 자체가 불법인 경우에도 이를 허용함이 상당하다. 이 경우의 불법은 판결에 의하여 강제집행에 착수함으로서 외부에 나타나 비로소 이의원인이 된다고 보아야 하기 때문이다(84다카572*).

---

590) 허위주소송달의 경우, 판결이 확정되지 않아 기판력이 발생하지 않기 때문이다.
591) 집행이 불법행위가 되려면 당사자가 상대방 권리를 해할 의사로 상대방의 소송 관여를 방해하거나 허위 주장으로 법원을 기망하는 등 부정한 방법으로 실체 권리관계와 다른 확정판결을 취득하여 집행을 하는 등의 특별한 사정이 있어야 하고, 그런 사정 없이 확정판결 내용이 단순히 실체 권리관계에 배치되고 집행채권자가 이를 알고 있었다는 것만으로 그 집행이 불법행위라고 할 수 없다(95다21808*).
592) 편취판결에 기한 강제집행이 불법행위라고 하여 손해배상청구의 후소를 제기하는 것은 전소 기판력에 저촉되는 것은 아니지만, 편취판결이라도 재심에 의해 취소되어야 그 판결효가 부정될 수 있으므로 손해배상청구도 신중하게 인정해야 한다는 취지이다.

(2) 소유권이전등기청구소송 [의확의동완배]

채무자의 의사의 진술을 구하는 소송에서 그 청구를 인용하는 판결이 확정되었다면, 그와 동시에 이행의 의사를 진술한 것과 동일한 효력이 발생하므로 위 확정판결의 강제집행은 이로서 완료되는 것이고 집행기관에 의한 별도의 집행절차가 필요한 것이 아니므로 집행절차가 계속됨을 전제로 하여 그 집행력의 배제를 구하는 청구이의의 소는 허용될 수 없다(95다37568).

4. 검토

원칙적으로 불법 정도가 심해 기판력 보호를 받음이 불합리한 경우, 강제집행을 권리남용으로 보아 청구이의의 소를 허용함이 타당하다. 다만, 집행절차가 별도로 존재하지 않는 소유권이전등기청구의 소의 경우에는 청구이의의 소가 허용되지 않을 것이다.

CHAPTER

15

사해행위취소소송

111 사해행위취소소송

📁 의의 - 법적 성질 - 피보전채권변경 - 사해행위 법적평가 - 중복소제기 - 기판력 - 권리보호이익

I. 의의 및 취지 sN-1

사해행위취소소송이란 채무자가 채권자를 해함을 알고 재산권을 목적으로 한 법률행위를 한 때 채권자가 그 취소 및 원상회복을 구하는 것이다(민법 제406조).[593] 채권자의 권리 실현을 위해 책임재산 회복하기 위함이다.

II. 법적 성질 (22)(23) sN-2

1. 학설
(1) **이행소송설**은 재산의 원상회복을 목적으로 하는 소송으로, **수익자만 피고**가 된다고 본다.
(2) **형성소송설**은 사해행위의 **절대적 취소**를 목적으로 하는 소송으로, **채무자와 수익자를 공동피고**로 해야 한다고 한다.
(3) **병합설**은 사해행위의 **상대적 취소**와 재산의 원상회복을 목적으로 하는 **이행소송과 형성소송의 병합** 형태로 본다.

2. 判例 [상취회결수]
(1) 채권자취소권은 채무자의 사해행위를 채권자와 수익자 또는 전득자 사이에서 **상대적으로 취소**하고 채무자의 책임재산에서 일탈한 **재산을 회복**하여 채권자의 강제집행이 가능하도록 하는 것을 본질로 하는 권리로서 **형성의 소와 이행의 소의 결합**이라고 본다(2007다84352*).
(2) 취소권은 악의의 **수익자** 또는 전득자에게 대하여만 있고, 채무자를 상대로 취소청구는 할 수 없으므로, 채무자에 대한 소는 각하해야 한다.

3. 검토
사해행위취소소송은 사해행위를 **상대적으로 취소**하며, 재산의 **원상회복**에 중점을 두고 있으므로, 수익자만 피고적격을 가진다고 봄이 타당하다.

III. 피보전채권 추가 및 변경 [보추공물 보동이물] sN-3

1. 피보전채권 추가 또는 변경시 소변경인지 여부
채권자가 사해행위취소 및 원상회복청구를 하면서 **보**전하고자 하는 채권을 **추**가하거나 교환하는 것은 사해행위취소권과 원상회복청구권을 이유 있게 하는 **공격방법**에 관한 주장을 변경하는 것일 뿐이지 **소송물** 자체를 **변경하는 것이 아니다**(2001다13532*).[594]

---

[593] 사해행위취소소송의 요건사실은 피보전채권, 사해행위, 사해의사 세 가지이다. 흠결시 청구기각된다.
[594] 따라서, 제소기간 준수 여부는 피보전채권 추가, 교환 시점이 아닌 소제기시를 기준으로 판단한다.

2. 피보전채권을 달리하여 동일 사해행위의 취소 및 원상회복을 구한 경우 소송물 동일 여부 (23)(25)

채권자가 보전하고자 하는 채권을 달리하여 동일한 법률행위의 취소 및 원상회복을 구하는 채권자취소의 소를 이중으로 제기하는 경우 전소와 후소는 소송물이 동일하다고 보아야 하고, 이는 전소나 후소 중 어느 하나가 승계참가신청에 의해 이루어진 경우에도 마찬가지이다(2010다80503).595)

IV. 사해행위의 법률적 평가를 달리 주장 sN-4

채권자가 채무자의 어떤 금원지급행위가 사해행위에 해당된다고 하여 그 취소를 청구하면서 다만 그 금원지급행위의 법률적 평가와 관련하여 증여 또는 변제로 달리 주장하는 것은 그 사해행위취소권을 이유 있게 하는 공격방법에 관한 주장을 달리하는 것일 뿐이지 소송물 또는 청구 자체를 달리하는 것으로 볼 수 없다(2004다10985*).

V. 중복소제기금지원칙 [각고취 어승회] sN-5

각 채권자는 고유의 권리로서 채무자의 재산처분행위를 취소하고 그 원상회복을 구할 수 있는 것이므로 각 채권자가 동시 또는 이시에 사해행위 취소 및 원상회복을 구하는 소송을 제기해도 그 중 어느 소송에서 승소판결이 선고, 확정되고 그에 기하여 재산이나 가액의 회복을 마치기 전에는 각 소송이 중복제소에 해당한다거나 권리보호의 이익이 없게 되는 것은 아니다(2004다67806*).

VI. 기판력 [각고취] (22) sN-6

채권자취소권의 요건을 갖춘 각 채권자는 고유의 권리로서 채무자의 재산처분 행위를 취소하고 그 원상회복을 구할 수 있는 것이다(2003다19558).

VII. 권리보호이익 [한동승다리 한동승회리] (22) sN-7

1. 서로 다른 채권자 간의 권리보호이익 판단

ⅰ) 한 채권자가 동일한 사해행위에 관하여 채권자취소 및 원상회복청구를 하여 승소판결이 확정되었다는 것만으로 그 후에 제기된 다른 채권자의 동일한 청구가 권리보호의 이익이 없어지게 되는 것은 아니다(2003다19558*). ⅱ) 한 채권자가 동일한 사해행위에 관하여 채권자취소 및 원상회복청구를 하여 승소판결이 확정되고 그에 기하여 재산이나 가액의 회복을 마친 경우에는 다른 채권자의 채권자취소 및 원상회복청구는 그와 중첩되는 범위 내에서 권리보호의 이익이 없게 된다(2004다65367*).596)

---

595) 채권자가 채무자의 어떤 금원지급행위가 사해행위에 해당된다고 하여 그 취소를 청구하면서 다만 그 금원지급행위의 법률적 평가와 관련하여 증여 또는 변제로 달리 주장하는 것은 그 사해행위취소권을 이유 있게 하는 공격방법에 관한 주장을 달리하는 것일 뿐이지 소송물 또는 청구 자체를 달리하는 것으로 볼 수 없다(2004다10985).
596) 원심 변론종결 이후 말소된 근저당권설정등기에 대하여 그 말소를 구하는 사해행위취소 및 원상회복청구에 소의 이익이 없다(2021다299549). 대법원은 원심을 직권으로 파기하고 소각하한 사례.

2. 동일 채권자가 원물반환 전부 승소 후 가액배상 구하는 경우

ⅲ) 채권자가 일단 사해행위 취소 및 원상회복으로서 원물반환 청구를 하여 승소 판결이 확정되었다면, 그 후 어떠한 사유로 원물반환의 목적을 달성할 수 없게 되었다고 하더라도 다시 원상회복청구권을 행사하여 가액배상을 청구할 수는 없으므로 그 청구는 권리보호의 이익이 없어 허용되지 않는다(2004다54978).

☑ 소송을 통해 이전등기가 마쳐진 경우 사해행위 해당 여부 [송자패등 합사]

무자력상태의 채무자가 소송절차를 통해 수익자에게 자신의 책임재산을 이전하기로 하여, 수익자가 제기한 소송에서 자백하는 등의 방법으로 패소판결 또는 그와 같은 취지의 화해권고결정 등을 받아 확정시키고, 이에 따라 수익자 앞으로 책임재산에 대한 소유권이전등기 등이 마쳐졌다면, 이러한 일련의 행위의 실질적인 원인이 되는 채무자와 수익자 사이의 이전합의는 다른 일반채권자의 이익을 해하는 사해행위가 될 수 있다(2016다204783).

☑ 확정판결로 경료된 등기를 사해행위취소소송으로 말소하는 경우 기판력 (22)

1. 상대효 [취수원채법]

채권자가 사해행위의 취소와 함께 수익자 또는 전득자로부터 책임재산의 회복을 명하는 사해행위취소의 판결을 받은 경우 수익자 또는 전득자가 채권자에 대하여 사해행위의 취소로 인한 원상회복 의무를 부담하게 될 뿐, 채권자와 채무자 사이에서 취소로 인한 법률관계가 형성되는 것은 아니다.

2. 기판력저촉 여부 [확등사말판]

채무자와 수익자 사이의 소송절차에서 확정판결 등을 통해 마쳐진 소유권이전등기가 사해행위취소로 인한 원상회복으로써 말소된다고 하더라도, 그것이 확정판결 등의 효력에 반하거나 모순되는 것이라고는 할 수 없다(2016다204783).

☑ 사해행위인 채권양도가 취소된 후 채권자가 채무자(채권양도인)을 대위하여 채권 청구 가부

사해행위의 취소는 채권자와 수익자의 관계에서 상대적으로 채무자와 수익자 사이의 법률행위를 무효로 하는 데에 그치고, 채무자와 수익자 사이의 법률관계에는 영향을 미치지 아니한다. 따라서 채무자의 수익자에 대한 채권양도가 사해행위로 취소되고, 그에 따른 원상회복으로서 제3채무자에게 채권양도가 취소되었다는 취지의 통지가 이루어지더라도, 채권자와 수익자의 관계에서 채권이 채무자의 책임재산으로 취급될 뿐, 채무자가 직접 채권을 취득하여 권리자로 되는 것은 아니므로, 채권자는 채무자를 대위하여 제3채무자에게 채권에 관한 지급을 청구할 수 없다(2012다2743).

CHAPTER
16

병합소송

112 객관적 병합

📁 의의 - 요건 - 단순병합 - 선택적 병합 - 예비적 병합 - 부진정 예비적 병합

I. 의의 및 취지 _{s0-1}

객관적 병합이란 하나의 소송절차로 여러 청구를 하는 것이다. 소송경제 및 재판통일을 위함이다.

II. 요건 _{s0-2}

ⅰ) 서로 다른 청구의 병합이어야 하고[597] ⅱ) 동종절차·공통관할이어야 한다.

☑ **통상의 민사청구와 재심의 소 병합 가부**

1. 判例 [재대별합]
재심청구에 재심**대**상판결에 의해 경료된 이전등기의 말소청구를 병합해 제기했으나, 등기말소청구는 **별**소로 제기해야 하고 재심의 소에 병**합**해 제기할 수 없다(96다41649*).

2. 학설 - 반대견해
소송의 효율적인 진행을 위해 상급심 판결에 대한 재심의 소를 제외하고는 통상의 민사청구와 재심의 소의 병합을 인정해야 한다고 본다.

3. 검토
재심의 소는 비상의 불복수단으로 통상의 민사청구와 다른 종류의 절차이므로 병합을 부정함이 타당하고, 통상의 민사청구는 각하한다.

III. 단순병합 _{s0-3}

1. 의의 및 취지 (17)

양립가능한 여러 청구를 **병렬적**으로 병합해 **전부**에 대해 인용을 구하는 것이다. 소송경제 및 재판통일을 위함이다.[598]

2. 심리방식

사실·증거자료는 모든 청구에 대한 판단의 기초가 된다. 변론의 분리[599]가 가능하다.

---

[597] 청구취지가 동일하고 청구원인이 다른 소송물을 병합시, 소송물이론을 간략히 검토하여 청구의 병합임을 짚어준다.
[598] 단순병합은 복수의 청구 간에 관련성이 있을 수도 있고 없을 수도 있다.
[599] 변론의 분리란 병합 청구 중 어느 청구를 분리해 별개의 절차로 심리하는 것이다.

3. 일부판결 가부 및 구제방법 (17)

(1) 원칙

전부판결함이 원칙이나, 일부판결도 허용된다.

(2) 관련적 단순병합 일부판결 가부

1) 문제점

청구 사이 쟁점이 공통되는 관련적 단순병합600)의 경우, 일부판결이 가능할 것인지 문제된다.

2) 학설

ⅰ) 주요쟁점이 공통되므로 재판통일을 위해 일부판결은 부적법하다는 견해 ⅱ) 일부판결이 부적당하지만 적법하다고 보는 견해가 있다.

3) 判例 [원지탈계상]

원금청구 부분만 판단하고 확장된 **지**연손해금청구 부분에 대하여는 재판의 **탈**루가 있었고, 이 부분 소송은 아직 원심에 **계**속 중이어서 적법한 **상**고의 대상이 되지 아니한다(94다50274*).

> ☑ **한 청구 일부에 대한 판단을 빠뜨린 경우**
>
> 원고가 실제로 감축한다고 진술한 것보다 더 많은 부분을 감축한 것으로 보아 **판결**을 선고한 경우, 원고가 감축한 금액을 제외한 나머지 부분에 관하여는 아무런 판결을 하지 않은 것이고, 이는 결국 재판의 탈루로 여전히 **원심에 계속중**이라 할 것이므로, 원심에 그 부분의 **추가판결**을 구할 수 있음은 별론, 그 부분의 판결도 없는 상태에서 제기한 **상고는 상고의 대상이 없어 부적법**하다(97다22843).

4) 검토

관련적 단순병합이라도 **변론의 분리**가 가능하므로 일부판결은 적법하다.

Ⅳ. 선택적 병합

s0-4

1. 의의 및 취지 (09)(14)

양립가능한601) 여러 청구를 한 청구의 **택일적 인용**을 해제조건으로 다른 청구의 판단을 구하는 병합이다.602) 소송경제 및 재판통일을 위함이다.

2. 심리방식

한 청구 인용시, 다른 청구를 판단하지 않는다. 기각하는 경우 **모든 청구를 판단하여 기각**해야 한다.

---

600) 원금청구과 이자청구, 신체상해 손해배상청구에서 각 손해, 건물소유권확인과 건물인도청구의 병합 등
601) 양립할 수 없는 수 개의 청구는 성질상 선택적 병합으로 동일 소송절차 내에서 동시에 심판될 수 없다(81다카1120).
602) 불법행위에 기한 손해배상청구와 채무불이행에 기한 손해배상청구, 불법행위에 기한 손해배상청구와 부당이득반환청구, 취득시효에 기한 소유권이전등기청구와 매매에 기한 소유권이전등기 청구 등

> ☑ **선택적 병합된 청구가 모두 기각되거나 소각하된 경우, 한청구에 대한 불복이 이유 있을 때, 상고심의 판단**
>
> 선택적 병합된 수개의 청구를 **모두 기각하거나 소각하**한 항소심판결에 대해 원고가 상고한 경우, 상고심이 선택적 청구 중 **어느 한 청구에 관한 상고가 이유 있다**고 인정할 때에는 **원심판결을 전부 파기**해야 한다(2006다79995).[603]

3. 한 청구 일부인용시 다른 청구 판단 요부

(1) 判例 **[여하불일판]**

선택적 병합의 경우, **여러 개의 청구가 하나의 소송절차에 불가분적으로 결합**되어 있기 때문에, 선택적 청구 중 하나에 대해 **일부만 인용**하고 다른 선택적 청구에 대해 아무런 **판단**을 하지 아니한 것은 위법하다 (2009다66549).

(2) 학설

i) 判例와 같은 견해도 있으나, ii) 반대견해는 여러 청구를 **중첩적**으로 행사할 수는 없는 것이므로 한 청구를 일부인용 하더라도 다른 청구를 판단해야 하는 것은 아니라고 한다.

(3) 검토

한 청구에서 인용되지 않은 범위에서 다른 청구가 인용될 수 있으므로 한 청구 일부인용시 다른 청구를 판단함이 타당하다.

4. 일부판결 가부 및 구제방법 (14)

(1) 문제점

한 청구에 대해 기각판결을 하며, 다른 청구를 판단하지 않는 경우, 적법한 일부판결로 볼 것인지 여부가 문제된다.

(2) 학설

1) 판단누락설은 판결 모순 방지를 위해 일부판결은 불허되고, 추가판결이 아닌 **판단누락에 준해 상소·재심**으로 다투어야 한다고 본다.

2) 재판누락설은 각 청구는 별개이므로, 일부판결은 허용되고, 추가판결로 구제받는다고 한다.

(3) 判例 **[선기나 항전판탈계]**

1심 법원이 **선**택적 청구 중 하나만 판단해 **기**각하고 **나**머지 청구는 판단하지 아니한 조치는 위법하고, 원고가 위법한 제1심판결에 대해 **항**소한 이상 선택적 청구 **전**부가 항소심으로 이심되므로, **판**단되지 않은 청구 부분이 재판의 **탈**루로서 제1심법원에 **계**속되어 있다고 볼 것은 아니다(96다99*).

(4) 검토

판단누락은 공격방어방법에 대한 판단이 누락된 것으로 소송물에 대한 판단을 누락한 것과 다르나, **선택적 병합에서 일부판결은 불허**되므로, 한 청구만을 기각한 판결을 하나의 위법한 전부판결로 보고 **판단누락에 준해 상소·재심**으로 다투는 것이 타당하다.

---

603) 한 청구 인용시, 다른 청구는 심판하지 않는 선택적 병합 심리방식이 반영된 것으로 평가될 수 있다.

V. 예비적 병합 (18)

s0-5

1. 의의 및 취지

양립할 수 없는 여러 청구에 순위를 붙여 주위적 청구의 인용을 해제조건으로 예비적 청구를 병합해 구하는 것이다. 소송경제 및 재판통일을 위함이다.604)

> ☑ **양적·질적으로 감축된 예비적 청구** [예주목원감]
> 예비적 청구가 주위적 청구와 동일한 목적물에 관하여 동일한 청구원인을 내용으로 하고 있고 다만 주위적 청구에 대한 수량적으로 일부분을 감축하는 것은 예비적 청구라고 할 수 없고 예비적 청구는 심판하지 않는다(2016다225353).605)606)

2. 심리방식

주위적 청구 인용시 예비적 청구는 판단하지 않는다. 주위적 청구 기각시 예비적 청구를 판단해야 한다.

3. 주위적 청구 일부인용시 예비적 청구 판단 요부

(1) 주위적 청구 일부인용시 예비적 청구 판단 요부

1) 判例 [주일해예 일예]

원고가 주위적 청구의 일부를 특정하여 그 부분이 인용될 것을 해제조건으로 하여 그 부분에 대하여만 예비적 청구를 했다는 등의 특별한 사정이 없는 한, 주위적 청구의 일부가 기각될 운명에 처했다고 하여 다시 그 부분에 대한 예비적 청구원인이 이유 있는지 여부에 관해 나아가 판단할 필요는 없다(99다53742)607)(94다50274).608)

2) 학설 [기각대 일예]

ⅰ) 判例와 같은 견해도 있으나 ⅱ) 반대견해는 예비적 청구는 주위적 청구가 기각되거나 각하되어 인용되지 아니할 경우를 대비하여 심판을 구하는 것이므로 주위적 청구가 일부라도 인용된 경우에는 예비적 청구에 관해 판단할 필요가 없다고 한다.

3) 검토

구체적 사안에 따라 당사자가 청구를 예비적 병합한 의사에 비추어 판단함이 타당하다.

---

604) 사용계약이 유효함을 전제로 한 사용료청구와 사용계약이 무효임을 전제로 한 부당이득반환청구, 매매계약이 유효함을 전제로 한 소유권이전등기청구와 매매계약이 무효임을 전제로 한 대금반환청구 등
605) 주위적 청구의 양적·질적 감축이 되는 경우의 예로 단순이행vs상환이행 / 전체등기vs지분등기 / 500평소유권확인vs100평소유권확인 / 1억 원청구vs7000만 원청구 / 전체과세처분취소vs일부과세처분취소 등이 있다.
606) 선택적 병합에 순위를 붙인 경우 양 청구원인이 서로 다르므로 한 청구를 양적·질적으로 감축한 경우와 다르다. 제1순위 청구는 청약권의 준공유자의 한 사람으로서 보존 내지 관리행위로 청약권 전부에 관해 청약을 하였음을 전제로 부동산 매매대금지급과 상환으로 매매에 기한 소유권이전등기를 구하는 것이고, 제2순위 청구는 지분권만에 관하여 지분의 처분행위로서 청약을 하였음을 전제로 부동산 일부 지분에 관한 매매대금 지급과 상환으로 매매에 기한 소유권이전등기를 구하는 것으로, 양 청구는 크기 차이가 있어 순서를 붙여서 구할 합리적 필요성이 있다(2016다225353).
607) 이 사건에서 법원은 주위적 청구가 일부기각되면 그 부분에 대해 예비적 청구를 한 것이라는 특별한 사정이 인정된다고 볼 수 없으므로 주위적 청구를 일부인용하면서 예비적 청구를 심판하지 않았다.
608) 원고가 피고에게 전부금청구를 하고, 피고가 변제 항변하자, 전부금청구가 배척될 것에 대비한 예비적 청구로서 약정금청구를 구하며, "예비적 청구는 주위적 청구가 변제로 기각되면 그 부분에 대한 금원을 구하는 것이다."라고 진술하였다. 원고의 의사는 주위적 청구 중 변제로 일부기각된다면 그 일부기각 부분에 대해 예비적 청구를 구한 의사로 볼 수 있어 주위적청구 일부인용·기각시, 일부기각된 부분에 대한 예비적 청구를 심판해야 한다.

(2) 법원의 석명의무 존부
　　석명권을 행사해 예비적 청구에 관한 원고의 주장 내용을 더 명확하게 밝혀 예비적 청구 판단 여부를 정한다(94다50274).

4. 일부판결 가부 및 구제방법 (18)
(1) 문제점
　　주위적 청구에 대해 기각판결을 하며, 예비적 청구를 판단하지 않는 경우, 적법한 일부판결로 볼 것인지 여부가 문제된다.
(2) 학설
　1) 판단누락설은 판결 모순 방지를 위해 일부판결은 불허되고, 추가판결이 아닌 **판단누락**에 준해 상소·재심으로 다투어야 한다고 본다.
　2) 재판누락설은 각 청구는 별개이므로, 일부판결은 허용되고, 추가판결로 구제받는다고 한다.
(3) 判例 [주배예 상예판탈계]
　　주위적 청구를 배척하면서 예비적 청구에 대해 판단하지 않은 판결에 대한 상소가 제기되면 판단이 누락된 예비적 청구도 상소심으로 이심되고 판단되지 않은 청구 부분이 재판의 탈루에 해당하여 원심에 계속 중이라고 볼 것은 아니다(98다22253*).
(4) 검토
　　판단누락은 공격방어방법에 대한 판단이 누락된 것으로 소송물에 대한 판단을 누락한 것과 다르나, 예비적 병합에서 일부판결은 불허되므로, 주위적 청구만을 기각한 판결을 하나의 위법한 전부판결로 보고 판단누락에 준해 상소·재심으로 다투는 것이 타당하다.

☑ **논리적 관련성 없는 단순병합 관계의 청구를 선택적·예비적으로 병합한 경우** (14)(16)

1. 병합 가부
논리적으로 전혀 관계가 없어 순수하게 **단순병합**으로 구하여야 할 수 개의 청구를 **선택적 또는 예비적 청구로 병합**하여 청구하는 것은 부적법하여 허용되지 않는다(2005다51495).[609]

2. 법원의 조치
법원은 **소송지휘권**을 적절히 행사하여 이를 **단순병합 청구로 보정**하게 하는 등의 조치를 취해야 한다(2005다51495).

3. 간과한 경우 취급
위와 같은 조치 없이 청구원인변경신청을 받아들였더라도 청구의 병합 형태가 **적법한 선택적 또는 예비적 병합 관계로 바뀔 수는 없다**(2007다354*).[610][611]

---

[609] 예비적으로 병합할 청구를 선택적으로 병합하는 것도 허용되지 않는다(81다카1120).
[610] 선택적 또는 예비적 병합으로 인정될 수 없으므로 논리적 관련성 없는 양 청구는 단순병합 관계이며, 한 청구에 대해 판결주문을 내면서, 다른 청구에 대해 판결이유에 청구가 이유없다고 설시했어도 주문에 설시가 없으면 재판누락이고, 심판하지 않은 청구는 재판의 탈루로 원심에 계속 중이며, 추가판결로 구제받아야 한다(2006다5550*).
[611] 원고가 논리적 관계가 전혀 없어 단순병합으로 구해야 할 청구를 선택적 또는 예비적으로 병합하고, 법원이 한 청구를 인용하고 다른 청구를 기각한 경우, 피고만 패소부분에 대해 항소한 때에는 단순병합 관계의 모든 청구가 항소심으로 이심되나 항소심 심판범위는 피고가 불복한 청구에 한정된다(2005다51471*).

☑ 논리적 관련성 있는 단순병합 관계의 청구를 선택적·예비적으로 병합한 경우

1. 선택적으로 병합한 경우 (14)

제1심판결 선고 전의 **명예훼손행위**에 관하여 손해배상청구를 하였으나 청구를 기각당한 원고가 그 항소심에서 **청구취지를 변경하지 아니한 채** 피고가 **제1심판결 선고 후 행한 새로운 명예훼손행위**를 청구원인으로 추가하였다면 이는 다른 특별한 사정이 없는 한 피고의 새로운 명예훼손행위를 원인으로 하는 손해배상청구를 **선택적으로 병합**하는 취지라고 볼 것이다(2010다8365).612)

2. 예비적으로 병합한 경우

제1심에서 **재산상 손해배상**만을 구하다가, 항소심에 이르러 **재산상 손해배상을 주위적 청구로, 정신적 손해배상을 예비적 청구로 변경**하는 방법으로 예비적 청구를 추가한 사안에서, 논리적으로 **양립**할 수 있는 수 개의 청구라고 하더라도 수 개의 청구 사이에 **논리적 관계가 밀접**하고, 심판의 **순위를 붙여 청구를 할 합리적 필요성**이 있다고 인정되는 경우, 이른바 **부진정 예비적 병합**으로 허용된다고 보았다(2020다292411).

Ⅵ. 부진정 예비적 병합 s0-6

1. 의의 및 허용여부 (09)(14)

(1) 문제점

예비적 병합은 양립할 수 없는 청구를 병합하는 것인데, 양립가능한 청구에 순위를 붙여 주위적 청구의 인용을 해제조건으로 하여 예비적 청구에 대한 심판을 구하는 부진정 예비적 병합이 허용될 것인지 문제된다.

(2) 학설

1) 긍정설은 당사자의 의사를 존중해 양립가능한 청구에도 순위를 붙여 구할 수 있다고 본다.
2) 부정설은 양립가능한 청구는 그 성질에 비추어 순위를 붙여 구하는 것이 허용되지 않고 단순병합 또는 선택적 병합으로 본다.

(3) 判例 [양순합필 순먼이다]

1) 선택적 병합 관계의 청구에 순위를 붙인 경우

양립할 수 있는 수 개의 청구라도 당사자가 심판**순위**를 붙여 청구할 **합리적 필**요성이 있는 경우에는 당사자가 붙인 **순위**에 따라서 당사자가 **먼**저 구하는 청구를 심리하여 **이유가 없으면 다음** 청구를 심리해야 한다(2001다17633*).613)614)615)616)617)

---

612) 제1심판결 선고 전의 명예훼손행위와 제1심판결 선고 후의 명예훼손에 기한 각 손해배상청구는 단순병합 관계에 있는 청구인데, "청구취지를 변경하지 않은 채"청구원인을 추가하여 병합의 형태를 선택적 병합으로 본 사례(김홍엽).
613) 순위를 붙일 합리적 필요성 존부에 따라 선택적 병합으로 심리할지, 부진정 예비적 병합으로 보아 심리할지 결정된다.
614) 선택적 병합된 각 청구 금액에 크기 차이가 있는 경우 순위 붙일 합리적 필요성을 인정했다.
615) 피고에게 기망당해 대여금 명목으로 1억 원을 지급하였다며 대여금청구 불법행위에 기한 손해배상청구에 순위를 붙여 구한 경우, 양 청구는 선택적 병합관계에 있으며 순위를 붙일 합리적 필요성이 없다고 하였다(2013다96868).
616) 매매에 기한 소유권이전등기청구와 취득시효에 기한 소유권이전등기청구에 순위를 붙여 구한 경우, 이를 부진정 예비적 병합으로 보아 심리한 판시가 있다(91다61374).
617) 손해배상청구시 주위적으로 채무불이행책임을, 예비적으로 불법행위책임을 구한 경우, 각 청구의 성질에 따라 선택적 병합 관계로 본 사안(2013다26425)과 부진정 예비적 병합으로 본 사안(2019나24002)이 있다.

2) 단순병합 관계의 청구에 순위를 붙인 경우

논리적으로 양립할 수 있는 수 개의 청구라도, 주위적으로 재산상 손해배상을 구하면서 그 손해가 인정되지 않을 경우에 예비적으로 같은 액수의 정신적 손해배상을 구하는 것과 같이 **청구 사이에 논리적 관계가 밀접**하고, 순위를 붙여 청구를 할 합리적 필요성이 있으면, 순위에 따라 당사자가 **먼저 구한 청구**를 심리하여 이유가 없으면 다음 청구를 심리하는 부진정 예비적 병합도 허용된다(2020다292411).

(4) 검토

구체적 사안에 따라 청구 사이에 **논리적 관련성**이 있고 순위를 붙일 **필요성**이 있다면 부진정 예비적 병합을 허용함이 당사자의 **권리구제**에 있어 타당하다.

2. 심리방식[618]

☑ 선택적 관계에 있는 청구에 순위를 붙인 청구가 모두 기각되거나 소각하된 경우, 한 청구에 대한 불복이 이유 있을 때, 상고심의 판단

선택적으로 병합된 청구를 모두 기각한 항소심판결에 대하여 상고심법원이 **선택적 청구 중 어느 하나의 청구에 관한 상고가 이유 있다**고 인정할 때에는 이를 **전부 파기**하여야 한다. 이러한 법리는 성질상 선택적 관계에 있는 청구에 순위를 붙여 예비적으로 병합한 경우에도 마찬가지다(2017다247145).[619]

3. 주위적 청구 일부인용시 예비적 청구 판단 요부

(1) 주위적 청구 일부인용시 예비적 청구 판단 요부 [주예결의]

주위적 청구가 인용되지 않은 수액 범위 내에서 **예**비적 청구에 대해서도 판단해 주기를 바라는 취지로 **결**합시켜 제소할 수 있으므로 당사자의 **의**사 해석에 따라 판단한다(2002다23598).

(2) 법원의 석명의무 존부 [주일기예적인 주예석]

주위적 청구원인에 기한 청구의 **일**부를 **기**각하고 **예**비적 청구취지보다 **적**은 금액만을 **인**용할 경우에는 원고에게 주위적 청구가 전부 인용되지 않을 경우에는 **주**위적 청구에서 인용되지 아니한 수액 범위 내에서의 **예**비적 청구에 대해서도 판단하여 주기를 바라는 취지인지를 **석**명하여 그 결과에 따라 예비적 청구에 대한 판단 여부를 정해야 한다(2002다23598).

4. 일부판결 가부 및 구제방법[620] (09)

---

618) 예비적 병합과 동일
619) 선택적 관계에 있는 청구에 순위를 붙인 청구 중 주위적 청구에 대한 상고이유가 인정되는 사안이었다. 즉, 주위적 청구 인용시 예비적 청구는 심판하지 않는 예비적 병합의 심리방식이 반영된 것으로 평가될 수 있다.
620) 예비적 병합과 동일

113 대상청구 (21)(24)

📁 의의 – 병합 형태 – 심리방식

Ⅰ. 의의   sO-7

1. 주위적 청구 이행불능을 대비한 대상청구

주위적 청구가 **변론종결시 이행불능**될 것을 대비하여 전보배상을 구하는 것이다. 주위적 청구와 대상청구는 **진정 예비적 병합**된 것이다. 특정물 청구에만 가능하다.

2. 주위적 청구 집행불능을 대비한 대상청구

주위적 청구가 변론종결시 이후 **장래에 집행불능**될 것을 대비하여 전보배상을 구하는 것이다. 주위적 청구와 대상청구는 **단순병합**된 것이다. 특정물 또는 종류물 청구할 경우에 가능하다.621)

Ⅱ. 병합 형태   sO-8

1. 문제점

본래급부인 주위적 청구의 집행불능에 대비하여 대상청구를 병합할 경우, 병합 형태가 문제된다.

2. 判例 [본현집 현장단]

본래적 급부청구의 **현**존함을 전제로 하여 이것이 **집**행불능이 되는 경우에 대비하여 전보배상을 미리 청구하는 경우, 양자의 병합은 **현**재의 급부청구와 **장**래의 급부청구의 **단**순병합에 속하는 것으로 허용된다(2010다77781*).622)

3. 학설623)

ⅰ) 당사자가 순위를 붙였으므로 의사에 따라 부진정 예비적 병합으로 본다는 견해 ⅱ) 본래급부의 인용을 전제로 대상청구를 구한 것이므로 단순병합으로 보는 견해가 있다.

4. 검토

순위를 붙여 심판하지만 병합한 청구가 모두 인용될 수 있다는 점에서 부진정 예비적 병합의 성질을 같는 단순병합으로 봄이 타당하다.

---

621) 종류물 청구의 경우, 집행불능 대비 대상청구로 볼 것이다. 다만, 특정물청구의 경우에는 당사자 의사에 비추어 이행불능 대비 대상청구인지, 집행불능 대비 대상청구인지 판단해야 한다.
622) 저당권등기의 회복등기이행을 구하며, '판결 확정 전 이행불능 또는 판결 확정 후 집행불능'(=변론종결시 이후 집행불능)이 될 경우에 대비해 저당권 불법말소에 따른 손해배상청구를 병합해 구한 사안
623) 부진정 예비적 병합으로 보는 견해와 단순병합으로 보는 견해는 병합 형태의 명칭의 차이만 있고, 심리방식은 같다.

III. 심리방식　　　　　　　　　　　　　　　　　　　　　　　　　　sO-9

1. 심리방법
　　법원은 순서에 구속되어 모든 청구를 판단하며, 주위적 청구 인용시 대상청구를 판단하고, 주위적 청구 기각시 대상청구를 심리할 필요도 없이 기각한다.

2. 判例 [본인예생]
　　대상청구를 본래 급부청구에 예비적으로 병합한 경우에도 **본래 급부청구가 인용**된다는 이유만으로 **예비적 청구에 대한 판단을 생략할 수 없다**(2011다30666).

114 소변경

📁 의의 – 요건 – 종류

I. 의의 및 취지   s0-10

법원과 당사자의 동일성을 유지하면서, 소송물을 변경하는 것이다(제262조). 당사자 **편의 및 소송경제**를 위해 인정된다.

II. 요건624)625)   s0-11

1. 원칙 (09)(10)(14)(18)(24)

i) 청구의 기초 동일성이 유지될 것 ii) 절차를 현저히 지연시키지 않을 것626)627) iii) 사실심 변론종결시까지 할 것 iv) 동종절차·공통관할일 것을 요한다. v) 청구취지의 변경은 반드시 서면으로 한다.

> ☑ **청구의 기초 동일성에 대한 동의 또는 이의권 상실**
> 청구의 기초 동일성 요건은 피고의 예상 외 재판을 방지하기 위한 사익적 성격이 강해 청구기초 동일성을 갖추지 못했어도 피고의 동의 또는 이의 없이 변론하여 이의권 상실시 소변경은 적법하다(81다546).

2. 청구의 기초 동일성 판단 [취원변해]

i) 청구원인이 같은데 **청구취**지만을 변경하는 경우 ii) 같은 청구취지의 청구인데, **청구원**인을 달리하는 경우 iii) 한 청구가 다른 청구의 **변**형물·부수물인 경우 iv) 같은 생활사실·경제이익에 관한 것인데 분쟁의 **해**결방법을 달리하는 경우

> ↳ **예시 - 청구원인이 같은데 청구취지만을 변경하는 경우**
> 같은 지상방해물철거를 구하면서 대상만을 달리한 경우, 이전등기말소청구에 명도청구의 추가한 경우, 같은 원인에 의한 청구취지의 확장한 경우, 토지인도청구에 토지 위에 지어진 건물철거청구 추가한 경우 등

> ↳ **예시 - 같은 청구취지의 청구인데, 청구원인을 달리하는 경우**
> 청구취지를 그대로 두고, 실체법상 권리만을 변경하는 경우, 불법행위에 기한 손해배상청구를 구하다가 법률상 원인없는 이득을 얻었으므로 부당이득반환청구로 변경한 경우, 증여를 원인으로 청구하다가 예비적으로 상속을 원인으로 한 청구를 추가한 경우 등

---

624) 청구취지 동일하고 청구원인이 다른 소송물로 소변경시 소송물 이론을 간략히 검토하여 소변경임을 짚어준다.
625) 소변경 요건 흠결이면 직권 또는 상대방 신청에 의해 소변경을 허가하지 않는 결정을 한다(제263조). 이는 중간재판이므로 독립하여 불복할 수 없고 종국판결에 대한 상소로만 다툴 수 있다.
626) 공익적 요건으로 이의권 포기·상실의 대상이 아니다.
627) 새로운 청구를 심리하기 위해 종전 소송자료를 대부분 이용할 수 있는 경우라면 소송절차를 현저히 지연시키는 것이 아니지만(97다44416), 종전 소송자료를 대부분 이용할 수 없고 별도의 증거제출과 심리로 절차를 현저히 시키는 경우에는 소변경을 허용하지 않는 결정을 할 수 있다(2017다211146).

> **예시 - 한 청구가 다른 청구의 변형물·부수물인 경우**
> 목적물인도 또는 이전등기청구에서 이행불능을 원인으로 한 전보배상청구로 변경한 경우, 가옥명도청구에 임대료 상당의 손해배상청구를 추가한 경우 등

> **예시 - 같은 생활사실·경제이익에 관한 것인데 분쟁의 해결방법을 달리하는 경우**
> 매매에 기한 이전등기청구에서 계약해제로 인한 계약금반환청구로 변경한 경우, 말소등기청구에서 명의신탁해지에 기한 이전등기청구로 변경한 경우, 어음금청구에서 어음의 위조를 들어 손해배상청구로 변경한 경우, 영업손해액 상당의 손해배상청구에서 제품 손상에 따른 손해배상청구로 변경한 경우 등

III. 종류   sO-12

1. 추가적 변경

구청구를 유지하며 신청구를 추가하는 것을 의미한다.(628)

> **☑ 청구취지 확장**
>
> **1. 문제점**
> 청구취지 확장이 소변경인지 문제된다.
>
> **2. 判例 [이토양추]**
> 소유권이전등기청구소송에서 그 대상을 1필지 토지의 일부에서 전부로 확장하는 것은 청구의 양적 확장으로서 소의 추가적 변경에 해당한다(96다50520).
>
> **3. 학설**
> ⅰ) 명시적 일부청구에서 청구취지 확장시에만 소변경이라는 견해 ⅱ) 일부청구임을 명시했는지 여부를 불문하고 소변경을 긍정하는 견해 ⅲ) 청구의 상한변동에 그치므로 소변경이 아니라는 견해가 있다.
>
> **4. 검토**
> 청구취지가 달라졌으므로 소변경으로 봄이 타당하다.

> **☑ 청구취지 감축**
>
> **1. 문제점**
> 청구취지 감축은 소변경이 아니다. 감축되는 부분이 소의 일부포기인지, 일부취하인지 당사자의 의사에 따라 결정되지만, 그 의사가 불분명한 경우 무엇으로 취급할지 문제된다.
>
> **2. 判例**
> 소송상 청구금액을 감축한다는 것은 소의 일부취하를 뜻하는 것이니 취하된 부분의 청구를 포기하였다고 볼 수 없다(83다카450).(629)

---

628) 추가적 변경이 이루어지면 청구취지가 확장되거나, 청구의 병합이 이루어질 수 있다.
629) 수량적으로 가분인 청구의 감축은 소의 일부취하로 해석되는바, 상대방의 본안에 관한 준비서면, 진술 등이 이루어진 후 소 취하서 또는 소 일부취하서가 제출되면, 피고 동의를 받아야 효력이 있고, 이 경우 취하서 등본을 피고에게 송달하고 피고 동의 여부에 따라 심판범위를 확정하여 재판을 하여야 하고, 동의 여부가 결정되지 않은 상태에서 종전의 청구에 대하여 재판을 해선 안된다(2005다19477). 청구취지 감축의 경우 간단히 상대방의 소취하 동의 여부를 논할 수 있다.

3. 학설
ⅰ) 원고에게 유리하게 해석해야 하므로 **일부취하로 보는 견해** ⅱ) 감축된 부분에 대해 **일부판결할 수 있을 정도로 특정성이 있으면 일부취하로 보고, 없으면 일부포기로 보는 견해**가 있다.

4. 검토
당사자에게 유리하게 해석함이 **권리구제** 면에 있어 타당하므로 일부취하로 볼 것이다.

2. 교환적 변경

(1) 의의
구청구에 갈음하여 신청구의 심판을 구하는 것이다.

(2) 법적 성질 (14)

1) 문제점
구청구에 대한 소취하의 성질이 있는지 문제된다.

2) 判例 [신추구취결]
교환적 변경은 **신**청구의 **추**가적 병합과 **구**청구의 **취**하의 **결**합형태라고 한다(80다1182*).630)

3) 학설
ⅰ) 통설은 判例와 같으나 ⅱ) 소수설은 신청구에 대해 재판을 받으려는 것에 주목적이 있어, 더 이상 재판받지 않으려고 소송을 종료시키는 소취하와 달리 구청구 취하의 성질이 없다고 한다.

4) 검토
소송간명화를 위해 구청구 취하의 성질이 있다고 봄이 타당하다.

(3) 피고의 동의 요부

1) 문제점
제266조 제2항은 피고가 본안에 응소한 경우 피고의 동의를 받아야만 소취하할 수 있다고 규정한다. 교환적 변경에 구청구 취하 성질이 있어 피고의 동의를 받아야 하는지 문제된다.

2) 判例
교환적 변경은 청구의 기초 동일성이 유지되므로 **피고의 동의가 필요 없다**(4294민상310).

3) 학설
ⅰ) **구청구 취하의 성질이 있어, 피고의 본안판결 받을 이익을 위해 그의 동의가 있어야 한다는 견해** ⅱ) **청구의 기초 동일성이 유지되어 동의가 필요 없다는 견해** ⅲ) 교환적 변경에 **구청구 취하의 성질이 없어 피고의 동의는 필요치 않다는 견해**가 있다.

4) 검토
구청구와 신청구는 하나의 분쟁에서 이를 **해결하기 위한 방식의 차이에 불과한 경우**가 대부분이므로 구청구 취하의 성질이 있더라도 피고의 동의는 요하지 않는다고 볼 것이다.

---

630) 항소심에서 청구가 교환적으로 변경된 경우에는 구 청구는 취하되고 신 청구가 심판의 대상이 되는 것이므로 원심판결이 그 주문에서 이미 취하된 구 청구를 인용한 제1심판결을 취소하였음은 잘못이다(80다1182).

(4) 교환적 변경 후 상대방의 항소취하 가부

1) 문제점

제393조 제1항은 항소취하란 계속 중인 항소를 철회하여 항소를 소급 소멸시키는 행위라고 한다. 구청구 취하로 피고의 항소취하 대상이 없어지는지 문제된다.

2) 判例 [교취새항대]

피고의 항소로 인한 항소심에서 **교환적 변경**되면 제1심 판결은 **구청구 취**하로 실효되고, 항소심 심판대상은 **새**로운 **소송**으로 바뀌어 항소심이 사실상 제1심으로 재판하므로 피고가 **항소취하해도 그 대상**이 없어 효력이 없다(93다25875*).

3) 학설

ⅰ) 통설은 判例와 같으나 ⅱ) 소수설은 교환적 변경이 있어도 구청구 취하의 성질이 없어 항소취하 가능하다고 한다.

4) 검토

소가 취하되면 항소도 없어지므로 항소취하는 효력이 없다고 볼 것이다.

☑ **원고가 항소한 후, 다른 청구로 교환적 변경한 경우 항소각하**[631] **판결 가부** [교실1전항]

교환적 변경으로 항소심의 심판대상이었던 **제1심판결이 실효**되고, 항소심은 **제1심판결이 있음을 전**제로 한 **항소각하 판결을 할 수 없다.** 사실상 제1심으로 새로운 청구를 판단한다(2017다21411).

---

(5) 교환적 변경시 재소금지원칙 저촉 가부 (14)

1) 문제점

제267조 제2항은 본안종국판결 후 소취하한 당사자가 동일한 소를 다시 제기할 수 없도록 제재한다. 교환적 변경에 구청구 취하의 성질이 있어, 신청구로 교환적 변경 후 다시 구청구로 소변경하거나, 신소를 제기하는 경우 재소금지원칙에 저촉되는지 문제된다.

2) 判例 [본교다구 본취다소]

본안판결 후 구청구를 신청구로 **교**환적 변경한 다음 **다**시 **구**청구로 **교환적 변경**(또는 구청구를 추가적 변경, 별소제기)하면 **본**안판결 후 소**취**하했다가 **다**시 **소**를 제기한 경우로서 부적법하다(87다카1406*).

3) 학설

ⅰ) 통설은 判例와 같으나 ⅱ) 소수설은 교환적 변경 후 다시 구청구로 소변경해도 **법원농락 의도**가 있다고 볼 수 없어 재소금지원칙에 저촉되지 않는다고 본다.

4) 검토

구청구 취하의 성질이 있는 이상, 재소금지원칙을 적용함이 일관성 있는 법적용 면에 있어 타당하다.

---

[631] 항소인용, 항소기각도 마찬가지로 할 수 없다.

☑ 제1심 법원이 교환적 변경을 간과하고 구청구만 심판한 경우 취급

제1심판결은 취하되어 소송계속이 소멸된 구청구에 대해 심판한 것으로써 처분권주의에 위배된 판결이므로 항소심은 **구청구에 대하여 소송종료선언**을 해야 하고, 아울러 소송이 계속된 신청구에 대하여는 재판누락에 해당하므로 **신청구에 대하여 소송이 계속된 원심이 추가판결**[632]을 해야 한다(2002다56987).

☑ 교환적 변경시, 구청구원인 사실에 대한 자백 효력

1. 자백 효력 소멸 여부
교환적으로 변경함으로써 원래의 주장사실을 철회한 경우, 이미 성립되었던 피고의 **자백도 그 대상이 없어짐**으로써 소멸된다.

2. 구청구원인을 다시 추가한 경우 자백 효력 부활 여부
나아가 그 후 그 **피고가 위 자백내용과 배치되는 주장을 함으로써 그 진술을 묵시적으로 철회**하였다고 보여지는 경우, 원고들이 이를 다시 원용할 수도 없게 되었고, 원고들이 **구청구원인 사실을 예비적 청구원인 사실로 다시 추가**하였다 하여 **자백의 효력이 되살아난다고 볼 수도 없다**(95다10204*).

3. 소변경이 교환적인지 추가적인지 불분명한 경우 [교의구명새 변불석]

(1) 신청구가 부적법한 경우 소변경의 해석

　　구청구를 취하한다는 명백한 표시가 없이 신청구를 한 경우에 신청구가 부적법하여 법원의 판단을 받을 수 없는 청구인 경우까지도 구청구가 취하되는 교환적 변경이라고 볼 수는 없다. 당사자의 의사는 권리에 대한 판단을 구하는 것을 단념하여 소송을 종료시킬 의도로 청구를 변경했다고는 볼 수 없기 때문이다(73다1449).[633]

(2) 법원의 석명

　　소의 변경이 **교**환적인가 추가적인가의 여부는 기본적으로 당사자의 **의**사해석에 의할 것이므로 당사자가 **구**청구를 취하한다는 **명**백한 의사표시 없이 **새**로운 청구원인을 주장하는 등으로 그 **변**경형태가 **불**명할 경우에는 사실심 법원으로서는 청구변경의 취지가 교환적인가 추가적인가의 점에 대하여 **석**명으로 이를 밝혀볼 의무가 있다(94다6802).

---

632) 제1심이 간과한 경우 제1심이 추가판결하고, 제2심이 간과한 경우 제2심이 추가판결한다.
633) 소유권확인청구와 소유권에 기한 인도청구를 병합하여 소를 제기한 원고가 소유권에 기한 인도청구로 청구취지를 감축(=소유권확인청구는 취하로 봄)하였고, 이후 다시 소유권확인청구로 '소변경'한 경우, 이를 교환적 변경으로 해석하면 소유권확인의 소는 재소금지원칙에 저촉되어 부적법 각하되고, 소유권에 기한 인도청구는 취하되어 소송이 종료된다. 이는 원고 의사에 부합하지 않을 것이므로 위 '소변경'을 교환적 변경으로 단정해서는 안 된다.

115 반소

의의 – 요건 – 종류 + 관련 논점

Ⅰ. 의의 및 취지 s0-13

소송 계속 중 피고가 소송절차를 이용하여 원고에 대해 소를 제기하는 것을 말한다(제269조). 소송경제 및 재판통일을 위함이다.

Ⅱ. 요건 s0-14

1. 원칙[634] (08)(17)(22)

ⅰ) 반소가 본소 또는 방어방법과 상호관련성이 있을 것 ⅱ) 절차를 현저히 지연시키지 않을 것[635] ⅲ) 사실심 변론종결시까지 제기할 것 ⅳ) 동종절차·공통관할일 것을 요한다. ⅴ) 반소장을 제출한다.

> ☑ **본소 또는 방어방법과 상호관련성에 대한 동의 또는 이의권 상실** (08)
> 원고의 방어권 보장을 위한 사익적 성격이 강해 상호관련성이 없어도 원고가 동의하거나 이의 없이 변론하여 이의권이 상실되면 반소가 적법하다(68다1886).

2. 본소 또는 방어방법과의 상호관련성 (08)

(1) 본소와의 관련성

본소와 반소의 **청구취지가 동일한 법률관계 형성**을 목적으로 하는 경우, **청구원인이 동일**한 경우, **대상 및 발생원인이 동일**한 경우가 있다.

(2) 방어방법과의 관련성

본소에 대하여 제출한 **방어방법(항변)**과 대상 및 발생원인이 동일한 경우가 있다. 그 방어방법이 **현실적으로 제출**되어야 하고, **법률상 허용**되어야 한다.

> ↘ 예시 – 본소와의 관련성
> 동일한 계약·법률관계에 기한 청구(본소 청구원인과 동일), 동일한 부동산에 대한 청구(본소와 대상이 동일), 동일한 사건에 의해 발생한 권리의무에 대한 청구(본소와 발생원인이 동일) 등

> ↘ 예시 – 방어방법과의 관련성
> 유치권항변을 하면서 피담보채권의 이행을 구하는 반소, 상계항변 후 상계항변으로 주장한 금액을 초과하는 채권의 이행을 구하는 반소 등(방어방법과 대상 및 발생원인이 동일)

---

[634] 반소요건에 흠이 있는 경우 반소를 각하한다(65다2034).
[635] 공익적 요건으로 이의권 포기·상실의 대상이 아니다.

↘ 예시 - 방어방법의 현실적 제출, 법률상 허용

실기한 공격방어방법으로 각하된 방어방법에 기초한 반소는 부적법(방어방법의 현실적 제출), '고의'에 의한 불법행위에 기한 손해배상채권, 압류금지채권, 지급금지채권을 수동채권으로 하는 상계항변은 법률상 불허되므로 그 상계항변에 기초한 반소는 부적법(법률상 허용).

☑ 반소이익 [이부실본기] (08)

1. 원칙
반소는 본소의 청구기각을 구하는 것 이상의 내용이 포함되어 있어야 한다.

2. 판례
[반소이익이 있다고 본 경우] 소유권이전등기를 명한 제1심판결을 취소하고 원고의 본소청구를 기각하더라도 위와 같은 취소, 기각 판결에는 이 사건 소유권이전등기의 말소등기절차 이행을 명하는 취지가 나타나지 아니하여 피고가 이 사건 본등기의 말소등기를 단독으로 신청할 수 없으므로, 피고로서는 반소로써 이 사건 본등기의 말소절차 이행을 구할 소의 이익이 있다(2021다276225).
[반소이익이 없다고 본 경우] 어떤 채권에 기한 **이행의 소**에 대하여 동일 채권에 관한 **채무부존재확인의 반소**를 제기하는 것은 그 청구의 내용이 **실질적으로 본소 청구의 기각**을 구하는 데 그치는 것이므로 부적법하다(2005다40709).

☑ 채무부존재확인의 소 제기 후 청구권이행의 반소가 제기된 경우 (16)

1. 문제점
청구권이행을 구하는 반소에서는 채무존부에 관해서도 심리되므로 먼저 제기된 채무부존재확인의 소가 확인의 이익이 없어지게 되는 것인지 문제된다.

2. 판례
소송요건을 구비하여 적법하게 제기된 본소가 그 후 **상대방이 제기한 반소**로 인하여 **소송요건에 흠결이 생겨 다시 부적법하게 되는 것은 아니므로** 원고가 손해배상**채무부존재확인**을 구할 이익이 있어 본소로 확인을 구하였다면, 피고가 그 후 배상**채무이행을 구하는 반소**를 제기했더라도 그 사정만으로 본소가 소의 이익이 소멸하여 부적법하게 된다고 볼 수 없다(99다17401*).

3. 학설
(1) **소의 이익이 흠결된다는 견해**는 소의 이익은 사실심 변론종결시 기준으로 판단하므로 채무존부판단이 이루어지는 반소가 제기된 이상 **본소는 변론종결시 기준 소의 이익이 흠결되고, 본소 취하권고**를 해야 한다고 한다.
(2) **소의 이익이 있다는 견해**는 본소가 취하되는 경우, 제271조에 의해 피고도 자유롭게 반소를 취하할 수 있고 소송이 종료됨으로 인해 **원고가 당초 얻고자 한 기판력을 얻을 수 없게 되므로** 본소의 소의 이익이 있다고 한다.
(3) **절충설**은 **본소가 판결하기에 충분한** 단계가 되었다면 적법하지만 그렇지 않으면 반소인 이행의 소로 인해 소의 이익이 흠결된다고 본다.

4. 검토
소송요건의 판단시점은 **사실심 변론종결시**이고, **청구권 이행의 소에서 채무존부에 대해 판단**이 내려지는 이상, 본소인 채무부존재확인의 소는 소의 이익이 없어 각하되어야 할 것이다. 본소취하와 달리 본소가 각하되는 경우, 반소취하시 원고의 동의를 요하여 일방적으로 소송이 종료되지 않으므로 원고의 불이익이 없을 것이다.

III. 종류

1. 단순반소
본소의 "결과"와 무관하게 피고가 제기하는 반소이다.

2. 예비적 반소 (22)

(1) 의의

본소가 인용될 것을 조건으로 구하는 반소이다.

(2) 내용

ⅰ) 본소가 각하 또는 취하되는 경우, 반소는 소멸한다. ⅱ) 본소가 기각되는 경우, 반소는 아무런 **판단**을 하지 않는다.

☑ **본소만 불복한 경우, 예비적 반소가 항소심 심판대상인지 여부** (22)

1. 判例 [본예심효 본예]

제1심이 원고의 **본소청구**를 배척한 이상 피고의 **예**비적 반소는 제1심의 심판대상이 될 수 없고, **심판대상이 될 수 없**는 소에 대하여 제1심이 판단했더라도 **효력이 없으므로** 원고의 **본소청구**를 인용한 이상 **예비적 반소청구를 심판대상**으로 삼아 판단했어야 한다(2006다19061*).

2. 학설

ⅰ) **긍정설**은 **예비적 반소의 판단 법리**에 비추어 볼 때 심판대상으로 보는 것이 타당하다고 한다.
ⅱ) **부정설**은 피고가 불복하지도 않았는데, 이에 대해 판단해줌은 **원고에게 예상치 못한 불이익**을 주게 되어 예비적 반소는 심판대상이 아니라고 한다.

3. 검토

제1심이 예비적 반소를 판단한 것은 무효이고, 이에 대해서는 **항소나 부대항소를 제기할 수도 없으므로** 항소심에서 본소를 인용하는 경우, 예비적 반소를 심판대상으로 삼는 것이 타당하다.

---

3. 항소심 반소 (17)(22)

(1) 의의

원고의 심급의 이익을 보호하기 위해 원고의 동의가 있거나, 이의 없이 반소의 본안에 관해 **변론**한 때 동의가 있는 것으로 보고 항소심에서의 반소제기를 허용한다(제412조 제1항).

(2) 반소기각의 답변만 한 것이 반소 본안에 관한 변론인지 여부

원고가 반소기각의 답변을 한 것만으로 제2항 소정의 이의없이 반소 본안에 관해 변론을 한 때에 해당한다고 볼 수 없다고 한다(91다1783).

(3) 원고의 동의가 필요 없는 경우

1) 判例 [기본방충 심지]

반소의 **기**초를 이루는 쟁점에 관해 1심에서 **본소** 청구원인 또는 **방**어방법과 관련해 **충**분히 심리되었다면 상대방 **심급**이익을 해하거나 절차를 현저히 **지**연시킬 염려 없어 상대방 동의 없이 항소심 반소를 허용한다.

2) 2002년 개정법

제412조 제1항에서 상대방의 **심급이익**을 해할 우려가 없는 경우에도 항소심 반소를 허용하는 것으로 규정하였다.

3) 예시

중간확인의 반소, 본소와 청구원인이 같은 반소, 제1심에서 충분히 심리한 항변과 관련된 반소 등이 있다.

4. 제3자 반소 (16)

(1) 문제점

제3자가 기존 당사자와 함께 반소원고 또는 반소피고가 되는 것이 허용될 수 있는지 문제된다.

(2) 判例

피고가 원고 이외의 제3자를 추가하여 반소피고로 하는 반소는 원칙적으로 **허용되지 않고**, 다만 피고가 제기하려는 **반소가 필수적 공동소송이 될 때에는 법 제68조의 필수적 공동소송인 추가의 요건을 갖추면 허용될 수 있다**(2014다235042*).

(3) 학설

1) 긍정설은 분쟁의 종국적 해결을 위해 허용하자고 한다.
2) 제한적 긍정설은 당사자와 **필수적 공동소송관계** 있는 자에 대해서만 허용하자고 한다.
3) 부정설은 필수적 공동소송관계에 있는 자는 제68조에 의해 소송에 끌어들일 수 있으므로 **반소로 추가**할 수 있다고 함은 **법체계에 반한다**고 한다.

(4) 검토

명문의 규정 없이 제3자를 반소의 당사자로 삼을 순 없을 것이지만, **소송경제**를 위해 제3자가 소송당사자와 **필수적 공동소송관계**에 있는 경우에만 제한적으로 허용할 것이다.

IV. 관련 논점   sO-16

1. 반소 심리방식

본소와 반소는 병합심리하여 한 개의 전부판결로 판단한다. 다만, **주문은 각각**에 대해 낸다. 본소와 반소의 **변론을 분리해 일부판결**하는 것도 가능하고, 반소에 대한 판단을 누락한 경우, 재판의 탈루로 원심의 계속 중이므로 **추가판결로 구제**받는다.636)637)

2. 반소제기 후 본소가 취하된 경우 반소 취급

(1) 判例

반소가 적법하게 제기된 이상 그 후 본소가 취하되어도 반소의 소송계속에는 아무런 영향이 없다(69다446).638)

---

636) 이에 대해 상소제기 시 상소각하된다.
637) 단순반소가 아닌 본소 인용을 조건으로 하는 예비적 반소는 본소와 분리해 추가판결하지 않고 상소로 구제한다.
638) 단순반소가 아닌 본소 인용을 조건으로 구하는 예비적 반소는 본소가 취하 또는 각하된 경우 소멸된다.

(2) 검토

본소 계속은 반소 제기의 요건이지, 반소 존속의 요건은 아니므로 본소취하는 반소에 아무런 영향이 없다고 봄이 타당하다.

3. 본소 취하 또는 각하시 원고 동의 없이 반소취하 가부

(1) 문제점

제271조에서 본소 취하시 피고는 원고의 동의 없이 반소를 취하할 수 있다고 규정한다. 본소가 각하되는 경우에는 명문의 규정이 없어 제271조를 유추하여 원고의 동의 없이도 반소를 취하할 수 있는지 문제된다.

(2) 判例 [본반공동 본의각동]

i) 제271조는 원고가 반소의 제기를 유발한 **본**소는 스스로 취하해 놓고 그로 인하여 유발된 **반**소만의 유지를 상대방에게 강요한다는 것은 **공**평치 못하다는 이유에서 원고가 본소를 취하한 때에는 피고도 원고의 **동**의 없이 반소를 취하할 수 있도록 한 규정이다. ii) **본**소가 원고의 **의**사와 관계없이 부적법하다 하여 **각**하됨으로써 종료된 경우에까지 유추적용 할 수 없고, 원고의 **동**의가 있어야만 반소취하의 효력이 발생한다(84다카298*).

(3) 학설

1) 동의필요설은 본소가 원고의 의사로 소멸된 것이 아니므로 원고의 이익 보호를 위해 반소취하시 원고의 동의가 필요하다고 한다.
2) 동의불요설은 반소는 본소에 의해 유발된 것이므로 취하시 원고의 동의가 필요하지 않다고 한다.

(4) 검토

이에 관한 명문의 규정이 없고, 소취하시 제266조 제2항에서 상대방의 동의를 요하는 취지에 비추어 동의필요설이 타당하다.

4. 항소심 반소 후, 항소가 취하 또는 각하된 경우 반소 취급

(1) 항소가 취하된 경우

1) 제1설은 원고의 심급이익 보호를 위해 독립된 소인 반소를 제1심으로 이송한다고 한다.
2) 제2설은 항소가 취하되어도 반소는 독립된 소로 심리되고, 소송계속에 영향이 없으므로 항소심에서 계속 심판한다고 한다.

(2) 항소가 각하된 경우

항소심 절차가 소급 소멸되므로, 그를 전제로 한 반소도 소멸된다고 볼 수 있다.

5. 점유회수의 본소에 대해 소유권에 기한 인도를 구하는 반소 적법 여부 (22)

(1) 문제점

민법 제208조에서 점유권에 기한 소는 본권에 관한 이유로 재판하지 못한다고 규정하였는바, 본권에 기해 반소를 제기할 수 없는 것인지 문제된다.

(2) 학설
1) **적법설**은 민법 제208조는 본권을 본소에서 방어방법으로 주장하지 못한다고 규정한 것일 뿐, 반소제기를 금지하고 있지는 않으므로 본권에 기한 반소도 적법하다고 본다.
2) **부적법설**은 점유권자가 점유회복을 할 수 없음을 근거로 본권에 기한 반소 부적법하다고 본다.

(3) 判例

점유권에 기한 본소에 대해 본권에 기한 반소가 적법하다는 전제하에 점유권에 기한 본소에 대하여 본권자가 본소청구 인용에 대비하여 본권에 기한 예비적 반소를 제기하고 양 청구가 모두 이유 있는 경우, 법원은 점유권에 기한 본소와 본권에 기한 예비적 반소를 모두 인용해야 하고 점유권에 기한 본소를 본권에 관한 이유로 배척할 수 없다(2019다202795*).639)

(4) 검토

본권에 기해 별소 제기도 가능한바, 반소를 부적법하다고 볼 것은 아니므로 적법설이 타당하다.

6. 사해행위취소의 반소 판결을 이유로 본소청구 기각 가부

원고가 매매계약 등 법률행위에 기하여 소유권을 취득하였음을 전제로 피고를 상대로 한 본소 청구에 대하여 피고가 본소 청구를 다투면서 사해행위의 취소 및 원상회복을 구하는 반소를 적법하게 제기한 경우, 반소 청구가 이유 있어, 사해행위의 취소 및 원상회복을 명하는 판결 선고시, 반소 청구에 대한 판결이 확정되지 않았어도, 원고의 소유권 취득의 원인이 된 법률행위가 취소되었음을 전제로 원고의 본소 청구를 심리하여 판단할 수 있다고 봄이 타당하다(2018다277785*).

---

639) 점유회수의 본소에 대하여 본권자가 소유권에 기한 인도를 구하는 반소를 제기하여 본소청구와 예비적 반소청구가 모두 인용확정되면, 점유자가 본소 확정판결로 강제집행하여 점유를 회복할 수 있다. 본권자의 소유권에 기한 반소청구는 본소의 의무 실현을 정지조건으로 하므로, 본권자는 위 본소 집행 후 집행문을 부여받아 반소 확정판결에 따른 강제집행으로 점유를 회복할 수 있다.
다만 점유자의 점유회수의 집행이 무의미한 점유상태의 변경을 반복하여 아무런 실익이 없거나 본권자로 하여금 점유회수의 집행을 수인하게 함이 명백히 정의에 반하여 용인할 수 없는 경우, 또는 점유자가 점유권에 기한 본소 승소판결을 장기간 강제집행하지 않음으로써 본권자의 예비적 반소 승소판결까지 조건불성취로 강제집행할 수 없게 되는 등 특별한 사정이 있다면 본권자는 점유자가 제기하여 승소한 본소 확정판결에 대한 청구이의의 소를 통해서 점유권에 기한 강제집행을 저지할 수 있다(2019다202795).

116 중간확인의 소

📁 의의 - 요건 + 관련논점

I. 의의 및 취지
sO-17

본소 계속 중 본소의 선결관계에 해당하는 법률관계에 대한 판단을 받기 위해 제기하는 소이다(제264조). 소송경제와 재판통일을 위함이다.

II. 요건
sO-18

1. 원칙

i) 본소와 선결적 법률관계에 대한 확인청구일 것[640] ii) 사실심 변론종결시까지 제기할 것 iii) 동종절차·공통관할일 것을 요한다.[641] iv) 서면으로 해야 한다.

2. 본소와 선결적 법률관계에 있을 것

(1) 학설

i) **현실설**은 중간확인의 소 판결 선고시까지 현실적으로 선결관계가 존재해야 하므로 본소가 취하, 각하, 기각된 경우에는 중간확인의 소가 부적법하다고 본다. ii) **이론설**은 이론적인 선결관계만 성립하면 된다고 본다.

(2) 검토

중간확인의 소 입법취지에 비추어 현실설이 타당하나, 확인의 이익이 있다면 독립된 확인의 소로 심리될 수 있을 것이다.

III. 관련 논점
sO-19

1. 중간확인의 소의 심리방식

중간확인의 소 요건에 흠이 있으면 분리심판하고, 일반 소송요건 흠결로 독립된 소로 심리될 수 없으면 소각하 판결한다. 중간확인의 소 요건이 충족되었으면 본소와 병합심리하여 1개의 종국판결하나, 변론의 분리, 일부판결도 가능하다.

2. 원고와 피고의 중간확인의 소 취급

원고가 제기한 중간확인의 소는 소변경(추가적 변경)과 같이 취급하고, 피고가 제기한 중간확인의 소는 반소와 같이 취급한다. 따라서, 피고 소송대리인은 제90조 제2항 특별수권이 있어야 중간확인의 소 제기 가능하다.

---

640) 증서진부확인의 소 등 사실관계확인, 토지경계확정의 소 등 형성소송은 중간확인의 소로 구할 수 없다.
641) 중간확인의 소가 다른 법원의 전속관할에 속하지 않아야 한다.

117 공동소송 개관

📁 의의 - 요건 - 종류

Ⅰ. 의의 및 취지   s0-20

한 소송절차에서 여러 원고 또는 피고가 관여하는 소송을 말한다. 소송경제 및 재판통일을 위함이다.

Ⅱ. 요건   s0-21

ⅰ) 권리·의무가 공통 또는 그 발생원인이 공통인 경우[642]이거나(제65조 전문), 권리·의무가 동종[643]일 것(제65조 후문) ⅱ) 동종절차·공통관할일 것을 요한다.

Ⅲ. 종류   s0-22

1. 원칙 (12)(13)(15)(16)(19)

ⅰ) 고유필수적 공동소송은 **공동소송이 강제되며**, 공동소송인들 사이에 **실체법상 관리처분권이 공동귀속**되며, **합일확정이 요구된다**. ⅱ) 유사필수적 공동소송은 **공동소송이 강제되지 않고, 판결효가 상호간에 미치며, 합일확정이 요구된다**. ⅲ) 그 외에는 통상공동소송이다.

2. 공유관계

(1) 능동소송

ⅰ) [원칙] 공유자 1인은 "**공유지분 한도 내**"에서 단독으로 소를 제기할 수 있다고 하여 **통상공동소송**으로 본다. 또한, 공유물의 **보존행위**에 관한 소는 통상공동소송으로 본다.

ⅱ) [예외] **공유물 전체에 대한** 소유권확인, 상속재산확인청구, 공유관계 자체에 기한 인도청구, 목적물 전체에 대한 등기절차 이행청구, 공유물 분할청구 등은 **고유필수적 공동소송**으로 본다.[644]

(2) 수동소송

ⅰ) **공유자의 지분 한도 내**[645]에서 이행을 청구하는 것으로 보아 **통상공동소송**으로 본다.

ⅱ) 공유물 분할청구의 경우에는 고유필수적 공동소송으로 본다.

---

[642] 연대채무자들에 대한 이행청구, 사고 피해자들의 손해배상청구, 주채무자와 보증인에 대한 청구, 순차적으로 경료된 등기말소 청구 등이 있다.
[643] 같은 종류의 매매에 기한 수인의 매수인에 대한 매매대금청구, 수인의 임차인들의 임대인에 대한 보증금반환청구 등
[644] 지분권에 기한 청구인지, 공유관계 자체에 기한 청구인지 살펴 판단한다.
[645] 부동산 공유자를 상대로 한 소유권보존등기말소, 소유권확인의 소, 건물철거청구, 취득시효 완성에 기한 소유권이전등기청구소송, 인도청구소송은 통상공동소송이다(93다32880, 32897*).

3. 합유관계

(1) 능동소송

ⅰ) [원칙] **합유물의 처분·변경**은 합유자 전원의 동의가 필요하고(민법 제272조) 합유물의 **지분 처분**에도 합유자 전원의 동의가 필요한 점(민법 제273조)에 비추어 조합재산에 관한 소송은 **고유필수적 공동소송에 해당한다**.646)

ⅱ) [예외] **보존행위**647)의 경우 합유자 1인이 할 수 있음에 비추어 **통상공동소송에 해당한다**(민법 제272조 단서).

ⅲ) [개별약정] 개별약정으로 공동수급체가 아닌 개별구성원으로 하여금 지분비율에 따라 직접 도급인에 대해 권리를 취득하게 하는 한 경우, 도급인에 대해 갖는 채권이 공동수급체의 구성원 각자에게 지분비율에 따라 구분해 귀속될 수도 있으며, 이와 같은 약정은 명시·묵시적으로 이루어질 수 있다(2009다105406).

(2) 수동소송

ⅰ) **조합재산에 대한 공동책임을 묻는 경우에는 고유필수적 공동소송에 해당한다.**

ⅱ) **조합원 개인책임**648)에 대해 그 이행을 구하는 경우, **통상공동소송에 해당한다.**

4. 총유관계

(1) 고유필수적 공동소송인지 여부

민법 제276조는 총유물의 관리 및 처분은 사원총회 결의에 의한다고 하여, 총유재산에 관한 **실체법상 관리처분권을 구성원들에게 공동으로 귀속시켜**, 총유재산에 관한 소송은 **구성원 전원이 당사자가 되어 고유필수적 공동소송으로 수행할 수 있다.**

(2) 보존행위의 경우

1) 종래 判例

총유물의 보존행위에 관한 소송은 총회결의를 거쳐 구성원이 제기할 수 있다고 보았다.

2) 최근 判例

ⅰ) [비법인사단의 단체성] 민법 제276조는 총유물의 관리 및 처분을 사원총회 결의에 의한다고 규정할 뿐, 공유나 합유처럼 **보존행위는 구성원 각자가 할 수 있다는 규정을 두지 않는다**. 이는 총유가 공유나 합유에 비해 **단체성이 강하고 구성원들의 지분권이 인정되지 않음**에서 나온 당연한 귀결이다.

ⅱ) [비법인사단의 소송수행 방안] 따라서, 총유재산에 관한 소송은 **비법인사단 명의로 총회결의를 거쳐** 하거나, **구성원 전원이 당사자가 되어 필수적 공동소송형태로 할 수 있을 뿐**, 구성원은 설령 그가 대표자라거나 총회결의를 거쳤어도, 그 소송의 당사자로 될 수 없고, 총유재산의 보존행위에 관한 소를 제기하는 경우에도 같다(2004다44971*).

---

646) 공동수급체는 민법상 조합의 성질을 가지므로 공사를 시행함으로 인해 도급인에 대해 갖는 채권은 원시적으로 공동수급체의 구성원에게 합유적으로 귀속하는 것이어서 특별한 사정이 없는 한 구성원 중 1인이 도급인에게 지분비율에 따른 급부청구를 할 수 없다(2009다105406).

647) 목적물반환청구, 등기말소청구, 건물철거청구, 낙찰자선정무효확인청구, 진정명의회복을 이유로 한 소유권이전등기청구 등이 있다. 낙찰자선정무효확인청구 관련하여 공동수급체가 경쟁입찰과 관련하여 갖는 법적 지위 내지 법률상 보호받는 이익이 침해될 우려가 있어 그 현상을 유지하기 위해 하는 소송행위이므로 합유재산의 보존행위에 해당한다고 한다(2011다80449).

648) 조합원 개인적 책임에 기한 조합채무의 이행, 조합원들과 개별적으로 체결한 약정에 기한 청구 등이 있다.

5. 매매예약완결권 행사

(1) 종래 判例
채권자들은 매매예약완결권을 준공유하므로 고유필수적 공동소송 관계로 보았다.

(2) 최근 判例

1) 원칙 [공각내]
수인의 채권자가 **공동**으로 매매예약완결권을 가지는 관계인지 아니면 채권자 **각**자의 지분별로 별개의 독립적인 매매예약완결권을 가지는 관계인지는 매매예약의 **내**용에 따른다.

2) 예외 [동목의지]
매매예약에서 그 내용을 명시적으로 정하지 않은 경우에는 채권자가 공동으로 매매예약을 체결하게 된 **동**기, 매매예약에 의해 달성하려는 담보의 **목**적, 담보권을 공동 행사하려는 **의**사의 유무, 채권자별 **지**분권의 표시 여부 등을 종합적으로 고려하여 판단한다(2010다82530*).

6. 공동예금 또는 공동매수

(1) 통상공동소송
ⅰ) [단순 공동예금] 인출감시 목적으로 공동명의로 예금한 경우, 예금에 관한 **관리처분권**까지 예금채권자 전원에게 공동으로 귀속된 것으로 볼 수 없으므로 예금반환청구가 필수적 공동소송에 해당하지 않는다(93다31825*).

ⅱ) [단순 매수] 단순한 공동매수인의 매매에 기한 소유권이전등기청구는 통상공동소송에 해당한다.

(2) 고유필수적 공동소송 (16)
ⅰ) [동업자금 예금] 동업자금을 공동명의로 예금한 경우, **채권의 준합유**관계에 있고, 예금반환청구가 필수적 공동소송에 해당한다(93다31825*).

ⅱ) [동업약정 매수] 동업약정에 따라 동업자 공동으로 토지를 매수하였다면 그 토지는 동업자들을 조합원으로 하는 동업체에서 토지를 매수한 것이므로 그 동업자들은 토지에 대한 소유권이전등기청구권을 준합유하는 관계에 있고, 합유재산에 관한 소는 이른바 고유필수적 공동소송이라 할 것이므로 그 매매계약에 기하여 소유권이전등기의 이행을 구하는 소를 제기하려면 동업자들이 공동으로 하지 않으면 안된다(93다54064*).

7. 수인의 대위채권자 (15)(19)

(1) 判例 [어대채알 판다동대 유]
어떠한 사유로든 **대**위소송이 제기된 사실을 **채**무자가 **알**았을 경우에 한하여 그 **판**결의 효력이 채무자에게 미치므로, 이 경우에는 **다**른 채권자가 **동**일한 소송물에 대하여 채권자**대**위권에 기한 소를 제기하면 전소의 기판력을 받으므로, 채무자가 대위소송이 제기된 사실을 안 경우, 여러 대위채권자들은 **유사필수**적 공동소송 관계에 있다(91다23486*).

(2) 학설
ⅰ) 통설은 判例와 같으나 ⅱ) 소수설은 고유의 대위권설 입장에서 각자의 권리를 행사하는 여러 대위채권자는 기판력을 받는 관계가 아니고 합일확정의 요청이 없어 **통상공동소송** 관계라고 한다.

(3) 검토

채무자의 권리를 대신 행사하는 **법정소송담당설**에 따르면 채무자가 **대위소 제기사실을 안 경우** 대위소 기판력이 다른 대위채권자에게도 확장되므로 **判例**가 타당하다.

8. 공유물의 소수지분권자가 다른 소수지분권자에게 공유물인도청구

(1) 전원합의체 다수의견

보존행위를 공유자 1인이 단독으로 청구할 수 있게 한 것은 다른 공유자에게도 이익이 되기 때문이므로 이러한 인도청구는 공유자 사이 이해관계가 충돌하여 보존행위로 볼 수 없으므로 불허된다.

(2) 전원합의체 소수의견

공유자 한 명이 독점적으로 점유하는 위법 상태를 시정하여 전원이 사용할 수 있는 상태로 환원시킬 목적으로 방해를 제거하거나 공유물을 회수하는 것은 보존행위에 해당하므로 이러한 청구는 허용된다 (2018다287522).

(3) 검토

소수지분권자는 공유자 중 한명에 해당하는 이상, 자신의 지분에 기해서만 방해배제청구를 하면 족하므로 다수의견이 타당하다.

9. 편면적 대세효가 있는 소송의 공동소송 형태

(1) 문제점

주주총회결의 무효 또는 부존재 확인의 소를 구하는 경우 청구인용판결은 제3자에 대하여도 효력이 있다(단, 편면적 대세효가 있어 청구기각은 제3자에 대하여 효력이 없음). 이렇게 편면적 대세효가 있는 소송에서 공동소송형태가 문제된다.

(2) 전원합의체 다수의견

1인이 받은 승소판결의 효력이 다른 공동소송인에게 미치므로 공동소송인 사이에 소송법상 합일확정의 필요성이 인정되므로 필수적 공동소송관계로 보아야 한다.

(3) 전원합의체 별개의견

민법상 사적자치원칙의 발현된 것으로 보아 통상공동소송으로 보며, 당사자의 처분권과 소송수행에 관한 제약을 정당화할 정도로 실체법 또는 소송법상 합일확정의 필요성이 없다(2020다284977*).

(4) 검토

생각건대 일부는 패소하고 다른 일부는 승소한 경우 승소판결 효력이 패소한 자들에게도 미치므로 필수적 공동소송으로 보는 다수의견이 타당하다.

압류채권자와 채무자의 공동소송 형태

채무자의 이행소송에 추심채권자가 공동소송참가를 하거나 추심소송에 채무자 또는 다른 추심채권자가 공동소송참가를 하는 경우 이들의 소송은 합일확정이 필요하므로 유사필수적 공동소송관계에 있다. 누가 소를 제기하든 그 확정판결의 효력이 채무자, 추심채권자 및 다른 추심채권자에게 변론종결 전후와 승·패소를 불문하고 미치기 때문이다(2021다252977).

118 통상공동소송

📁 의의 – 심리방식 – 추가

Ⅰ. 의의　　　　　　　　　　　　　　　　　　　　　　　　　　　　　　　sO-23

소송목적이 수인의 소송인들에 대해 **합일확정이 될 필요가 없는** 소송이다.

Ⅱ. 심리방식 (10)(13)　　　　　　　　　　　　　　　　　　　　　　　　sO-24

1. 원칙

공동소송인 중 1인의 소송행위 또는 상대방의 그에 대한 소송행위는 **다른 공동소송인에게 영향을 미치지 않는다**(제66조). 이를 독립의 원칙이라 하며, 변론주의 및 처분권주의에 근거한 것이다.

2. 내용 [송중판상]

(1) 소송행위
　1인의 소송행위 또는 그에 대한 상대방의 소송행위는 다른 공동소송인에게 **영향이 없다**.[649]

(2) 중단사유 및 변론의 분리
　1인에 대한 중단사유는 1인에게만 효력이 있고, **변론의 분리**가 가능하다.

(3) 판결
　재판통일을 요하지 않고, **일부판결**이 가능하다. 재판누락시 원심이 추가판결한다.

(4) 상소
　상소기간은 개별적으로 진행하며, 상소불가분원칙이 적용되지 않는다. 따라서 상소하지 않은 자의 청구 부분은 분리확정되므로 상소하지 않은 자는 이후에 부대항소를 제기할 수 없으며, 상대방도 상소하지 않은 공동소송인을 상대로 부대항소할 수 없다.

3. 독립의 원칙 수정이론

(1) 문제점
　제65조 **전문관계**[650]에 있는 공동소송인들의 판결 결과가 달라지는 것은 부자연스러운 면이 있으므로 독립의 원칙 수정을 허용할 것인지 문제된다.[651]

---

[649] 다만, 변론 전취지로 참작될 여지는 있다.
[650] 권리의무가 공통, 권리의무 발생원인이 공통인 경우이며, 권리의무 발생원인이 동종인 경우는 해당되지 않는다.
[651] 당연보조참가이론은 공동소송인 상호간 보조참가 관계를 인정해 주장, 증거 공통 효과를 꾀하며, 준필수적 공동소송이론은 필수적 공동소송규정을 유추해 심리하고 처분권주의에 의해 취하, 포기, 인낙, 화해만 각자 가능하다고 한다.

(2) 주장공통원칙 인정 여부

1) 학설

ⅰ) **제한적 긍정설**은 1인의 행위가 다른 소송인의 행위와 **저촉**되지 않고, 그들에게 **이익**으로 작용하는 경우 허용하자고 한다. ⅱ) **부정설**은 **변론주의**에 위배되므로 허용되지 않는다고 한다.

2) 判例

제66조 독립의 원칙과 **변론주의** 소송구조 등에 비추어 볼 때, 통상공동소송에서 주장공통의 원칙은 적용되지 아니한다(93다47196*).

3) 검토

명문의 해석론을 넘는 것은 **법적 안정성**을 저해할 수 있어, 부정설이 타당하다.

(3) 증거공통원칙 인정 여부

1) 학설

ⅰ) **긍정설**은 공동소송인 사이 **이해상반** 또는 1인 **자백**이 있는 경우를 제외하고 재판통일을 위해 주장공통원칙을 긍정한다. ⅱ) **부정설**은 **제66조** 명문의 규정에 반하므로 부정한다.

2) 判例

통상공동소송에서 **입증 기타 행위가 행위자를 구속할 뿐** 다른 당사자에게는 영향을 주지 않는 것이 원칙이라고 하여 증거공통원칙을 부정한다(4291민항231).

3) 검토

통상공동소송은 당사자들 사이에 **합일확정을 요하지 않으므로** 증거공통원칙을 인정할 수 없다.

Ⅲ. 통상공동소송인 추가 (11)   sO-25

1. 문제점

통상공동소송관계에 있는 다른 자를 소송에 추가할 수 있는지 문제된다.

2. 학설

ⅰ) **긍정설**은 당사자 편의 및 소송경제를 위해 허용하자고 한다. ⅱ) **부정설**은 소송이 문란해지고 절차안정을 해할 수 있으므로 불허해야 한다고 한다.

3. 判例

필수적 공동소송이 아닌 경우, 소송 중 당사자를 추가하는 것은 허용될 수 없다(96다41496*).

4. 검토

당사자 추가가 허용되는 경우를 **제한적**으로 **규정**하고, 허용할 경우에도 그 **요건을 엄격히** 하므로, 통상공동소송인 추가를 허용할 수 없다.

119 필수적 공동소송

📁 의의 – 심리방식 – 추가

I. 의의   sO-26

공동소송인들에 대해 소송목적의 합일확정이 요구되는 소송이다. 고유필수적 공동소송과 유사필수적 공동소송이 있다.

II. 심리방식 (13)(15)(19)(23)   sO-27

1. 원칙
공동소송인 사이 상호 연합관계가 있어 판결의 합일확정을 요한다(제67조).

2. 내용 [송중판상]

(1) 소송행위

1인의 소송행위는 다른 공동소송인에게 유리[652]한 때에는 모두에게 효력이 있으나, 불리[653]한 때에는 전원이 하지 않으면 효력이 없다. 모순된 행위는 효력이 없으나, 변론 전체의 취지로 참작될 수 있다. 상대방의 소송행위는 공동소송인 모두에게 효력이 미친다.

(2) 중단사유 및 변론의 분리

1인에 대한 중단사유는 전원에게 효력이 있고, 변론의 분리는 불가하다.

(3) 판결

재판의 통일을 요하며, 일부판결은 불가하다. 일부에 대한 판결을 하지 않은 경우 추가판결이 아닌 상소로 구제받는다.

(4) 상소

상소기간은 개별적으로 진행하나, 전원의 상소기간이 경과할 때까지 판결은 확정되지 않는다. 상소불가분원칙이 적용되고, 상소하지 않은 자는 상소심 당사자의 지위를 갖는다. 불이익변경금지원칙이 배제된다.

☑ 상소하지 않은 자의 지위 (19)

1. 학설

i) **상소인설**은 상소하지 않은 자도 상소인으로 본다. ii) **선정자설**은 상소하지 않은 자들이 상소한 자에게 묵시적으로 소송수행권을 부여한 것으로 보아 그들은 선정자의 지위를 갖는다고 본다. iii) **상소심 당사자설**은 합일확정을 위해 그들도 상소심으로 이심되어 당사자가 될 뿐이라고 한다.

---

[652] 상대방 주장에 대한 부인, 증거제출, 항변, 응소, 출석, 기간준수 등이 있다.
[653] 자백, 포기, 인낙, 화해 등이 있다.

2. 判例
항소하지 않은 공동소송인을 항소심 당사자로 표시하였다.

3. 검토
ⅰ) 실제 상소를 제기하지 않은 자를 상소인으로 볼 수 없고, 선정행위가 없었음에도 선정자로 볼 수 없으므로 상소심 당사자설이 타당하다. ⅱ) 상소심당사자는 상소인으로 표시되지 않고 원고 또는 피고로 표시되며, 상소취하권이 없고, 상소심의 심판범위를 특정할 수 없고, 상소비용, 상소인지를 부담하지 않는다.

[고유필수적 공동소송과 유사필수적 공동소송 심리방식 차이]

고유필수적 공동소송		유사필수적 공동소송
전체 소각하 (12)(16)	1인 소송요건 흠결	일부 소각하
전체 소각하654) (16)	1인 누락 소제기	적법
무효	1인 소취하	가능

☑ 유사필수적 공동소송에서 1인 불출석시 소취하간주 적용 여부

1. 문제점
상대방과 유사필수적 공동소송인 중 1인이 불출석하면 그 자에게 제268조의 쌍방불출석 취하간주를 적용할 수 있는지 문제된다.

2. 학설
ⅰ) **긍정설**은 유사필수적 공동소송에서 1인의 소취하가 가능하므로 동 규정이 적용될 수 있다고 한다. ⅱ) **부정설**은 필수적 공동소송의 심리방식에 따라 다른 공동소송인이 출석하면 그 효력을 불출석자도 출석한 것으로 보게 되므로 동 규정이 적용될 수 없다고 한다.

3. 검토
유사필수적 공동소송은 공동소송이 강제되지 않고, 불출석자에게 제재를 가할 필요가 있으므로 동 규정이 적용된다고 봄이 타당하다.

Ⅲ. 고유필수적 공동소송인 추가 (11)(12)(16)　　　　　　　　　　　　sO-28

1. 의의 및 취지
고유필수적 공동소송인 일부가 누락된 경우, 그를 당사자로 추가하는 것이다(제68조). 당사자적격 흠결로 소가 각하되는 것을 막기 위함이다.

---

654) 당사자적격 흠결의 소이다. 이를 보정하기 위한 방안으로, 변론의 병합, 고유필수적 공동소송인 추가, 공동소송참가, 소취하 후 다시 소제기를 할 수 있다. (12)(16)

2. 요건 [누1원공]

i) 고유필수적 공동소송인 일부가 **누**락되었을 것[655] ii) 제**1**심 **변론종결 전**까지 추가할 것 iii) **원**고로 추가되는 자라면 그 자의 동의를 받을 것[656] iv) **공**동소송 요건[657]을 갖출 것을 요한다.

3. 절차

서면으로 해야 하며, 법원은 결정으로 재판한다.

4. 효과

(1) 시효중단 및 기간준수
제소시로 소급하여 인정된다(제68조 제3항).

(2) 종전 공동소송인의 소송수행 결과
필수적 공동소송의 심리방식에 따라 유리한 것만 추가되는 당사자에게 효력이 있다.

☑ 피고경정

1. 의의 및 취지
원고가 **피고를 잘못 지정**한 것이 **분명**한 경우에 변론을 종결할 때까지 **피고를 경정**하는 것이다(제260조). **진정한 분쟁해결**을 위해 인정한다.

2. 요건

(1) 원칙 [분1동물]

i) **피**고를 잘못 지정한 것이 **분**명할 것 ii) 제**1**심 변론종결 전까지 경정할 것 iii) 종전 **피**고가 본안에 관해 변론을 한 경우 그자의 **동**의를 받을 것 iv) 소송**물**이 동일할 것을 요한다.

(2) 피고를 잘못 지정한 것이 분명한 것

1) 判例 [청법법]
   피고를 잘못 지정한 것이 분명한 때란 **청**구취지나 청구원인 기재 자체로 보아 원고가 **법**률적 평가를 그르치는 등의 이유로 피고 지정이 잘못된 것이 명백하거나 **법**인격 유무에 관해 착오를 일으킨 것이 명백한 경우 등을 말한다 (97마1632).

2) 학설 - 반대견해
   다수설은 당사자 **편의와 소송경제**를 이유로 실제 의무자가 누구인지 **증거조사해봐야 알 수 있는 경우**에도 피고경정을 허용하자고 한다.

3) 검토
   증거조사를 해봐야 알 수 있는 경우는 피고지정이 **"분명하게"** 잘못된 것이라고 할 수 없으므로 判例와 같은 기준으로 판단함이 타당하다.

3. 절차
서면으로 해야 하며, 법원은 결정으로 재판한다.

---

655) 유사필수적 공동소송인 일부가 누락되어도 소는 적법하므로 적용되지 않는다.
656) 처분권주의의 발현이다.
657) 권리·의무(제65조), 동종절차(제253조), 공통관할을 의미한다.

4. 효과
(1) 시효중단 및 기간준수
　　신소제기의 성질을 가져, **피고경정 신청서를 제출시**를 기준으로 판단한다.
(2) 종전 당사자의 소송수행 결과
　　1) 당사자 **동일성이 인정되지 않으므로** 구당사자의 소송수행 결과를 **승계하지 않는다**.
　　2) 다만, 구당사자의 소송수행결과를 **원용**할 수 있고, 신당사자가 경정에 **동의**하거나 그가 구소송절차에 **관여하여 구당사자의 소송수행이 신당사자의 소송수행과 동일**하게 평가되면 그 결과가 승계될 수 있다.

120 주관적 선택적·예비적 병합

> 의의 – 허용여부 – 요건 – 심리방식 – 추가

I. 의의 및 취지
sO-29

공동소송인들 사이의 청구가 **법률상 양립불가능한 경우**, 하나의 소송절차에서 같이 심판을 구하는 공동소송이다(제70조). 재판통일 및 분쟁의 일회적 해결을 위함이다.

II. 허용여부
sO-30

ⅰ) 종래에는 원고가 주위적 피고에게 승소하면 예비적 피고는 자신에 대한 청구를 판단받지도 못한채 불안한 지위에 놓인다고 하여 불허하자는 견해가 있었다. ⅱ) 개정법은 제70조 제2항에서 모든 공동소송인에 대해 판단하도록 규정하여 이런 문제점을 해결하고 분쟁의 종국적 해결을 꾀하였다.

III. 요건 [양공+취] (11)(19)(22)
sO-31

1. 원칙

ⅰ) 공동소송인들 사이의 청구가 법률상 **양립불가능할 것**[658)659) ⅱ) **공동소송의** 요건660)을 갖출 것을 요한다.

2. 법률상 양립불가능661)

(1) 원칙

동일한 사실관계에 대한 **법률적 평가**를 달리하거나 **택일적 사실인정**에 의해 어느 일방의 법률효과를 긍정하거나 부정하고 이로써 다른 일방의 법률효과를 부정하거나 긍정하는 반대 결과가 되는 등 각 청구에 대한 **판단과정이 필연적으로 상호결합**되어 있는 관계를 의미한다(2009다7076*).

↳ 예시

1. 법률상 양립불가능
   ⅰ) 은행 간부와 은행에 대해 퇴직금지급청구를 구하는 경우, 하나의 고용계약에 기한 청구로 피고들에 대한 청구가 양립할 수 없다(2009다23160)
   ⅱ) 카드사가 차량대금을 지급했음을 전제로 자동차 회사에 대해 차량미인도로 인한 채무불이행책임을 구하면서, 예비적으로 카드사가 자동차 회사에 차량대금을 미지급하였음을 전제로 할부금채무부존재확인을 구하는 경우, 피고들에 대한 청구가 양립할 수 없다(2006다57872)

---

658) 주관적 선택적 병합과 주관적 예비적 병합은 공동소송인들 사이의 청구가 법률상 양립불가능한 것은 같지만, 순위를 붙였는지 아닌지에 따라 결정된다.
659) 원고측 병합 또는 피고측 병합 모두 가능하다.
660) 공동소송의 주관적 요건(제65조), 동종절차(제253조), 공통관할을 의미한다.
661) 부진정 연대채무자들에 대한 청구를 공동소송으로 병합해 제기한 경우와 같이 법률상 양립불가능 요건을 충족하지 못하는 경우 통상공동소송으로 심리될 수 있다.

2. 양립가능 (=주관적 선택적·예비적 병합 不可)

토지소유자가 송전선의 직접점유자인 한국수자원공사와 송전선의 간접점유자인 국가를 상대로 토지상공의 점유로 인한 부당이득반환을 구한 것은 부진정연대채무자들을 공동피고로 하는 경우로서, 그들 모두에 대해 승소판결을 받을 수 있으므로 양립가능한 청구이므로 주관적 선택적·예비적 병합이라 할 수 없다(2011다76747*).662)

(2) 소송법상 양립불가능 [소 누피법부적]

법률상 양립할 수 없다는 것에는 실체법적으로뿐만 아니라 **소**송법상으로 서로 양립할 수 없는 경우도 포함된다. 개인뿐만 아니라 소속단체를 공동피고로 한 경우 **누**가 **피**고적격을 갖는지에 관한 **법률적 평가**에 따라 어느 **한**쪽에 대한 청구는 **부**적법하고 다른 쪽의 청구만이 **적**법하게 된다. 따라서 법률상 양립할 수 없는 관계이다(2007마515*).663)

(3) 병합된 청구 중 한 청구와 양립불가능 [주주양없예결 주예양있예통 선예순]

ⅰ) **주**위적 피고에 대한 주위적·예비적 청구 중 **주**위적 청구 부분이 인용되지 아니할 경우 그와 **법률상 양**립할 수 **없**는 관계에 있는 **예**비적 피고에 대한 청구를 인용하여 달라는 취지로 **결**합하여 소제기 가능하다.

ⅱ) **주**위적 피고에 대한 **예**비적 청구와 예비적 피고에 대한 청구가 서로 법률상 **양**립할 수 **있**는 관계에 있으면 양 청구를(예비적 피고에 대한 청구를) 병합하여 **통**상의 공동소송으로 보아 심리판단할 수 있다.

ⅲ) 이러한 법리는 원고가 주위적 피고에 대하여 실질적으로 **선**택적 병합 관계에 있는 두 청구를 주위적, **예**비적으로 **순**위를 붙여 청구한 경우에도 그대로 적용된다(2014다232913*).

Ⅳ. 심리방식 (19)(22)   sO-32

1. 원칙

ⅰ) 공동소송인들 사이의 심리방식은 제67조 내지 제69조를 준용한다. 다만, 취하, 포기·인낙, 화해의 경우에는 그러하지 아니하다(제70조 제1항). ⅱ) 법원은 모든 공동소송인에 대하여 판단해야 한다(제70조 제2항).

2. 내용 [송중판상]

(1) 소송행위

1인의 소송행위는 다른 공동소송인에게 유리한 때에는 모두에게 효력이 있으나, 불리한 때에는 전원이 하지 않으면 효력이 없다. 다만, 취하, 포기·인낙, 화해는 각자 할 수 있다. 상대방의 소송행위는 공동소송인 모두에게 효력이 미친다.

---

662) 두 피고는 통상공동소송관계에 있으며, 피고들 중 1인만 항소한 경우, 항소하지 않은 피고의 소송은 항소기간 도과로 분리확정된다. 분리확정된 피고에 대한 청구까지 항소심이 판단한 경우, 상고심은 파기·소송종료선언한다.
663) 본 사안에 대해 피고적격은 입주자대표회의에 있고 피고 개인에게 없음이 명백하므로 두 청구의 적법 여부에 대해 상호 결합되어 있지 않고, 합일확정의 필요가 없어 예비적 공동소송이 부적법하다는 견해가 있다.

☑ 예비적 피고의 인낙 또는 화해 가부

1. 문제점
제70조 제1항 단서는 각자 인낙 또는 화해를 할 수 있다고 규정한다. **심리순서상 후순위에 해당하는 예비적 피고의** 인낙 또는 화해가 가능한 것인지 문제된다.664)

2. 학설
ⅰ) **긍정설**은 **제70조의 명문에서 이를 불허하지 않으므로** 예비적 피고의 인낙 또는 화해도 가능하다고 본다. 이 경우, **주위적 피고에 대한 청구를 인용해야 한다는 견해와 기각해야 한다는 견해**가 있다.
ⅱ) **부정설**은 **심리순서가 정해져 있으므로**, 주위적 피고에 대한 판단 없이 예비적 피고에 대해서는 판단할 수 없다고 한다.

3. 검토
원고의 **순위를 붙여 청구한 의사를 존중**하기 위하여 예비적 피고의 인낙은 허용되지 않는다고 봄이 타당하다.

☑ 예비적 공동소송인 중 1인의 자백 가부

1. 문제점
자백을 각자 할 수 있는지 여부에 대한 **명문의 규정이 없으므로**, 1인의 자백이 가능한지 문제된다.

2. 학설
ⅰ) **긍정설**은 제70조 제1항 단서가 **자백보다 불리한 인낙도 각자 할 수 있다고 규정**하였으므로 1인의 자백은 그 자에게는 효력이 있다고 한다.
ⅱ) **부정설**은 심리방식에 있어 **제67조를 준용**하므로 1인의 자백은 효력이 없고, 함께 자백한 경우에만 효력이 있다고 한다.
ⅲ) **절충설**은 공동소송인 **1인의 자백은 다른 공동소송인에게 유리한 경우가 많으므로**, 1인의 자백이 다른 공동소송인에게 **유리한 경우 유효**로 보고, **불리한 경우 전원**이 해야 효력이 있다고 한다.

3. 검토
1인의 자백으로 인해 다른 공동소송인이 불리해지지 않으면 그를 허용한다고 해도 **부당한 결과**를 초래하지 않을 것이므로 절충설이 타당하다.

☑ 조정에 갈음하는 결정 또는 화해권고결정 분리확정 가부

1. 문제점
주관적 선택적·예비적 병합된 경우, 조정에 갈음하는 결정 또는 화해권고결정이 이루어진 후, 일부만 이의했다면 이의하지 않은 공동소송인의 소송은 분리확정될 수 있는지 문제된다.

2. 判例 [70 화일그확 분공통]
ⅰ) 선택적·예비적 공동소송에 제67조가 준용되어 소송자료, 집행의 통일이 요구되지만, **70조 단서에 따라 포기, 인낙, 화해 및 취하는 각자** 할 수 있다.
ⅱ) 조정에 갈음하는 결정 확정시 **재판상 화해와 동일한 효력**이 있으므로 그 결정에 대해 **일부** 공동소송인이 이의하지 않았다면 원칙적으로 **그** 공동소송인에 대한 관계에서 조정에 갈음하는 결정이 **확**정될 수 있다.

---

664) ① 주관적 예비적 병합에서 주위적 피고가 인낙 또는 화해를 하면 유효하고, 예비적 피고에 대한 청구를 기각하게 된다. ② 주관적 선택적 병합에서는 어떤 피고가 인낙 또는 화해를 하더라도 유효하고, 다른 피고에 대한 청구를 기각한다.

iii) 다만 조정에 갈음하는 결정에서 **분리확정을 불허**하거나, 결정에서 정한 사항이 공동소송인들에게 **공통되는 법률관계를 형성**함을 전제로 이해관계를 조절하는 경우 등 소송진행을 **통일**하려는 제70조 제1항 본문의 입법취지에 반하면 분리확정이 불허된다(2006다57872*). 이 경우, 공동소송인 전원이 분리확정에 대하여는 이의가 없다는 취지로 진술하였더라도 당사자들의 의사에 관계없이 분리 확정이 불허된다(2020다224975).

3. 학설
ⅰ) 判例와 같은 견해도 있으나 ⅱ) 조정에 갈음하는 결정 또는 화해권고결정은 소송종료행위인 포기, 인낙, 화해와 달리 **법원이 직권으로 당사자 간의 권리관계에 대해 판단하는 재판작용의 일종**이므로 제70조 제1항 본문이 적용되므로 일부 당사자만 이의한 경우에도 모든 당사자에 대해 그 결정이 확정되지 않는다고 하는 견해가 있다.

4. 검토
조정에 갈음하는 결정과 화해권고결정의 효력은 **재판상 화해와 동일**하므로 제70조 제1항 단서의 취지에 따라 이의하지 않은 자에 대해서는 분리확정될 수 있다고 볼 것이나, **분쟁의 종국적 해결**을 위해 분리확정이 허용되지 않는 경우가 있다고 볼 것이다.

(2) 중단사유 및 변론의 분리
1인에 대한 중단사유는 전원에게 효력이 있고, 변론의 분리는 불가하다.665)

(3) 판결
재판의 통일을 요하며, 일부판결은 불가하다.666) 일부에 대한 판결을 하지 않은 경우 추가판결이 아닌 상소로 구제받는다.

☑ **일부판결 가부** [예일흠상누판] (19)

예비적·선택적 공동소송에서 **일부 공동소송인**에 관한 청구에 대하여만 **판결**한 경우 이는 **일부판결이 아닌 흠이 있는 전부판결**에 해당하여 **상소**로써 다투어야 하고, 그 판결에서 **누락**된 공동소송인은 **판단유탈**을 시정하기 위해 상소할 이익이 있다(2005다49430*).

---

(4) 상소
상소기간은 개별적으로 진행하나, 전원의 상소기간이 경과할 때까지 판결은 확정되지 않는다. 상소불가분원칙이 적용되고, 상소하지 않은 자는 상소심당사자의 지위를 갖는다. 불이익변경금지원칙이 배제된다.

☑ **상소불가분원칙 및 불이익변경금지원칙** (19)(22)

1. 원칙 [예한상 다차이판]
예비적 공동소송에서 주위적 공동소송인과 예비적 공동소송인 중 **어느 한** 사람이 **상소**를 제기하면 **다른 공동소송인**에 관한 청구 부분도 **확정**이 **차단**되고 상소심에 **이심되어 심판**대상이 된다(2009다104960*).

---

665) 다만, 포기·인낙, 화해를 하는 경우, 분리확정 된다.
666) 주관적 선택적 병합에서 한 청구를 인용하면 다른 청구는 기각한다. 주관적 예비적 병합에서 주위적 청구를 인용하면 예비적 청구는 기각해야 한다. 원고의 본안요건이 인정되지 않으면 모든 피고에 대한 청구가 기각될 수 있다. (이는 본안요건이 인정되어도 피고들에 대한 청구가 모두 기각될 수 있는 '사실상 양립불가능'한 경우와 다름을 주의한다.)

2. 항소심에서 주위적 피고에 대한 소가 취하된 경우 [주취예해판]

원고가 원심에서 **주**위적 피고에 대한 소를 **취**하함으로써 주관적 **예**비적 공동소송관계가 **해**소되었더라도 피고들에 대한 청구 부분은 여전히 원심의 심**판**대상이 된다(2015다242429).

V. 추가

sO-33

제68조를 준용하여 제1심 변론종결 전까지 공동소송인을 추가할 수도 있다.

121 선정당사자

📁 의의 – 요건 – 효과 + 관련 논점

I. 의의 및 취지   sO-34

공동의 이해관계를 가진 여러 사람이 그 가운데에서 총원을 위해 소송을 수행할 당사자를 선출하는 제도를 말한다(제53조). 소송간명화를 위함이다.

II. 요건667)   sO-35

1. 원칙 (13)

i) 비법인사단이 아닌 여러 사람일 것 ii) 그들이 공동의 이해관계가 있을 것 iii) 그들 가운데서 선정할 것 iv) 개별적으로 선정할 것(668) v) 서면에 의할 것을 요한다.669)

2. 공동의 이해관계

(1) 문제점

여러 사람이 제65조 전문 관계에 해당하는 경우, 공동의 이해관계는 당연히 인정된다. 제65조 후문 관계670)에 있을 때도 공동의 이해관계를 인정할 수 있을지 문제된다.

(2) 학설

i) 제65조 후문 관계에 있는 자들도 주요 공격방어방법을 공통으로 하는 경우에는 선정당사자제도를 활용할 수 있다고 하는 견해 ii) 제65조 후문 관계에 있는 자들은 공격방어방법을 공통으로 하지 않아 선정당사자제도를 활용할 수 없다고 하는 견해가 있다.

(3) 判例

1) 공동의 이해관계 의미 [이공격동]

공동의 이해관계란 다수자 상호간에 공동소송인이 될 관계에 있고, 또 주요한 공격방어방법을 공통으로 하는 것을 의미하므로, 다수자의 권리, 의무가 동종이며 그 발생원인이 동종인 관계에 있는 것만으로는 공동의 이해관계가 있는 경우라고 할 수 없다(99다15474*).

---

667) 선정의 적법성은 직권조사사항이며, 선정당사자 자격 흠결시 보정 명하고 보정하지 않으면 당사자적격 흠결로 소각하한다. 선정당사자 자격 흠이 있는 자가 본안판결을 받아도 선정자에게 판결효가 미치지 않는다는 점에서 판결이 무효다.
668) 다수결로 할 수 없다.
669) 선정 시기는 소송 전후 불문한다. 소송 중 선정하면 선정자는 소송에서 당연탈퇴한 것으로 본다(제53조 제2항).
670) 같은 종류의 매매에 기한 수인의 매수인에 대한 매매대금청구, 임차인들의 임대인에 대한 보증금반환청구 등이 있다.

2) 제65조 후문 관계에서 주요한 공격방어방법 공통될 경우 [쟁피당공격이]

임차인들인 선정자들이 피고를 이 사건 임대차계약상의 임대인이라고 주장하면서 피고에게 그 각 보증금반환을 구하고 있는 사안으로, 그 **쟁**점은 **피**고가 이 사건 임대차계약상의 임대인으로서의 계약**당**사자인지 여부에 있음을 알 수 있으므로, 선정자들은 상호간에 **공**동소송인이 될 관계가 있을 뿐 아니라, **주요한 공격방어방법을 공통**으로 하는 경우에 해당한다고 함이 분명하다고 할 것이어서 공동의 **이**해관계가 있다(99다15474).

(4) 검토

주요 공격방어방법을 공통으로 하는 경우, 선정당사자제도를 통해 **간명한 소송수행**이 충분히 가능하므로 이런 경우에만 제한적으로 허용할 것이다.

☑ 심급제한 선정 가부

1. 문제점
원칙적으로 **선정에는 조건을 붙일 수 없다**. 다만, **심급을 제한**하여 선정하는 것이 가능한지 문제된다.

2. 학설
ⅰ) **긍정설**은 선정자들은 **선정행위를 자유롭게** 할 수 있으므로, 심급제한 선정도 가능하다고 한다.
ⅱ) **부정설**은 이를 허용하면 **소송간명화의 입법취지에 반하므로** 허용되지 않는다고 한다.

3. 判例 [합취심당]
당사자 선정은 총원의 **합**의로써 장래를 향하여 이를 **취**소, 변경할 수 있는 만큼 당초부터 어떠한 **심**급을 한정해 **당**사자인 자격을 **보유**하게 할 목적으로 선정하는 것도 허용된다(94마2452).

4. 검토
소송수행방식에 있어, 당사자의 **의사**를 존중해야 하므로 긍정설이 타당하다.

☑ "제1심 소송절차에 관하여"라는 기재가 심급을 제한한 것인지 여부

1. 문제점
"제1심 소송절차 관하여"라는 문구 자체만으로 심급을 제한한 것으로 볼 것인지 문제된다.

2. 判例 [명특1종]
"제1심 소송절차에 관하여" 또는 "제1심 절차를 수행하게 한다"고 기재한 경우, 특단의 사정이 없는 한 그 기재는 **사건명** 등과 더불어 선정당사자를 선정하는 **사건**을 **특**정하기 위한 것으로 보아야 하고, 따라서 선정 효력은 **제1심에 한정하는 것이 아니라 소송종료까지 계속**되는 것으로 해석함이 상당하다.

3. 학설
ⅰ) **判例와 같은 견해**도 있으나 ⅱ) **반대견해**는 문언으로 "제1심"이라고 기재되어 있음에도 이를 구체적으로 따져보아 심급제한 여부를 결정하면 심급제한 해당 여부를 **너무 엄격하게 해석**하는 것은 바람직하지 않다고 한다.

4. 검토
당사자의 의사를 파악함에 있어서는 통상적인 경우를 살펴볼 필요가 있으므로 **判例**가 타당하다.

III. 효과   s0-36

1. 선정당사자의 지위 [행선상]

(1) 가능한 행위671) [포송사동]

선정당사자는 선정자들로부터 소송수행을 위한 **포괄적인** 수권을 받은 것으로서 **일체의 소송행위**672)는 물론 소송수행에 필요한 **사**법상의 **행위**도 할 수 있고 개개의 소송행위를 함에 있어서 선정자의 **개별적인 동의**가 필요한 것은 **아니다**(2009다105246).

(2) 선정당사자 사이의 관계 (13)

ⅰ) 같은 선정자단에서 선정된 선정당사자들은 소송수행권을 합유하므로 **필수적 공동소송관계**에 있다.
ⅱ) 다른 선정자단에서 선정된 선정당사자들은 원래 선정을 한 여러 사람이 **필수적 공동소송관계가 아닌 한 통상공동소송관계**에 있다.

(3) 자격 상실 [사통중]

1) 사유

선정 철회, 선정당사자 사망, 선정당사자 본인에 관한 부분의 취하 또는 확정으로 **공동이해관계 소멸** 등이 있다.

2) 상대방에 대한 통지

ⅰ) 제63조 제2항

선정을 철회하거나 선정당사자를 바꾸는 경우, 상대방에게 통지하지 않으면 효력이 없다.

ⅱ) 판례 [취철상법통묵]

당사자 선정은 언제든지 장래를 위하여 이를 **취소**, 변경할 수 있으며, **선정을 철회**한 경우에 선정자 또는 당사자가 **상**대방 또는 **법**원에 대하여 선정 철회사실을 **통**지하지 아니하면 철회의 효력을 주장하지 못하지만 선정의 철회는 반드시 **명**시적이어야만 하는 것은 아니고 **묵**시적으로도 가능하다 (2015다31513).673)

3) 절차 중단

ⅰ) 선정당사자 중 일부가 죽거나 자격이 상실된 경우

절차는 **중단되지 않고** 다른 선정당사자가 모두를 위해 소송을 수행한다.

ⅱ) 선정당사자 모두가 죽거나 자격이 상실된 경우

절차가 **중단되고**, 새로운 선정당사자 또는 선정자들 전원이 절차를 수계한다.

4) 당사자지위 당연승계

선정자들이 당사자지위를 당연승계한다.

---

671) 소송대리인과 체결하는 보수약정은 소송위임에 필수적으로 수반되는 것이 아닌바 선정당사자가 별도 수권 없이 불가능하다.
672) 취하, 포기, 인낙, 화해, 상소 등이 가능하며, 한 심급에 한정하여 선정당사자가 되는 것이 아니다.
673) 피고측이 1인을 선정당사자로 소송을 수행했는데, 선정당사자 본인 부분에 관한 소송은 전부승소하여 상소할 이익이 없었으므로 선정당사자가 선정자들의 패소부분에 대해 항소를 제기한다고 해도 선정당사자 본인 부분에 대한 판결은 항소기간 도과로 확정되고 공동이해관계가 소멸되어 선정당사자자격이 상실될 예정인바, 선정자들 스스로 소송수행이 불가피했었다. 따라서 선정자들이 자신들이 패소한 부분에 대해 선정당사자에 의하지 않고 직접 항소를 제기한 경우라도 항소장의 제출로 묵시적으로 선정행위를 철회하는 의사표시를 했다고 보아 항소심이 항소를 당사자적격 흠결로 부적법하다고 한 것은 잘못이라고 보았다.

2. 선정자의 지위

(1) 탈퇴 및 기판력

ⅰ) 소송이 법원에 계속된 뒤 선정당사자를 선정한 때에는 **종전** 당사자는 당연히 소송에서 **탈퇴**한 것으로 본다(제53조 제2항). ⅱ) 선정당사자가 받은 판결은 선정자들에게 **효력**이 미친다(제218조 제3항).

(2) 적격유지 여부 (13)

1) 문제점

선정 후 선정자들이 당사자적격을 유지하여 선정당사자의 진술을 경정할 수 있는지, 선정자들의 후소가 중복소제기금지원칙에 위배되는지 문제된다.

2) 학설

ⅰ) **적격유지설**은 ① 선정자들이 **당사자적격**을 유지하여, 제94조를 유추해 선정당사자의 진술을 **경정할 수 있다**고 하며, ② 선정자들의 후소는 중복소제기에 해당해 **부적법**하다고 한다.

ⅱ) **적격상실설**은 ① 선정자들이 **당사자적격**을 상실하여, 선정당사자의 진술을 경정할 수 **없다**고 하며, ② 선정자들의 후소는 **중복소제기에 해당해 부적법**하다고 한다.

3) 判例 [포당송상탈]

선정당사자는 선정자들로부터 소송수행을 위한 **포**괄적인 수권을 받은 **당**사자로서 선정자들 모두를 위한 일체의 **소송**행위를 할 수 있으며, 선정자들은 소송수행권을 **상**실하고 소송관계에서 **탈퇴**하게 된다 (2010그133).

4) 검토

선정자는 **언제든 선정**을 **취소**할 수 있고, **소송간명화**라는 선정당사자제도의 입법취지에 비추어 적격상실설이 타당하다.

Ⅳ. 관련 논점

sO-37

1. 선정당사자 본인에 관한 부분을 제외하고 항소하여 본인에 관한 부분이 분리확정되어 공동의 이해관계가 소멸된 경우[674]

(1) 절차중단 및 당사자 지위

1) 절차중단 여부

항소심 계속 중 선정당사자의 본인에 관한 부분에 대한 항소기간이 도과되어 확정되고 선정당사자는 선정자들과의 공동의 이해관계가 소멸되어 자격 상실로 절차 중단된다.

2) 당연승계

선정자들이 지위를 당연승계한다.

---

[674] 피고들이 그 중 1명을 선정하여 소송을 수행한 사안에서 1심에서 원고의 청구인용판결이 선고되었고 선정당사자는 선정자 중 1인의 청구부분만 항소하였고 자신 및 나머지 선정자에 대한 부분은 항소하지 않아 그들의 소송은 항소기간도과로 분리확정되다. 그 후 선정당사자가 항소제기된 1인 부분에 대한 항소심절차에 관여하고 본안판결 받은 후 그 부분에 대해 상고할 경우 취급에 대한 논의이다.

(2) 상고의 적법성

1) 대상적격

ⅰ) 항소심판결은 항소심 계속 중 선정당사자의 공동의 이해관계 소멸로 선정당사자 자격을 상실하여 중단이 되었어야 함에도 이를 간과하여 **중단간과판결**이며, ⅱ) 당사자적격 없는 선정당사자가 받은 판결로 **당자자적격흠결**을 갖는 판결이다. 하지만 이는 모두 위법하지만 유효한 판결675)이다.

2) 당사자적격

선정당사자 본인에 대한 부분이 확정되어 공동의 이해관계가 소멸함으로써 **선정당사자의 지위를 상실**하였다고 할 것이므로 선정당사자의 지위에서 제기한 상고는 부적법하고 상고심에서 다시 선정당사자로 선정해도 효력이 없다(2006다28775).676)

2. 공동의 이해관계 없는 선정당사자가 인낙한 경우 재심사유 해당여부

(1) 문제점

공동의 이해관계가 없는 자를 선정당사자로 스스로 선정한 후, 선정당사자가 청구를 인낙한 것을 선정자들이 준재심으로 다툴 수 있는지 문제된다.

(2) 判例 [흠스사3판인]

선정당사자로서의 자격에 **흠**이 있지만 피고들 **스스로** 그를 선정당사자로 선정한 이상 원심이 위와 같은 선정당사자 자격의 흠도 재심**사**유에 해당한다고 판단한 것은 제451조 제1항 제**3**호가 정하는 재심사유에 관한 법리를 오해한 것이다. 이러한 법리는 그 선정당사자에 대한 **판**결이 확정된 경우뿐만 아니라 선정당사자가 **인**낙하여 **인**낙조서가 확정된 경우도 마찬가지다(2005다10470).677)

(3) 학설

ⅰ) 선정자가 스스로 수권했는지 여부를 불문하고 선정당사자는 자격이 없는 자로 **당사자적격이 흠결**된 것이어서 인낙조서를 무효로 본다는 견해 ⅱ) 스스로 수권하여 선정자의 귀책사유로 보아 인낙조서는 당연무효가 아니고 3호의 재심사유에도 해당되지 않는다는 견해가 있다.

(4) 검토

인낙조서를 무효로 봄은 법적 안정성을 추구하는 기판력의 정신에 반하고, 스스로 선정당사자를 스스로 선정한 이상, 절차권이 박탈되었다고 볼 수도 없으므로 3호의 재심사유에 해당되지 않아 준재심은 부적법 각하된다.

---

675) 다만, 당사자적격이 흠결된 판결로 보아 본래의 권리귀속주체에게는 판결의 효력이 없다고 볼 수 있다(다수설). 따라서 선정자에게는 판결이 무효이고 판결이 되기 전 절차가 중단된 상태로 보아 선정자가 수계신청을 할 수 있다.
676) 외관상 선정당사자가 당사자인 것으로 판결이 선고되었으므로 상고를 적법하게 보고 항소심으로 파기·환송하여 선정자들이 절차수계하도록 하여 당사자의 절차권을 보장해야 한다는 견해가 있다.
677) X토지와 Y토지 소유자가 X토지를 A, B에게 Y토지를 C, D, E에게 명의신탁 한 후, 그들을 상대로 명의신탁 해지에 기한 소유권이전등기청구의 소를 각 제기했을 때, X토지에 관한 소송에서 A, B가 A를 선정당사자로 선정하였고, Y토지에 관한 소송에서 C, D, E도 A를 선정당사자로 선정하였다. 토지소유자가 제기한 각 청구에 모두에 대해 A가 인낙하자, C, D, E가 A는 Y토지에 관한 소송에서 공동의 이해관계가 없어(권리의무 발생원인이 동종이며, 주요 공격방어방법을 공통으로 하지 않음) 선정당사자가 될 수 없는 자이므로 재심사유 3호를 들어 준재심의 소를 제기한 사례.

122 보조참가

> 의의 – 요건 – 절차 – 효과

I. 의의 및 취지 sO-38

타인간의 소송계속 중 소송결과에 이해관계 있는 제3자가 한쪽 당사자의 승소를 돕기 위해 소송에 참가하는 것이다(제71조). 참가인은 자기이익을 지킬 기회를 부여받고, 피참가인은 참가인에게 참가효로 패소 부담을 분담시킬 수 있다.

II. 요건 (08)(11) sO-39

1. 원칙[678] [타이절송]

i) 타인간 소송 계속 중일 것 ii) 소송결과에 이해관계가 있을 것 iii) 절차를 현저히 지연시키지 않을 것 iv) 소송행위 유효요건을 구비할 것을 요한다.

2. "소송"에 대한 이해관계

(1) 判例 [주물권직법]

판결주문에서 판단되는 소송물인 권리관계의 존부에 의하여 직접적으로 보조참가 하려는 자의 법률상의 지위가 결정되는 관계에 있을 때에 한해 참가할 수 있다(2005다19156).

(2) 학설 [이쟁논존]

i) 통설은 판례와 같으나 ii) 소수설은 판결이유에서 판단되는 중요쟁점에 참가인의 지위가 논리적 의존관계에 있으면 참가할 수 있다고 한다.

(3) 검토

판결이유에 기판력이나 쟁점효가 인정되지 않으며, 보조참가의 범위를 과도하게 확장함은 부당하므로 통설이 타당하다.

> **예시**
> 1. 채권자가 보증인에게 채무이행을 구하는 소에서 채무자가 보증인에게 보조참가할 수 있다.
> 2. 매도인이 매수인에게 물건을 매도한 후, 제3자가 매수인에게 소유권에 기한 인도를 구하는 소에서 매도인이 매수인에게 보조참가할 수 있다.
> 3. 피해자가 가해자(보험금을 청구할 수 있는 피보험자)를 상대로 손해배상을 구하는 소에서 보험회사가 가해자에게 보조참가할 수 있다.
> 4. 건물의 원시취득자인 원고가 그 소유권에 기한 방해배제청구로서 피고에 대하여 건축주명의변경절차의 이행을 구하는 소에서 원고로부터 해당 소송에서 패소할 경우 매매계약이 해지되는 것을 조건으로 하여 건물을 매수한 자는 원고 측에 보조참가할 수 있다.

---

[678] 상고심 계속 중에도 보조참가 가능하며, 참가취지, 참가이유는 밝히지만, 소송요건, 청구취지, 청구원인은 요구되지 않고, 서면 또는 말로 신청하며, 보조참가가 부적법시 불허가결정한다.

> ☑ **공동피해자와 공동불법행위자**
>
> **1. 공동피해자 중 1인이 다른 피해자의 소송에 보조참가**
> ⅰ) **통설**에 따르면 공동피해자의 손해배상청구권이 다른 피해자의 판결주문에서 판단되는 손해배상청구권을 논리적 전제로 하지 않으므로 보조참가할 수 없다. ⅱ) **소수설**에 따르면 공동피해자는 다른 피해자의 판결이유에서 판단되는 가해자의 과실 등에 대한 판단에 영향을 받으므로 보조참가할 수 있다.
>
> **2. 공동불법행위자 중 1인이 피해자의 소송에 보조참가**
> ⅰ) **통설**에 따르면 공동불법행위자는 판결이유에서 판단되는 과실비율에 대해서만 이해관계를 가질 뿐이므로 보조참가할 수 없다. ⅱ) **소수설**에 따르면 공동불법행위자는 피해자의 판결이유에서 판단되는 가해자의 과실 등에 대한 판단에 영향을 받으므로 보조참가할 수 있다. ⅲ) **判例**[679])는 이 사안에서 보조참가할 수 있다고 참가요건을 확장해석하였다.

3. "결과"에 대한 이해관계

피참가인이 패소하면 그로부터 손해배상청구를 당하게 되는 등 **불리한 영향** 또는 **피참가인이 승소하면 유리한 영향**을 받을 관계에 있는 자가 이에 해당한다.

4. "이해관계"의 의미

사실상, 경제상, 감정상의 이해관계[680])가 아니라 **법률상 이해관계**[681])를 말한다(99다12796*).

Ⅲ. 절차

sO-40

ⅰ) 말 또는 서면으로 가능하며, 참가취지 및 참가이유를 밝힌다.[682])
ⅱ) 당사자가 참가에 대해 이의신청을 한 때에는 참가인은 참가이유를 소명해야 하고 법원은 참가 허부를 결정해야 한다. 참가이유가 인정되지 않으면 보조참가를 허가하지 않는 결정을 한다(제73조). 참가인은 이의신청이 있어도 참가 허부 결정이 확정될 때까지 소송행위를 할 수 있고, 당사자가 참가인의 소송행위를 원용한 경우 참가를 허가하지 않는 결정이 확정되어도 그 소송행위는 효력을 가진다(제75조).
ⅲ) 참가인은 참가신청을 언제나 취하할 수 있으나, 참가신청이 취하되어도 참가효를 받고 참가인의 소송행위는 효력을 상실하지 않아 판결의 기초로 삼을 수 있다.

> ☑ **보조참가에 대한 이의권 상실**
>
> 당사자가 보조참가에 대해 이의하지 않고 변론하거나 변론준비기일에서 진술한 경우 이의신청권을 잃고 보조참가 허가결정 없이도 계속 행위를 할 수 있다고 한다(2015두36836).

---

679) 99다12796
680) 당사자의 친구, 부양의무 있는 친족, 회사가 패소하면 회사재산 감소로 이익배당이 줄어드는 주주 및 사원, 채무자가 패소하면 책임재산 감소로 변제받기 어려워지는 채권자, 판결결과가 선례가 되어 간접적 파급효를 받게 될 자 등이 있다.
681) 갑이 보조참가를 하고자 하는 소송이 을과 병 사이에 체결한 임대차계약상 임료증액분청구이고, 을과 병 사이의 임대차계약은 갑, 을과 병 사이에 체결된 합작투자계약에서 갑이 투자를 하는 조건으로 약정된 사항들을 기초로 한 것이라면 갑은 병과 이해관계를 같이하는 법률적인 이해관계에 있어 병을 위하여 보조참가를 할 수 있다(92마244).
682) 참가취지는 어느 쪽으로 참가하는지를 나타내고, 참가이유는 소송결과에 이해관계가 있는지를 나타낸다.

☑ 보조참가를 공동소송적 보조참가로 볼 수 있는지 여부

보조참가했는데 판결효가 미치는 자로 밝혀지면 공동소송적 보조참가로 본다(2000다59333).

☑ 보조참가로 인한 소송비용 부담

1. 피참가인이 전부승소한 경우

소송비용의 부담에 관한 주문에 '보조참가로 인한 부분'을 특정하지 않았더라도, 피참가인이 전부 승소한 경우에는 당연히 패소한 당사자가 보조참가로 인한 소송비용까지도 부담하는 것이다.

2. 피참가인이 일부승소한 경우

피참가인이 일부 승소하였음에도, 주문에 '보조참가로 인한 부분'이 특정되지 않은 채 피참가인과 상대방 사이의 소송비용 부담 비율만 기재되어 있다면, 여기에는 보조참가로 인하여 생긴 부분까지 포함되었다고 볼 수 없어 소송비용의 재판이 누락된 경우에 해당하므로, 당해 소송비용의 재판을 누락한 법원이 직권 또는 당사자의 신청에 따라 이에 대한 재판을 추가로 한다(2020마7530).

IV. 효과

s0-41

1. 참가인의 지위[683] (11)(25)

(1) 독립적 지위

ⅰ) 보조참가인은 당사자에 준하는 **절차관여권**을 가진다. ⅱ) 공격방어방법 제출, 이의, 상소, 그 밖의 모든 소송행위[684]를 할 수 있다(제76조 제1항 본문).

☑ 보조참가에 대한 기일통지 및 서류송달

보조참가인에게도 기일통지, 서류송달을 해야 하고, 참가인에게 송달하지 않아 변론 기회를 주지 않은 채 행해진 기일진행은 부적법하다. 다만, 보조참가인이 변론기일에 출석해 변론기회를 갖고 송달받지 못한 점에 대해 이의하지 않으면 절차진행의 흠이 치유된다(2006다75641*).

(2) 종속적 지위 [없어불판사]

ⅰ) 소송정도에 따라 피참가인이 할 수 <u>없었던</u> 행위(제76조 제1항 단서)[685] ⅱ) 피참가인의 행위와 '명백히 적극적으로 배치되어' <u>어긋나는</u> 행위(제76조 제2항) ⅲ) 피참가인에게 <u>불</u>이익한 행위[686] ⅳ) 심<u>판</u>대상을 변경하고 확장하는 행위[687] ⅴ) <u>사</u>법상 권리 행사는 참가인이 할 수 없다.

---

[683] 보조참가인은 증인이 될 수 있고, 판결을 받지 않으며 보조참가인이 사망해도 소송절차가 중단되지 않는다.
[684] 보조참가인은 소멸시효의 항변 등을 제출할 수 있다(2017다226629). 피참가인이 기일에 결석해도 보조참가인이 출석하면 기일을 준수한 것이다. 보조참가인은 재심의 소를 제기할 수 있다(2014다13044*).
[685] 피참가인의 재심의 보충성으로 인해 재심을 제기할 수 없는 경우(2014다13044), 피참가인이 재심제기 당시 사망해 당사자능력이 없는 경우(2018무14210), 참가인은 재심을 제기할 수 없다. 시기에 늦어 피참가인이 제출할 수 없었던 공격방어방법도 참가인이 제출할 수 없다.
[686] 자백, 소취하, 포기·인낙, 화해, 상소취하, 상소포기 등이 이에 해당한다.
[687] 소취하, 소변경, 반소, 중간확인의 소, 당사자가 주장하지 않은 재심사유를 추가하는 행위 등이 이에 해당한다(단, 보조참가인이 피참가인을 위해 재심을 제기하는 것은 가능하다).

☑ 피참가인의 행위와 명백히 적극적으로 배치되어 어긋나는 행위 의미

피참가인과 참가인의 행위가 명백히 적극적으로 배치되는 것을 말하고 소극적으로 불일치하는 것은 이에 해당하지 않는다고 한다(2007다53310*). 피참가인이 자백하면 참가인은 다툴 수 없고 피참가인 상소권 포기시 참가인은 상소할 수 없다. 단, 피참가인의 **자백간주** 성립시 참가인은 이를 다툴 수 있고, 피참가인이 **단순히 상소하지 않고 있어도** 참가인은 상소할 수 있다.

☑ 보조참가인의 상소기간 (25)

1. 학설
(1) **다수설**은 보조참가인의 **종속적 지위**를 강조하여, 피참가인의 상소기간 내에만 상소할 수 있다고 한다.
(2) **소수설**은 보조참가인의 독립적 지위를 강조하여, **상소하여 판결의 승패를 바꿀 수 있음에도** 이를 불허하면 별소로 다투게 되어 **소송경제**에 부합하지 않는다고 한다.

2. 判例
보조참가인이 **자신이 판결을 송달받은 날부터 기산하여 2주** 내에 상고한 사건에서 **피참가인의 상고기간을 어긴 때**는 참가인의 상고 역시 **상고기간 경과의 것으로 부적법**하다(2007다41966).

3. 검토
제76조 제1항 단서에서 피참가인이 할 수 없었던 행위는 참가인도 할 수 없다고 규정하는 취지에 비추어 다수설이 타당하다.

☑ 명문의 규정 없는 피참가인의 사법상 권리행사 (11)

1. 학설
(1) **다수설**은 보조참가인의 종속적 지위를 강조하여, 피참가인의 사법상 권리를 행사할 수 없다고 한다.
(2) **소수설**은 보조참가인의 독립적 지위를 강조하여, 피참가인에게 유리한 결과를 가져올 수 있으므로 그의 사법상 권리를 행사할 수 있다고 한다.
(3) **절충설**은 참가인이 사법상 권리를 행사하고 피참가인이 곧바로 이의하지 않으면 묵시적 추인이 되어 유효한 행위가 된다고 한다.

2. 검토
명문의 규정이 없고, 사법상 권리 행사는 당사자의 자유에 맡겨야 하므로 다수설이 타당하다.

2. 참가적 효력 (11)

(1) 의의 및 취지
보조참가인이 피참가인을 보조하여 공동으로 소송을 수행했으나, 피참가인이 패소한 경우에는 **형평의 원칙상 재판은 참가인에 대하여 효력이 미친다**(제77조).

(2) 주관적 범위

1) 判例
제77조는 참가인이 피참가인에게 그 **패소판결이 부당하다고** 주장할 수 없도록 **구속력을 미치게 하는 참가적 효력만을 규정**하며, 피참가인과 그 소송 상대방 사이 판결의 기판력이 참가인과 피참가인의 **상대방 사이에까지 미치지 않는다**(86다카2289*).

2) 학설

ⅰ) **참가적 효력설**은 **判例**와 같다. ⅱ) **기판력설**은 제77조의 효력을 **기판력의 확장**으로 이해한다. ⅲ) **신기판력설**은 재판통일을 위해 **판결이유 중 판단에 기판력, 쟁점효**를 인정함을 전제로 참가인과 피참가인의 상대방 사이에까지 **기판력**이 미친다고 한다.

3) 검토

기판력설과 신기판력설은 제218조, 제216조 명문에 반하는 해석이므로 참가적 효력설이 타당하다.

(3) 객관적 범위

1) 원칙

ⅰ) 참가효는 **판결주문뿐만 아니라 판결이유 중 판단**에 대해서도 미친다. ⅱ) 전소 확정판결의 결론의 기초가 된 사실상 및 법률상의 판단으로서 **참가인이 피참가인과 공동의 이익**으로 주장하거나 다툴 수 있었던 사항에 한하여 미친다(95다42133).

2) 예외

확정판결이 아닌 **화해권고결정**에 의해 종료된 경우에는 확정판결에서와 같은 법원의 판단이 이루어졌다고 할 수 없으므로 **참가적 효력이 인정되지 않는다**(2012다78184*).

(4) 배제사유

ⅰ) 제76조에 따라 참가인이 **소송행위를 할 수 없었던 경우** ⅱ) 피참가인과 참가인의 행위가 **어긋나 그 소송행위가 효력이 없는 경우**[688] ⅲ) 피참가인이 참가인의 소송행위를 **방해한 경우**[689] ⅳ) 피참가인이 참가인이 할 수 없는 소송행위를 **고의·과실**로 하지 않은 경우[690]

---

[688] 피참가인이 자백, 인낙 등을 한 경우가 이에 해당한다.
[689] 참가인이 제기한 상소를 피참가인이 취하한 경우 등이 이에 해당한다.
[690] 피참가인이 공격방어방법 제출을 게을리 한 경우 등이 이에 해당한다. 단순히 피참가인이 상소하지 않은 경우는 배제사유에 해당되지 않는다.

123 공동소송적 보조참가

> 의의 - 요건 - 절차 - 효과

Ⅰ. 의의 및 취지   s0-42

재판의 효력이 제3자에게도 미치는 경우, 그 자가 소송절차에 보조참가하는 것이다(제78조). 참가인은 판결효를 받으므로 당사자에 준하는 지위를 부여하여 자기이익을 지킬 기회를 부여받는다.

Ⅱ. 요건691) [타기소](19)   s0-43

ⅰ) **타**인간의 소송계속 중일 것 ⅱ) 참가인이 **기**판력을 받는 관계에 있을 것 ⅲ) **소**송요건692)을 갖추지 못한 자일 것을 요한다.

> ↘ 예시
> 1. 선정당사자가 제기한 소에서 선정자는 기판력을 받으나 당사자적격이 없어 공동소송적 보조참가한다.
> 2. 대위채권자가 제기한 대위소에서 채무자가 대위소 제기사실을 알면 기판력을 받으나 당사자적격이 없어 공동소송적 보조참가한다.

☑ 채권자대위소송 중 채무자의 참가 (19)

1. 문제점
채무자가 채권자대위소송에 참가하는 경우 그 형태가 무엇인지 문제된다.

2. 학설
(1) **보조참가설**은 고유대위권설 입장에서 채무자는 대위소송의 **기판력을 받지 않아** 보조참가만 가능하다고 한다.
(2) **공동소송적 보조참가설**은 담당설 입장에서 채무자는 대위소송의 **기판력**을 받지만 **중복소송**에 해당하여 공동소송적 보조참가가 가능하다고 한다.
(3) **공동소송참가설**은 담당설 입장에서 채무자는 대위소송의 **기판력**을 받으며 참가는 **소송경제**가 도모되고 **판결모순 우려도 없어 중복소제기금지원칙에 반하지 않으므로** 공동소송참가가 가능하다고 한다.

3. 판례
ⅰ) 채권자가 채권자대위권을 행사하는 방법으로 제3채무자를 상대로 소송을 제기하고 판결을 받은 경우에는 어떠한 사유로 인하였든 적어도 채무자가 채권자 대위권에 의한 소송이 제기된 사실을 알았을 경우에는 그 판결의 효력은 채무자에게 미치고 채무자에게 고지 등의 방법으로 알게 하여 필요에 따라 소위 공동소송적 참가 기타의 방법으로 그 고유의 권리를 보호할 기회를 주어야 한다(74다1664*).
ⅱ) 주주의 대표소송(이사를 상대로 책임을 추궁하는 소송)에서 **판결효**를 받는 회사가 참가할 경우, **소송경제**가 도모되고 **판결모순 우려도 없어 중복소제기에 해당되지 않는다**고 하며 공동소송참가가 가능하다고 하였다(2000다9086*).

---
691) 상고심 계속 중에도 참가 가능하며, 참가취지, 참가이유는 밝히지만, 소송요건, 청구취지, 청구원인은 요구되지 않고, 서면 또는 말로 신청하며, 보조참가가 부적법시 불허가결정한다.
692) 당사자적격, 중복소제기, 제소기간 등이 있다.

4. 검토

ⅰ) 채무자는 대위소송에서 채권자와 **합일확정**이 요청되는 관계에 있으며, ⅱ) **소송경제** 도모와 **판결모순** 우려 없는 점에 비추어 중복소제기에 해당되진 않지만, ⅲ) 대위소송이 제기된 사실을 **알면** 피대위채권의 이행의 소를 제기할 **당사자적격을 상실**하므로 공동소송적 보조참가할 수 있다고 함이 타당하다.

Ⅲ. 절차   s0-44

ⅰ) 보조참가 방식에 준한다. 말 또는 서면으로 가능하며, 참가취지 및 참가이유를 밝힌다.693)
ⅱ) 요건 흠결시 불허가 결정한다.

Ⅳ. 효과   s0-45

1. 참가인의 지위

(1) 유사필수적 공동소송인에 준하는 지위 [판6유]

판결효를 받는 자로, 제**67**조가 준용되어 **유**사필수적 공동소송인에 준하는 지위를 갖는다.

(2) 보조참가와의 차이점 [어중간]

ⅰ) 피참가인의 행위와 **어**긋나는 행위를 할 수 있다. ⅱ) 참가인에게 절차 **중**단·중지사유가 발생하면 절차는 정지된다.694) ⅲ) 상소기**간**은 별도로 계산된다.

(3) 보조참가와의 공통점

피참가인이 **할 수 없는 행위**를 할 수 없다.695)

☑ 공동소송적 보조참가인의 상고이유서 제출

1. 참가인이 상고 제기한 부분에 대한 참가인의 상고이유서 제출
공동소송적 보조참가를 한 참가인이 적법하게 상고를 제기하고 그 상고이유서 제출기간 내에 상고이유서를 제출하였다면, 상고를 제기하지 않은 피참가인의 상고이유서 제출기간이 지났다고 하더라도, 그 상고이유서의 제출은 적법하다(2011두30069).

2. 피참가인이 상고 제기한 부분에 대한 참가인의 상고이유서 제출
공동소송적 보조참가를 한 참가인은 상고를 제기하지 않은 채 피참가인이 상고를 제기한 부분에 대한 상고이유서를 제출할 수 있지만 이 경우 상고이유서 제출기간을 준수하였는지는 피참가인을 기준으로 판단하여야 한다. 따라서 상고하지 않은 참가인이 피참가인의 상고이유서 제출기간이 지난 후 상고이유서를 제출하였다면 적법한 기간 내에 제출한 것으로 볼 수 없다. 이러한 법리는 상고이유의 주장에 대해서도 마찬가지다(2019두40611).696)

---

693) 참가취지는 어느 쪽으로 참가하는지를 나타내고, 참가이유는 기판력을 받는 자인지를 나타낸다.
694) 일반 보조참가의 경우 참가인이 사망해도 절차가 중단되지 않고 사망한 참가인의 승계인이 그 지위를 수계할 뿐이다.
695) 피참가인의 재심의 보충성으로 인해 재심을 제기할 수 없는 경우(2014다13044*), 피참가인이 재심제기 당시 사망해 당사자능력이 없는 경우(2018무14210), 참가인은 재심을 제기할 수 없다. 시기에 늦어 피참가인이 제출할 수 없었던 공격방어방법도 참가인이 제출할 수 없다.
696) 상고하지 않은 참가인이 적법하게 제출된 피참가인의 상고이유서에서 주장되지 않은 내용을 피참가인의 상고이유서 제출기간이 지난 후 제출한 서면에서 주장하였더라도 이는 적법한 기간 내에 제출된 상고이유의 주장이라 할 수 없다. 공동소송적 보조참가

2. 피참가인의 지위

(1) 유사필수적 공동소송인에 준하는 지위 [판6위]

판결효를 받는 자로, 제67조가 준용되어 유사필수적 공동소송인에 준하는 지위를 갖는다.

(2) 피참가인이 할 수 없는 불이익한 행위

1) 의의 [불자물판]

공동소송적 보조참가인의 동의를 요하는 불이익한 행위란 자백이나 청구의 포기, 인낙, 재판상 화해와 같이 소송물의 처분, 변경이라는 결과를 가져오거나 판결의 효력과 직결되는 행위로 제한된다(2001가합548).

2) 상고취하, 상고권 포기

참가인이 상고한 경우에 피참가인의 상고취하나 상고권 포기는 참가인에게 효력이 없고 상고의 효력은 지속된다.

3) 재심취하 [취배판직불]

소취하와 달리 더 이상 확정판결의 효력을 배제할 수 없게 하는 재판의 효력과 직접적인 관련이 있는 소송행위로서 그 확정판결의 효력이 미치는 공동소송적 보조참가인에게는 불리한 행위이다. 따라서 피참가인이 재심의 소를 취하하더라도 공동소송적 보조참가인의 동의가 없는 한 효력이 없다(2014다13044*).

☑ 소취하

1. 문제점

피참가인의 소취하는 참가인에게 불이익하지 않아 단독으로 할 수 있는지 문제된다.

2. 학설

i) 긍정설은 소송이 소급소멸되어 아무런 효력도 남지 않으므로 피참가인은 참가인의 동의 없이 소취하를 할 수 있다고 한다.

ii) 부정설은 제67조 제1항이 준용되고, 소송이 종료되는 것은 참가인에게 불이익하므로 그의 동의 없이는 불가하다고 한다.

3. 判例 [판직불동]

소취하는 재판의 효력과는 직접적인 관련이 없는 소송행위로 공동소송적 보조참가인에게 불이익이 된다고 할 것도 아니다. 따라서 피참가인이 공동소송적 보조참가인의 동의 없이 소를 취하했더라도 유효하다(2012마43).

4. 검토 [유취동]

공동소송적 보조참가는 유사필수적 공동소송에 준하는데 유사필수적 공동소송의 경우, 일부의 소취하시, 다른 공동소송인의 동의를 받을 필요가 없는 점에 비추어 긍정설이 타당하다.

---

3. 판결의 효력

피참가인과 참가인 사이에 참가적 효력이 발생하며, 참가인에게 기판력이 미친다.

를 한 참가인과 피참가인이 서로 원심에 대해 불복하는 부분을 달리하여 각각 상고하는 경우, '피참가인만이 불복한 부분'에 대하여 참가인은 '상고하지 않은 참가인'의 지위에 있게 된다. 따라서 '피참가인만이 불복한 부분'에 대하여, 피참가인이 상고이유서에서 주장하지 않은 새로운 내용을 참가인이 피참가인의 상고이유서 제출기간이 지난 후에 주장한다면 이는 적법한 기간 내에 제출된 상고이유의 주장이라고 할 수 없다.

124 공동소송참가

의의 - 요건 - 절차 - 효과

Ⅰ. 의의 및 취지   s0-46

타인간의 소송계속 중 소송목적이 한 쪽 당사자와 제3자에게 합일확정되어야 할 경우 그 자가 공동소송인으로 참가하는 것이다(제83조). 공동소송인으로 심리되어 자기이익을 지킬 기회를 부여받는다.

Ⅱ. 요건[697] [타합소] (12)(16)(21)   s0-47

ⅰ) 타인간의 소송계속 중일 것 ⅱ) 소송목적이 한 쪽 당사자와 합일확정되어야 할 관계에 있는 자일 것 ⅲ) 소송요건[698]을 갖춘 자일 것을 요한다.

> ↳ 예시
> 1. 주주의 대표소송(이사를 상대로 책임을 추궁하는 소송) 중 회사 또는 다른 주주는 공동소송참가 할 수 있다.
> 2. 대위채권자의 대위소송 중 다른 대취채권자가 공동소송참가 할 수 있다.

☑ 대위소송 중 다른 채권자의 공동소송참가 가부 (21)

1. 여러 채권자들의 합일확정 요부 [대다공물합]

채권자대위소송이 계속 중인 상황에서 다른 채권자가 동일한 채무자를 대위하여 채권자대위권을 행사하면서 공동소송참가신청을 할 경우, 양 청구의 소송물이 동일하다면 법 제83조 제1항이 요구하는 소송목적이 한쪽 당사자와 제3자에게 합일적으로 확정되어야 할 경우에 해당하므로 그 참가신청은 적법하다(2013다30301*).

2. 여러 채권자들의 소송물 동일 여부 [물피 자대물]

양 청구의 소송물이 동일한지는 채권자들이 각기 대위행사하는 피대위채권이 동일한지에 따라 결정되고, 채권자들이 각기 자신을 이행 상대방으로 하여 금전의 지급을 청구하였더라도 채권자들이 채무자를 대위하여 변제를 수령하게 될 뿐 자신의 채권에 대한 변제로서 수령하게 되는 것이 아니므로 채권자들의 청구가 서로 소송물이 다르다고 할 수 없다(2013다30301*).[699]

3. 대위소송이 명시적 일부청구인 경우 [일참초물합]

원고가 일부청구임을 명시해 피대위채권의 일부만을 청구한 경우에는 참가인의 청구금액이 원고의 청구금액을 초과하지 않는 한 참가인의 청구가 원고의 청구와 소송물이 동일하여 중복된다고 할 수 있으므로 소송목적이 원고와 참가인에게 합일적으로 확정되어야 할 필요성을 인정할 수 있어 참가인의 공동소송참가신청은 적법하다(2013다30301*).

---

[697] 상고심 계속 중에 참가 불가하며(반대견해 有) 참가취지, 참가이유를 밝히고, 소송요건, 청구취지, 청구원인이 요구되고, 서면으로 신청하며, 참가가 부적법시 각하판결한다.
[698] 당사자적격, 중복소제기, 제소기간 등이 있다.
[699] 원심은 채권자들이 대위권의 행사로 각각 채권자에게 직접 금원지급을 구하는 경우에는 소송물에 피대위채권 외에 채권자에 대한 지급 혹은 인도 등이 포함되어 있으므로 소송물이 다르다고 하였다.

☑ 고유필수적 공동소송인 일부누락시 공동소송참가 가부 (12)(16)

1. 학설
(1) **긍정설**은 소를 취하하고 다시 소제기함은 **절차경제**에 부합하지 않으므로 누락된 자가 공동소송참가할 수 있다고 한다.
(2) **부정설**은 **당사자적격 흠결로 부적법 각하**되어야 하므로 누락된 자의 공동소송참가를 부정한다.

2. 검토
당사자적격은 변론종결시까지 구비하면 족하므로 누락된 고유필수적 공동소송인은 공동소송참가할 수 있고, 하자는 치유될 것이다.

III. 절차   s0-48

ⅰ) 보조참가 방식에 준한다. 서면으로 가능하며, 참가취지 및 참가이유를 밝힌다.[700]
ⅱ) 요건 흠결시 각하판결한다. 공동소송참가하였으나 소송요건 흠결시 공동소송적 보조참가로 볼 수 있다.

IV. 효과   s0-49

1. 원칙
공동소송인 사이 **상호 연합관계**가 있어 판결의 합일확정을 요한다(제67조).

2. 내용 [송중판상]

(1) **소송**행위

　　1인의 소송행위는 다른 공동소송인에게 **유리**[701]한 때에는 **모두에게 효력**이 있으나, **불리**[702]한 때에는 전원이 하지 않으면 효력이 없다. 모순된 행위는 효력이 없으나, 변론 전체의 취지로 참작될 수 있다. 상대방의 소송행위는 공동소송인 모두에게 **효력**이 미친다.

(2) **중단**사유 및 변론의 분리

　　1인에 대한 중단사유는 전원에게 효력이 있고, 변론의 분리는 불가하다.

(3) **판**결

　　재판의 통일을 요하며, **일부판결은 불가**하다. 일부에 대한 판결을 하지 않은 경우 추가판결이 아닌 상소로 구제받는다.

(4) **상**소

　　상소기간은 개별적으로 진행하나, 전원의 상소기간이 경과할 때까지 판결은 확정되지 않는다. 상소불가분원칙이 적용되고, 상소하지 않은 자는 **상소심 당사자**의 지위를 갖는다. 불이익변경금지원칙 배제된다.

---

700) 참가취지는 어느 쪽에 참가하는지를 나타내고, 참가이유는 합일확정되어야 할 사유를 나타낸다.
701) 상대방 주장에 대한 부인, 증거제출, 항변, 응소, 출석, 기간준수 등이 있다.
702) 자백, 포기, 인낙, 화해 등이 있다.

> ☑ **상소하지 않은 자의 지위**
>
> **1. 학설**
> ⅰ) **상소인설**은 상소하지 않은 자도 상소인으로 본다. ⅱ) **선정자설**은 상소하지 않은 자들이 상소한 자에게 묵시적으로 소송수행권을 부여한 것으로 보아 그들은 선정자의 지위를 갖는다고 본다. ⅲ) **상소심 당사자설**은 합일확정을 위해 그들도 상소심으로 이심되어 당사자가 될 뿐이라고 한다.
>
> **2. 判例**
> 항소하지 않은 공동소송인을 항소심 당사자로 표시하였다.
>
> **3. 검토**
> 실제 상소를 제기하지 않은 자를 상소인으로 볼 수 없고, 선정행위가 없었음에도 선정자로 볼 수 없으므로 상소심 당사자설이 타당하다.

125 소송고지

📁 의의 - 요건 - 절차 - 효과

I. 의의 및 취지   sO-50

소송이 법원에 계속된 때 당사자가 소송에 참가할 수 있는 제3자에게 소송이 계속된 사실을 통지하는 것이다(제84조). 제3자에게 자기이익을 옹호할 기회를 부여하고 **참가효**를 미치게 하기 위함이다.

II. 요건 [계고피]   sO-51

i) 소송**계속** 중일 것 ii) **고지자**가 원고, 피고, 보조참가 가능한 자, 이들로부터 고지받은 자 등일 것 iii) **피고지자**가 소송에 참가할 수 있는 자703)일 것을 요한다.

III. 절차   sO-52

i) 이유와 소송진행 정도를 적은 서면을 법원에 제출한다(제85조 제1항). ii) 피고지자704)와 상대방 당사자에게 고지서를 송달한다(제85조 제2항).

IV. 효과   sO-53

i) 피고지자는 **참가적 효력**을 받는다(2019다268252*). ii) 피고지자에게 **기판력이 확장**되는 경우도 있다. iii) 소송고지서에 채무이행을 구하는 의사가 표명되어 있으면 시효중단사유로서의 **최고의 효력**이 인정된다.705)

☑ 고지자의 상대방측에 참가한 경우도 참가효를 받는지 여부

1. 학설
(1) **긍정설**은 제86조 명문에 따라 피고지자는 참가효를 받는다고 한다.
(2) **부정설**은 고지자의 상대방에게 보조참가하면 **고지자는 피고지자의 원조를 기대할 수 없으므로** 피고지자는 참가효를 받지 않는다고 한다.

2. 검토
참가효는 **고지자와 피고지자가 공동의 이익으로 주장**할 수 있었던 사항에 미치므로 부정설이 타당하다.

3. 증거효
다만, **전소 확정판결**에서 인정된 사실은 특별한 사정이 없는 한 **유력한 증거자료**가 되는 증거효를 가지므로 그에 반하는 주장은 인정되지 않을 수 있다.

---

703) 보조참가 가능한 자, 공동소송적 보조참가 가능한 자, 공동소송참가 가능한 자, 독립당사자참가 가능한 자 등이 있다. 또한, 참가승계 또는 인수승계에 의해 절차에 참가할 수 있는 자도 포함된다.
704) 고지의 효력은 피고지자에게 적법하게 송달된 때 생기며, 송달불능인 경우 고지의 효력이 생기지 않는다.
705) 소송고지를 한 경우, 당해 소송 계속 중인 동안은 최고에 의해 권리행사가 지속되고 있는 것이므로 민법 제174조에 규정된 6개월의 기간은 당해 소송이 종료된 때로부터 기산한다(2009다14340).

126 독립당사자참가

> 의의 - 요건 - 절차 - 효과 + 관련 논점

Ⅰ. 의의 및 취지   sO-54

타인간의 소송계속 중 소송목적 전·일부가 자기 권리라고 주장하거나, 소송결과에 따라 자기 권리가 침해된다고 주장하는 제3자가 당사자로서 소송에 참가하는 것이다(제79조). 재판통일 및 분쟁의 일회적 해결을 위함이다.

Ⅱ. 요건706) [타이취 동공소]   sO-55

1. 원칙 (13)

ⅰ) **타**인간의 소송계속 중일 것 ⅱ) 참가**이**유와 참가**취**지를 구비할 것 ⅲ) **동**종절차·**공**통관할을 만족할 것 ⅳ) **소**송요건을 갖출 것을 요한다.

2. 참가이유 - 권리주장참가 (13)

(1) 원칙 [원참주양]

ⅰ) **원**고의 본소청구와 **참**가인의 청구가 그 **주**장 자체에서 **양**립할 수 없는 관계인 경우에 허용된다(2005마814). ⅱ) 원고와 참가인이 서로 물권자 또는 채권자라고 주장하는 경우가 있다.

(2) 본소의 본안심리 결과 본소가 이유 없는 경우 [본이참부]

양립할 수 없는 **본**소청구에 관하여 본안심리한 결과 **이**유가 없는 것으로 판단되더라도 **참**가신청이 **부**적법하게 되는 것은 아니다(2006다80322).

(3) 병합된 청구 중 한 청구와 양립불가능한 경우 [수한참양]

수 개 청구가 병합된 경우 어느 **한** 청구라도 독립당사자**참**가인의 주장과 **양**립하지 않는 관계에 있으면 본소청구에 대한 참가가 허용된다(2006다80322).

(4) 수개의 청구를 병합하여 독립당사자참가하는 경우

독립당사자참가인이 수개의 청구를 병합하여 독립당사자참가를 하는 경우 각 청구별로 독립당사자참가의 요건을 갖추어야 하고, 편면적 독립당사자참가가 허용된다고 하여, 참가인이 독립당사자참가의 요건을 갖추지 못한 청구를 추가하는 것을 허용하는 것은 아니다(2022다241608*).

(5) 이중매매에서 제1매수인의 권리주장참가

1) 문제점

이중매매 후 제2매수인이 매도인에 대해 매매에 기한 소유권이전등기를 청구한 경우, 제1매수인이 자신의 매매계약에 따른 청구를 하며 권리주장참가 할 수 있는지 문제된다.

---

706) 상고심 계속 중에 참가 불가하며(반대견해 有) 참가취지, 참가이유를 밝히고, 소송요건, 청구취지, 청구원인이 요구되고, 서면으로 신청하며, 참가가 부적법시 각하판결한다.

2) 학설
  ⅰ) 적법설은 제79조는 실체법적으로 유효하게 대항할 수 있는 법률상 이유가 있을 것을 요구하지 않으므로 주장 자체의 양립불가능성으로 족하므로 권리주장참가가 적법하다고 한다.
  ⅱ) 부적법설은 제79조 명문에 따라 각 매수인의 채권은 양립가능한 것이므로 제1매수인의 권리주장참가는 부적법하다고 한다.707)

3) 判例 **[21매본양]**
  이중매매에서 제2매수인의 소유권이전등기청구소송 계속 중, 제1매수인이 피고에게 **매매**를 원인으로 소유권이전등기를 청구하면서 독립당사자참가를 신청한 경우에, 참가인의 청구는 **본소** 원고의 청구와 **양립**할 수 있으므로 권리주장참가는 부적법하다(2002다44365).

4) 검토
  매매에 기한 소유권이전등기청구권은 증거조사 없이 주장 자체만 보아도 양립할 수 있는 것이므로 제79조의 요건이 흠결되어 권리주장참가는 부적법하다.

3. 참가이유 – 사해방지참가

(1) 문제점
  제79조의 "소송결과에 따라 권리가 침해"라는 문언의 해석이 문제된다.

(2) 학설 **[판이사]**
  1) **판**결효설은 본소의 **기판력**이나 **반사효**가 미쳐 참가인의 권리가 침해되는 경우 사해방지참가 할 수 있다고 한다.
  2) **이**해관계설은 본소 판결효를 받지 않더라도 그를 **논리적 전제**로 **하는** 이해관계가 있는 경우 사해방지참가 할 수 있다고 한다.
  3) **사**해의사설은 본소 당사자에게 **참가인을 해할 의사**가 객관적으로 인정되면 사해방지참가 할 수 있다고 한다.

(3) 判例 **[사객참침]**
  원고와 피고가 **사**해의사를 갖고 있다고 **객**관적으로 인정되고 그 소송결과로 **참**가인의 권리가 **침**해될 염려가 있다고 인정될 경우에 사해방지참가가 인정된다(95다40977).

(4) 검토
  판결효설은 참가범위가 지나치게 좁고, 이해관계설은 보조참가 요건과 구분이 불분명하므로 사해의사설이 타당하다.

4. 참가취지 (13)

(1) 문제점
  쌍면참가는 가능하나, 편면참가 가부에 대한 종래 논의가 있었다.

---

707) 이중매매에서 각 매수인이 갖는 매매에 기한 소유권이전등기청구권은 채권적 청구권으로 양립가능하다.

(2) 종래 判例 [기소주]

편면참가를 불허하였고, 쌍면참가를 한 경우에도 참가인이 피고에게만 새로운 청구를 하고 원고에게는 원고의 피고에 대한 청구기각을 구할 뿐인 경우, 일방에 대한 청구가 다툼이 없어 소의 이익이 없거나 주장 자체로 이유 없는 경우에는 참가를 불허하였다.

(3) 종래 학설

다수설은 한 쪽에 대해 소의 이익이 없더라도 참가를 허용한 후, 분쟁이 현재화하면 추가 제기하게 함이 소송경제에 부합하고, 주장 자체로 이유 없는지 여부는 본안문제이므로 고려해선 안 된다고 하였다.

(4) 2002년 개정법

제도의 활성화를 위해 편면참가도 허용했다.

☑ 사해방지참가하면서 사해행위취소청구시 소의 이익 존부

1. 사해행위취소소송의 상대효 [취수원채법]

사해행위취소의 판결을 받은 경우, 취소의 효과는 채권자와 수익자·전득자 사이에만 미치므로, 수익자·전득자가 채권자에 대해 사해행위취소로 인한 원상회복의무를 부담하게 될 뿐, 채권자와 채무자 사이에서 취소로 인한 법률관계가 형성되거나 취소의 효력이 소급하여 채무자의 책임재산으로 복구되진 않는다(2012다47555*).

2. 소의 이익 [사독받법목]

(1) 判例

원고의 피고에 대한 청구의 원인행위가 사해행위라는 이유로 원고에 대해 사해행위취소를 청구하면서 독립당사자참가신청을 한 경우, 참가인의 청구가 그대로 받아들여져도 원고와 피고 사이의 법률관계에는 아무런 영향이 없으므로, 그 참가신청은 사해방지참가의 목적을 달성할 수 없어서 부적법하다(2012다47555*).

(2) 학설 - 반대견해

사해방지참가는 참가인, 원고, 피고를 당사자로 하여 합일확정되는 소송이므로 사해행위취소청구를 하며 사해방지참가 할 수 있다고 한다.

(3) 검토

사해행위취소청구는 본질이 취소가 아닌 원상회복에 있는 이상, 아직 책임재산이 수익자·전득자에게 넘어가기 전에는 그 목적을 이룰 수 없으므로 소의 이익이 없다고 할 것이다.

Ⅲ. 절차
sO-56

ⅰ) 보조참가 방식에 준한다. 서면으로 가능하며, 참가취지 및 참가이유를 밝힌다.
ⅱ) 요건 흠결시 각하판결한다. 독립당사자참가를 보조참가로 볼 수 없다.

☑ 독립당사자참가를 하면서 예비적으로 보조참가 가부

당사자참가는 소송의 목적의 전부나 일부가 자기의 권리임을 주장하거나 소송의 결과에 의하여 권리의 침해를 받을 것을 주장하는 제3자가 독립한 당사자로서 원·피고 쌍방을 상대방으로 하여 소송에 참가하여 3당사자 사이에 서로 대립되는 권리 또는 법률관계를 하나의 판결로써 모순없이 일거에 해결하려는 제도이고, 보조참가는 원·피고의 어느 일방의 승소를 보조하기 위하여 소송에 참가하는 것으로서, 이러한 제도의 본래의 취지에 비추어 볼 때, 당사자참가를 하면서 예비적으로 보조참가를 한다는 것은 허용될 수 없는 것이다(92다22473*).

Ⅳ. 효과

1. 원칙
원고, 피고, 참가인 3자 사이의 분쟁을 모순 없이 해결하여 판결의 합일확정을 요한다(제67조).

> ☑ **1인에게 항소장이 송달된 경우 항소장각하명령가부**
>
> 독립당사자참가 소송에서 피항소인 중 1인에게 항소장이 적법하게 송달되어 항소심법원과 당사자들 사이의 소송관계가 일부라도 성립하면, 재판장은 단독으로 항소장각하명령을 할 수 없다(2019마5599)

2. 내용 [송중판상]

(1) 소송행위

1인의 소송행위는 다른 당사자에게 **유리**[708]한 때에는 모두에게 효력이 있으나, **불리**[709]한 때에는 **효력이 없다**(2007다9030*).

> ☑ **독립당사자참가 후 일부화해 가부**
>
> 독립당사자참가소송은 동일한 권리관계에 관해 **원고, 피고 및 참가인 간의 다툼을 하나의 소송절차로 모순 없이 해결**하려는 형태로서 두 당사자 사이의 **소송행위는 나머지 1인에게 불이익이 되는 한 두 당사자 간에도 효력이 발생하지 않**으므로 원·피고 사이에만 재판상 화해를 하는 것은 **3자 간의 합일확정의 목적에 반해 허용되지 않는다**. 참가인이 화해권고결정에 대해 이의한 경우, 이의의 효력은 원·피고 사이에도 미친다(2004다25901*).

(2) 중단사유 및 변론의 분리

1인에 대한 중단사유는 전원에게 효력이 있고, **변론의 분리는 불가**하다.

(3) 판결

재판의 통일을 요하며, 일부판결은 불가하다. 일부에 대한 판결을 하지 않은 경우 추가판결이 아닌 상소로 구제받는다(95다44191*).

(4) 상소

상소기간은 개별적으로 진행하나, 전원의 상소기간이 경과할 때까지 판결은 확정되지 않는다. 상소불가분원칙이 적용되고, 상소하지 않은 자는 **상소심 당사자의 지위**를 갖는다. **불이익변경금지원칙이 배제**된다.

> ☑ **상소불가분원칙 적용 여부**
>
> 1. 상소불가분원칙 의의 및 취지
>
> 2. 학설
> ⅰ) **이심설**은 세 당사자 사이 합일확정을 요하므로 일방이 항소한 경우 사건 **전부의 확정이 차단**되고 상소심으로 **이심**된다고 한다.

---

[708] 참가인의 주장에 대해 원고가 부인, 증거제출, 항변한 경우, 피고도 부인, 증거제출 항변한 것으로 본다.
[709] 자백, 포기, 인낙, 화해, 상소취하 등이 있다. 다만, 원고는 본소 취하를 할 수 있고, 참가인도 참가신청을 취하할 수 있다.

ii) **분리확정설**은 처분권주의를 존중하여 **상소하지 않은 자의 소송은 분리확정**된다고 한다.
iii) **제한적 이심설**은 다른 당사자의 소송이 **이심되지 않는 것으로 보면 상소한 자에게 불이익**하게 될 염려가 있는 경우에만 **이심**된다고 한다.

3. 판례 [모합 일전차]

독립당사자참가소송은 **원고, 피고, 참가인**이 서로간의 다툼을 하나의 소송절차로 한꺼번에 **모순 없이 해결**하는 소송형태로서, 세 당사자 사이에서 **합일확정적인 결론**을 내려야 하고, 이 본안판결에 대하여 **일방이 항소**한 경우에는, 제1심 **판결 전체의 확정이 차단**되고 사건 전부에 관해 이심의 효력이 생긴다(2006다86573*).710)

4. 검토

필수적 공동소송의 심리방식이 준용되므로 이심설이 타당하다.

☑ 상소하지 않은 자의 지위

1. 학설

ⅰ) 제67조 제1항을 준용하여 상소하지 않은 자도 상소인으로 보는 **상소인설** ⅱ) 상소인의 상대방으로 취급하는 **피상소인설** ⅲ) 승소자에겐 상소인, 패소자에게는 피상소인이 된다는 **이중지위 겸유설** ⅳ) 상소인, 피상소인 모두 아니지만 합일확정 요청 때문에 상소심에 관여하는 **상소심 당사자설**이 있다.

2. 판례

원고만 항소한 사건에서 항소하지 않은 공동소송인을 항소심 당사자로 표시하였다(80다577).

3. 검토

상소를 제기하지 않은 자를 상소인으로 볼 수 없고, 상소의 상대방으로도 볼 수 없으므로 합일확정 요청에 의해 상소심에 관여하는 상소심 당사자설이 타당하다.

☑ 불이익변경금지원칙 적용 여부

1. 불이익변경금지원칙 의의 및 취지

2. 판례

(1) 합일확정이 필요한 경우 [세합항유]
   세 당사자 사이의 결론의 **합일확정**을 위하여 필요한 경우에는 그 한도 내에서 **항소 또는 부대항소를 제기한 바 없는 당사자**에게 결과적으로 제1심판결보다 **유리한 내용으로 판결이 변경**되는 것도 배제할 수는 없다(2006다86573*).
(2) 합일확정이 불필요한 경우 [참각항본심]
   원고의 피고에 대한 청구를 인용하고 참가인의 **참가신청을 각**하한 제1심판결에 대해 **참가인만 항소**했는데, 참가인의 **항소를 기각**하면서 제1심판결 중 피고가 항소하지도 않은 **본소 부분을 취소**하고 원고의 피고에 대한 청구를 기각한 것은 항소심의 **심판대상에 관한 법리**를 오해하여 판결에 영향을 미친 위법이 있다(2007다37776*).711)712)

---

710) 제1심 판결에서 독립당사자참가신청을 각하하고 원고 청구를 기각한데 대하여 참가인은 항소기간 내 항소를 제기하지 않고, 원고만이 항소한 경우 위 독립당사자참가신청을 각하한 부분이 본소청구와는 별도로 확정된다(91다4669).
711) 항소심 심판대상이 될 수 없는 본소를 심판한 것에 대해 원고가 상고하는 경우 상고심은 본소에 대한 항소심 판결을 파기하고 소송종료선언한다.
712) 독립당사자참가소송에서 참가인만 상소했음에도 원고의 피고에 대한 청구부분을 원고에게 불리하게 변경할 수 있는 것은 "참가인의 참가신청이 적법"하고, 나아가 "합일확정의 요청상 필요한 경우"에 한한다는 점을 분명히 한 판결로 보인다.

☑ 합일확정이 필요한 경우임에도 일부 청구를 심판하지 않은 경우

판결의 합일확정을 위해 항소 또는 부대항소를 제기한 적 없는 당사자의 청구에 대한 제1심판결을 취소하거나 변경할 필요가 없다면, 항소 또는 부대항소를 제기한 적 없는 당사자의 청구가 항소심 심판대상이 되어 판단해야 하더라도 그 청구에 대한 당부를 반드시 판결 주문에서 선고할 필요가 있는 것은 아니다. 이 경우, 판결이 확정되면 취소되거나 변경되지 않은 제1심판결의 주문에 대해 기판력이 발생한다(2020다231928).

V. 관련 논점   sO-58

1. 독립당사자참가소송의 3면관계

(1) 본소 또는 참가 취하시 다른 당사자의 동의

1) 본소 취하시

ⅰ) 피고가 본안에 관해 변론한 경우, **피고의 동의를 얻어야 한다**(제266조 제2항). ⅱ) 참가인도 본소 유지의 이익이 생겼으므로 **참가인의 동의도 얻어야 한다**(72마787*).

2) 참가 취하시

원고 또는 피고가 본안에 응소한 경우에는 그들의 동의를 얻어야 한다(제266조 제2항).

(2) 본소 취하 후의 소송관계

1) 독립당사자참가의 구조

ⅰ) 학설

① 3면소송설은 이당사자대립구조의 예외로 3면을 갖는 1개의 소송으로 본다. ② 3개소송병합설은 원고, 피고, 참가인 사이의 소송 3개가 병합된 형태로 본다.

ⅱ) **判例**

독립당사자참가소송에서 **본소가 적법하게 취하된 경우에는 3면소송관계는 소멸한다**고 하여 3면소송설의 입장이다(90다4723*).

ⅲ) 검토

3면소송에도 가분성을 인정해, 일부 소송만 취하, 각하되는 것을 설명할 수 있으며, 제67조가 준용되므로 3면소송설이 타당하다.

2) 본소 취하 후의 소송관계

ⅰ) 학설

① 전소송종료설은 본소 취하로 **삼면구조가 붕괴**되므로 전소송이 **종료**된다고 한다. ② 공동소송잔존설은 본소가 취하되어도 다른 소송은 **공동소송으로 잔존**한다고 한다.

ⅱ) **判例**

독립당사자참가소송에서 본소가 적법하게 취하된 경우에는 3면소송관계는 소멸하고, 그 이후부터는 참가인의 원·피고들에 대한 청구가 일반공동소송으로 남아있게 된다고 하여 공동소송잔존설 입장이다(2006다62188).

ⅲ) 검토

본소 취하로 전소송이 종료된다고 보면 **참가인에게 너무 가혹**하므로, 3면소송설을 취하더라도 본소 취하시 다른 소송은 공동소송으로 잔존함이 타당하다.

2. 대위소송 중 채무자의 독립당사자참가

(1) 채무자가 대위소송의 피보전채권을 다투지 않으면서 참가한 경우
 1) 권리주장참가
  채무자가 행사하는 청구권과 대위소송에서 행사되는 **청구권**은 **양립가능**하므로 권리주장참가 할 수 없다.
 2) 사해방지참가
  대위채권자와 제3채무자가 대위소송을 통해 **채무자를 해할 의사**를 가지고 있다고 볼 수 없어 사해방지참가 할 수 없다.

(2) 채무자가 대위소송의 피보전채권을 다투면서 참가한 경우
 1) 권리주장참가
  채무자가 대위채권자의 당사자적격을 다투므로 분쟁의 **종국적 해결**을 위해 권리주장참가 할 수 있다.
 2) 사해방지참가
  대위소송의 당사자가 사해의사를 갖고 있다는 객관적 사정이 발견되면 사해방지참가 할 수 있다.
 3) 소송요건
  소송경제가 도모되고, 판결모순 우려가 없어 중복소제기에 해당하지 않고, 대위소송의 **피보전채권**을 다투므로 당사자적격도 인정된다.

127 참가승계

📂 의의 - 요건 - 절차 - 효과 + 관련 논점

I. 의의 및 취지 [계목승식]　　　　　　　　　　　　　　　　　　　　　　　　sO-59

소송계속 중 제3자가 소송목적인 권리·의무의 전·일부를 승계했다고 주장하며 스스로 소송에 당사자로 참가하는 것이다(제81조).713)714) 소송경제 및 분쟁의 진정한 해결을 위해 인정한다.

II. 요건 (17)　　　　　　　　　　　　　　　　　　　　　　　　　　　　　　　sO-60

1. 원칙 [타승]

ⅰ) 타인간의 소송 계속 중일 것 ⅱ) 소송목적인 권리·의무의 전·일부를 승계했을 것을 요한다.

2. 소송목적인 권리·의무의 전·일부를 승계715)

(1) 소송물 승계

소송물 자체를 승계한 자는 채권 또는 물권인지 여부를 불문하고 승계인에 해당한다.

(2) 계쟁물 승계

1) 학설 및 判例

ⅰ) 구이론 및 判例는 소송물이 대세적 효력이 있는 물권적 청구권인 경우에만 승계인에 해당한다고 본다. ⅱ) 신이론은 실체법상 권리와 분리하여 소송물을 판단하므로 물권적 또는 채권적 청구권을 불문하고 승계인에 해당한다고 본다.

2) 검토

소송물이 채권적 청구권인 경우, 승계인은 원고에게 아무런 의무를 부담하지 않으므로 물권적 청구권인 경우에만 승계인에 해당한다고 볼 것이다.

---

713) 참가승계 및 인수승계는 소송승계 중 특정승계에 해당한다. 소송승계란 계속 중인 소송의 목적인 권리관계에 대한 본안적격이 제3자에게 이전된 경우 제3자가 승계인으로서 새로운 당사자로 소송을 수행하는 것이다. 소송승계 중 당연승계는 실체법상 포괄승계를 원인으로 소송이 승계되는 것이고, 소송승계 중 특정승계는 소송물에 관한 권리관계가 특정적으로 이전되어 소송이 승계되는 것으로, 참가승계, 인수승계가 있다.
714) 참가승계, 인수승계는 변론종결 전 승계일 때 문제되고, 변론종결 후 승계는 기판력의 변론종결 뒤 승계인이 문제 된다.
715) 소송승계의 경우 승계인이 소송에 당사자가 되어 소송 절차에서 고유의 방어방법을 직접 행사할 수 있으므로, 승계인 해당 여부를 검토할 때 변론종결 뒤 승계인과 달리 고유의 방어방법이 있는지 여부를 요건으로 검토할 필요가 없다. 즉, 변론종결 뒤 승계인의 경우에는 자신이 고유의 방어방법을 행사할 기회가 없었던 자가 이미 확정된 판결의 효력을 받는 것인지 정하는 것이므로 승계인에게 고유의 방어방법이 있는지 여부를 요건으로 검토하여 변론종결 뒤 승계인으로서 기판력을 받도록 할 것인지 판단하는 것이다.

III. 절차 (17)   sO-61

1. 신청

ⅰ) 독립당사자참가신청의 방식에 의한다. ⅱ) 전주가 승계효력을 다투지 않으면 참가인은 편면참가하고, 전주는 소송에서 탈퇴한다. ⅲ) 전주가 승계효력을 다투면 참가인은 쌍면참가하고 전주는 탈퇴하지 않는다.

2. 심판

ⅰ) 참가요건에 흠이 있으면 판결716)로 신청을 각하한다. ⅱ) 주장 자체로 승계인이 될 수 없음이 명백한 경우가 아니라면 신청을 인용하고, 증거조사 결과 승계인이 아니면 청구기각판결한다(2013다67105*).

IV. 효과 (17)   sO-62

1. 시효중단 및 기간준수

제소시로 소급하여 인정된다(제81조).

2. 종전 공동소송인의 소송수행 결과

전주의 소송상 지위를 승계하므로 신당사자에게 효력이 있다.

V. 관련 논점 - 참가가 부적법한 것으로 상소심에서 밝혀진 경우, 피참가인의 청구를 심판할 수 있는지 여부   sO-63

승계참가가 부적법한 경우에는 피참가인의 탈퇴는 허용되지 않고 피참가인과 상대방 사이의 소송관계가 유효하게 존속한다. 상소심에서 승계참가인의 참가신청이 부적법하다고 밝혀진 경우 피참가인과 상대방 사이의 소송은 여전히 **탈퇴 당시의 심급에 계속되어 있으므로** 상소심 법원은 **탈퇴한 피참가인의 청구에 관해 심판할 수 없다**(2011다85789*).717)

---

716) 참가승계신청은 일종의 신소제기와 유사한 성질을 가지기 때문에 판결로 신청을 각하한다.
717) 승계참가인의 참가신청이 부적법한데도 법원이 이를 간과해 승계참가인의 참가신청과 피참가인의 탈퇴가 적법함을 전제로 승계참가인과 상대방 사이의 소송에 대해서만 판결했는데 상소심에서 참가가 신탁법 6조에 반해 부적법하다고 밝혀졌고 참가신청을 각하한 경우다. 참가인이 이런 항소심 판단이 부당하다고 상고하면 상고가 이유 없어 상고기각된다.

128 인수승계

📁 의의 – 요건 – 절차 – 효과 + 관련 논점

I. 의의 및 취지 [계목승끝]   sO-64

소송계속 중 제3자가 소송목적인 권리·의무의 전·일부를 승계한 자를 소송에 당사자로 끌어들이는 것이다(제82조). 소송경제 및 분쟁의 진정한 해결을 위해 인정한다.

II. 요건 (11)   sO-65

1. 원칙 [타승]
ⅰ) 타인간의 소송 계속 중일 것 ⅱ) 소송목적인 권리·의무의 전·일부를 승계했을 것을 요한다.

2. 소송목적인 권리·의무의 전·일부를 승계

(1) 소송물 승계

소송물 자체를 승계한 자는 채권 또는 물권인지 여부를 불문하고 승계인에 해당한다.

(2) 계쟁물 승계

1) 학설 및 判例

ⅰ) 구이론 및 判例는 소송물이 대세적 효력이 있는 물권적 청구권인 경우에만 승계인에 해당한다고 본다. ⅱ) 신이론은 실체법상 권리와 분리하여 소송물을 판단하므로 물권적 또는 채권적 청구권을 불문하고 승계인에 해당한다고 본다.

2) 검토

소송물이 채권적 청구권인 경우, 승계인은 원고에게 아무런 의무를 부담하지 않으므로 물권적 청구권인 경우에만 승계인에 해당한다고 볼 것이다.

III. 절차   sO-66

1. 신청
ⅰ) 교환적 인수와 추가적 인수가 있다. ⅱ) 교환적 인수는 제3자가 피승계인과 같은 내용의 의무를 지는 경우에 하며, 제3자에게 따로 청구취지를 밝힐 필요가 없다. ⅲ) 추가적 인수는 제3자가 피승계인과 다른 채무를 지는 경우에 하며, 제3자에게 새로운 청구취지, 청구원인을 밝힌다.

> ☑ **추가적 인수 허용 여부** (25)
>
> 1. 학설
> (1) **긍정설**은 **분쟁 주체의 지위가 이전**되었으므로 추가적 인수를 긍정한다.
> (2) **부정설**은 소송으로 끌어들여지는 제3자는 **소송목적이 아닌 별개의 채무**를 지므로 추가적 인수를 부정한다.
>
> 2. 判例[718]
> ⅰ) 소유권이전**등기말소청구**소송 중 **피고로부터 소유권이전등기**를 경료한 제3자에 대한 **제3자의 등기말소청구 추가** 시 추가적 인수로서 허용한다(90다14676, 대판의 원심은 88나26736)(72나1035).
> ⅱ) 소유권이전**등기말소청구**소송 중에 **피고로부터 저당권설정등기**를 받은 제3자에 대한 **제3자의 저당권설정등기말소청구**를 추가하는 것은 추가적 인수로 허용한다.
> ⅲ) **공유물분할청구**소송의 소송계속 중 공유자 가운데 **한사람으로부터 그 사람의 지분 일부**를 이전받은 **제3자를 피고로 추가**하는 것은 추가적 인수로 허용된다(2013다78556).[719]
>
> 3. 검토
> **분쟁의 종국적 해결**을 위해 소송목적인 권리·의무 전·일부를 승계했다고 볼 수 있다면 추가적 인수를 허용함이 타당하다.

2. 심판

ⅰ) 참가요건에 흠이 있으면 결정[720]으로 신청을 각하한다. ⅱ) 주장 자체로 승계인이 될 수 없음이 명백한 경우가 아니라면 신청을 인용하고, 증거조사 결과 승계인이 아니면 청구기각판결한다(2003다66691*).

Ⅳ. 효과　　　　　　　　　　　　　　　　　　　　　　　　　　　　　　　　　sO-67

1. 시효중단 및 기간준수

제소시로 소급하여 인정된다(제82조 제3항).

2. 종전 공동소송인의 소송수행 결과

전주의 소송상 지위를 승계하므로 신당사자에게 효력이 있다.

---

718) 判例는 추가적 인수가 가능한지 여부와 관련하여 기판력이 미치는 범위와 균형적으로 해석하는 것으로 평가된다. 건물철거청구 계속 중 제3자에 대한 등기말소청구 추가, 채권적 청구권에 기한 소유권이전등기청구 계속 중 제3자에 대한 등기말소청구 추가 등은 기판력 관점으로 볼 때(소송계속 중 승계가 아니라 전소와 후소로 가정) 전소 기판력의 작용국면에 해당되지 않고, 추가적 인수는 허용되지 않는다. ② 등기말소청구 계속 중 순차이전등기를 경료한 제3자에 대한 등기말소청구 추가, 등기말소청구 계속 중 제3자에 대한 저당권말소청구 추가 등은 기판력의 관점으로 볼 때(소송계속 중 승계가 아니라 전소와 후소로 가정 하는 것임) 전소 기판력의 작용국면에 해당한다고 볼 수 있고, 추가적 인수가 허용된다.
719) 고유필수적 공동소송이므로 변론종결시까지 제3자를 당사자로 추가하지 않으면 소 전체가 당사자적격 흠결로 부적법 각하된다. 고유필수적 공동소송인 추가 규정(제68조)을 이용할 수도 있다는 견해가 있다(김홍엽).
720) 인수승계는 본래 계속 중인 절차에 새로운 당사자를 끌어들이는 것이므로 결정으로 신청을 각하한다.

V. 관련 논점 – 인수승계 후 권리·의무 승계인에 해당하지 않음이 밝혀진 경우 sO-68

1. 학설
(1) 소각하설은 당사자적격이 흠결된 것이므로 소각하판결한다고 한다.
(2) 인수신청각하설은 인수승계신청의 요건이 흠결되어 인수신청을 각하한다고 한다.
(3) 청구기각설은 심리가 이루어져 승계인이 아님이 밝혀지면 이는 본안문제이므로 청구기각판결한다고 한다.

2. 判例 [인주승청기]
소송인수신청이 있는 경우 신청이유로 주장하는 사실관계자체에서 승계적격 흠결이 명백하지 않는 한 결정으로 신청을 인용해야 하고 승계인에 해당하는가 여부는 피인수신청인에 대한 청구 당부와 관련해 판단할 사항으로 심리결과 승계사실이 인정되지 않으면 청구기각의 본안판결을 하는 것이지 인수신청 자체가 부적법하게 되는 것은 아니다(2003다66691*).

3. 검토
소각하설은 당사자적격을 주장 자체로 판단하여 인정될 수 있으므로 부당하고, 인수신청각하설은 실제 의무자인지 여부로 신청의 적법성이 결정되지 않으므로 부당하다. 따라서 청구기각설이 타당하다.

☑ 당사자 사망으로 소송수계 후 상속인이 아님이 밝혀진 경우

1. 학설
(1) 소각하설은 진정상속인에 대해서는 절차가 중단되어 있고, 참칭수계인의 소는 적격승계가 없어 각하한다고 한다.
(2) 수계신청각하설은 수계신청이 부적법하므로 이를 각하한다고 한다.
(3) 수계신청기각설은 제243조에 따라 수계신청이 이유 없으므로 신청을 기각한다고 한다.

2. 判例 [수후제1항파취기]
수계신청인을 적법한 소송수계인으로 취급해 절차를 속행한 다음 수계신청인의 청구를 기각한 종국판결 후에 수계신청인이 자격 없음이 판명된 경우에는 제1심을 그대로 유지하여 소송수계신청인의 항소를 기각한 원심판결은 절차 진행을 잘못한 위법이 있으므로, 원심판결을 파기하고, 제1심판결을 취소하며, 소송수계신청인의 수계신청을 기각한다(2000다21802).721)722)

3. 검토
소각하설은 참칭수계인의 소를 각하하면서 진정상속인에게는 절차가 중단되어 있다고 보아 소송이 한 절차의 연속임을 간과하여 부당하고 수계신청각하설은 제243조 명문에 반하므로 부당하다. 따라서 수계신청기각설이 타당하다.

---

721) 이 사건 소송이 중단된 채 제1심에 계속되어 있음을 명백히 하는 의미에서 사건을 제1심 법원에 환송하였다.
722) 수계신청기각하지 않고 상속인이 아니어서 청구권이 없다는 이유로 본안판결 했다면 진정수계인에 대한 관계에서는 소송은 중단상태에 있지만 참칭수계인에 대한 관계에서는 판결이 확정된 이상 기판력을 가진다(80다1895). 이는 본안적격흠결로 청구기각 된 것으로 볼 수 있다(이행의 소에서 당사자적격은 주장 자체로 인정). 따라서 참칭수계인이 동일한 소를 다시 제기하면 후소가 전소 기판력에 저촉될 수 있다.

129 소송탈퇴

📁 의의 - 요건 - 절차 - 효과 + 관련 논점

I. 의의 및 취지 (23)   sO-69

독립당사자참가 규정에 따라 **소송에 참가한 사람이 있는 경우, 종전 당사자**는 소송에서 **탈퇴**할 수 있다 (제80조).[723] **소송간명화**를 위해 인정한다.

II. 요건   sO-70

i) 제3자의 적법한 참가가 있을 것 ii) 종전 원고 또는 피고가 탈퇴할 것 iii) 상대방의 동의를 얻을 것을 요한다.

> ☑ **탈퇴시 참가인의 동의 요부**
>
> **1. 학설**
> (1) **필요설**은 참가인이 승소해도 상대방이 탈퇴한 후 **소송비용을 부담**할 능력이 없을 수 있고, 상대방에 대한 판결로 탈퇴자에게 **강제집행 할 수 없는 때**가 있음을 근거로 든다.
> (2) **불요설**은 소송비용 문제로 탈퇴자에게 소송을 강요할 필요는 없고, **제80조**에서 **탈퇴자에 대한 집행력을 포함**시키므로 집행문제는 생기지 않음을 근거로 든다.
>
> **2. 검토**
> 제80조 명문에서 참가인의 동의를 따로 요구하지 않고, 참가인의 **이익 침해도 없으므로** 불요설이 타당하다.

III. 절차   sO-71

탈퇴 및 동의는 말 또는 서면으로 할 수 있다.

IV. 효과   sO-72

1. 원칙

i) 판결은 **탈퇴자에게도 효력**이 미친다(제80조 단서). ii) 이에 대해 참가적 효력설, 기판력설, 집행력 포함설이 있으나, 판결의 실효성을 위해 **집행력 포함설**이 타당하다.

---

[723] 이와 달리 선정당사자 제도에선 제53조 제2항에서 소송이 계속 된 후 선정이 이루어지면 선정자는 별도의 절차 없이 당연탈퇴한 것으로 본다. 당연탈퇴한 선정자들은 당사자적격을 상실하고 기판력을 받는다.

2. 효력의 근거

(1) 학설

1) 조건부 포기·인낙설은 원고 또는 피고의 탈퇴는 상대방과 참가인의 소송결과에 승복할 것을 조건으로 한 포기 또는 인낙이므로 탈퇴자에게 판결효가 미치고, 탈퇴자의 소송은 종료된다고 한다.

2) 소송담당설은 탈퇴자가 잔존당사자들에게 소송신탁을 한 것이므로 탈퇴자에게 판결효가 미치고, 탈퇴자의 소송은 잔존당사자에게 신탁되어 소멸되지 않는다고 한다.

(2) 判例

참가인이 참가승계신청을 했다가 참가승계신청을 취하한 다음 원고의 상속인임을 이유로 소송수계신청을 했지만 소송관계는 원고의 소송탈퇴로 적법하게 종료되었다고 했다(2010다103048).

(3) 검토

소송간명화라는 입법취지에 비추어 봤을 때 탈퇴자의 소송은 종료된다고 봄이 타당하므로 조건부 포기·인낙설이 타당하다.

3. 집행권원

판결주문에서 탈퇴자에 대한 이행의무를 선언하여 이것이 탈퇴자에 대한 집행권원이 된다.

V. 관련 논점 – 참가 후 전주가 탈퇴하지 않는 경우 공동소송관계 sO-73

1. 참가승계 후 전주가 승계의 효력을 다투는 경우

(1) 누가 권리자인지 다투어지는 경우

독립당사자참가 중 권리주장참가의 법리로 규율된다.

(2) 누가 의무자인지 다투어지는 경우

주관적 예비적 병합의 법리를 유추하여 심리된다.

2. 참가승계 후 전주가 승계의 효력을 다투지 않는 경우 (23)

(1) 학설

ⅰ) 당사자간 대립관계가 없으므로 통상공동소송 관계에 있다는 견해 ⅱ) 권리양도의 경우, 대립관계가 있어 필수적 공동소송 관계에 있다는 견해가 있다.

(2) 判例

1) 종래

원고의 청구와 승계참가인의 청구는 통상공동소송으로서 모두 유효하게 존속한다고 하였다(2002다16729).

2) 최근 [참탈부중필]

제3자가 소송에 **참**가했으나, 원고가 승계를 다투지 않으면서도 소송**탈**퇴, 소취하를 하지 않거나 이에 대해 피고가 **부**동의해 원고가 소송에 남는 경우 승계참가인과 피참가인의 **중**첩된 청구를 모순 없이 합일적으로 확정할 필요성을 고려하면 승계로 인해 중첩된 원고와 승계참가인의 청구 사이에는 **필**수적 공동소송에 관한 법 제67조가 적용된다(2012다46170*).

(3) 검토

이와 비슷한 형태의 소송으로 독립당사자참가와 주관적 *예비*적 *병*합이 규정되어 있으므로 *判例*와 같이 필수적 공동소송 관계로 봄이 타당하다.

3. 인수승계(추가적 인수)한 경우

공동소송인인 당사자들 간의 합일확정 요부에 따라 통상공동소송 또는 필수적 공동소송이 된다.

압류채권자와 채무자 사이의 참가문제

1. 채무자의 이행소송에 대한 추심채권자의 소송참가 방식

(1) 종래

압류 및 추심명령에 따라 채무자가 상실한 당사자적격이 채권자에게 승계되므로 추심채권자는 채무자의 이행소송에 민사소송법 제81조, 제79조에 따른 승계참가를 할 수 있다.

(2) 최근

채무자가 당사자적격을 상실하지 않아 추심채권자에게 당사자적격이 '승계'된다고 볼 수 없으므로 민사소송법 제81조, 제79조에 따른 승계참가 요건은 충족되기 어렵다. 하지만 추심채권자로서는 채무자가 피압류채권에 관하여 제기한 이행소송에 민사소송법 제83조에 따라 공동소송참가를 하거나 민사소송법 제78조에 따라 공동소송적 보조참가를 함으로써 채무자가 제기한 소송에 관여할 수 있다(2021다252977).

2. 추심소송에 대한 채무자의 소송참가 방식

(1) 종래

압류 및 추심명령이 있는 경우 채무자는 피압류채권에 관하여 이행의 소를 제기할 당사자적격을 상실하므로 공동소송참가를 할 수 없고 공동소송적 보조참가만을 할 수 있었다.

(2) 최근

채무자는 여전히 당사자적격이 있으므로 공동소송적 보조참가뿐만 아니라 향후 압류명령 신청 취하 등으로 추심권이 소멸할 경우를 대비하여 공동소송참가도 할 수 있다(2021다252977).

3. 추심소송에 대한 다른 채권자의 소송참가 방식

다른 채권자의 소송참가 방식은 판례 변경 전후로 차이가 없다. 민사집행법 제249조 제1항은 "제3채무자가 추심절차에 대하여 의무를 이행하지 아니하는 때에는 추심채권자는 소로써 그 이행을 청구할 수 있다."라고 규정하고, 제2항은 "집행력 있는 정본을 가진 모든 채권자는 공동소송인으로 원고 쪽에 참가할 권리가 있다."라고 규정하는데, 이는 공동소송참가라는 데 특별한 이론이 없다(2021다252977).

채무자의 이행소송 중 추심채권자가 참가승계한 경우 참가와 탈퇴 취급

1. 채무자가 탈퇴하지 않은 경우
(1) 공동소송 형태
    채무자의 이행소송에 추심채권자가 공동소송참가를 하거나 추심소송에 채무자 또는 다른 추심채권자가 공동소송참가를 하는 경우 이들의 소송은 합일확정이 필요하므로 유사필수적 공동소송관계에 있다.
(2) 참가 형태 및 석명
    법원은 새로운 법리에 따라 승계참가신청을 공동소송참가로 보거나 추심채권자로 하여금 참가의 방식을 공동소송참가 또는 공동소송적 보조참가로 변경하도록 석명할 수 있다.

2. 채무자가 탈퇴한 경우
채무자의 소송은 탈퇴로써 종료된 것으로 처리하고, 추심채권자의 기존 승계참가신청을 별개의 독립된 소로 처리한다(2021다252977).

채무자의 이행소송 중 압류채권자에 대한 소송고지 및 석명

채무자가 제3채무자를 상대로 이행의 소를 제기하였는데 증거 등으로 압류 및 추심명령이 확인된다면 그에게 소송고지할 수 있으므로, 법원은 채무자나 제3채무자로 하여금 추심채권자에 대한 소송고지를 신청하도록 석명할 수 있다(2021다252977).

CHAPTER

17

상소

130 상소 및 상소요건

📁 의의 – 요건

I. 의의 및 취지   sP-1

당사자가 종국판결에 대해 그 취소·변경을 상급심에 요구하는 불복신청이다.

II. 요건 [대기익중신 포불적소대]   sP-2

i) **대**상적격 ii) 상소**기**간724) 준수 iii) 상소**익** iv) 절차**중**단 중이 아닐 것 v) **신**의칙 준수 등을 요한다. 이외에 상소권 **포**기가 없을 것, **불**상소합의가 없을 것, 당사자**적**격725)726), **소**송능력, **대**리권 등의 요건도 요구된다. 흠결시 상소각하된다.

---

724) 상소는 판결정본 송달 전에도 가능하며, 판결정본 송달 받은 날로부터 2주 이내 제기한다(제396조). 즉시항고는 재판의 고지가 있은 날부터 1주 이내에 제기한다(제444조).
725) 판결의 효력을 받는 당사자 또는 당사자로 참가할 수 있는 제3자가 상소의 당사자적격을 갖는다.
726) 보조참가인은 피참가인의 소송에 대해 항소를 제기할 수 있지만 항소인이 되는 것은 아니다.

131 상소이익

📁 의의 – 판단기준 + 관련 논점

Ⅰ. 의의 및 취지   sP-3

하급심 판결의 취소·변경을 구할 수 있는 이익이다. 무익한 상소를 배제하기 위해 요구된다.

Ⅱ. 판단기준 (08)(11)(15)(16)(19)   sP-4

1. 학설

(1) **형식적 불복설**은 당사자의 신청보다 **판결주문**이 불리하면 상소이익이 인정되며, **전부승소자**는 상소이익이 없다고 한다.
(2) **실질적 불복설**은 **실체법상 더 유리한 판결**을 받을 수 있으면 **전부승소자도 상소이익**을 인정한다.
(3) **절충설**은 원고는 형식적 불복설, 피고는 실질적 불복설로 판단한다.
(4) **신실질적 불복설**은 판결효에 있어 불이익을 받게 되면 상소이익을 인정한다.

2. 判例 [불불주형]

상소인은 자기에게 **불**이익한 재판에 대해서만 상소할 수 있는 것이고 재판이 상소인에게 **불**이익한 것인가의 여부는 재판의 **주**문을 표준으로 하여 결정된다고 하여 **형식적 불복설**의 입장이다(82다498).727)

3. 검토

실질적 불복설은 **상소의 인정범위가 너무 넓고**, 절충설은 당사자 **형평**에 반하며, 신실질적 불복설은 형식적 불복설과 **결론이 같아**지므로 **명확한 기준**을 제시하는 형식적 불복설이 타당하다.

Ⅲ. 관련 논점   sP-5

1. 전부승소자의 상소이익이 인정되는 경우 [전상이]

(1) **전부승소자의 청구취지 확장을 위한 상소** [묵전기일내][불단편실확] (11)(16)(24)
 1) **묵**시적 일부청구의 경우, **전**부가 소송물이므로 **기**판력에 의해 잔부청구를 위한 후소가 불가능하기 때문에 원고는 1심에서 **일**부만 청구하여 전부승소한 청구에 대하여도 **나**머지 부분에 관하여 청구를 확장하기 위해 항소할 이익이 있다(96다12276*).
 2) **불**법행위로 인한 손해배상에 있어 재산상 손해나 위자료는 **단**일한 원인에 근거한 것인데 **편**의상 별개의 소송물로 분류한 것에 지나지 아니하므로 이를 **실**질적으로 **평**가하여, 항소심에서 위자료는 물론 소극적 손해도 **청구의 확장**728)을 허용함이 상당하다(94다3063*).

---

727) 따라서 원칙적으로 당사자는 전부승소한 경우라면 청구취지 확장 또는 반소제기를 위한 상소를 할 수는 없다.
728) 항소심에서의 청구취지 확장을 위한 항소이익을 인정한다는 의미이다.

(2) 상계항변이 인정된 경우 피고의 상소 [상잔이채상] (08)(15)(19)

원심이 원고의 청구원인 사실을 모두 인정한 후, 피고의 상계항변을 받아들여 상계 후 잔존하는 원고의 나머지 청구 부분만을 일부인용한 경우에도 피고로서는 판결 이유 중 원고의 소구채권을 인정하는 전제에서 상계항변이 받아들여진 부분에 관하여도 상소할 수 있다(2002다34666*).729)

(3) 청구이의의 소에서 다른 이의사유 추가를 위한 상소

청구이의의 소에서 변론종결시까지 다른 이의사유를 추가, 변경할 수 있기 때문에 전부승소한 원고는 이의사유 추가를 위한 항소를 할 수 있다.

2. 판결이유 중 판단에 대해 불복한 경우

ⅰ) 청구가 인용되면 판결이유에 불만이 있어도 그에 대해선 상소이익이 없다. ⅱ) 대위소에서 직접 심판대상이 되고 판결의 기판력이 미치는 것은 채무자의 제3채무자에 대한 청구권의 존부이고, 원고의 청구가 인용되어 승소한 이상, 원심이 판결이유에서 원고의 피보전권리의 발생원인을 잘못 인정했더라도 그 사유만으로는 상소이익이 없다(91다40696*).

3. 청구권 경합과 상소이익

(1) 문제점

당사자의 청구와 청구권 경합관계에 있는 다른 청구권에 대해 전부인용판결을 한 경우, 원고의 상소이익이 인정될 수 있는지 문제된다.

(2) 학설

1) 구이론은 실체법상 권리를 소송물로 보므로 원고가 청구하지 않은 청구권에 대해 전부인용판결하면 상소이익이 인정된다고 한다.

2) 신이론은 신청이 동일하면 소송물이 동일하므로 다른 청구권으로 인용하였더라도 상소이익이 인정되지 않는다고 한다.

(3) 判例 [매양주원 실불처]

매매에 기한 소유권이전등기 청구시, 양도담보약정에 기한 소유권이전등기를 명했다면 주문상으로는 전부승소한 것처럼 보이나, 청구원인이 달라 동일 청구라 할 수 없고 청구를 실질적으로 인용하지 않아 판결결과가 불이익하므로, 처분권주의 위배로 상소이익이 있다(91다40696*).

(4) 검토

신이론은 법원의 심리 부담 및 당사자 구제 측면에서 불합리하므로 구이론이 타당하다.

4. 항소심 판결선고시 확정된 부분에 대한 상고이익730) [본반기 피상]

제1심에서 원고의 피고에 대한 본소청구와 피고의 원고에 대한 반소청구가 모두 기각되었는바, 이에 대해 피고만 반소에 대해 항소를 제기했고 원고는 항소나 부대항소도 제기하지 않고 있다가 피고의 항소가 기각되자 원고가 상고를 제기했다면 이는 상고할 이익이 없다(87다카414).731)

---

729) 다만, 상계항변이 아니라 상계하여 정산하기로 합의했다는 항변을 한 경우에는 판결이유 중 상계합의에 관한 판단에 기판력이 미치지 않는다. 따라서 피고는 상계합의를 잘못 판단했다는 이유로 상소할 수 없다(2013다54390).
730) 이 논점과 함께 "불복하지 않은 청구의 확정시기"도 논점으로 적어줄 수 있다.
731) 원피고 누구의 불복대상도 아니어서 항소심 심판대상이 되지 않는 부분인바 상고의 대상적격이 없다고 볼 수도 있다.

> ☑ **항소로 불복하지 않은 피고의 제1심판결 원고 승소부분에 대한 상고제기**
>
> 원고의 청구를 일부 받아들이는 제1심판결에 대하여 원고는 항소하였으나 피고는 항소나 부대항소를 하지 아니한 경우, 제1심판결의 원고 승소 부분은 원고의 항소로 인하여 항소심에 이심은 되었으나 항소심의 심판범위에서는 제외되었다 할 것이다. 항소심은 원고 승소 부분에 대하여는 항소심이 판결을 한 바 없어 이 부분은 피고의 **상고대상**이 될 수 없다. 그러므로 **원고 일부 승소의 제1심판결에 대하여 아무런 불복을 제기하지 않은 피고는 제1심판결에서 원고가 승소한 부분에 관하여는 상고를 제기할 수 없다**(2013다45037*).

5. 상환이행판결에 대한 상소이익

ⅰ) 상환이행판결의 경우 원고와 피고는 모두 상소이익이 인정된다. ⅱ) 다만 "원고주장과 같이 적법하게 매매계약을 해제하려면 매매목적물을 피고에게 반환하고 해제하여야 할 것이라고 진술"한 것은 동시이행의 항변으로 볼 수 없음에도 원심이 피고가 항변한 것으로 인정한 것은 잘못된 일이라 하겠으나 그 항변을 아니한 피고에게 차량과 상환으로 청구를 인용한 원심처사는 피고에게 이익되는 것이므로 이에 불복할 수 없다 (74다1661).

6. 소각하판결에 대한 상소이익

소각하판결의 경우 원고와 피고는 모두 상소이익이 인정된다.

132 상소불가분원칙

📁 의의 - 내용

I. 의의 및 취지 (15)(16)(23)(24) sP-6

상소에 의한 확정차단 및 이심의 효력이 원판결 전부에 대해 미치는 것이다. 항소심 변론종결시까지 항소취지를 확장하거나 부대항소를 제기할 수 있게 하려는 것이다.

II. 내용 sP-7

1. 적용되는 경우
단순병합, 선택적 병합, 예비적 병합, 필수적 공동소송, 독립당사자참가소송, 주관적 선택적·예비적 병합

☑ **단순병합에 상소불가분원칙 적용 여부** (17)(21)(24)

1. 判例
수 개의 청구에 대한 전부판결 일부에 대하여 불복한 경우, 원판결 전부의 확정이 차단되고 상소심으로 이심된다.

2. 학설
ⅰ) 判例와 같은 견해 있으나 ⅱ) 소수설은 형식적으로 하나의 판결이지만 실질적으로 별개의 청구로 이루어진바 상소불가분원칙이 적용되지 않는다고 한다.

3. 검토
생각건대 단순병합된 청구의 전부판결 중 일부만 불복해도 상소심에서의 심판범위 확장 등을 고려하여 상소불가분원칙이 적용된다고 봄이 타당하다.732)

---

2. 적용되지 않는 경우
단순병합에서 청구 일부에 대한 불상소합의 또는 상소권 포기, 통상공동소송

3. 불복하지 않은 청구의 확정 시기 (17)(24)

(1) 형식적 확정력 의의
　당사자가 불복으로 상소심에 취소를 구할 수 없게 된 상태를 말한다.

(2) 항소로 불복하지 않은 청구의 확정 시기

1) 학설
　ⅰ) 항소심변론종결시설은 부대항소가 더 이상 허용될 수 없는 시점임을 근거로 든다. ⅱ) 항소심판결선고시설은 변론재개가 불가능해 더 이상 불복할 수 없는 시점임을 근거로 든다. ⅲ) 상고심판결선고시설은 상고심에서 직권조사사항 심리를 해야 함을 근거로 든다.

---

732) 불복하지 않은 청구는 항소심으로 함께 이심만 될 뿐 항소심 변론종결시까지 항소취지를 확장하지 않는 한 불이익변경금지원칙에 따라 항소심 심판대상은 되지 않으며, 항소심판결선고시 확정된다(불복하지 않은 청구의 확정시기 참조).

2) 判例 **[모말항심나]**

등기말소청구와 금원청구 **모**두 기각한 1심 판결에 대해 등기**말**소청구만 항소했을 뿐, **변론종결시까지 항**소취지를 확장한바 없는 경우, 항소심 **심**판범위는 등기말소청구에 한하고 **나**머지 부분은 항소심 판결선고와 동시에 확정된다(2009다35842*).

3) 검토

변론종결 후에도 법원이 직권으로 변론을 재개하는 경우가 있어 항소심변론종결시설은 부당하고, 판결의 확정이란 더 이상 불복할 수 없는 시점을 말하므로 항소심판결선고시설이 타당하다.

(3) 상고로 불복하지 않은 청구의 확정 시기

1) 학설

ⅰ) 상고이유서제출기간도과시설은 부대상고가 더 이상 허용될 수 없는 시점임을 근거로 든다.

ⅱ) 상고심판결선고시설은 상고심이 직권조사사항에 관해 심리할 수 있도록 해야 함을 근거로 든다.

2) 判例 **[주기예인 피쥬]**

주위적 청구를 **기**각하고 **예**비적 청구를 일부 **인**용한 판결에 대해 **피**고만이 상소를 제기하여 파기환송 되었다면 **주**위적 청구는 상고심 심판대상이 되지 않고 상고심판결시에 확정된다(2001다62213*).

3) 검토

상고심의 심리를 제한해선 안 되므로 상고이유서제출기간도과시설은 부당하고, 상고심판결선고시설이 타당하다.

133 불이익변경금지원칙

📁 의의 - 내용 + 관련 논점

Ⅰ. 의의 및 취지 (21)(23)   sP-8

상소심은 하급심 판결을 불복의 한도 안에서만 바꿀 수 있다(제415조). 상소심에서의 처분권주의 발현이다.

Ⅱ. 내용   sP-9

1. 구체적 판단기준

(1) 판결주문을 기준으로 판단

원심 판결주문과 상급심 판결주문을 형식적으로 비교해 판단한다. 기판력이 발생하지 않는 판결이유가 불이익하게 변경되는 경우는 불이익변경금지원칙에 위배되지 않는다.

(2) 소송물이 여러 개인 경우 [별물따합]

원본채권과 지연손해금채권은 **별개의 소송물**이므로, 불이익변경인지 여부는 원금과 지연손해금 부분을 각각 **따**로 비교하여 판단해야 하고, 별개의 소송물을 **합**산한 전체 금액을 기준으로 판단해서는 안된다 (2004다40160).

(3) 이익변경금지 [모말확한]

이전등기말소청구와 금원청구를 **모**두 기각한 1심판결에 대해 원고가 **말**소청구 부분에 관하여만 항소했을 뿐 변론종결시까지 항소취지를 **확**장한 바 없는 경우, 항소심의 심판범위는 말소청구 부분에 **한**하므로, 금원청구까지 심판한 것은 잘못이다(94다44644*). 즉, 불이익변경금지원칙은 이익변경금지도 포함한다.

2. 불이익변경금지원칙의 예외 [항처소상필] (15)(23)

ⅰ) 상대방의 **항**소 또는 부대항소가 있는 경우 ⅱ) **처**분권주의가 적용되지 않는 절차 ⅲ) **소**송요건 흠결이 발견된 경우(95다14817*)733) ⅳ) 항소심에서 **상**계주장이 있는 경우(제415조 단서)734) ⅴ) **필**수적 공동소송의 법리로 심리되는 소송의 경우는 불이익변경금지원칙이 적용되지 않는다.

---

733) 국가 상대로 A토지, B토지에 대해 소유권 확인을 구하자, 제1심은 A토지에 대해서는 원고패소판결, B토지에 대해서는 원고승소판결을 하였다. 원고만 항소하였는데 항소심은 원고의 불복대상이 아닌 B토지에 대한 부분까지 모두 판단하여 두 토지 모두 소유권 확인을 구할 이익이 없다고 하여 소각하 하였어도 불이익변경금지원칙에 반하지 않는다.

734) 원고가 1000만 원 청구권 이행의 소를 제기하였고, 제1심에서 피고의 400만 원 변제가 인정되어 600만 원만 원고의 청구가 인정된다는 이유로 일부인용판결을 하였다. 원고만 항소하였는데, 피고가 항소심에서 추가로 600만 원의 채권으로 상계주장을 하자, 원고의 불복대상이 아닌 600만 원 원고승소부분까지 모두 판단하여 전부기각하였어도 불이익변경금지원칙에 반하지 않는다.

III. 관련 논점

1. "제1심 소각하판결"에 대해 "원고만 항소"한 경우 "청구기각판결" 가부 (23)

(1) 문제점

이 경우, ⅰ) 제418조와 관련하여 항소심이 **본안판결** 할 수 있는지 문제되고, ⅱ) 불이익변경금지원칙과 관련하여 제1심 판결보다 불리한 청구기각판결을 할 수 있는지 문제된다.

(2) 학설

1) 항소기각설은 원고만 항소하여 불이익변경금지원칙상 원판결을 취소하고 청구기각판결 할 수 없으므로 항소기각판결 해야 한다고 한다.
2) 환송설은 원고만 항소하여 불이익변경금지원칙상 원판결을 취소하고 청구기각판결 할 수 없으므로 원판결을 취소하고 제418조 본문에 따라 환송한다고 한다.
3) 청구기각설은 소각하판결에 대해 원고가 상소하는 것은 **본안판결**을 요구한 것이므로, 제418조 단서 요건이 갖추어지면 원판결을 취소하고 청구기각판결을 할 수 있다고 한다.

(3) 判例

1) 항소기각 [각원이 기불항]

소각하한 1심 판결에 대해 원고만이 상소했으나 심리결과 청구가 이유 없는 경우 1심판결을 취소하여 원고의 청구를 기각하면 항소인인 원고에게 불이익한 결과로 되어 부당하므로 항소심은 원고의 항소를 기각해야 한다(86다카2675*).

2) 상고기각 [기각 원불기상]

청구기각해야 할 것인데도, 소는 부적법하여 각하되어야 한다고 잘못 판단한 위법이 있지만 원고만이 상고한 사건에서 불이익변경금지원칙상 원고에게 더 불리한 청구기각판결을 할 수 없으므로, 원고의 상고를 기각한다(94다8037).

(4) 검토

항소기각설은 부당한 소각하판결이 정당한 것으로 되어 부당하고, 환송설은 불이익변경을 원심에 미루어 소송경제에 반한다. 따라서 분쟁의 종국적 해결을 위해 청구기각설이 타당하다.

2. 상계항변과 불이익변경금지원칙 (08)(15)

(1) 문제점

ⅰ) 불이익변경 여부는 **판결주문**을 형식적으로 비교해 판단하고 판결이유가 불이익하게 변경되는 것은 불이익변경금지원칙에 위배되지 않는다. ⅱ) 하지만, **상계항변에 대한 판결이유 중 판단**에는 제216조 제2항에 따라 기판력이 발생하기 때문에 판결이유가 불이익하게 변경되어도 동원칙에 위배되는지 문제된다.

(2) 상계항변 인정 후 원고만 항소시 소구채권 부존재 판단 가부 [원상원채불]

원고가 청구한 채권의 발생을 인정한 후 피고가 한 상계항변을 받아들여 원고의 청구를 기각한 제1심판결에 대하여 원고만이 항소한 경우 항소심이 원고가 청구한 채권의 발생이 인정되지 않는다는 이유로 원고의 청구를 기각하는 것은 항소인인 원고에게 불이익하게 제1심판결을 변경하는 것이 되어 허용될 수 없다(2010다67258).

(3) 상계항변 인정 후 피고만 항소시 자동채권 부존재 판단 가부 [상피자불]

상계항변을 인용한 제1심판결에 대하여 피고만이 항소했는데, 항소심이 상계항변을 판단함에 있어 제1심이 자동채권으로 인정했던 부분을 인정하지 않고 그 부분에 관하여 피고의 상계항변을 배척했다면, 항소인인 피고에게 불이익하게 제1심판결을 변경한 것이다(94다18911).

☑ **상계항변 관련 논점 - 상소 4형제**

1. 상계항변 받아들여진 부분 상소이익
   ☞ 상계항변 받아들여진 자가 그 부분에 대해 상소하는 경우
2. 항소심에서의 상계주장 - 불이익변경금지원칙의 예외
   ☞ 항소심에서 상계주장한 경우 불복하지 않은 부분에 대한 심판 가능
3. 제1심에서 상계항변 받아들여진 후 원고만 상소 또는 피고만 상소 후 불이익변경금지원칙
   ☞ 상계항변 받아들여진 후 원고만 항소한 경우 소구채권 부존재 판단 가부
   ☞ 상계항변 받아들여진 후 피고만 항소한 경우 자동채권 부존재 판단 가부
4. 상계항변 받아들여진 부분에 대해 상소 후 다른 채무소멸 사유로 청구기각 - 항소심판결주문
   ☞ 상계항변 받아들여진 자가 그 부분에 대해 상소하고 변제 등 다른이유로 청구를 기각할 때 판결주문설시 방법(제1심 판결이유를 그대로 두어 항소기각하면 안 되고, 판결이유를 바꾸어 청구기각)

3. 상환이행판결의 불이익변경금지원칙

(1) 반대급부 내용이 불이익하게 변경되는 경우

동시이행의 판결에 있어서는 원고가 그 반대급부를 제공하지 아니하고는 판결에 따른 집행을 할 수 없어 비록 피고의 반대급부이행청구에 관하여 기판력이 생기지 아니하더라도 **반대급부의 내용이 원고에게 불리하게 변경된 경우**에는 불이익변경금지 원칙에 반하게 된다(2004다8197*).735)

(2) 청구권 내용이 불이익하게 변경되는 경우

일방 당사자의 금전채권에 기한 동시이행 주장을 받아들인 판결의 경우 상대방은 그 금전채권에 관한 이행을 제공하지 아니하고는 자신의 채권을 집행할 수 없으므로, 동시이행 주장을 한 당사자만 항소하였음에도 항소심이 제1심판결에서 인정된 금전채권에 기한 **동시이행 주장을 공제 또는 상계 주장으로 바꾸어 인정**하면서 그 금전채권의 내용을 항소인에게 불리하게 변경하는 것은 특별한 사정이 없는 한 불이익변경금지 원칙에 반한다(2022다211928).736)

---

735) 피고는 원고로부터 1억 원 지급받음과 동시에 원고에게 소유권이전등기 이행하라고 제1심판결이 선고되고, 원고만 항소한 경우, 항소심은 피고는 원고로부터 2억 원을 지급받음과 동시에 원고에게 소유권이전등기 이행하라고 판결할 수 없다.
736) 또한 원심은 피고의 가액배상금에서 원고의 공익채권 금액이 공제된다고 하였으나, 채무자 회사의 가액배상청구권과 부인행위 상대방의 공익채권은 당연히 공제되는 관계가 아니라 서로 상계 가능한 관계일 뿐이라는 점을 지적하였다.

4. 본소와 반소의 상소심 이심범위 및 심판대상

(1) 이심범위

본소와 반소 모두에 대해 판결이 된 경우737), 한 청구에 대해 불복시 상소불가분원칙이 적용되어 전부의 확정이 차단되고 상소심으로 이심된다.

(2) 심판대상

불이익변경금지원칙의 적용으로 본소와 반소에 대한 제1심판결에 대해 당사자가 불복한 부분만 심판대상이 된다.738)

> ☑ **예비적 병합 청구에 반소가 제기된 후 반소에 대해서만 피고가 불복한 경우**
>
> 제1심이 원고들의 본소 중 주위적 청구를 전부 인용하고, 피고의 반소 중 주위적 청구에 대한 소를 각하하고 예비적 청구를 일부 인용한 데 대하여, 피고는 반소의 예비적 청구를 일부 기각한 부분에 대하여만 항소를 제기하였을 뿐 본소에 대하여는 항소를 제기하지 아니하였으므로, 원고들의 본소는 주위적 청구뿐만 아니라 예비적 청구 역시 원심의 심판범위에서 제외되는 것이고, 따라서 원고들이 원심에서 청구취지 및 청구원인변경신청서를 제출하여 예비적 청구에 불법행위에 의한 손해배상청구를 선택적으로 추가하였다고 하더라도 추가된 예비적 청구가 원심의 심판범위에 포함된다고 할 수 없다(2006다53733).

5. 단순병합의 상소심 이심범위 및 심판대상

(1) 이심범위

상소불가분원칙이 적용되어 청구 전부의 확정이 차단되고 상소심으로 이심된다.

(2) 심판대상

불이익변경금지원칙 적용으로 불복한 청구만 상소심 심판대상이 된다. 불복하지 않은 청구는 항소심 판결선고시 또는 상고심판결선고시 확정된다.

6. 선택적 병합의 상소심 이심범위 및 심판대상

(1) 이심범위

상소불가분원칙이 적용되어 청구 전부의 확정이 차단되고 상소심으로 이심된다.

(2) 심판대상

1) 제1심에서 한 청구 인용 후 피고가 항소한 경우 (09)

ⅰ) 판례 [상황설명 + 선1먼1임]

수개의 청구가 제1심에서 **처음부터 선택적으로 병합**되고 그 중 어느 한 청구에 대한 인용판결이 선고되어 피고가 항소한 경우는 물론, 원고의 청구를 인용한 판결에 대해 피고가 항소하여 **항소심에 이심된 후 청구가 선택적으로 병합**된 경우에도 항소심은 **제1심에서 인용된 청구를 먼저** 심판할 필요는 없고, **제1심에서 심판되지 아니한 청구를 임의로 선택하여 심판할 수 있다**(92다7023*).

---

737) 본소만 심판되고 반소는 심판되지 않은 경우 심판되지 않은 반소는 상소의 대상이 될 수 없고 원심에서 추가판결로 구제받는다. 단, 예비적 반소의 경우 본소만 심판되고 반소는 심판되지 않은 경우 상소로 구제받는다.

738) 본소와 예비적 반소에 대해 제1심에서 모두 인용판결이 되고 피고만 불복한 경우 본소가 항소심에서 기각되면 제1심에서 인용된 예비적 반소의 판결이 실효된다.

ii) 학설
① **선택심판설**은 병합된 청구의 **심판순위가 정해지지 않은 선택적 병합의 심판방식**에 비추어 제1심에서 심판되지 않은 청구를 임의로 선택해 심판할 수 있다고 한다.
② **우선심판설**은 항소심으로서는 **복수의 집행권원이 병존한다는 오해**를 피하기 위해 제1심이 인용한 청구를 먼저 심리하고 다른 청구를 심리해야 한다고 본다.

iii) 검토
판단되지 않았던 청구는 불복할 수도 없었던 만큼 다른 청구를 선택해 먼저 심리한다고 해도 불이익변경금지원칙에 반한다고 할 수 없으므로 선택심판설이 타당하다.

☑ **원심과 다른 선택적 청구를 인용할 때 항소심 판결주문** (09)

1. 학설
(1) **항소기각설**은 **결론이 결과적으로 제1심과 동일**하고, **제1심판결**은 제2심판결의 확정으로 선택적 병합의 법리상 **실효**되므로 항소기각판결 한다고 한다.
(2) **항소인용설**은 양 청구는 소송물이 다른 것이므로 항소를 인용하여 제1심을 취소하고 새로이 청구인용판결을 한다고 한다.

2. 판례
선택적으로 병합된 수 개의 청구 중 제1심에서 **심판되지 않은 청구를 임의로 선택해 심판**할 수 있으나, 심리결과 그 청구가 이유 있다고 인정되고 그 **결론이 제1심판결의 주문과 동일한 경우에도 피고의 항소를 기각해서는 안 되며 제1심판결을 취소한 다음 새로이 청구를 인용**하는 주문을 선고해야 한다(2006다7587*).

3. 검토
권리의 존부를 명확히 밝힐 필요가 있으므로 항소인용설이 타당하다.

☑ **선택적 청구 중 한 청구 인용 후, 항소심에서 1심에서 심판되지 않은 청구를 주위적으로, 1심에서 인용된 청구를 예비적으로 구한 경우 항소심 판결주문**

선택적 청구 중 한 청구가 인용된 후, 항소심에서 원고가 1심에서 심판되지 않은 청구를 주위적으로, 1심에서 인용된 **청구를 예비적으로 구한 경우, 주위적 청구가 이유 있으면 결론이 1심판결 주문과 동일해도 새로이 청구인용판결을** 선고한다(2018다229625).739)

---

2) 제1심에서 한 청구"만" 기각한 후 원고가 항소한 경우

ⅰ) 판례 [증양증양]
원고는 항소로 **증**여해제에 기한 이전등기청구만을 구했고 **변론종결시까지 양**도합의에 기한 이전등기청구에 관해 제1심판결의 변경을 구하는 준비서면의 제출이나 진술도 안 한바, 원고의 **불복범위는 증**여해제를 원인으로 한 청구에 관한 부분에 한정되고, **양**도합의를 원인으로 한 청구에 관한 부분은 원심의 **심판범위에 포함되지 않는다**(96다99).

---

739) 병합된 청구에 순위를 붙일 합리적 필요성이 인정된다면, 선택적 병합에서 예비적 병합의 형태로 교환적 변경이 이루어진 것이고, 이는 구청구의 취하를 수반하므로, 판결주문이 결과적으로 제1심판결과 동일해지더라도 새로이 청구인용판결을 선고해야 하고 항소기각을 해선 안 된다. 병합된 청구에 순위를 붙일 합리적 필요성이 인정되지 않는다면 선택적 병합으로 취급되므로 결과적으로 제1심판결과 주문이 동일해지더라도 2006다7587 사건과 같이 새로이 청구인용판결을 선고해야 한다. 따라서 선택적으로 병합된 두 청구에 순위를 붙일 합리적 필요성 유무와 무관하게 어느 경우나 새로이 청구를 인용하는 주문을 내어야 한다(전원열).

ii) 학설
① 判例와 같은 견해도 있으나 ② 반대견해는 항소인의 의사는 판단하지 않은 청구까지 판단을 구하는 것으로 볼 수 있으므로 다른 청구까지 심판대상으로 보아야 한다고 한다.

iii) 검토
원고는 제1심판결이 판단하지 않은 청구에 대해 판단누락에 준해 항소로 다툴 수 있음에도 이를 다투지 않았으므로, 判例가 타당하다.

7. 예비적 병합의 상소심 이심범위 및 심판대상

(1) 이심범위
상소불가분원칙이 적용되어 청구 전부의 확정이 차단되고 상소심으로 이심된다.

(2) 심판대상
1) 제1심에서 주위적 청구 인용된 후, 피고가 항소한 경우

ⅰ) 判例 [전항예 주배예심]
예비적 병합에서 주위적 청구 인용 판결 선고시, 이는 전부판결로서 이 판결에 대해 피고가 항소하면 심판받지 않은 예비적 청구도 모두 이심되고 항소심이 제1심에서 인용되었던 주위적 청구를 배척할 때에는 다음 순위의 예비적 청구에 관해 심판해야 한다(98다22253*).

ii) 학설
① 예비적 청구도 심판대상이라는 견해는 예비적 병합의 심리방식을 근거로 예비적 청구를 심리할 수 있다고 한다.
② 예비적 청구는 심판대상이 아니라는 견해는 피고의 심급의 이익을 해치게 되므로 예비적 청구를 심판할 수 없다고 한다.

iii) 검토
제1심에서 심판받지 않은 예비적 청구에 관해 사실상 1심으로 심판받게 되므로 제1심판결보다 피고에게 불이익하게 판결이 변경되는 것이 아니므로 判例가 타당하다.

2) 제1심에서 주위적 청구는 기각 예비적 청구는 인용된 후, 피고가 항소한 경우 (16)

ⅰ) 判例 [이원심예]
이심의 효력은 사건 전체에 미치더라도 원고로부터 부대항소가 없는 한 항소심의 심판대상으로 되는 것은 예비적 청구에 국한되고 주위적 청구는 심판대상이 되지 않는다(94다29065).740)

ii) 학설
① 통설은 원고는 주위적 청구에 대해 불복하지 않았으므로 항소심 심판대상은 예비적 청구에 국한된다고 한다.
② 소수설은 두 청구가 모두 기각되면 판결이 자연스럽지 않은 경우가 생기므로, 원고의 의사를 합리적으로 해석해 원고의 부대항소를 의제해 주위적 청구도 판단해야 한다고 한다.

---

740) 항소심은 심판대상이 아닌 주위적 청구에 대하여도 청구기각판결을 했으나, 무의미한 판결을 했다고 하여 원고가 그에 대해 상고함으로써 주위적 청구 부분이 상고심의 심판대상으로 되는 것은 아니므로 원고의 주위적 청구에 관한 상고는 심판대상이 되지 않은 부분에 대한 상고로 불복이익이 없어 부적법하여 상고를 각하한다.

iii) 검토

원고가 불복하지도 않은 주위적 청구를 심판대상으로 삼게 되면 **피고의 방어권**이 부당하게 침해될 우려가 있으므로 통설이 타당하다.741)

> ☑ **주위적 청구 기각, 예비적 청구 인용에 대해 피고가 항소한 경우 주위적 청구 인낙 가부**
>
> **1. 예비적 청구에 대한 피고 불복시 주위적 청구 이심 여부**
> 제1심 법원이 원고의 주위적 청구와 예비적 청구를 병합심리한 끝에 주위적 청구는 기각하고 예비적 청구만을 인용하는 판결을 선고한 데 대하여 피고만 항소를 하더라도, 항소의 제기에 의한 이심의 효력은 피고의 불복신청의 범위와는 관계없이 사건 전부에 미쳐 주위적 청구에 관한 부분도 항소심에 이심된다.
>
> **2. 주위적 청구 인낙 가부 및 예비적 청구 심리 요부**
> (1) 判例
> 피고가 항소심의 변론에서 원고의 주위적 청구를 인낙하여 그 **인낙이 조서에 기재되면 그 조서는 확정판결과 동일한 효력**이 있는 것이고, 따라서 그 인낙으로 인하여 **주위적 청구의 인용을 해제조건으로 병합심판을 구한 예비적 청구에 관하여는 심판할 필요가 없어 사건이 그대로 종결**되는 것이다(92다12032).
> (2) 학설
> ⅰ) 주위적 청구는 잠재적 심판대상이 되므로 인낙이 가능하다는 견해 ⅱ) 현실적인 심판대상이 되지 않은 이상 인낙이 될 수 없다는 견해가 있다.
> (3) 검토
> 생각건대 피고의 처분권을 존중하고 원고가 순위를 붙여 청구한 의사에도 부합하므로 주위적 청구에 대해 인낙할 수 있고, 判示 타당하다.

> ☑ **1심 청구기각 판결에 대해 원고가 항소하여 예비적 청구 병합한 경우**
>
> 원고 패소의 제1심판결에 대하여 원고가 항소한 후 항소심에서 예비적 청구를 추가하면 항소심이 **종래의 주위적 청구에 대한 항소가 이유 없다고 판단한 경우에는 예비적 청구에 대하여 제1심으로 판단**하여야 한다(2016다253297).

3) 순위를 붙일 합리적 필요성이 인정되지 않아 선택적 병합으로 보는 경우 주위적 청구 기각, 예비적 청구 인용시 피고만 항소한 경우742) (16)

ⅰ) 判例

대여금청구와 손해배상청구에 순위를 붙여 구한 사건에서, 실질적으로 선택적 병합관계에 있는 두 청구에 관해 순위를 붙여 청구했고, 1심이 주위적 청구를 기각하고 예비적 청구만을 인용한 판결을 하여 피고만 항소한 경우 항소심은 두 청구 모두를 심판대상으로 삼아 판단한다(2013다96868*).

---

741) 예비적 병합에서 제1심이 주위적 청구 기각, 예비적 청구 인용한 경우, 피고가 항소하여 예비적 청구 기각의 심증이 든 경우, 항소심은 예비적 청구만 취소하여 예비적 청구를 기각한다.
742) 이 논점 앞에 두 청구 사이의 순위를 붙일 합리적 필요성에 따른 부진정 예비적 병합 가부 논점을 써준다. 이 때, 대여금청구와 불법행위 손해배상청구에 순위를 붙여 구한 사건(2013다96868*)에서 1) 判例는 두 청구의 성질을 강조하여 선택적 병합관계로 보았다. 2) 학설로 ① 순위를 붙일 합리적 필요성이 없어 선택적 병합으로 본다는 견해 ② 불법행위 손해배상청구는 과실상계 등에서 다른 채권과 차이가 있어 순위를 붙여 구할 합리적 필요성이 있다는 견해가 있다.

ⅱ) 학설
① 선택적 병합의 심리방식상 두 청구 모두 심판대상으로 삼을 수 있다는 견해가 있다.
② 부진정 예비적 병합으로 보아 구체적 타당성을 위해 원고의 부대항소를 석명해 주위적 청구를 판단해야 한다는 견해가 있다.

ⅲ) 검토
생각건대 부대항소를 석명하는 것은 적극적 석명이 될 우려가 있고, 두 청구의 순위를 붙일 합리적 필요성을 인정하지 않는 이상 본래 두 청구의 성질대로 선택적 병합관계로 보아 판시와 같이 두 청구 모두 심판할 수 있다고 봄이 타당하다.

134 항소

> 의의 - 제기 - 적법성 - 본안판결

I. 의의   sP-11

제1심 종국판결에 대해 항소법원에 하는 불복신청이다(제390조).

☑ 상소권의 포기

1. 의의 및 취지
상소권의 포기는 상소할 권리를 포기하는 단독행위다(제395조 제1항). 당사자의 처분권을 존중하여 인정된다.

2. 요건
i) 서면으로 할 것 ii) 소송능력, 소송대리인의 경우 특별수권이 있을 것을 요한다. iii) 판결을 선고한 뒤에는 상소제기의 전후를 묻지 않고 가능하다. 상소를 하기 전에는 제1심법원에, 상소를 한 뒤에는 소송기록이 있는 법원에 한다. iv) 판결을 선고하기 전에 가능한지 여부에 대해 통설은 상소권은 판결의 선고에 의해 발생하고 상소이익도 판결 선고 후에 명백해지므로 판결을 선고한 뒤라야 상소권을 포기할 수 있다고 한다. v) 통상공동소송에선 1인이 상소권 포기를 할 수 있으나, 필수적 공동소송의 법리로 심판되는 소송에선 전원이 함께 하지 않으면 무효이다. vi) 상소권 포기 의사표시에 실체법상 하자가 있어도 이를 다툴 수 없다.

3. 효과
(1) 위반시
　　법원은 직권으로 상소를 각하한다. 상소를 한 뒤의 상소권 포기는 상소취하의 효력도 가진다.
(2) 상소권 포기의 효력 발생시기
　　제395조 제1항의 취지에 비추어 항소를 한 뒤 **소송기록이 제1심법원에 있는 동안** 제1심법원에 항소권포기서를 제출한 경우에는 **제1심법원에 항소권포기서를 제출한 즉시** 항소권 포기의 효력이 발생한다(2005마933*).
(3) 상소권 포기시 제1심판결 확정시기
　　상대방이 전부승소하여 항소이익이 없는 경우, **항소권을 가진 패소자만 항소포기**를 하면 비록 **상대방의 항소기간이 만료하지 않았더라도 제1심판결은 확정**된다(2005마933*).

4. 관련 논점 - 항소권 포기 약정의 해제 가부
항소권의 포기는 불이익한 판결에 대하여 그 심사 변경을 구할 이익이 있는 항소권리자가 법원에 대하여 서면으로 그 권리를 포기하는 의사를 표시하는 단독행위이므로, **항소포기의 의사를 표시하는 서면이 법원에 제출되기 전에 그 약정을 해제하기로 다시 합의**하고 항소를 제기하였다면 항소는 적법하다(86다카2728*).

Ⅱ. 항소 제기

1. 항소장 제출 및 기재사항 (25)

ⅰ) 항소는 항소장을 제1심법원에 제출함으로써 한다(제397조 제1항). ⅱ) 항소장의 필요적 기재사항은 당사자와 법정대리인, 제1심판결의 표시, 항소취지이다(동조 제2항).

2. 재판장의 소장심사 (25)

(1) 원심재판장

ⅰ) 원심재판장은 항소장에 필요적 기재사항 등을 심사하여 흠이 있으면 상당한 기간을 정하여 보정을 명한다(제399조 제1항). ⅱ) 기간 내에 보정하지 않으면 원심재판장은 명령으로 항소장을 각하한다(동조 제2항). ⅲ) 이에 대해서는 즉시항고 할 수 있으며, 이는 성질상 최초의 항고이다(동조 제3항). ⅳ) 항소장이 각하되지 않으면 원심의 법원사무관 등은 항소장이 제출된 날부터 2주 내에 항소기록에 항소장을 붙여 항소법원으로 보내야 한다(제400조).

> ☑ **상소제기 특별수권 있는 소송대리인에 대한 상소장 인지보정명령** (25)
>
> **1. 상소제기 특별수권 있는 소송대리인에게 보정명령 가부**
> **상소 제기 특별수권이 있다면** 소송대리인은 **상소장을 제출할 권한**이 있으므로, 상소장에 인지를 붙이지 않은 흠이 있다면 소송대리인은 이를 보정할 수 있고 원심재판장도 소송대리인에게 인지의 보정을 명할 수 있다.
>
> **2. 당사자 본인이 상소장을 작성하여 제출한 경우 소송대리인에 대한 보정명령 효력**
> 소송대리인의 **상소제기 특별수권이 있더라도**, 실제로 소송대리인이 아닌 **당사자 본인이 상고장을 작성하여 제출**한 경우, **소송대리인에게 상소장과 관련한 보정명령을 수령할 권능이 없으므로, 원심재판장이 소송대리인에게 보정명령을 송달한 것은 부적법한 송달이어서 그 송달의 효력이 발생하지 아니한다**(2023마7122).

> ☑ **상소인이 인지보정명령에 대해 인지액에 해당하는 현금을 송달료로 납부한 경우**
>
> 상소인이 인지의 보정명령에 따라 인지액에 해당하는 현금을 수납은행에 납부하면서 잘못하여 **인지로 납부하지 않고 송달료로 납부**한 경우에는 **인지가 납부되었다고 할 수 없어 인지 보정의 효과가 발생하지 않으나** 상소인에게 인지를 보정하는 취지로 송달료를 납부한 것인지에 관하여 **석명을 구하고 다시 인지를 보정할 수 있는 기회를 부여**해야 한다(2020마7755).

(2) 항소심재판장

ⅰ) 항소기록을 송부받은 항소심 법원사무관 등은 바로 그 사유를 당사자에게 통지하여야 하고(제400조 제3항) 항소장 부본을 피항소인에게 송달한다(제401조). ⅱ) 항소기록을 송부받은 항소심재판장은 다시 항소장을 심사하고, 필요적 기재사항 등에 흠이 있으면 상당한 기간을 정하여 보정을 명한다(제402조 제1항). ⅲ) 기간 내에 보정하지 않으면 항소심재판장은 명령으로 항소장을 각하한다(동조 제2항). ⅳ) 이에 대해서는 즉시항고 할 수 있다(동조 제3항).

☑ 항소인이 피항소인의 주소를 보정하지 않음을 이유로 항소장각하명령 가부

1. 判例

(1) 전원합의체 다수의견

제402조의 문언 해석, 항소심 진행에 필요한 **최소요건을 갖추지 않은 것에 대한 제재 필요성**, 주소보정명령 및 항소장각하명령은 항소인에게 **과중한 부담을 지우는 것이 아니고 충분히 예고되는 점** 등에 따라 항소인에게 피항소인 주소를 보정하도록 명하고 불이행시 항소장각하명령을 할 수 있다.

(2) 전원합의체 소수의견

다른 송달과 달리 유독 항소장부본의 송달불능 불이익을 항소인에게 돌리는 것은 **공평하지 못하며, 소장각하명령과 소송법적 의미나 효과에서 현저한 차이**가 있어 주소보정명령에 관한 소장각하명령에 관한 법리가 그대로 적용될 수 없다.

2. 검토

생각건대 제1심재판의 충실화 및 항소심의 사후심적 운영이라는 취지에 비추어 다수의견이 타당하다(2017마6438).

☑ 항소장에 기재된 주소로 송달될 수 없으나 소송기록에 다른 주소가 있는 경우 주소보정명령

항소장이나 판결문 등에 기재된 피항소인의 주소 외에 **다른 주소가 소송기록에 있는 경우에는 그 다른 주소로 송달을 시도해 본 다음 그곳으로도 송달되지 않는 경우에 항소인에게 주소보정을 명하여야 하고**, 그러한 조치를 취하지 않은 채 **항소장에 기재된 주소로 송달이 되지 않았다는 것만으로** 곧바로 주소보정을 명하고 이에 응하지 않음을 이유로 항소장을 각하하는 것은 올바른 조치가 아니다(2014마4026).

☑ 2차 보정명령 후 1차 보정명령에 따른 보정기간 미준수로 항소장각하명령 가부

주소보정명령의 보정기간이 경과하여 항소장 각하명령을 할 수 있음에도 항소심재판장이 항소장 각하명령을 하지 아니하고 다시 보정기간을 정하여 주소보정명령을 하였다면, 다시 한 주소보정명령의 보정기간이 경과하기 전에는 종전 주소보정명령의 보정기간 내에 보정의무를 이행하지 않았음을 이유로 항소장 각하명령을 할 수 없다(2024마7117).

3. 항소이유서의 제출

ⅰ) 항소장에 항소이유를 적지 아니한 항소인은 항소기록접수 통지를 받은 날부터 40일 이내에 항소이유서를 항소법원에 제출하여야 한다(제402조의2 제1항). ⅱ) 항소법원은 항소인의 신청에 따른 결정으로 제1항에 따른 제출기간을 1회에 한하여 1개월 연장할 수 있다(동조 제2항). ⅲ) 항소인이 제402조의2 제1항에 따른 제출기간(동조 제2항에 따라 제출기간이 연장된 경우에는 그 연장된 기간을 말한다) 내에 항소이유서를 제출하지 아니한 때에는 항소법원은 결정으로 항소를 각하하여야 한다. 다만, 직권으로 조사하여야 할 사유가 있거나 항소장에 항소이유가 기재되어 있는 때에는 그러하지 아니하다(제402조의3 제1항). ⅳ) 항소각하 결정에 대하여는 즉시항고 할 수 있다(동조 제2항).

Ⅲ. 항소의 적법성

sP-13

ⅰ) 항소장이 적식이며, 항소기간이 준수된 것으로 판단되면 항소의 적법요건을 직권으로 조사한다. ⅱ) 흠결시 항소각하판결한다.

Ⅳ. 항소심 본안판결

1. 항소기각판결 (08)

ⅰ) 제1심판결이 정당하거나 ⅱ) 제1심판결의 이유가 정당하지 않더라도 다른 이유에 따라 판결이 정당하면 항소기각판결한다(제414조). ⅲ) 다만, **상계항변**이 인정되어 승소한 피고가 항소한 경우, 항소심에서 상계가 아닌 피고의 다른 주장에 의해 원고의 청구를 기각하려면 원심판결을 취소하고 판결이유를 바꾸어 청구기각판결을 해야 한다. 상계항변은 판결이유 중 판단이라도 기판력이 발생하기 때문이다.

> ☑ **항소심에 이르러 새로운 청구가 추가된 경우 기존 청구와 추가된 청구를 모두 배척할 때 주문 표시 방법**
>
> 원고가 본안항소심에 이르러 새로운 청구가 추가된 경우 항소심은 추가된 청구에 대해서는 실질상 제1심으로서 재판하여야 한다. 제1심이 기존의 청구를 기각한 데 대하여 원고가 항소하였고 항소심이 **기존의 청구와 항소심에서 추가된 청구를 모두 배척할 경우** 단순히 "**원고의 항소를 기각한다.**"라는 주문 표시만 해서는 안 되고, 이와 함께 항소심에서 추가된 청구에 대하여 "**원고의 청구를 기각한다.**"라는 주문 표시를 해야 한다(2020다292411).

2. 항소인용판결

(1) 제1심판결의 취소

항소심 변론종결시 기준 제1심판결이 정당하지 않으면 이를 취소한다(제416조).[743)744)]

(2) 자판

항소심이 제1심판결에 갈음하여 종국적 재판을 하는 것이다. 소각하, 청구기각, 청구인용판결을 한다.

(3) 환송판결 (20)

ⅰ) 소가 부적법하다고 **각하한 제1심판결을 취소**하는 경우, 항소심은 사건을 **제1심법원에 환송**해야 한다(제418조 본문). ⅱ) 다만, 제1심에서 **본안판결**을 할 수 있을 정도로 심리가 된 경우 또는 **당사자의 동의**가 있는 경우에는 항소심은 스스로 본안판결을 할 수 있다(동조 단서).

> ☑ **제418조 단서의 본안판결할 정도로 심리가 된 경우인지 판단기준**
>
> 원고가 **본안심리사항에 해당하는 주장 및 증거를 제출**하고 피고가 **이를 반박**하였으며, 법원이 당사자들에게 **본안에 대해 주장과 증명을 수차례 촉구**한 경우라면 항소심은 소각하한 제1심판결을 취소하면서 사건을 제1심법원으로 환송하지 않고 본안판결을 할 수 있다(2018다46042).

---

743) 직권으로 제1심 판결은 취소하는 경우도 있다.
744) 항소심이 제1심판결을 취소하는 경우 필수적 환송 여부와 관련하여, 우리 민사소송법은 항소심 구조에 대하여 사후심제가 아닌 속심제를 채택하고 있고, 소송지연을 방지하기 위해 항소심이 재량에 의해 임의로 사건을 제1심법원에 환송할 수 있는 임의적 환송 규정을 두지 않고 제418조는 소각하한 제1심판결을 취소하는 경우만 제1심법원에 필요적으로 환송하고 제1심에서 충분히 심리가 되었거나 당사자의 동의가 있는 경우 자판할 수 있도록 규정하는 점 등에 비추어 재판의 신속, 경제를 위해 심급제도유지 및 절차의 적법성 보장을 제한할 수 있는 예외적인 경우를 인정하고 있으므로 제1심판결을 취소하는 경우 반드시 사건을 제1심법원에 환송하여야 하는 것은 아니다(2013다28971*).

(4) 이송판결

"전속관할" 위반을 이유로 제1심판결을 취소한 때에는 항소법원은 판결로 사건을 관할법원에 이송하여야 한다(제419조). 관할위반을 이유로 제1심판결을 취소하는 경우, 종전 제1심법원에서 한 소송절차는 모두 취소된 것으로 보아 그 소송행위는 효력이 없다.

> ☑ **제1심에서 심리되었으나 항소이유나 항소심에서 지적되지 않은 주장 취급**
>
> 항소심은 속심으로서 제1심에서의 당사자의 주장이 그대로 유지되므로, 항소심에서 항소이유로 특별히 지적하거나 그 후의 심리에서 다시 지적하지 않는다 하더라도 법원은 제1심에서의 주장을 받아들일 수 있음은 당연하고, 이를 들어 직접주의나 변론주의의 원칙에 어긋난다거나 불의타를 가한 것이라 할 수는 없다(95다14572*).

135 항소취하

📁 의의 – 요건 – 절차 – 효과 + 관련 논점

I. 의의 및 취지　　　　　　　　　　　　　　　　　　　　　　　　　　sP-15

항소인이 제1심 판결에 대한 불복신청을 철회하는 것이다(제393조 제1항). 처분권주의의 발현이다.

II. 요건 [판송동]　　　　　　　　　　　　　　　　　　　　　　　　　sP-16

ⅰ) 항소심 종국판결 전까지 ⅱ) 소송능력 등 소송행위 유효요건을 갖춰야 하고 ⅲ) 상대방의 동의는 불필요하다.

III. 절차　　　　　　　　　　　　　　　　　　　　　　　　　　　　　sP-17

말 또는 서면으로 가능하다.

IV. 효과　　　　　　　　　　　　　　　　　　　　　　　　　　　　　sP-18

ⅰ) 항소는 소급 소멸된다(제393조 제2항). ⅱ) 제1심 종국판결이 존재한다. ⅲ) 항소기간 도과시 제1심 판결이 확정된다.

V. 관련 논점　　　　　　　　　　　　　　　　　　　　　　　　　　　sP-19

1. 항소취하 후 재항소 [후만확 전내대]

항소기간 경과 후에 항소취하가 있는 경우에는 항소기간 만료 시로 소급하여 1심판결이 확정되나, 항소기간 경과 전에 항소취하가 있는 경우에는 판결은 확정되지 않고 항소기간 내라면 항소인은 다시 항소제기가 가능하다(2015므3455*).

2. 공동소송에서 항소취하

ⅰ) 통상공동소송에서 1인 또는 1인에 대한 항소취하가 가능하다. ⅱ) 필수적 공동소송에서는 전원이 항소취하[745]하지 않으면 효력이 없다.

---

[745] 유사필수적 공동소송도 마찬가지로 항소취하는 전원이 해야 한다. 유사필수적 공동소송에서 1인이 소취하 할 수 있는 것과 대비된다.

3. 독립당사자참가소송에서의 항소취하

(1) 패소자 2인 중 1인이 항소한 경우

항소하지 않은 1인은 항소심 당사자이므로 항소를 취하할 수 없다. 따라서 항소한 1인이 항소취하한 경우 항소심 절차는 종료된다.746)

(2) 패소자 2인이 모두 항소한 경우

1인이 항소를 취하해도, 그 자는 항소심 당사자로 남고, 세 개의 청구가 모두 심판대상이 된다.

4. 항소의 일부취하 가부 및 불복신청 철회 취급 (18)

(1) 항소의 일부취하 가부

상소불가분원칙으로 인해 항소취하는 항소 전부에 대해서 해야 하고 항소의 일부취하는 **효력이 없다**.

(2) 청구 일부에 대한 불복신청 철회시 취급

여러 청구 전부에 대해 불복한 항소에서 일부에 대한 불복신청을 철회했더라도 그것은 단지 **불복범위를 감축**해 심판대상을 변경하는 효과를 가져올 뿐, 항소인이 항소심 **변론종결시까지 언제든지 불복범위를 다시 확장**747)할 수 있는 이상, 항소자체의 효력에 아무런 영향이 없다(2016다241249*).

5. 환송 후 항소심에서 항소취하 가부 (21)

(1) 문제점

항소 및 상대방의 부대항소가 제기된 상태에서 파기·환송 후 항소심에서 항소취하가 가능한 것으로 보면 부대항소인에게 불이익하고 상고심 판결을 무용하게 할 수 있는바 항소취하 가부가 문제된다.

(2) 判例

항소심 종국판결을 상고심이 **파기·환송**한 경우, **종국판결은 없었던 것**이 되므로 새로운 항소심 종국판결 전까지 피항소인이 **부대항소를 제기했는지와 무관하게 항소를 취하할 수 있다**(94다51543*).

(3) 학설

1) **긍정설**은 제393조 명문에 따라 환송 후 항소취하가 가능하다고 한다.
2) **부정설**은 부대항소 소멸로 **부대항소인에게 가혹**하며 항소인이 **환송판결 기속력을 허물게 되어** 부당하다고 한다.

(4) 검토

부대항소는 상대방 항소에 의존하는 절차로 주된 항소취하로 소멸되는 것은 어쩔 수 없으며 **처분권주의 존중**을 위해 **判例가 타당**하다.

---

746) 주관적 선택적·예비적 병합에서도 같다.
747) 항소취지확장을 의미한다.

136 부대항소

> 의의 – 성질 – 요건 – 효과

I. 의의 및 취지 sP-20

피항소인이 상대방의 항소로 개시된 항소심절차에 편승해서 항소심 심판범위를 자기에게 유리하게 확장시키는 신청이다(제403조). 당사자 형평과 소송경제를 도모하기 위함이다.

II. 성질 (16) sP-21

1. 학설

i) 항소설은 부대항소도 항소이므로 항소이익이 필요하다고 본다. ii) 비항소설은 부대항소는 특수한 구제방법이므로 항소이익이 불필요하다고 본다.

2. 判例 [전청불부]

전부승소한 자도 항소심에서 **청**구취지를 확장·변경할 수 있고, 그것이 상대방에게 **불**리하게 되는 한도 내에서 **부**대항소를 한 취지로 본다(94다58261*).[748]

3. 검토

부대항소는 상대방의 항소절차에 **편승**한 것이고, 부대항소로 인해 항소심절차가 개시되는 것이 아니므로 비항소설이 타당하다.

III. 요건 [주피전장] (09)(10)(16) sP-22

i) **주**된 항소의 계속 중 ii) **피**항소인이 항소인을 상대로[749] iii) 항소심 변론종결 **전**까지[750] iv) 부대항소**장**을 제출해야 한다.

☑ 부대항소장을 제출하지 않고도 부대항소를 제기한 것으로 보는 경우

1. 원칙
부대항소 취지가 기재된 부대항소장을 제출한다.

2. 부대항소장이 아닌 서면을 제출한 경우
피항소인이 항소기간이 지난 뒤에 단순히 항소기각을 구하는 방어적 신청에 그치지 않고 **제1심판결보다 자신에게 유리한 판결을 구하는 적극적, 공격적 신청의 의미가 객관적으로 명백히 기재된 서면을 제출**하고, 이에 대해 **상대방인 항**

---

[748] 단, 상고심은 법률심으로 소변경, 반소 등이 허용되지 않아 전부승소자는 부대상고를 할 수 없다.
[749] ① 통상공동소송에서 일부만 항소시 피항소인은 항소인인 공동소송인 이외의 다른 공동소송인을 상대방으로 하여 부대항소할 수 없고, 상대방이 통상공동소송 일부에 대해 항소시 피항소인인 공동소송인 외 다른 공동소송인은 부대항소할 수 없다. ② 필수적공동소송에선 공동소송인 중 일부만 또는 일부에 대해 항소했는지와 무관하게 부대항소할 수 있다.
[750] 부대상고 및 부대상고이유서의 제출은 상고이유서 제출기간전까지 가능하다.

소인에게 공격방어의 기회 등 절차권이 보장된 경우에는 비록 그 서면에 "부대항소장"이나 "부대항소취지"라는 표현이 사용되지 않았더라도 이를 부대항소로 볼 수 있다(2022다252387).

3. 구체적 예시

ⅰ) 부대항소장을 제출하지 않고 **청구취지확장서, 반소장**을 제출한 때에도 그것이 상대방에게 불리하게 되는 한도에서 부대항소를 한 것으로 의제할 수 있다(79다892*)(77다50, 51).

ⅱ) **항소기간이 지난 뒤** 제1심판결 중 자신이 패소한 부분에 대하여 불복하는 취지의 내용이 담긴 **항소장**을 제출한 경우 부대항소를 한 것으로 볼 수 있다(2022다252387*).

ⅲ) **답변서**를 제출하면서 1심에서 인용된 부분에 대해 전부기각을 구하면서 제1심판결 인용부분에 영향을 미치는 항변사유를 기재한 경우 부대항소 제기 의사가 있는지 석명해야 한다(2022다263462).

☑ **동시이행부분을 철회하고 단순이행을 구하는 경우**

항소심에서 원고가 금원 수령과의 **동시이행부분을 철회**한 것은 심판범위를 자기에게 유리하게 확장한 것으로, 부대항소로 본다(79다892).751)

Ⅳ. 효과 (10)(21)   sP-23

1. 불이익변경금지원칙 배제

심판범위가 확장되어 항소 또는 부대항소의 대상 모두가 심판대상이 된다(2001다68914*).

2. 부대항소의 종속성

ⅰ) **주된 항소가 취하 또는 각하된 경우**, 부대항소는 주된 항소에 **편승**하는 절차이므로 그 **효력을 잃는다**(제404조 본문). ⅱ) 다만, 부대항소가 항소기간, 항소이익 등의 **항소요건**을 갖추어 제기되었다면 **독립된 항소**로 보아 **효력을 잃지 않는다**(동조 단서).

---

751) 청구취지의 질적확장으로 볼 수 있다.

137 상고

▷ 의의 - 상고이유 - 제기 - 적법성 - 본안판결

Ⅰ. 의의 sP-24

제2심 종국판결에 대해 법령위반을 이유로 대법원에 하는 불복신청을 말한다.

Ⅱ. 상고이유 sP-25

1. 일반적 상고이유

상고심은 법률심으로 당사자는 판결에 영향을 미친 헌법·법률·명령 또는 규칙의 위반이 있다는 것을 이유로 상고할 수 있다(제423조).[752]

2. 절대적 상고이유

(1) 원칙

당사자는 절대적 상고이유에 해당함을 이유로 판결주문에 영향을 주었는지를 불문하고 상고할 수 있다(제424조).

(2) 제424조 제1항 각호

1) 제1호 - 법률에 따라 판결법원을 구성하지 아니한 때

ⅰ) 합의부 구성법관 수가 부족했던 경우 ⅱ) 변론에 관여하지 않은 판사가 판결한 경우 등이 이에 해당한다.

2) 제2호 - 법률에 따라 판결에 관여할 수 없는 판사가 판결에 관여한 때

ⅰ) 제척이유 있는 법관의 관여 ⅱ) 기피결정이 선고된 법관의 관여 ⅲ) 파기·환송 전 항소심에 관여한 법관이 파기·환송 후 관여 등이 이에 해당한다.

3) 제3호 - 전속관할 규정에 어긋난 때

4) 제4호 - 대리권에 흠이 있는 때

ⅰ) 대리권에 흠이 있었던 경우 ⅱ) 절차권이 부당하게 박탈 당한 경우 ⅲ) 소송능력 흠결의 경우 등이 이에 해당한다.

5) 제5호 - 변론 공개 규정에 어긋난 때

6) 제6호 - 판결이유를 밝히지 않거나 이유에 모순이 있는 때

ⅰ) 이유를 기재하지 않거나 빠뜨린 경우 ⅱ) 이유가 불명확하거나 모순된 경우 ⅲ) 판단누락 등이 이에 해당한다.

---

[752] 법률행위와 관련하여 의사표시의 존부 및 인정 여부는 사실문제이나 그에 기한 의사표시 해석과 법률효과는 법률문제로 상고이유가 될 수 있다(2010다69940*).

☑ **판결이유 기재 불비에 대해 직권으로 조사 가능한 경우**

판결에 이유를 밝히지 아니한 위법이 이유의 일부를 빠뜨리거나 이유의 어느 부분을 명확하게 하지 아니한 정도가 아니라 **판결에 이유를 전혀 기재하지 아니한 것과 같은 정도가 되어** 당사자가 **상고이유로 내세우는 법령 위반 등의 주장의 당부를 판단할 수도 없게 되었다면** 그와 같은 사유는 당사자의 주장이 없더라도 법원이 **직권**으로 조사하여 판단할 수 있다(2004다38624*).

3. 그 밖의 상고이유로서 재심사유

재심의 보충성 규정에 비추어 재심사유를 이유로도 상고할 수 있다(2000다41349*).

Ⅲ. 상고의 제기   sP-26

1. 상고장 제출 및 기재사항

ⅰ) 상고는 상고장을 원심법원에 제출함으로써 한다. ⅱ) 상고장에는 필요적 기재사항을 기재한다(제397조)(제425조).

2. 재판장의 소장심사

(1) 원심재판장

ⅰ) 원심재판장은 상고장에 필요적 기재사항 등을 심사하여 흠이 있으면 상당한 기간을 정하여 보정을 명한다. ⅱ) 기간 내에 보정하지 않으면 원심재판장은 명령으로 상고장을 각하한다.

(2) 상고심재판장

ⅰ) 기록을 송부받은 상고심재판장은 다시 상고장을 심사하고, 필요적 기재사항 등에 흠이 있으면 상당한 기간을 정하여 보정을 명한다. ⅱ) 기간 내에 보정하지 않으면 상고심재판장은 명령으로 상고장을 각하한다.

3. 상고이유서의 제출 (15)

ⅰ) 상고장에 상고이유를 적지 않으면 상고인은 소송기록접수 통지를 받은 날부터 20일 이내에 상고이유서를 제출해야 한다(제427조).753) ⅱ) 이를 위반한 경우 변론 없이 상고를 기각한다(제429조). ⅲ) 다만, 기간 도과 후 새로운 상고이유(재심사유)가 발생하거나 직권조사사항은 그 후라도 추가로 제출 가능하다.

☑ **상고이유서 기재 방식**

상고이유를 특정하여 원심판결의 어떤 점이 법령에 어떻게 위반되었는지 명시적으로 기재해야 하고, 상고이유서에 명시적인 이유를 기재하지 않은 때에는 상고이유서를 제출하지 않은 것으로 취급된다(2023다268686).

---

753) 상고이유서 제출기간은 불변기간이 아니어서 추후보완은 불가하나, 제172조 제1항으로 기간을 늘일 여지는 있다(2024마5813). 또한, 우체국 집배원의 배달 착오로 소송기록접수통지서를 송달받지 못하는 등 부당한 사유로 상고이유서 제출기간 내에 상고이유서를 제출하지 못함으로써 상고가 기각된 경우, 3호의 재심사유에 해당한다(97재다445*).

4. 심리불속행제도

당사자가 주장한 상고이유에 중대한 법령 위반에 관한 사항 등의 심리속행 사유가 포함되어 있지 않으면 상고이유의 심리 및 원심기록을 검토 없이 판결이유를 기재하지 않고 상고기각판결을 송달하여 선고에 갈음하는 것이다.

IV. 상고의 적법성 sP-27

ⅰ) 상고장이 적식이며, 상고기간이 준수된 것으로 판단되면 상고의 적법요건을 직권으로 조사한다. ⅱ) 흠결시 상고각하판결한다.

V. 상고심 본안판결 sP-28

1. 상고기각판결

ⅰ) 원심판결이 정당하거나 ⅱ) 원심판결의 이유가 정당하지 않더라도 다른 이유에 따라 판결이 정당하면 상고기각판결한다(제414조)(제425조). ⅲ) 상고이유서를 제출하지 않으면 무변론 상고기각판결한다(제429조).

2. 상고인용판결 (21)

(1) 파기754)

1) 상고인용파기

당사자의 상고가 이유 있다면 상고를 인용하여 원심판결을 파기한다.

2) 직권파기755)

직권조사사항을 조사하여 원심판결이 위법하면 이를 직권으로 파기한다.

(2) 환송

ⅰ) 새롭게 사실 및 증거를 심리할 필요가 있기 때문에 사건을 원심법원에 환송한다. ⅱ) 환송 후 항소심의 심판대상은 환송받은 부분에 국한된다. 따라서 **상고기각된 부분, 상고심이 파기·자판한 부분, 불복하지 않아 상고심판결선고시 확정된 부분, 환송 전 항소심판결선고시 확정된 부분은 환송 후 심판대상이 아니다.** ⅲ) 환송 후 새로운 공격방어방법의 제출, 소변경, 반소, 항소취하, 항소취지변경 등이 가능하며, 환송 전 판결주문보다 환송 후 주문이 더 불리하게 될 수 있다(2014다11376*).756)

---

754) 원심판결의 일부만이 위법한 경우 그 부분만 파기하고 나머지는 상고기각한다. 단, ① 필수적 공동소송의 심판방식으로 심리되는 소송 ② 선택적 병합에서 두 청구 모두 기각된 후 한 청구에 대한 상고가 이유 있는 경우(2006다79995) ③ 부진정 예비적 병합에서 두 청구 모두 기각된 후 주위적 청구에 대한 상고가 이유 있는 경우(2017다247145)는 전부 파기한다.
755) 직권파기는 엄밀히 따지면 상고인용과는 다르다.
756) 파기환송 후 교환적 변경하면 제1심판결은 소취하로 실효되고 항소심 심판대상은 새로운 청구로 바뀐다. 환송 전 원심이 원고의 예비적 청구인 부당이득반환청구를 일부 인용하였고 피고만이 상고하여 환송판결이 피고 패소부분을 파기환송하였는데, 원고가 원심에서 예비적 청구의 청구원인과 청구금액을 같이하는 파산채권확정의 소 청구를 교환적으로 변경한 사안에서, ① 환송 전 원심판결의 예비적 청구 중 일부 인용한 금액을 초과하는 부분은 상고의 대상이 되지 않아 상고심 판결선고시 원고 패소로 확정되었지만, ② 환송 후 원심에서 교환적으로 변경된 예비적 청구는 전체가 원심의 심판대상이 되는데, ③ 환송 전 원심판결의 예비적 청구 중 일부 인용한 금액을 초과하는 부분은 원고 패소로 확정되었으므로 기판력이 발생하고 이와 실질적으로 동일한 소송물인 파산채권확정청구에 대하여도 다른 판단을 할 수 없다는 이유로, 이와 달리 보아 교환적으로 변경된 예비적 청구 중 환송 전 원심판결에서 인용한 금액을 초과하는 부분을 인용한 원심판결을 파기하고 자판하였다(2011다31706*).

> ☑ 상고로 불복하지 않은 부분 확정시기 및 환송 후 심리범위
>
> **1. 상고심의 심판대상**
> 원고의 주위적 청구를 기각하면서 예비적 청구를 일부 인용한 환송 전 항소심판결에 대하여 **피고만이 상고**하고 원고는 상고도 부대상고도 하지 않은 경우에, 주위적 **청구에 부분은 상고심의 조사대상으로 되지 아니하고** 환송 전 항소심판결의 **예비적 청구 중 피고 패소 부분만이 상고심의 심판대상**이 되는 것이다.
>
> **2. 상고심의 판단**
> 피고의 상고에 이유가 있는 때에는 상고심은 환송 전 항소심판결 중 **예비적 청구에 관한 피고 패소 부분만 파기하여 환송**한다.
>
> **3. 불복하지 않은 부분 확정 시기 및 환송 후 심리범위**
> 파기환송의 대상이 되지 아니한 주위적 청구부분은 예비적 청구에 관한 파기환송판결의 선고와 동시에 확정되며 그 결과 **환송 후 원심에서의 심판범위는 예비적 청구 중 피고 패소 부분에 한정**된다(2001다62213).757)

(3) 자판 [충권소]

ⅰ) ① 확정된 사실을 바탕으로 재판하기 **충**분한 때 ② 사건이 법원의 **권**한에 속하지 않을 때 ③ **소송**요건 흠결이 있을 때는 항소심 입장에서 자판할 수 있다(제437조). ⅱ) 항소각하, 항소기각, 소각하, 청구기각, 청구인용, 제1심으로의 환송판결이 가능하다.

> ☑ 상고심이 항소심 입장에서 자판하여 제1심으로 환송하는 경우
>
> **본안심리 없이 소각하한 제1심판결**에 대한 **항소를 기각**해 제1심판결의 결론을 유지한 항소심 판결에 대해 상고심이 이러한 원심판결에 잘못이 있어 파기하는 경우, **확정된 사실을 바탕으로 재판하기 충분**하므로 항소심 입장에서 **자판하여 제1심판결을 취소**하고 **제418조 본문에 따라 제1심법원에 환송**한다(2011다95779).

---

757) 원고의 본소청구 및 피고의 반소청구가 각 일부 인용된 환송 전 원심판결에 대하여 피고만 상고하고 상고심은 이 상고를 받아들여 원심판결 중 본소 및 반소에 관한 각 피고 패소 부분을 파기환송하였다면 피고 패소 부분만이 각 상고되었으므로 위 상고심에서의 심리대상은 이 부분에 국한되었고, 환송되는 사건의 범위, 즉, **환송 후 원심의 심판 범위도 환송 전 원심에서 피고가 각 패소한 부분에 한정**되는 것이고, 환송 전 원심판결 중 본소에 관한 원고 패소 부분과 반소에 관한 피고 승소 부분은 각 확정되었으므로 환송 후 원심으로서는 이에 대하여 심리할 수 없다(2014다11376).

138 환송판결의 기속력 (25)

📁 의의 – 내용 – 예외 – 효과

Ⅰ. 의의 및 성질　　　　　　　　　　　　　　　　　　　　　　　　　　sP-29

환송받은 법원이 재판하는 경우, 상고심이 파기이유로 한 사실상 및 법률상 판단에 기속된다(제436조 제2항). 심급제도 유지를 위한 특수적 효력이다.

Ⅱ. 내용　　　　　　　　　　　　　　　　　　　　　　　　　　　　　　sP-30

1. 객관적 범위

(1) 사실상 판단 [직절재]

ⅰ) 직권조사사항, 절차위배, 재심사유에 대한 사실존부 판단을 말한다. ⅱ) 본안에 관한 사실판단은 이에 해당되지 않는다. 환송 후 항소심에서 새롭게 사실, 증거를 수집하여 새롭게 사실인정을 할 수 있어야 하기 때문이다(2010다87757*).758)

(2) 법률상 판단 [법사]

법령의 해석 및 적용, 사실에 대한 법적 평가를 말한다.

☑ **기속력이 파기이유의 전제로서 판단되는 사항에도 미치는지 여부**

1. 대위소에서 피보전채권의 소송법상 의의
대위소송에서 피보전채권 존부는 소송요건으로서 직권조사사항이다.

2. 判例 [환본 요논기요]
환송판결이 본안에 대해서만 판단했더라도, 그 판단은 채권자가 채무자에 대한 피보전채권을 갖고 있어 소송요건을 구비했다는 판단을 당연한 논리적 전제로 하므로, 환송판결의 기속력은 채권자의 청구가 소송요건을 구비한 적법한 것이라는 판단에 대하여도 미친다(2011다106136*).

---

2. 주관적 범위 [환하상 전]

환송받은 법원, 그 하급심, 재상고법원 모두 기속된다. 단, 전원합의체는 기속되지 않는다(98두15597*).759)

---

758) 환송 후 항소심은 새롭게 수집된 사실, 증거에 기초하여 종전과 동일한 주문을 낼 수 있다.
759) 대법원 전원합의체는 종전 대법원에서 판시한 법령의 해석적용에 관한 의견을 스스로 변경할 수 있는바, 환송판결이 파기이유로 한 법률상 판단도 대법원에서 판시한 법령의 해석적용에 관한 의견에 포함된다. 법령의 올바른 해석적용 및 사법적 정의를 실현하기 위함이다(98두15597*).

III. 예외 [판사법]　　　　　　　　　　　　　　　　　　　　　　　　　　　　　　　　sP-31

　환송 후 상고심의 **판**례변경이 있는 경우, 환송 후 당사자의 주장입증이 새로이 제출되거나 보강되어 기속적 판단의 기초가 된 **사**실관계에 **변동**이 생긴 경우, 환송 후 **법**령의 **변경**이 있는 경우는 환송판결의 기속력이 소멸한다.

> ☑ **위헌결정으로 법률조항이 효력을 상실한 경우**
>
> 환송판결 선고 이후 헌법재판소가 환송판결의 기속적 판단의 기초가 된 법률 조항을 위헌으로 선언하여 그 법률 조항의 효력이 상실된 때에는 그 범위에서 환송판결의 기속력은 미치지 않고, 환송 후 원심이나 그에 대한 상고심에서 위헌결정으로 효력이 상실된 법률 조항을 적용할 수 없어 환송판결과 다른 결론에 이른다고 하더라도 환송판결의 기속력에 관한 법원조직법 제8조에 저촉되지 않는다(2019다2049).

IV. 효과　　　　　　　　　　　　　　　　　　　　　　　　　　　　　　　　　　　　sP-32

　환송판결 기속력을 위배하여 판단하면 **일반적 상고이유**에 해당한다.

139 항고

📁 의의 - 종류 - 요건 - 절차 - 효과 + 관련 논점

Ⅰ. 의의 및 취지   sP-33

결정과 명령에 대한 불복신청이다. 절차적 사항에 대한 신속한 권리구제를 위한 제도이다.760)

Ⅱ. 종류   sP-34

ⅰ) 통상항고는 불복신청의 기간이 정해지지 않은 항고이다(제439조). ⅱ) 즉시항고는 불복신청의 기간이 정해져 있으며, 집행정지 효력을 가진 항고이다(제444조). ⅲ) 특별항고는 불복할 수 없는 결정이나 명령에 대해 법률위반이 있거나 재판의 전제가 된 명령·규칙·처분의 헌법 또는 법률의 위반 여부에 대한 판단이 부당하다는 것을 이유로 할 때 대법원에 제기하는 항고이다(제449조).

Ⅲ. 요건   sP-35

1. 통상항고

소송절차에 관한 신청을 **기각하거나 각하한 결정·명령**에 대해 제기할 수 있다. 항고제기기간이 정해져 있지 않으며 집행정지의 효력이 없다(제439조).

2. 즉시항고 (13)

ⅰ) 재판이 **고지된 날부터 1주**761) 이내에 ⅱ) 즉시항고 할 수 있다고 **규정된** ⅲ) 소송절차에 관한 **결정·명령**에 대해 제기할 수 있다. **집행정지의 효력**이 있다(제444조).

3. 특별항고

ⅰ) 재판이 고지된 날부터 1주 이내에 ⅱ) 불복할 수 없는 결정·명령에 ⅲ) 재판에 영향을 미친 헌법위반이 있거나 법률에 위반된 경우 제기할 수 있다(제449조).762)

---

760) 최초항고는 제1심법원의 결정·명령에 대한 항고이고, 재항고는 그 항고심 결정에 대한 항고이거나 2심법원이 한 결정·명령에 대한 항고이다. 상고에 관한 규정이 준용된다.
761) 불변기간이어서 책임질 수 없는 사유로 즉시항고 제기기간을 지키지 못한 자는 추후보완 항고 할 수 있다.
762) 원심법원의 결정이나 명령에 재판에 영향을 미친 헌법위반을 비롯한 특별항고사유가 있는지 여부에 한정하여 심사해야 하고, 단순한 법률위반이 있다는 이유만으로 원심결정 등을 파기할 수는 없다(2007그18*).

☑ 최초항고와 재항고 (13)

1. 최초항고
최초항고는 **제1심 법원**의 결정·명령에 대한 항고이다.[763]

2. 재항고
재항고는 **고등법원이나 지방법원 합의부**가 한 결정·명령에 대한 항고 또는 **항고심** 결정에 대해 다시 제기하는 항고이다.[764]

☑ 재항고가 통상항고 또는 즉시항고 해당 여부를 판단하는 기준

기피신청에 관한 각하 또는 기각 결정에 대하여는 즉시항고를 할 수 있고, 재항고도 항고와 마찬가지로 통상항고와 즉시항고로 나누어지나 그 구분은 **원래의 항고 자체가 통상항고인가 즉시항고인가에 의하는 것이 아니라 재항고의 대상이 되는 재판의 내용에 따르게 되므로** 위와 같은 즉시항고를 항고심이 각하, 기각하였으면 그에 대한 재항고는 즉시항고로서의 성격을 가진다(2006마409*).

☑ 재항고장 원심법원제출주의 및 기간준수 판단

재항고에는 상고규정이 준용되므로 재항고장은 원심법원에 제출하여야 하며, 재항고기간의 준수 여부는 원심법원에 항고장이 접수된 때를 기준으로 보아야 하므로, 재항고장을 다른 법원에 제출하여 원심법원에 송부하는 동안 재항고 기간이 도과된 경우에 재항고는 부적법하다(84마251*).

IV. 절차　　　　　　　　　　　　　　　　　　　　　　　　　　　　sP-36

ⅰ) 원심법원제출주의에 따라 원심법원에 항고장을 제출한다(제445조). ⅱ) 원심재판장은 항고장에 필요적 기재사항 등이 흠결된 경우 상당한 기간을 정해 보정을 명하며, 보정되지 않거나 항고기간을 도과한 것이 분명한 경우 명령으로 항고장을 각하한다. ⅲ) 항고가 이유 있으면 원심재판장이 그 재판을 경정(재도의 고안)한다(제446조). ⅳ) 항고장이 각하되지 않고 이유 있다고 인정되지도 않으면 기록을 항고법원에 송부한다.

☑ 원재판의 경정(재도의 고안)[765]

1. 의의
원결정을 한 제1심 법원이나 원명령을 한 재판장이 항고에 정당한 이유가 있다고 인정하는 때에는 그 재판을 경정해야 한다(제446조). 소송절차의 경제를 위해 규정되었다.

2. 요건 및 절차
항고가 적법해야 하며, 특별항고가 아니어야 한다. 필요한 경우 변론을 열거나 사실·증거조사를 할 수 있다.

---

763) 예를 들어, 원심법원제출주의에 의해 항소장을 제1심에 제출한 후, 제1심 재판장이 항소장각하명령을 한 것에 대해 불복하는 경우, 이는 즉시항고이자 최초항고이다.
764) 항소장이 제1심법원에 제출된 뒤 항소기록이 항소심으로 송부되어 항소심재판장이 항소장의 적식을 심사하여 항소장 각하명령을 한 것에 대해 불복하는 경우, 이는 즉시항고이자 재항고이다.
765) 특별항고에서는 재도의 고안이 적용되지 않는다(2001그4*).

3. 효과

ⅰ) 항고가 이유 있어 원재판을 경정하면 항고절차가 종료되고 항고법원에 사건을 송부하지 않는다. ⅱ) 경정 결정에 대해 반대이익을 가지는 자가 다시 항고한 때에는 경정된 결정에 대하여 항고절차가 진행된다.

Ⅴ. 효과 sP-37

ⅰ) 항고가 부적법하면 항고를 각하한다. ⅱ) 원재판이 정당하거나 다른 이유로 정당한 경우, 항고를 기각한다. ⅲ) 원재판이 부당하면 원재판을 취소하며, 필요한 경우 취소하고 스스로 재판한다.

Ⅵ. 관련 논점 – 결정·명령의 고지 전 항고제기 가부 sP-38

1. 결정·명령의 성립 및 고지

(1) 성립

판결과 달리 선고가 필요하지 않은 결정이나 명령과 같은 재판은 원본이 **법원사무관 등에게 교부되었**을 때 성립한다.

(2) 고지

결정법원은 성립한 결정, 명령을 당사자에게 고지해야 하므로 **고지에 의한 효력 발생**이 당연히 예정되어 있다.

2. 判例

(1) 전원합의체 다수의견 [직결 고부다고]

ⅰ) 일단 결정이 성립하면 결정을 **직**접 고지받지 못하여도 결정을 고지받은 다른 당사자자로부터 전해 듣는 등의 방법으로 **결**론을 아는 것이 가능하다. ⅱ) 이미 성립한 결정에 불복하여 제기한 즉시항고가 항고인에 대한 결정의 **고**지 전에 이루어졌다는 이유만으로 **부**적법하다고 하면 항고인에게 결정 고지 후에 동일한 즉시항고를 **다**시 제기하도록 하는 부담을 주므로 이미 성립한 결정에 대하여는 그 결정이 **고**지되어 **효**력을 발생하기 전에도 그 결정에 불복해 항고할 수 있다.

(2) 전원합의체 소수의견 [종시효상후]

민사소송법 제444조 제1항과 민사집행법 제15조 제2항은 즉시항고기간에 관하여 그 **종**기뿐만 아니라 **시**기도 규정한 것으로 새겨야 마땅하고, **효**력이 없는 재판을 다툰다는 것은 **상**소제도의 본질에 반하므로 결정이 송달되어 **효력이 발생한 후**에만 항고를 제기할 수 있다(2014마667*).

3. 검토

즉시항고를 제기했음에도 이를 단순히 고지 전이라 하여 부적법하게 보면 즉시항고가 받아들여지지 않음으로 인해 불변기간의 도과로 **회복할 수 없는** 불이익을 입을 수 있어 다수의견 타당하다.

CHAPTER

18

재 심

140 재심

> 의의 - 요건 - 절차

Ⅰ. 의의 및 취지   sQ-1

확정된 종국판결에 중대한 흠이 있음을 이유로 다시 심판해줄 것을 구하는 불복신청이다(제451조). 절차안정과 권리구제를 조화롭게 달성하기 위해 규정된 제도이다.

Ⅱ. 요건   sQ-2

1. 원칙 [대기사보익당] (12)

ⅰ) 대상적격 ⅱ) 재심기간 준수 ⅲ) 재심사유 주장 ⅳ) 재심의 보충성에 반하지 않을 것 ⅴ) 재심이익 ⅵ) 당사자적격을 요한다.

2. 대상적격

(1) 의의

확정된 종국판결일 것을 요한다.

(2) 환송판결의 대상적격

1) 환송판결이 종국판결인지 여부

ⅰ) 종래 判例

환송판결을 사건을 종결시키지 않는 중간판결로 보았다.

ⅱ) 최근 判例

환송판결도 당해 사건에 대해 심판을 마치고 그 심급을 이탈시키는 판결이므로 종국판결이다(80다3271).

2) 환송판결이 확정된 종국판결인지 여부

ⅰ) 判例 [형실종 원파종유]

환송판결은 형식적으로 보면 확정된 종국판결이지만 실제로는 환송받은 하급심에서 다시 심리를 계속하므로 소송절차를 최종적으로 종료시키는 판결은 아니며, 소송물에 관하여 직접 재판하지 않고 원심재판을 파기하여 다시 심판해 보라는 종국적 판단을 유보하여 실질적으로 확정된 종국판결이라고 할 수 없다(93재다27, 34*).

ⅱ) 학설

① 긍정설은 환송 후 하급심에서 상급심 판결인 환송판결의 재심사유를 다투게 하면 심급제도의 본질에 반함을 근거로 든다.

② 부정설은 환송판결이 재심으로 취소되는 경우, 그 이후 절차를 소멸시킬 수 있는 방안이 없음을 근거로 든다.

ⅲ) 검토

환송판결은 직접적으로 기판력, 형성력, 집행력이 생기지 않아 중간판결의 특성을 가지므로 확정된 종국판결로 볼 수 없음이 타당하다.

(3) 확정된 재심판결의 대상적격 [확재확 재사재]

제451조는 확정된 종국판결에 대하여 재심의 소를 제기할 수 있다고 규정하는바 재심의 소에서 확정된 종국판결도 위 조항에서 말하는 확정된 종국판결에 해당하므로 확정된 재심판결에 재심사유가 있을 때에는 재심의 소를 제기할 수 있다.

> ☑ **확정된 재심판결에 대한 재심의 판단 법리**
>
> **1. 확정된 재심판결에 재심사유가 있는 경우** [재사 판전재변]
> 확정된 재심판결에 대한 재심의 소에서 그 재심판결에 재심사유가 있다고 인정하여 본안에 관해 심리한다는 것은 그 재심판결 이전의 상태로 돌아가 전 소송인 종전 재심청구에 관한 변론을 재개속행하는 것이다(2013다17124*).
>
> **2. 심리결과 원래의 확정판결에 재심사유가 없는 경우** [원재취기 원본]
> 원래의 확정판결에 재심사유가 인정되지 않을 경우 재심판결을 취소하고 종전 재심청구를 기각해야 하며, 그 경우 재심사유가 없는 원래의 확정판결 사건의 본안에 관해 다시 심판할 수 없다(2013다17124*).

3. 재심기간

(1) 의의

1) 원칙

재심사유를 안 날로부터 30일[766)767)] 및 확정판결 후 5년[768)769)] 이내에 재심을 제기해야 한다(제456조). 재심사유는 별개의 청구원인으로 별개의 소송물에 해당하는바, 재심기간은 재심사유별로 판단한다.

2) 예외

제3호 또는 제10호를 이유로 재심을 제기하는 경우 재심기간이 적용되지 않는다(제457조).

(2) 특별수권 흠결의 경우 재심기간 [특전4 비대총]

소송행위를 함에 필요한 특별수권을 받지 아니한 경우는 제3호의 재심사유에 해당하되, 전연 대리권을 갖지 아니한 자가 소송행위를 한 대리권 흠결의 경우와 달라서 제457조는 적용되지 아니한다. 따라서 비법인사단 대표자가 총유물의 처분에 관한 소송행위를 하기 위한 총회결의, 즉 특별수권이 없는 경우에는 재심기간의 제한을 받는다(98다46600).

(3) 대표자의 권한남용행위가 있는 경우 "재심사유를 안 때"의 판단 [대익기정]

법인 등의 대표자가 청구의 포기, 인낙, 화해를 하는 데에 필요한 권한을 수여받지 않고 자기 또는 제3자의 이익을 도모할 목적으로 권한을 남용한 경우, 대표자의 준재심의 제기를 기대하기 어려움에 비추어, 법인 등의 이익을 정당하게 보전할 권한을 가진 다른 임원이 그 준재심사유를 안 때에 비로소 준재심 제기기간이 진행된다(2014다12348).

---

766) 판결확정 전에 재심사유를 안 경우(판단누락의 재심사유는 판결정본 송달받으면 다른 특별한 사정이 없는 한 재심사유를 알게된 것으로 봄)라면, 판결확정 후 30일로 계산한다(91다29057*). 다만, 이 경우, 어차피 재심은 재심의 보충성에 걸려 부적법하므로 재심기간을 따질 실익은 낮다.
767) "재심사유를 안 날부터 30일"은 불변기간이다.
768) 다만, 재심사유가 판결의 확정 뒤에 생긴 때에는 그 사유가 발생한 날로부터 계산한다(제456조 제4항).
769) "확정판결 후 5년" 불변기간이 아니다. 따라서 이 기간을 지키지 못했더라도 추후보완은 불가하다.

(4) 제4호 내지 제7호의 가벌행위를 재심사유로 하는 경우
　　재심사유를 안 날은 제451조 제2항의 유죄판결이 확정되었음을 안 때 또는 증거 흠결 이외의 이유로 유죄 확정판결을 할 수 없음을 알았을 때이다.

(5) 제9호의 판단유탈을 재심사유로 하는 경우
　　판결정본이 소송대리인에게 송달되면 특별한 사정이 없는 한, 그 소송대리인은 **판결정본을 송달받았을 때에 그 판결이 판단을 유탈했는지의 여부를 알게 되었다**고 보아야 하고, 소송대리인이 그 판결이 판단을 유탈했는지의 여부를 안 경우에는 특별한 사정이 없는 한 소송당사자도 그 점을 **알게 되었다**고 볼 것이다(91다29057*).

4. 재심사유

(1) 원칙
　　당사자는 재심사유에 해당하는 경우에만 재심을 제기할 수 있다(제451조). 재심사유마다 **별개의 청구원인**을 이루어 **별개의 소송물**이 된다(2018다300470).770)

(2) 제451조 제1항 각호

1) 제1호 – 법률에 따라 판결법원을 구성하지 아니한 때
　　ⅰ) 합의부 구성법관 수가 부족했던 경우 ⅱ) 변론에 관여하지 않은 판사가 판결한 경우 등이 이에 해당한다. ⅲ) 다만, 하급심법원은 법령의 해석적용을 판단하는 대법원과 달리 서로 다른 사실관계에 기반하여 판결을 내리는 것이므로 하급심 판결이 기존 판례와 다른 견해를 취하여 재판한 경우에 상소로 구제받을 수 있음은 별론, 재심사유에 해당하지 않아 재심은 부적법하게 된다(96다31307).

☑ **전원합의체가 아닌 소부에서 재판한 것이 재심사유 1호에 해당하는 여부**

1. 判例

(1) 전원합의체 다수의견
　　그 전에 선고된 대법원판결에서 표시한 의견을 변경하는 것이라면 **법원조직법에 의해 대법관 전원의 3분의 2 이상**의 합의체에서 심판했어야 할 것인데, **4인의 대법관만으로 구성된 부에서 재심대상 판결을 심판했다면** 이는 제1호의 재심사유에 해당한다.

(2) 전원합의체 소수의견
　　소부의 의견이 **종전의 법령해석에 배치되는지 여부에 대한 인정권은 전적으로 당해 소부에 있으므로** 당해 소부에서 **그에 해당하지 아니하는 것으로 일단 전제하여 재판한 이상** 가사 객관적으로 종전의 법령해석에 배치된다고 해석되는 경우에도 당해 재판은 재심사유에 해당하지 않는다(93재다27, 34*).

2. 검토
법원조직법 명문의 규정에 따라 이는 재심사유 제1호에 해당한다고 봄이 타당하다.

---

770) 재심사유는 그 하나하나의 사유가 별개의 청구원인을 이루는 것이므로, 여러 개의 유죄판결이 재심대상판결의 기초가 되었는데 이후 각 유죄판결이 재심을 통하여 효력을 잃고 무죄판결이 확정된 경우, 어느 한 유죄판결이 효력을 잃고 무죄판결이 확정되었다는 사정은 특별한 사정이 없는 한 별개의 독립된 재심사유라고 보아야 한다. 재심대상판결의 기초가 된 각 유죄판결에 대하여 형사재심에서 인정된 재심사유가 공통된다거나 무죄판결의 이유가 동일하다고 하더라도 달리 볼 수 없다(2018다300470*).

2) 제2호 - 법률에 따라 판결에 관여할 수 없는 판사가 판결에 관여한 때

ⅰ) 제척이유 있는 법관의 관여 ⅱ) 기피결정이 선고된 법관의 관여 ⅲ) 파기·환송 전 항소심에 관여한 법관이 파기·환송 후 관여 등이 이에 해당한다.

3) 제3호 - 대리권에 흠이 있는 때

ⅰ) 대리권에 흠이 있었던 경우 ⅱ) 절차권이 부당하게 박탈 당한 경우771) ⅲ) 소송능력 흠결의 경우 등이 이에 해당한다. 당사자의 추인이 있으면 재심사유가 소멸하게 되는데, 추인은 판결 확정 후에도 가능하다.

4) 제4호 - 재판에 관여한 법관이 그 사건에 관하여 직무에 관한 죄를 범한 때

5) 제5호 - 형사상 처벌을 받을 다른 사람의 행위로 말미암아 자백을 했거나 판결에 영향을 미칠 공격방어방법의 제출에 방해를 받은 때

타인의 행위로 직접적인 형향을 받은 때를 말하며 위조, 사기와 같이 간접적인 원인밖에 되지 않은 때는 이에 해당하지 않는다.

> ☑ **형사상 처벌받을 타인의 행위로 인한 항소취하** (14)
>
> **1. "형사상 처벌받을 타인의 행위"에 대리인이 범한 배임죄 포함 여부**
> 형사상 처벌받을 행위에는 **대리인이 범한 배임죄**도 포함되나, 이를 재심사유로 하려면 대리인의 배임행위에 **상대방 또는 그 상대방의 대리인이 통모해 가담**한 경우와 같이 대리인이 한 **소송행위 효과를 당사자 본인에게 귀속시킴이 절차적 정의에 반하여** 도저히 수긍할 수 없다고 볼 정도로 **대리권에 실질적인 흠**이 생긴 경우이어야 한다(2010다86112*).
>
> **2. 항소취하한 경우도 재심사유 5호의 적용 가부**
> 타인의 처벌받을 행위를 직접적 원인으로 이루어진 소송행위와 확정판결은 정의관념상 효력을 용인할 수 없으므로 **대리인이 항소취하**를 하여 원심판결이 확정된 경우에도 **자백에 준하여 재심사유**가 된다(2010다86112*).
>
> **3. 재심절차에서 항소취하의 효력이 당연히 부정되는지 여부**
> 대리인이 배임행위를 한 경우에는 그 소송행위에 기초한 확정판결 효력을 배제하기 위한 재심제도의 취지상 소송행위의 효력은 **당연히 부정**된다고 하여 소송행위가 외형만 존재하고 그에 부합되는 의사가 존재하지 않을 것을 요구하지 않았다(2010다86112*).

6) 제6호 - 판결의 증거가 된 문서, 그밖의 물건이 위조되거나 변조된 것인 때

판결주문의 이유가 된 사실인정의 직접적 또는 간접적 자료로 제공되어 법원이 위조문서 등을 참작하지 않았더라면 다른 판결을 했을 개연성이 있는 경우를 의미한다(93누20566).

7) 제7호 - 증인 등의 거짓 진술이 판결의 증거가 된 때

판결주문의 이유가 된 사실인정의 직접적 또는 간접적 자료로 제공되어 법원이 허위진술 등을 참작하지 않았더라면 다른 판결을 했을 개연성이 있는 경우를 의미한다(87다카2602).

---

771) 다만, 소송서류 등이 무권대리인에게 송달되어 판결이 이루어졌더라도 본인이나 대리인이 실질적인 소송행위를 할 기회가 박탈되지 않았다면 그 사유를 재심사유로 주장할 수 없다(92재다259).

☑ 가벌행위의 재심사유 제4호 내지 제7호

1. 원칙
제4호 내지 제7호를 재심사유로 하는 경우, 처벌받을 행위에 대해 유죄확정판결 또는 증거흠결 이외의 이유로 유죄판결을 할 수 없을 때에 한해 재심의 소를 제기할 수 있다(제451조 제2항). 다만, 재심의 제기 당시에는 유죄확정판결이 없었더라도 재심판결이 있을 때까지 유죄확정판결이 있으면 재심의 소는 적법하다(82다146). 증거확실원칙을 위함이다.

2. 제451조 제2항의 "유죄확정판결 존재"의 해석
(1) 학설
　ⅰ) 적법요건설은 가벌행위만 재심사유이고 유죄확정판결은 재심의 또 다른 적법요건이라고 한다. 유죄확정판결이 흠결되면 재심사유 판단 없이 재심을 각하한다.
　ⅱ) 합체설은 가벌행위와 유죄확정판결이 합체되어 재심사유가 된다고 한다. 유죄확정판결이 없어도 주장만으로 재심은 적법하고 유죄확정판결이 실제로 없다면 재심사유가 인정되지 않아 재심을 기각한다.
(2) 判例
　유죄확정판결이 존재하면 재심이 적법하다고 보아 적법요건설 입장으로 평가된다(88다카29658*).
(3) 검토
　법적안정성 및 증거확실원칙에 따라 유죄확정판결을 재심의 적법요건으로 요구하는 적법요건설이 타당하다.

3. 제451조 제2항 해당사실의 증명책임
제2항 소정의 적법요건 해당사실은 같은 제1항 제4호 내지 7호 소정의 재심의 소를 제기한 당사자가 증명해야 한다(88다카29658*).772)

4. 재심사유를 안 시기
'증인의 허위진술이 판결의 증거로 된 때'를 재심사유로 하는 경우에 그 판결의 증거로 된 증인의 증언이 위증이라는 유죄판결이 확정된 사실을 알았다면 그 재심사유를 알았다고 보아야 할 것이고, 그때부터 민사소송법 제456조 제1항의 재심제기기간이 진행한다(95다33993*).

5. 유죄확정판결이 재심대상판결 이후에 확정된 경우, 재심기간 "판결 확정 후 5년"의 해석
형사판결의 지연으로 재심을 제기하지 못하게 되는 불합리를 방지하기 위해 적법요건설773)과 합체설 모두 "형사유죄확정판결"이 "재심대상 판결 이후"에 확정되는 경우, "형사유죄확정판결"이 있는 날부터 5년으로 기간을 계산한다.

8) 제8호 - 판결의 기초가 된 판결 또는 행정처분이 다른 판결이나 행정처분에 따라 바뀐 때

민사소송법 제451조 제1항 제8호에서 재판이 판결의 기초로 되었다고 함은 **재판이 확정판결에 법률적으로 구속력을 미치는 경우** 또는 **재판내용이 확정판결에서 사실인정의 자료가 되었고, 그 재판의 변경이 확정판결의 사실인정에 영향을 미칠 가능성이 있는 경우**를 말한다. 재판내용이 담겨진 문서가 확정판결이 선고된 소송절차에서 **반드시 증거방법으로 제출되어 그 문서의 기재 내용이 증거자료로 채택된 경우에 한정되는 것은 아니다**(2003다55936*).

---

772) 피의자의 소재불명을 이유로 검사가 기소중지결정을 한 경우는 기소유예처분의 경우와는 달리 민사소송법 제451조 제2항의 요건에 해당하지 않는다.
773) 즉, 적법요건설은 유죄확정판결의 존재를 재심의 적법요건으로 보기 때문에 만약 재심대상판결 확정 후 5년이 지난 후에 형사유죄확정판결이 있는 경우라면 재심을 제기할 수 없게 되는 불합리가 발생하게 되므로 구체적 타당성을 위해 합체설과 같이 기간을 계산한다.

9) 제9호 - 판결에 영향을 미칠 중요한 사항에 관하여 판단을 누락한 때

ⅰ) 간접사실이 아닌 **주요사실**의 판단을 누락한 때 이에 해당한다. ⅱ) 직권조사사항의 판단을 누락한 때도 이에 해당할 수 있으나, 당사자가 이를 주장했거나 그 조사를 촉구하지 않은 직권조사사항은 재심사유에 해당하지 않는다.

> ☑ **판단누락이 아닌 경우**
>
> 당사자가 주장한 사항에 대한 구체적·직접적인 판단이 표시되어 있지 않더라도 판결 이유의 전반적인 취지에 비추어 주장의 인용 여부를 알 수 있는 경우 또는 판결에서 실제로 판단을 하지 않았더라도 주장이 배척될 것이 분명한 경우, 판단누락의 잘못이 없다(2023다275530).

10) 제10호 - 재심을 제기할 판결이 전에 선고한 확정판결에 어긋나는 때 (18)

이전에 선고된 확정판결의 효력이 재심대상판결의 당사자에게 미치는 경우로 양 판결이 저촉되는 때를 말하고, 재심을 제기할 판결이 **그보다 늦게 확정된 판결**과 저촉되는 경우는 이에 해당하지 않는다(80다2668*).

11) 제11호 - 상대방의 주소를 알고 있었음에도 모른다고 하거나 거짓으로 하여 제소한 때

ⅰ) 원고가 피고의 주소 등을 알고 있음에도 소재불명 또는 거짓주소로 속여 공시송달의 방법으로 진행되어 피고가 상소기간을 준수하지 못한 경우, 재심사유 **제11호**에 해당한다. 이때, **추완상소**는 판결이 공시송달 방법으로 송달된 사실을 안 때부터 2주내, 재심은 제456조의 재심기간 내 재기한다. ⅱ) 피고의 소재불명으로 공시송달의 방법으로 진행되어 피고가 상소기간을 준수하지 못한 경우, 재심사유 **제3호**에 해당한다. 이때, **추완상소**는 판결이 공시송달 방법으로 송달된 사실을 안 때부터 2주내, 재심은 제457조에 따라 재심기간의 적용 없이 제기 가능하다.

5. 재심의 보충성

(1) 의의

당사자가 **상소에 의해 재심사유를 주장했거나, 재심사유를 알고도 주장하지 않은 경우, 재심사유를 알고도 상소하지 않은 경우**에는 그 사유를 들어 재심을 제기할 수 없다(제451조 제1항 단서).

(2) 재심사유를 알고도 추완항소하지 않은 경우 [보상독 공추재]

재심의 **보충성**은 상소할 수 있는 시기에 재심사유를 안 경우에는 **상소로 이를 주장**하게 하려는 취지인 점, 추완상소와 재심의 소는 **독립된 별개**의 제도이므로 **공**시송달에 의해 판결이 선고되고 판결정본이 송달되어 확정된 후에 **추**완상소기간이 도과했더라도 **재**심기간 내에 **재심**의 소를 제기할 수 있다고 보아야 한다(2011다73540*).

6. 재심이익

상소이익에 준하여 전부승소한 자는 재심을 제기할 수 없다.

7. 당사자적격

확정판결의 당사자이거나 기판력을 받는 자가 당사자적격을 갖는다.

☑ 대위채권자의 재심의 소 제기 대위행사 가부 [20]

채권을 보전하기 위하여 대위행사가 필요한 경우는 실체법상 권리뿐만 아니라 소송법상 권리에 대하여서도 대위가 허용되나, 채무자와 제3채무자 사이의 소송이 계속된 이후의 **소송수행과 관련한 개개의 소송상 행위**는 그 권리의 행사를 소**송당사자인 채무자의 의사**에 맡기는 것이 타당하므로 채권자대위가 허용될 수 없다(2012다75239*).

III. 절차   sQ-3

1. 제기
ⅰ) 대상판결을 한 법원에 재심의 소를 제기한다. 이는 전속관할이다(제453조 제1항). ⅱ) 재심소장에 당사자와 법정대리인, 재심할 판결의 표시 및 재심을 청구하는 취지, 재심의 이유를 기재해야 한다.

2. 적법성 [대기사보익당]
ⅰ) **대**상적격 ⅱ) 재심**기**간 준수 ⅲ) 재심**사**유 주장 ⅳ) 재심의 **보**충성에 반하지 않을 것 ⅴ) 재심이**익** ⅵ) **당**사자적격을 판단해 재심의 요건이 흠결되면 재심을 각하한다.

3. 재심사유 존부
ⅰ) 재심사유가 존재하지 않으면 재심을 기각한다.[774] ⅱ) 재심사유가 존재하면 본안에 대해 심리한다.[775]

4. 본안판결
ⅰ) 대상판결의 결론이 정당하면 재심기각한다(제460조). ⅱ) 대상판결의 결론이 부당하면 이를 취소하고 새로운 판결을 한다.

☑ 제소전 화해조서를 대상으로 한 준재심의 소에서 제460조 적용 가부

제소전 화해에 있어서는 종결될 본안 소송이 계속되었던 것이 아니고 종결된 것은 제소전 화해절차뿐이므로, 이러한 제소전 화해절차의 특성상 제소전 화해조서를 대상으로 한 준재심의 소에서는 민사소송법 제460조가 적용될 여지는 없고, **재심사유가 인정되는 이상** 그 화해의 내용 되는 법률관계의 실체 관계의 부합 여부를 따질 수도 없어 **화해조서를 취소할 수밖에 없다**(96다44051*).

---

[774] 재심사유에 해당되지 않는 사유를 주장하여 재심을 제기하면 재심각하인 것과 대비된다.
[775] 재심대상판결의 본안에 대해 다시 심리하는 것이다.

판례 색인

2000가합7960	171	2001마3790	236
2000그37	327	2002나44365	418
2000다11317	182	2002다11441	178
2000다12785	140	2002다11847	340
2000다21802	428	2002다15412	132
2000다24207	120	2002다16729	430
2000다2429	140	2002다20353	137
2000다37517	136	2002다20742	140
2000다4050	169	2002다23598	370
2000다41349	343, 458	2002다26252	303
2000다49374	251	2002다34666	436
2000다50909	349	2002다41435	199
2000다5640	132, 144	2002다43851	333
2000다58668	205	2002다45186	306
2000다59333	407	2002다56987	377
2000다5978	152	2002다57904	124
2000다60197	236, 238	2002다59788	17, 25
2000다65086	223	2002다67628	232
2000다66133	287	2002다70181	332
2000다66430	255	2002다73067	232
2000다9086	410	2002마1156	34, 36, 37
2000두1164	237	2003다13604	325
2000마2999	90	2003다15556	102
2000재다87	53	2003다19558	361
2000후1542	98, 207	2003다19572	348
2001가합548	412	2003다41791	102
2001그4	464	2003다44387	79, 212
2001다11406	284	2003다44615	117
2001다1171	140	2003다55936	472
2001다13532	360	2003다57697	297
2001다13983	336	2003다66691	427, 428
2001다17633	369	2004다10985	361
2001다21441	193	2004다13533	261
2001다21991	60, 63	2004다17207	338
2001다22246	170	2004다24083	325
2001다27777	279	2004다25901	420
2001다29254	195	2004다28047	315
2001다30025	240	2004다38624	458
2001다47467	340	2004다40160	440
2001다59033	132	2004다44971	75, 386
2001다60491	218	2004다54978	362
2001다62213	439, 460	2004다55698	8, 340
2001다6367	286	2004다65367	361
2001다68914	456	2004다67806	361
2001다69122	69	2004다69581	203, 218
2001다72678	135	2004다70789	98, 207
2001다83258	62	2004다8197	442

2004마535	238	2007다37219	232
2005다10470	404	2007다37776	421
2005다14861	226, 320	2007다41560	234
2005다17082	339	2007다41966	408
2005다19156	405	2007다51703	199
2005다19477	374	2007다52317	224
2005다21531	190	2007다52997	243
2005다34667	336	2007다53310	408
2005다34674	336	2007다54009	231
2005다37185	198	2007다54610	51
2005다40709	379	2007다79480	87
2005다41818	177	2007다84352	360
2005다42880	317	2007다87061	255, 256
2005다46363	212	2007다9030	420
2005다49430	398	2007마1328	38
2005다51471	368	2007마1382	47
2005다51495	368	2007마515	396
2005다55312	189, 258	2007마80	163
2005다74733	283	2008다11276	8
2005다77848	280	2008다27615	63
2005마425	58, 60, 67	2008다2890	215
2005마814	417	2008다42416	175
2005마902	39	2008다6755	297
2005마933	448	2008다74130	143
2006다17539	22	2008다79876	346
2006다19061	380	2008다85758	93
2006다23138	345	2008마427	56
2006다28775	404	2008마520	68
2006다32569	194	2008마615	80
2006다43903	80	2009그196	334
2006다50338	198	2009다102254	52
2006다53733	443	2009다104960	110, 398
2006다5550	368	2009다105246	402
2006다57872	395, 398	2009다105406	76, 77, 386
2006다60908	71	2009다12399	183
2006다62188	422	2009다14340	416
2006다68209	38, 40	2009다16766	16
2006다71908	24	2009다19093	20, 21
2006다73072	183	2009다22549	22, 332
2006다75641	407	2009다23160	395
2006다7587	444	2009다32027	62
2006다79995	366, 459	2009다3234	122
2006다80322	417	2009다35842	439
2006다82700	113	2009다37831	283, 303
2006다86573	421	2009다42765	198
2006마409	464	2009다50308	226
2006무82	288	2009다54744	61
2006재다171	247, 248	2009다56665	353
2007그18	463	2009다64215	352
2007다19006	199	2009다64635	205
2007다22859	249, 250	2009다66549	366
2007다25865	194	2009다7076	395
2007다354	368	2009다7762	284

2009다78467	55	2011다80449	11, 198, 225, 386
2009다84608	280, 305	2011다81541	128, 226
2009다96403	287	2011다84298	8
2009마1482	39	2011다85789	425
2009마2105	281	2011다95779	460
2009무12	291	2011두1917	316, 319, 320
2009므3652	93	2011두30069	411
2010그133	403	2011마1154	231
2010다103048	430	2011마1335	98, 234
2010다105310	60, 62, 67, 68, 69	2011마62	7
2010다12852	301	2012그46	163
2010다17284	176	2012다105314	175
2010다18355	23, 35	2012다107662	221
2010다20532	205, 213	2012다16063	238
2010다2558	318	2012다17585	138
2010다28604	148, 180	2012다20819	196
2010다30676	80	2012다2743	362
2010다36407	139	2012다29557	317
2010다39918	105	2012다3197	346
2010다42624	180	2012다46170	431
2010다48455	237	2012다47555	419
2010다5373	93	2012다4763	21
2010다58889	71	2012다68217	191, 192
2010다64877	124	2012다68279	62
2010다65818	324, 325	2012다75239	112, 474
2010다67258	441	2012다7571	23
2010다69940	457	2012다78184	409
2010다77781	371	2012다89832	183
2010다80503	124, 361	2012다98225	318
2010다80930	176	2012아43	412
2010다82530	387	2013다17124	469
2010다8365	369	2013다19571	224
2010다86112	229, 471	2013다202120	107
2010다87474	84	2013다25217	197
2010다87757	461	2013다26425	369
2010다97044	62, 74, 198	2013다27343	205
2010다97846	316	2013다28971	451
2010다99040	60, 67	2013다30301	413
2011그65	31, 47	2013다45037	437
2011다106136	461	2013다54390	436
2011다108095	111	2013다59531	196
2011다11459	198	2013다64793	349
2011다15094	303	2013다67105	425
2011다24340	349	2013다69866	194
2011다30666	372	2013다76871	61
2011다31706	459	2013다78556	427
2011다3329	221	2013다81514	259
2011다54686	175	2013다88829	10
2011다61646	183	2013다89372	93
2011다64607	72	2013다94312	177
2011다73540	473	2013다95964	220, 221
2011다76747	396	2013다96868	369, 446
2011다79968	347	2013다99409	142, 301

2013두3658	285	2016다253297	446
2013마670	164	2016다256968	143
2014다11376	459, 460	2016다258124	98, 192, 207
2014다12348	469	2016다274188	69
2014다13044	407, 411, 412	2016다33752	23
2014다16494	177	2016다35390	112
2014다19776	285	2016다35451	177
2014다208255	140	2016다35789	177
2014다210449	70	2016다46338	339
2014다229870	216	2017다1097	212
2014다232913	396	2017다201033	264
2014다233428	118	2017다211146	373
2014다235042	381	2017다21411	223, 224, 225, 376
2014다31721	352	2017다226629	407
2014다34041	69	2017다228618	113
2014다43076	235	2017다23066	168
2014다467780	341	2017다237339	325
2014다54366	237	2017다244115	205
2014다64752	255	2017다247145	370, 459
2014다81542	293	2017다247503	228
2014다87878	80	2017다257746	332
2014다87885	84	2017다37324	301
2014다88888	118	2017다865	192
2014마2239	289, 291	2017마1332	46
2014마329	200	2017마6438	450
2014마4026	450	20184	109
2014마667	465	2018다210539	105
2015다1284	332	2018다229564	254
2015다206492	140	2018다229625	444
2015다207747	332	2018다230229	310
2015다213322	231	2018다231031	333
2015다232316	174	2018다231550	332
2015다236820	199	2018다241410	326
2015다242429	399	2018다242246	141
2015다243996	352	2018다24349	173, 174
2015다244432	135	2018다248909	266
2015다255258	246	2018다249148	138, 139, 198
2015다255265	24, 131	2018다257958	143
2015다31513	402	2018다259213	109
2015다32585	97	2018다259541	219
2015다3570	83	2018다261605	74, 198
2015다36167	217, 263	2018다261773	226
2015다49422	148	2018다277785	383
2015다69372	105	2018다287522	388
2015두36836	406	2018다300470	470
2015마4174	289	2018다44114	156
2015므3455	453	2018다46042	451
2016다200552	131, 133	2018다879	112
2016다204783	362	2018디267900	254
2016다210849	93	2018무14210	407, 411
2016다222149	348	2018무513	236
2016다225353	367	2018스34	290
2016다241249	454	2018스563	54

사건번호	페이지
2019261381	335
2019나24002	369
2019다202146	341
2019다202795	383
2019다2049	462
2019다208953	87
2019다212945	177
2019다215272	174, 348
2019다220618	231, 235, 243
2019다222140	286
2019다223723	156, 157
2019다229516	84
2019다244980	232, 237
2019다246399	86, 245, 247
2019다247385	142
2019다247903	16
2019다268252	416
2019다278433	72
2019다293449	11
2019다300866	305
2019두40611	411
2019두52386	132
2019마5599	164, 420
2019마5600	164
2020그507	328
2020다210747	333
2020다210860	191, 195
2020다211238	80
2020다216462	219, 240, 241
2020다224975	398
2020다227523	226
2020다231928	347, 422
2020다238622	45
2020다251403	157, 176
2020다271919	314
2020다284977	388
2020다292411	325, 369, 370, 451
2020다299214	132
2020다300893	104, 141
2020다46601	233
2020다8586	88, 243
2020마7530	407
2020마7755	449
2020므11658	237
2020카확522	309
2021가합104015	111
2021다200914	200
2021다202309	285
2021다211600	332, 348
2021다215497	339
2021다228745	230, 231
2021다236999	271
2021다238902	122
2021다239301	312
2021다252977	104, 108, 112, 132, 388, 431, 432
2021다275741	169
2021다276225	379
2021다276973	198
2021다277525	143
2021다280781	256
2021다299549	124, 175, 361
2021다305796	233
2021다53	235, 241
2021마6542	165
2022그534	320
2022다207547	138
2022다207967	138, 140
2022다211928	442
2022다219427	306
2022다229936	233, 235, 237
2022다231038	233
2022다241608	417
2022다247538	234
2022다252387	456
2022다263462	195, 205, 456
2022다286786	136
2022다294107	117
2022다303216	280
2023다223591	303
2023다268686	458
2023다275530	473
2023다299789	255
2023다301941	93
2023마6394	89
2023마7122	449
2024다236211	98
2024다300266	231
2024마5321	242
2024마5813	230, 458
2024마7117	450
2024무677	288
32897	385
4285민상43	195
4286민상20	210
4289민상452	274
4291민상551	267
4291민상868	137
4291민항231	390
4292민상940	137
4293민상397	232
4293민재6	316
4294민상1122	212
4294민상310	375
4294민상914	137, 205, 319
61민재항3	53
62누2	231

62다812	148	74다2074	339
63다241	148	74다634	319
63다289	195	74다767	10
63다656	66	74마281	15
64다1761	267	75다2227	280
64다325	196	75다48	338
64다328	66, 356	75다634	356, 357
64마9	232	75다819	158
65다2034	378	76다1313	149
65다2371	171	76다1488	350
66다17	138	77다408	137
66다564	224	77다409	137
66다615	195	77다50	456
66다780	347	77마284	38
66마167	54	78다1205	60, 62
67다1042	313	78다1242	55
67다1525	182	78다2269	236
67다2494	310	78다2278	317
67다2628	212	78다2399	141
68다1665	224	78다2448	214, 236
68다1886	378	78다58	340
68다2024	314	78다913	128
68다217	308	79나62	255
68마1100	247	79다1281	286, 341
68마458	232	79다1468	171
68마951	54	79다1528	234, 356
69다1232	53	79다62	98, 207
69다1592	180	79다634	150
69다2161	62	79다669	195
69다2172	268	79다892	456
69다2227	333	79마232	111
69다446	381	(8)	
69다60	87	80다1182	375
69다929	69	80다1302	210
70다1156	327	80다1424	262
70다2662	98, 207	80다1548	151
70다344	135	80다1671	351
71다1934	195	80다1857	285
71다278	186	80다1895	428
72나1035	427	80다2217	335
72다1271	247	80다2270	135
72다393	196	80다2314	271
72마787	422	80다2425	81
73다1190	60, 68	80다2604	8
73다1449	377	80다2668	473
73다160	297	80다2739	230
73다211	79	80다2751	107, 110, 347
73다351	106	80다308	86
73마641	164	80다3198	131
74다1557	156	80다3251	227
74다1661	437	80다3271	324, 468
74다1664	109, 410	80다577	421
74다1721	209	80다916	220

80마403	41, 215
80사50	88
81누230	44
81다108	143
81다393	144, 181
81다534	191
81다546	373
81다64	311
81다카1120	365, 368
81다카621	102
82다146	472
82다498	435
82다카139	139
82다카1919	7
82다카312	228
82다카317	279
82다카349	235
82마637	54
82므34	93
82므40	308
83그7	327
83다191	188
83다325	137
83다카1489	187, 190
83다카1585	284
83다카1815	77, 83
83다카1819	182
83다카1933	280
83다카1981	45, 51
83다카2009	53
83다카2337	144
83다카308	296
83다카437	176
83다카450	374
83다카95	278
84그60	327
84누405	232
84다122	256
84다552	154, 155
84다카148	335
84다카2132	153
84다카298	382
84다카572	357
84다카744	99, 232
84마251	464
84사4	44
85그66	327
85누953	58
85다353	150
86누509	243
86다카1958	343
86다카2224	231
86다카2289	408
86다카2600	194
86다카2675	138, 441
86다카2728	224, 448
87다카113	10
87다카1406	376
87다카1416	154, 157
87다카1618	107
87다카1728	39
87다카1915	122
87다카205	301
87다카2269	142
87다카2337	176
87다카2478	331
87다카2602	471
87다카2753	104
87다카3147	284
87다카414	436
87다카749	256
87다카961	217, 263
87두10	54
87므16	285
88그51	327
88다카16876	268
88다카18023	312
88다카2332	317
88다카25274	168
88다카29658	472
88다카3083	257
88다카4727	125
88다카6358	76
89다카1084	293
89다카12398	149
89다카12602	180
89다카14240	260
89다카15359	186
89다카4045	262
90그17	327
90누3904	285
90다12243	131, 136
90다17491	93
90다20480	232
90다4723	422
90다7104	255
90다9452	136
90다9964	334
90다카25277	135
90다카25895	101
90다카25970	150
90마970	100
91나61374	369
91누1974	137
91다1264	143
91다15317	146

91다15775	215, 282	92다50232	62
91다17139	135	92다5249	180
91다1783	41, 380	92다7023	443
91다21549	137	92다7726	9
91다23486	387	92마175	230
91다25208	93	92마244	406
91다27228	117	92마783	54
91다29026	125	92재다226	10
91다29057	469, 470	92재다259	471
91다30675	71, 72	93누20566	471
91다35540	287	93다15991	292
91다40696	436	93다19962	191
91다43176	31	93다20177	109
91다43695	156	93다22074	312
91다4669	421	93다25875	8, 236, 376
91다490	212	93다28379	186
91다5730	153	93다28836	226
91다650	348	93다31825	387
91다9985	243	93다31993	250
91마342	249	93다32880	385
91마631	53	93다39607	25
91마748	327	93다4170	154
92누16560	285	93다41792	119
92누2424	277	93다43491	344
92다10883	333	93다44531	11
92다11473	232	93다47196	390
92다11848	151	93다52488	340
92다12032	446	93다52808	111
92다1353	150	93다53887	191
92다13875	137	93다54064	387
92다14724	254, 255	93다8986	93
92다15376	135	93다9422	185
92다18597	191	93마524	45
92다21760	8	93므324	230
92다22473	419	93재다27	324, 468, 470
92다23230	216	93주21	54
92다23285	130	94가합30633	298
92다2455	63	94가합66533	25
92다24899	258	94그26	327
92다25151	113, 114	94다10160	303
92다26673	182	94다13480	141
92다29801	250	94다14094	68
92다32876	105, 110	94다15486	308
92다33008	154	94다16564	63, 68, 69
92다3441	231	94다16601	199
92다34414	136	94다17109	79, 197
92다35462	116	94다17680	319
92다3670	9	94다17956	342
92다43098	236	94다18911	442
92다44503	120	94다19641	191
92다46226	351	94다20051	268
92다47861	175	94다20341	135
92다48789	101	94다20464	142

94다20730	149
94다21078	191
94다22897	260
94다23388	140
94다24121	251
94다24299	232
94다27649	141, 142
94다28444	246, 247, 248
94다29065	445
94다3063	435
94다31549	97
94다34265	181, 194
94다35886	187, 191
94다37868	257
94다39567	305
94다4011	139
94다41324	283
94다41430	356
94다42129	10
94다44644	440
94다46114	151, 343
94다46817	349
94다4684	342
94다50274	365, 367, 368
94다50427	81
94다51536	184
94다51543	454
94다51840	9
94다53006	150
94다55774	232
94다58261	455
94다59028	319
94다62017	314
94다6802	194, 377
94다8037	441
94마1059	50
94마1390	30
94마2452	401
94마536	39
94므1447	138
95다10204	377
95다11740	227
95다14572	452
95다14817	440
95다15667	69
95다18406	311
95다19829	180
95다21808	357
95다23835	292
95다26131	144
95다26773	61
95다3077	228
95다33993	472
95다37568	358
95다40977	418
95다42133	409
95다42195	347
95다44191	420
95다46319	155
95다48599	312
95다48667	285
95다52710	95
95다54761	119, 121
95두61	164
95재다199	139
96누1757	64
96다12276	435
96다17738	255
96다27988	135
96다30113	122, 158
96다31307	470
96다32133	148
96다32706	331
96다35484	96, 227
96다3852	59, 62
96다39301	301
96다41496	390
96다41649	364
96다44051	474
96다47913	196
96다50520	374
96다53789	188
96다56115	53
96다99	366, 444
96마148	99
96마1590	44
96므1380	243
96재다462	283
97다11133	223
97다22843	365
97다30288	175
97다33089	299
97다34037	188
97다36507	280
97다38510	274
97다38930	97
97다39216	15
97다44416	373
97다49732	223
97다6124	227, 308
97마1632	65, 393
97마600	236
97으1	44
97재다445	458
98그7	251
98다15934	306

98다17145	129	99다15474	400, 401
98다19950	62	99다16378	178
98다21953	327	99다17401	379
98다22253	368, 445	99다1789	281
98다33512	72	99다201612	184
98다46600	469	99다3150	232
98다47290	356	99다3501	343
98다52469	213	99다35393	195
98다57198	285	99다37894	149
98다6763	255	99다41886	268
98다6855	335	99다53742	367
98다8763	98, 207	99다9622	232
98두15597	461	99마2081	43
98마1301	47	99마6205	97, 99
98마1839	327	99모225	237
98마938	30	99재다746	44
99다12796	406		

윤곽 민사소송법

2025년 11월 11일 5판 1쇄 발행

저　　자 : 곽준형
발 행 처 : ME:LAB
주　　소 : 서울시 서초구 반포대로 81, 2층 (서초동, 영림빌딩)
문　　의 : 1661-2486
홈페이지 : www.megaexpert.co.kr
등　　록 : 2007년 12월 12일 제 322-2007-000308호
I S B N : 978-89-6634-953-1 [13360]
정　　가 : 39,000원

Copyright ⓒ 메가엠디㈜
* 이 책에 대한 저작권은 메가엠디㈜에 있습니다.
* 이 책은 저작권법에 따라 보호받는 저작물이므로 무단전재와 무단복제 및 배포를 금지하며
  책 내용의 전부 또는 일부를 이용하려면 반드시 저작권자와 출판권자의 서면동의를 받아야 합니다.
* ME:LAB은 메가엠디㈜의 변리사 전문자격시험 브랜드 메가변리사의 교재 브랜드입니다.